지식인문학총서
(지식지형1)

지식 변화와 지형

[부록] 지식 지형의 변화와 근대의 교육사 자료

이 저서는 2017년 대한민국 교육부와 한국연구재단의 지원을 받아 수행된 연구임
(NRF-2017S1A6A3A01079180)

기획 단국대학교 일본연구소 HK+ 사업단

김경남　　단국대학교 일본연구소 HK연구교수
허재영　　단국대학교 교육대학원 교육학과 부교수(일본연구소장, HK+ 사업 연구책임자)
김창수　　단국대학교 일본연구소 HK연구교수
허원기　　건국대학교 문화콘텐츠학부 부교수
김영철　　건국대학교 국어국문학과 명예교수
이건식　　단국대학교 국어국문학과 부교수
윤재환　　단국대학교 국어국문학과 부교수
김묘정　　단국대학교 일본연구소 연구보조원

지식인문학총서(지식지형1)

지식의 변화와 지형
[부록] 지식 지형의 변화와 근대의 교육사 자료

© 단국대학교 일본연구소 HK+ 사업단, 2019

1판 1쇄 인쇄__2019년 05월 25일
1판 1쇄 발행__2019년 05월 30일

기　획__단국대학교 일본연구소 HK+ 사업단
지은이__김경남·허재영·김창수·허원기·김영철·이건식·윤재환·김묘정
펴낸이__양정섭

펴낸곳__도서출판 경진
　　　　등록__제2010-000004호
　　　　이메일__mykyungjin@daum.net
　　　　사업장주소__서울특별시 금천구 시흥대로 57길(시흥동) 영광빌딩 203호
　　　　전화__070-7550-7776　팩스__02-806-7282

값 37,000원
ISBN 978-89-5996-252-5 93000

※ 이 책은 본사와 저자의 허락 없이는 내용의 일부 또는 전체의 무단 전재나 복제, 광전자 매체 수록 등을 금합니다.
※ 잘못된 책은 구입처에서 바꾸어 드립니다.
※ 이 도서의 국립중앙도서관 출판예정도서목록(CIP)은 서지정보유통지원시스템 홈페이지(http://seoji.nl.go.kr)와 국가자료
　 공동목록시스템(http://www.nl.go.kr/kolisnet)에서 이용하실 수 있습니다.
　 (CIP제어번호: 2019020585)

지식인문학총서
(지식지형1)

지식 변화와 지형

[부록] 지식 지형의 변화와 근대의 교육사 자료

단국대학교 일본연구소 HK+ 사업단 기획

김경남 외 지음

발간사

　본 총서는 한국연구재단의 2017년 HK+ 인문기초학문 분야 지원
사업에 선정된 단국대학교 일본연구소의 "지식 권력의 변천과 동아시
아 인문학: 한·중·일 지식 체계와 유통의 컨디버전스" 사업 수행 결과
물을 정리·보급하는 차원에서 기획된 총서의 하나이다. 본 사업은
15세기 이후 20세기 초까지 한·중·일 지식 체계의 형성·변화 및 지식
유통의 메커니즘을 규명함으로써 그와 관련된 지식 권력의 형성과
지형 변화 등을 연구하는 데 목표를 두고 있다.
　지식이란 사물이나 대상에 대한 인간의 명료한 의식 전반을 일컫는
용어로, 실증적 학문 이론뿐만 아니라 때로는 종교적이거나 형이상학
적 인식을 지칭하는 용어이다. 동서양의 지식 관련 담론과 서적은
이루 헤아릴 수 없을 정도로 많고 다양하다. 지식의 탄생과 진화, 지식
의 체계와 구조 등에 대한 연구 성과도 마찬가지이다. 이는 인간 사회
와 역사에서 지식의 영향력이 그만큼 크다는 것을 의미한다. 곧 지식
은 그 자체로서 이데올로기성을 띨 뿐만 아니라 권력과 밀접한 관련
을 맺고 있다는 뜻이다.
　본 연구소의 HK플러스 사업팀이 15세기를 기점으로 동아시아 지
식 지형과 권력의 상관성을 키워드로 하여 한국 지식사를 규명하고자

한 의도는 한국 학문 발전사뿐만 아니라 한·중·일의 지식 교류사, 지식의 영향력, 지식 사회의 미래 등을 집중적으로 연구할 수 있는 토대를 갖추고, 이를 기반으로 본 연구소를 세계적인 지식 담론의 생산처로 발돋움하게 하는 데 있다. 본 연구소에서 다루어야 할 지식 담론은 전근대의 한·중·일 지식 현상뿐만 아니라 본 대학의 위치한 경기 동남부를 중심으로 한 각 지역의 지역학, 이를 기반으로 한 국내 각 지방의 지역학 네트워크 구축, 인접 국가인 중국과 일본의 지역학 등을 포함한다.

본 연구소의 총서는 학술총서와 교양총서(자료총서 포함)로 구분되어 있다. 학술총서는 '지식기반', '지식지형', '지식사회화'의 세 가지 연구 주제를 중심으로 연차별 1권씩 개발하는 것을 목표로 하였다.
이번 발행하는 『지식의 변화와 지형』은 본 연구소가 지향하는 지식 인문학 연구의 초석을 놓기 위한 작업으로 진행되었다.

이 책의 제1부에서는 지식 지형 변화와 관련한 '인문학적 연구 방법론'에 대하여 김경남 연구교수가 집필하였으며, 셸러의 이론을 중심으로 한 '종교 지식, 형이상학적 지식, 실증 지식과 지형 변화'에 관하여 연구 책임자가 집필하고, 김창수 연구교수가 '지식 네트워크와 지식 지형 변화의 상관성', 연구책임자 및 김경남 연구교수가 공동으로 '지식 지형 변화의 양태와 영향'에 관하여 집필하였다.
제2부에서는 사업단에서 수행한 학문후속세대 석학 초청 원고 및 지식 지형 변화의 실제와 관련한 연구 논문을 대상으로 하여 기획하였는데, 허원기 교수의 '조선 시대 심성 지식장과 소설 문학', 김영철 교수의 '유이민 시의 디아스포라 상상력과 민족 정체성', 이건식 교수

의 '지식 지형의 변화와 탈한자화 문자 생활 시대 한국의 한자 연구 동력', 윤재환 교수의 '조선후기 지식 집단의 형성과 변모의 한 양상' 등이 그것이다. 또한 김묘정 연구보조원의 '지식 전달 체계의 한 단면: 명나라 유민 강세작을 기억하는 서사의 변이 양상을 중심으로'도 지식 지형 변화의 실제를 보여줄 수 있는 논문이다.

지식 지형 변화에 대한 이론적 고찰과 실제 연구의 성과는 본 사업단의 아젠다 연구 범위뿐만 아니라 21세기 지식 사회, 제4차 산업혁명 시대의 지식산업 연구의 기반이 될 수 있다. 특히 인공지능이나 빅데이터, 가상현실 체계 등과 관련한 다수의 논의가 기술적인 차원에서 진행되는 경향이 강하다는 점에서, 지식 지형의 변화에 대한 인문학적 가치를 탐구하고자 하는 노력은 인간 중심의 지식 사회를 이끌어가야 한다는 당위론적 차원에서 중요한 의미를 갖는다. 비록 첫걸음에 해당하지만, 지식지형총서의 원고가 지식 인문학 연구자들에게 다소의 보탬이 될 수 있으리라 기대한다.

또한 부록으로 제시한 '지식 지형의 변화와 근대 교육사 자료'는 1906년 『조양보』 소재 교육사, 1921년 『동아일보』 소재 신정언의 교육사 자료로, 지식의 핵심을 이루는 교육의 역사를 우리나라에 처음으로 소개한 자료들이어서 지식 지형 변화를 연구하는 적절한 자료가 될 수 있다.

지식의 변화와 지형 총서의 집필진, 그리고 총서가 나오기까지 함께 고생한 공동연구원과 연구교수, 연구보조원 모두에게 감사의 말씀을 전한다. 그리고 2권의 기획부터 교정 및 교열, 부록의 해제와 번역에까지 애써준 김경남 연구교수에게도 이 자리를 빌려 고마운 마음 전하고 싶다. 또한 출판사의 경제에 큰 도움이 안 될 줄을 알면서도

인문학의 발전을 위해 기꺼이 출판을 맡아준 경진출판 양정섭 사장님
의 후의 또한 잊지 않겠다.

2019년 4월 30일
단국대학교 일본연구소장(HK+ 사업 연구책임자) 허재영

목차

발간사 ____ 4

제1부 지식의 유형과 지식 지형

지식의 유형과 지식 지형에 대한 인문학적 연구 방법론 ___ 김경남 ___ 13
    1. 서론 ·· 13
    2. 지식 분류와 지식 분류학 ··· 17
    3. 지식 지형도의 개념과 속성 ··· 24
    4. 지식의 유형과 구조에 대한 인문학적 접근 ·········· 28
    5. 지식 지형의 변화 요인과 특성 ·································· 34

종교 지식, 형이상학적 지식, 실증 지식과 지형 변화 ___ 허재영 ___ 50
    1. 지식과 지식 범주 ··· 50
    2. 종교 지식과 지형 ··· 56
    3. 형이상학적 지식과 지형 ··· 66
    4. 실증적 지식과 지형 변화 ·· 72
    5. 지식 지형의 미래: 정보화사회론 ······························ 78

지식 네트워크와 지식 지형 변화의 상관성 ___ 김창수 ___ 87
    1. 지식 네트워크의 개념과 특성 ···································· 87
    2. 지식 네트워크와 지식 지형의 상관관계 ················· 94
    3. 지식 네트워크 지형 ··· 104
    4. 맺음말 ··· 117

지식 지형 변화의 양태와 영향 ___ 김경남·허재영 ___ 123
    1. 지식의 구도와 지형 변화 ·· 123
    2. 지식 지형 변화의 양태 ·· 136
    3. 지식 지형 변화의 집단성과 사회적 영향 ··············· 146

제2부 지식 지형과 변화의 실제

조선 시대의 심성 지식장과 소설문학 ___ 허원기 ___ 159
   1. 조선 사회를 지배한 심성 지식장 ································· 159
   2. 심성 지식의 서사적 길 찾기: 심성 우언소설 ················ 162
   3. 정리(情理) 서사 문법의 완성: 판소리와 판소리계 소설 ········ 167
   4. 감정 처세의 백과사전: 가정소설과 대장편 가문소설 ········· 175
   5. 도덕 감정 공동체를 향한 서사적 발자취 ···················· 181

유이민 시의 디아스포라 상상력과 민족 정체성 ___ 김영철 ___ 188
   1. 논점의 제기 ··· 188
   2. 디아스포라의 개념과 발생 ································· 190
   3. 유이민 시의 선구자, 이용악 ······························ 193
   4. 제2의 윤동주, 심연수 ····································· 201
   5. 유이민 3세대, 홍용암 ····································· 213
   6. 모국체험의 유이민 시 ····································· 228
   7. 결론: 한민족 문학으로서의 유이민 시 ····················· 234

지식 지형의 변화와 탈한자화 문자생활시대 한국의 한자 연구 동력
   ___ 이건식 ___ 239
   1. 서언(序言) ·· 239
   2. 문자 생활의 탈한자화 과정과 한자 연구 ··················· 241
   3. 결언(結言) ·· 255

성호학파를 통해 본 조선후기 지식 집단의 형성과 변모의 한 양상
   ___ 윤재환 ___ 259
   1. 서론 ··· 259
   2. 지식인과 지식 집단 ······································· 262
   3. 성호학파, 새로운 지식 집단의 형성 ······················· 269
   4. 학파의 변이와 내재된 의미 ································· 278
   5. 결론 ··· 288

지식 전달 체계의 한 단면___김묘정___292
　: 명나라 유민 강세작(康世爵)을 기억하는 서사의 변이 양상을 중심으로
　1. 머리말 ··· 292
　2. 공적 서사 속 강세작에 대한 기억과 지식의 고착 ···························· 295
　3. 강세작을 기억하는 사적 서사와 지식의 전달 양태 ······················ 301
　4. 기억, 서사, 지식 그리고 지식 전달 체계: 맺음말을 대신하여 ········· 325

[부록] 지식 지형의 변화와 근대의 교육사 자료

지식 지형의 변화와 근대의 교육사 자료___김경남·허재영 편역___335
[1] 아한의 교육 내력___338
　: 我韓의 教育 來歷, 『조양보』 제3호, 1906.7.
[2] 태서교육사___366
　: 泰西教育史, 『朝陽報』 제5호, 1906.8.25.
[3] 태서교육의 사적 고찰___442
　: 신정언, '泰西教育의 史的 考察', 『동아일보』, 1921.5.15~6.30.

제1부 지식의 유형과 지식 지형

지식의 유형과 지식 지형에 대한 인문학적 연구 방법론 ── 김경남

종교 지식, 형이상학적 지식, 실증 지식과 지형 변화 ── 허재영

지식 네트워크와 지식 지형 변화의 상관성 ── 김창수

지식 지형 변화의 양태와 영향 ── 김경남·허재영

지식의 유형과 지식 지형에 대한 인문학적 연구 방법론*

김경남

1. 서론

지식(知識, knowledge)이란 대상에 대한 명료한 의식이나 인지, 또는 이를 바탕으로 형성된 논리적이고 체계적인 앎의 상태를 의미한다. 이와 같은 사전적 의미의 지식 개념과는 달리 학문과 종교, 예술 등과 같은 인간의 모든 의식적 활동에서 사용하는 지식 개념은 다의적일 수밖에 없다. 철학 분야에서 사용하는 지식 개념과 역사학이나 문학, 교육학 등에서 사용하는 개념이 본질적으로 같은 데서 출발했을지라도, 실제 이 용어가 지시하는 의미와 범위는 같지 않다. 이 점에서

---

* 이 논문은 『인문연구』 제83집, 영남대학교 인문과학연구소, 2018에 게재된 것을 수정·보완한 것임.

허재영(2018)에서는, 지식 개념과 관련된 다수의 논의를 검토한 뒤, 철학 사전류에 근거하여 "지식은 사물에 대한 명료한 의식"이라고 주장한다. 이 주장은 논자의 관점에 따라 다양한 이론이 제기될 수 있지만, 학문적 진리를 지칭하는 이론이나 법칙도 넓은 의미의 의식 범주의 일종이며, 의식이 궁극적으로 세계에 대한 이해와 해석을 낳은 근본 요인이자 지식의 기능과 동일한 역할을 한다는 점에서, 어느 정도 타당성을 인정할 수 있다.

인문학적 차원에서 지식 개념은 '세계를 이해하고 해석할 수 있는 인간의 의식'이라고 규정할 수 있다. 인간의 의식은 다양한 요인에 의해 형성되며, 변화한다. 그렇기 때문에 인류의 역사에서 지식의 형성과 발전, 지식의 영향력 등을 연구하기 위한 기본적인 시도로, 지식을 수집하고 분류하며, 이를 유형화하고자 하는 작업은 끊임없이 시도되어 왔다. 본 연구에서는 지식의 유형과 지식 지형의 변화를 연구하기 위한 전제로, 분류학적 관점에서 지식을 유형화하는 방안과 지식 지형 연구 방법을 중점적으로 검토한다.

분류란 유사한 것을 묶어 종류를 나누는 것을 말한다. 논리학에서의 분류는 유개념의 외연에 포함된 종개념을 명확히 구분하여 체계적으로 정리하는 활동을 의미하는 것이므로 분류는 개념의 형성과 함께 자연스럽게 수반되는 인간의 인지 활동 가운데 하나이다. 그렇기 때문에 분류를 전문적으로 연구하는 학문은 고대부터 자연스럽게 발달되어 왔다. 아리스토텔레스의 『동물지』로부터 헤겔의 『엔치클로페티』까지, 『여씨춘추』부터 『사고전서』에 이르기까지 분류사를 논하고자 했던 구가 가쓰토시(久我勝利, 2006)의 『지식의 분류사』(한국어판 김성민 옮김, 2009, 한국출판마케팅연구소)에 따르면 선사시대나 고대에도 분류 의식이 존재했고, 로마시대에는 플리니우스의 『박물지』와 같이,

세상에 존재하는 온갖 지식을 분류하고자 하는 시도가 있었다.

문헌분류를 대상으로 한 김포옥·백항기(2009)에서는 분류를 위한 기준으로 여러 가지 개념을 설명하고 있는데, '유개념과 종개념', '상위개념과 하위개념, 동위개념', '모순개념과 반대개념', '이류(異類) 개념과 상관 개념', '교착(交錯) 개념과 선언(選言) 개념', '동일 개념과 동연(同延) 개념' 등이 그것이다. 이러한 개념의 상관관계는 대상을 종류로 나누는 데 중요한 역할을 한다.

분류 개념을 지식에 적용하고자 할 때, 기본적인 전제가 되는 것은 분류 대상인 '지식을 어떻게 설정할 것인가' 곧 '지식의 범위는 무엇인가'이다. 이 문제는 지식 분류와 관련된 선행 연구를 살펴볼 때, 일률적인 결론을 도출하기 어렵다. 문헌학자의 경우 문헌만을 분류 대상으로 삼고, 철학자의 경우 인간의 사고 전반을 대상으로 삼는다. 실증 사회과학자들의 지식은 그들이 연구하는 사회과학지식이다.

분류 지식의 다양성은 지식 분류의 역사를 통해 확인할 수 있는데, 박옥화(1992)에서는 고대 그리스의 과학 지식 등장부터 학문이 분화하는 과정 전반에 걸쳐 어떤 분류 체계가 있었는지 검증하고자 하였고, 이명규(2000)에서는 베이컨의 분류와 사고 전서를 대상으로 동서양의 지식 분류상의 공통점과 차이점을 규명하고자 하였다. 이처럼 지식 분류와 관련한 논의는 수없이 이루어졌는데, 그리스 시대의 철학자로부터 베이컨에 이르기까지의 철학 담론뿐만 아니라 지식 사회학이 발달하면서 마르크스, 콩트, 셸러 등은 지식의 분류와 유형에 관한 각자의 견해를 밝힌 바 있고, 동양에서도 다양한 문헌 분류의 전통과 함께, 유서(類書) 형태의 지식 분류가 시도된 바 있다. 더욱이 최근 지식 담론이 활성화되면서 국내에서도 지식의 분류와 유향에 대한 논의는 문헌정보학, 지식 사회학, 철학과 과학 등 다양한 학문 분야에서 활발한 논의를 거듭하고 있는 실정이다. 양희정(1995), 강인태(2004), 김정경(2005) 등의 박사학위논문이나, 정영미(1997), 설성수(2000), 김상환(2014), 정연경(2017), 양재한(2014) 등의 저서는 직접 또는 간접으로 지식의 분류와 유형에 대한 논의를 포함하고 있으며, 피터 버크, 박광식 옮김(2006), 구가 가쓰토시·김성민(2006) 등의 번역서도 지식 분류와 관련하여 많이 읽히는 책 가운데 하나이다. 학술지 논문 가운데 김옥희·남태우(1994), 이명규(2000), 이혜민(2016), 이정우 외(2014), 손윤락(2016), 이재봉(2009) 등과 같이 지식 분류의 방법이나 역사 등과 관련한 다수의 논문이 발표된 것도 지식 담론을 활성화하는 데 도움이 된 것으로 평가한다. 이처럼 지식의 유형과 지식 지형을 연구하는 데 전제가 되는 지식 분류학이 발달하고 있음에도 분류해야 할 지식의 성격, 분류의 기준 등이 지식 유형과 지식 지형의 변화와 어떤 관련을 맺고 있는지에 대한 전반적인 논의가 활성화된 것은 아니다.

이 연구는 지식 분류에 대한 선행 연구를 바탕으로 지식의 유형 설정 방안과 지식 지형의 형성 및 변화를 연구하는 기본적인 태도가 무엇인지를 규명하는 데 목표를 둔다. 본 논문에서 논의하는 지식의 유형은 전반적인 지식을 구조화하는 기초 작업에 해당하며, 지식 지형은 특정 유형의 지식 분포와 영향력(지식 권력), 지식의 변화 양상 등을 설명하는 데 유용한 개념이 될 수 있다.

2. 지식 분류와 지식 분류학

2.1. 분류의 일반적 의미

지식 분류학이라는 용어는 국내 학위 논문이나 학술지 논문, 저술 등에서는 찾아보기 힘든 용어이다. 이 용어가 사용된 예는 현재 활발하게 지시 담론을 전개하고 있는 캠브리지 대학의 피터 버크가 지은 『지식: 그 탄생과 유통에 대한 모든 지식』[1]에서 찾아볼 수 있는데, 그는 학술어의 명사 대신 '지식의 분류학'이라는 표현을 사용하였다. 그러나 그도 지식의 분류학이 무엇을 의미하는지에 대한 정의를 시도하지는 않았는데, 그가 주목한 것은 문화인류학자들의 분류체계와 근대 서구의 지식 범주가 다르고, 공개된 지식과 은밀한 지식의 구별이 있으며, 교양적 지식과 실용적 지식, 전문적 지식과 종합적 지식 등의 구분이 가능함을 보여주었을 뿐, 그도 지식의 분류학이 무엇을 의미하는지에 대한 정의를 시도하지는 않았으며 이는 객관적인 이론이라기보다 지식 담론을 전개하는 사유형식의 하나로 볼 수 있다. 비록 1300년경 라몬 룰에 의해 그려졌다는 '지식의 나무'를 비롯하여 현대의 학문 체계를 이론화하고자 하는 시도[2]가 없었던 것은 아니지만, 분류하고자 하는 지식이 무엇인지, 어떤 기준을 적용하여 분류하고 체계화하고자 하는 것인지에 대한 명확한 논리가 제시된 것은 아니다.

---

1) 피터 버크, 박광식 옮김, 『지식: 그 탄생과 유통에 대한 모든 지식』, 현실문화연구, 2006, 147~157쪽.
2) 라몬 룰의 『지식의 나무』는 1300년경 저술된 것으로 알려져 있으며, 1653년 재인쇄본이 케임브리지 대학 도서관에 소장되어 있다고 한다. 이에 대해서는 피터 버크, 박광식 옮김, 위의 책, 153쪽 참조.

그렇다면 지식 분류의 전제 조건인 '분류'란 무엇인가? 에릭 헌터, 박지영 옮김(2015)에서는 "근본적으로 분류 과정이란 유사한 것들의 공통의 속성이나 특성에 따라 묶어 주는 것"이라고 정의하고 있다[3]. 김포옥·백항기(2011)에서는 분류가 분류하고자 하는 대상을 공통의 속성이나 특성에 따라 묶어 주는 것이라는 점에서 분류는 '피분류체(분류 대상)', '분류 원리', '분류지'의 세 가지 기본 요소로 구성된다고 하였다. 이 책에 따르면 피분류체는 '명확한 성질(내포)을 갖고 있어야 하며, 총괄적이어야 하고, 새로운 종개념을 포괄할 수 있도록 발전적'이어야 한다.[4] 이 말은 분류하고자 하는 대상, 즉 지식을 분류하고자 할 경우 '지식'이라는 대상이 명확한 성질을 갖고 있어야 함을 의미하며, 그 개념은 분류하고자 하는 각종 지식을 포괄해야 하고, 분류 결과에 해당하는 각종 분류지(지식을 분류한 결과, 즉 지식의 유형)가 갖는 종개념을 포괄할 수 있어야 한다는 뜻이다. 또한 이 책에서는 '분류의 원리는 단 한가지로 유일해야 하며(일관성 있는 적용), 원리가 명확해야 하고(교착되지 않음), 분류 목적과 흥미에 따라 적합하게(적합성)' 결정되어야 한다고 주장한다.

지식을 분류한 역사를 살펴볼 때, 분류하고자 하는 대상으로서의 '지식'을 어떻게 규정할 것인가에 대한 공통 의견은 없다. 박옥화(1992)에서 정리한 바와 같이 고대 그리스의 경우 자연과학적 지식과 형이상학적 지식이 태동하고, 소피스트와 인문·사회과학적 지식이 등장하며, 소크라테스와 플라톤, 아리스토텔레스로 이어지는 인간 중심의 인문·

---

3) 에릭 J 헌터, 박지영 옮김, 『분류란 무엇인가』, 한울아카데미, 2015. 지식의 구조화와 검색의 효율성을 목표로 한 이 책의 분류론에는 특정 상황 관련 정보를 채우기 위한 패싯(facet, 다면체의 한 단면) 분류를 비롯하여 계층적 분류, 열거형 분류 등의 방법을 설명하고 있다.
4) 김포옥·백항기, 『문헌분류론』, 조은글터, 2011, 28쪽.

사회과학적 지식이 확장된다. 이러한 지식 확장은 서양뿐만 아니라 동양의 지적 전통에서도 찾아볼 수 있다. 『논어』에 등장하는 '지(知)'의 개념과 각종 유서(類書)에 등장하는 '지(知)'의 개념이 동일한 의미를 갖지 않는다.

사전적 의미에서 지식은 '대상(사물)에 대한 명료한 의식'이라는 뜻을 갖는다.[5] 이 명제에 등장하는 '의식'은 '인식' 또는 '인지'와 밀접한 관련을 맺는다. 지식의 탄생에 관한 논의를 주제로 한 이상오(2016)에서 '인식론'을 '지식에 관한 이론'으로 환치한 것도 지식 개념이 인식과 유의어로 쓰일 수 있음을 전제로 한 것으로 보인다. 어원적으로 인식론은 '지식', 또는 '참된 앎'을 뜻하는 에피스테메(episteme)에서 비롯되었음을 고려할 때, 지식과 인식은 동일 범주의 개념으로 간주해도 큰 무리가 없다. 인식의 방법 또는 과정으로서 '관찰', '경험'이 중요하며, '이성', '분석과 종합' 등의 사고가 지식 산출의 근원이 되는 것도 자연스럽다. 그럼에도 지식 분류사에서 종교나 신화, 상상력과 관련된 다수의 인간 활동 등을 지식의 범주에서 제외한 경우는 없다. 즉 인식의 문제는 대상을 관찰하거나 경험하는 데 그치지 않으며, 존재하는 것 자체를 깨닫는 일을 포괄해야 한다는 뜻이다. 즉 분류 대상으로서 지식 개념을 확정하기는 어렵지만, '대상에 대한 명료한 의식'이라는 사전적 정의를 기본으로 할 때, 지식의 근원이 되는 '대상'을 망라할 수 있는 지식 분류 방법이 모색되어야 한다.

---

[5] 허재영, 「지식 생산과 전파 수용에 따른 지식 권력 연구 방법론」, 부산대학교 한국민족문화연구소, 2018, 177~204쪽.

2.2. 지식분류와 지식분류학

지식의 분류사는 이 방법에 대한 해답을 찾는 데 도움이 된다. 지식 분류사와 관련된 구가 가스토시, 김성민 옮김(2009)에서 박물학적 지식 분류와 함께 대표적인 분류사의 하나로 아리스토텔레스를 든 까닭은 지식 분류가 지식을 종합하는 데 유용한 결과를 얻을 수 있기 때문이다. 학자마다 번역 용어가 다소 차이가 있지만, 구가 가스토시가 밝힌 바와 같이, 아리스토텔레스는 '논리학', '이론학', '실천학'의 분류 체계를 제시하였다.

아리스토텔레스의 지식 분류

분야			저작물
논리학(Organon)			범주론, 명제론, 분석론, 토피카(Topica), 궤변논박
이론학	자연학	물리학	자연학, 천체론, 생성소멸론, 기상학, 우주론
		심리학	영혼론, 감각과 감각되는 것에 대해, 기억과 상기에 대해, 수면과 각성에 대해, 꿈에 대해
		생물학	동물지, 동물부분론 외, 식물지(현전하지 않음)
	수학		해당 저작 없음
	제1철학		형이상학
실천학	윤리학		니코마코스윤리학, 대도덕학, 에우데무스 윤리학, 덕과 악덕에 대해
	정치학		정치학, 경제학
	제작술		변론술, 시학

아리스토텔레스의 지식 분류에서 '논리학'과 '제작학'에 대해서는 학자마다 다소 다른 견해를 제시하기도 한다. 소광희(1994), 손윤락(2016)에서는 아리스토텔레스의 지식 분류가 '이론학, 실천학, 제작학'의 세 분야로 이루어져 있다고 설명했는데, 이는 구가 가스토시의

주장과는 다소 차이가 있다. 구가 가스토시는 '논리학'에 해당하는 '오르가논'이 '도구'의 뜻을 담고 있고, 이를 대표하는 『범주론』이 어떤 사물이나 현상을 규명할 때 주안점을 두어야 할 10개의 범주(실체, 성질, 양, 관계, 능동, 수동, 장소, 시간, 상황, 양태)를 포괄하는 점에서 '제작학' 대신 '논리학'을 대표적인 범주의 하나로 제시하였다.6) 이에 비해 소광희(1994), 손윤락(2016) 등에서는 인간이 추구하는 지식(앎)을 대상과 목적에 따라 '이론적인 것, 실천적인 것, 제작적인 것'으로 나눈 것이다.7)

지식 분류의 예는 중세의 신학자들에게서도 찾아볼 수 있다. 구가 가쓰토시의 저서에서 확인할 수 있는 바르톨로메우스8)의 『사물의 속성에 관하여』는 '신, 천사, 인간의 영혼, 인간의 신체, 인간의 신체 부분, 인간의 연령층, 인간의 질환, 땅과 천체, 시간, 물질과 형상, 공기, 새, 물, 세계와 산, 여러 지역, 돌과 금속, 나무와 식물, 동물, 기타' 등과 같이 정신세계와 물질세계의 모든 것을 '사물'에 포함시켰다.9) 또한 12세기 저명한 스콜라 신학자인 위그(Hugues de Saint Victor)의 학문 체계나 13세기 토마스 아퀴나스의 『신학대전』 등의 지식 체계에서도 분류 대상으로서의 지식 속에 '신', '영혼' 등이 포함되어 있음은 시대 상황으로 볼 때 자연스러운 현상이다. 이처럼 지식 분류의 역사를 살펴볼 때, 분류 대상으로서의 지식은 '인식할 수 있는 모든 것'으

---

6) 후대 프랜시스 베이컨이 귀납과 관찰을 중시한 지식 탐구의 원리를 저술하면서 『신기관(Novum Organum)』이라는 명칭을 붙인 것도 아리스토텔레스의 『기관(Organum)』과 대비된다. 프랜시스 베이컨, 진석용 옮김, 『신기관』, 한길사, 2011.

7) 아리스토텔레스의 지식 분류에서 '논리학'과 '제작학'에 대한 견해는 일치하지 않는다.

8) 바르톨로메우스(1220년경~1240년경)는 프란체스코 수도회 소속의 백과사전 편찬자이다. 잉글랜드, 파리, 독일 등지에서 활동했으며, 『사물의 속성에 관하여』는 대표적인 백과사전으로 알려져 있다.

9) 구가 가쓰토시, 김성민 옮김, 『지식의 분류사』, 한국출판마케팅연구소, 2009, 1~89쪽.

로 확장되며, 이에 따라 가시적, 실증적 대상 이외에 종교적, 형이상학적인 것이 모두 포괄된다.

분류 대상 지식이 포괄적이라는 사실은 분류 기준이나 체계가 일정하지 않을 수 있음을 의미한다. 특히 지식 담론이 특정 시대와 사회의 이데올로기의 영향을 받는다는 점에서 포괄적 지식 담론은 객관성을 유지하기 어려운 경우가 많은데, 이을상(2011)에 따르면, 지식의 형태와 사회의 관계에 관심을 기울인 셸러는 콩트의 지식 형태를 기준으로, 인간의 인지 양식에 따른 세 가지 범주의 지식을 제안한 것으로 알려져 있다.

셸러의 지식 유형

인지양식	동기	지식 습득의 원천과 방법	이념형적 지도자	사회형식	사회적 기원
종교	구원을 통한 자기 유지	신과의 접촉을 통한 구원	카리스마적 지도자, 신성한 사람, 성직자, 종교인	교회 종파 공동체	계급
형이상학	세계와 사물에 대한 의심	본질 직관을 통한 지혜	현명한 사람, 현자	학교	직업
실증과학	자연과 사회에 대한 통제 욕구	실험, 연역, 귀납을 통해 만들어지는 수학적 상징의 세계상	연구자, 학자	국제적 과학 공화국	신분

셸러의 지식 유형10)은 '무엇에 대한 앎'인가뿐만 아니라 '동기', '습득의 원천과 방법', '이념형적 지도자', '사회형식' 등의 사회적 요인 또는 이데올로기와 관련된 것들이 고려된 점, 지식을 '종교', '형이상학', '실증과학'으로 분류하여 인간의 의식적인 활동 전반을 포괄하고

---

10) 이을상, 「막스 셸러의 지식 사회학: 그 철학적 토대와 전개」, 『지식의 형태와 사회』 1, 한길사, 2011, 19쪽.

자 한 점도 특징이다.

지식의 대상이나 성격을 고려한 분류에서 논리실증주의 철학자 라일(Ryle, 1949)의 '명제적 지식: 방법적 지식'의 구분은 철학뿐만 아니라 교육학에서도 빈번히 사용하는 개념이다. 이상오(2016)에서 분류한 지식 유형11)은 다음과 같다.

이상오의 지식 유형

명제적 지식	사실적 지식, 논리적 지식, 규범적 지식
방법적 지식	경험적 지식, 선험적 지식, 과학적 지식, 소통적 지식, 반성·성찰적 지식, 비판적 지식, 직관·각성적 지식, 합리적 지식, 종교적 지식

이 개념은 사회과학자나 교육학에서도 준용되는 경향이 있다. 예를 들어 제7차 교육과정의 내용 체계에서 '지식'의 개념을 '명제적 지식'과 '방법적(절차적) 지식'으로 설정한 것도 지식의 성격을 전제로 한 것이다.12) 이처럼 분류 사례를 종합할 때, 지식 분류를 위해서는 분류하고자 하는 대상 지식을 명료하게 설정해야 하며, 분류 기준을 확정하고, 단순 열거가 아닌 계층적이고 상황에 맞는 분류 방식을 정할 필요가 있음을 확인할 수 있다.13)

---

11) 이상오, 『지식의 탄생』, 한국문화사, 2016, 137~162쪽의 내용을 표로 정리한 것임.

12) 교육부, 『교육부 고시 1997-15호, 고등학교 교육과정 해설』, 교육부, 2011, 28~29쪽.

13) 남태우, 『지식의 구조』 1, 한국도서관협회, 2015, 39~40쪽. 이 책에서는 Ernest C. Richardson 가 설명한 공통적인 분류법의 유형으로 '논리적 분류법, 기하학적 분류법, 연대기적 분류법, 발생론적 분류법, 역사적 분류법, 진화론적 분류법, 역학적 분류법, 자모순 분류법, 수학적 분류법' 등이 있음을 소개한 바 있다. 지식 분류에서도 이러한 분류법이 적용될 수 있을 것으로 보이나, 분류 대상 지식의 범위가 확정되지 않는다면, 이 분류법을 적용하는 데 어려움이 따를 것이다.

3. 지식 지형도의 개념과 속성

3.1. 지식 지형도의 개념

지식의 구조와 위계를 파악하는 일은 인간의 존재 가치나 삶의 질을 높이는 일과 직접적인 관련을 맺는다. 이 점에서 인문학자들의 지식 담론 못지않게, 사회학적 차원에서도 지식에 대한 관심이 지속되었다. 이른바 지식 사회학자로 불리는 다수의 학자들은 지식과 사회, 역사와의 관련성 등과 같이, 지식이 갖는 성격을 규명하고자 하였다.

지식의 사회성과 역사성에서 주목할 일의 하나는 분류한 지식의 분포와 영향력을 측정하는 일이다. 이때 분포와 영향력을 나타내기 위해 지리학에서 사용하는 '지형'이라는 개념을 사용할 수 있다. 사전적 의미에서 지형이란 최소한 고도나 지표 형태에 대한 정보를 포함하여 제한된 일련의 도형정보를 보여 주는 지도 형태(예: 등고선도)로서 지표면 상의 자연 및 인공적인 지물, 지모의 형태와 수평, 수직의 위치 관계를 결정하여 그 결과를 일정한 축척과 도식으로 표현한 지도이다. 따라서 땅의 생김새, 지리적인 형세를 의미하는 단어로 볼 수 있으며 지리학에서 지형의 특징과 분포를 중심으로 '지형도(地形圖, topography)'를 산출하듯이, 지식 담론에서도 대량의 정보(information) 속에 숨겨진 특별한 형태(type)와 패턴(pattern)을 찾아 그 의미를 파악할 수 있도록 가시적인 형태의 결과를 보여주는 것[14]으로 지식의 유형과 분포, 영향력 등을 기준으로 '지식 지형도'를 그려낼 수 있다.

지식 담론에서 지형에 대한 논의는 유형별 지식의 분포와 변화상을

---

14) 이광희 외, 「지식 지도 작성을 위한 기초 연구」, 한국학술재단, 2013, 102쪽.

설명하고자 하는 데서 출발한다. 김수영(2011)에서 논의한 것처럼 '전문 지식'이나 '전문가 집단'이 형성된 것을 지식 지형의 하나로 기술하는 경우나, 박치완(2014), 예성호(2017)에서 학문을 분류하고 서지적 빈도를 측정하거나 지식의 확산 정도[15] 등을 준거하여, 분포상의 특징 또는 변화상을 설명하는 과정에서 지식 지형이라는 용어를 사용하였다. 물론 지식 지형의 논의 범위는 대상 지식의 범주에 따라 다양하다. 김일권(2016)과 같이 농업사 관련 지식의 주된 흐름과 관련된 지식 지형을 논의하는 경우도 있고, 조성산(2016)의 19세기 조선의 주자학의 분열상을 지형의 관점에서 설명한 경우도 있다.

3.2. 지식 지형도의 속성

이처럼 지식 담론에서 '지형' 논의는 지식의 존재 형태나 내용에 대한 분포보다 지식의 생산과 유통 또는 이와 관련된 현상을 중심으로 진행된 경향이 농후하다. 유용성을 기준으로 '공리적·실용적 지식'과 '교양적·도덕적 지식'으로 구분하고자 했던 김필동(2003)에서는 지식이 앎 자체에 대한 지식 소유자의 만족감뿐만 아니라 도덕적·문화적 힘의 원천을 제공한다는 점을 지적하면서, "특정 시대, 특정 사회가 어떤 기능에 보다 높은 가치를 두는가는 지식의 생산·분배·소비 구조에 영향을 주며, 나아가 그 사회의 성격을 규정해 준다."라고 주장한다.[16] 이러한 논리는 지식이 권력과 이데올로기적 속성을 띨 수 있음

---

15) 예성호, 「중국의 한국학 지식 지형도 연구」, 중국학연구회, 『중국학연구회 학술발표회』, 2017, 101~115쪽. 이 논문에서는 확산 정도를 기준으로 지식을 '개인적 지식', '집단적 지식', '사회적 지식'으로 구분하였다.

16) 김필동, 「지식 변동의 사회사: 그 과제와 방법」, 한국사회사학회 엮음, 『지식 변동의 사회사』, 문학과지성사, 2003, 13~27쪽.

을 의미하는데, 특정 지식을 획득하는 과정이나 그 지식에 가치를 부여하는 현상 등이 이를 뒷받침한다.

지식과 권력의 관계는 '전파와 수용' 또는 '학맥 형성' 등과 같이 다양한 연구 주제를 형성한다. 비록 시대적인 차이는 있지만, 한국 사회에서도 근대 시기 다양한 지식 담론에서 이른바 '신학문(新學問)' 수용의 논리적 근거가 '힘'을 기르기 위한 것임을 주장하는 논설이 다수를 이루고 있다는 사실도 주목할 만하다. 1907년 12월 유길준, 염중모, 장헌식 등이 발기인으로 참여한 흥사단 취지서도 이러한 현실을 뚜렷이 보여준다.

「흥사단 취지서」

國民의 文明進取하는 步趣는 其知識의 啓發과 道德의 修養하는 程度를 隨하야 高下가 形하며 遲速이 現하나니 然흔즉 國家萬世의 大計는 國民의 知識을 啓發흠과 道德을 修養흠에 在하고 知識을 啓發하고 道德을 修養하는 道는 一言으로 蔽하야 敎育에 存한다 謂흘지오며 敎育에 本義는 學術의 授與와 品性에 陶冶를 主하야 人의 智能을 助長하고 德義를 발휘하야 人으로 하야금 人의 人되는 權利를 知케 하며 人으로 하야금 人의 人되는 義務를 知케 하야써 人生의 幸福을 完全케 흠에 在흔즉 人의 人되는 道는 敎育을 捨코는 他路가 更無하도다. (…中略…) 凡人이 學흔즉 皆士라. 故로 普通敎育으로써 國民을 導養하야 士의 根基를 定흠이 可하니 今日의 士가 古時의 士와 異흔 所以오며 古時의 士는 四民의 一에 居하야 一種特立흔 階級을 成하니 是는 當時敎育을 受하야 士되기에 足흔 知識道德을 獨有흔 故로 其名稱을 享有흠이나 然이나 今日에는 不然하야 農商工中何業에 從하던지 苟士의 知識과 道德이 備흘진대 亦士니 何必其業務를 因하야 名稱을 區別하리요.[17]

번역 국민이 문명 진취하는 보무와 취지는 그 지식의 계발과 도덕의 수양하는 정도를 따라 높고 낮음이 형성되며 속도가 드러난다. 그런즉 국가 만년의 큰 계획은 국민의 지식을 계발하는 것과 도덕을 수양하는 데 있고, 지식을 계발하고 도덕을 수양하는 길은 한마디로 말하면 교육에 있다고 이를 것이며, 교육의 본뜻은 학술을 가르치고 품성을 도야하는 일에 중심을 두어 사람의 지능을 길러주고 덕의를 발휘하여 사람으로 하여금 사람이 사람되는 권리를 알게 하며, 사람으로 하여금 사람이 사람되는 의무를 알게 하여 인생의 행복을 완전하게 하는 데 있으니, 사람이 사람되는 길은 교육을 버리고 다른 길이 다시 없다. (…중략…) 무릇 사람이 배우면 곧 모두 선비이다. 그러므로 보통교육으로 국민을 교도하고 양성하여 선비의 근본 기틀을 정해야 하니, 금일의 선비가 옛날의 선비와 다른 까닭이며, 옛날의 선비는 사민의 하나에 존재하여 일종 특별한 계급을 이루니 이는 당시 교육을 받아 선비되기에 족한 지식 도덕을 홀로 소유하는 까닭으로 그 명칭을 향유한 것이다. 그러나 금일에는 그렇지 않아 사농공 중 어떤 직업에 종사하든지 진실로 선비의 지식과 도덕을 갖춘다면 역시 선비이니 어찌 그 직업과 임무를 따라 명칭을 구별하겠는가.

시대의 차이는 존재하지만, 지식을 소유한 '사(士)'는 사회 구성원 가운데 하나의 계급적인 표지가 될 수 있으며, '흥사(興士)'의 목적이 지식과 도덕을 바탕으로 문명 진취하는 데 있음을 명확히 한 것이다. 이와 같이 지식 담론에서 지형에 대한 공통된 견해를 찾는 일은 쉽지 않으나, 본질적으로 지식 지형은 지식의 존재와 내용을 바탕으로 한

---

17) 『대한매일신보』(국한문판), 1907.12.15. '흥사단 취지서(興士團趣旨書)'.

지식 유형 설정이 전제되며, 시대와 사회(또는 국가)별 지식 유형의 분포와 전파·수용 과정, 추이 등을 설명하는 용어가 될 수 있다.

4. 지식의 유형과 구조에 대한 인문학적 접근

지식의 유형은 존재하는 모든 지식을 분류학적 방법을 적용하여 설정한 지식의 형태를 의미한다. 달리 말해 지식의 유형은 분류 결과로 도출해야 할 연구 과제에 해당한다. 지식 분류학의 다양한 논의를 종합하면 지식의 유형은 '대상 지식의 범위', '지식 산출의 방법(원천)', '지식의 성격' 등을 고려한 유형 분류가 가능하다.

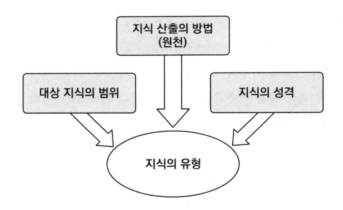

4.1. 대상 지식의 개념과 범위 대상

첫째, 분류하고자 하는 지식의 개념과 범위를 고려한 분류이다. 이 분류는 지식의 개념과 범위를 어떻게 정할 것인가를 명료하게 해야 한다. 이 문제는 분류학의 일반적인 논의나 지식 분류에 관한 선행 연구에서 그다지 많은 논의가 진척된 것으로 보이지 않는다. 구가 가쓰토시의 『지식의 분류사』에 간략히 정리된 다양한 사례를 종합하거나 셸러의 『지식의 형태와 사회』, 또는 지식 구조와 관련한 남태우 (2015)의 비교적 방대한 저서 등에서 분류 사례나 원칙, 방법에 관한 다양한 논의를 하고 있음에도 분류해야 할 지식이 어떤 것이며, 어느 범위까지인지에 대한 논의가 충분히 이루어졌다고 보기는 어렵다. 예를 들어 플리니우스의 『박물학』, 중국 진나라 무제 당시 장화가 지은 것으로 알려진 『박물지(博物志)』, 송대의 축목과 원대의 부대용·축연 등이 편찬한 것으로 알려진 『사문유취(事文類聚)』 등과 같이 눈에 보이거나 전해 내려오는 인간사를 수집하여 분류하고자 하는 시도와 아리스토텔레스, 위그, 베이컨, 백과전서파를 중심으로 하는 철학 또는 학문지의 분류 방식, 근대 학문 성립 이후 각 학문 분과를 중심으로 한 지식 분류 방식 등이 동일한 범주를 갖는 것은 아니다. 더욱이 철학적 지식 개념에서 강조하는 '의식', '사고'를 지식 범주에 포함할 경우, 이에 대한 객관적 분류 기준을 마련하는 일은 더욱 힘들다. 그렇기 때문에 독일 지식 사회학자들은 시대와 사회에 영향을 받는 지식의 이데올로기성[18]을 간파하고, 이를 객관화하고자 하는 노력을 기울였다. 특히 '사고'를 계급(신분, 직업을 포함하여)의 구조와 연계하여 유형화하고자 한 셸러의 시도는 지식에 대한 계급적 인식의 다양성을 전제로 한 것으로, 지식 범주 설정도 계급적 차이를 보일 수 있음을 시사하며, 이에 따라 시대와 사회마다 주류 지식과 비주류 지식의

---

18) 카를 만하임, 임석진 옮김, 『이데올로기와 유토피아』, 김영사, 2012. 이 책에서 만하임은 시대와 사회의 영향을 받는 지식의 속성을 '존재 제약성'이라고 표현한다.

구분 또는 지식이 갖는 영향력의 차이가 발생할 가능성, 곧 지식 지형의 변화를 내포한다.

셸러의 사고 유형[19]

하층계급	상층계급
가치 전망주의	가치 회고주의
형성고찰	존재고찰
기계적 세계관	목적론적 세계관
현실주의(현저히 저항으로서의 세계)	관념론(현저히 이념왕국으로서의 세계)
유물론	정신주의
귀납·경험주의	선험지식, 합리주의
실용주의	지성주의
낙관적 미래관과 비관적 회고	비관적 미래관과 낙관적 회고
모순을 추구하는 사고방식 혹은 변증법적 사고방식	동일성을 추구하는 사고방식
환경론적 사고	생득설적 사고

계급을 기준으로 한 사고 유형의 특성은 그 자체가 이분법적 대립의 한계와 편견을 극복한 것이라고 보기 어렵지만, 사고의 유형이 지식 사회학적 관점에서 지식 유형의 하나로 간주될 수 있다는 점에서 지식 분류와 유형화에 유의미한 정보를 제공한다.

지식의 유형에 관한 방대한 연구는 남태우(2015)에서 찾아볼 수 있다. 총3권으로 구성된 이 책은 제1권에서 지식의 조직화와 관련한 분류 원리, 문헌 분류법, 지식 분류사를 종합한 뒤, 권2~3에서는 시대별 지식 구조론을 체계적으로 정리하고 있다. 제2권의 지식 구조론

---

19) 전태국, 『지식 사회학: 지배·이데올로기·지식인』, 사회문제연구소, 2001, 290쪽; 이을상, 「막스 셸러의 지식 사회학: 그 철학적 토대와 전개」, 『지식의 형태와 사회』 1, 한길사, 2011, 21쪽, 열 가지 유형을 표로 다시 정리함.

발전사에서는 고대의 지식 구조론으로 베다(Veda), 그리스 지적 전통, 플라톤과 아리스토텔레스, 스토아 학파와 아우구스티누스 등의 지식 구조론을 소개하고, 중세 스콜라 학파와 보에티우스, 초기 대학교, 토마스 아퀴나스 등의 지식 구조론을 설명하였다. 권3의 근대 지식 구조론에서는 베이컨, 홉스, 코메니우스, 데카르트, 로크, 라이프니츠, 백과사전파, 칸트, 헤겔, 콩트, 마르크스 등의 사상가들의 지식 구조론을 설명하였다. 이밖에도 현대의 지식 구조론으로 윌슨, 분트, 퍼어스를 비롯한 지식인들의 지식론을 소개하였는데, 그 중 실용주의 철학자인 퍼어스(Charles S. Peirce)의 '실제적 학문'과 '이론적 학문'의 분류 체계는 지식 산출의 근원인 제반 학문 분야를 대상으로 한 분류라는 점에서 다수의 학자들에게 인용된다. 대상 지식과 범위를 준거로 한 열거식 분류의 대표적인 사례 가운데 하나는 연구 분야에 따른 분류를 들 수 있다. 예를 들어 백과사전이나 어휘 사전을 편찬할 경우 사용하는 전문 분야, 또는 전문 용어 분류법이 이에 해당한다. 이 분류법은 고대의 박물학적 잡학 분류와 같이 존재하는 모든 지식을 열거할 수 있지만, 체계를 설정하고 영향력 있는 지식을 가려내기는 쉽지 않다.

4.2. 지식 습득의 원천 기준

지식의 산출의 방법을 기준으로 한 분류 방식을 고려할 수도 있다. 커뮤니케이션 학자 리틀 존이 지식 습득의 원천에 따라 '발견으로서의 지식', '해석으로서의 지식', '비판으로서의 지식'을 나눈 것[20]은 이

---

20) S. W. 리틀 존, 김흥규 옮김, 『커뮤니케이션이론』, 나남출판, 1996, 20~23쪽.

기준을 고려한 대표적인 사례이다. 발견에 의한 지식은 자연과학이나 사회과학에서 보편화된 방식이다. 발견은 우연적인 것도 있으나 의도적인 관찰에 의한 것도 있다. 과학적 지식으로 불리는 상당수가 관찰에 따른 것임은 당연한 일이다. 해석에 의한 지식은 지식을 산출하는 사람의 관점에서 유용한 지식을 만들기 위한 활동을 거쳐 산출된 지식을 말한다. 이에 대해 리틀 존은 "해석이 우리들로 하여금 어떠한 인식적이거나 또는 실용적인 목표들에 관해 이야기하게 하고 이해, 조작, 중재, 교육 및 이행할 수 있게 하는가?"라는 해석 방법이 중요함을 역설하고 있다. 비판에 의한 지식은 한 사람의 해석에 의한 지식에 그치는 것이 아니라 옳고 그름을 판단하는 과정을 거쳐 산출된 지식을 말한다. 비판 과정에서 비판의 준거를 바르게 설정하고, 적절한 과정을 거치는 일은 유용하고 가치 있는 지식 산출을 위해 중요한 활동이 된다. 이에 대해서는 뒤에서 구체적으로 논의하고자 한다.

다소 용어상의 차이가 있을지라도 지식 산출에 따른 유형화 작업은 여러 학자들에 의해 시도된 바 있다. 이상오(2016)에서는 산출 방법 대신 '원천'을 준거로 '감각-관찰과 경험', '신화', '이성', '믿음' 등을 제시하고 있는데, 지식 산출의 근원이 감각과 경험뿐만 아니라 선험적이거나 신념에 의한 것이 다수 존재한다는 점에서 적절한 분석으로 볼 수 있다. 이상오(2016)에서는 철학에서의 인식론이 지식에 관한 이론이라는 점을 명백히 밝히면서,21) 인식과 지식의 상관성을 논증한 뒤, '우리는 어떻게 지식을 습득하는가?'라는 물음에 대한 해답을 여섯 가지 유형으로 나누어 놓았다. 이에 따르면 지식의 근원은 '관찰·

---

21) 어원적으로 인식론을 뜻하는 epistemology는 '지식, 참된 앎, 이해'를 뜻하는 그리스어 episteme에 학문을 뜻하는 logos가 합쳐진 말이다. 곧 인식론은 '지식에 관한 이론(the theory of knowledge)'로 풀이할 수 있다.

경험적 차원', '경험·실험적 차원', '경험·논리적 차원', '이성·선험적 차원', '분석·종합적 차원', '생성·구성적 차원' 등의 유형화가 가능하다. 이 유형화가 지식 유형을 모두 포괄하거나 배타적으로 다른 유형화를 배제하는 것은 아니지만, 지식 산출의 근원으로서 인식의 문제를 유형화하는 준거로 적용하는 데 유용한 정보를 제공하는 것은 틀림없다.

4.3. 지식의 성격에 따른 방법

지식의 성격에 따른 유형화는 두 번째 기준인 '지식 산출의 방법'과도 무관하지 않은데, 이상오(2016)에서 지식 개념의 성립에 '믿음주의', '이상주의', '경험주의', '합리주의', '자연주의', '실증주의', '실존주의', '실용주의' 등이 존재한다고 한 유형화 작업도 이러한 분류의 하나로 간주할 수 있다. '성격'이나 '성질'이라는 용어의 내포 의미가 다소 복잡할지라도 이 두 용어가 '본질' 또는 '특징'을 지시한다고 할 때, 특정 지식이 갖고 있는 성질을 기준으로 한 유형화는 유의미한 결과를 제시할 수 있다. 실증사회학을 개척한 콩트가 지식 3단계설(신학적→형이상학적→실증적 지식으로의 진보 단계)을 주장한 것이나 다수의 진화론자들이 지식의 위계를 주장한 것도 지식의 성격을 고려한 결과로 볼 수 있다. 예를 들어 스펜서가 학문의 체계를 '추상적 학문(수학, 추상 역학)', '추상적·구체적 학문(구체 역학, 물리학, 화학)', '구체적 학문(천문학, 지질학, 생리학, 심리학, 사회학)' 등으로 구분하고, 콩트의 3단계설보다 세분화된 5단계설을 주장한 것도 지식의 성격을 고려한 유형화의 하나로 간주할 수 있다.[22] 이에 따르면 지식은 제1단계 "직접적으로 자기 보존에 이바지하는 활동에서 얻어진 것", 제2단계

"간접적으로 자기 보존을 위해 생활에 필요한 물건을 획득하는 활동",
제3단계 "자녀를 양육하고 교육하는 것과 관련된 활동", 제4단계 "적
절한 사회적, 정치적 관계를 유지하는 데 필요한 활동", 제5단계 "여가
시간을 즐기는 것과 취미, 심미적 탐구, 감정의 만족을 위한 활동"
등과 같이 학문 발생의 동기를 중심으로 설정하였다.

이와 같이 다수의 논자들이 지식을 분류하고 유형화하는 과정에서
다양한 준거를 적용하고 있음을 확인할 수 있는데, 이는 지식 분류학
이 존재하는 모든 지식을 열거하는 일부터, 지식의 발생과 진보, 또는
지식의 중요도에 따라 지식을 나누고 이를 바탕으로 지식의 구조와
위계를 파악하는 것을 목표로 하고 있음을 알 수 있다. 특히 지식이
세계에 대한 총체적 이해를 돕는 수단이라는 철학적 정의를 고려한다
면, 박물학적 지식 나열보다 구조와 위계를 파악하는 일은 중요한
의미를 갖는다. 구조화와 위계화는 분류 과정에서 '대분류-중분류-
소분류' 등의 방법론이나 특정 지식에 대한 중복 분류 등의 세부 작업
을 거쳐 도달해야 할 목표이다.

5. 지식 지형의 변화 요인과 특성

5.1. 지식 지형의 변화 요인

인간의 사유 방식이나 의식 체계가 형성되고 과학적 이론이 산출되

---

22) 남태우, 『지식 구조론』 제3권(근대·현대편), 한국도서관협회, 2015. 지식 3단계설은 이
    책 377쪽, 5단계설은 402쪽에서 자세히 설명하고 있다.

는 과정에서 '발견', '해석', '비판'은 필수적인 사고과정이라고 할 수 있다. 앞서 설명한 바와 같이, 커뮤니케이션 이론가인 리틀 존은 지식이 창조되는 일반적인 방법을 연구하면서, 학자들이 일반적으로 '발견, 해석, 비판'이라는 세 가지 방법으로 지식을 발전시킨다고 주장한다.23)

그가 말한 지식 발전은 본질적으로 새로운 지식이 탄생하는 것, 또는 지식이 변화하는 것과 다르지 않다는 점에서 지식 지형의 변화와 관련한 요인으로 인정해도 무리가 없다. 이를 도식화하면 다음과 같다.

5.1.1. 발견에 의한 지식

발견은 미처 찾아내지 못하였거나 아직 알려지지 않은 사물과 현상 또는 사실을 찾아내는 일을 말한다. 인류 역사상 '불'의 발견이나 '지리상의 발견' 등은 '발견'이라는 용어를 사용하는 대표적인 사례에 해당한다. 주목할 점은 수학의 역사를 기술하는 사람들에게서 빈번히 논의되는 '0의 발견'과 같은 것들도 발견의 범주에 속한다는 점이다. 피상적으로 생각하면 '0'이라는 숫자 기호를 만들어 쓴 것은 '발견'이라기보다 '발명'에 해당하는 것으로 판단하기 쉽다. 왜냐하면 사전적 의미에서 '발명'은 "아직까지 없던 기술이나 물건을 새로 생각하여

---

23) S. W.리틀 존, 김홍규 옮김, 앞의 책, 1996, 32~34쪽.

만들어 내는 것"을 의미하기 때문이다. 그렇다면 숫자 '0'을 만들어 쓴 것은 '발견'이라기보다 '발명'에 해당하는 것이 아닐까? 하지만 수학사를 전공하는 사람들은 대부분 '0'을 발견했다고 할 뿐, 발명했다고 주장하는 사람은 없다.[24] 이 논리는 의외로 단순하다. 인류의 진보와 지식의 역사를 논한 찰스 반 도렌은 '그리스인의 지식 폭발'을 논하면서, 수학자 피타고라스에 대해 소개한 바 있다.[25] 이 책에서는 '피타고라스의 정리(직각 삼각형의 빗변의 제곱이 두 직각변의 제곱의 합과 같다는 원리)'가 나타나기까지의 과정을 비교적 상세히 설명하고 있는데, 이 또한 '발견'의 범주에 포함하여 설명한다. 왜일까? 비록 눈에 보이지는 않더라도 존재하는 직각 삼각형의 두 직각변과 빗변의 관계가 일정하기 때문이다. '0'뿐만 아니라 '피타고라스 정리'가 객관적 지식으로 인정되고, 유용하게 사용되기까지는 '입증'이나 '활용'이라는 별도의 과정이 필요하다. 그럼에도 '발견'의 기본 전제로 '(알려지지 않은) 사물, 현상'이 존재하고, 그것을 지각하는 과정이 필요함은 틀림없다. 이에 대해 리틀 존은 "발견의 방식은 사회과학이나 자연과학에서 너무나 보편화되어 있기 때문에 종종 그것은 지식에 이르는 유일한 길이 아니라 가장 적합한 방법"으로 간주된다고 말하면서, "발견의 게임에서 지식이란 관찰을 통하여 얻는 어떤 것"이라고 주장한다.[26] 그러나 사실 지식 발견에서 '관찰'이 필수 요인이라고 해야 하는지는 확언하기 어렵다. 관찰은 어떤 현상을 자세히 살피는 일을 의미하는데, 이는 그 자체가 의도성을 내포하고 있기 때문이다. 달리 말해 의도하지 않았음에도 알려지지 않은 사실과 현상을 발견할 수 있다. 인류의

---

24) 요시다 요이치, 정구영 옮김, 『0의 발견』, 사이언스북스, 2002, 17쪽.
25) 찰스 반 도렌, 홍미경 옮김, 『지식의 역사』 1, 고려문화사, 1999, 86쪽.
26) S. W. 리틀 존, 김흥규 옮김, 앞의 책, 33쪽.

역사에서 우연적 발견에 의한 수많은 지식이 존재한다는 점은 누구나 공감할 수 있을 것이다. 결국 '새로운 발견'은 새로운 지식 탄생의 요인이 되며, 그것은 지식 지형을 변화시키는 가장 일차적인 요인이 될 것이다. 이러한 예는 '일식, 월식, 혜성' 등의 자연현상뿐만 아니라 지리상의 발견 등에서도 쉽게 찾아볼 수 있다.

5.1.2. 해석에 의한 지식

리틀 존의 두 번째 지식 창조 방법인 '해석'은 존재하는 상태에 대한 지각 과정을 거쳐 인위적인 사유방식이 적용된다는 점이 특징이다. 사전적 의미에서 해석은 "문장이나 사물로 표현된 내용을 이해하고 설명하는 것" 또는 "사물이나 행위의 내용을 판단하고 이해하는 일"을 의미한다. 즉 해석은 판단과 이해라는 사고과정을 거치는 행위이다. 이에 대해 리틀 존은 "지식은 발견자와 발견 대상의 행위적 산물"이라고 표현했다. 여기서 말하는 '행위적'이라는 표현은 곧 '해석'을 의미한다. 그는 "연구자마다 사건의 흐름에서 서로 다른 것들을 발견"하게 되며, "그 사건들에 대해 다른 의미를 부여하고 다른 방법으로 개념화"시키기 때문에 지식은 만드는 사람의 해석이 개입하게 됨을 지적한다. 달리 표현하면 해석은 지식 산출자가 자신의 눈으로 발견한 사실을 이해하고 판단하는 과정인 셈이다. 여기서 해석자의 '관점'이나 해석의 '타당성' 등은 많은 논쟁을 낳을 수 있고, 그 과정에서 지식이 다변화한다. 이는 곧 지식 지형의 변화 요인으로 작용한다. 발견에 대한 일차적 해석이 일차적 지식을 산출했다면, 그에 대한 새로운 해석은 지식 지형의 변화를 유발한다. 이러한 예는 신화나 설화적인 이야기를 과학적으로 재해석하고자 하는 다양한 시도에서

쉽게 찾아볼 수 있다.

5.1.3. 비판에 의한 지식

비판은 해석에서 한 단계 진보한 지식 산출의 방법에 해당한다. 비판은 "현상이나 사물의 옳고 그름을 판단하여 밝히거나 잘못된 점을 지적하는 일"이자 "사물을 분석하여 각각의 의미와 가치를 인정하고 전체 의미와의 관계를 분명히 하며, 그 존재의 논리적 기초를 밝히는 철학적 행위"라고 정의할 수 있다. 해석이 해석자의 주관적 판단과 이해를 전제로 한 행위라면, 비판은 자신 또는 타인의 해석을 판단하는 행위가 된다. 지식 산출의 방법으로 '비판'이 중요한 의미를 갖고 있음은 대부분의 학자들이 지적하고 있다. 진리를 구하는 방법으로서 귀납법을 강조한 프랜시스 베이컨이 "인간 정신 속에 뿌리박혀 있는 편견"을 '우상'으로 부르고, 이를 제거해야 함을 강조한 것이나, 데카르트가 학문 방법의 '서설'로 '명증성, 분석, 종합, 매거(枚擧)'의 원칙을 제시한 것은 학문사의 발전에서 '비판적 사고'가 얼마나 중요한 역할을 할 것인가를 증명한다. 즉 베이컨적 우상은 무비판적 편견에서 형성된 것으로 제거되어야 할 대상이며, 데카르트적 자기 존재는 자신에 대한 본질적 회의(懷疑)라는 비판 과정을 거칠 때 명료해질 수 있는 것이다.[27] 이에 대해 리틀 존은 "사회가 진보할 수 있는 방법", "사회적 진보와 변화에 대한 영역"이라고 표현한다. 달리 말해 비판이 존재하지 않는다면 새로운 지식은 산출되기 어렵고, 새로운 지식이

---

[27] 이 글에서 베이컨의 이론은 프랜시스 베이컨, 진석용 옮김(1990), 『신기관』(한길사)을, 데카르트의 이론은 데카르트, 권오석 옮김, 『방법서설』(홍신문화사, 2007)을 참고.

산출되지 않는다면 사회가 진보하지 않는다는 뜻이다. 이는 사회심리 학자 에리히 프롬의 '건전한 사회'(전체주의와 같이 집단적 무비판 상태의 사회를 탈피하여 비판이 허용되는 사회)라는 개념이나 칼 포퍼가 말한 '열린사회'(무비판적 닫힌 사회와 대립된 사회)와 비슷한 개념이라고 할 수 있을 것이다.[28] 즉 무비판적 전체주의와 닫힌 사회에서는 지식 진보가 쉽지 않다. 이에 비해 건전한 사회, 열린사회의 지식 지형은 변화의 속도가 급속할 수 있다.

5.2. 지식 지형 변화의 특성

이처럼 발견, 해석, 비판이 지식 형성과 지형 변화의 주된 사유방식 이라는 점을 인정하더라도 이 같은 사유방식이 어떤 양태로 지식의 지형을 변화시키는가를 기술하는 일은 쉽지 않다. 이 문제와 관련하여 과학자들 사이에서는 학문 발전의 일반적인 경향을 기술하고자 하는 다수의 노력이 있었다. 과학혁명의 전개 과정을 논의한 토머스 쿤이나 근대의 과학 발전 과정을 논증하고자 한 알프레드 노스 화이트헤드 등이 대표적인 학자로 보이는데, 쿤은 '특정 시대 과학자 사이에서 공유하는 이론이나 가치 체계'를 '패러다임'이라는 개념으로 표현하고, 패러다임이 변화하는 과정을 과학사의 변화 과정으로 설명하고자 하였다.[29] 여기서 공유하는 가치 체계가 변화한다는 말은 일종의 지식 지형이 변화하는 것과 유사한 개념으로 이해할 수 있다. 쿤이 말한 패러다임의 분화는 기존 지식이 분화되는 과정을 말하며, 분화

---

28) 에리히 프롬, 이규호 옮김, 『자유로부터의 도피·건전한 사회』, 삼성출판사, 1990; 칼 포퍼, 이한구 옮김, 『열린사회와 그 적들』 1, 민음사, 2006 참고.

29) 토머스 쿤, 김명자 옮김, 『과학혁명의 구조』, 까치, 2013 참고.

된 패러다임에서 하나의 패러다임이 다시 정착되는 이른바 '혁명 과학'은 지식 지형이 혁신적으로 변화하는 과정과 같은 의미이다. 여기서 주목할 점은 쿤뿐만 아니라 화이트헤드의 과학사 연구가 철학사, 특히 사상사를 기반으로 한 점이다. "새로운 사상은 새로운 과학이나 기술보다 중요하다."라고 강조하면서, "새로운 사상은 형이상학적 가설과 우리 정신의 상상적 내용을 변화시켰다."라고 진술한다.[30] 이 말은 과학적 지식 지형의 변화가 과학 그 자체에서만 비롯되는 것이 아니라, 사상과 형이상학적 지식의 변화를 기반으로 함을 강조한 것이다.

이러한 흐름에서 지식 지형의 변화에 대한 지식사회학자들의 견해를 살펴보는 것도 의미 있는 일이다. 그 중 인간의 사용 가능한 모든 지식을 종합하여 지식의 3단계 법칙을 체계화하고자 한 콩트나 이를 비판하고 세 가지 지식 유형을 제시한 셸러의 견해 등은 지식 지형 변화를 탐구하는 데 좋은 지표가 된다. 콩트는 인간 정신 발달의 세 가지 단계, 즉 '신학적 단계, 형이상학 단계, 실증적 단계'를 거친다고 주장한다.[31]

신학적 단계　형이상학적 단계　실증적 단계

---

30) A. N. 화이트헤드, 김준섭 옮김, 『과학과 근대세계』, 을유문화사, 1993 참고.
31) 반덕진 편저, 『세상의 모든 고전』, 가람기획, 2014 참고.

신학적 단계는 신의 의지에 의해 인간의 운명이 결정된다는 것으로, '만물 숭배(물활론)', '다신론', '일신론'의 순서로 발전해 간다. 이 단계에서 인간 정신은 모든 현상을 초자연적 힘의 결과로 보고, 이를 분석하며 그 기원과 원인을 추구한다. 이 단계에서는 감성과 상상이 지식 산출의 주요 메커니즘이 된다. 형이상학적 단계는 본질과 이성의 형식이 중시되는 단계이다. 신화적 단계의 마지막인 일신론의 상태에서 점진적으로 이성의 각성이 촉진되며, 이에 따라 관찰과 실험의 방법을 통해 상이한 여러 사실을 함께 연결하는 법칙을 추구하기 시작한다. 그 과정에서 생명의 원리와 같은 추상적 개념이 등장하며, 이를 존재의 본질과 연계한 형이상학적 단계가 출현한다. 형이상학적 단계로부터 관찰과 실험 등의 실증 정신이 부가되면서 지식 발달의 마지막 단계인 실증적 단계가 전개된다. 이러한 경향에 따라 콩트는 분과 학문의 발달 순서를 제시하기도 했는데, 그 요인은 '보편성, 단순성, 타분야로부터의 독립성'이다. 즉 학문이 발달할수록 보편성이 감소하며, 복잡성이 증대한다는 것이다. 이에 따라 학문 발달의 위계 또는 순서를 제시하기도 했는데, 그에 따르면 '천문학'이 자연과학 중에서 가장 보편적이고 단순하여 먼저 발달했으며, 그 다음으로 '물리학, 화학, 생물학, 사회학'이 발달한다는 것이다.

　콩트의 인간 정신 발달 단계와 셸러의 지식 유형론은 범주 설정 면에서는 크게 다르지 않다. 다만 셸러는 콩트의 단계설이 유럽을 중심으로 한 편협한 시야를 반영한 것일 뿐, 역사적 발전 단계를 인정할 수는 없다고 판단하였다. 이 점은 지식 지형 연구에서 주목할 만한 점이다. 왜냐하면 역사적 발전 단계설은 진화론적 사고와 마찬가지로 지식의 유형보다 발전 과정에 초점을 맞추게 되고, 그에 따라 다양하게 분포하는 지식의 유형을 객관화하기 어렵기 때문이다. 앨런 스윈지우드[32)에 따르면 '지식사회학'이라는 용어를 만들어 낸 셸러는 "지식의 집합적·사회적 본성, 학교와 신문과 같은 특정 사회제도를 통한 지식의 사회학적 분배, 상이한 종류의 지식 형성에서 사회적 관심의 현실성" 등이 지식사회학의 기본 요소로 간주하였다. 즉 앨런 스윈지우드의 표현대로 "지식사회학은 상이한 형태의 지식 발생을 특정 사회구조의 요소와 관련지어 가능한 한 체계적으로 그 지식의 사회적 위치를 추적하고자 한 시도"였다. 이 같은 입장에서 사회적 요인에 따른 지식의 분포와 유형, 새로운 지식의 출현과 지식 지형 변화 등에 대한 설명 가능성이 부여된다.

새로운 지식의 탄생이나 지식 지형의 변화에 대한 관심은, 셸러 이후 지식사회학이 발달하면서 지식의 본질, 즉 '진리(지식)란 무엇인가'라는 질문보다 지식의 시대적, 사회적 환경 및 기능에 대한 관심이 점차 확대되면서, 지식의 역사와 지식 지형의 변화에 대한 관심도 높아졌다. 그 경향을 나타내는 결과물 가운데 하나로 박치완 외(2016)의 『지식의 역사와 그 지형도』를 참고할 수 있다. 이 저서는 '현대사회에서 지식이 갖는 의미'를 규명하기 위한 시도로 나타난 것이지만, '지식의 역사', '지식과 인간사회', '동서양의 지식관 비교' 등을 중심 주제로 삼고 있다. 16명이 집필자로 참여한 이 책에서 대표 저자인 박치완은 '서문'에서 지식이 형성되어 온 역사를 검토해야 할 필요성을 다음과 같이 주장한다.[33)

지식이 인간의 고유한 정신 능력의 산물이라는 점을 고려해 볼 때,

---

32) 앨런 스윈지우드, 박성수 옮김, 『사회사상사』, 문예출판사, 1997 참고.
33) 박치완 외, 『지식의 역사와 그 지형도』, 한국외국어대학교 출판문화원, 2016, 7~8쪽.

그것은 모든 것에 대한 인간의 앎을 지칭한다고 볼 수 있다. 그러나 한편으로 특정한 영역에 다라서, 그리고 시대적, 문화적 환경에 따라서 지식의 정의와 조건은 달라진다. 예컨대 신화와 종교의 영역에서 논해질 수 있는 지식과 과학적 지식은 제각기 다른 방식으로 형성되며, 다른 방식으로 활용된다. 동양과 서양이라는 서로 다른 문화적 조건 속에서 성립된 지식 및 지식관은 서로 명백한 차이를 보이며, 고대와 현대의 지식 또한 추구하는 바가 동일할 리도 만무하다. 이런 점에서 지식의 정의와 유용성 및 가치에 대한 물음은 즉각적으로 대답될 수 있는 성격의 것이 아니기 때문에 우선적으로 지식이 형성되어 온 역사를 면밀히 검토할 필요가 있다.

이 진술에서 주목할 점은 '지식의 정의', '지식과 시대적 환경', '지식과 문화적 환경', '동서양의 지식관' 등이 매우 다양한 형태로 존재한다는 점이다. 이러한 판단은 지식이 단순한 단계를 거쳐 발달한다는 실증과학이나 실증사회학적 태도와 다른 것이며, 문자 지식뿐만 아니라 구전 지식을 중시하여 '다원적 지식'을 강조했던 피터 버크의 태도와도 유사하다. 버크는 '지적 진보' 또는 '인식의 성장'과 같은 표현을 지양(止揚)한다. 그는 "이런 개념은 한 사회 전체를 그러니까 서로 다른 사람들이 자기네들 사이에서 알고 있는 것을 가리키는 한에서 유용"할 수도 있는 개념이라는 것이다.[34] 구전 지식과 문자 지식, 국소적 지식과 일상적 지식, 사회학자 귀르비치가 제시한 일곱 가지 '지각적, 사회적, 일상적, 기술적, 정치적, 과학적, 철학적' 지식 등의 다양한 유형 분류도 본질적으로 '진보'와 '성장'보다는 '어떻게 퍼져 있는가'

---

34) 피터 버크, 박광식 옮김, 『지식의 사회사』 1, 민음사, 2017, 27쪽.

를 의미하는 '분포'를 중시한 개념들이다.

지식 지형 연구는 지식이 '어떻게 분포되어 있는가', '어떻게 변화하는가'의 문제를 해결하는 과정이다. 전자는 지식의 지형을 의미하며, 후자는 지식 지형의 변화를 의미한다. 분포는 공간적 차원에서 어떤 존재가 어느 위치에 놓여 있는가를 의미한다. 이를 지식과 관련지어 논한다면, 공시적(共時的) 차원에서 어떤 사유방식과 경험이 어느 곳에 놓여 있는가라는 뜻이다. 존재하는 모든 지식에 대한 관심은 플리니우스의 『박물지』(기원후 79년 로마의 해군 지휘관 플리니우스가 라틴어로 작성했다고 알려진 백과사전)나 중국 진 나라 장화(張華)가 기록한 것으로 알려진 『박물지』(지리, 박물, 지괴, 산천, 동식물, 먼 지방의 기이한 족속 등에 대한 기록)와 같은 백과사전, 17~18세기 백과전서파의 등장, 현대의 빅데이터를 구축하고자 하는 시도 등과 같이 시대와 사회를 떠나 인간이 알고 있는 것이 어느 정도인가에 대한 보편적 관심을 반영한다.

그러나 지금까지 시도해 온 '모든 지식'을 수집하고자 한 어떤 시도도 완전한 결과를 얻을 수는 없었다. 더욱이 존재하는 모든 지식이 과거로부터 현재까지 지속되는 것은 아니다. 달리 말해 과거의 지식이 현재에 무의미하거나 그 자체를 지각할 수 없는 것들도 적지 않다는 뜻이다. 유형화와 변화라는 개념은 이러한 현상을 설명하는 데 유용하다. 이 문제는 지식의 성격에 따라 다양한 설명이 가능할 것으로 보인다. 철학이나 종교와 같이 신념과 관련되는 지식이 형성·변화되는 요인과 실증과학의 지식이 형성·변화되는 요인은 동질할 수 없다. 또한 분과 학문의 관점에서 각종 관념이 형성되고 변화하는 과정이 같을 수 없다. 이 점은 '개념의 형성과 정착 과정'을 연구 대상으로 삼는 개념사 방법론도 동일한 맥락으로 판단된다. 라인하르트 코젤렉으로 대표되는 개념사 연구는 "개념은 정치·사회적인 의미 연관들로 꽉 차 있어, 사용하면서도 계속해서 다의적으로 머무는 단어"로 그 개념이 형성되기까지 비교적 오랜 시간이 소요된다.[35] 여기서 말하는 개념의 변화는 지식의 변화 가운데 한 양상으로 볼 수 있다. 예를 들어 특정 시대 '문(文)'에 대한 배움[學]'을 뜻하는 '문학'이 "사상이나 감정을 언어로 표현한 예술"을 의미하는 개념으로 변화하기까지의 과정, 고대 국가로부터 '국민, 영토, 주권'을 전제로 한 통치 조직을 의미하는 '국가(國家, 네이션)'라는 개념이 형성·변화되기까지의 과정 등과 같은 주제는 개념 형성 차원에서는 당연히 개념사의 연구 대상 이 될 수 있지만, 인간의 인식 과정과 결과라는 넓은 의미의 지식사로 볼 때, 지식 지형의 변화하는 양상으로 다룰 수 있는 주제들이다. 한 예로, 한국 문학사에서 『대한흥학보』 제11호(1910.3)에 소재한 이보경 (李寶鏡)의 '문학의 가치' 이전의 글에서 '문학'을 "언어의 예술"이라는 개념으로 사용한 사례는 찾기 힘들다. 그러나 오늘날 애써 축자적 의미로 '문에 대한 학'을 찾아내지 않는다면, 일상적으로 문학은 '언어 로 표현한 예술'의 범주, 즉 시와 소설, 희곡과 수필 등을 떠올릴 것이 다. 이와 마찬가지로 용어의 출현과 개념의 변화, 정착 과정은 그 자체 가 지식의 변화이자 변화의 결과는 지형의 변화에 속한다. 전통적으 로 부정적 인식 대상이었던 소설과 같이, 문학에 대한 인식과 태도가 변화한 것은 전형적인 지식 지형의 변화에 해당한다. 이때 인식 변화 에 영향을 미친 요인이 무엇인가는 다양한 탐색 과정을 거쳐 규명해 야 할 과제가 된다.

---

35) 호르스튜 슈투케 지음, 라인하르트 코젤렉·오토 브루너·베르너 콘체 엮음, 남기호 옮김, 『코젤렉의 개념사 사전 6: 계몽』, 푸른역사, 2014, 6~7쪽.

참 고 문 헌

교육부,『교육부 고시 1997-15호, 고등학교 교육과정 해설』, 교육부, 2001.

한국신문연구소,『대한매일신보』(국한문판), 1907.12.15.

김상환,『사물의 분류와 지식의 탄생: 동서 사유의 교차와 수렴』, 이학사, 2014.

김태수,『분류의 이해』, 문헌정보처리연구회, 2000.

김포옥·백항기,『문헌분류론』, 조은글터, 2011.

김필동,「지식 변동의 사회사: 그 과제와 방법」, 한국사회사학회 엮음,『지식 변동의 사회사』, 문학과지성사, 2003.

남태우,『지식의 구조』1, 한국도서관협회, 2015.

동북아역사재단,『동아시아의 지식 교류와 역사 기억』, 동북아역사재단, 2009.

반덕진 편저,『세상의 모든 고전』, 가람기획, 2014.

설성수,『지식활동 분류의 이론과 실제』, 한남대학교출판부, 2001.

양재한,『문헌 분류의 이해와 실제』, 태일사, 2014.

이상오,『지식의 탄생』, 한국문화사, 2016.

이을상,「막스 셸러의 지식 사회학: 그 철학적 토대와 전개」,『지식의 형태와 사회』1, 한길사, 2011.

전태국,『지식 사회학: 지배·이데올로기·지식인』, 사회문제연구소, 2001.

정연경,『지식정보 분류론』, 이화여자대학교 출판문화원, 2017.

정영미,『지식구조론』, 한국도서관협회, 1997.

구가 가쓰토시, 김성민 옮김,『지식의 분류사』, 한국출판마케팅연구소, 2009.

앨런 스윈지우드, 박성수 옮김,『사회사상사』, 문예출판사, 1997.

에리히 프롬, 이규호 옮김, 『자유로부터의 도피·건전한 사회』, 삼성출판사, 1990.

에릭 J. 헌터, 박지영 옮김, 『분류란 무엇인가』, 한울아카데미, 2015.

요시다 요이치, 정구영 옮김, 『0의 발견』, 사이언스북스, 2002.

찰스 반 도렌, 홍미경 옮김, 『지식의 역사』 1, 고려문화사, 1999.

카를 만하임, 임석진 옮김, 『이데올로기와 유토피아』, 김영사, 2012.

토머스 쿤, 김명자 옮김, 『과학혁명의 구조』, 까치, 2013.

프랜시스 베이컨, 진석용 옮김, 『신기관』, 한길사, 2001.

피터 버크, 박광식 옮김, 『지식: 그 탄생과 유통에 대한 모든 지식』, 현실문화연구, 2006.

피터 버크, 박광식 옮김, 『지식의 사회사』 1, 민음사, 2017.

헌터 에릭, 박지영 옮김, 『분류란 무엇인가: 지식의 구조화와 검색에 관한 이해』, 한울아카데미, 2015.

A. N. 화이트헤드, 김준섭 옮김, 『과학과 근대세계』, 을유문화사, 1993.

S. W. 리틀 존, 김홍규 옮김, 『커뮤니케이션이론』, 나남출판, 1996.

강인태, 「지식지도 설계 및 개발 방법론: 유형, 지식 배치 알고리듬 및 개인화」, 서울대학교 박사논문, 2004.

김부용, 「미셸 푸코의 경험과 지식」, 서강대학교 철학연구소, 『철학논집』 33, 서강대학교 철학연구소, 2013.

김수영, 「중국 근대 지식지형의 형성과 패러다임: 전문지식과 전문가 집단의 탄생을 중심으로」, 중국사학회, 『중국사연구』 71, 2011.

김옥희·남태우, 「인식론적 주제 관점에서의 지식과 문헌 분류의 전개고」, 한국정보관리학회, 『한국정보관리학회 학술대회 논문집』 1, 1994.

김원, 「1987년 이후 학문 사상 지형의 변화: 지식과 권력을 중심으로」, 민주화운동기념사업회, 『민주화운동기념사업회 학술토론회 자료집』,

2007.

김일권, 「조선 후기 치농과 음식의 필용 지식 전개로서 『거가필용』과 『산림경제』의 지식 지형 고찰」, 한국농업사학회, 『농업사연구』 15, 2016.

김정경, 「고전문학의 지식체계 형성에 대한 담론적 연구」, 서강대학교 박사논문, 2005.

박옥화, 「지식 분류의 역사적 고찰」, 충남대학교 사회과학연구소, 『사회과학연구』 3, 1992.

박진환, 「마르크스의 지식론에 관한 연구」, 한국국민윤리학회, 『윤리연구』 28, 1989.

박치완, 「글로컬 시대가 요구하는 지식의 새로운 지형도」, 서강대학교 철학연구소, 『철학논집』 38, 2014.

박치완 외, 『지식의 역사와 그 지형도』, 한국외국어대학교 출판문화원, 2016.

설성수, 「개방형 한국어 지식대사전 분야 분류」, 한국사전학회, 『한국사전학』 22, 2013.

손윤락, 「아리스토텔레스의 학문 분류와 그 의의」, 한국서양고대역사문화학회, 『서양고대사연구』 46, 2016.

송현정, 「국어 지식교육과 사고력의 관계에 대한 일고찰」, 한국초등국어교육학회, 『한국초등국어교육』 24, 2004.

양희정, 「인지 발달 단계와 범주 지식 수준에 따른 범주화 분류 기준의 발달적 변화」, 이화여자대학교 박사논문, 1995.

예성호, 「중국의 한국학 지식 지형도 연구」, 중국학연구회, 『중국학연구회 학술발표회』, 2017.

유현정, 「문화지식 분류를 통한 한국 문화교육 방안」, 한성대학교 박사논문, 2015.

이명규, 「지식 분류에 대한 동서양의 비교: 베이컨의 분류와 사고전서를
　　　중심으로」, 한국비블리아학회, 『한국비블리아학회지』11(2), 2000.

이재민, 「지식 생산의 구조와 이론사회학의 위상」, 한국이론사회학회, 『사
　　　회와 이론』19, 2011.

이재봉, 「근대의 지식 체계와 문학의 위치」, 한국문학회, 『한국문학논총』
　　　52, 2009.

이정우·심경호·이상욱, 「분류의 다양성과 원리: 지식의 탄생을 중심으로」,
　　　한국과학철학회, 『과학철학』17(3), 2014.

이혜민, 「중세와 르네상스 시대의 백과사전식 지식 분류」, 한국서양중세사
　　　학회, 『서양중세연구』37, 2016.

정연경, 「학문 분류, 문헌 분류, 연구 분류에 관한 비교 분석」, 이대사회과
　　　학대학 사회과학연구소, 『사회과학연구논총』3, 1999.

조성산, 「19세기 조선의 지식인 지형」, 역사비평사, 『역사비평』117, 2016.

최문식 외, 「한국 고전번역원의 성과물 분류 체계와 특수 고전 번역 체계
　　　에 대한 연구」, 한국고전번역학회, 『고전번역연구』7, 2016.

허재영, 「지식 생산과 전파 수용에 따른 지식 권력 연구 방법론」, 부산대
　　　한국민족문화연구소, 『한국민족문화』66, 2018.

종교 지식, 형이상학적 지식, 실증 지식과 지형 변화

허재영

1. 지식과 지식 범주

"인간의 지식이 곧 인간의 힘이다. 원인을 밝히지 못하면 어떤 효과
도 낼 수 없다. 자연은 오로지 복종함으로써만 복종시킬 수 있기 때문
이다. 자연의 고찰에서 원인으로 인정되는 것이 작업에서는 규칙의
역할을 한다." 이 말은 근대 학문의 방법론을 제시한 프랜시스 베이컨
의 『신기관』 제1권(진석용 옮김, 한길사, 1990)에 나오는 말이다. 베이컨
에게서 지식은 자연에 대한 인과 법칙을 실증적으로 규명하여 얻은
결과를 말한다.

이에 비해 대표적 동양 고전의 하나인 『대학(大學)』에서는 큰 학문
의 길이 '명덕(明德)을 밝히고 신민(親民=新民)하며, 지극한 선에 머물도
록 하는 것'에 있다고 하면서, "머물 곳을 안 다음에 마음을 잡을 수

있고, 마음을 잡은 후에 평정을 얻을 수 있으며, 평정을 얻어야 평안할 수 있고, 평안해야 생각을 할 수 있고, 생각을 해야 깨달음을 얻을 수 있다."[1]라고 하였다. 특히 "만물에는 본말이 있고, 만사에는 시작과 끝이 있어 선후를 아는 것이 도"이며, 천하의 명덕을 밝히고자 하는 일은 "물격, 지지, 의성, 심정, 신수, 가제, 국치, 천하평"[2]에 따른다고 한 것은 동양적 지(知)의 전형적 모습이다. 여기서 『대학집주』의 "마음은 몸의 주인이며, 성(誠)은 진실이다. 의(意)는 마음의 발로이며, 그 마음의 발로가 진실되다는 것은 그것이 선(善)하고자 하며 자기를 속이지 않는 것"이라는 해석이나 "치(致)는 궁극을 추구하는 것이며, 지(知)는 식(識)과 같은 것으로 나의 지식(知識)을 추극(推極)하는 것은 아는 바가 다하지 못함이 없도록 하고자 하는 것"[3]이라는 주석을 참고한다면, 앎을 뜻하는 '지(知)'와 인식의 세계를 뜻하는 '식(識)'은 같은 의미이며, 『대학』의 지식이 사물의 격식을 아는 것으로부터 천하를 이롭게 하는 것을 지향하고 있다고 볼 수 있다. 이처럼 지식의 개념에 대한 베이컨과 『대학』의 언급은 역사와 사회 속에서 상이한 '앎'의 개념과 기능이 성립될 수 있음을 보여준다. 베이컨의 지식은 '자연'을 대상으로 하며, 지식을 사용하여 자연을 지배할 수 있다는 믿음에서 출발한다. 이에 비해 동양의 지(知)는 격물치지(格物致知)가 성의(誠意)와 정심(正心)을 바탕으로 치국평천하에 기여하는 원리로

---

1) 『大學』, 大學章句. "知止而后有定, 定而后能靜, 靜而后能安, 安而后能慮, 慮而后能得".

2) 『大學』, 大學章句. "物格而后知至, 知至而后意誠, 意誠而后心正, 心正而后身脩, 身脩而后家齊, 家齊而后國治, 國治而后天下平".

3) 『大學』, 大學章句. "古之欲明明德於天下者 先治其國 欲治其國者 先齊其家 欲齊其家者 先脩其身 欲脩其身者 先正其心 欲正其心者 先誠其意 欲誠其意者 先致其知 致知在格物. 「註」治平聲 後放此. 明明德於天下者 使天下之人皆有以明其明德也. 心者 身之所主也. 誠實也. 意者 心之所發也. 實其心之所發 欲其一於善而無自欺也. 致推極也. 知猶識也. 推極吾之知識 欲其所知無不盡也. 格至也. 物猶事也. 窮至事物之理 欲其極處無不到也. 此八者 大學之條目也."

작용한다. 특히 '성의'나 '정심'은 마음과 관련을 맺는 것이며, 진실한 마음은 자신을 속이지 않는 일과 관련된다.

지식의 개념과 기능은 동서양의 지리적 차이뿐만 아니라 역사, 더 나아가 학문 분야별 다양성을 하나의 이론으로 정립하는 일은 사실상 가능하지 않다. 그럼에도 지식이 형성되고 변화하는 과정에서 보편적이라고 지각되는 현상은 틀림없이 존재한다. 예를 들어 스털링 P. 램프레히트가 저술한 『서양철학사』에서 그리스의 자연철학에서 소피스트를 거쳐 소크라테스의 자아 발견에 이르는 철학사의 흐름을 읽어낼 수 있듯이, 풍우란의 『중국철학사』에서는 공자 이전의 '귀신, 술수, 하늘' 등의 자연현상에 대한 종교적 철학과 '인간의 발견', 공자와 유가의 '자아 발견' 등의 흐름을 찾아낼 수 있다. 즉 자연과 인간, 자아 발견에 대한 동서양의 공통점과 차이점을 지각할 수 있는 셈이다.

지식의 지형이 형성되는 데 다종의 요인이 작용하듯이, 지형 변화에도 다양한 요인이 내재된다. 다만 각각의 요인을 분석하기 전에 지식 유형에 따른 지형상의 특징이 무엇인지를 살펴보는 일이 필요하다. 이는 지식에 대한 다양한 관점을 이해하고, 주요 유형별 지식 지형의 특징을 기술하는 작업을 의미한다. 이를 위해 여기서는 지식에 대한 다양한 관점(지식관)을 탐구하고 형이상학적 지식, 종교적 지식, 과학적 지식의 변화와 진보 과정을 서술한다. 이러한 관점에서 지식관과 그에 따른 사유방식을 비교하는 일은 어느 정도 가치를 가질 수 있다.

지식이 인간의 경험과 사고를 통해 축적된 인식 결과 또는 그 체계를 의미한다면, 지식이 형성되는 가장 기본적인 요인은 인간 자체에 있음을 부정하기 어려울 것이다. 인간 존재에 대한 현대의 학문 분야별 접근 방법이나 태도가 동일할 수는 없지만, 흥미로운 것은 인간에 대한 철학이나 인류학자들 가운데 유사한 발상을 한 사례가 많다는 점이다. 예를 들어 고대사회와 최초의 철학자들에 관심을 기울인 조지 톰슨이라는 학자는 그의 저서 『고대사회와 최초의 철학자들』 제1부 부족세계에서 베이컨이 말한 "인간은 자연의 조력자이자 해석자이다. 그는 자연에 대한 노동이나 관찰에 의해 자연의 질서를 지각하고 난 다음에야 비로소 행동하고 인식할 수 있을 따름이다. 이 범위를 넘어서면 그에게는 어떤 지식도 힘도 없다."라는 말을 인용하고, 신화와 상징이 출현하는 과정을 설명하고자 하였다. 그 과정에서 톰슨은 다음과 같이 진술한다.[4]

"모든 인간 역사의 제1전제는 말할 것도 없이 살아 있는 개인들의 실존이다. 따라서 제밀 먼저 확인되어야 할 사실은 이러한 개인들의 신체적 조직과 그것에 따라 주어진 나머지 자연과의 관계이다." 마르크스와 엥겔스는 마르크스주의에 관한 최초의 본격적인 진술에서 이렇게 썼다. 이 진술은 너무나도 평범한 진리인 까닭에 당연하게 보일 수도 있다. 그러나 철학자들은 그것을 부정하고 왜곡하거나 또는 그것을 모호하게 하기 위해 수백 권의 책을 저술해 왔다.

이 말은 어떤 지식이든 인간의 경험과 사유를 전제로 하며, 지식이 산출되는 과정에서 인간 자신의 존재는 필수적인 조건이 된다는 것을 의미한다. 이러한 발상은 문화철학 차원에서 『인간이란 무엇인가』라는 저술을 남긴 에른스트 카시러에서도 찾아볼 수 있다. 그는 생물학적 존재로서의 인간으로부터 문화적 상징이 출현하는 과정이 인간성

---

4) 조지 톰슨, 조대호 옮김, 『고대사회와 최초의 철학자들』, 고려원, 1992, 17~19쪽.

의 본질이라고 생각했다. 그렇기에 생물학자 요하네스 윅스퀼의 저서를 출발점으로 하여, 상징이 발생하는 과정을 다음과 같이 진술한다[5].

　　명백히 인간 세계도 다른 모든 유기체를 지배하는 생물학적 법칙에 대해서 예외를 형성하지 않는다. 그렇지만 인간 세계에서 우리는 인간 생활의 특수한 표적으로 나타나는 하나의 새로운 특징을 본다. 인간의 기능 고리는 다만 양적으로 확대되어 있는 것이 아니다. 그것은 또한 질적 변화를 거친 것이다. 말하자면 인간은 자기 자신을 그 환경에 적응시키는 하나의 새로운 방법을 발견하였다. 모든 동물의 종에서 볼 수 있는 수용 계통과 운동 계통 사이에서 우리는 인간에게 있어 상징 계통이라 할 수 있는 제3의 연결물을 본다. 이 새로운 획득물은 인간 생활 전체를 변형시킨다.

이 진술에 따르면 인간도 다른 동물과 마찬가지로 윅스퀼이 말한 '생물학적 원리'를 따른다. 그렇지만 인간의 생활은 환경에 대한 '수용'과 '운동'이라는 생물학적 원리뿐만 아니라 '상징 계통'이라는 새로운 발견을 하게 된다는 것이다. 여기서 주목할 점은 카시러도 조지 톰슨이나 마르크스, 엥겔스와 마찬가지로 생물학적 인간을 상징체계의 전제 조건으로 제시했다는 점이다. 달리 말해 상징으로 표현된 카시러의 지식은 자연과 환경 속에서 인간이 적응해 가며 만들어 낸 것이라는 의미이다. 카시러는 현대의 인간이 '자기 인식에서 위기'를 맞이하고 있다는 전제에서 문화 현상을 고찰하고자 했던 학자이다. 여기서 '자기 인식의 위기'는 수많은 현대 과학과 지식의 증가에도

---

5) 에른스트 카시러, 최명관 옮김, 『인간이란 무엇인가』, 서광사, 1998, 48~49쪽.

인간 스스로 자신을 돌아볼 기회를 잃고 있음을 지적한 표현이다. "예전의 그 어느 시대에도 인간성에 관한 우리 지식의 자료적인 면에서 이토록 좋은 처지에 있지 못했다. 심리학, 민족학, 인류학 및 역사학은 놀랄 만큼 풍부한 그리고 끊임없이 증가하는 사실들을 쌓아 놓았다. 관찰과 실험을 위한 우리들의 기술적 기구는 크게 개량되었고, 우리의 분석은 더욱더 날카롭고 투철하게 되었다. 그럼에도 불구하고 우리는 아직도 이 재료를 구사하고 조직하는 방법을 발견하지 못하고 있는 것으로 보인다."[6]는 언술은 지식의 양적 증대와 기술적 발전에도 불구하고 그것을 인간 자신을 이해하고 반성하는 기회로 삼을 수 없는 현실을 비판하고자 하는 의도를 나타낸다.

카시러는 인간 존재를 규명하는 여러 가지 기존의 방법, 즉 심리학적 내성법이나 생물학적 관찰과 실험, 역사적 탐구 이외에 '상징 형식의 철학'을 제시하면서, '언어, 신화, 종교, 예술, 과학, 역사'가 실체적으로 결합될 수는 없지만, '기능적 결합'이 가능하다고 주장하면서, 철학적 사고는 "한없이 많고 가지각색으로 다른 신화적 심상, 종교적 교리, 언어 형태, 예술 작품 속에서, 이 모든 창작물이 그것에 의해 한데 결합되어 있는 하나의 일반적 기능의 통일"을 밝히는 작업을 수행하는 것이라고 규정한다.

조지 톰슨과 카시러가 인간 지식의 출발점으로 생물학을 전제한 점은 콩트의 3단계 발전설에서 생물학을 기반으로 한 것과 비슷한 사유방식으로 보인다. 콩트는 『실증철학강의』에서 인간의 지식이 신학적 단계에서 형이상학적 단계, 실증적 단계로 진화한다는 법칙을 제시했다. 특히 신학적 단계는 자연과 인간의 감정을 기반으로 하는

---

6) 위의 책, 45쪽.

물신주의로부터 여러 신과 영혼을 수용하는 다신론 시대를 거쳐 유일신을 신봉하는 일신론 시대로 변화한다는 위계론적 지식 진화설을 제시했다.[7] 위계설은 셸러나 만하임 등에 의해 비판되고 있지만, 카시러와 같은 '기능적 통합'의 관점을 고려한다면, 세 가지 범주는 지식관의 차이와 인간의 사유방식 변화를 고려한 지형 논의의 출발점으로 삼을 수 있다.

2. 종교 지식과 지형

지식 현상을 문화적 상징체계로 해석한 카시러나 고대사회의 철학자에 관심을 기울였던 조지 톰슨은 인간 상징체계의 하나로 '신화'를 제시하고 있다. 조지 톰슨은 플라톤의 대화 편 중 프로타고라스가 말한 '인간 기원 설화'를 소개하면서 '프로메테우스의 신화'가 갖는 상징성을, "프로메테우스는 멸종 위기에서 인간을 구하기 위해 인간에게 불을 주었다. 이것은 신화이다. (…중략…) 겉모습 그대로 본다면 어떤 신화도 사실이 아니지만, 많은 신화 속에는 진리가 담겨져 있다."[8]라고 진술한다. 여기서 주목할 점은 인간이 신화를 만들어 냈다는 점이다. 물론 연구자의 관점에 따라 그 속에 진리가 담겨 있다는 것도 주목할 일이다. 그러나 우리가 일차적으로 관심을 기울일 문제는 신화와 종교가 넓은 의미의 지식 개념, 즉 인간의 인식과 그에 따른 결과라는 개념 범주와 어떤 관계를 맺고 있는가이다.

---

7) 이에 대해서는 앞에서도 논의된 바 있다. 앨런 스윈니이드, 박성수 옮김, 『사회사상사』, 문예출판사, 1992, 54~55쪽.

8) 조지 톰슨, 조대호 옮김, 앞의 책, 20쪽.

신화와 종교에 관련된 지식을 탐구하는 주된 학문 분야는 '종교학'이다. 사전적 의미에서 종교학은 종교 현상을 객관적으로 연구하고자 하는 학문 분야를 일컫는다. 한국에서 종교를 학문적 연구 대상으로 여긴 것은 1895년 일본 교순사(交詢社)에서 출간한 유길준의 『서유견문』부터로 보인다. 이 책의 제13편 '학업하는 조목(條目)'에서는 종교학(宗敎學)을 "태서 여러 나라에 통행하는 야소교와 천주학의 공부를 위함이니 이 학문을 전수하는 자는 예배당 정교의 지위를 희망함이다."9)라고 하여, 종교학이 기독교 신앙과 관련된 학문이라고 규정했다. 이는 현대의 국어사전에서 '신학(神學: 신이 인간과 세계에 대해 맺고 있는 관계와 신을 연구하는 학문. 대개는 기독교 교리 및 신앙생활의 윤리를 연구하는 학문)'을 뜻하는 것으로, 종교 현상을 비교·연구하고, 종교의 본질을 객관적·보편적으로 연구하는 종교학과는 개념상 차이가 있다.

신학과 달리, 종교학이 발달한 것은 종교 현상을 객관적으로 규명할 필요성 때문이었다. 특히 한국사회에서 1900년대 종교 현상을 객관적으로 규명해야 할 필요성은 불교, 도교, 더 나아가 유교 등의 전통 종교가 제 기능을 발휘하지 못하고, 급속히 번진 서양 종교의 폐단도 적지 않았기 때문으로 보인다. 이러한 상황에서 『황성신문』 1902년 8월 12일부터 23일까지 9회에 걸쳐 연재된 '동서양 각국 종교 원류'는 종교 지식 형성과 변화의 기본적인 흐름을 잘 보여주는 논설이라고 할 수 있다. 이 논설에서는 다음과 같이 주장한다.10)

---

9) 유길준, 『서유견문』, 교순사, 동경, 1895. "宗敎學: 泰西 諸國에 通行ᄒᆞᄂᆞᆫ 耶蘇敎와 天主學의 工夫를 謂홈이니 此學을 專修ᄒᆞᄂᆞᆫ 者ᄂᆞᆫ 禮拜堂 敎正의 位를 希圖홈이라."
10) 『황성신문』, 1900.8.12. 東西洋 各國 宗敎 源流考.

夫 宗敎云者ᄂ 各其國所宗尙之也니 其說이 出於佛書 宗鏡錄融會宗敎
之言ᄒ야 現今 世界 各國이 以其國所尊崇之敎로 謂之宗敎라 ᄒ니 其所
謂 宗敎者ᄂ 國各異趣ᄒ야 不能無是非長短之殊나 要之其尊奉則一也니,
今不必論其是非長短이오 且東西洋各國古代를 類皆愛護本國之敎ᄒ야 不
言外敎傳入이로ᄃᆡ 降至後世ᄒ야ᄂ 又其漸進ᄒ야 要使自國之敎로 明其
趣同而已ᄒ고 不强制外敎之傳宣與否.

번역 대저 종교라는 것은 각기 국가가 으뜸으로 숭상하는 것이니 그
설이 불교 서적의 종경 녹융회에서 종교라고 말한 데서 나온 것
으로 현금 세계 각국이 그 존숭하는 교리로 종교라고 하니 이른바 종교
라는 것은 각국마다 그 취지가 달라 시비와 장단의 어떠함을 논하기 어
려우나 기 존봉하는 것은 곧 하나이니, 지금 시비 장단을 논할 필요가
없고, 또 동서양 각국 고대를 살펴도 모두 본국의 종교를 애호하여 외국
종교의 전파와 유입을 말하지 않더니 후세에 이르러 점진하여 자국 종
교로 그 취지를 같게 할 따름이며 강제로 외국 종교의 전파와 선교 여부
를 강제하지 않는다.

이 논설에 등장하는 '종경록(宗鏡錄)'은 송나라 항주 영명사의 연수
선사가 편집하여 만든 책이다. 이때 '종(宗)'은 가장 근본이 되는 마음
을 의미하며, '경(鏡)'은 모든 사물을 비추듯 일심도리를 빠짐없이 기
록한 것을 일컫는다. '종교는 국가가 으뜸으로 숭상하는 것'이라는
주장은 국가주의가 확립되어 가면서, 종교의 기능을 신앙보다 국민
교화의 취지 차원에서 바라보고자 했기 때문에 나타난 진술이다. 그
럼에도 각 종교의 장단과 우열을 가리지 않고, 종교 전파와 선교 여부
를 강제하지 않는다는 것은 종교를 그만큼 객관적으로 바라보고자
한 태도를 나타낸다. 이에 대해 이 논설에서는 독일인 파베르(중국명

花之安)를 중심으로 한 종교 우열론을 비판하면서, 다음과 같이 진술한다.[11]

德人 花之安(화지안, 독일인 파베르) 氏 曰 道歸於虛ᄒ고 釋歸於空이나 惟從耶蘇之道 則可歸上帝焉이라 ᄒ고, 又曰 回回敎ᄂ 藉兵力以脅制이라가 否則橫加殺戮ᄒ야 不欲他敎有遺神ᄒ니 此ㅣ 必之最酷者오, 佛敎則敎人淸淨寡慾이 亦有可取之處나 棄置五倫이 旣屬大謬라. 使人盡從其敎 則入類滅絕이 久矣니 其敎之不正은 不辯自明이오 耶蘇敎ᄂ 雖 貴乎人之信從이니 皆出於心悅誠服이오, 非由傳敎者勉强逼脅이며, (…中略…) 釋經은 如 華嚴 法華 愣嚴 圓覺 等 諸經이 皆無稽之談則曷足取乎며 若梵敎 回敎 太陽敎 等 敎ᄂ 其經이 無譯本ᄒ고 惟有相傳之口音ᄒ야 不令衆人通曉 故로 泰西之士ㅣ 於各敎之經에 反覆硏究ᄒ야 欲擇其稍善者ᄒ야 以定去取로ᄃᆡ 終不可得也라 ᄒ니 此ㅣ 西士所論各敎之優劣也라.

번역 독일인 화지안(파버)가 말하기를 도교는 허무에 돌아가고 석교는 공언에 돌아가니 오직 예수의 도만이 가히 상제(하느님)께 이른다고 하고, 또 회교는 병력에 의지하여 협제하다가 인정하지 않으면 횡포하고 살육을 가해 다른 종교의 신을 인정하지 않으니 이는 가장 혹독한 종교며, 불교는 곧 교인이 청정하고 욕심이 없어서 가히 취할 것이 있으나 오륜을 포기한 것이 이미 오래 전에 잘못된 것이다. 사람으로 하여금 그 종교를 따라 들어가는 유가 끊어진 지 오래 되었으니, 그 종교의 옳지 않음은 해명하지 않아도 자명하며 야소교(기독교)는 오직 사람의 믿음을 귀하게 여겨 모두 마음 속에서 열복하여 나온 것으로 전교자가 힘쓰고 핍박한 데서 말미암은 것이 아니라고 하였다. (…중략…) 불교

---

11) 『황성신문』, 1900.8.22. 東西洋 各國 宗敎 源流考.

경전은 화엄, 법화, 능엄, 원각경 등 제 경전이 모두 무계한 이야기여서 곧 취할 바가 있겠으며, 범교 회교 태양교 등의 종교는 그 경전이 역본된 것이 없고 오직 입으로 상전하여 무릇 사람들이 이해하기 어려운 까닭에 서양 선비들이 각 종교의 경전을 반복 연구하여 그 중 좋은 것을 가려 버리고 취하는 법을 정하고자 하되 끝내 가능하지 않았다고 하니, 이것이 서양 학자들이 말한 각 종교의 우열론이다.

이 논설에 따르면 독일인 파버[12]는 그 당시 중국에 존재했던 도교, 불교, 유교뿐만 아니라 회교, 태양교 등 모든 종교와 예수교를 비교하면서, 예수교의 우월론을 전개했음을 알 수 있다. 이처럼 특정 종교 우월론은 1900년대 한국사회에서 일부 종교인들에 의해 신봉되었고, 또 전교 과정에서도 특정 종교인들의 횡포가 나타나기도 하였다. 이런 배경에서 종교를 객관적으로 이해하고자 한 시도가 나타난 것은 당연해 보인다.[13]

종교 현상에 대한 객관적 연구가 본격화된 것은 일제 강점기 '불교사', '유교사' 등의 저서가 나타나면서부터이다. 예를 들어 이능화의 『백교회통』(1912, 보성사), 『조선불교통사』(1918, 신문관), 권상로의 『조선불교약사』(1917, 신문관), 장지연의 『조선유교연원』(1922, 회동서관) 등이 대표적인데, 이 가운데 『백교회통』은 모든 종교의 교리를 비교하여 보편성을 찾고자 하는 의도를 갖고 있다. 이 책의 서문에서 저자

---

12) 파버(1839~1899)는 독일인 선교사로 중국명은 화지안(花之安)이다. 1865년부터 중국에서 전교 활동을 하였으며, 1879년부터 1884년 사이에 중국어로 된 『자서조동(自西徂東)』을 저술하였다. 이에 대해서는 허재영, 「지식 교류의 관점에서 본 한국에서의 『자서조동』 수용 양상」, 『아세아연구』 61(3), 고려대 아세아문제연구소, 9~31쪽을 참고할 수 있다.

13) 1900년대 대표적인 종교 담론에 관해서는 허재영 외, 『근대 계몽기 학술 잡지의 학문 분야별 자료 6: 정치·종교·지리』, 경진출판, 2018의 '종교' 분야를 참고할 수 있다.

는 다음과 같이 진술한다.14)

　　昔於人道에 佛日이 一出ᄒ니 九十六道ㅣ 如草上露ᄒ야 皆消化矣라.
然 今宇內에 屈指之敎ㅣ 有十數種ᄒ며 且 朝鮮人所創之者도 亦屬不少ᄒ
야 不久에 將見人各一敎라. 當此之時ᄒ야 誰爲外道리오. 道旣不同이라.
不和爲謀ㅣ니 祈可任他ᄒ야 各主其說이라. 雖然如是나 元以一圓으로 分
成百方이어늘 世間之人이 由因不知ᄒ야 自生分別ᄒ니 水乳는 難期오 矛
盾은 是慮라. 爰將諸宗敎之綱領ᄒ야 對照相並ᄒ야 同異發明ᄒ며 引而證
之ᄒ야 會而通之ᄒ며 毫不變易ᄒ야 尊重聖訓ᄒ며 諺解句讀ᄒ야 以便閱
覽ᄒ니 各敎理行이 瞭若指掌이라. 儒者見之ᄒ면 謂之儒道ᄒ며 佛者見之
ᄒ면 謂之佛道ᄒ며 他敎之人도 亦復如是ᄒ야 說心說性에 知彼知己ᄒ야
自爲決擇ᄒ며 並行不悖를 是所望焉이오 至若末章 對辨諸文ᄒ야는 余는
佛者 故로 對謗佛者ᄒ야 辨明而已오 非有他耳라. 明治四十五年 浴佛之日
著者 一笑居士 李能和 識

번역　옛날 인도에 불일(佛日, 부처)이 태어나 96도(道)가 풀 위의 이슬
같이 모두 사라졌다. 그러나 지금 세계에 손꼽을 수 있는 종교가
십 수 종이 있으며 또 조선인이 창시한 것도 적지 않으니 오래지 않아
한 사람이 한 종교를 갖게 될 것이다. 이러한 때 누가 도 이외에 존재하
겠는가. 도가 같지 않아 불화를 꾀하게 되니 기원(祈願)을 남에게 맡겨
각기 주장하는 바가 있다. 비록 그렇지만 원래 하나의 원리에서 모든
것이 나뉘거늘, 세상 사람이 그 연유를 알지 못해 스스로 분별하니 수유
(水乳, 물과 우유처럼 분리될 수 없는 것)처럼 되기를 기대하기는 어렵
고 모순(矛盾)을 염려한다. 이에 장차 모든 종교의 강령을 대조하여 그

---

14) 이능화, 『백교회통』, 보성관, 1912. '百敎會通 序'.

같고 다름을 밝히고 인증하여 이해하고 통하게 하며 조금도 바꾸지 않고 성훈을 존중하며 구두(句讀)를 언해하여 편히 보게 하니, 각 교리를 행하는 것이 손바닥 안에 있듯이 명료하다. 유학자가 보면 유도(儒道)를 말할 것이요, 불자가 보면 불도를 말하며 혹은 다른 종교인도 또한 이와 같이 하여, 마음과 성을 설파할 때 지피지기하여 스스로 결정하여 택하며, 아울러 행하되 어그러짐이 없기를 바랄 뿐이다. 끝 장에 이르러 여러 문장을 대조하면서, 나는 불자인 까닭에 불자를 비방하는 것을 대조하여 변명하고자 할 따름이며 다른 이유는 없다. 메이지 45년(1912) 불교에 심취한 날 저자 일소거사 이능화 식.

이 책의 서문에서 저자는 비록 불자의 입장이지만, 세계 모든 종교의 교리를 비교하여 같고 다름을 밝히고, 각 종교의 교훈을 존중하고자 하는 태도에서 백교(百敎)를 통달하여 이해하고자 노력했음을 밝히고 있다.

이러한 차원에서 종교 지식에 대한 현대의 종교학은 구도론(求道論)이나 호교론(護敎論)과는 다른 차원에서 종교 현상을 객관적으로 연구하고자 하는 학문이라고 정의할 수 있다. 김승혜(1986)에서 "자신의 종교적 실천과 믿음에서 우선 한 발자국 물러나 어떠한 신앙적 전제도 없이 종교 현상을 객관적 학문으로서 연구하려는 것은 인류 역사에서 새로운 태도"15)라고 규정한 것이나, 황선명이 『종교학 개론』에서 "종교학은 지금 백여 년 전 유럽에서 동양 문화에 대한 엑조틱한 향수와 함께 우연히 태동하는 모든 종교를 편견 없이 연구하겠다는 의욕의 결정으로 성립한 것"16)이라는 주장은 종교 지식에 대한 객관

---

15) 김승혜 편저, 『종교학의 이해』, 분도출판사, 1986, 15~16쪽.

적 연구 태도를 반영한 진술들이다. 황선명(1989)에 따르면 현대의 종교학은 주관적 연구가 작용하는 신학적 연구와 종교 철학적 연구가 있고, 객관적 연구를 중시하는 종교사적 연구와 종교 과학적 연구가 있다. 특히 종교학의 분과로서 종교 현상학, 종교사학, 종교 인류학, 종교 사회학, 종교 심리학 등이 나뉜다는 점은 종교 지식을 객관적으로 규명하는 데 유용할 것이다.

이와 같은 맥락에서 종교 지식이 형성·변화하는 요인을 탐구하기 위한 전제로 문화적 차원에서 종교가 형성되는 과정을 살펴보는 것은 유의미한 일이다. 이와 관련하여 황선명(1989)에서는 '생물학적 존재로서 인간은 환경 세계에 적응하는 데 불완전'하며, '인간은 구체적이고 특수한 환경 세계에서 부딪히는 제 문제를 보다 잘 처리하기 위해 수단적인 장치를 필요로 하는데 그것을 문화'라고 규정하고, "종교 역시 문화"라는 주장을 펼친다. 이러한 주장은 상징체계로서 인간의 문화를 이해하고자 한 카시러의 태도와 크게 다르지 않다.

문화적 상징의 관점에서 종교의 탄생은 자연과 밀접한 관련을 맺고 있다. 이는 '종교 생활의 기본적 형태'를 연구 주제로 한 뒤르케임이, 가장 단순한 유형의 사회에 존재하는 종교의 기본 형태로 '토템'을 제시하면서, "역사의 한 시점에서 인간과 관련되어 있는 사물에 대해 우리의 설명을 붙이고자 한다면, 그것이 비록 종교적 신앙이나 도덕적 규준, 또는 법률적 규정, 미학적 양식, 혹은 경제적 제도이든지 간에 그 가장 원시적이고 단순한 형태로 거슬러 올라가서 그 당시 그것이 어떠한 특징을 가지고 있었고, 또한 어떻게 발전되어서 복잡화되어 현재의 모습을 띠게 되었는지 고찰해야 된다."라고 주장한

---

16) 황선명, 『종교학개론』, 종로서적, 1989, 1쪽.

것[17])에서도 찾아볼 수 있다. 토템은 한 사회나 개인이 동물이나 자연물과 맺는 관계를 의미한다. 이 점은 뒤르케임 이전의 막스 뮐러의 '자연숭배설'도 마찬가지이다. 권규식(1995)에 따르면 막스 뮐러는 종교의 기원은 원시인들의 신비스럽고 경이에 가득찬 두렵고 무서운 자연현상을 신격화한 데서 비롯된다고 본다.[18])

물론 문화적 관점이라는 전제가 붙어 있지만, 현대의 종교를 뒤르케임의 원시적이고 단순한 형태의 토템과 직접 연계하여 설명하는 일은 적절하지 않을 수 있다. 그럼에도 어떤 종교이든 자연 현상을 배제한 종교는 없다. 종교를 지식의 한 유형으로 제시한 콩트나 셸러에서 생물학을 기본으로 한 것과 마찬가지로, 불교(佛敎)에서도 '생로병사(生老病死)'의 삶에서 비롯되는 고뇌를 극복하는 문제에 대해 많은 관심을 기울인다.[19]) 생로병사는 본질적으로 자연현상의 하나이다. 이러한 발상은 근대 서양 선교사들의 저서에서도 빈번히 발견된다. 중국에서 전교 활동을 펼쳤던 헨리 포터(중국명 博恒理)가 『성신지장(省身指掌)』이라는 책을 저술한 것에서도 이러한 사상을 찾아볼 수 있다.[20])

---

17) Emile Durkheim, *The Elementary Forms of the Religious Life*, New York, The Free Press, 1965, p. 15; 권규식, 「E. Durkheim의 종교론」, 『종교의 사회학적 이해』, 이문출판사, 1995, 23쪽에서 재인용.

18) 권규식, 위의 책, 10쪽.

19) 대한불교조계종 포교원, 『불교입문』, 조계종출판사, 2008, 78~82쪽.

20) Henry D. Potter(博恒理), 「序」, 『省身指掌-Elementry Physiology: A textbook for Schools』, 上海 美華書館, 1904. "噫人具四肢百骸 無一不備 而不知其中精微奧妙 非全能上主造化養育使然 則人何得爲人哉. 雖釋士云 認眞我 超出三界 不在五行 道家講 練精氣 脫胎神化 大出陽神而冀長生 獨弗思己之軀殼 尚然不識 又何云眞我 眞我果何物耶. 豈不曉人受造一物耳. 雖具奧妙之軀 焉有不死之理乎. 要之不死者靈魂也. 非肉身也. 夫如此 皆緣不明身之所以爲身之理也. (…中略…) 是書一出 非但與業岐黃者 大有補益 而更爲刀圭家之梯階也. 即書塾家庭誦讀 亦可預悉置身斯世 欲保寡恙 亦應於饑飽勞逸 痛庠動止 喜怒哀樂 知所節制 更於寒溫燥熱 日用飲食 有所檢點 雖不定然却病 亦爲人生所宜防節也. 古人云 不治已病治未病 即此也."

아. 사람이 사지와 신체가 갖추어지지 않은 것이 없는데, 다만 그 정미하고 오묘한 것이 전능하신 상제께서 만들어 양육하여 그렇게 된 것을 알지 못한다. 그런즉 사람이 어찌 사람이 되겠는가. 비록 불가에서 말하기를 진실된 자아 인식은 삼계를 벗어나 오행이 부재하는 것이며, 도가에서 강론하기를 정기(精氣)를 단련하여 탈태(脫胎)하여 신화(神化)하니, 양신(陽神)이 나와 장생(長生)을 바라니 홀로 자기의 몸만 생각하지 않는다고 하나 늘 그것을 알지 못한다. 또 어떤 이는 진아(眞我)를 일컬어, 참된 자아란 과연 무엇인가? 단지 사람이 조물주에게 자기 몸을 받을 것을 모를 따름이다. 비록 오묘한 신체를 갖출지라도 어찌 죽지 않을 이치가 있겠는가. 죽지 않는 것은 영혼이며, 육신은 그렇지 않다고 말한다. 대저 이와 같이 모든 연원이 신(身)이 신(身)되는 이치를 밝히지 못한다. (…중략…) 이 책은 비단 의술에 크게 도움이 될 뿐 아니라 더욱이 도규가(刀圭家: 의약에 종사하는 사람)에게 사다리가 될 것이다. 즉 서숙과 가정에서 즐겨 읽으면 또한 가히 이 세상에서 자신을 보호하고 근심을 더는 데 충분하고, 배고픔과 배부름 및 수고로움과 편안함, 잠자고 깨어나 움직이며 희로애락에 대응할 수 있으며, 추위에 따뜻하게 하고 더위에 열을 조절하는 데 절도가 있으며, 일용 음식을 조절해야 함을 알 것이다. 비록 병을 떨쳐버릴 수 없으나 또한 마땅히 방지하고 절제하는 바가 될 것이니, 옛 사람이 말하기를 이미 나타난 병을 치료하는 것이 아니라 나타나기 이전의 병을 치료하는 것이라 했는데, 이것이 바로 그것이다.

이 책의 서문에서는 헨리 포터가 '생리학'에 해당하는 『성신지장(省身指掌)』을 쓴 이유가 어디에 있는지 명료하게 밝히고 있다. 기독교적 세계관에서 육신은 유일신으로서의 상제(上帝, 하나님)이 준 것이다.

전교사(傳敎師)이자 명의(名醫)로서 헨리 포터는 생로병사의 의학 지식을 전파하는 일이 신의 뜻을 지키는 것이며, 인간의 어리석음을 깨우치는 일이다.[21] 이는 생리 현상에 대한 실증적 지식이 종교적 교리의 하나로 존재한 셈이다.

종교가 자연과의 관계로부터 발생하여 점차 뒤르케임이 주장한 '신성'이 부여되어 다양한 형태의 종교로 발전해 간다는 주장을 인정한다면, 종교 현상과 관련한 지식이 어떻게 형성되며 변화해 가는가를 추적해 가는 일이 불가능한 일만은 아니다. 본질적으로 종교 지식 지형의 형성과 변화는 어느 곳에 어떤 종교가 존재했는가와 어느 시대 종교 사상이 어떻게 변화했는가를 규명하는 일을 목표로 하고 있지만, 그에 따라 그 사회와 역사에 속에 존재하는 사람들의 의식이 어떻게 변화했는가를 규명하는 일도 중요한 의미를 갖는다.

3. 형이상학적 지식과 지형

'아는 만큼 생각하고 생각하는 만큼 안다'는 명제는 인간의 사유방식을 가장 잘 요약한 명제의 하나이다. 콩트와 셸러의 지식 유형에서

---

21) 이러한 사상은 헨리 포터뿐만 아니라 근대 중국에서 전교 활동을 펼쳤던 다수의 선교사들이 공통으로 가졌던 사상으로 보인다. 존 프라이어(중국명 傅蘭雅)가 『격치휘편(格致彙編)』이라는 신문을 발행한 것이나, 『만국공보(萬國公報)』에 자연과학 지식이 지속적으로 소개된 것도 이를 증명한다. 이 경향은 한국에서도 찾아볼 수 있는데, 1908년 애니 베어드가 번역한 『싱리학초권』의 서문에서도 "하느님의셔 사름을 믄드실 째에 무움과 령혼만 주실 쑨 아니오 무음과 령혼 잇슬 집도 주셧느디 이 집은 곳 사름의 몸이라. 누구던지 퇴락흔 집에 살기를 원ᄒᆞᄂᆞᆫ 사름이 어디 잇스리오마는 만일 그 무음과 령혼만 닥고 그 몸을 닥지 아니ᄒᆞ면 이ᄂᆞᆫ 믄허져 가는 집에 누어셔도 평안ᄒᆞ다 홈과 ᄀᆞᆺ흐니라. 그러나 사름이 만일 어려슬 째브터 예수를 밋어 령혼을 닥고 학문을 힘써 무음을 닥그며 싱리학을 빙화 빙호ᄂᆞ 디로 몸을 닥그면 온젼흔 사름이라 칭홀 수 잇ᄂᆞ니라."라고 진술하고 있다.

이른바 '형이상학적 지식'은 자연과 인간, 또는 그것을 초월한 존재에 대한 인식 차원에서 얻어지는 지식을 일컫는다. 이 점에서 형이상학은 인간의 인식 방법을 토대로 형성된다. 인식은 근본적으로 사물과 인간의 의식이 어떻게 연계되는가를 의미한다. 이러한 사유방식의 하나로 『중국철학사』를 저술한 풍우란은 『한서(漢書)』 '예문지(藝文志)'의 여섯 가지 술수(術數)에 대해 다음과 같이 소개한 바 있다. 그중 '천문, 역보, 오행'을 살펴보자.22)

천문(天文): 천문이란 28 별자리의 질서를 관찰하고 오성(五星: 목, 화, 토, 금, 수성)과 일월의 운행을 계측하여 길흉의 조짐을 포착하는 것으로서, 성왕(聖王)이 정치에 참고했던 사항이다. 「역(易)」(賁卦의 단사)은 말하기를 "천문을 관찰하여 시세와 변화를 고찰한다."라고 했다.
역보(曆譜): 역보란 사계절의 질서를 정하고, 춘분, 추분, 하지, 동지의 절기를 정하고 일월과 오성의 주기를 추적하여, 한서(寒暑)와 성쇠의 실상을 고찰하는 것을 말한다. 따라서 성왕은 반드시 달력[曆數]를 정하여, 삼통(三統: 흑, 백, 적의 3체계)과 복색(服色)의 제도를 결정했다. 또 오성과 일월의 주기, 흉하고 궁색한 재앙과 길하고 왕성한 경사 등을 탐지하는 술수는 모두 이로부터 도출되었다. 이것은 즉 운명을 간파하는 성인의 도술이다.

오행(五行): 오행이란 오상(五常: 仁義禮智信)의 물질적인 기운(形氣)을 말한다. 『서(書)』(홍범)에 따르면, "첫째는 오행이요, 둘째는 삼가 오사(五事: 貌言視聽思의 다섯 기능)를 사용한다."라고 했는데, 오사의 사

---

22) 풍우란, 박성규 옮김, 『중국철학사』(상), 까치글방, 2014, 53~55쪽.

용은 오행에 순응해야 한다는 말이다. 태도[貌], 언어[言], 시각[視], 이해력[聽], 생각[思] 등이 마음속에서 그르쳐지면 오행의 질서가 혼란되고 따라서 오성(五星)의 변란이 발생한다. 이 모든 이치는 율력(律歷)의 수(數)에서 도출되어 일정한 운수로 결정되는 것이다. 이런 이법은 역시 오덕(五德: 수, 화, 목, 금, 토의 역량)의 순환에서 비롯되는데, 이 오덕은 극한까지 확장될 때 적용되지 않는 곳이 없다.

『한서』 '예문지'의 여섯 가지 술수는 '천문, 역보, 오행'과 '시구(蓍龜: 시초점과 거북점), 잡점(雜占: 만사의 조짐을 포착하여 선악의 징후를 점치는 것), 형상법(形象法: 중국 전토의 지세를 바탕으로 모든 형세를 정하는 것)'으로 이루어져 있다. 위의 '천문', '역보', '오행'이 자연 질서에 대한 인위적 해석이 부여되어 형성되었듯이, 인식은 존재하는 현상에 의미를 부여하는 작업이라고 할 수 있다.

지식 유형에서 형이상학적 지식을 설정한 이유는 현상과 실재, 인식이 반드시 일치하는 것은 아니기 때문이다. W. H. 월쉬는 "형이상학은 개념이 통일되어 있지는 않지만, 단순한 현상과 대립되는 실재(實在)를 탐구하는 것"으로 정의한 바 있다.[23] 여기서 말하는 '실재(實在)'는 우리가 지각하는 현상이 아니라 '존재하는 그 자체'를 의미한다. 여기서 존재의 대상과 범위는 실증 이전의 본질적인 것으로, '우주의 본성과 기원', '인간의 본성과 운명', '신의 존재에 대한 물음' 등이 대표적이다. 월쉬의 설명에 따르면 18세기 흄과 칸트에 의해 형이상학에 대한 비판이 본격적으로 제기되기 이전에는 모든 지성인들이 품고 있던 '최고의 지적 야망'으로 간주되었다고 한다. 그 이유는 "모

---

23) W. H. 월쉬, 이한우 옮김, 『형이상학』, 문예출판사, 1990, 9쪽.

든 것에 물음을 던지고, 그 어떤 가정이나 전제의 도움 없이 탐구를 진행해 나가는 유일한 형태의 지적 활동"이기 때문이라는 것인데, 플라톤, 아리스토텔레스, 토마스 아퀴나스, 데카르트, 스피노자, 라이프니츠, 헤겔 등 우주의 존재, 인간의 기원, 기하학과 물리학, 역사에 이르기까지 관심 분야가 다양하고, 간명하며 응용 가능성이 높은 체계적인 지식론을 구축하여 학문 발전에 기여했기 때문이다.24)

지식사에서 형이상학적 지식은 '기존 학문 분야의 장벽'을 허물고, 새로운 종합과 분류가 이루어지는 배경이 되었으며, 자연현상을 기계론적으로 설명하고자 하는 태도에서 근대과학의 발전을 촉진하고, 헤겔의 역사·사회철학 및 문학의 발전을 유인하는 동력으로 작용하였다. 비록 사변적이고 추상적이며, 실증의 한계를 내포하는 형이상학의 지식이지만, 형이상학은 "존재를 존재로 고찰하는 것이기 때문에 그 가치는 가치문제에서 가장 기초적이며 근본적인 것"25)이라는 평가를 받는다.

월쉬의 주장에서 파악할 수 있듯이, 형이상학적 지식 지형의 형성 과정에서는 인식 주체인 지식인의 역할이 매우 컸다. 서양 철학사에서 가장 먼저 등장하는 밀레토스 학파의 탈레스가 밤하늘의 별을 관찰하다가 우물에 빠진 것을 하녀가 구해주었다는 이야기나 음유시인이자 종교사상가로 알려진 크세노파네스가 여러 도시를 돌아다니며 순회 연설을 했다는 이야기26)는 서양에서 형이상학적 지식의 원류(源

---

24) 이러한 해석은 W. H. 월쉬, 이한우 옮김, 위의 책, 10~11쪽을 참고함.
25) 정의채, 『형이상학』, 바오로딸, 2010, 18쪽. 이 책에서는 형이상학의 범위를, '존재 일반인 공통의 유(有)', '유(有)의 초월적 특성', '유(有)의 내적 구성 원리: 현실태와 가능태', '유(有)의 종류', '유(有)의 외적 원리' 등으로 설정했다. 여기서 '유(有)'란 '존재'와 같은 뜻이다.
26) 스털링 P. 램프레히트, 김태길 외 옮김, 『서양철학사』, 을유문화사, 1987, 21~25쪽.

流)인 그리스 철학자들의 계급이 어떤 위치에 있었는지를 추론하는 단서가 될 수 있다. 즉 형이상학은 그 자체로 인간에 의한 존재 인식의 철학이다. 이 점은 중국의 사정도 다르지 않다. 조지 톰슨은 중국에서 왕권 관념이 형성되는 과정을 바탕으로 '동양의 전제주의'를 설명하고자 하였다. 그는 공자와 자사의 저술이 '부족 종교에서 철학적 탐구'로의 이행을 특징짓는 것이라고 주장하고, 그 사상이 중국의 왕권사상이 자연과 인간을 포괄하는 일관된 이론을 위한 기틀을 제공했다고 서술한다. 특히 위정자에게 통치권의 명분을 제공한 동중서(董仲舒)의 '하늘의 운행'이 '제왕의 덕'을 온전케 하는 방편이라는 천인합일설을 소개하면서, 중국의 관념들이 초기 그리스 철학자들의 여러 관념과 현저한 유사성을 보인다고 주장한다.[27] 이는 동서양의 고대 철학 지식이 형이상학적 인식을 기반으로 출현하는 과정을 의미하며, 그 지식을 산출한 철학자(지식인)들이 사회적으로 어떤 위치에 있었는가를 보여주는 예가 될 수 있다. 즉 실증되지 않는 사유의 지식, 인식으로부터 얻어진 형이상학적 지식은 체계적이고 도덕적일지라도, 그 자체가 완전한 지식이 될 수는 없다.

이러한 맥락에서 서양의 형이상학은 칸트에 이르러 본격적인 비판이 제기되었다고 한다. 칸트는 『형이상학 서설』에서 "인간은 감각 작용을 통해서만 대상 인식을 할 수 있다. 직접적으로 대상과 접촉하는 이러한 감각 작용을 직관이라 부르며, 이렇게 직관하는 인간의 능력을 감성이라 부른다."[28]라고 서술하고, 감각 작용은 직관 활동으로서 감성이 무엇인가에 의해 촉발되어 그 때 주어지는 잡다한 것을

---

27) 조지 톰슨, 조대호 옮김, 앞의 책, 69~73쪽.
28) 임마누엘 칸트, 백종현 옮김, 『형이상학서설』, 아카넷, 2014, 28쪽.

70

수용하는 과정이라고 설명한다. 칸트에게서 인간의 지식은 단순히 감성에 의해 얻어지는 것은 아니다. 지성이란 대상 인식의 감성적 직관을 통해 수용된 것이 무엇인지, 그리고 어떻게 존재하는가를 파악하는 사고 작용을 말한다. 물론 칸트의 '사변적 이성' 또는 '순수이성'의 개념이 실증과학과 동일시될 수는 없다. 이는 지식 진보의 필연적 단계로서 신학적 단계가 형이상학적 단계를 거쳐 실증적 단계로 나아가야 한다는 콩트의 3단계설이 등장하는 배경이 되었다.

여기서 우리가 관심을 가질 사항은 형이상학적 지식이 인간의 사유 방식과 밀접한 관련을 맺고 있다는 사실이다. 사유(思惟)는 생각하고 궁리하는 것을 지칭한다. 불교 용어로서의 사유는 대상을 구별하고 생각하며 살피고 추리하는 것, 또는 마음속으로 깊이 생각하는 것 등을 포괄한다. 사유의 결과 개념과 구성, 판단이나 추리 방식 등에 일정한 체계가 형성되면 그것을 사유 체계라고 일컫는다. 그러나 아직까지 현대의 모든 학문 분야(특히 심리학과 철학)에서 사유, 또는 사유의 기반이 되는 사고에 대한 실증적 이론을 제시한 것은 아니다. 예를 들어 '사고나 사유에 일정한 방식이 있는가?'라는 질문에 과학적 해답을 제시한 사례는 없었다. '내가 사유하는 방식'이라거나 '동서양의 사유 방식의 차이', '심미적 사유 방식' 등의 다양한 수사적 표현이 존재할지라도, 그 방식이 어떤 것인지를 규명하기는 어렵다.

그럼에도 형이상학적 지식이 사유의 근원으로서 존재의 본질을 규명하려는 노력으로부터 얻어진 것이며, 그것은 사물의 기원이나 우주의 근원, 인간 존재의 특징과 연계되어 역사와 사회 속에서 적지 않은 영향력을 행사해 왔다. 특히 인식의 변화가 수반되지 않는 한, 또는 이러한 변화를 일으킬 만한 요소가 등장하지 않는 한, 형이상학적 존재론은 한 사회의 정치, 사상, 천하관 등을 좌우한다. 돌이켜 말하면 존재 인식과 사유방식에 변화를 일으킬 만한 요인이 발생한다면, 세계관의 변화를 수반하는 새로운 지식이 형성되며 그에 따른 지식 지형의 변화가 필연적으로 수반된다.

4. 실증적 지식과 지형 변화

지식의 유형을 일괄하여 말할 수는 없지만, '종교적 지식'이나 '형이상학적 지식'과는 별도로 '실증적 지식'을 한 유형으로 설정할 수 있음은 여러 차례 확인한 바 있다. 여기서 말하는 실증적 지식은 이성뿐만 아니라 증명을 통해 산출한 이론이나 법칙을 일컫는다. 현대 학문이 합리성과 실증성을 기반으로 발달했고, 세분화·전문화의 길을 걸어왔음은 지식 담론에 참여한 대부분의 학자들이 인정한다. 그러나 '과학'을 중심으로 한 현대의 학문 체계가 동서양 모든 지역에서 동시적으로 발달한 것은 아니다. 이 점은 인간 존재를 문화적 상징체계를 바탕으로 이해하고자 했던 카시러의 『인간이란 무엇인가』에서도 잘 나타난다. 그는 상징체계의 마지막 주제로 '과학'을 설정했다. 그는 "과학은 인간의 정신 발달에 있어서 최후 단계요, 또 인간 문화의 최고의 그리고 가장 특징적인 성취"[29]라고 진술했다. 그는 르네상스 이후 과학의 재발견이 이루어졌으며, 그것은 '과학의 승리'요, '인류 역사상 최후의 장', '철학의 가장 중요한 주제' 등으로 묘사되었다.

사실 지식 발달 과정에서 경험과 실증은 가장 기본적인 지식 획득의 방법이었다. 중국의 경우 『한서』 '예문지'(기원전 1세기)에서 도서

---

29) 에른스트 카시러, 최명관 옮김, 앞의 책, 314쪽.

분류를 시작한 이래, 근대에 이르기까지 지속적으로 '유서(類書)'를 편찬하고, 그 속에 자연현상이나 물리현상과 관련된 항목을 설정하여, 인간이 경험한 바를 기록해 왔음을 확인할 수 있다. 『한서』 '예문지'의 경우 '천문, 역보, 오행, 시구, 잡점, 형상'의 '술수(術數)'뿐만 아니라 '방기(方技)'에 속한 '의경(醫經), 경방(經方), 방중(房中), 신선(神仙)' 등도 어느 정도는 경험으로서의 지(知)와 관련을 맺는다. 중국에서 유서 분류는 5세기 왕검(王儉)의 『칠지(七志)』, 6세기 완효서(阮孝緖)의 『칠록(七錄)』, 7세기 『수서(隋書)』 '경적지(經籍志)'를 거쳐 '경사자집(經史子集)'의 4부 체계로 이어지고, 18세기 『사고전서(四庫全書)』에서는 '부(部)'와 '류(類)', '속(屬)'의 위계가 갖추어진 것으로 알려져 있는데,[30] 『사고전서』에서도 농가류(農家類), 보록류(譜錄類), 술수류(術數類) 등은 자연현상에 대한 경험적, 실증적 지식과 밀접한 관련을 맺는다.

물론 한 시대와 사회에서 경험적, 실증적 지식이 어떤 의미를 갖는가는 시대와 사회에 따라 달리 고찰해야 할 과제이다. 왜냐하면 중국의 경우 고대부터 경험을 통한 실증적 지식 획득 방법을 인식하고 있었다고 할지라도, '경사(經史)'를 존중하는 전통과 견주어 볼 때, 술수와 방기를 주류 지식으로 인정했다고 보기는 어렵기 때문이다. 이 점은 서구의 지식사도 유사한 것으로 보이는데, 다수의 과학사 전공자들은 근대 서구 과학의 발달에 대해 '자연과학의 승리'라는 말보다 '과학적 방법론의 승리'라는 표현을 사용하고 있다. 예를 들어 소광희(1994)에서는 "학문론으로 보아 근대 특히 19세기의 학문적 성취는 자연과학의 승리라기보다는 과학적 방법론의 승리하고 할 것이다. 수학적 정확성으로 예측된 사태를 실험을 통해 실증함으로써 의심의

---

30) 이성규, 「동양의 학문 체계와 그 이념」, 『현대의 학문 체계』, 민음사, 1994, 12~15쪽.

여지없이 진리로 판정하는 학문 정신은 사회 현상의 설명에도 실증성을 요구하게 되었고, 이성적 사유는 지각에 호소하는 현전적(現前的) 제시에 밀려나고 있다."31)라고 진술한다. 즉 현대 학문의 특징이 '예측'과 '실험', '실증'을 기반으로 하고 있음을 지칭한다.

지식사에서 실증 지식의 증대는 학문 분야의 세분화·전문화를 촉진해 왔다. 김영식(1994)에 따르면 서양의 경우 16~17세기 이른바 '과학혁명기'부터 '실험'이 과학의 주된 방법으로 인정되면서, "자연에 무엇을 가하고, 자연을 변형시키고, 자연으로부터 무엇을 얻어내는 방법"이 중시되기 시작했다. 그에 따르면 17세기 중엽 런던 왕립 학회, 파리 과학 아카데미 등 새로운 과학 단체들이 실험과학을 표방하고, '실험적'이라는 말과 '과학적'이라는 말이 혼동될 정도로 실험이 중시되었다. 이를 집대성한 과학자가 뉴턴이라는 것이다. 갈릴레오와 뉴턴은 모두 '왜'라는 존재의 물음보다 '어떻게'라는 실용적 방법을 중시한 학자들이다. 이들의 영향 아래 18세기 화학 발달이 급속도로 이루어졌고, 19세기 물리학이 정착되면서 그동안 수학의 일부로 간주되었던 "역학, 정력학(靜力學), 기하 광학을 비롯하여, 자연 철학의 일부를 이루어 온 여러 주제들, 그리고 빛, 열, 전기, 자기, 소리, 기체 등에 관한 여러 갈래의 경험적, 실험적 지식"들이 학문 분야를 이루어 나갔다. 이는 '생물학'도 마찬가지이다. 자연사(natural history)에 포함되었던 생물학에서 생리학, 해부학, 약물학, 식물학, 동물학이 분화된 것이나, 화학에서 연금술, 의학, 약학, 금속학, 생산 기술 등의 분야가 형성된 것은 학문의 전문화·세분화 경향을 증명하는 것이다.32)

---

31) 소광희, 「학문의 이념과 분류」, 『현대의 학문 체계』, 민음사, 1999, 324~325쪽.
32) 김영식, 「과학의 발전과 서양 학문 체계의 변천」, 『현대의 학문 체계』, 민음사, 1999, 138~150쪽.

지식의 증대와 전문화는 지식 지형의 변화를 수반한다. 특히 서구에서 시작된 실험과 실증에 따른 지식 증대는 '수기치인(修己治人)'의 윤리적 수양과 성인이 제시한 '전범(典範)'을 중시하는 동양의 학문 전통에 적지 않은 충격을 주었다. 비록 '경세학(經世學)'으로 불리는 현실지향적인 학문이 없었던 것은 아니나, 중국과 한국에서 급격한 지식 지형의 변화는 이른바 '서학(西學)'과의 접촉에서 기인한 면이 많았다. 마저의(馬祖毅)가 저술한 『중국 번역간사』에 따르면 중국에서의 서학 번역은 아편전쟁 직후 본격화된 것으로 볼 수 있는데, 임측서(林則序)의 『사주지(四洲志)』(1982: 뮤리의 『지리대전』 일부를 번역), 위원(魏源)의 『해국도지(海國圖志)』(1844) 등을 비롯하여, 1868년 상해 강남 제조총국의 번역관 활동 등은 대표적인 서학 수용 과정이라고 할 수 있다.[33] 그 과정에서 중국에서도 신구학(新舊學)의 대립, 서학과 중학의 쟁투가 적지 않게 발생했으며, 이는 근대 한국도 마찬가지였다.[34]

지식 지형의 변화에서 신구학의 대립은 어느 시대, 어느 사회에나 존재할 수 있다. 다만 대립의 형태와 전개 양상은 시대와 사회에 따라 다를 수 있는데, 한국의 경우 서학이 유입되고 종교적 차원에서 천주교의 전교 활동이 활발했던 19세기, 근대식 학제가 도입되고 본격적으로 서양 학문이 유입되던 1900년대 전후를 대표적인 시기로 볼 수 있다. 정조 연간의 '벽사정학(闢邪正學)'은 천주교 서적의 전래와 진산사건으로 알려진 윤지충의 '제례폐각(祭禮廢却, 부모의 제사를 지내지 않음)', '사판훼파(祠版毀破, 부모의 신주를 훼손함)'을 문제 삼은 것[35]으

---

33) 馬祖毅, 『中國飜譯簡史』, 北京: 中國對外飜譯出版公司, 1984.

34) 중국의 서학 번역 및 한국의 수용 과정에 대해서는 황종원 외, 『한국에 영향을 미친 중국 근대 지식과 사상』, 경진출판, 2019를 참고할 수 있다.

35) 『정조실록』 권33, 정조 15년(1791) 10월 25일. "濟恭曰: 西洋學, 實與佛書, 大同小異。近來俗

로, 제례와 종교 의식 등의 변화에서 발생한 대표적인 사건이며, 1900
년대 신구학설의 갈등과 관련한 다수의 논설은 의식뿐만 아니라 지식
의 효용성과 관련한 지형 변화를 내포한다. 다음 논설을 살펴보자.36)

近日 成均館 儒生의 學科를 變更ᄒ고 頭髮을 斷除ᄒ얏다ᄂ 事ᄂ 本報
에 已揭어니와 成均館은 全國 儒敎界에 首善地오 標準的이라. 地方 鄕曲
儒林孤들이 此報를 聞ᄒ면 或 愕然而驚ᄒ고 或 愀然而悲ᄒ야 傳相告語
曰 成均館에셔 新學問을 做ᄒᄂ가. 頭髮을 斷ᄒ얏ᄂ가. 極是怪事라 謂ᄒᆯ
者도 有ᄒ며 必是 虛言이라 謂ᄒᆯ 者도 有ᄒᆯ지니 該館 儒諸氏ᄂ 將次 如
何ᄒ 方針으로 儒林의 疑怪를 渙釋케 ᄒ며 責望을 答辨ᄒ깃ᄂ가. (…中
略…) 然則 今日 吾人도 不得不 改良ᄒ고 不得不 求新ᄒᆯ 境遇에 處ᄒ얏스
니 萬一 此時勢와 此風潮를 拒逆ᄒ면 禍機의 劇烈을 何可形言이리오. 況
又 改良과 求新의 義가 道德原理에 背馳ᄒᆯ 者가 아니오 隨時變易의 權衡
을 不失ᄒᆷ이니 何所遲疑며 何所畏難이리오. 惟吾夫子ᄂ 聖之時者시니
斟酌 四代ᄒ시고 折衷 百王ᄒ신 法門이 有ᄒ시니 若使吾夫子로 生於今
日이시면 西洋의 政治學術과 利用厚生의 器用을 排斥ᄒ실 理가 無ᄒ고
必然 叅酌 採用ᄒ심이 有ᄒᆯ 것이오 麻冕과 純儉의 取捨ᄒ신 義로써 觀ᄒ
면 時王制度를 宜乎從之ᄒ실지니 今日 吾人의 改良求新이 何背於道德이
며 何愧於聖師리오.

 근일 성균관 유생의 학과를 변경하고, 머리를 깎게 하였다는 것
은 본보에 이미 게재했는데, 성균관은 전국 유교계의 가장 으뜸

尙浮薄, 好看異書, 故往往有迷惑不知返者矣. 珍山兩囚事, 聞該倅之抵其兄書, 則尹持忠火主棄
屍之說, 傳者誤也. 送終之時, 不得備禮云, 貧者不備禮, 固其勢也. 祠版則不爲新造, 舊主則猶自
在云."

36) 『황성신문』, 1909.2.12. (논설) 성균관 학생.

이며 표준이다. 지방 향곡 유림들이 이 보도를 들으면 혹 놀라서 경악하고 혹 추연히 비통해 하여 서로 전하는 말이 '성균관에서 신학문을 하는가. 머리를 깎았는가. 극히 괴이할 일이다.'라고 할 자도 있고, 필연 허언이라고 말할 자도 있을 것이나 이 관의 유생 제씨는 장차 어떤 방침으로 유림의 의혹을 풀어줄 것이며, 그들의 책망에 답변하겠는가. (…중략…) 그러므로 금일 우리도 부득불 개량하고 부득불 새로움을 구해야 할 상황에 처했으니, 만일 이 시세와 이 풍조를 거역하면 재앙의 기운이 극렬할 것은 어찌 다 형언하겠는가. 하물며 개량과 구신(求新)의 뜻이 도덕 원리에 배치되는 것이 아니고, 수시로 바뀌는 권형을 잃지 않는 것이니 어찌 의혹되며 어찌 두려워할 바이겠는가. 오직 우리 부자(공부자)께서는 성스러운 시대에 나신 분이니 4대를 짐작하시고 백왕을 절충한 법문이 있었다. 만약 부자께서 오늘날 태어나신다면 서양의 정치학술과 이용후생의 기용(器用)을 배척할 리가 없고, 필연 짐작하여 채용하실 것이며, 마면과 순검을 취사하신 뜻[37]으로 본다면 시왕의 제도를 당연히 따라서 하실 것이니 금일 우리가 개량구신하는 것이 어찌 도덕에 배치되며 어찌 성사(聖師)에 괴이한 일이 되겠는가.

이 논설은 1900년대 『황성신문』, 『대한매일신보』를 비롯한 근대 잡지에서 빈번히 찾아볼 수 있는 '구학(舊學)', '완고배(頑固輩)'를 비판하는 논설의 하나이다. 이 논설에 등장하는 비판의 대상은 성균관 학과 제도 변경을 비판하는 유생과 유림들이다. 신구의 지식 지형

---

37) 『논어』 자한편. "子曰 麻冕禮也. 今也純儉. 吾從衆, 拜下禮也. 今拜乎上 泰也. 雖違衆 吾從下(공자께서 말씀하시기를, "고운 베로 만든 관을 쓰는 것이 본래의 예였다. 그러나 요즈음에는 생사로 만든 관을 쓴다. 검약하다. 나는 시속을 따르겠다. 예로부터 당 아래서 절하는 것이 본래의 예의였다. 그러나 요즈음에는 사람들이 당 위에서 절을 한다. 오만하다. 나는 시속(時俗)을 따르지 않고 그냥 당 아래서 절하겠다)."라고 하셨다.

변화 속에서 정치학술, 이용후생의 기용 등 신학문의 등장은 지식 지형이 변화하고 있음을 의미하며, 변화 과정에서 다양한 갈등이 유발될 수 있음을 의미한다.

지식의 지형 변화는 급격히 일어날 수도 있고, 그 속도가 느릴 수도 있다. 분명한 것은 지식의 양적 팽창 속도가 빠르면 빠를수록 지형 변화의 속도도 빨라진다는 것이다. 중세의 지식 변화 속도보다 근대의 지식 변화 속도가 비교할 수 없을 만큼 빠르고, 현대의 지식 변화 속도는 그보다 훨씬 더 빠르다. 그렇기 때문에 지식 지형의 변화를 기술하고 설명하는 일은, 미래의 지식 사회를 이해하고 미래의 지식 지형 변화를 예측하는 일이 된다.

5. 지식 지형의 미래: 정보화사회론

과학 철학의 관점에서 자연과학의 구조와 의미를 설명하고자 한 장회익(1993)에서는 '지식 진화와 학문 간의 상호 영향'을 생물 진화의 법칙에 따라 설명하고자 한 바 있다. 그는 지식 진화와 생물 진화를 견주면서 다음과 같이 진술한다.[38]

진화의 이론을 면밀히 검토해 보면 유전에 의하여 보존되고 돌연변이에 의하여 변화될 수 있는 어떤 종류의 유전형과, 또한 외형적으로 나타나고 자연선택 과정에 의해 선발될 수 있는 어떤 형태의 표현형만 정의될 수 있으면 진화현상이라고 하는 것은 그 대상이 생물체건 아니건 관

---

38) 장회익, 『과학과 메타과학』, 지식산업사, 1993, 47~50쪽.

계없이 일어날 수밖에 없는 구조를 가졌음을 알 수 있다. 다시 말하면 우리가 고찰하는 대상이 생물이든 지식이든 또는 다른 어떤 추상적인 내용의 것이든 일단 이 대상에 대해 유전형과 표현형에 해당하는 개념들만 명백히 규정할 수 있으면, 진화의 이론은 자동적으로 적용되는 것이라고 해도 좋을 것이다.

이 글은 생물 진화의 법칙을 긍정하고, 진화의 법칙이 생물뿐만 아니라 지식이나 추상적 개념 모두에 적용될 수 있음을 나타낸다. 장회익(1993)에서 이러한 유추는 물리학에서 '원자 : 응집체', 생명과학에서 '세포 : 생물체', 사회과학에서 '개인 : 사회'로 확장된다. 이 같은 도식화의 의도는 지식 진화와 학문의 세분화·전문화 경향에 따른 문제점을 지적하고자 한 데 있다. 즉 본질적인 유사성을 갖고 있음에도 전문화에 따라 학문 상호 간의 교류가 이루어지지 않고, 그에 따른 불균형이 심화된다는 뜻이다.

얼핏 보면 지식의 양적 증대와 지식 지형의 변화가 세분화, 전문화 경향을 보인다는 주장은 타당해 보인다. 그럼에도 현대의 지식사회나 이를 기반으로 하는 미래의 지식사회와 관련한 논의에서는 전문화보다 이른바 '통합' 또는 '융합'이라는 용어 사용의 빈도수가 높아진다. 진화의 이론을 수용하든 아니면 그에 대해 부정적 태도를 보이든 상관없이 지식 사회가 변화되고 그 변화가 과거에서 현재로, 다시 현재에서 미래로 변화해 가고 있음은 부정할 수 없다.

오늘날 지식 지형의 변화에서 키워드는 '정보사회', 다소 생경할 수 있지만 이른바 '제4차 산업혁명 사회'라는 말이다. 이러한 용어는 전통적인 지식 개념이나 지식 산출 메커니즘과는 다른 관점으로 지식 현상을 파악하고 있음을 의미한다. 특히 정보사회와 제4차 산업혁명은 윤리성이나 도덕성, 존재 가치성 등 포괄적 의미의 지식 개념보다 기술적, 실용적 지식을 중시하는 개념으로 사용된다. 이는 각 산업혁명의 특징을 비교한 고민정(2018)에서도 확인된다. 이를 좀 더 살펴보자.[39]

	1차 산업혁명 (18세기)	2차 산업혁명 (19~20세기)	3차 산업혁명 (20세기 후반)	4차 산업혁명 (2015~현재)
혁신 구분	기계 혁명 (오프라인)	대량생산 혁명 (오프라인)	정보 혁명 (온라인)	융합·가상 혁명 (온·오프라인)
혁신의 원천	증기의 동력화	전력, 노동 분업	전자기기, ICT	ICT와 융합
생산 방식	생산 기계화 (양적 확대)	대량 생산 (질적 확대)	부분 자동화 (플랫폼)	시뮬레이션 기반 자동화
생산 통제	사람	사람	사람·솔루션	인공지능
커뮤니케이션	책, 신문	전화·TV	인터넷	사물 인터넷(Iot)

고민정(2018)에서 제시한 각 산업혁명의 비교 요인은 혁신의 원천, 생산 방식, 생산 통제, 커뮤니케이션 등과 같은 것들이다. 이는 모두 기술적, 실용적 지식과 관련된다. 즉 '산업혁명'이라는 용어 속에 '산업'이라는 실용 지식이 내포되어 있고, '제4차 산업혁명'이라는 용어가 세계경제포럼에서 클라우스 슈밥(Klaus Schwab)이 처음 사용한 용어[40]라는 점을 고려할 때도 미래의 지식 지형이 실용 지식이 강력한 영향력을 행사하는 사회로 재편될 것임을 추론하는 데 어려움이 없다. 그는 '새로운 혁명의 속도'를 강조하며, "인공지능AI, 로봇공학, 사물 인터넷, 자율주행 자동차, 3D 프린팅, 나노 기술, 생명공학, 재료공학, 에너지 저장기술, 퀀텀 컴퓨팅"과 같은 과학 기술을 예시하며,

---

39) 고민정, 『4차 산업혁명과 스마트 기술의 이해』, 배움터, 2018, 12쪽.
40) 클라우스 슈밥, 송영진 옮김, 「서문」, 『클라우스 슈밥의 제4차 산업혁명』, 새로운현재, 2016.

'새로운 비즈니스 모델과 기존 시스템의 파괴'가 이루어지고 있음을 강조한다.41) 이 모든 현상들은 그의 표현대로 '엄청난 가능성과 잠재적 위험성'을 내포한다는 것이다. 그러나 미래의 지식 지형 변화가 위험하고 공포스럽기만 한 것일까? 적어도 현재까지는, 정보사회와 제4차 산업혁명 사회를 예측하는 논의에서는 대부분 '격변하는 미래 사회'에 대한 부적응과 모순을 경고하는 담론이 우세해 보인다.

지식사를 규명하고 지식 지형 변화를 탐구하는 작업은 현상에 대한 객관적 기술을 필요로 하는 작업이지만, 근본적으로 지식의 현재와 미래를 설명하고 예측하는 데 목표를 둔다. 지식 지형이 어떻게 변화하는가, 또는 왜 변화하는가를 이해하는 일은 곧 정보사회와 제4차 산업혁명 시대의 지식 변화 현상을 설명할 뿐 아니라, 어떻게 변화해야 하는가라는 방향을 제시하는 바탕이 될 수 있다. 한 예로 제4차 산업혁명뿐만 아니라 전통적인 산업혁명에 대한 비판적 견해는 과학 기술 발전이 이루어질 때마다, 그리고 급속한 사회 변동이 일어날 때마다 지속적으로 제기되어 왔다는 점을 들 수 있다. 이러한 비판은 과학사학자나 과학철학자들로부터 빈번히 제기되어 왔는데, 김영식 (1994)에서는 '첨단 과학 기술 시대의 과학 기술과 인간'이라는 주제의 논술에서 "과학 기술이 인간의 생활에 미치는 영향은 과학 기술의 사용이 가져오는 인간 생활의 가능성 증대와, 그와 함께 나타나는 문제점 발생"이라는 두 가지 방향을 고려해야 한다고 판단한다. 여기서 가능성이란 첨단 과학 기술이 가져다주는 긍정적 효과를 의미한다. 새로운 제품의 출현, 자원의 이용과 의학의 발달 등 유용성의 차원에서 과학 기술의 진보가 가져오는 가능성이 증대된다는 뜻이다. 이

---

41) 위의 책, 10~11쪽.

에 비해 문제점은 공해에 의한 환경오염, 에너지와 자원 고갈, 전쟁 위협, 빈부 격차 등의 부정적 효과를 지칭한다. 이러한 양면성과 함께 김영식(1994)에서는 "과학 기술의 고도 발달에 의해 인간 생활의 여러 면이 지나치게 기계화되고 자동화되어 기계가 인간의 위치를 침범하고 나아가 인간이 기계에 예속되게 된다."는 비판에 대해 좀 더 냉정한 비판이 이루어져야 한다고 주장한다. 그는 "기계를 인간의 능력을 대체하거나 인간과 경쟁하거나 인간의 위치를 침해하는 것으로 보는 관점은, 깊이 검토해 보면 잘못된 것"이라고 말한다. 그는 "기계가 할 수 있는 일이란 결국 인간에 의해 조종되어 행하는 것"이며, "아무리 '자동화'된 기계라고 해도, 그것은 그 자체로서 움직이는 것이 아니라 인간의 설계와 운전에 의하는 것", "오늘날 전산 기술과 자동 제어 기술의 발전에 의해 인공지능이나 로봇 기술을 사용한 놀라운 자동화 장치들이 등장하고 있지만, 그것들도 모두 인간의 프로그램에 의존해서 작동한다."[42]라고 진술한다.

이러한 지적처럼 모든 자동 제어 기술로 표현된 과학 기술의 진보가 인간이 만든 프로그램, 인간의 의지에 의해 작동되는 것이라면, 과학 기술의 변화보다 우선시되어야 할 문제가 인간 자신의 문제이다. 이 점에서 제4차 산업혁명을 바라보는 사회학자나 철학자들이 과학 기술의 진보보다 그에 따른 인간관 또는 가치관의 변화에 주목하는 것도 그 때문이라고 할 수 있다. 이 점에서 정보 기술의 사회화 과정을 중점적으로 다루고자 했던 김문조(1997)의 『과학기술과 한국 사회의 미래』(고려대학교출판부), 김주환 외(2001)의 『디지털 시대와 인

---

42) 김영식, 「첨단 과학 기술 시대의 과학 기술과 인간」, 『역사와 사회 속의 과학』, 서울대학교 출판부, 1994, 128~129쪽.

간 존엄성』(나남출판), 이현숙·김병철(2013)의 『사이버 윤리와 인간의 이해』(한국외국어대학교출판부) 등의 독서물은 제4차 산업혁명이라는 용어가 일반화되기 이전의 저작물이지만, 과학 기술의 변화에 대한 인간 문제를 다루고 있다는 점에서 참고할 만한 성과로 보인다.

김문조(1997)에서는 과학과 기술이 사회적 산물로서 기술 혁신이나 신기술 창조 또는 기술의 상품화 등이 기존의 사회 구조나 역학과 무관하게 전개되는 경우는 없다고 단정한다.[43] 그는 고대 그리스의 과학사상으로부터 산업혁명을 거쳐 현대의 과학 기술 혁명에 이르기까지, 과학 지식은 누적적이며 변화의 속도가 가속화되었고 그에 따른 사회적 파장이 확대되어 왔음을 개괄하고, 우리(사회학자)가 해야 할 당면 과제 중의 하나는 '과학 기술의 사회적 의미나 효용 가치'를 밝히는 일이라고 주장한다. 이러한 차원에서 그는 '과학 기술과 사회'와 관련한 '기술 결정론'을 포괄적으로 비판한다. 여기서 말하는 기술 결정론은 '기술의 가치 중립'을 전제로 "기술이 사회적 제력과는 관계없이 독립적으로 발전하며 또 사회발전을 기술 발전의 사후적 결과로 이해하려는 '기술 지배관', 그리고 기술의 사회 적합성은 도외시한 채 다만 그 사용 구조만을 문제삼는 기술력주의적 관점"들을 지칭하며, 이러한 관점은 모두 "기술 발전을 사회적 역학 관계의 외곽에서 이해하려는 편향적 시각"이라고 비판한다. 결국 사회학자의 관점에서 과학 기술 발전, 좀 더 논점을 좁혀 제4차 산업혁명의 제반 현상을 이해할 때 필요한 것은 '사회와의 관련성' 또는 '사회적 가치와 효용'에 두어야 한다는 점이다. 달리 말해 제4차 산업혁명의 제반 현상은 그와 관련한 과학 기술이 사회 변화를 촉발한다고 볼 수도 있지만,

---

43) 김문조, 『과학기술과 한국사회의 미래』, 고려대학교출판부, 1997, 34쪽.

그와 반대로 사회적 적합성에 따라 제4차 산업혁명의 과학 기술이 활용될 수 있도록 인식의 전환이 필요하다는 뜻이다.

지식 지형 변화를 탐구하는 차원에서, 정보화론 또는 제4차 산업혁명 담론이 지형 변화의 한 흐름으로 작용하는 것은 부인할 수 없다. 그럼에도 지식이 단지 산업과 기술뿐만 아니라 인간의 의식, 가치, 생활방식 전반을 변화시키는 요인임을 고려한다면, 지식에 대한 가치 판단, 지식의 윤리성, 지식에 대한 성찰 등은 지형 변화를 설명하는 과정에서도 결코 놓쳐서는 안 될 요소들이다.

참 고 문 헌

W. H. 월쉬, 이한우 옮김, 『형이상학』, 문예출판사, 1990.

고민정, 『4차 산업혁명과 스마트 기술의 이해』, 배움터, 2018.

권규식, 「E. Durkheim의 종교론」, 『종교의 사회학적 이해』, 이문출판사, 1995.

김문조, 『과학기술과 한국사회의 미래』, 고려대학교출판부, 1997.

김승혜 편저, 『종교학의 이해』, 분도출판사, 1986.

김영식, 「첨단 과학 기술 시대의 과학 기술과 인간」, 『역사와 사회 속의 과학』, 서울대학교출판부. 1994.

김영식, 「과학의 발전과 서양 학문 체계의 변천」, 『현대의 학문 체계』, 민음사, 1999.

김주환 외, 『디지털 시대와 인간 존엄성』, 나남출판, 2001.

대한불교조계종 포교원, 『불교입문』, 조계종출판사, 2008.

성백효, 『大學中庸集註』, 한국인문고전연구소, 2017.

소광희, 「학문의 이념과 분류」, 『현대의 학문 체계』, 민음사, 1999.

스털링 P. 램프레히트, 김태길 외 옮김, 『서양철학사』, 을유문화사, 1987.

애니 베어드(安愛理) 역, 『싱물학초권』, 출판지 미상.

앨런 스윈니이드, 박성수 옮김, 『사회사상사』, 문예출판사, 1992.

에른스트 카시러, 최명관 옮김, 『인간이란 무엇인가』, 서광사, 1998.

유길준, 『서유견문』, 동경: 교순사, 1895.

이능화, 『백교회통』, 보성관, 1912.

이성규, 「동양의 학문 체계와 그 이념」, 『현대의 학문 체계』, 민음사, 1994.

이현숙·김병철, 『사이버 윤리와 인간의 이해』, 한국외국어대학교출판부, 2013.

임마누엘 칸트, 백종현 옮김, 『형이상학서설』, 아카넷, 2014.

장회익, 『과학과 메타과학』, 지식산업사, 1993.

정의채, 『형이상학』, 바오로딸, 2010.

조지 톰슨, 조대호 옮김, 『고대사회와 최초의 철학자들』, 고려원, 1992.

클라우슈 슈밥·송영진 옮김, 『제4차 산업혁명』, 새로운현재, 2017.

풍우란, 박성규 옮김, 『중국철학사』(상), 까치글방, 2014.

허재영, 「지식 교류의 관점에서 본 한국에서의 『자서조동』 수용 양상」, 『아
　　　세아연구』 61(3), 고려대학교 아세아문제연구소, 2018.

황선명, 『종교학개론』, 종로서적, 1989.

황종원 외, 『한국에 영향을 미친 중국 근대 지식과 사상』, 경진출판, 2019.

馬祖毅, 『中國飜譯簡史』, 北京: 中國對外飜譯出版公司, 1984.

萬國公報社, 『萬國公報』, 上海書店出版社, 2014.

Emile Durkheim, *The Elementary Forms of the Religious Life*, New York, The
　　　Free Press, 1965.

지식 네트워크와 지식 지형 변화의 상관성

김창수

1. 지식 네트워크의 개념과 특성

1.1. 지식 네트워크의 개념

지식의 속성은 인간의 의식 세계를 다루는 동시에 철학적 사유체계와 밀접한 관련이 있다.[1] 나아가 순수한 학문적 논리구조를 넘어서 지식이 생산되는 기반에 일정한 영향력을 행사하게 된다. 푸코는 학교, 병원, 감옥 등 미시적 층위에서 지식의 권력을 논증했는데,[2] 이미

---

[1] 허재영, 「지식 생산과 전파·수용에 따른 지식 권력 연구 방법론」, 『한국민족문화』 66, 부산대학교 한국민족문화연구소, 2018.

[2] 이성백, 「현대 시민사회의 지배양식」, 『도시인문학연구』 7(1), 서울시립대학교 도시인문학연구소, 2015, 105~109쪽.

베이컨 단계에서 지식과 권력의 연관성은 명확하게 의식되고 있었다.[3] 사회적 관계에서 발생하는 힘을 권력이라고 정의할 때 지식이 사회에 영향력을 끼친다는 점은 곧 지식과 권력이 직결될 수 있다는 점을 의미한다.

그렇다면 지식 권력의 측면에서 '지식 네트워크'는 어떠한 의미를 갖는가? 먼저 개념적으로 접근해 보도록 한다. 인문학 영역에서 지식의 개념에 대해서는 기초적인 정리가 이루어졌다.[4] 따라서 '네트워크'에 관해 학문적으로 사용할 수 있는지 검토가 필요하다. 사전에 등재된 네트워크의 의미 중 사회적인 내용은 다음과 같다.[5]

어떠한 일이나 문제점을 처리하는 데 각 기관 따위가 긴밀하게 연결되어 조직적이고 효율적으로 움직일 수 있도록 만든 체계. '관계망', '연결망', '연계망'으로 순화.

네트워크의 번역어로서는 '관계망'이 비교적 적절할 것으로 보이는데, 긴밀하게 연관된 체계를 뜻한다고 할 수 있다. 아울러 최근에는 관계망에 대한 분석이 하나의 학문 분야로서 등장하여 Network science로 명명되었다. 여기에는 telecommunication networks뿐만 아니라 biological networks, social networks까지 포괄하고 있다.[6] 특히 social networks 분야는 단순한 통계를 넘어서 개인, 그룹, 조직, 나아가

---

3) 허재영, 앞의 논문, 191쪽.
4) 위의 논문, 181~186쪽.
5) 국립국어원 표준국어대사전,
   https://stdict.korean.go.kr/search/searchView.do(검색일: 2019.05.07)
6) 위키피디아, https://en.wikipedia.org/wiki/Network_science(검색일: 2019.05.07)

사회의 성격을 구명하는 데 핵심적 기능을 수행하고 있으며, 공학적 기반에서 출발하여 현재는 사회학 및 인문학 영역으로 확장되고 있는 추세이다.[7] 따라서 특정 네트워크는 사회 관계망 및 관계망에 영향을 주는 요소를 분석하는 데 적극 활용할 수 있다.

한편 네트워크는 단순히 교류망이라는 번역어를 넘어서 정치 사회학 분야에서도 학술용어로서 적극 이용되고 있다. 최근 논의가 활발히 진행되고 있는 지식국가론에서는 19세기 이후 과학적 지식(특히 통계지식)에 의해 통치되는 점을 현대 국가의 핵심적 특징으로 본다.[8] 19세기 이전에는 국가 통치 행위의 기반이 계급 또는 신분이었다면 최근의 국가는 전문가 집단의 형성과 통계지식에 대한 강고한 신뢰를 바탕으로 다양한 정치 행위자들이 통계지식에 근거한 이념을 수용하여 정치행위를 한다는 것이다. 근대 이후 만들어진 언론은 지식 생산을 제도화하고 그것의 타당성을 판별한다. 그리고 정치 행위자들이 이를 수용하는 구조인 것이다.[9] 지식에 기반을 둔 국가 통치가 현대국가의 주류를 이룬다고 할 때, 지식의 생산과 유통은 네트워크를 통해서 가속화된다. 이른바 '네트워크 지식국가'가 등장한 것이다. 네트워크의 구축은 국가 경제, 금융, 군사 부분의 정보를 손쉽게 획득할 수 있게 해줄 뿐 아니라 영화 네트워크와 실리콘 벨리의 기술이 결합하여 새로운 분야를 만들어 내듯이 또 다른 네트워크를 창조하기도 한다.[10] 네트워크 지식국가의 논의를 반영한다면, 지식 네트워크는 '특

---

7) 위키피디아 https://en.wikipedia.org/wiki/Social_network(검색일: 2019.05.07); 김영기, 「정보기술의 진화와 인간관계망의 변화: 트위터를 중심으로」, 『인문학논총』 26, 경성대학교 인문과학연구소, 2011.

8) 최정운, 「근대 지식국가이론」, 하영선·김상배 엮음, 『네트워크 지식국가』, 을유문화사, 2006.

9) 위의 책, 356~357쪽.

정한 문제를 해결하기 위해 지식을 손쉽게 동원할 수 있는 체계'라고 정의할 수 있을 것이다.

지식 네트워크의 속성은 지식의 손쉬운 획득, 이를 위한 체계 그 자체에 그치지 않는다. 정보사회분야에서는 네트워크와 권력의 관계에 관해 흥미로운 분석을 진행하였다. 마누엘 카스텔(Manuel Castells)은 현대사회를 '정보시대'로 규정하고 핵심적 특성으로서 사람—제도—국가를 연결하는 네트워크의 확산을 강조하였다.11) 그가 말하는 네트워크 사회는 정보통신 기술의 발달을 배경으로 공간적 제약 없이 자본주의 활동이 이루어지는 사회를 가리킨다. 그런데 이 과정에서 지구적으로 통합된 사회에서는 세계 네트워크의 범위에 들어가는 국가와 그렇지 못한 국가로 분리된다.12) 지식(정보) 네트워크는 참여자에게는 새로운 정보획득의 기회를 주지만, 반대로 참여하지 못한 이들에 대해서는 지식 권력의 하부에 위치시키는 장치가 되는 것이다. 따라서 네트워크의 내용과 함께 접근 가능성이 중요하며 네트워크에 진입하지 못할 경우 주변화 될 수밖에 없다는 점을 강조한다.13)

지식국가론과 정보사회 연구에서 도출할 수 있는 내용은 네트워크(관계망)를 통해서 지식을 쉽게 획득할 수 있고 아울러 네트워크의 참여 여부에 따라 권력에 기반한 위계가 형성된다는 것이다. 이러한 네트워크의 구성은 크게 두 가지 유형으로 분류할 수 있다.

---

10) 김상배, 「문화제국과 네트워크 지식국가」, 『네트워크 지식국가』, 을유문화사, 2006.
11) 프랭크 웹스터, 조동기 옮김, 『현대 정보 사회 이론』, 나남출판, 2016, 251~252쪽.
12) 위의 책, 252~253쪽.
13) 위의 책, 258쪽.

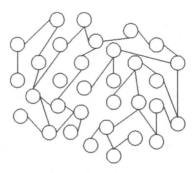

〈그림 1〉 무작위 네트워크

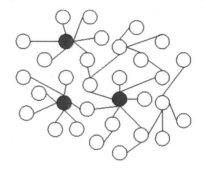

〈그림 2〉 다중 허브 네트워크

　〈그림 1〉은 네트워크 형성 초기의 모습이다. 무작위 네트워크에서는 교류 주체(nod)가 늘어나면서도 각각의 주체는 개별적으로 결합할 뿐이다. 〈그림 2〉에서는 교류 주체들을 연결하는 허브(hub)가 형성되었다. 허브로 인해 직접 연결되지 않은 개별 주체들이 상호 정보를 교환할 수 있는 통로가 만들어진다. 더하여 정보 교환이 가속화되면서 네트워크 일부 또는 전체의 성질이 변하기도 한다. 본문에서는 이와 같은 네트워크의 특징을 지식 네트워크와 연결하여 살펴보도록 할 것이다.

1.2. 지식 네트워크의 요소

지식 네트워크의 구성은 어느 시대를 막론하고 공통적 요소로 이루어져 있다. 그것인 지식을 담지하고 있는 지식인과 지식매체로 나눌 수 있다. 지식인과 지식인의 만남은 때로는 폭발적인 지식의 확장을 가져 왔다. 18세기 중반 조선의 홍대용(洪大容)과 중국 지식인과의 만남은 단순한 개인의 교류에 그치지 않고 이후 북학파(北學派)를 형성하는 단초를 제공하였다. 막말(幕末) 메이지 유신의 주역을 길러냈던 요시다 쇼인(吉田松陰)의 경우, 여러 차례 일본 각지를 여행하면서 그곳의 지식인들과 만날 수 있었고 이는 그의 학문세계를 형성한 핵심적 요소가 되었다.14) 예수회 선교사와 중국 지식인의 교류는 서양과학의 중국 유입을 촉발했으며 수 세기 동안 이를 둘러싼 수용과 재해석의 논쟁을 낳았다. 지식의 분포와 획득의 정도가 고르지 않은 상황 속에서 지식인들의 직접적인 만남은 예상할 수 없는 파장을 가져왔다.15)

지식 매체는 지식의 지속성과 보급의 측면에서 더 많은 영향력을 끼쳤다. 베르너 파울슈티히(Werner Faulstich)는 매체의 범위를 인간 매체, 조형 매체, 수기(手記) 매체, 인쇄 매체로 분류하고 각각 매체의 기능을 사회체제 및 통치 방식과 연결시켰다.16) 다만 교류 주체들 사이의 거리가 멀어질수록 상대적으로 인쇄매체의 영향력이 더 컸다고 본다. 인쇄매체의 가장 대표적인 사례는 서적, 서신, 그리고 신문이 여기에 해당한다. 각각은 시대에 따라 사회적 보급에 일정한 차이가

---

14) 요시다 쇼인의 일생에 관한 연대기는 http://www.yoshida-shoin.com/torajirou/about-shoin. html(검색일: 2019.03.17)

15) 피터 버크, 박광식 옮김, 『지식』, 현실문화연구, 2006, 101~102쪽.

16) 베르너 파울슈티히, 황대현 옮김, 『근대초기 매체의 역사』, 지식의풍경, 2007, 12~13쪽.

있지만, 가장 많은 지식 정보를 수록할 수 있는 인쇄매체는 서적이었다. 또한 교류망을 유지시키는 수단으로는 서신이 주로 활용되었다. 따라서 서적과 서신은 지식 네트워크를 형성·유지하는 주요 매체라고 할 수 있다.

앞서 네트워크의 개념을 중심으로 살펴보았다면, 연구자들이 사용하고 있는 용례 검토를 통해 사용범위를 확인해보도록 한다. 지식 네트워크라는 용어는 최근에 한정된 지역을 넘어서는 지식 교류 연구에서 때 빈번히 등장한다. 인문학연구에서 지식 네트워크에 대한 범위는 연구자마다 일정한 차이가 나타난다. 가장 일반적으로 사용하는 것은 지식인의 교류망을 뜻한다. 개인의 교류망과 같이 작은 단위에서 학파, 혹은 문인그룹 등 상대적으로 큰 단위의 집단이 연구대상이 된다.17) 지역적 특성을 반영하는 경우에는 영남, 호남, 서북, 수도권(경기), 서울과 같은 조선 내 각 지역을 대상으로 하는 경우와, 조선·중국·일본과 같이 국가 단위 혹은 동아시아를 분석 범위에 넣기도 한다.18)

또 다른 한편으로 지식 네트워크는 특정 지역에서 공유하는 사상을 가리키기도 한다. 19세기 중반 이전 동아시아에서는 유교문명(문화)을 대표적으로 거론할 수 있다.19) 언어의 측면에 주목하여 한문을 공유하고 있는 범위를 한자(한문) 네트워크로 명명하는 경우도 있다.20) 20세기 이후에는 자유주의, 아시아연대론, 민족주의 등 서구의 충격으로 인해 수용 및 공유된 사상을 지식 네트워크의 대상으로 간

---

17) 유봉학, 『燕巖一派 北學思想研究』, 일지사, 1995.
18) 한영규, 『18~19세기 한·중 문인 교류』, 이매진, 2013.
19) 조동일, 『동아시아문명론』, 지식산업사, 2010.
20) 김용태, 「開港이후 동아시아 漢文네트워크에 대하여」, 『한국한문학연구』 50, 한국한문학회, 2012.

주한다.[21] 더하여 특정 사상을 공유할 수 있게 하는 매개 즉 서적의 전파와 수용범위도 지식 네트워크의 주요한 요소이다.[22]

상하이의 지식 네트워크를 추적한 연구에 따르면, 지식 네트워크는 '지식의 생산, 유통, 소비'를 포함하는 구조이다. 구체적으로 저자는 상하이에 들어 온 서구인을 통해 서구 근대지식이 소개되면서 지식이 생산되었고, 교통망 특히 해운의 발달로 지식 유통망이 확장되었으며, 지식을 갈망하는 계층이 상하이 및 인근 지역에 거주함에 따라 지식 소비의 기반이 만들어졌다고 설명한다. 그리고 위의 세 가지 요건으로 인해 상하이를 중심으로 하는 지식 네트워크가 형성되었다고 정리하였다.[23]

이상의 내용을 통해 볼 때, 지식 네트워크의 구성 요소는 우선 인적 교류망을 설정할 수 있으며, 한문과 같은 언어 또는 사상 등 특정 지식을 공유하는 문화적 범위라고도 할 수 있다. 그리고 구체적인 구성 요소로서는 지식의 생산, 유통, 소비를 거론할 수 있다.

2. 지식 네트워크와 지식 지형의 상관관계

지식 네트워크의 내용을 구체적으로 분석하기 전에, 지식 지형의 개념과 범위를 설정하는 작업이 선행될 필요가 있다. 지식 지형이라

---

21) 동북아역사재단, 『동아시아의 지식교류와 역사기억』, 동북아역사재단, 2009; 이화인문과학원, 『동아시아 지식 네트워크와 근대 지식인』, 소명출판, 2017.

22) 장유승 외, 『동아시아의 문헌 교류』, 소명출판, 2014.

23) 서광덕·이국봉, 「19세기 중엽 '상하이 지식네트워크'에 대한 고찰」, 『중국학』 63, 대한중국학회, 2018.

는 용어는 현재 연구 주제어로서 빈번이 쓰이고 있지만 대부분의 연구들이 용어의 명확한 규정과 범위를 설정하고 있지는 않다.

우선 사전에서 지식 지형은 표제어로 제공되지 않는다. 영문으로는 지식을 뜻하는 knowledge와 지리학에서 지형을 의미하는 geography 또는 terrain, topology를 결합한 조어로서 사용된다. 옥스퍼드 서지학 사전(oxford bibliographies)은 'Geography of Knowledge'라는 항목을 제공하는데, 여기에서는 지식의 공간적 배치 또는 분포에 주목한다. 구체적으로 공간에 따른 인식의 불균등한 분포, 지식의 공간성(the spatialities of knowledge)과 사회 및 문화적 맥락과의 연결성을 강조한다.24) 지식 지형의 개념에 관해서는 김경남의 연구에서 정리되었다. 그는 지식 지형에 대한 연구 방법론을 모색하는 과정에서 분류한 지식의 분포와 영향력을 측정하기 위해 지리학의 '지형' 개념을 사용하는 것으로 판단하였다.25) 피터 버크는 17세기 유럽에서 지식이 발견, 저장, 확산되는 공간들에 주목하였다. 그는 당시까지 지식이 유럽 전역에 균질하게 퍼져 있지 않았다는 점을 강조하면서 지식의 '공간적 분포'를 설명하였다.26) 그가 인용한 파스칼은 지식의 불균등한 분포를 '피레네 이쪽에서는 진실, 저 쪽에서는 오류'라고 표현하며 지역에 따른 지식의 차이를 강조하였다.

지식 지형의 방법론으로서 시각적 효과를 명확히 보여주는 것은 분포도와 그래프이다. 중국 근대 지식 지형을 전문가 집단의 형성의

---

24) 옥스퍼드 서지학사전
http://www.oxfordbibliographies.com/view/document/obo-9780199874002/obo-97801998
74002-0057.xml(검색일: 2019.03.17)

25) 김경남, 「지식의 유형과 지식 지형에 대한 인문학적 연구 방법론」, 『인문연구』 83, 영남대학교 인문과학연구소, 2018, 329~330쪽.

26) 피터 버크, 박광식 옮김, 앞의 책, 101~104쪽.

관점에서 바라본 연구는 1928년~1947년 동안 전문가 집단이 어떤 계열에 분포되는지를 정리하였다. 남경정부 시절 법학부 중심에서 중화인민공화국 설립 이후 공학을 선택한 전문가가 급격히 늘어난 점을 통해 근대지식 지형의 패러다임이 변화했다는 근거를 제시한다.[27] 최근 지식 개념의 연구방법론으로서 사료DB를 활용하는 연구도 시도되고 있다. 분석 대상 용어의 시기적 빈도를 기반으로, 분석 용어의 앞뒤에 붙는 결합어의 특징을 분석함으로써 해당 용어가 사용되는 다양한 층위의 지식 지형을 드러내는 방식이다.[28]

이상의 내용을 간략히 정리하면, 지식 지형은 제한된 시기의 분류된 지식의 분포라고 할 수 있다. 여기에 시간 속성을 추가한다면 A시간대의 분포도 및 C 시간대의 분포도, 그리고 양자 사이의 변화하는 B 시간대의 변화상까지도 아우르는 개념이라고 할 수 있다. 따라서 지식 지형은 지식기반과 지식사회를 통해 형성된 지식의 분포라고도 정의할 수 있을 것이다.

아젠다에서 다루고 있는 시공간의 범위, 즉 15세기~20세기 동아시아의 지식 네트워크 지형을 분석하기 위해 본고에서는 두 차례의 변곡점을 설정하였다. 첫째는 15세기 명(明)의 건국 이후 지속된 폐쇄적 국제질서이다. 해금(海禁)체제(또는 조공시스템)라고도 불리는 해당 체제는 교류의 통로를 외교 사절로 한정하고 민간 및 물자의 이동을 최대한 통제하는 방식으로 운영되었다.[29] 해금체제는 청대까지도 이

---

27) 김수영, 「중국 근대 지식지형의 형성과 패러다임: 전문지식과 전문가집단의 탄생을 중심으로」, 『중국사연구』 71, 중국사학회, 2011.

28) 노관범, 「조선 말기 유신 개념의 역사적 이해: 고종·순종 시기 『승정원일기』 기사 분석을 중심으로」, 『인문논총』 75(1), 서울대학교 인문학연구원, 2018.

29) 명청대 중국의 대외정책을 '海禁'으로 정리한 연구는 檀上 寬, 『明代海禁=朝貢システムと華夷秩序』, 京都大學學術出版會, 2013.

어져 약 500년 간 동아시아의 기본적 교류체계로서 작동하였다. 둘째는 19세기 후반 유럽의 동아시아 진출(혹은 침략)로 인해 개항(開港)이 강제되고 그 결과 형성된 만국공법(萬國公法)에 기초한 국제질서이다. 이 질서 속에서 동아시아 각국은 적어도 형식적 평등과 자율적 교류의 권리를 가졌다. 두 개의 변곡점을 기준으로 지식 네트워크가 어떻게 형성·작동하였는지를 검토하도록 한다.

2.1. 폐쇄적 해금(海禁)체제

시간의 흐름에 따라 지식 지형을 둘러싼 국가 간, 사회적 기반이 변화하고 아울러 지식 네트워크 지형 역시 바뀌게 된다. 15세기~20세기 초까지 장기간 시간 속에서 동아시아 지식 네트워크 지형에 가장 큰 영향을 준 요소는 세계질서의 변화이다. 명(明) 건국 이후 중국은 약 500여 년 간 이전시기에 비해 사람과 물자의 국가 간 이동을 엄격히 제한했다. 다음은, 「대명률(大明律)」의 해외 왕래 금지에 관한 규정이다.

문인(文引)이 없이 관(關)·진(津)을 넘는 모든 자는 장형(杖刑) 80, 만약 관(關)이 있는데 문을 경유하지 않거나 진(津)에서 나루터를 경유하지 않고 넘어 건너간 자는 장형 90에 처한다. 만약 변경의 관소(關所)나 요새를 몰래 넘거나 건넌 자는 장형 100, 도형(徒刑) 3년의 형에 처하며, 국경 밖[外境]으로 나간 자는 교형(絞刑)에 처한다. 감시하는 사람이 알면서 방임한 경우는 (몰래 넘어간 자와) 죄가 같고 검문에 실수한 자는 각각 죄 3등을 감경하되 장형 100의 형에서 그친다.[30]

위 조항에서 관진을 오가는 자들은 모두 신분 증명이 필요할 뿐 아니라 변경을 사사로이 출입하는 경우 교수형으로 처벌하도록 되어 있다. 단지 사람의 이동만 통제했을 뿐이 아니었다. 물건에 대한 이동도 엄격한 관리 대상에 포함되었다.[31] 해당 조항에 서적과 같은 지식 매체가 포함되어 있지 않았지만, 중국 측에서 언제든지 문제로 삼을 수 있는 소지가 존재했다. 세금의 회피를 방지하기 위해 만들어졌던 해금(海禁)조항은 점차 정치적 성격을 띠면서 국가의 허가를 받지 않는 모든 이동을 통제하기 시작했다. 분란을 일으키지 않는 한 중국의 일부 항구에서 무역은 허가되었지만 항구 안쪽 특히 수도로의 이동은 제한되었다. 청 역시 명의 폐쇄적 대외정책을 계승하여 외교적 승인을 받지 않은 이동을 금지하였다. 따라서 명·청시기 500여 년 간 중국과의 지식 교류는 외교 사절을 통해서만 이루어졌다고 보아도 좋을 것이다.

중국의 지식인 역시 해외로 이동하는 것이 제한되었다. 중국 중심의 세계질서를 유지하기 위한 외교 활동, 즉 조공국의 국왕을 임명하거나 황제의 명령을 전달하기 위한 외교 사절의 자격이 부여되어야만 주변국으로 갈 수 있었다. 중국 사신의 외국 방문을 통해 짧은 기간이나 지식 교류가 이루어졌다. 다만 동아시아 전체를 시야에 넣는다면 중국 사신이 지속적으로 파견되었던 국가는 조선, 베트남, 류큐 뿐이었다. 이와 같은 현상은 같은 시기 유럽의 지식 교류가 일국사에 그치지 않고 유럽 각지에 산재한 대학, 수도원, 항구, 수도(首都)에서 자유롭게 이루어졌던 것에 비해 동아시아적 특징을 지닌다.[32]

---

30) 『大明律』 권15, 「兵律」 私越冒度關律.
31) 『大明律』 권15, 「兵律」 私越冒度關律.
32) 피터 버크, 박광식 옮김, 앞의 책, 112~126쪽.

조선 역시 중국의 폐쇄적 대외정책의 자장 속에 있었다. 다음은 『경국대전(經國大典)』의 내용 중 국경 이동에 관한 것이다.

　함부로 국경 밖[外境]으로 나가서 그곳 사람들의 재물을 훔친 자는 교형(絞刑)에 처하며, 국내의 물건을 훔쳐서 저쪽 땅에 전매(轉賣)한 자는 금지된 물품을 판 죄로 논하고, 모두 전죄(前罪) 사면(赦免)의 대상이 되지 못한다.33)

　조선에서도 불법적 국경 이동과 물자의 반출을 엄격히 금지했으며 정치적 목적을 띤 외교 사절단의 이동만을 허락했다. 교류의 대상은 지정학적 위치로 말미암아 중국과 일본으로 국한되었다. 아주 짧은 기간 동안 조선의 대외교류 범위에 여진(女眞), 류큐(琉球)가 포함되었던 적이 있었지만, 이들과의 지식 교류는 거의 확인되지 않는다.
　제한된 환경 속에서 조선의 지속적 교류 대상은 중국과 일본이었다. 조선에서는 정기적 또는 비정기적으로 사행단(使行團)을 중국·일본에 파견하였다. 주의해야할 점은 조선－중국, 조선－일본의 교류방식이 비대칭적이었다는 점이다. 중국과는 매해 정기·비정기적으로 사행단을 파견하였고 이와 같은 관행은 500여 년 간 지속되었다. 따라서 교류의 참여계층은 양적으로는 제한되었지만 교류 자체는 장기간 지속적으로 이루어졌다. 이와 같은 구조 속에서 지식인 및 지식 매체의 교류는 일정한 흐름을 유지할 수 있었다. 일본과의 관계는 중국과 달랐다. 우선 일본은 교류의 주체로서 대마도(對馬島)와 막부(幕府) 두 개의 층위가 존재했다. 교류의 방식도 중국과 차이가 있었다. 일본의

---

33) 『經國大典』 권5, 「刑典」 贓盜.

폭력적 행위로 인해 16세기 이후 일본 사신이 서울로 오는 것을 금지한 후, 조선 내 교류 공간은 부산 동래(東萊)의 왜관(倭館)으로 국한되었다. 때문에 교류 기반이 중국에 비해 협소하다는 특징을 지녔다.

일본은 에도 막부가 성립된 이후 독특한 대외정책을 펼쳤다. 에도 막부는 중국과 직접적인 외교 관계를 맺지 않음으로써 중국 중심의 세계에서 일정한 거리를 유지할 수 있었다. 다만 막부 휘하의 일부 번(藩)들은 경제적 이익을 위해 직접 또는 간접적으로 중국과 무역을 지속적으로 행했다. 무역 과정에서 서적을 비롯한 지식 매체가 유입되었고 이를 기반으로 간접적인 지식 네트워크가 일정하게 형성될 수 있었다. 조선과의 관계는 통신사를 통해 이루어졌다. 19세기 전반까지 쇼군이 바뀔 때마다 조선에 통신사(通信使) 파견을 요청했다. 통신사의 방문은 비정기적이었지만 집중적인 지식 교류가 이루어지는 계기가 되었다. 그러나 통신사에 들어가는 경제적 비용과 일본중심주의가 대두하면서 1811년 이후 더 이상 통신사 파견 요청이 사라졌고, 조선과의 관계는 19세기 후반 운요호(雲揚號) 사건이라는 군사적 압박을 통해 재개되었다.

한편 조선과는 달리 일본은 중세부터 유럽과 일정한 접촉이 있었다. 유럽인들에게 일본은 황금의 섬(지팡구)으로 인식될 정도로 일찍부터 그 존재가 알려졌고, 기독교의 전파도 이른 시기에 이루어졌다. 기독교의 성공적 전파로 인해 점차 그 포교범위가 넓어지자 일본의 통치자들은 이를 심각한 위기로 인식하여, 기독교에 박해를 가하는 동시에 유럽 국가와의 교류를 제한하는 조치를 단행하였다. 그럼에도 나가사키의 작은 인공섬인 데지마(Dejima, 出島)를 교역의 창구로 남겨두었다. 일본과 최종적 교역 대상이었던 네덜란드 상인들은 무역이 진행되는 동안 이곳에서 거주하였다. 막부의 다양한 제재에도 불구하

고 데지마는 페리의 내항 이전까지 서양과의 지식 교류 창구 역할을
수행했다.

2.2. 개방적 국제질서

19세기는 동아시아의 국제질서가 붕괴되는 시기였다. 새로운 국제
질서의 압력은 중국에게 먼저 가해졌다. 중국과의 무역에서 큰 적자
를 보던 유럽(특히 영국)은 아편을 주요 수출품으로 삼았고, 이를 둘러
싸고 중국 조정과 대립한 끝에 전쟁을 선포하였다. 제1차 아편전쟁
(1840~1842)이 중국의 패배로 끝나면서 중국의 폐쇄적 국제관계에 일
정한 균열을 가했지만, 전쟁의 여파는 일부 개항장에 국한되었으며[34]
기존의 지식 네트워크의 기반을 바꿀 정도는 아니었다. 그러나 제2차
아편전쟁(1856~1860)은 중국 중심의 국제질서를 근본적으로 붕괴시켰
다. 전쟁의 결과 북경이 함락되어 함풍제(咸豐帝)는 열하(熱河)로 피신
을 갔다가 결국 그곳에서 사망하였고, 중국은 굴욕적인 베이징조약을
맺을 수밖에 없었다.

지식 네트워크의 측면에서 북경 조약의 주목할 내용은 외교 공관의
설치와 외교관의 주재, 기독교의 인정과 포교의 자유였다. 황제는 중
국의 역사 속에서 종교적인 권위와 정치적 권력을 동시에 가진 존재
였다. 따라서 포교의 완전한 자유는 황제 중심의 세계관을 붕괴시킬
수 있는 새로운 사조가 정치적으로 허용되었다는 것을 뜻한다. 반면
이들 기독교 전파자와 중국 지식인 사이의 새로운 네트워크가 보다
쉽고 광범위하게 만들어질 수 있었다. 아울러 외국 공사관의 북경

---

34) 폴 A. 코헨, 이남희 옮김, 『학문의 제국주의』, 산해, 2003.

주재는 제1차 아편전쟁에서 중국이 강력하게 반대했던 사안이었다. 국제법적으로 황제와 대등한 지위를 갖는 공사가 북경 한 가운데 거주하는 것 자체가 황제의 권위를 손상시키는 행위이기 때문이었다. 중국 조정은 톈진조약(1858)의 합의를 어기고 각국 공사의 북경 진입을 저지했는데, 이것이 제2차 아편전쟁의 직접적인 원인이 되었다. 그러나 결국 전쟁은 중국의 패전으로 마무리되었고 외국 공사들은 북경에 상주할 수 있게 되었다. 공사관을 매개로 외교관, 종교인, 통역관, 기술자 등 다양한 유럽의 지식인들이 북경을 방문하였고, 이들과 중국 지식인들의 네트워크가 형성·확산 될 수 있었다.

19세기 후반 이후 조선과 중국의 관계는 중층적인 모습을 띠었다. 1860년 이후 중국은 서양 열강과 차례로 조약을 맺으면서 자유로운 교류를 확대해 나갔다. 그러나 조선과는 1882년에 가서야 서양의 조약과 유사한 형태의 '장정(章程, 조청상민수륙무역장정)'을 체결했다. '장정'은 양국의 불평등을 전제로 한 조약이지만, 지식 네트워크의 측면에서 다음의 내용을 주목할 필요가 있다.

북양대신(北洋大臣)의 신임장을 가진 상무위원(商務委員)은 개항한 조선 항구에 주재하면서 본국의 상인을 돌본다. (1조)

조선 상인은 규정에 따라 북경에서 교역하고, 중국 상인은 조선의 양화진(楊花津)과 서울에 들어가 영업소를 개설할 수 있다. (4조)

해당 조항에 근거하여 중국 관원이 조선에 상주할 수 있게 되었고, 이에 따라 서울에서 중국 관원과 조선 지식인의 네트워크가 형성될 기반이 마련되었다. 아울러 개항기에는 거의 이루어지지 않았지만,

북경에서 조선 민간인의 무역과 중국 내륙으로의 이동이 개방되었다. 한편 '장정'을 통해 조선과 청 사이에서 근대적 국제관계가 만들어졌음에도 불구하고 매해 조공(朝貢) 사신은 이전과 다름없이 파견되었다. 오히려 개항기에 외교 사안의 중요성이 부각되면서 사신의 파견 빈도는 이전보다 증가하였다. 따라서 전통적 방식의 조선·청 지식인의 네트워크는 그대로 유지될 수 있었다. 불평등한 '장정'과 조공책봉 관계의 공존은 청이 일본과의 전쟁에서 패배(1895)한 이후 사실상 와해되었고, 1899년 대한제국과 청나라 사이에서 동등한 자격으로 한청조약이 체결되면서 완전히 소멸하였다.

일본의 에도 막부는 무력을 바탕으로 한 페리의 국교(國交)요구를 받아들이면서(1854) 중국과 비슷한 시기에 폐쇄적 국제관계를 벗어났다. 일본은 중국 중심의 국제질서 바깥에 위치해 있던 만큼 만국공법 체제로 비교적 빠르게 편입되었다. 미일통상조약의 체결을 통해 공사와 영사의 파견, 조계(租界) 지역의 설정, 일본 내지로의 이동(개항장에서 40km 이내)이 보장되었고, 이와 같은 내용은 큰 틀에서 네덜란드, 러시아, 영국, 프랑스와의 수호통상조약에서도 그대로 인용되었다. 일본의 통상조약 역시 지식 네트워크를 형성할 수 있는 인적·물적 교류가 확보되었다는 점에서 중요하다.

조선과 일본의 근대적 관계는 1876년 조일수호통상조약을 통해서 이루어졌다. 일본은 국내의 정치적 국면을 전환하기 위해 군함을 파견하여 고의적으로 도발한 후 조약체결을 강요했다. 양국은 조약문에 조약 체결일로부터 15개월 이후 수도 사신을 파견할 것(1조), 양국 백성들의 자유로운 이동(8조)을 명기하였다. 이로써 조선은 18세기 중반 이후 약 200여 년 만에,35) 일본은 16세기 이후 약 400여 년 만에 상대국 수도에 외교 사절을 파견하게 되었다. 동래와 대마도로 국한되었던 양국의 교류의 창구는 이제 개항장과 수도로 확장되었다. 이후 일본은 제국의 체제를 갖추며 1905년에는 조선의 외교권을, 1910년에는 주권을 강탈하여 대한제국을 강제로 병합하였다. 민족사적으로는 불행한 일이나, 지식 네트워크의 측면에서는 조선의 지식 네트워크가 식민지 제국 전체로 연결되는 계기가 되었다.[36] 조선 지식인들은 일본의 지식 산출물을 손쉽게 획득할 수 있었고, 호적령으로 인해 이주는 제한되었지만 이전 시기와 비교할 수 없을 정도의 많은 지식인이 일본 본토의 지식 네트워크에 직접 참여할 수 있는 기회를 가졌다.

3. 지식 네트워크 지형

지식의 분포가 균질적이지 못한 시대, 더하여 지식매체가 충분히 발달하지 않았을 시기에 지식 네트워크가 만들어지는 가장 분명한 방법은 지식인들 사이의 인적 교류이다. 근대 이후에도 지식인들의 만남은 강력한 네트워크 형성의 촉매제 역할을 하였다. 동아시아에서 지식인들의 만남을 통한 네트워크가 어떻게 형성되고 체계를 이루는지 확인해보도록 한다.

---

35) 마지막 통신사는 1811년(순조11)에 있었지만 일본의 요청으로 본토로 가지 못하고 대마도에서 문서만 교환했다.

36) 고마고메 다케시, 오성철 옮김, 『식민지제국 일본의 문화통합: 조선·대만·만주·중국 점령지에서 식민지 교육』, 역사비평사, 2008.

3.1. 교류의 제한과 지식 네트워크

조선과 동아시아 제국(諸國)과의 지식인 네트워크는 해금체제로 인해 상당한 제약을 받았다. 정치적 교섭의 통로를 국가의 대표자로 제한하는 방식은 일반인들의 교류에까지 적용되었고 사실상 외교 사절단을 제외하고는 공식적으로 국경을 넘어서는 이동은 불가능했다. 사신단에 속해 있는 지식인 계층은 사행을 책임지는 관원, 실무를 책임지는 역관(譯官), 그리고 사신의 수행관이 여기에 해당했다. 조선 사행단은 서울을 출발하여 육로 이동했으며 북경에 약 1~2달 정도를 머물며 외교 관련 사안을 처리하고 귀국하였다. 이들은 의주에서 북경으로 이동하는 기간, 그리고 북경에서 머무는 동안 중국 지식인과의 만날 수 있었다.

명대와 청대를 비교하면 지식 네트워크 지형에 일정한 차이가 있다. 해금체제에서는 국경 간 이동 이외에도 북경에 도착한 이후 북경 내에서의 활동에도 상당한 통제를 가했다. 문금(門禁)이라 불리는 이러한 조치는 지식 네트워크의 형성을 제한하는 또 다른 요소였다. 명대에는 청대의 그것에 비해 문금의 강도가 높았기에 지식 교류는 위축될 수밖에 없었다. 중국으로 보낸 사신의 평균빈도는 명대가 청대보다 높았지만 문금으로 인해 중국 지식인과의 지속적 교류는 거의 확인되지 않는다. 조선·명이 안정된 시기를 구가하던 17세기의 경우에 이정귀(李廷龜), 이수광(李睟光), 허균(許筠) 등이 사행을 통해 지식 교류를 행한 대표적인 인물들이다. 이 중에서도 이정귀의 뛰어난 문한(文翰)능력은 명나라 지식인들이게 널리 알려져, 그의 시집을 중국에서 출판할 정도였다. 다만 이수광, 허균의 북경 내 교류는 이정귀에 비하면 매우 미약한 편이었다. 1574년 가경제(嘉慶帝)의 생일을 축하하기 위해 중국으로 간 허봉(許篈), 조헌(趙憲)은 아래 사료에 나타나듯이 명의 문금 조치에 상당한 압박을 느꼈다.

> 등달(藤達)이 친우와 함께 와서 (조헌 일행과) 이야기하려고 했으나, 제독이 사람을 뒤따라 보내 대화를 살피게 했기 때문에 만날 수 없었다.37)

조헌이 언급한 등달이라는 인물은 명 사신을 수행하여 조선에 왔었던 사람이었다. 조선을 경험한 혼치 않은 인물과의 만남임에도 불구하고 제독의 감시로 인해 교류는 이루어지지 않았다. 문금이 존재하는 상황 속에서는 이동의 제한뿐 아니라 중국 지식인과의 교류 자체도 어려운 상황이었다.

반면, 조선에 온 명 사신과의 교류는 상대적으로 활발했다. 명은 조선에 파견하는 사신 중 상당수를 문관에서 차출했는데, 이는 상호 문한 교류를 염두에 둔 인사였다. 조선 역시 명 사신과의 교류를 위해 문학 능력이 뛰어난 이를 배정했다. 17세기의 경우, 명의 문관 사신을 접대하기 위해 이정귀, 유근, 이안눌, 허균 등이 접반(接伴) 관원으로 차출되었는데, 이들은 모두 당대 문장가로서 명망이 있던 인물들이었다.38) 명 사신과 접반사는 서울을 오가면서 지속적으로 시문(詩文)을 수창(酬唱)하고 이를 시집으로 만들거나 문집에 삽입하여 편찬하는 일을 반복하였다. 문장에 관한 지식과 작문 능력은 중국 사신과의 네트워크를 형성할 수 있는 중요한 요소였으며, 20세기 식민시기까지

---

37) 趙憲, 동아시아비교문화연구회 옮김, 『朝天日記』, 서해문집, 2014, 178쪽.
38) 노경희, 『17세기 전반기 한중 문학교류』, 태학사, 2015.

동아시아 지식인들 사이에서 공유되는 지식 문화였다.

한편 명 사신에 대한 접반의 경험은 조선 사신의 선발 자격으로 인정되었다. 접반을 수행한 관원 중 대다수는 사신의 직함을 띠고 북경으로 파견되었다. 더하여 접반 당시 문한으로 맺어진 인연은 외교 교섭 과정에서 중요한 인맥으로 작용하였다. 1616년 광해군의 생모(恭嬪金氏)를 추숭하는 문제로 조선 사신이 명에 파견되었을 때, 이정귀는 과거 자신이 접반했던 명 사신을 찾아가 외교 사안의 주선을 부탁했고 결국 조선의 요구를 관철시켰다. 이는 문한 지식이 지식 교류를 넘어서 정치적 영역에까지 확장되는 현상을 잘 보여준다.[39]

외국사신의 접대와 사신 파견의 목적은 외교를 통해 조선의 이익을 관철 시키는 것이었다. 그런데 문한 지식에 기반을 둔 교류가 외교 인맥으로 연결되면서 외교 교섭과 지식 네트워크의 형성이 동시에 맞물리는 현상이 나타났다.

17세기부터 19세기 말까지 중국을 통치한 청나라 역시 명의 해금체제를 계승하여 국경 간 이동을 외교 사절로 제한했다. 그럼에도 청대 한중 지식인 네트워크 지형은 명대의 그것과 일정한 차이를 보인다. 그것은 북경 내에서 지식 네트워크 형성의 제약으로 작용한 문금(門

---

39) 일부 연구에서는 문한 능력과 외교 교섭을 직결시켜 '창화외교(倡和外交)'라는 용어를 사용하기도 한다. 김한규, 「明使 공용경의 『使朝鮮錄』과 朝明 倡和外交」, 『동아연구』 60, 서강대학교 동아연구소, 2011.

禁)의 와해, 서신 왕래를 통한 새로운 네트워크 구축으로 인해 나타난 결과였다. 문금의 해체와 관련해서 홍대용의 다음과 같은 언급을 참조할 필요가 있다.

청나라가 중국을 지배한 이후는 전쟁이 갓 끝난 처지인지라, (조선에 대한) 의심이 없지 않으므로 문금이 더욱 엄중하였다. 강희(康熙) 말년에 이르러서는 천하가 이미 안정되었고, 조선[東方]을 그리 염려 않아도 된다고 여겨 문금이 조금 풀렸다. (…중략…) 이렇게 수십 년을 내려오면서 태평 시대가 이미 오래 계속되고 법령이 점점 느슨해져, 출입에 대해 거의 간섭하지 않았다.40)

홍대용에 따르면 18세기 중반 북경 내 문금은 거의 사라진 상황이었다. 그러나 그 과정이 자연스럽게 이루어진 것은 아니었으며 사행에 참여한 모든 계층에게 적용된 것도 아니었다. 조선과 청은 1637년 조공책봉관계를 맺었지만, 전쟁의 여파와 청에 대한 조선 지식인의 부정적 감정으로 인해 약 100여 년이 넘는 기간 동안 양국 지식인 사이에 의미 있을 만한 지식 교류는 이루어지지 않았다. 이와 같은 상황은 청이 안정화됨에 따라 조선에 대한 정치적 압박이 줄고 양국 사이에 평화적 국면이 지속되면서 점차 바뀌기 시작하였다.

1712년 수행관 신분으로 사행(使行)에 참여했던 김창업(金昌業)은 다양한 계층의 중국 지식인들과 만남을 가졌다. 당시 조선 지성계에서 청을 여전히 오랑캐로 간주하고 있던 상황 속에서 김창업의 활동은

---

40) 『湛軒書』 外集 권7, 「燕記」 衙門諸官, "淸主中國以來 弭兵屬耳 恫疑未已 禁之益嚴 至康熙末年 天下已安 謂東方不足憂 禁防少解 (…中略…) 數十年以來 昇平已久 法令漸疎 出入者幾無間也".

매우 선진적이라고 평가할 수 있다. 1765년 수행관 홍대용(洪大容)의 북경 방문은 한중 지식 네트워크를 형성하는 이정표가 되었다. 홍대용은 엄성(嚴誠)과 반정균(潘庭筠) 등 과거를 준비하고 있던 강남 출신의 중국 지식인들과 우연히 만났지만, 북경에 거주하는 동안 이들과 우정을 쌓는 동시에 지식 교류를 행했다. 중국 지식인들과의 밀도 있는 교류는 주자학(朱子學) 일변도의 조선 사상계를 반성하는 계기를 마련하였다. 더하여 지식 네트워크의 측면에서 더욱 의미 있는 지점은 홍대용의 교류 경험이 그와 친분 있는 지식인들과 공유 되었다는 것이다. 홍대용의 귀국 후, 유금(柳琴), 박제가(朴齊家), 박지원(朴趾源), 유득공(柳得恭) 등 당시 조선 학계에서 사상적으로 개방적인 인사들이 대거 사행에 참여하였고 중국 지식인들과 지속적인 지식 네트워크를 형성하였다.

18세기 후반에는 건륭제의 외교 의례 확대와 정조의 적극적·우호적 대응으로 인해 문금이 사실상 형해화되었다. 이 시기부터는 앞서 수행관 중심의 지식인 네트워크에 더하여 조선 사신, 즉 정식 관원들이 참여하기 시작하였다. 또한 조선 내부에서 중인(中人)의 문한 능력이 높아지는 문화사적 흐름과 맞물려 중인 신분의 역관(譯官)들 역시 지식 네트워크의 주체로 활약하였다. 18세기 후반부터 조선 측 주체는 사신, 수행관, 역관이 모두 참여하는 형태로 변화하기 하였다. 19세기 이후 조선 측 네트워크의 핵심적 인물들은 다음과 같다.

계층	성명
관원	홍양호(洪良浩), 정원용(鄭元容), 홍석모(洪錫謨), 홍경모(洪敬謨) 김영작(金永爵), 신석우(申錫愚), 박규수(朴珪壽)
수행관	김정희(金正喜), 홍양후(洪良厚), 강위(姜瑋)
역관	이상적(李尙迪), 이용숙(李容肅), 오경석(吳慶錫), 변원규(卞元圭)

　18세기 후반 수행관 중심의 지식 네트워크는 19세기에 들어서서 사신과 역관들도 활발히 참여하기 시작했다. 아울러 북학파와 직접적으로 인연이 닿지 않는 인물들도 등장하는데, 북학파가 정치적으로 노론계열의 자제와 문인이 대부분이었다면 19세기에는 소론 및 남인 계열의 지식인도 교류의 주체로 나타났다.[41]

　교류 대상의 구성도 점차 바뀌기 시작했다. 조선 지식인들은 청의 문인집단과 연결되면서, 특정 문인그룹 소속원과의 만남이 문인그룹 전체로 확장되는 현상이 나타났다. 조선 사신과 연결된 주요한 문인 집단은 김정희와 인연을 맺은 옹방강(翁方綱) 문인그룹을 시작으로,[42] 1810년대 말 선남시사(宣南詩社)의 핵심 멤버였던 도주(陶澍)와의 교류,[43] 1820~1830년대에는 강정전계(江亭展禊)를 중심으로 한 문인그룹,[44] 1840~1860년대에는 고사수계(顧祠修禊)의 문인들,[45] 그리고 1870~1890년대에는 용희시사(龍喜詩社)의 문인들과 교류를 지속하였

---

41) 임영길, 「19세기 前半 燕行錄의 특성과 朝·淸 文化 交流의 양상」, 성균관대학교 박사논문, 2018.

42) 대표적으로 翁樹崑, 葉志詵, 李璋煜, 劉喜海 등이 있다. 손성욱, 「19세기 조청문인 교류의 전개 양상: 북경 내 학풍과 교류 네트워크의 변화를 중심으로」, 『역사학보』 216, 역사학회, 2012, 280~281쪽.

43) 위의 논문; 한영규, 「중국 시선집에 수록된 19세기 조선의 한시」, 『한국실학연구』 16, 한국 실학학회, 2008.

44) 임영길, 「19세기 조선 문인과 청조 강정전계 문인의 교류에 관한 소고」, 『한문학보』 29, 우리한문학회, 2013.

45) 손성욱, 앞의 논문.

다.46)

또한 조선·청 지식 네트워크가 강화되면서 또다른 성격의 매개자들이 등장했다. 중국 지식인들 중 일부는 특정한 문인그룹에서는 속하지 않았지만, 조선 지식인들과 적극적인 교류를 하려는 의지를 가지고 있었다. 이들은 다양한 조선 지식인들이 거쳐 가는 네트워크 연결망에서 허브의 역할을 수행하였다. 가장 대표적인 이로 수방울(帥方蔚)을 들 수 있다. 그는 특정 문인그룹에 속하지는 않았지만 조선 사신들과 지속적으로 교류를 행했을 뿐 아니라, 교류의 결과물들을 정리하여 『좌해교유록(左海交遊錄)』으로 출판하기도 하였다. 해당 저서에는 수방울이 직접 북경에서 만난 인물뿐 아니라 서신으로 교류한 이들까지 포함되어 있다.47)

이와 관련하여 조선 후기 지식 네트워크의 형성 방식으로서 서신이 매우 중요한 역할을 수행했다. 18세기 후반 홍양호(洪良浩)와 청의 예부 상서(禮部尙書) 기윤(紀昀)은 삼대에 걸쳐 관계가 이어졌는데, 이를 매개한 것은 바로 서신이었다. 북경에서 만들어진 지식 네트워크는 인적 교류 이외에도 서신을 통해 유지되었다. 박규수는 1861년 연행에서 심병성(沈秉成) 등과 인연을 맺었는데, 귀국 후 지속적으로 서신을 왕래하면서 중국에서의 시선(詩選) 발간계획 문의, 진급 축하, 자신의 조부(박지원)와 교류했던 중국 지식인의 탐문 등을 부탁하였다. 서신이 왕래하는 데 소요되는 시간을 제외한다면, 국내 지식인들과의 교유와 차이가 확인되지 않을 정도로 긴밀한 관계를 유지하였다.48)

---

46) 허경진·유정, 「晩淸時期의 朝中文人詩社 龍喜社 小攷」, 『동아인문학』 14, 동아인문학회, 2008; 허방, 「晩淸 北京詩社 龍喜社와 한중 문학 교류」, 『국문학연구』 28, 국문학회, 2013.
47) 유정, 『19~20세기 초 청대 문인이 편찬한 조선한시문헌 연구』, 보고사, 2013.
48) 김명호, 『환재 박규수 연구』, 창비, 2008, 448~451쪽.

서신은 20세기 초까지 지식 네트워크를 유지하는 가장 중요한 방식이었다.

조선·청 지식인 네트워크는 19세기 후반에 이르러서 더욱 확장되는 추세에 있었으며, 1876년 일본과의 조약을 통해 조선이 만국공법 질서를 편입된 이후에도 지속되었다. 1894년까지 동아시아 지식 네트워크에서 조선의 핵심적인 교류 대상은 중국(청) 지식인이었다.

전근대 조선과 일본은 지식 네트워크는 중국에 비하면 양적인 측면에서 현격한 차이를 보인다. 일본과의 관계 역시 외교 사절로 제한되었기 때문에 통신사(通信使)만이 유일한 교류 통로가 되었다. 그렇지만 중국으로 가는 사신이 매년 2회 이상 정기적으로 파견되어 지속성을 가졌던 것에 비해 통신사는 400여 년 동안(1413~1811) 총 20회로 약 20년에 1회 꼴로 파견되어 사실상 지식인 네트워크가 구축되기 어려운 환경에 있었다. 반면 일본의 사신은 조선 초기를 제외하고는 조선으로 파견된 적이 없으며 그나마 대마도에서 보내는 외교사절은 거주 공간이 동래(東來, 부산)로 제한됨에 따라 교류 기반이 극도로 축소된 상황이었다.

일본과의 지식 교류의 특징은 정식 사신 이외의 지식인들이 주로 활동했다는 점이다. 통신사 관련 기록으로서 필담창화집(筆談唱和集)이 별도로 존재하는데, 해당 기록물은 필담, 시, 서신으로 구성되어 있다. 필담창화를 주도한 이들은 주로 수행관에 소속하는 사문사(四文士)들었다. 사문사는 제술관(製述官)과 서기(書記)를 가리키는 말로 신분적으로는 대부분 서얼 출신들이었다. 필담창화에 대한 일본 지식인들의 호응은 매우 열광적이어서 사문사가 각각 천 수 이상의 시를 지은 경우도 있었다.

다만 통신사의 파견이 가지는 구조적 문제로 인해 인적 교류는 지속적이지 못했고, 서적을 통해 일본의 사상과 문화를 이해하는 방식이 한일 지식 네트워크의 주된 흐름이었다. 그러나 1876년 이후 만국공법의 세계질서가 조선에 적용되면서 한일 지식 네트워크의 성격은 크게 변화하게 된다.

3.2. 교류의 개방과 지식 네트워크

1876년 조선은 일본과 수호조약을 체결했다. 이것은 단순히 조선과 일본의 새로운 국가 관계만을 뜻하는 것이 아니었다. 당시에도 조선은 여전히 중국의 조공국에 속해 있었다. 조선을 중심에 놓고 볼 때, 수호조약은 기존 중국 중심의 질서와 겹치지 않는 다른 층위에서 외교 관계를 수립한 것이었다. 지식 네트워크의 측면에서 새로운 관계의 핵심적인 요소는 외국 외교관의 상주와 물건의 자유로운 왕래였다. 외국 외교관서와 외국인 거주 지역은 새로운 지식인을 유입할 수 있는 매개의 역할을 하고, 동시에 자유로운 무역은 다양한 지식 매체의 유통을 용이하게 만들기 때문이다.

국가 간 이동이 자유로워지면서 지식 네트워크는 두 가지 방면에서 변화를 맞이하였다. 첫째는 국가가 주도하여 지식 교류를 추진하는 방식과, 새로운 국제질서 속에서 개별 지식인들이 독자적 네트워크를 형성·조직하는 방식이 나타났다. 먼저 청과의 관계를 살펴보자. 조선은 새로운 국제질서 속에서 근대화를 위한 다양한 노력을 경주하였다. 특히 신식 기술의 도입을 위해 청에게 도움을 요청했고 청이 이를 승인하면서 조선시대 최초의 국가 유학생인 영선사(領選使)를 파견하였다. 이는 15세기 조선에서 명나라에 유학생 파견을 신청했다 거절한 이후 약 500여 년 만에 발생한 새로운 사건이었다. 영선사는 양무

운동(洋務運動)의 산실인 텐진(天津) 기기창(機器廠)의 기술 습득을 목적으로 하였다. 김윤식(金允植)의 인솔 아래 38명의 유학생을 파견하였다. 그러나 절반에 가까운 유학생이 1년이 안 되어 중도 귀국함으로써 지속적인 네트워크가 형성되지는 못했다. 다만 습득한 기술 지식은 삼청동의 기기창을 건립하는 기초가 되었다.

　1882년 임오군란(壬午軍亂)과 '장정'의 체결, 이후 청 관원의 서울 상주는 정치적으로 조선에 대한 청의 압력으로 평가된다.[49] 그러나 청의 조선에 대한 적극적 개입은 새로운 지식 네트워크의 형성을 가져왔다. 오장경(吳長慶), 진수당(陳樹棠), 원세개(遠世凱) 등과 이들을 수행해 온 강남 지역의 지식인들이 서울에 들어오게 된 것이었다. 이는 사신이 아닌 새로운 형태의 만남이었다. 조선에서는 김윤식, 김창희(金昌熙), 정기세(鄭基世) 등 접반의 역할을 맡은 정식 관원들, 변원규 등의 역관, 김택영(金澤榮), 조면호(趙冕鎬) 등 문명(文名)이 높은 이들이 청 지식인들과 교류를 행하였다. 한중 지식인들은 시문을 창화하거나 서문·발문을 작성하는 전통적 방식의 교류와 함께, 동문사(同文社)를 결성하여 유교 보급의 일환으로서 석자문(惜字文)의 번역 간행을 작업하기도 하였다.[50] 이러한 교류는 정치 개혁사상에도 일정한 영향을 주었다. 김창희는 장건(張謇)과 이연호(李延祜)의 개혁론을 수용하여 조선의 실정을 반영한 개혁론인 「육팔보(六八補)」를 저술하기도 하였다.[51]

---

49) 구선희, 『韓國近代 對淸政策史 硏究』, 혜안, 1999.

50) 천금매, 「壬午軍亂時期 韓中 文士들의 文化交流」, 『한국학논집』 50, 계명대학교 한국학연구원, 2013.

51) 노관범, 「1880년대 金昌熙의 經世思想: 임오군란 직후 부강정책의 재설정」, 『한국사상사학』 35, 한국사상사학회, 2010.

장기적 흐름으로 본다면 이때 형성된 지식 네트워크는 청일전쟁 이후에도 지속되었다. 김택영은 장건과의 인연을 계기로 1905년 을사조약 이후 그의 도움을 받아 중국에서 한적(漢籍) 교열에 매진할 수 있었다. 강위(姜瑋)는 1881년 12월 차관교섭을 위해 파견된 김옥균, 서광범 등을 수행하여 두 번째로 일본을 방문했다. 이듬해 6월 조선에서 임오군란이 발생하자 김옥균 등은 서둘러 귀국하였고 강위만 일본에 남게 되었다. 강위는 청나라 영사의 소개장을 받아 상해를 방문하였고 그곳에서 양무파 지식인들의 환대와 도움을 받았다.52) 문한 지식을 통해 형성된 지식 네트워크와 국가 간의 이동이 개방된 시대적 상황으로 인해 김택영과 강위의 중국행이 이루어질 수 있었다.

일본과의 지식 네트워크는 조선 조정에서 주도한 수신사(修信使)를 통해 재개되었다. '수신'은 '통신(通信)'의 다른 명칭이지만 이미 새로운 국제질서 속에서 수신의 목적은 사실상 일본의 발전을 관찰·수용하는 데 있었다. 조선에서는 세 차례의 수신사(1876, 1880, 1882)와 한 차례의 조사시찰단(朝士視察團, 1881)을 파견하였다. 국가 주도의 사행을 통해 일본을 경계했던 그간의 인식을 일부 바꿀 수 있었으며, 개항에 대한 관심을 고조시켰다. 특히 두 번째 수신사 활동에서는 『조선책략(朝鮮策略)』과 같은 새로운 국제질서의 수용을 촉구하는 지식 매체가 조선 정부에 전달됨으로써 전국적으로 보수적 지식인들의 반대운동을 일으키기도 하였다.

수신사가 갖는 보다 중요한 의미는 국제적인 지식 네트워크를 형성하는 계기가 되었다는 점이다. 일본 근대 지식인의 상징인 후쿠자와

---

52) 주승택, 「姜瑋의 燕行詩에 나타난 韓中 지식인의 교류양상」, 『한국문화연구』 11, 이화여자 대학교 한국문화연구원, 2006, 38~39쪽.

유키치(福澤諭吉)와 조선 지식인들 사이의 네트워크는 이를 잘 보여준다. 후쿠자와는 개항기 개화파의 비밀교섭을 수행한 이동인(李東仁)과 1880년에 만났고, 2차수신사로 파견된 김홍집과도 만남이 있었을 것으로 추정된다. 보다 직접적인 네트워크는 1881년 6월 어윤중(魚允中)의 수행원이던 유길준(俞吉濬)과 유정수(柳定秀)가 게이오 의숙(慶應義塾)에 들어오면서 형성되었다. 또한 후쿠자와는 윤치호(尹致昊)가 동인사(同人社)에 들어갈 수 있도록 도움을 주었다. 아울러 개화파의 주역들과도 지속적인 교류가 있었는데, 1882년 6월에는 김옥균(金玉均)과, 같은 해 하반기에는 박영효(朴泳孝)와 만남을 가졌다. 소위 개화파와 후쿠자와의 만남은 조선 지식인들에게 강력한 근대 개혁사상을 공유하는 계기가 되었고, 갑신정변이라는 급진적 정치 사건에 일정한 영향을 주었다고 할 수 있다.

후쿠자와와 연관된 네트워크는 새로운 지식 매체의 도입과도 연결되었다. 후쿠자와는 1882년 박영효가 귀국할 때 이노우에 가쿠고로(井上角五郎) 등 자신의 문하생들을 동행시켰고, 이후 이노우에는 최초의 근대신문인 『한성순보(漢城旬報)』와 『한성주보(漢城周報)』의 발행을 주도하였다.[53] 후쿠자와와 개화파의 네트워크는 지식 교류의 차원을 넘어 정치현실을 변화시키려는 운동으로까지 확장된 사례라고 할 수 있다.

한편 한문학에 기반한 전통적 교류 방식은 근대에 들어와서도 여전히 이용되었다. 이는 김윤식과 일본 지식인의 네트워크에서 나타난다. 김윤식은 이노우에 가쿠고로와 함께 『한성순보』의 발행을 추진했

---

53) 후쿠자와 유키치와 개화파의 관계에 대해서는 쓰키아시 다쓰히코, 「朝鮮開化派와 후쿠자와 유키치(福澤諭吉)」, 『한국학연구』 26, 인하대학교 한국학연구소, 2012; 이광린, 『韓國開化思想研究』, 일조각, 1979.

다. 김윤식의 회상을 보면 그와 이노우에는 한문 필담을 통해 의사를 소통했다는 점을 알 수 있다.[54] 스에마쓰 겐쵸(末松謙澄)와의 교류는 더욱 전통적 방식을 취했다.[55] 스에마쓰는 이토 히로부미의 사위이자 1890년 중의원, 1896년 남작(男爵), 1898년 체신대신(遞信大臣), 1900년 내무대신(內務大臣)까지 역임한 중진이었다. 두 사람은 1894년 무렵부터 서로 알게 되었고, 본격적인 시문 수창은 영친왕(英親王)이 일본에 유학을 가면서부터였다. 스에마쓰는 영친왕의 교육을 담당하였고 김윤식은 그에게 편지를 보내 교육 내용에 대한 부탁과 당부를 하였다. 1908년 황태자의 문후(問候)를 위해 김윤식은 일본을 방문하면서 스에마쓰와 많은 시문 수창을 하면서 관계를 이어나갔다. 김윤식의 사례는 제한적인 측면이 있지만, 근대 민족어가 각국의 한문을 대체하는 속에서 전통적 지식에 기초한 교류 방식이 완전히 소멸하지 않고 지속되었다는 점도, 지식 네트워크의 연구에서 염두에 둘 필요가 있을 것이다.

4. 맺음말

지식 네트워크는 지식의 확산과 공유를 촉진하는 기제이다. 네트워크를 통해 지식을 손쉽게 획득할 수 있고 이는 다시금 지식 생산을 가속화시키는 수단이 되었다. 아울러 지식 네트워크는 참여자와 비참여자를 구분하는 장치가 되기도 한다. 이 글에서는 이 두 가지 속성이

---

54) 김용태, 앞의 논문, 469~474쪽.
55) 김용태, 「김윤식과 스에마쓰겐초의 시문 수창에 대하여」, 『열상고전연구』 42, 열상고전연구회, 2014.

아젠다에서 다루는 15세기~20세기 초 동아시아의 지식 네트워크에 어떻게 반영되며 그것의 지형은 어떻게 구성되는지를 추적하였다.

유럽과 달리 15세기 이후 조선에서는 중국의 폐쇄적 대외정책에 호응하여 사람과 물자의 이동을 제한했다. 국가 간 이동은 오직 외교 사절을 통해서만 가능했다. 이러한 제한된 국제관계는 19세기 후반 조약을 기반으로 하는 새로운 국제 질서가 형성되면서 바뀌기 시작했다. 따라서 본고에서는 중국 중심의 폐쇄적 국제질서가 형성·지속된 시기와 그것이 와해되는 시기를 분석의 변곡점으로 선택하였다.

조선과 중국의 관계는 국가 간 이동의 통제라는 제한된 기반 위에서 이루어졌다. 15세기부터 17세기까지 명 사신과 조선 관원 사이에서 지식 네트워크가 형성되었지만 지속적이지는 못했다. 흥미롭게도 긴밀한 한중 지식네트워크는 조선이 오랑캐로 멸시했던 청 지식인들과 만들어졌다. 18세기 중반 홍대용과 같이 선구적 지식인들이 첫발을 내딛은 이후 관원. 역관들이 지식 네트워크에 참여하였고 교류의 양과 질은 이전 시기와 비할 바가 아니었다. 일본의 경우는 중국과 달리 통신사를 통해 간헐적인 교류가 이루어졌고, 조선 측 창구는 동래로 제한되어 중국과 비교하면 네트워크의 참여인원과 영향력이 적었다.

조선의 지식 네트워크의 새로운 전기는 개항으로 인해 마련되었다. 자의는 아니었지만 개항은 그 동안 중국 중심의 폐쇄적 국제질서에 균열을 가져 왔다. 공사관의 설치로 서울에 외국인들의 거주가 허용되었고, 외국으로의 이동이 법적으로 가능해졌다. 중국과의 지식 네트워크는 임오군란 이후 사신 이외의 청 지식인이 서울에 오면서 오히려 새로운 교류의 장이 마련되었다. 일본의 경우는 조선 정부에서 보낸 시찰단을 계기로 후쿠자와 등과 개인적인 네트워크가 형성되었고, 해당 네트워크는 개화파 인사들에게 강한 영향력을 끼쳤다.

15세기~20세기 동아시아 속 조선 지식인의 지식 네트워크는 국제적 환경의 변화에 호응하여 그 지형도가 바뀌어 왔으며, 네트워크의 형성을 주도한 이들이 문화적, 정치적 권력을 획득하고자 주도적 역할을 수행했다는 점을 알 수 있다. 지식 네트워크는 결국 시대적, 사회적 여건과 밀접히 맞물려 그 지형이 형성되며, 이를 통해 지식 지형의 보편적·특수적 성격이 드러난다고 할 수 있다.

참 고 문 헌

趙憲, 동아시아비교문화연구회 옮김, 『朝天日記』, 서해문집, 2014.

고마고메 다케시, 오성철 옮김, 『식민지제국 일본의 문화통합: 조선·대만·
　　　　만주·중국 점령지에서 식민지 교육』, 역사비평사, 2008.

노경희, 『17세기 전반기 한중 문학교류』, 태학사, 2015.

동북아역사재단, 『동아시아의 지식교류와 역사기억』, 동북아역사재단, 2009.

베르너 파울슈티히, 황대현 옮김, 『근대초기 매체의 역사』, 지식의풍경,
　　　　2007.

유봉학, 『燕巖一派 北學思想硏究』, 일지사, 1995.

이광린, 『韓國開化思想硏究』, 일조각, 1979.

이화인문과학원, 『동아시아 지식 네트워크와 근대 지식인』, 소명출판,
　　　　2017.

장유승 외, 『동아시아의 문헌 교류』, 소명출판, 2014.

조동일, 『동아시아문명론』, 지식산업사, 2010.

폴 A. 코헨, 이남희 옮김, 『학문의 제국주의』, 산해, 2003.

프랭크 웹스터, 조동기 옮김, 『현대 정보 사회 이론』, 나남출판, 2016.

피터 버크, 박광식 옮김, 『지식』, 현실문화연구, 2006.

한영규, 『18~19세기 한·중 문인 교류』, 이매진, 2013.

김경남, 「지식의 유형과 지식 지형에 대한 인문학적 연구 방법론」, 『인문
　　　　연구』 83, 영남대학교 인문과학연구소, 2018.

김수영, 「중국 근대 지식지형의 형성과 패러다임: 전문지식과 전문가집단
　　　　의 탄생을 중심으로」, 『중국사연구』 71, 중국사학회, 2011.

김영기, 「정보기술의 진화와 인간관계망의 변화: 트위터를 중심으로」, 『인
　　　　문학논총』 26, 경성대학교 인문과학연구소, 2011.

김용태, 「김윤식과 스에마쓰겐초의 시문 수창에 대하여」, 『열상고전연구』 42, 열상고전연구회, 2014.

김용태, 「開港 이후 동아시아 漢文네트워크에 대하여」, 『한국한문학연구』 50, 한국한문학회, 2012.

김한규, 「明使 공용경의 『使朝鮮錄』과 朝明 倡和外交」, 『동아연구』 60, 서강대학교 동아연구소, 2011.

노관범, 「조선 말기 유신 개념의 역사적 이해: 고종·순종 시기 『승정원일기』 기사 분석을 중심으로」, 『인문논총』 75(1), 서울대학교 인문학연구원, 2018.

노관범, 「1880년대 金昌熙의 經世思想: 임오군란 직후 부강정책의 재설정」, 『한국사상사학』 35, 한국사상사학회, 2010.

서광덕·이국봉, 「19세기 중엽 '상하이 지식네트워크'에 대한 고찰」, 『중국학』 63, 대한중국학회, 2018.

손성욱, 「19세기 조청문인 교류의 전개 양상: 북경 내 학풍과 교류 네트워크의 변화를 중심으로」, 『역사학보』 216, 역사학회, 2012.

쓰키아시 다쓰히코, 「朝鮮開化派와 후쿠자와 유키치(福澤諭吉)」, 『한국학연구』 26, 인하대학교 한국학연구소, 2012.

이성백, 「현대 시민사회의 지배양식」, 『도시인문학연구』 7(1), 서울시립대학교 도시인문학연구소, 2015.

임영길, 「19세기 前半 燕行錄의 특성과 朝·淸 文化 交流의 양상」, 성균관대학교 박사논문, 2018.

임영길, 「19세기 조선 문인과 청조 강정전계 문인의 교류에 관한 소고」, 『한문학보』 29, 우리한문학회, 2013.

주승택, 「姜瑋의 燕行詩에 나타난 韓中 지식인의 교류양상」, 『한국문화연구』 11, 이화여자대학교 한국문화연구원, 2006.

천금매, 「壬午軍亂時期 韓中 文士들의 文化交流」, 『한국학논집』 50, 계명대
　　학교 한국학연구원, 2013.

하영선·김상배 엮음, 『네트워크 지식국가』, 을유문화사, 2006.

한영규, 「중국 시선집에 수록된 19세기 조선의 한시」, 『한국실학연구』 16,
　　한국실학학회, 2008.

허경진·유정, 「晚淸時期의 朝中文人詩社 龍喜社 小攷」, 『동아인문학』 14,
　　동아인문학회, 2008.

허방, 「晚淸 北京詩社 龍喜社와 한중 문학 교류」, 『국문학연구』 28, 국문학
　　회, 2013.

허재영, 「지식 생산과 전파·수용에 따른 지식 권력 연구 방법론」, 『한국민
　　족문화』 66, 부산대학교 한국민족문화연구소, 2018.

檀上 寬, 『明代海禁=朝貢システムと華夷秩序』, 京都大學學術出版會, 2013.

지식 지형 변화의 양태와 영향

김경남·허재영

1. 지식의 구도와 지형 변화

지리학에서 지형 변화는 자연적인 요인과 인위적인 요인에 의해 비교적 광범위하게 일어난다. 예를 들어 해수면의 상승, 지진, 태풍 등의 영향과 같은 자연적인 요인이나 매립, 굴착, 개발 등과 같은 인위적인 요인에 의해 해안선이 바뀌거나 습지, 섬 등의 형태가 달라진다.

지형 변화는 지리뿐만 아니라 인간의 의식이나 사고, 지식 전반에 걸쳐 일어날 수 있다. 예를 들어 한국 종교 지형의 경우 김철수(2013)의 논문에서 밝힌 바와 같이, "19세기 유교적 질서의 붕괴, 불교의 종교적 기능 약화, 기독교(가톨릭과 개신교)의 전래와 포교 활동 등이 적극적으로 이루어진 시점에서, 동학 등 민족 종교도 창교되어 신앙 단체로 사람들의 지지를 획득하기 시작하면서 한국사회에 종교 지형의 변화 조건이 형성되었다."라고 진술한다. 이 말은 특정 사회에서 기존에 없던 새로운 종교가 유입·생성되고, 이에 따라 종교 문화, 종교 지형이 변화한다는 뜻이다.

지식 지형의 변화는 특정 사회에 존재하던 지식의 체계와 이를 변화시키는 새로운 지식의 등장을 의미한다. 지식의 편성 과정에 대한 강소영·임정연(2008)에서는 '문화의 지형'과 '지식의 동향'이라는 용어로 이 관계를 설명하고자 하였다. 이 논문에서는 "일반적인 의미에서 지형도는 단순히 대상의 현상적인 구도를 의미하는 데 그치지 않고, 이데올로기적 배치의 문제와 관련된다. 다시 말해 지형도는 전체를 이루고 있는 부분들의 상호관계를 지시하는 개념으로서, 동시대 다양한 요소들 간의 횡적 역학 관계를 함축하고 있다."[1]라고 진술한다. 여기서 주목할 점이 '현상적 구도', '부분들의 상호관계', '횡적 역학 관계'이다.

현상적 구도는 지식 현상의 일반적 경향을 개괄한 용어이다. 지식 지형을 파악하기 위한 전제로 특정 시대, 특정 사회에 존재하는 지식 전반에 관한 조사는 필연적이라고 할 수 있는데, 동서양의 박물지나 백과전서가 탄생하는 동기와도 비슷하다. 예를 들어 진(晉)의 장화(張華)가 지은 것으로 알려진 『박물지(博物志)』도 그 중 하나이다.[2] 임동석(2004)의 해제에 따르면, 이 책은 '서진 시대 흥성했던 문인들의 지식욕에 대한 기록물'로 평가되며, 본래 장화가 지은 것은 400권이었는데 진 무제가 10권으로 산정(刪訂)하도록 했으며, 그에 따라 실제 9권으로 줄어들었다는 것이다. 『박물지』의 전래 과정에 대해서는 다양한

---

1) 강소영·임정연, 「근대 형성기 문화 지형어를 통해 본 지식의 편성과정 연구: 연구의 필요성과 방향에 대한 일고」, 『한국문화연구』 15, 이화여자대학교 한국문화연구원, 2008, 255쪽.
2) 장화, 임동석 옮김, 『박물지』, 고즈윈, 2004.

논의가 있으나 주목할 것은 이 책을 편찬하게 된 동기와 책의 내용이다. 이 책에 대한 임동석 역주본에서는 '박물지 서발(博物志序跋)'과 관련된 다수의 글을 수록하고 있는데, 그 중 도목(都穆)이 기록한 '홍치 을축 하지동각본발(弘治 乙丑 賀志同刻本跋)'을 참고해 보자.

[박물지 서발(博物志序跋)3)]

장무선은 일찍이 역대 사방의 기이한 사물과 사건을 채록하여 박물지 400권을 저술하였다. 진 무제가 이를 번거롭게 여겨 10권으로 산정하도록 하였는데, 지금 전하는 것이 이것이다. 무선은 30여 수레의 책을 읽어, 그 변설이 용자(龍鮓)하고 식견이 날카로웠는데 이로써 박물지를 지은 것이다. 이 책은 진실로 군자가 불가불 보지 않아야 하는 것인가. 무제가 산정하도록 한 것은 무슨 말이며 그리고 아직까지 여기 남아 있는 것은 무슨 까닭인가. 대저 하늘이 만물을 덮고 땅이 만물을 심는 사이[覆載之間, 天覆地載]에 무엇인들 없겠는가. 사람이 이목으로 접하지 않고 모든 것을 의심하여 아닌 것을 믿지 않는 까닭이다. 논어에는 공자께서 괴이한 일을 말하지 않았음을 기록하고 있다. 괴이한 것은 결코 없다. 성인이 특히 말하지 않고 사람에게 보였을 따름이다. 내가 동년(同年)에 군이 뜻한 바 형주 추관이 됨을 축하하고, 이 책을 보물처럼 아껴 다시 새겨 전하니 대저 벼슬과 학문은 같은 길이다. 군의 호고(好古)가 이와 같으니, 정치를 추론하되 필히 다른 사람보다 나을 것임을 말하지 않아

---

3) 위의 책, 499쪽. 번역은 연구자가 함. "張茂先嘗采歷代四方奇物異事 著博物志四百. 晉武帝以其太繁. 俾刪爲十卷 今所傳本是也. 茂先讀書三十車. 其辨龍鮓 識劍氣 以爲博物志所致. 是書固君子之不可廢歟. 第未知武帝之俾刪者何說. 而所存止於是也. 夫覆載之間 何所不有. 人以耳目之不接 一切疑之以不信非也. 論語記子不於怪. 怪固未嘗無也. 聖人特不語以示人耳. 余同年賀君志同爲衡州推官. 寶愛是書, 刻梓以傳. 夫仕與學一道. 君之好古若是 推之於政 殆必有過人者而不俟之言也. 弘治乙丑春二月工部主事姑蘇都穆記."

도 알 것이다. 홍치 을축(1505, 홍치18년 을축년) 춘 이월 공부주사 고소 도목이 기록하다.

도목의 발문은 전통적인 수기치인(修己治人)의 도덕적 지식관에서 벗어나 세상에 존재하는 모든 지식, 즉 기물(奇物) 이사(異事)까지 널리 아는 것을 칭송하는 관점을 드러내고 있다. 장화가 쓴 것으로 알려진 『박물지』는 '지리 구획, 땅, 산, 물, 산수 총론, 오방의 인민(사람들의 특징), 물산'(권1), '중국 밖의 나라, 이인(異人), 이속(異俗), 이산(異産)'(권2), '기이한 짐승[異獸], 이조(異鳥), 이충(異蟲), 이어(異魚), 이초목(異草木)'(권3), '물건의 성질[物性], 물리(物理), 물류(物類), 약물(藥物), 약론(藥論), 금해야 할 음식[食忌], 제약 기술[藥術], 희술(戲術)'(권4), '방사(方士), 복식(服食), 방사에 대한 변론[辨方士]'(권5), '인명고(人名考), 문적고(文籍考), 지리고(地理考), 전례고(典禮考), 악고(樂考), 복식고(服飾考), 기명고(器名考), 물명고(物名考)'(권6), '이문(異聞)'(권7), '역사에 대한 보론[史補]'(권8), '잡설(雜說)'(권9, 권10)의 다양한 내용으로 이루어져 있다.

이처럼 현존하는 지식의 전반과 그에 대한 일반적 구도를 그려내고자 하는 노력은 시대와 사회에 따라 다소 차이가 존재할지라도, 끊임없이 이어져 왔다. 『한서』 '예문지'를 비롯하여, 『수서』 '경적지', '잡가류', 『구당서』 '경적지', 『신당서』 '예문지', 『송사』 '예문지' 등이나 청대의 『사고전서』 등은 예문(藝文)과 서적뿐만 아니라 현전 지식을 망라하고자 하는 인간의 지식욕을 대변한다. 이는 서양이나 한국적 상황도 마찬가지여서, 계몽시대를 뒷받침한 백과전서파가 존재하는 것이나 조선 실학시대 이익의 『성호사설』, 다산의 『여유당전서』, 이규경의 『오주연문장전산고』 등이 탄생하기까지의 지적 동기와도 유사하다.

이러한 맥락에서 존재하는 지식 관련 요소들의 '분포'와 '구도(構圖)'

를 기술하는 일은 중요한 의미를 갖는다. 새로운 지식의 유입과 발견, 발명은 지식의 분포와 구도에 영향을 미치는 중요한 요인이 될 수 있는데, 1883년 10월 31일자 『한성순보』의 '지구론' 일부를 살펴보자.

[지구론4)]

세상에서 말하기를 '하늘은 둥글고 땅은 모났다.'라고 하는데, 이는 다만 천지의 도리를 말한 것이지 천지의 모양을 말한 것은 아니다. 그러나 이전의 동방 선유(先儒)들은 아무도 이를 천명하지 못했다. 명나라 중엽에 이르러 서양인 이씨(利瑪竇, 마테오리치)가 처음으로 '지구는 둥글다.'는 말을 증명하자, 온 세상이 모두들 그 새로운 이론에 놀랐다. 또 학사 대부들은 중외의 편견에 젖어 있었으므로 때때로 들고 일어나 이를 비난하였다. 그러나 이치가 있는 것은 다만 분명히 따져 밝히는 것이 옳지 중국과 외국을 따져 구분할 것이 아니다. (…중략…) 이상의 말은 비록 서양 사람들에게서 나온 것이기는 하나 이치에 맞아 허황되지 않으니, 서인의 말이라 하여 배척할 것이 아니다.

이 논설은 16세기 말엽 마테오리치(중국명 利瑪竇)가 명나라에 들어와 천원지방설(天圓地方說)을 전했음을 소개한 글이다. 지식의 분포는 새로운 지식의 유입에 따라 기존의 지식이 제 기능을 하지 못하는 경우도 있고, 기존의 지식과 새로운 지식이 공존하는 경우도 있다. 특히 지식의 성격에 따라 공존과 소멸, 대체 현상이 달라질 수 있는데,

---

4) 『漢城旬報』 제1호, '地球論', 1883.10.31. 번역문은 관훈클럽신영연구기금, 『한성순보·한성주보 번역판』, 관훈클럽, 1983을 참고하였음. "世云天圓而地方 此特言天地之道 非胃天地之形. 然在昔東土先儒咸未闡 及至明中葉 西人利氏始證地圓之說 舉世皆驚爲創論 且學士大夫 狃於中外之見 猶時起而非之 但理之所在只可明辨不必以中外而岐之也. (…中略…) 此言雖出於西人 其理實而非虛不可以西人而外之也."

의식과 사상의 경우 기존의 지식이 소멸하고 새로운 지식으로 대체되기까지 상당한 시간이 소요될 경우가 많은 데 비해, 실증과학의 지식은 증명 여부에 따라 급속히 새로운 지식으로 대체될 경우가 많다. 이 점은 지식의 분포와 지형을 다양하게 만드는 요인의 하나로 간주된다. 1890년대 한국에서 간행된 『여재촬요(輿載撮要)』의 '서문'을 살펴보자.

[여재촬요 한장석 서문5)]

방여지학(여지학=지리학, 지도학 등 땅에 관한 학문)은 우공에서 시작되어 주례 직방 씨의 문근(文廑) 수십 책에서 비로소 시작되었을 따름이다. 궁주(窮宙, 우주를 다함)가 후세 도경을 기술하는 데 이롭지 않고 글이 책 상자에 넘쳐나고 종류가 많아도 황당무계하여 읽을 수 없으니, 어찌 문장의 고금이 다르겠는가. 그 치란을 가히 알 수 있을 뿐이다. 『대명일통지』와 『동국여지승람』 두 책은 가장 널리 알려진 지리서로 일컬어지는데 백가의 총명에 부합하고 여러 세대의 문헌을 모아 만든 것으로, 광대하여 갖추지 않은 것이 없어 더할 것이 없다. 그러나 경위를 구획하고 명물에 맞게 하고 멀고 가까움을 상세하고 간략하게 하며, 특이한 것을 대신하여 이해하기 어렵고 다만 자기가 본 것만 증빙하니 협소하고 비루하여 고찰할 바 없고, 보고 들은 바만 따른 것이니 번거로워 기록하기 어렵다. (…중략…) 산계서는 불과 10편이나 일통지, 여지승람,

---

5) 吳宏默, 『輿載撮要』 韓章錫 序文, 1893. "方輿之學 祖於禹貢而昉於周禮職方氏文廑數十策耳. 窮宙不利後世圖經記述動溢巾箱 而類多荒詭不可讀 豈特文章有古今殊也. 其治亂之故可知已. 大明一統志 東國輿地勝覽 二書 最稱綜博 蓋嘗翕百家之聰明 蒐屢世之文獻而成者 廣大悉備蔑有加矣. 而經之分合名物之回革遞邇之詳略代各異聞 莫克會通 只憑足目則隘陋而無所攷悉收口耳則浩穰而不勝記 (…中略…) 筭計書不過十篇而一統志 輿地勝覽 海國圖誌 合爲一部約. 而晐博 而不繁 天下之大萬國之衆可運於掌, 豈時行俗之要覽而已哉. 將謀絹梓以廣其傳馳書問序於余. 余墨守井觀六十年老 且病遠之志倦矣. 固無能爲役嘉吳君之志之不衰 而勤勵於(酋丈)爲也. 書此應之. 崇禎 紀元后 五 癸巳(1893년) 仲春 下澣 大提學 眉山 退士 韓章錫 序".

해국도지를 합하여 한 부로 요약한 것과 같이, 해박하고 번거롭지 않으며, 천하 만국의 인민이 가히 손바닥 안에 있는 것과 같다. 어찌 때에 맞추어 행하고 간추려 놓은 것뿐이겠는가. 장차 책을 출간하여 널리 전하고자 내게 서문을 쓸 것을 권하니, 나는 본래 좁은 소견만을 묵수한 60대의 노인으로 또한 병이 깊어 뜻이 게으를 뿐이다. 진실로 오 군의 쇠약해지지 않는 아름다운 뜻을 담당한 능력이 없으나 힘껏 노력하여 이 글로써 그에 대한 답을 하고자 한다. 숭정 기원 후 다섯 번째 계사년(1893) 중춘 하한 대제학 미산 퇴사 한장석 서문

이 책은 1893년 오횡묵(吳宖默)이 편찬한 지리서로 알려져 있다. 1895년 학부 편찬 『심상소학(尋常小學)』의 '편집국 개간 서적 정가표'에 이 책이 들어 있는 것으로 보아, 발행 시점은 1895년으로 학부 교과서의 하나로 사용되었음을 알 수 있다.[6] 이 책에서 밝힌 것처럼 중국에서의 지리 지식은 '우공'에서 시작되어 '직방'에 이르기까지 매우 오래 되었다. '우공(禹貢)'은 중국 9주의 지리와 산물에 관해 기록한 지리서이며, '직방(職方)'은 『주례(周禮)』 하관 직방씨를 말하는 것으로 천하의 지도·지형과 방국(邦國)·도비(都鄙)·사이(四夷)의 인민, 물산 등을 관장하는 관직명이다. 한장석의 서문에서 '방여지학'의 역사가 오래되었고, 수많은 서적이 나타났지만 넘쳐나는 책이 '황당무계'하다고 한 것은, 실증적 지리 지식이 발달하기 전의 지식 변화가 쉽게 일어나지 않음을 증명한다. '천원지방설'은 고대 중국의 『주비산경(周髀算經)』을 비롯한 전통적인 지리 지식에 해당한다. 『한성순보』 '지구론'이나 『여재촬요』

---

6) 이 책의 서지에 관한 논문으로 최시완, 「조선말기 간행 여재촬요에 관한 서지적 연구」, 성균관대학교 석사논문, 2017을 참고할 수 있다.

에서 '천원지방' 대신 '지구설(地球說)'이 도입되었지만, 그것을 일반인이 수용하기까지는 더 많은 시간이 걸렸다. 다음은 1897년 6월 10일자 『그리스도신문』에 게재된 '세계만국론'의 일부이다.

[세계만국론7)]

지금 이 여러ᄀ지 다ᄉ리ᄂ 법을 대강 말홀 터인ᄃ 이거슬 말ᄒ기 젼에 ᄯ 훈가지 다른 거슬 말ᄒ리니 엇던 사람은 말ᄒ기를 나라마다 각각 그 나라 다ᄉ리ᄂ 법이 그 나라혜 뎨일 합당ᄒ다 ᄒ나, 나ᄂ 이러케 말ᄒᄂ 거시 춤말인 줄을 밋지 아니ᄒ노라. 대개 엇던 나라히던지 그 빅셩들이 착ᄒ여야 그 다ᄉ리ᄂ 법도 잘 되ᄂ 거시오, 그 빅셩들이 악ᄒ면 그 다ᄉ리ᄂ 법도 악ᄒ게 되ᄂ니 이거슬 ᄌ셰히 싱각ᄒ야 보라. ᄯ 이 다음에 각금 여러 나라 형편을 대강 말홀 터히나 이거슬 말ᄒ기 젼에 지식의 요긴훈 두 가지 말을 무ᄅ리니 이 무를 말은 이 디구 모양이 엇더ᄒ며 ᄯ 디구가 엇지ᄒ야 그 곳에 잇ᄂ 거시라. 이러케 문답하ᄂ 거시 지식의 미우 요긴ᄒ고 유학ᄒ나 지금은 이 두 가지만 문답ᄒ겟노라.

이 디구 모양이 엇더ᄒ뇨. 이거슬 ᄃ답ᄒ려 ᄒ면 어렵지 아니ᄒ니, 이 아래 그 나라와 셰ᄃ를 ᄃ강 ᄃ답ᄒ리라. 샹고 ᄶ에 빅도 업고 사람들이 아지 못홀 ᄶ에 이 셰계가 평탄훈 큰 들인 줄만 앗앗ᄂ니 이ᄂ 지금 디구 셔편에 잇ᄂ 희랍 사람들인ᄃ 그 사람들이 쥬나라 ᄶ에 뎨일 존귀ᄒ고 지조 잇고 지혜 잇ᄂ 사람들이라. ᄯ 그 나라히 녯젹브터 젼ᄒ야 ᄂ려오ᄂ 칙에 말ᄒ기를 이 셰계가 크고 평탄훈 들인ᄃ ᄌ긔 나라혼 그 가온ᄃ 잇고 다른 나라들은 다 그 가헤 둘너 잇서 다 이샹ᄒ고 허탄훈 빅셩들이 산다 ᄒ엿ᄂ니라.

---

7) 『그리스도신문』, 1897.6.10. '세계만국론'.

이 논설은 세계 만국의 정치 제도가 동일하지 않음을 설명하기 위한 목적에서 쓴 글로, 정치 지형을 이해하기 위한 전제로 지리 지식이 긴요함을 전제한 뒤, 지구가 둥글다는 것을 증명한 글이다. 여기서도 천원지방의 지리 지식이 실증을 통해 교정되기까지 매우 긴 시간이 소요되고 있음을 나타내고 있는데, 동양의 주나라 시대와 서양의 희랍시대에 형성된 지리 지식이 1897년 일반인에게도 영향을 미치고 있음을 나타낸다. 이는 발견과 실증, 발명 등의 다양한 요소에 의해 신지식이 출현할 경우, 전통적 지식과 신지식이 공존함으로써 지식의 구도가 복잡해짐을 의미한다.

여기서 주목할 일은 지식의 성격에 따라 지식의 구도, 특히 지식의 공존 현상이 달라질 수 있다는 것이다. 이른바 실증과학 지식은 검증이 이루어질 경우, 새로운 지식으로의 대체가 쉽게 일어나지만, 개인이나 집단의 의식은 비교적 오랜 시간이 흐르더라도 잘 변화하지 않는 경향이 있다. 한 예로 종교 사상과 관련된 근대 지식을 살펴보자.

[ᄉ셔오경에 닐ᄋᆞᆫ 샹뎨(上帝)와 텬(天)은 곧 텬쥬를 닐음이니라8)]

대뎌 인심이 텬쥬 계신 줄을 모를 수도 업고 ᄯᅩ 다 홈의 ᄀᆞ릇칠 수도 업ᄉᆞ니 고로 ᄉ셔오경에 닐ᄋᆞᆫ 샹뎨의 일홈은 곳 조물쥬를 ᄀᆞ르침이라. 지존무뒤ᄒᆞ샤 비홀 곳이 업ᄉᆞ시니 고로 요순탕무(堯舜湯武) ᄀᆞ흔 착흔 님금이라도 참람히 이 칭호ᄂᆞᆫ 쓰지 못ᄒᆞᄂᆞ니라. 쥬역에 글ᄋᆞ뒤 뎨츌우진(帝出于震)이라 홈에 쥬ᄌᆞ ㅣ 주내여 글ᄋᆞ뒤 뎨(帝)ᄂᆞᆫ 텬디쥬ᄌᆡ(天地主宰)라 ᄒᆞ고, 례에 글ᄋᆞ뒤 텬ᄌᆞ이원일긔곡우샹뎨(禮에 天子以元日祈穀于上帝)라 ᄒᆞ니, 이 샹뎨ᄂᆞᆫ 셰샹 사ᄅᆞᆷ이 맛당히 긔도홀 쟈 ㅣ 라 홈이오 (…

8) 『보감(寶鑑)』, 1907.5.3. 'ᄉ셔오경에 닐ᄋᆞᆫ 샹뎨(上帝)와 텬(天)은 곧 텬쥬를 닐음이니라.'

중략…) 이 텬ᄌ(天字)는 우리 육목으로 보는 쳥텬(靑天) 푸른 하늘 형텬 (形天)이 아니니라. 대뎌 형텬은 무령(無靈)ᄒ야 텬디만물을 다ᄉ릴 수 업ᄉ니 여긔 말흔 텬(天)은 형텬을 닐음이 아니오 곳 텬디만물을 쟝관ᄒ 시는 쥬ᄌ 텬쥬를 ᄀᄅ쳐 닐음이니라.

이 논설은 가톨릭계 근대 신문인 『경향신문』의 부록 『보감(寶鑑)』 1907년 5월 3일자 논설의 일부이다. 서양 종교의 유입에 따라 새로운 종교 지식을 전파하는 과정에서, 전통적인 종교지와 신종교의 지를 비교·논증하기 위한 논설이다. 유일신 체계인 기독교적 '신(神)'을 동양의 '천(天)'과 '상제(上帝)'에 견주어 설명하면서 '주재 능력(主宰能力)' 을 강조하고 있다. 김상근(2004), 안성호(2010) 등에서 연구된 바와 같이,[9] 기독교의 신을 '상제(上帝)'로 번역한 것은 1603년 마테오리치의 『천주실의』[10]에서 시작된다. Deus를 '상제'로 번역하면서 이른바 '전례논쟁'이라고 하는 분쟁이 발생하기도 했지만, 본질적으로 유일신 개념이 없는 중국에서 전통적 관념인 '상제'와 신개념인 Deus를 일치시키고자 한 의도는 분명하다. 번역 과정에서 문화적 괴리감을 극복하기 위해 전통 문화의 요소를 활용하는 것은 당연하다. 이렇게 탄생한 '상제'와 '천주'의 개념이 중국이나 한국사회에 보편화되기까지는 전통적인 종교 관념이 지속적으로 작용하고 있다. 『보감』의 논설에서 '상제'와 '천'은 '천주'를 연결하고자 한 것도 이러한 현상의 하나이다.

---

9) 김상근, 「서광계의 기독교 신앙과 상제에 대한 제한적 이해」, 『한국기독교와 역사』 21, 한국기독교역사연구소, 207~228쪽; 안성호, 「17세기 초 마테오리치의 천주실의와 19세기 제임스 레그의 중국 유교 경전 영어 번역본에서 사용된 용어 '상제' 간의 신학적 연속성」, 『한국기독교와 역사』 32, 한국기독교역사연구소, 297~340쪽.

10) 마테오리치, 송영배 옮김, 『천주실의』, 서울대학교출판부, 2007; 마테오리치, 송영배 옮김, 『교우론·스물다섯 마디 잠언·기인십편』, 서울대학교출판부, 2000.

그러나 지식 현상에 대한 분과 학문의 태도는 일관적이지 않다. 예를 들어 진화론과 진보를 중시하는 과학사가(科學史家)나 과학철학자들은 논리·실증을 준거하여 공존하는 지식이 진화된 지식으로 변화할 것이라는 믿음을 갖는 경우가 많다. 『과학혁명의 구조』를 쓴 토머스 쿤은 "새로운 이론은 정상과학의 기존 활동을 다스리던 규칙에서 변화가 일어남을 의미한다. (…중략…) 새로운 이론의 동화는 기존 이론의 재구축과 기존 사실의 재평가를 요구하는데, 이는 한 사람에 의해서 또는 하룻밤 사이에 완결되는 일이 거의 없는 본연적으로 혁명적인 과정이다."[11]라고 진술한다. 과학 지식의 경우 지식 공존 현상이 기존의 과학 패러다임(과학자 사이에서 공유하는 이론) 또는 정상과학의 상태에서 새로운 이론이 생겨나고, 그것이 혁명적인 과정을 거쳐 다음 단계의 정상과학에 이른다고 설명한다. 이 점은 실증과학의 경우 어느 정도 수긍할 수 있는 주장이다. 그럼에도 공존하는 모든 지식이 실증과학의 진보 과정을 답습하는 것은 아니다. 그렇기 때문에 박이문(1982)에서는 '사회과학과 현상학'이라는 논문에서, 사회과학이 형성되면서 "오로지 자연과학적 방법에 따라 모든 현상들을 일괄적으로 단 하나의 원칙에 의해 설명코자 하는 이른바 통일과학이 논리·실증주의자들에 의해 계획되고 시도되었으며, 카르납 또는 슐릭 등에 의해 이론적 뒷받침을 갖게 되었다."라고 비판하고, 이에 대한 대안으로 현상학을 제안한 바 있다. 그는 "인문·사회과학을 하나로 크게 뭉쳐 자연과학과 대조시킬 수 있지만, 인문과학과 사회과학은 그 대상에 있어서 성질이 완전히 동일하지 않다."라고 하면서, 사회과학만을 별도로 논의하는 입장에서, 논리·실증적 설명뿐만 아

---

11) 토머스 S. 쿤, 김명자 옮김, 『과학혁명의 구조』, 까치, 1999, 28쪽.

니라 '이해'와 '해석', '현상'에 대한 인식 등이 새로운 방법론으로 등장했다고 설명한다.[12] 자연과학의 역사와는 달리 인문 사상과 사회 현상과 관련된 지식은 동시대, 같은 사회에서 공존하는 경우가 많고, 인식자는 이를 이해하고 해석하며 설명하고자 하는 노력을 종합한다. 즉 지식의 현상적 구도가 지식 지형을 형성하는 셈이다.

　지식 지형의 변화에서 지식 상호간의 관계와 횡적 역학 관계는 지식의 동향을 의미한다. 강소영·임정연(2008)에서는 이 개념을 명료하게 규정하지 않고 있으나, '상호'와 '횡적'이라는 개념은 근본적으로 '동시대성'을 전제로 한다. 즉 특정 시대와 사회에 존재하는 지식이 어떤 경향을 보이는가를 규명해야 지식 지형 변화를 설명할 수 있다는 뜻이다. 지식 상호간의 관계는 지식의 구도를 바꿀 수 있는 둘 이상의 지식 체계가 존재함을 전제로 한다. 그 체계는 시간의 관념에 따라 형성된 기존 지식(구지식)과 새로 탄생한 지식(신지식)의 형태일 수도 있고, '교류' 또는 외부로부터의 유입에 따른 새로운 지식 체계일 수도 있다. 이처럼 둘 이상, 특히 집단적 지식이나 체계 자체가 공존할 경우 그에 따른 지식 지형 변화가 급격해질 수 있다.

　지식 동향은 특정 시대와 사회의 지적 경향을 나타내는 말이다. 흔히 '경향', '풍토', '사조', '시대의식' 등과 같은 표현은 지적 동향을 반영하는 용어들이다. 사전적 의미에서 '경향'은 현상이나 사상, 행동 등이 어떤 방향으로 기울어짐을 의미한다. 이런 의미에서 '한 시대의 사회 일반에 주류나 특색을 이루는 사상적 경향'을 나타내는 '사조(思潮)'나 경향과 사조의 기반이 되는 제도나 조건을 지칭하는 '풍토(風土)'도 지적 동향을 반영하는 전형적인 용어로 볼 수 있다.

---

12) 박이문, 『인식과 실존』, 문학과지성사, 1982, 99~109쪽.

한 시대와 사회에 지적 동향을 나타내는 일정한 경향이 생겨나는 것은 자연스러운 일이다. 특히 의식이나 사상과 관련한 문제에서 지적 경향은 유형적인 면보다 무형적인 면이 더 두드러진다. 이 점은 지식과 사회의 관계를 연구한 데이비드 블루어가 "한 사회의 지식은 개별 구성원들의 감각 경험, 혹은 구성원들의 동물적 지식이라 불리는 것의 합을 나타내지 않는다. 오히려 사회적 지식은 실재에 대한 구성원들의 집합적인 견해들이다."라는 진술과도 상통한다.13) 특정 지식이 산출되는 과정에서 개인적 호기심과 개별성, 자율성이 작용할지라도, 한 시대와 사회의 지적 동향을 그려내기 위해서는 '집단성', '공유' 등의 지적 활동을 전제해야 한다. 독일의 관념론 철학자들이 주로 제기한 '시대정신'도 이러한 맥락에서 지적 동향을 나타내는 용어의 하나가 될 수 있다. 시대정신은 한 시대에 지배적인 지적, 정치적, 사회적 동향을 나타내는 정신적 경향을 의미하며, 헤겔의 '역사철학'이나 '민족정신', 가치 체계를 핵심으로 한 딜타이의 '정신과학' 등의 용어는 연구 방법론의 특성을 반영한 용어가 아니라, 한 시대와 사회의 지적 동향을 고려한 용어로 볼 수 있을 것이다.

이처럼 '동향', '풍조(風潮)', '사조(思潮)'는 본질적으로 시간의 흐름, 그것도 집단과 관련한 시간의 흐름을 전제한 용어이다. 사조에 대한 대표적인 연구 분야인 '문예사조론(文藝思潮論)'을 이를 잘 나타낸다. 이선영 엮음(1996)의 『문예사조론』에서는 한국에서 문예사조론이 처음 거론된 시점이 1910년대이며, 1930년대 말 임화의 『조선문학사』, 백철의 『조선신문학사조사』가 출판되면서 문예의 사조에 관한 논의가 활발해지기 시작했다고 설명한다. 이 책에서는 '문예사조란 무엇

---

13) 데이비드 블루어, 김경만 옮김, 『지식과 사회의 상』, 한길사, 2000, 71쪽.

인가'라는 질문에 대해 "어떤 일정한 시대나 시기에 일어난 특정한 문학 현상에서 발전한 것으로, 예컨대 어떤 중요한 문학의 유파나 집단이나 운동이 지니는 사상적·예술적 특색을 포괄하는 흐름"14)이라고 정의한다. 즉 문학에 일정한 조류(潮流), 정신적으로 지향하는 바와 그에 따른 예술적 수법 등의 존재함을 의미한다. 흔히 '고전주의, 낭만주의, 계몽주의, 리얼리즘, 모더니즘, 상징주의' 등과 같이 '주의(主義)'라는 말로 번역되는 흐름이 그것이다. 특정 시대와 사회에 존재하는 '주의'의 분포는 지식 지형의 대표적인 형태인 셈이다. 철학사나 과학사에서 사용하는 '학파(學派)'라는 개념 또한 지식 지형을 나타내는 전형적인 용어들이다. 철학사(哲學史)가 한 개인의 사상사가 아니라 철학의 지적 전통과 지식의 흐름에 대한 역사적 접근법을 의미하는 것은 특정 시대 위대한 철학가의 존재를 인정하더라도, 그 철학가에 의해 형성된 지적 풍토를 중시하기 때문이다.

2. 지식 지형 변화의 양태

지식 지형의 변화는 다양한 형태로 표출된다. 새로운 이론의 등장, 학파의 형성, 사회적 주류 이데올로기의 변화 등은 지식 지형 변화의 대표적인 모습들이다. 토머스 쿤은 과학사에서 패러다임이 안정되어 있는 시기를 '정상과학'이라고 불렀다. 그에 따르면 정상과학은 '과거 하나 이상의 과학적 성취에 확고히 기반을 둔 연구 활동'이라고 하는데, '그 성취는 몇몇 특정 과학자 사회가 일정 기간 동안 과학의 진보

---

14) 이선영 엮음, 『문예사조사』, 민음사, 1996, 9쪽.

적 활동을 위한 기초를 제공하는 것'이라고 한다.15) 기본적으로 쿤의
과학사는 과학의 진보, 과학의 혁명을 설명하기 위한 대안으로 고안
된 것이지만, 그 바탕에는 지식 지형의 변화가 내재되어 있다. 그는
"실제 과학 활동의 인정된 실례들—법칙, 이론, 응용, 기기법 등을
포함한 사례들—이 과학 연구의 모델을 제공한다."고 보았다. 여기서
중요한 것은 지식의 '모델'로서의 역할이다. 물론 쿤이 관심을 가진
것은 혁명으로서의 과학과 그에 따른 과학의 진보를 설명할 이론을
제공하는 일이다. 그렇지만 '모델'이 되는 패러다임이 존재한다는 것
은 특정 시대와 사회의 지식이 안정되어 있고, 그것은 현존하는 지식
가운데 중요한 의미를 갖는 지식이 된다는 점이다.

  자연과학의 이론뿐만 아니라 범위를 넓혀 지식 전반에 관한 현상을
살펴볼 때도 기존의 지식과 새로운 지식 간의 관계를 살펴보는 일은
흥미로운 일이다. 서학이 유입되는 과정에서도 이러한 현상을 살펴볼
수 있다. 다음은 정조 연간 서학과 관련된 정조와 채제공의 대화이다.

  [임진 소견대신 비국유사당상(壬辰 召見大臣、備局有司堂上)16)]
  우의정 채제공이 아뢰기를, "이른바 서학(西學)의 학설이 성행하고 있
  으므로 신이 『천주실의(天主實義)』라는 책을 구해 보았더니, 바로 이마

---

15) 토머스 S. 쿤, 김명자 옮김, 앞의 책, 33쪽.
16) 『정조실록』 권26, 정조 12년(1788) 8월 3일. "壬辰 召見大臣、備局有司堂上." 번역문은 국사
   편찬위원회 조선왕조실록을 옮김. 右議政蔡濟恭曰: "所謂西學, 其說盛行, 臣窮覓見≪天主實
   義≫爲名冊子, 卽利瑪竇初頭問答, 而無非傷敗彝倫之說, 殆甚於楊·墨之亂道, 以其有天堂地獄
   之說, 故村氓之無知覺者, 易致愚惑。然其禁之之道, 亦難矣" 上曰: "予意則使吾道大明, 正學丕
   闡, 則如此邪說, 可以自起自滅, 而人其人火其書, 則可矣。" 濟恭曰: "其中好處, 亦或有之。如上
   帝監臨, 陟降左右之說, 是也。第其無倫反常之大者, 渠之所尊, 一則玉皇, 一則造化翁, 而其父則
   視以第三。此無父也。渠之國俗, 以無男女情慾者, 謂以精神所融聚, 爲之國主云, 是無君也。其
   學行則其弊當如何? 其言雖斥佛, 蓋偸竊釋氏一斑之窺, 此是佛道中別派也。

두(利瑪竇)가 애초에 문답한 것으로, 인륜을 손상하고 파괴하는 설이 아님이 없어 양(楊)·묵(墨)이 도리를 어지럽히는 것보다 자못 심하였습니다. 그런데 거기에 천당 지옥에 관한 설이 있기 때문에 지각없는 촌백성들이 쉽게 현혹됩니다. 그러나 그것을 금지하는 방도 또한 어렵습니다." 하였다. 상이 이르기를, "나의 생각에는 우리 도[吾道]와 정학(正學)을 크게 천명한다면 이런 사설(邪說)은 일어났다가도 저절로 없어질 것으로 본다. 그러니 그것을 믿는 자들을 정상적인 사람으로 전환시키고 그 책을 불살라 버린다면 금지할 수 있을 것이다." 하니, 제공이 아뢰기를, "그 가운데 좋은 것도 간혹 있으니, 이를테면 하느님[上帝]이 굽어 살피시어 사람들의 좌우에 오르내리신다는 설이 바로 그것입니다. 다만 그 인륜을 무시하고 상도(常道)를 배반하는 것 가운데 큰 것으로는, 저들이 높이는 대상이 하나는 하느님[玉皇], 하나는 조물주[造化翁]이고, 제 아비는 세 번째로 여기니 이는 아비를 무시하는 것이고, 저들 나라 풍속은 남녀의 정욕이 없는 자를 정신이 응집(凝集)된 사람이라 하여 그를 나라의 군주로 삼는다 하니 이는 임금을 무시하는 것입니다. 그 학설이 행해지면 그 폐해가 어떠하겠습니까. 그 말에 있어서는 비록 불교를 배척한다고 하지만, 대개 불교의 일면의 소견을 훔쳐다가 자기들의 교리로 삼았으니 이는 불교 중의 별파(別派)입니다." 하였다.

이 대화는 성리학의 지적 풍토에서 『천주실의』의 이론을 '사설(邪說)'로 규정하고, 그 근거로 '인륜'의 '상도(常道)'를 배반하는 논리가 들어 있음을 제시하는 내용이다. 비록 '상제가 사람을 굽어 살핀다'는 설은 수용할 만한 것이지만, 부모 대신 '옥황(玉皇)', '조화옹(造化翁)' 즉 '신(神)'을 우선시한다는 것은 인륜을 배반한 것이라는 논리이다. 이처럼 서학 수용 과정에서 의식의 차이에 따라 갈등이 유발된 대표적인 사례로 1791년 폐제분주(廢祭焚主)를 명분으로 발생한 윤지충(尹持忠)의 순교를 들 수 있다. 『정조실록』 권33, 정조 15년(1791) 11월 7일자 공술을 참고해 보자.

[전라관찰사 정민시 이죄인윤지충 권상연사사계(全羅道觀察使鄭民始 以罪人尹持忠權尙然査事啓[17])]

지충이 공술하기를 '계묘년 봄에 진사시(進士試)에 합격하고 갑진년 겨울 서울에 머무는 동안, 마침 명례동(明禮洞)에 있는 중인(中人) 김범우(金範佑)의 집에 갔더니, 집에 책 두 권이 있었는데, 하나는 『천주실의(天主實義)』이고 하나는 『칠극(七克)』이었습니다. 그 절목(節目)에 십계(十誠)와 칠극(七克)이 있었는데 매우 간략하고 준행하기 쉬워서, 그 두 책을 빌려 소매에 넣고 고향집으로 돌아와 베껴 두고는 이어 그 책을 돌려보냈습니다. 겨우 1년쯤 익혔을 때 떠도는 비방이 매우 많았기 때문에 그 책을 혹 태워버리기도 하고 혹 물로 씻어버리고 집에 두지를 않았습니다. 그리고 혼자 연구를 하고 학습을 하였기 때문에, 원래 스승으로부터 가르침을 받은 곳이나 함께 배운 사람도 없습니다. 천주(天主)를 큰 부모로 여기는 이상 천주의 명을 따르지 않는 것은 결코 공경하고

---

17) 『정조실록』 권33, 정조 15년(1791) 11월 7일. "全羅道觀察使鄭民始, 以罪人尹持忠、權尙然査事啓: "持忠供: '癸卯春, 參榜於進士試, 甲辰冬, 留京中, 適往明禮洞中人金範佑家, 家有二冊, 一則天主實義, 一則七克也. 其節目, 則有十誠、七克, 甚約易遵, 故借其二冊, 袖到鄕廬, 謄書以置, 仍還其冊. 纔習一年, 浮謗甚多, 故其冊則或燒或浣, 不置於家, 而獨自窮究學習, 故元無師受之地, 亦無同學之人. 以天主爲大父母, 則不遵天主之命, 決非欽崇之意, 而士夫家木主, 天主教之所禁, 故寧得罪於士夫, 不願得罪於天主, 果埋神主於家庭之內. 死人之前, 薦酹酒食, 亦天主教之所禁也. 且庶人之不立主, 國無嚴禁, 窮儒之不設享, 禮無嚴防, 故不立主, 不設享, 只爲天主教也, 似無犯國禁之事也. 至若拒弔事, 則問我親喪, 且感且哀, 迎哭之不暇, 何忍拒之? 如其不信, 自有弔客. 又若葬親事, 棺槨衣衾, 哭泣穿孝, 天主教人, 加厚加謹, 何敢疎忽於葬親之事哉? 執紼之禮, 四尺之崇, 無不如俗. 但五月遭母喪, 八月晦日過葬, 而家間適然溝瘤, 不與外人相接, 故遠近儕流, 雖不會葬, 洞里常漢, 擧皆赴役. 此亦一問可知, 傳言萬萬虛妄." 云."

높이는 뜻이 못됩니다. 그런데 사대부 집안의 목주(木主)는 천주교(天主教)에서 금하는 것이니, 차라리 사대부에게 죄를 얻을지언정 천주에게 죄를 얻고 싶지는 않았습니다. 그래서 결국 집안에 땅을 파고 신주를 묻었습니다. 그리고 죽은 사람 앞에 술잔을 올리고 음식을 올리는 것도 천주교에서 금지하는 것입니다. 게다가 서민(庶民)들이 신주를 세우지 않는 것은 나라에서 엄히 금지하는 일이 없고, 곤궁한 선비가 제향을 차리지 못하는 것도 엄하게 막는 예법이 없습니다. 그래서 신주도 세우지 않고 제향도 차리지 않았던 것인데 이는 단지 천주의 가르침을 위한 것일 뿐으로서 나라의 금법을 범한 일은 아닌 듯합니다. 나아가 조문(吊問)을 거절했다는 일로 말하면, 내 부모가 돌아가신 것을 위문해 주었으니 감사하고 애통스러워 맞아 곡하기에도 겨를이 없어야 하거늘 어찌 차마 거절한단 말입니까. 만약 믿지 못한다면 조문한 손님이 있으니 알 수 있을 것입니다. 또 부모를 장사지내는 일로 말하면 관곽(棺槨)·의복·곡읍(哭泣)·천효(穿孝)는 천주교인일수록 더욱 두텁고 근실하게 하는 것인데, 어찌 감히 부모를 장사하는 일을 소홀히 했겠습니까. 상여를 잡는 예와 4척의 높이로 무덤을 만드는 것은 풍속대로 하지 않은 것이 없습니다. 다만 5월에 모친상을 당했는데도 8월 그믐날에야 기한을 넘겨 장사를 지낸 것은 집안에 마침 전염병이 돌아 외부 사람들과 접촉할 수 없었기 때문입니다. 그래서 원근의 친구들은 비록 장례에 참석하지 못하였어도 동네의 평민들은 모두 와서 거들어 주었으니, 이것도 한 번만 물으면 알 수 있는 일입니다. 소문은 정말 황당무계한 것입니다.' 하였습니다.

신해사옥으로 불리는 이 사건은, 천주교가 유입되는 과정에서 『천주실의』와 『칠극』 등의 서적만으로 천주교 교리를 습득한 윤지충이 제사를 폐하고 신주를 불사른 것이 아니라, 교리에 따라 신주를 묻고, 장례를 치렀다는 공술을 담고 있다. '폐제분주'에 대한 그의 항변에서 주목할 점은 전통적 가치관인 '효'와 '교리'의 조화이다. 비록 후대의 기록이지만 1906년 『보감』에 기록된 그의 고음기(苦陰記)에는 윤지충이 공술한 '십계'와 '칠덕'을 좀 더 소상히 기록하고 있다.

[셩교슈긔18)]

우연이 명례방골(明禮坊洞) 사는 김범우(金範禹)의 집에 들어갓더니 그 집에셔 두질 칙을 엇어보매 ᄒ나혼 『텬쥬실의』오 ᄒ나혼 『칠극』이라. 이 칙들을 보니 텬쥬는 우리의 공변된 아비시오 텬디 신인 만물을 조셩ᄒ신 줄을 ᄭᆡ다ᄅᆞ며 ᄯᅩ 공밍 경셔에 닐ᄏᆞᆫ 바 샹뎨(上帝)라. 텬디 간에 사ᄅᆞᆷ되여 비록 부모의게 살과 피를 밧으나 실노 텬쥬ㅣ 틱와주신 거시오 그 육신에게 령혼 ᄒ나 결합ᄒ야 잇스나 결합ᄒ야 쥐는 쟈ㅣ ᄯᅩ혼 텬쥬ㅣ시라. 님금을 셤기고 부모를 효경ᄒ는 연고는 ᄯᅩ혼 텬쥬의 명령이라. 이런 도리를 추샹흔즉 경셔에 실닌 바 샹뎨(上帝)를 졍셩되이 공경ᄒ며 부복ᄒ고 긍긍젼젼흠으로 셤기라 ᄒ엿시니, 이 진교의 도리와 경뎐지젹이 셔로 맛가즘을 황연이 ᄭᆡ다ᄅᆞᆷ이오 그 도의 힝흠은 십계와 칠덕이라.

십계는 이러ᄒ니, 일은 ᄒ나히신 텬쥬를 만유 우희 공경ᄒ야 놉히고, 이는 텬쥬의 거룩ᄒ신 일홈을 불너 헛딍셰를 발치 말고, 삼은 쥬일과 쳠례를 직희고, ᄉ는 부모를 효도ᄒ야 공경ᄒ고 「ᄯᅩ 님군은 온나라희 대부모ㅣ시오 관쟝은 각고올에 부모ㅣ시니 맛당이 공경ᄒ야 사ᄅᆞᆼ홀 거시오」 오는 사ᄅᆞᆷ을 죽이지 말고, 륙은 사음을 힝치 말고, 칠은 도적질을

---

18) 경향신문사, 『보감(寶鑑)』, 1906, 101~104쪽.

말고, 팔은 망년된 증참을 말고, 구는 놈의 안히를 원치 말고, 십은 놈의 지물을 탐치 말나 ᄒ니, 이 십계는 도모지 두 가지에 도라가니 텬쥬를 만유 우희 ᄉ랑홈과 다른 사룸 ᄉ랑홈을 ᄌᄋ긔굿치 홈이라.

닐곱가지 튜덕[七克]은 이러ᄒ니, ᄒ나혼 교오를 되덕ᄒᄂ 겸덕이오, 둘혼 질투를 졔어ᄒᄂ 이덕이오, 세혼 분노를 방비ᄒᄂ 인내오, 네혼 간린을 억제ᄒᄂ 너그러온 시샤오, 다ᄉᆺᄉ 탐도를 이긔ᄂ 졀덕이도, 여ᄉᆺᄉ 새특혼 일을 물니치ᄂ 조츌혼 덕이오, 닐곱은 희틔를 업시ᄒᄂ 근실혼 덕이라. 이런 도리ᄂ 다 쳥결ᄒ고 간단ᄒ야 션에 나아가ᄂ 바른 길흘 인도홈이니 이 두 권 칙을 엇어가지고 도라와 젼셔ᄒ엿ᄂ이다.

조선 사회에서 '십계'와 '칠극'은 그 자체로 생소한 의식일 수밖에 없다. '고음기'에서도 Deus에 상응하는 '상제'와 '천주'라는 용어가 생성되듯, 새로운 사상과 의식, 즉 신지식을 수용하는 과정에서 기존의 윤리와 신지식의 조화를 강조하고 있다. 십계의 제4계나 칠극의 '겸덕(謙德)', '애덕(愛德)', '인내(忍耐)', '절덕(節德)', '조찰(照察)', '근실(勤實)'은 그 자체로 성리학의 사상과 배타적이지 않다. 이러한 흐름은 한국의 천주교 수용사에서 지속적으로 나타난다.

신지식의 수용에 따른 지식 지형의 변화는 항상 순조롭게 또는 급격히 진행되는 것만은 아니다. 근대 계몽기 '신구학(新舊學)의 갈등'에 관한 수많은 논설들은 이를 증명한다. 문명 진화론이 급격히 수용되면서 전통 유림들의 묵수적인 태도를 비판하는 다수의 논설이 등장하고, 구학(舊學)에서 배워야 할 것도 많다는 반론을 제기하는 논설이 공존하는 현상은 이를 증명한다.

[논설(論說)[19]]

우리 한국 국민의 습상과 신앙은 본래 유교를 돈독히 숭상하고 윤상을 존중하여 전수된 지 이미 오래고, 몸에 밴 것이 깊다. 비록 근일 각종 신교파가 일반 인민의 많은 부분을 차지하였으나, 지금까지 유림 사회가 높은 지위에 처하여 각 신교를 대하면서 거부하고 따르지 않는 주의가 있으니, 만일 유가에서 개량구신하는 진보가 없으면 국민 사상을 바꾸어 지식의 힘을 증진하는 데 장애가 클 것이다. 그러므로 본사에서 구학 개량의 의견을 발표하고 유교구신론을 찬양한 바 있었으나, 전국 유림이 이에 대해 항변하지도 않고 동의하지도 않아 마이동풍일 따름이니 (…중략…) 우리 한국의 금일, 암혈의 유림파들은 시대의 변천은 불문하고 송유(성리학)의 조박한 것만 묵수하여 변통을 알지 못함으로, 소위 도학 공부가 시국에 일종 쓸모없는 것이 되었고, 학계의 청년파들은 정심 수신의 학문 본령이 없어 멋대로 욕망을 좇는 것을 자유라고 인식하고, 오만함을 조장하고 나쁜 줄 알며 행하는 일을 일상으로 보니, 비록 기술적 학문이 매우 뛰어나더라도 실제로 사회의 복지가 되고 국가의

---

19) 『황성신문』, 1909.2.13. (논설). "舊學改良이 是第一着手處. 我韓 國民의 習尙과 信仰으로 論ㅎ면 本來 儒敎를 敦尙ㅎ고 倫常을 尊重ㅎ야 傳授가 已久ㅎ고 薰染이 最深혼 者라. 雖於近日에 各新敎派가 普通 人民의 多部分을 占有ㅎ얏스나 至今ㅼ지 儒林社會가 高等 地位에 居ㅎ야 各新敎를 對ㅎ야 牢拒不從ㅎㄴ 主義가 有ㅎ니 萬一 儒家에셔 改良求新ㅎㄴ 進步가 未有ㅎ면 國民의 思想을 轉移ㅎ야 識力을 增進홈에 障碍가 最大홀지라. 所以로 本社에셔 舊學改良의 意見을 發表ㅎ고 儒敎求新論을 贊揚혼 바 有ㅎ얏스나 全國 儒林이 此에 對ㅎ야 抗辨도 無ㅎ고 同意도 無ㅎ야 馬耳東風에 付홀 而己니 (…中略…) 我韓 今日에 岩穴間 儒林派들은 時代의 變遷은 不問ㅎ고 宋儒의 糟粕을 墨守ㅎ야 變通을 不知홈으로 所謂 道學 工夫가 時局에 對ㅎ야 一種 無用件을 作ㅎ얏고 學界上 靑年派들은 正心修身의 本領學問이 無ㅎ야 恣情縱慾을 認爲自由ㅎ고 長敖遂非를 看作常事ㅎ니 雖其技術的 學問이 超等絶類홀지라도 實로 社會의 福祉가 되고 國家의 元氣가 되기를 確信키 難ㅎ니 此豈細故哉아. 然則 由來 舊學에 對ㅎ야 改良求新의 方法을 講行치 아니ㅎ면 數千年 傳來ㅎ던 儒敎 一脉은 其將滅絶乃已오, 國民의 思想을 啓發ㅎ야 知識과 能力을 增進홈에 障碍가 最大ㅎ리니, 惟我 儒林 諸君은 宗敎 維持의 思想이 有ㅎ거나 國家와 民族을 保全홀 思想이 有ㅎ거든 本記者의 勸告를 幸勿 汎聽ㅎ고 改良求新홀 方法에 急急 着手홀지어다."

원기가 되는 것을 확신하기 어려우니, 이 어찌 작은 잘못이겠는가. 그런 즉 구학에서 비롯된 것에 대해 개량하여 새로움을 구하는 방법을 강구하지 않으면 수천 년 전래하던 유교의 일맥은 장차 절멸할 것이며, 국민의 사상을 계발하여 지식과 능력을 증진하는 데 장애가 클 것이니, 오직 유림 제군은 종교 유지의 사상이 있거나 국가와 민족을 보전할 사상이 있다면 본 기자의 권고를 범연히 듣지 말고 개량하여 새로움을 구할 방법에 시급히 착수해야 할 것이다.

이 논설은 근대의 지식 지형 변화에서 국가사상을 기반으로 하는 애국계몽가들이 빈번히 제기했던 '구학(舊學)' 비판론 가운데 하나이다. 이 시기 애국계몽가들에게 '개량구신', '진보'의 문제는 신학문의 수용뿐만 아니라 전통적인 유교에 대한 '개신(改新)'까지 중요한 관심사였다. 이에 대해 '대동학회(大東學會)'를 중심으로 한 유학자들은 '신학과 구학의 조화'를 강조하는 논설을 자주 발표했는데, 이는 다분히 전통 유학을 긍정적으로 수용하는 입장에 서 있었다.

[욕학신학 선학구학(欲學新學先學舊學)20)]
지금 소위 신구의 학문을 비유하면, 수목(水木)은 즉 구학(舊學)이니

---

20) 성낙현(成樂賢), 「욕학신학 선학구학(欲學新學先學舊學)」, 『대동학회월보』 제20호, 1909.9. "今 所謂 新舊之學을 臂之水木則舊是根也源也ㅣ오 新是葉也流也ㅣ라. 旣欲學新而不先學舊면 是無異於不培其根而望枝葉之茂ᄒ고 不發其源而思派流之長이니 余竊以爲非愚則妄也ㅣ라 ᄒ노라. 蓋 夫學問은 學其爲人之道而一平生應用之資也ㅣ라. 究其爲學之要컨듸 欲其通古達今ᄒ고 明體適用ᄒ야 俾世道로 得以到隆而弘功芳譽가 垂諸後來니 故로 先知ㅣ覺後知ᄒ고 先覺이 覺後覺ᄒ야 交相勉勵에 期圖進就니 固無新舊之歐別이어늘 比近 以來로 新學舊學이 各立名目ᄒ야 泥於舊者는 排斥其新ᄒ야 請之浮華無實이라 ᄒ고 趨於新者는 嘲笑其舊ᄒ야 謂之腐敗無用이라 ᄒ야 互相誹謗에 駸駸然有偏黨明比之漸ᄒ니 嗟乎偏黨之於人國也에 其爲害ㅣ固不淺戱라."

144

이는 뿌리이며 근원이며, 신학(新學)은 잎과 지류이다. 신학을 배우고자 하면서 구학을 배우지 않는다면 이는 뿌리를 배양하지 않고 가지와 잎이 무성하기를 바라는 것과 다르지 않고 근원이 발달하지 않고 사고의 지류만 길어지는 것이니 내가 감히 말하건대 그릇되고 어리석어 망령된 것이라 하겠다. 대개 학문은 배움이 사람됨의 도리가 되어 일평생 응용하는 자질이 되는 것이다. 학문의 요지를 궁구하건대 고금을 통달하고 명료히 적용하여 점차 세상의 도리로 태평세대에 이르고 아름다운 이름이 후래에 드리울 수 있도록 하니, 선지자가 후지자를 깨우치고 선각이 후각을 깨우쳐 서로 권면하여 진취를 도모하니, 진실로 신구의 구별이 없거늘, 근래 신학과 구학이 각각 명목을 세우고 구학에 물든 자는 신학을 배척하여 부화(浮華)하여 실속이 없다고 하고, 신학(新學)에 기울어진 자는 구학을 조롱하여 부패 무용하다 하여 서로 비방함이 심하고 편당을 나누어 비교함이 심해지니 아, 국인을 편당으로 나누어 그 해가 진실로 적지 않다.

신구학의 대립과 갈등에서 지식의 보편성을 고려한 구학 옹호론이나 절충설, 문명 진화와 실사구시를 강조하는 신학 옹호설 등은 그 나름대로 논리적 타당성을 지니고 있다. 다만 지식 지형 변화에서 애국계몽기 학문 풍토가 '진화론', '문명론', '경쟁론' 등은 신학문 유입에 따른 결과이며, 국권 상실의 위기에서 '애국사상'을 기반으로 한 지식 계몽운동이 시대사조를 이루었다.

지식 지형의 변화에서 공존과 갈등, 변화의 속도 등을 좌우하는 요인은 지식의 성격이나 학문 분야, 또는 의식과 관련된 문제 등 다차원적 분석이 가능하다. '여자 해방', '여성 운동' 등의 용어가 활발히 쓰이기 시작한 1920년대 『동아일보』에 역재(譯載)된 아키코 요사노(與

謝野晶子)의 논문 '자기로 사는 부인'에서는 "지금은 내부의 자각(自覺)과 외부의 자극(刺戟)으로 인하여 우리 여자계(女子界)에도 크게 동요(動搖)할 시기가 되었다."21)라고 선언한다. 사실 이 논문은 여성들에게 "침의(沈毅)와 견실(堅實)을 지키고 뇌동(雷同)과 경조(輕躁)를 금(禁)하라."라는 지극히 도덕적인 경고와 관련된 논문이다. 여성으로서의 직분을 다하는 것 자체가 '자기인식'이라는 논리가 전통적인 현모양처의 여성상과 크게 다른 것은 아니다. 그럼에도 여성을 '여성'이라고 부를 수 있는 것, 그것이 새로운 인식에 해당하는 셈이다. 이처럼 사고와 인식의 변화를 유발하는 내적, 외적 조건을 규명하는 일은 지식 지형 변화의 요인을 규명하는 일과 밀접한 관련을 맺는다.

3. 지식 지형 변화의 집단성과 사회적 영향

지리학에서 자연 지형의 변화가 오랜 시간 점진적으로 이루어지는 것과 마찬가지로, 지식 지형의 변화도 어느 한 순간 급격히 일어나는 것은 아니다. 비록 새로운 이론과 발견이나 과학기술의 발전에 따라 변화의 속도가 급격히 일어날 수도 있지만, 사회 전반에 걸친 의식 변화가 급격하게 일어나는 것은 아니다. 한 예로 근대의 특징 가운데 하나로 꼽히는 '과학사상'에 관한 인식 변화도 마찬가지이다. 이를 한눈에 보여주는 자료가 '네이버 뉴스라이브러리'이다. 뉴스라이브러리에는 1920년대부터 1999년까지 『경향신문』, 『동아일보』, 『매일경제』, 『한겨레』의 4개 신문을 검색할 수 있는 구조를 갖고 있다. 여기에

---

21) 『동아일보』, 1920.6.21.

서 '과학'을 키워드로 검색할 경우 흥미로운 결과를 얻을 수 있다.

검색 결과 총 136,560건이 검색되는데, 구체적으로는 『동아일보』 46,013건, 『경향신문』 36,299건, 『매일경제』 38,592건, 『한겨레』 15,656 건이다. 여기서 주목되는 것은 『동아일보』의 경우 1920년 4월 1일 창간하여 1940년 8월 10일부터 폐간되었다가 1945년 12월 1일 다시 발행하였으며, 『경향신문』은 1946년 10월 6일, 『매일경제』는 1966년 3월 24일, 『한겨레』는 1988년 5월 15일 창간되었다는 사실이다. 창간 연대와 발행 연수를 고려할 때, 4개 신문에 등장하는 '과학'이라는 용어의 사용 빈도는 사실상 큰 차이가 없는 셈이다. 다시 뉴스라이브 러리 검색으로 돌아가 각 신문사의 연도별 '과학'이라는 용어 사용 빈도를 살펴보자.

네이버 뉴스라이브러서에서 '과학'을 키워드로 검색한 결과

연도	동아일보	경향신문	매일경제	한겨레
1921	123			
1925	192			
1930	183			
1935	371			
1946	107	30		
1955	218	242		
1965	425	340		
1975	564	518	584	
1985	857	844	1,320	
1990	1,705	1,266	1,612	1,186
1995	1,819	1,499	1,907	1,366
1999	1,956	1,330	2,205	1,532

이 표[22)]에 나타난 것처럼 '과학'이라는 용어의 빈도수는 1980년대

부터 급증한다. 신문사마다 다소 차이는 있고, '과학'이라는 용어의 구체적인 의미가 다를 수도 있지만, 이 용어를 일상적으로 사용하게 된 시점이 1980년대라는 사실은 흥미롭다.

　한국사회에서 '과학(科學)'이라는 용어가 처음 쓰이기 시작한 것은 1895년 이후의 일로 보인다. 대조선재일본유학생친목회에서 발행한 『친목회회보』 제1호(1896.2) '외보'의 '일본 문부대신의 교육담'에는 "근일 여러 신문에 있는 강령을 개괄한즉 가장 먼저 일본은 유신 이래 28년 사이에 장족의 진보를 보였으나 그 사이 서양 여러 나라가 비상히 진보한 사실을 보면 그 진보는 '과학 응용(科學 應用)'의 결과 이외에는 다른 것이 없는 까닭에 우리는 모름지기 과학을 이용하여 그 발달을 꾀하는 것이 가하다."[23)]라는 기사가 등장한다. 이때의 '과학'은 오늘날 우리가 사용하는 '과학'이라는 용어와 의미상 큰 차이가 없다. 다만 허재영(2018)에서 밝힌 바와 같이, 근대의 '과학적 방법'을 뜻하는 '격치학(格致學)'이나 과학 연구의 대표적인 방법으로 알려진 '귀납법', '연역법' 등의 용어가 사용된 시점은 1880년대로 거슬러 올라갈 수 있다. 예를 들어 1881년 일본에 다녀온 조사(朝使)의 보고서인 『문부성소할목록』에는 '안과학(眼科學), 산과학(産科學)'이라는 교과목명이 등장하고, 1883년 언해된 『이언언해(易言諺解)』에는 서양국의 학교를 의논하여 부가한 글이 등장하는데, 그 속에 '경학, 법학, 지학, 의학' 등이 분과 학문명이 등장한다. 이를 인정하더라도 '과학'이라는 의식

---

22) 이 검색은 단순 검색일 뿐이다. 따라서 표를 읽을 때, 각 신문사의 발행 시점, 발행 면수 등을 참고한다면 표의 결과에 대한 해석은 달라질 수 있다.

23) 『친목회회보』 제1호 '외보', 대조선재일유학생친목회, 1896.2. "日本 文部大臣의 教育談: 近日 諸新聞에 在ᄒ 其要領을 槪括ᄒ즉 第一 日本은 維新 以來 二十八年之間에 長足 進步ᄒ나 然이나 其間에 西洋諸國의 非常히 進步ᄒ 事實을 徵ᄒ즉 其進步ᄂ 科學應用에 結果 外에ᄂ 別無ᄒ 故로 吾人은 須科學을 利用ᄒ야 其發達을 謀홈이 可ᄒ니라."

이 탄생하고, 과학적인 연구 방법이 새로운 지식의 한 형태로 지식 지형의 변화를 유발하며, 그것이 사회적으로 일상화되기까지는 비교적 많은 시간이 걸린 셈이다.

지식 지형의 변화는 지식의 양적 팽창만을 의미하지 않는다. 자신의 삶을 대부분 브리태니커 백과사전 편찬에 바친 찰스 반 도렌은 그의 저서 『지식의 역사』에서 "인간은 적어도 배운 것을 기억하고 거기에 새로운 지식을 더하기 때문에 개개인이 매일매일, 그리고 해마다 보다 많은 것을 배우는 것과 마찬가지로 종족의 역사에서 집단적 기억은 과거로부터 어떤 지식들을 간직하고 새로운 발견들을 추가한다."라고 진술하고, "인간 지식의 총량이 늘어나는 비율은 세대마다 다르다. 그 비율은 매우 빠를 때도 있지만 느릴 때도 있다. 그러나 지식의 진보는 본질적으로 결코 끝나지 않으며 인류가 멸망하지 않는 한 계속될 것이다."[24]라고 주장한다. 그러나 지식의 양이 늘어날지라도 그것이 지식의 진보인지는 좀 더 가려야 할 문제가 남는다. 흥미로운 것은 분류 기준에 따라 '지식'의 종류도 매우 다양할 수 있다는 것이다. 다음 논설을 살펴보자.

[요긴흔 지식이라[25]]
강호고 약흔 인민의 분별을 말홀진대, 춤긔화를 흔 나라흔 강호고 춤 긔화를 치 호지 못흔 나라흔 약호니 그 긔화를 일우는 거슨 지식이라. 이 지식이 모음의 본 량식이 되어 사름이 이 지식을 가지면 강흔 사름이 오, 이 지식을 가지지 못호면 약흔 사름이 되느니라. 일국 빅셩이 모혀

24) 찰스 반 도렌, 홍미경 옮김, 『지식의 역사』 1, 고려문화사, 1999, 9쪽.
25) 『보감』, 1906.10. 론셜 요긴흔 지식이라.

흔 나라히 된즉 사룸마다 이 지식이 잇스면 모든 사룸의 무음이 모히여 강흔 나라히 될지니 이러므로 기화홀 나라헤 모든 사룸이 이 지식을 츠져야 홀지라.

각국에서 각기 무슴 지식에 공부ᄒ야 유익흔 지식에 달통ᄒᄂ니 비컨대 대한과 중국은 진셔를 비호고 태셔양과 일본은 텬문 디리 격물 화학 등 여러 가지 학문을 비화 셰샹의 각 물류를 스뭇차 알고져 ᄒᄂ는 이도 잇스니 이런 공부는 유익ᄒ야 각국에 이런 지식을 아는 이가 만히 잇스면 그 나라히 찬란홀 거시나 그러나 대개 셰계샹에 십문에 일분은 그 공부홀 직목이 못되니 엇던 이는 농ᄉᄒ며 엇던 이는 쟝ᄉᄒ므로야 날마다 힘써 버러먹ᄂ니 이러므로 우리가 시방 여러분으로 ᄒ여곰 지식을 비호라 ᄒᄂ는 거슨 그러케 비호기 어려온 지식이 아니오, 다만 흔가지 지식이 잇스니 이는 비호기도 쉽고 오래도록 공부홀 것도 아니니 곳 사룸이 ᄌ긔를 다스리는 법과 바른 리치를 싸라 힝ᄒᄂ는 규구를 ᄀᄅ치는 지식인즉, 사룸의 본성이 엇더케 됨과 사룸이 어ᄃᆡ셔 와 어ᄃᆡ로 감과 무론 군신샹하 귀쳔 남녀 로쇼ᄒ고 다 맛당이 엇더케 힝ᄒ여야 복되이 살 거슬 ᄀᄅ치는 거시라.

엇던 사룸이 말ᄒᄃᆡ 이런 지식은 션비와 부쟈의게나 뎍당흔 거시오 우리쳐럼 가난ᄒ고 질박흔 자의게는 쓸ᄃᆡ업는 거시라 ᄒ나, 우리가 인싱의 본성을 궁구홀진대 모든 사룸이 다 ᄀᆺ고 그 외면에는 간혹 분별이 잇스나 바로 그 본성의 샹반됨이 아니니 가난ᄒ고 무식흔 사룸도 다 능히 복되이 살만ᄒ거늘 뉘 감히 이런 지식을 쓸ᄃᆡ업다 ᄒ리오.

대뎌 음식이 본ᄃᆡ 사룸의 긔력을 보ᄒᄂ는 거시로ᄃᆡ 만약 썩고 샹흔 식물을 먹은즉 육신의 긔운을 보ᄒ기는 고샤ᄒ고 도로혀 신샹에 해만 ᄭᅵ칠 거시니 이런 음식은 먹을ᄉᆞᆨ 더욱 해로올지라. 이와 ᄀᆺ치 아모 지식이던지 엇는다고 다 유조흔 거시 아니라 오직 됴흔 지식을 엇어야

즐지니 근릭에 대한 본국에도 새로난 지식이 만히 들어왔는딕 춤지식과 거즛지식이 잇는 고로 이 신문지에 춤지식을 들어 뵈고져 ㅎ야 바른 리치대로 되는 도리를 붉히 닐으기를 힘씀이니 우리 신문 보시는 쳠군즈는 깁히 싱각ㅎ고 리치대로 되는 슈단을 슬펴 그대로 힝ㅎ여 그 요긴흔 도리를 흔번만 보고 니져ㅂ릴 거시 아니오 번번이 보고 각금 싱각홀 거시니 일노 인ㅎ야 신문 속 쟝마다 별달니 판각ㅎ야 칙이라도 믹기 쉽게 ㅎ겟스니, 흔번 열람흔 후 잘 보존ㅎ면 일년 동안 칙 흔권이 되어 그 후라도 요긴히 쳐용홀 만ㅎ니 원컨대 이 신문 보시는 이들은 거즛지식을 면ㅎ고 ㅁ쵬의 됴흔 량식과 ㄱ즛흔 춤지식을 밧아 ㅁ음의 힘이 든든ㅎ고 복되이 살므로 온나라 긔화가 춤되여 부강홈을 ㅂ라노라.

이 논설에서는 지식의 기능을 '사람 다스리는 법', '바른 이치', '사람의 본성과 삶의 이치' 등을 밝히는 것으로 규정하고, '진서', '여러 분야의 학문', '참 지식'과 '거짓 지식', '유조한 것'(좋은 것) 등의 지식이 있다고 하였다. 이 진술은 '앎'과 '정신적 자유', '인간의 행복'과 관련된 적절한 진술이라고 할 수 있다.

지식 지형은 개념상으로 볼 때에도 집단성을 내포한다. 앞서 설명한 바와 같이, 한 개인의 지적 활동 범위를 넘어 시대와 사회의 지적 동향을 나타내는 용어로써 동향을 분석하는 일은 결코 쉬운 일이 아니다. 학문과 지적 풍토의 사회성은 근본적으로 사회 권력과 밀접한 관련을 맺는다. 이 점은 마르크스가 '본질과 현상의 관계'에서 빈번히 제기했던 문제이다. 자유와 평등의 계몽시대에 부자유와 불평등의 사회적 권력 관계를 통찰해야 한다고 보았던 마르크스의 철학26)은

---

26) 전태국, 『지식사회학』, 사회문화연구소, 2001, 112~114쪽.

후대 지식사회학자들에 의해 또 하나의 '이데올로기'로 간주되기도 하였지만, 근본적으로 지식의 객관화가 이데올로기 극복을 위한 장치라면 지식 지형은 개인적, 일시적, 제한적 형태의 단순 지식을 뛰어넘어 지식의 변천과 진보를 그려내는 종합적인 작업이 될 것이다.

참 고 문 헌

『그리스도신문』, 1897.6.10. '세계만국론'.

『대동학회월보』 제20호, 1909.

『동아일보』, 1920.6.21.

『보감(寶鑑)』, 경향신문사, 1906~1907.

『정조실록』 권26, 정조 12년(1788) 8월 3일.

『정조실록』 권33, 정조 15년(1791) 11월 7일.

『친목회회보』 제1호 '외보', 대조선재일유학생친목회, 1896.2.

『漢城旬報』 제1호, '地球論', 1883.10.31.

『황성신문』, 1909.2.13. 논설.

강소영, 「말뭉치 자료를 이용한 문화 지형어 사전 편찬의 실제」, 『이화어 문논집』 24·25, 이화여자대학교 한국어문학연구소, 2007.

강소영·임정연, 「근대 형성기 문화 지형어를 통해 본 지식의 편성과정 연 구: 연구의 필요성과 방향에 대한 일고」, 『한국문화연구』 15, 이화 여자대학교 한국문화연구원, 2008.

고영섭, 「철학으로서 불교 철학의 지형과 방법」, 『한국불교학』 77, 한국불 교학회, 2016.

김경남, 「지식 지형의 변화에 따른 조선 후기(18~19세기) 종교 문헌과 언 어문제」, 『우리말연구』 54, 우리말학회, 2018.

김경남, 「지식의 유형과 지식 지형에 대한 인문학적 연구 방법론」, 『인문 연구』 83, 영남대학교 인문과학연구소, 2018.

김면회, 「통일 독일의 정치지형 변화 연구: 정당 체제를 중심으로」, 『한독 사회과학논총』 20(2), 한독사회과학회, 2010.

김상근, 「서광계의 기독교 신앙과 상제에 대한 제한적 이해」, 『한국기독교

와 역사』 21, 한국기독교역사연구소, 2004,

김수영, 「중국 근대 지식지형의 형성과 패러다임: 전문 지식과 전문가 집단의 탄생을 중심으로」, 『중국사연구』 71, 중국사학회, 2011,

김철수, 「해방 이후 한국의 종교 지형 변화와 특성」, 『한국학논집』 53, 계명대학교 한국학연구원, 2013.

데이비드 블루어, 김경만 옮김, 『지식과 사회의 상』, 한길사, 2000.

마테오리치, 송영배 옮김, 『교우론·스물다섯 마디 잠언·기인십편』, 서울대학교출판부, 2000.

마테오리치, 송영배 옮김, 『천주실의』, 서울대학교출판부, 2007.

박승길, 「한국 신종교 지형과 종교문화」, 『한국종교』 38, 원광대학교 종교문제연구소, 2015.

박이문, 『인식과 실존』, 문학과지성사, 1982.

박치완, 「글로컬 시대가 요구하는 지식의 새로운 지형도: 동서사상의 간발적(間發的) 교류를 위한 시론」, 『철학논집』 38, 서강대학교 철학연구소, 2014.

서은주, 「지식인 담론의 지형과 비판적 지성의 가치」, 『민족문학사연구』 54, 민족문학사연구소, 2014,

안성호, 「17세기 초 마테오리치의 천주실의와 19세기 제임스 레그의 중국 유교 경전 영어 번역본에서 사용된 용어 '상제' 간의 신학적 연속성」, 『한국기독교와 역사』 32, 한국기독교역사연구소, 2010.

예성호, 「중국의 한국학 지식 지형도 연구」, 『중국학연구회 학술발표회』, 중국학연구회, 2017.

吳宖默, 『輿載撮要』 韓章錫 序文, 1893.

이선영 엮음, 『문예사조사』, 민음사, 1996.

임재해, 「한국 지식지형의 비판적 인식과 민속지식의 새 지평」, 『실천민속

연구』 21, 실천민속학회, 2013,

전태국, 『지식사회학』, 사회문화연구소, 2001.

조성산, 「19세기 조선의 지식인 지형」, 『역사비평』 117, 역사비평사, 2016.

진 장화, 임동석 옮김, 『박물지』, 고즈윈, 2004.

찰스 반 도렌, 홍미경 옮김, 『지식의 역사』 1, 고려문화사, 1999.

최시완, 「조선말기 간행 여재활요에 관한 서지적 연구」, 성균관대학교 석
　　　사논문, 2017.

토머스 S. 쿤, 김명자 옮김, 『과학혁명의 구조』, 까치, 1999.

허재영, 「근대 계몽기 과학 담론 형성과 일제 강점기 과학적 국어학」, 『코
　　　기토』 78, 부산대학교 인문학연구소, 2015.

홍형득, 「글로벌 과학기술지식 네트워크의 지형 변화에 관한 연구」, 『한국
　　　사회와 행정연구』 23(4), 서울행정학회, 2013.

제2부 지식 지형과 변화의 실제

조선 시대의 심성 지식장과 소설문학 ─ 허원기

유이민 시의 디아스포라 상상력과 민족 정체성 ─ 김영철

지식 지형의 변화와 탈한자화 문자생활시대
한국의 한자 연구 동력 ─ 이건식

성호학파를 통해 본 조선후기 지식 집단의 형성과 변모의 한 양상 ─ 윤재환

지식 전달 체계의 한 단면 ─ 김묘정

조선 시대의 심성 지식장과 소설문학*

허원기

1. 조선 사회를 지배한 심성 지식장

이 시대 우리 사회를 지배하고 있는 중심담론은 아무래도 '자본'이라고 하는 주제의 담론이 아닌가 한다. '자본'을 옹호하든 비판하든, '자본'으로부터 파생된 '자본주의', '자본주의 세계', '자본주의적 인간관'은 우리 시대의 중심적인 학술담론으로 지식장을 주도하고 있다.

시야를 조선사회의 지식장으로 옮겨 보면, 우리 시대 '자본담론'만큼 중심적인 위상을 지녔던 것이 유교인문학의 '심성담론'이다. 심성담론은 '심(心)', '성(性)', '정(情)'의 개념을 중심으로 인간존재의 본질과 그 양상을 논의했던 성리학의 학술담론이다. 조선시대의 심성담론

* 이 논문은 『국제어문』 제77집, 국제어문학회, 2018에 실린 논문을 수정·보완한 것임.

은 이황(李滉)과 기대승(奇大升)의 사단칠정논쟁을 비롯하여 여타의 여러 가지 관련 논의들을 전개하면서 극성기를 보냈다.

조선후기에 이르면 심성담론은 더욱 심화되고 내면화된 모습으로 나타나며, 심성담론을 통하여 형성된 '심성적 인간' 이해는 조선사회의 중심적인 인간관으로 자리잡는다. 또한 이러한 인간 이해가 조선사회에서 일종의 보편적인 지식장을 형성하여 중인층과 민중들에게까지 널리 확산되어 조선인의 심성에 내면화되었다고 할 수 있다.

심성론에서는 현실의 인간을 '느낌과 감정의 존재'로 파악한다. '느낌과 감정'은 '정(情)'이라는 말로 나타난다. 인간은 현실 속에서 늘 이러한 '정[喜怒哀樂]의 과잉[過]과 결핍[不及]'을 경험하며 살아갈 수밖에 없는 존재로 여겨진다. 그리고 동시에 당위적인 측면에서 이를 극복하지 않으면 안 되는 존재로 인식되기도 한다. 현실적으로는 늘 희로애락의 과불급 속에서 살아가고 있지만, 이상적으로는 희로애락을 적절하게 중용에 맞게 발현할 줄 알아야 하는 존재로 이해되는 것이다. 그러한 측면에서, 심성론에 바탕을 둔 성리학적 인간의 중심 과제는 '다양한 관계와 상황 속에서 감정의 과불급을 극복하고, 천성[性]을 중용에 맞게 정(情)으로 잘 발현할 줄 아는 인간'을 만들어가는 것이 된다.[1]

그리고 성리학이 추구하는 인간의 이상은, 자신에 대해서는 '중용에 맞게 성을 정으로 표현할 줄 아는 인간'이며, 타인에 대해서는 '감정의 과잉과 결핍의 문제를 온전히 해결해 줄 수 있는 인간'이다. 그러한 점에서 심성론에 바탕을 둔 유교의 이상적인 인간은 '감정 처리와

---

1) 허원기, 「심성도설의 도상학적 의미와 심성우언소설」, 『남명학연구』 제20집, 경상대학교 남명학연구소, 2005, 252쪽 참조.

교류의 달인'이라고 할 수 있다. 또한 심성론의 인간관이 '느낌과 감정'에 주목하고 인간의 감수성을 중시하기 때문에, 유학의 심성론은 윤리학이라기보다는 차라리 미학에 가깝다.

이러한 '심성적 인간관'은 우리 시대의 '자본주의적 인간관'과는 다른 특성을 지닌다. 심성적 인간이 '느낌의 존재'라면, 자본주의적 인간은 물질을 '욕망하고 소유하는 존재'이다. 자본주의적 인간은 개인의 욕망을 최대한 긍정하고 세속의 이욕을 아낌없이 추구하며, '욕망하고 소유하는 삶의 방식'을 통해 개인의 자유를 적극적으로 추구한다는 점에서, '물질적 재화에 대한 개인의 무한한 욕망을 최대한 긍정하고 이를 실현해나가는 인간'이다. 심성적 인간이 '느끼기 때문에 존재하는 인간'이라면, 자본주의적 인간은 '욕망하고 소유하기 때문에 존재하는 인간'이라고 할 수 있다.[2]

심성적 인간관은 조선사회를 주도한 인간관으로 '심성 지식장'을 형성하는 바탕이 되었으며, 이러한 심성 지식장에 바탕을 둔 '심성미학'은 조선시대 예술과 문화 전반에 깊은 영향을 끼쳤다. '성정을 도야하는 문학'을 추구했던 양반사대부들의 문예미학은 물론이거니와, 중인예술과 서민예술에 이르기까지 상당히 광범위하게 영향을 주었던 것으로 여겨진다. 물론, 심성적 인간 이해가 예술적으로 변용될 때는 신분계층이나 문화적·예술적 상황에 따라 각기 다르게 활용되었다고 보아야 한다.

이 글은, 심성적 인간론에 바탕을 둔, 심성 지식장이 조선시대의 소설과 어떠한 관련을 맺고 있으며 어떻게 변용되어 나타나고 있는

---

2) 심성적 인간형과 자본주의적 인간형의 본질에 대한 논의는 허원기, 「흥부전의 인성론적 의미」, 『한민족문화연구』 제19집, 한민족문화학회, 2006에서 자세하게 논의한 바 있다.

지, 그 대체적인 양상을 거시적인 관점에서 논의하는 것을 목적으로
한다.

2. 심성 지식의 서사적 길 찾기: 심성 우언소설[3]

마음은 본래 허령하여 눈에 보이지 않는다. 그러나 '허령하여 눈에
보이지 않는 마음'에 대하여 옛 사람들은 지대한 관심을 기울여 왔다.
그리하여 마음에 대한 관심들은 다양하고 무수한 표현물을 낳았다.
이러한 과정을 통해 본시 '무형한 마음'은 다양한 개념과 형상을 확보
하면서 예술적으로 형상화되고 물질화되는 기나긴 여정을 밟아왔다.
특히 조선시대는 마음에 대한 심오한 사유와 예술적 상상력이 가장
풍부하게 발휘되던 시기이다. 그중에서도 특히 성리학자들에 의해
활발하게 전개된 심성 논의는 그 대표적인 사례이다. 이 시기에 마음
에 대한 사유가 정교한 관념 언어를 통해 깊이 있게 전개되다가, 그것
이 구체적인 형상을 획득하면서 심성도설이 만들어지고, 여기에서
심성우언소설이 산출되어가는 전개과정을 보여준다. 심성지식이 '논
설(論說)'에서 '도설(圖說)'로, 도설에서 다시 '소설(小說)'로 변모되어 나
간다. 철학사상의 심성 지식장이 그림으로 서사문학으로 점차 그 영
역을 확장한다. 이러한 과정은 '물질화된 사유'와 '물질화된 상상력'을
통해 심성의 예술이 형성되어가는 과정을 온전히 보여준다는 점에서

---

3) 2절의 논의는 허원기, 「심성도설의 도상학적 의미와 심성우언소설」, 『남명학연구』 제20집
(경상대학교 남명학연구소, 2005)과 허원기, 「천군소설의 심성론적 의미」, 『고소설연구』
제11집(한국고소설학회, 2001)에서 논의된 내용을 바탕으로 하여, 심성 지식장과의 관련성
을 위주로 재구성하여 서술한 것이다.

매우 주목할 만하다. 특히 '천군소설(天君小說)'로도 지칭되는 다수의 심성우언소설이 활발하게 창작된 것은 외국에서는 그 유례를 찾아보기 힘들다. 이러한 점은 조선 문학이 지닌 변별적 특성을 잘 보여준다.

논설이 심화되면 도설이 나타난다. 동아시아에서 도와 도설이라는 이름으로 나타난 도상은 매우 오랜 전통을 지니고 있다. 유교, 불교, 도교에서는 각기 도와 도설을 활용하여 번쇄한 이론의 핵심을 제시하고, 그 근원적 의미를 밝혀 일목요연하게 가시화하는 작업을 수행해 왔다. 우리나라에서도 이러한 전통이 불교적인 도설에서부터 시작되어 그 흔적들이 풍부하게 남아 있다. 특히 심성의 문제를 다룬 심성도설들은 성리학의 심성론이 심화발전하면서 더욱 활발하게 나타났다.

많은 심성도설들 중에서 남명(南冥) 조식(曺植)의 「신명사도(神明舍圖)」는 추상적인 마음의 관념들을 구체적인 형상의 이미지로 표현하는 데 성공한 거의 유일한 도상이다. 또한 번쇄한 심성논의를 한 장으로 응축하는 데 성공한 대표적인 도상이므로, 특히 주목할 만하다. 「신명사도」에서는 마음의 풍경을 성곽이 둘러선 비장한 전쟁터로 표현하였다. 성의 안쪽에서는 경(敬)이, 바깥쪽에서는 의(義)가 주로 활동하며 성(誠)이 중간에서 이 둘을 매개하고 있는 모습을 보여준다. 그리고 내부적으로는 성(性)을 함양하고 외부적으로는 정(情)을 처리하는 것이 가장 중요한 사안이 된다.

널리 알려져 있는 바와 같이, 「신명사도」는 이른바 천군소설(天君小說)로도 지칭되는 심성우언소설(心性寓言小說)을 촉발하는 직접적인 계기가 되었다. 〈그림 1〉의 영향을 받아, 김우옹(金宇顒)이 「천군전(天君傳)」을 창작(1566)한 이래로 「수성지(愁城誌)」, 「천군연의(天君演義)」, 「천군본기(天君本紀)」 등을 비롯한 다수의 심성우언소설들이 출현하였다.4)

그러므로 심성도설을 대표하는 신명사도와 심성우언소설은 여러

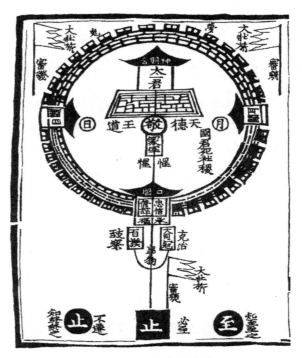

〈그림 1〉 신명사도(神明舍圖)

가지 면에서 공통점을 지니고 있다. 마음이 살벌한 전쟁터로 묘사되어 있다는 점, 경(敬)과 의(義)의 실천적 역할이 중시된다는 점, 인간의 감정을 잘 처리하여 마음의 건강에 이르는 것을 목표로 한다는 점, 불가시적인 마음을 구체적인 형상으로 표현하는 물질화된 상상력을 발휘하였다는 점이 그것이다. 또한 차이점도 발견할 수 있다. 심성우

---

4) 심성도설의 문제와 해결을 직접적으로 다루고 있는 작품은 심성우언소설이 가장 대표적이라고 할 수 있으나 꼭 여기에만 한정할 수는 없다. 그러나 지면의 한계 때문에 본 논문에서는 논의의 범위를 한정한다. 그리고 조선사회의 '심성 지식장'은 주제적인 측면에만 한정할 수 없다. 심성지식에 대한 논의는 철학적 논설, 시각적 도상, 서사적 소설의 형태 등으로 다양한 매체를 통해 구현되고 있기 때문이다.

언소설은 심성도설이 가지고 있는 공간표현의 한계를 극복하면서 심성지식의 장을 새롭게 확대하였다. 심성도설이 지닌 공간적 표현의 한계를 시간적 변이에 따른 서사적인 표현을 통해 극복했다는 점, 마음의 문제를 해결하는 데에 경이나 의와 같은 심성적 기제뿐 만 아니라 술이나 담배와 같은 비심성적 기제를 활용하였다는 점, 교훈성과 실천성에 한정하지 않고 새롭게 서사적 재미와 흥미를 추구하고 있다는 점, 의인의 기법을 더욱 심화하고 있다는 점이 그것이다.[5]

심성론과 심성도설, 심성우언소설은 모두 인간을 '느낌의 존재'로 이해하고 인간의 타락과 구원에 대한 주제를 다루었다. 심성론은 경학적 논변, 심성도설은 시각적 도상, 심성우언소설은 서사의 방식을 통하여 이를 표현했다고 볼 수 있다. 이를 통해 심성론에서는 정밀한 사유를 전개하였고, 심성도설은 실천을 위한 지침을 마련하였으며, 심성우언소설은 그것의 교훈이나 실천과 함께 이야기로서의 서사적 흥미에까지 도달하려고 하였다.

이들이 제시하는 인간 타락의 원인과 그 구원의 가능성은 모두 마음에 있으며, 인간 구원의 길은 '타고난 성(性)을 중용에 맞게 정(情)으로 표현할 줄 아는 삶을 영위하는 것'에 놓여 있다. 그것은 사회적 관계 속에서 '감정 처리와 교류의 달인'이 되는 것에 달려 있다고 할 수 있는데, 달리 말하자면 그 길은 '마음의 성인(聖人)'이 되는 길이라 할 수 있다.

또한 심성우언소설은 '마음'을 다스리는 차원과 '나라'를 다스리는 차원을 중층적으로 제시하여 텍스트를 이중적으로 독해할 수 있는 가능성을 제시하고 있다. '마음의 성인'이 다스리는 나라는 '마음의

---

5) 허원기, 앞의 논문, 245~251쪽 참조.

정치'가 이루어지는 나라이기도 하다. 마음의 정치는 군주 자신의 마음뿐만 아니라 백성들의 마음을 어루만져 백성들의 마음을 건강하게 만드는 정치이고, 백성들의 마음에서 부정적인 감정의 앙금을 온전히 걷어내어, 백성들이 마음으로 납득할 수 있는 정치여야 한다. 이것은 도구적인 합리성을 극단적으로 추구하면서 국민들의 정서에 위배하는 정책을 서슴지 않고 추진하는 현대국가들의 정치문화와 비교할 때, 매우 의미 있는 논의거리가 될 수 있다.

그리고 마음의 성인이 되어 구원에 이르는 구원 방식은 서구의 기독교적인 구원 방식과는 매우 다르다. 그러한 점에서 구원의 문제를 다루고 있는 영국의 소설 「천로역정(天路歷程)」을 비롯하여 여타 외국의 유사 작품들과 비교·연구해 볼 수는 대상이 된다.6) 「천로역정」의 구원은 태어난 고향과 현세를 떠나 무수한 공간 이동을 통해 천국에 이르러야만 이룰 수 있는 구원이다. 그러나 신학(神學)적 또는 경학(經學)적인 담론이 도상학적 담론으로 전이되었다가 서사우언 담론에 이르는 과정을 「천로역정」도 밟아 온 것이라는 점에서 한편으로는 공통점을 지니고 있다. 서구의 신학적 담론이 도상학적 담론을 경유하여 서사우언 담론에 이르고 있는 역사적 과정에서 인류문화사의 보편적 전개 과정의 한 양상을 확인해 볼 수 있다.

---

6) 이에 대한 논의는 허원기, 「심성우언소설에 나타난 구원관: 천로역정과의 비교를 중심으로」, 『동아시아고대학』 제27집, 동아시아고대학회, 2012에서 자세하게 거론된 바 있다.

3. 정리(情理) 서사 문법의 완성: 판소리와 판소리계 소설[7]

판소리는 한국문학의 서사적 특수성을 대표한다. 판소리가 서구의 서사이론으로는 설명이 어려운 특수한 서사문법을 지니고 있다는 점은 기존 연구에서 누차 지적된 바 있다.[8] 이러한 논의들을 통해, 판소리의 서사구조는 부분이 전체를 위해 봉사하는 것이 아니라 전체의 사건이 부분의 흐름을 위해 봉사한다는 점, 이에 따라 상황적 의미나 상황적 정서를 확대하고 강화하려는 지향을 보여준다는 점, 그러므로 인물의 성격이 고립적이지 않고 상황에 따라 매우 유동적이라는 점이 주로 거론되었다. 그리고 이러한 불합리성이 오히려 판소리의 작품성을 이루는 중요한 요소라는 점이었다.

이러한 설명들은 판소리 미학의 핵심개념중 하나인 '이면'과도 관련된다. 판소리는 보통 '이면에 맞는 소리'를 훌륭한 소리로 본다. 김명환은 이면을 다음과 같이 설명한다.

이면이란 것은 환경, 가사 내용얼 말험니다. 슬픈 가사가 될라 치면 계면으로 해야 할 거 아니요? 또 토끼란 놈이 자라 등에 올라타고 세상 구경얼 허는디 우조나 계면으로 허면 씰 거시요? 꺼덜거리는 성음 아닙니까? 그것이 이면이여.[9]

---

7) 3절의 내용은 허원기, 「판소리 서사기법의 정리적 합리성」, 『국제어문』 제29집, 국제어문학회, 2003에서 논의된 내용을 바탕으로 하여, 심성 지식장과의 관련성을 위주로 재구성하여 서술한 것이다.

8) 최진원, 「春香傳의 合理性과 不合理性」, 『대동문화연구』 제2집, 성균관대학교 대동문화연구원, 1966; 조동일, 「흥부전의 양면성」, 『계명논총』 5, 계명대학교, 1969; 김흥규, 「판소리의 서사적 구조」, 『고전문학을 찾아서』, 문학과지성사, 1976; 김대행, 「판소리 사설의 구조적 특징」, 『국어교육』 27·28, 한국국어교육연구회, 1976; 허원기, 『판소리의 신명풀이 미학』, 박이정, 2001 등에서 그러한 논의들이 이루어졌다.

위의 설명은 이면의 미적 지향점이 '뜻(情)과 감정(情)을 장면상황(부분)에 맞게 표현'하는 데 있음을 표명한 것이다. 결국 이면은 심성론에서 말하는 '정', '느낌'과 관련하여 '감정적 정당성', '감정적 당위성', '감정적 사실성'을 뜻하는 말이라고 할 수 있다. 이것은 판소리의 서사구조가 '장면의 상황에 맞는 감정표현'에 집중한다고 보는 기왕의 논의와 다르지 않다.

판소리는 '소리로 그리는 그림[音畫]'이라고 말하기도 한다. 이때 '소리'는 단순하게 소리만을 지칭하는 것이 아니라 '성음'을 말한다. 판소리를 흔히 '성음놀음'으로 지칭하기도 하는데, 이는 판소리를 '성음'을 위주로 하여 진행되는 예술로 이해한 것이다. 판소리에서 성음이 중시되는 이유는 다양한 음색의 성음이 장면의 감정을 표현하는 관건이 되기 때문이다. 그런 점에서 판소리는 다채로운 음색으로 다양한 감정을 핍진하게 표현하면서 이를 맛보고자 하는 '감정맛보기 놀이'의 성격을 지니고 있다.

이것은 서구적인 서사이론으로 볼 때 매우 생소한 것이다. 그래서 판소리가 불합리성을 지니고 있으며 그럼에도 불구하고 그로 인해 더 뛰어난 작품성을 성취했다는 지적이 나오기도 했다.[10] 우리가 불합리성의 근원으로 지적하고 있는 판소리의 '부분[장면상황]지향성'과 '정지향성' 속에서, 그 존재의 당위성과 또 다른 합리성의 근원을 찾아보고 새롭게 정립해보려는, 근원적인 고민이 필요하다. 그러나 그 합리성은 기존에 논의되었던 합리성과는 다른 차원에 있다. 이것은 '정'을 배제한 '물리적 합리성'과 다른 차원에 존재하는 '정리(情理)의 합리

9) 김명환(구술), 『내 북에 앵길 소리가 없어요』, 뿌리깊은나무, 1992, 48쪽.
10) 최진원, 「春香傳의 合理性과 不合理性」, 『대동문화연구』 제2집, 성균관대학교 대동문화연구원, 1966 참조.

성(合理性)'이다.

'정리(情理)'는 '정'과 '리'의 합성어이다. 조선시대 성리학에서, '정'에 대한 논의는 심성론을 통해 정밀하게 이루어졌다. 심성 논의에서는 내면미발(內面未發)의 성(性)이 외면기발(外面旣發)의 상태로 표현된 것을 '정(情)'으로 보았다. 즉 인간 내면의 본성에너지[性]가 외부의 사물과 대면하여 나타나는 모든 반응의 양상을 '정'이라고 지칭했다. 이것은 주체와 객체가 만날 때 관계를 형성하며 일어나는 파동의 모든 양상을 의미하는 셈이다. 조선시대 가장 포괄적인 어휘집인 『광재물보(廣才物譜)』에도 성은 자연으로부터 타고난 것[天之所賦][11)]이며, 정은 자연으로부터 타고난 성이 겉으로 드러난 것[性之發也][12)]이라고 하여 같은 의미로 설명하고 있다.

심성론에서 바라보는 인간은 '생각하는 인간'이 아닌, 다양한 관계를 형성하면서 '정을 느끼고 표현하는 인간'이다. 세계와 대면하여 관계를 형성하면서 사는 인간은, 늘 타자의 정을 느끼거나 자아의 정을 표현하면서 산다. 이때의 '정'은 단순히 '감정'에 한정되는 것이 아닌 자아가 세계를 만나 반응하는 포괄적인 생명반응의 모든 양상을 말한다. 이 반응의 양상을 크게 희로애락(喜怒哀樂)으로 범주화시켜 말하기도 한다.

'리'에 대한 논의도 풍부하게 전개되었다. '기(氣)'가 '있는 것'을 가리킨다면 '리'는 '있어야 할 것'을 가리킨다. '마땅히 있어야 하는 당위적 척도'가 리라고 할 수 있다.[13)] 그러므로 '정리'라고 하는 것은 '현실

---

11) 정양완 외, 『조선후기한자어휘검색사전: 물명고·광재물보』, 한국정신문화연구원, 1997, 295쪽.

12) 위의 책, 494쪽.

13) 理의 개념에 대해서는 한형조, 「이(理): 지상의 척도에 대하여」, 『왜 동양철학인가』, 문학동

속에서 나타나는 정의 자연스런 이치'와 '현실에서 마땅히 구현되어야할 정의 당위적 이상'[14]을 아울러 말한다. 이것은 앞서 거론했던 '감정의 정당성' '느낌의 당위성' '감정의 합리성'을 지칭하는 말이기도 하다.

심성론에서는 인간을, 늘 자신이 처해있는 시간과 공간 속에서 자기 '감정[느낌]의 정당성을 성찰'해야 하는 존재로 이해하였다. 인간의 정은 주로 문명의 역학관계 속에서 느껴지거나 표현될 경우가 많다. 문명의 권력에 의한 모종의 역학관계 속에서는 자연 상태와는 달리 정을 느끼고 표현하는데, 숙명적으로 '결핍과 과잉[過不及]'이 따르게 된다. 이러한 현상이 심해지면 오히려 인간과 문명사회에 병리적 현상을 불러온다. 그러므로 '정[喜怒哀樂]의 과불급'을 해결하고, '정의 중용'을 이룩해야 한다는 당위적 목표가 설정된다. 심성론에서 바라보는 인간은 현실적으로는 늘 희로애락의 과잉과 결핍 속에서 살지만, 이상적으로는 늘 희로애락을 중용에 맞게 발현하지 않으면 안 되는 존재, 즉 '정리'를 구현해야 하는 존재로 이해된다.

그러나 '정리(情理)'라는 말은 청산하지 않으면 안 될 전근대의 유산으로 여겨지기도 했다. 우리 전통시대에 있었던 문화적 병폐의 원인이 여기에 있었다는 비판이 적잖이 거론된 바 있다. 하지만 최근에 이르러 인공지능이 발달하면서 '감정[느낌]'의 인문학적 가치가 새롭게 주목받고 있다. 한편에서는 감성지수를 중시하는 교육학이 나타나고 있고 감성에 의한 '감성경영' 또는 '정리(情理)경영'이라는 용어가

네, 2000과 大賓皓, 이형성 옮김, 『범주로 보는 주자학』, 예문서원, 1999, 제1장 理. 그리고 溝口雄三 외, 『中國思想文化事典』, 동경대학출판부, 2001, 제1장 宇宙·人倫의 '理' 부분 참조.
14) 최초의 근대적 국어사전이라고 할 수 있는 1920년에 간행된 『朝鮮語辭典』에서는 '人情이 道理에 맞는 것'(740쪽)을 情理라고 했다.

경영학에서 새롭게 주목받았다. 이러한 사례를 굳이 거론하지 않더라도 미학적인 측면과 인간학적인 측면에서 '정리'라는 것에 대한 본격적인 논의가 필요하다. 특히 판소리의 서사성을 거론할 때는 '정리'에 대한 이해가 판소리의 미적 특성을 이해하는 중요한 출발점이 된다.

판소리의 서사구조가 불합리하다는 지적은 판소리를 '정리'의 측면에서 살펴보지 못했기 때문에 나타난 것이다. 합리성에는 이성적 측면의 합리성이 있을 수 있는 것과 같이, 느낌이나 감성의 측면에서 추구하는 합리성도 있을 수 있다. 이것을 필자는 '정리적 합리성'이라고 지칭한다.15) 판소리의 서사구조는 느낌과 감성의 측면에서 나름대로의 합리성, 즉 정리적 합리성을 추구하고 있다.

그러하다면 판소리가 소설로 정착된, 판소리계소설의 서사방식에서 '정리를 통해 구현하려는 합리성'의 사례와 양상은 어떤 방향으로 나타나는가? 그 사례와 양상을 구체적으로 확인해 볼 필요가 있다.16)

첫째, 인물의 성격이 일면적으로 고립되어 있지 않고 상황정서에 따라 유연하게 변모한다는 점이다. 개별 자아가 세계와 대면하여 형성해 가는 정(情)의 양상은 고착된 것일 수 없다. 자아가 대면하는 세계의 양상이 고정 불변하는 것이 아닐 뿐더러, 세계의 양상이 불변한다 하더라도 자아의 정태(情態)는 시시각각 변동하기 마련이기 때문

---

15) 이것을 필자는 '정리적 합리성'으로 지칭한 바 있고, 김용옥은 '합정리성'이라고 지칭했다. '정리'라는 말은 전통적으로 많이 사용돼 온 말이다. 김용옥의 '합정리성'이라는 말에도 '정리'라는 말은 사용되고 있다. 그리고 '합정리성'이라는 말은 최근에 새로 제시된 용어여서 검증기간이 더 필요해 보인다. 그러므로 이 논문에서는 '정리의 합리성', '정리적 합리성'이라는 말을 사용하기로 한다.

16) '정리적 합리성'의 네 가지 구현방식에 대한 논의는 허원기(2003, 앞의 논문)를 참고하여 서술한다. 좀 더 자세한 내용은 해당 논문을 참고하기 바란다. 그리고 '정리의 서사'는 판소리계소설에만 한정되는 것은 아니다. 논의의 확장가능성에 대해서는 위의 논문에서도 논의한 바 있다.

이다. 길게 보면 인간 정서는 늘 변화의 흐름 속에서 무상한 것이어야 정리에 맞는 것이다. 판소리계소설에서도 이러한 방향에서 정리의 합리성을 긍정하고 추구한다. 그러므로 등장인물의 성격이 일면적으로 고립되어 있지 않으며, 상황에 따라 매우 유동적이다. 심지어 인물의 성격이 상황에 따라 불일치하는 경우까지 나타난다. '첫날밤을 보낼 때 춘향'과 '변학도에 항거할 때 춘향'은 전혀 다른 모습을 보여준다. '남원을 유람할 때 이도령'과 '어사출도 할 때 이도령'도 전혀 다른 모습을 보여준다. 정리적 측면을 배제한 시각에서 보면 이러한 것은 충분히 불합리한 요소로 지적될 수 있다. 그러나 정리의 측면에서 보면 인간의 성격이 일면적으로 고립되어 있다고 보는 것 자체가 불합리한 것이다. 그리고 시간을 개재시킬 때, 인간은 심리적으로 일면적이지도 양면적이지도 않으며 다중적인 성격을 가지고 있다고 보는 것이 올바른 이해라고 할 수 있다.

둘째, 처음부터 끝까지 판소리계소설 각 작품 전체의 서사전개과정에서 정리적 합리성을 추구한다. 발단부터 결말까지 전반적인 정서 변이의 양상을 좀 더 자세하게 정리하자면, 1) 울리고 웃기기가 순환적으로 교체 반복된다는 점, 2) 전반부에는 울음의 정서가 강하고 후반부에는 웃음의 정서가 강하다는 점, 3) 개인정서가 대동정서로 변모한다는 점, 4) 병리적 정서를 해소하고 생리적 정서를 생성한다는 점을 들 수 있다. 1)은 일면적인 감정의 한 정점을 지향하며 이야기가 전개되는 것보다, 인간의 감정은 울음의 정서와 웃음의 정서가 서로 교체반복되는 것이 일상적이며 합리적이라고 보았다. 인간의 감정은 무상한 것이기 때문이다. 2)는 처음에 행복하다가 끝이 불행해지는 것보다, 처음이 불행하더라도 끝이 행복해지는 것이 정리의 측면에서 바람직하고 더 정당하다고 보았기 때문이다. 3)은 고립된 정서는 서사적인 전개과정을 거치면서 공감의 극대화를 통해 대동의 정서를 획득하는 것이 정당하다고 보았기 때문이다. 4)는 처음에는 건강했던 정서가 병적인 정서로 마무리되는 이야기보다, 처음의 병적인 상황들을 치유하여 건강한 정서로 마무리되는 이야기가 정리의 측면에서 합당하다고 여겼기 때문이다.

셋째, 판소리계소설은 전체적인 이야기보다는 각 장면들의 부분정서를 핍진하게 맛보는 것을 중시한다. 각 대목 각 장면의 부분정서는 특정한 상황에 한정되는 것이므로 그 정서표현은 일면적인 정서에 집중하기 마련이다. 그러한 각 장면의 부분 정서를 표현할 때도 정리적 합리성을 추구한다. 그것은 1) 일면적 정서에 집중하되 그것에 얽매이지 않는다는 점과 2) 연상되는 물정(物情)을 빠짐없이 서술한다는 점이다. 1)의 이유는 인간의 감정적 상황은 고립되어 있는 것이 아니라 시간이 지나면 얼마든지 바뀔 수 있기 때문이다. 그러므로 최소한의 감정적 반전의 씨앗을 남겨두는 것이다. 2)는 각 장면에서 물정을 빠짐없이 나열하여 부분 정서를 보다 핍진하게 맛볼 수 있게 하기 위해 꼭 필요한 감정적 장치이다.

넷째, 주제 도출의 측면에서도 정리적 합리성을 추구하고 있다. 인간의 정은 주로 사회적 관계 속에서 표현되고 교류되기 마련인데, 그러한 사회적 관계의 양상은 빈부·귀천·존비·상하·남녀·노소 등을 비롯하여 매우 다양하다. 여러 사회적 관계에 따라 작중 인물들이 정을 표현하고 교류하는 방식들은 달라질 수밖에 없다. 또한, 같은 사회적 관계라 하더라도 그들이 처한 물정(物情)과 사정(事情)에 따라 정을 표현하고 교류하는 방식은 또다시 다양하게 분화된다. 이렇게 되면 그 다양한 각각의 사례들 속에서 '가장 이상적인 정의 표현과 교류 방식인 정리를 어떻게 설정할 것인가'가 중요한 문제17)로 대두

한다. 「춘향전」은 청춘남녀 사이의 정리, 「심청전」은 부모와 자식 사이의 정리, 「흥부전」은 형제의 정리, 「적벽가」는 장졸(군신) 간의 정리, 「토끼전」은 임금(君, 용왕)—신하(臣, 별주부)—백성(民, 토끼) 사이의 정리, 「변강쇠가」는 삶의 근거를 상실하고 유랑하는 부부의 정리를 중요한 문제로 삼는다.

「춘향전」을 예로 들자면, 재자가인 청춘남녀인 춘향과 이도령의 만남에서 나타나는 정의 표현과 교류 방식은 '사랑'이라는 것으로 나타나며, 그들의 사랑은 일반적으로 정리에 합당한 것으로 전제된다. 청춘남녀의 사랑은 축복 받아야 정리에 맞지만 춘향과 이도령의 사회적 관계성은 청춘남녀의 관계에서 끝나는 것이 아니다. 춘향은 기생의 딸이고 이도령은 지체 있는 양반의 자제여서 귀천이 갈리게 되고, 변사또로 대표되는 권력과 사회적 관습의 장애가 따르게 된다. 사정이 여기에 이르면 춘향의 처신이 어떠해야 정리에 맞을지 논란이 된다. 춘향은 그럼에도 불구하고 사랑은 유지되고 보호되어야 정리에 합당하다는 입장에 서있고, 변사또는 신분의 귀천이 다르면 그에 따라 사랑도 달라져야 정리에 합당하다는 입장에 서 있다. 이것은 작품 전체의 가장 중요한 정리 갈등으로 「춘향전」의 주제형성과 긴밀히 연관되는 문제인데, 작품에서는 결과적으로 춘향의 입장에 손을 들어준다. 그러나 이러한 정리의 해석은 변사또로 대변되는 당대 지배층의 일반적인 정리 해석과는 거리가 있다. 그러므로 「춘향전」은 신분의 귀천과 관련한 '사랑'의 방식에 대한 정리 논쟁을 거쳐, 새로운 정리 해석을 보여주는 작품이라 할 수 있다.

---

17) 정리에 합당한 정의 표현과 교류를 어떠한 방식으로 표현할 것인가 하는 점은, 판소리에서 이르는 바의 '이면의 해석'이라는 것과도 직결되는 문제이다.

여타 여러 판소리 속에서도 정리의 갈등은 주제형성과 밀접한 관련을 보이고 있는 것으로 여겨진다. 「심청전」에서는 부녀간의 정리가 '불구'와 '가난'이란 문제로 인해 갈등을 일으키고, 「흥부전」에서는 형제간의 정리가 빈부갈등으로 인해 문제가 되며, 「적벽가」에서는 장졸 간의 정리가 비참한 전쟁으로 인해 혼들리고 굴절된 모습으로 나타난다. 「토끼전」에서는 군—신—민의 정리가 부당한 정치현실에 의해 혼들리고, 「변강쇠가」에서는 부부사이의 정리가 뿌리 뽑힌 유랑민의 삶 때문에 균열되고 갈등을 일으킨다. 대체로 사회적 관계 속에서 '있어야할 정리'와 '있는 정리'가 심각한 갈등을 보이면서, 서사적으로 다양한 정리 해석과 논쟁을 거쳐 주제의식을 도출하고 있다. 그러므로 정리적 그물망 속에서 형성되는 주제는 불합리하지도 않고 이중적[18]이지도 않다. 판소리의 주제의식은 기본적으로 종래의 고정된 정리를 특수한 대인 관계와 물정 속에서 새롭게 해석하고 새로운 정리 모형을 창조하는데 있다고 보는 것이 타당하다.

4. 감정 처세의 백과사전: 가정소설과 대장편 가문소설[19]

생각하기에 따라, 지구는 나를 중심으로 돌 수도 있고, 국가를 중심으로 돌 수도 있다. 그런데 조선 시대 사람들은 '지구가 가족을 중심으

---

18) 조동일 교수가 지적한 표면적 주제와 이면적 주제는 탁월한 통찰을 보여주는 연구임에도 불구하고, 정리의 측면이 배제하고 논의하였기 때문에 도출된 것이다. 이에 대해 자세하게 논의할 겨를이 없으므로, 정리의 문제를 통한 이에 대한 반론과 대안은 새로운 후속논문으로 대신할 예정이다.

19) 4절의 서술은 허원기(2010, 앞의 논문)의 『고전서사문학의 계보』 133쪽부터 155쪽의 내용을 근간으로 하여 심성 지식장이라는 맥락에서 재정리한 것이다.

로 돈다'는 식의 생각을 했던 것으로 보인다. 이들에게 가족은 가장 기본적인 사회의 단위이며 출발점으로서, 사회의 기본적인 척도가 되었다. 요즈음 우리는 '이기적인 유전자'와 '이타적인 유전자'를 이야기하기도 하지만, 조선시대 사람들은 생명의 유전자를 전승하는 가장 기본적인 사회단위인 가족을 매우 중시하였다. 그리고 조선사회는 주자 성리학적 가족주의의 이념과 체제가 가장 안정된 형태로 정립되어 있었다.

또한 조선사회에서 가족이라는 것은 다양한 기능을 수행하는 집단이다. 조선사회에서 가(家)라는 것은 생업으로서의 가업(家業)과 가산(家産), 행위 규범으로서의 가례(家禮), 종교로서의 가통(家統)과 가묘(家廟), 역사로서의 가보(家譜)와 가승(家乘)을 포괄하는 하나의 전체적이고 완결된 구조를 가지고 있다.[20] 국가를 상징했던 왕실 권력도 기본적으로는 이러한 가(家)의 속성을 그대로 유지하고 있었다. 일반 사가에서 가묘에 제사를 지냈다면, 왕실에서는 종묘에 제사를 지냈다. 자신들의 조상에게 제사를 지냈다는 점에서 차이가 없다. 왕실과 일반 사가와 달랐던 점이라면 여러 가문들을 대표해서 하늘과 땅에게 제사를 지내고 풍년을 기원했다는 점이다. 그러한 점들로 보면, 국(國)이라는 것은 확장된 가(家)에 불과하다.

송대 성리학자들과 조선사대부들에게 이러한 가(家)와 향촌의 영역은, 중앙의 부패한 귀족문벌에 대항하고 중앙집권적 왕권을 견제하는 중요한 물질적 토대이기도 했기 때문에, 가의 영역을 존중하고 견고하게 정립하는 것은 중요한 정치적 전략이기도 했다.

국가를 중심으로 지구가 돈다고 생각하는 사람과 개인을 중심으로

---

20) 최봉영, 『주체와 욕망』, 사계절, 2000, 277쪽.

지구가 돈다고 생각하는 사람들의 인생관과 세계관은 다를 수밖에 없다. 이것은 가족과 마을을 중심으로 지구가 돈다고 생각하는 사람들의 경우에도 예외가 될 수 없다. 조선시대 사람들은 '가족과 마을'을 기준으로 인간을 보고 세상을 이해했다. 국가나 개인을 중심으로 생각하는 사람들은 사회를 인위적인 계약관계로 보고 법을 중시하지만, 가족이나 마을을 중심으로 생각하는 사람들은 사회를 자연발생적인 정(情)의 집단으로 이해한다. 계약사회에서 개인과 개인은 단절돼 있으며 이해(利害)관계에 따라 인위적으로 형성된 계약은 그 이해관계의 소멸 여부에 따라 언제든 파기될 수 있다. 그러나 자연발생적으로 형성된 정(情)의 사회는 이와 다르다.

가족과 마을의 구성원들은 남이 아니라 친한 사람들이다. 친해진다는 의미는 가족과 같아진다는 의미이기도 하다. 그래서 법률상으로는 8촌 이내를 친(親)족으로 보기도 한다. 늘 가까이에서 자주 만나고 익숙하기에 친한 사람들이 바로 가족이며 마을 사람들이다. 가족과 마을의 구성원들은 정서적인 감정들을 서로 교류하며 살게 되어 있으며, 정서적인 감정들을 건강하고 원활하게 처리할 수 있는 삶의 기술들을 요구하게 된다. 이때에 필요한 것이 예(禮)이다. 예라는 것은 친함을 전제로 하여 성립된다. 자주 만나고 익숙한 사람들 사이에는 정서적인 감정의 교류가 있게 되고, 그 감정처리 과정에서 과잉되거나 결핍된 측면들이 발생하게 된다. 이러한 감정 과잉과 결핍의 문제들을 실천적으로 해결하기 위해 나타난 것이 예라고 할 수 있다. 예라는 것은 단순히 형식적이며 외면적인 문제가 아니라, 가장 이상적인 감정의 교류와 처리 방식을 찾아 이를 규범화하고 정식화하는 과정에서 나타나는 문제들이다. 그러므로 예라는 것은 정서적인 영역과 맞닿아 있고 조선시대에 풍요롭게 나타난 심성 논의와는 체용관계(體用

關係)에 있는 것이기도 하다. 그런 점에서 예론도 심성 지식장이 확장된 것이라고 볼 수 있다.

조선시대 심성론에서 바라보는 인간은 '생각하는 인간'이 아닌, 사회적으로 여러 가지 관계를 형성하면서 '정을 느끼고 표현하는 인간'이다. 이러한 '심성적 인간관'이 주도적 인간관으로 자리잡게 된 것은 위에서 언급한 가족중심의 사회문화적인 배경과 긴밀한 관련이 있다.

심성 지식장이 확장되면서 각종의 '예론'이 형성되고, 여기에서 예의 실천적 규범을 정리한 각종 규범서가 산출되었으며, 예의규범서는 또한 『오륜행실도』나 『삼강행실도』와 같은 예의 실천 사례집이 형성에 영향을 주었다고 볼 수 있다. 그리고 이러한 맥락 속에서 이러한 기조와 관련된 소설들도 자연스럽게 출현할 수밖에 없었다. 대부분의 고전소설들이 가족의 문제를 다루고 있으나, 특히 '집안 일'을 중점적으로 다루고 있는 일군의 소설들은 이른바 '가정소설'과 '대장편 가문소설'21)이다.

「사씨남정기(謝氏南征記)」, 「장화홍련전(薔花紅蓮傳)」, 「콩쥐팥쥐전」, 「창선감의록(彰善感義錄)」, 「완월회맹연(玩月會盟宴)」, 「명주보월빙(明珠寶月聘)」, 「윤하정삼문취록(尹河鄭三門聚錄)」, 「임화정연(林花鄭延)」과 같은 작품들은 모두 가족과 가문의 문제를 다룬 소설이다. 김만중(金萬重, 1637~1692)이 지은 「사씨남정기」는 처첩간의 갈등이 중심이 되고, 「장화홍련전」, 「콩쥐팥쥐전」은 전실 소생과 계모의 갈등이 중심이 된다. 「창선감의록」이나 여타 작품들에서는 가족을 중심으로 여러 가지 갈등이 중첩되어 나타난다. 이들이 다루고 있는 모든 문제들이 가족과 가문, 즉 가(家)의 문제를 어떻게 해결할 것인가 하는 문제로

---

21) '대장편 가문소설'은 넓은 의미의 가정소설이라 할 수 있다.

수렴되고 있다. 이때의 '가'는 지금의 소가족과는 다른 개념이다. 대가족으로서의 '가'를 의미하며 넓게는 가문 자체로 확대된다.

「창선감의록」이라는 제목은 '선을 드러내며 의에 감동되게 하는 기록'이라는 의미를 지니고 있다. 이 소설은 조성기(趙聖期, 1638~1689)가 지은 것으로 알려져 있다. 이 작품의 주인공은 '화진'인데, 그가 이복 어머니와 이복형의 학대를 감내하면서 이들을 개과천선하게 하여 가정의 감정적 화평을 되찾는다는 내용이다. 여기에는 본처와 후처간의 갈등뿐만 아니라 형제갈등, 부자갈등, 의모(義母)와 의자(義子)의 갈등, 부부갈등, 고부갈등, 시누이와 올케 갈등 등 다양한 가족 간의 감정 갈등이 나타난다.

「완월회맹연」은 안겸제(安兼濟, 1724~1791)의 어머니인 전주이씨가 지은 것으로 전해지는데, 무려 180책에 이르는 대작이다. 이에 따르면 18세기 중반에 이미 이러한 대장편소설이 출현한 것으로 볼 수 있다. 이 작품에서는 송나라 때의 유명한 성리학자 정명도(程明道)의 후예인 명나라의 신하 정한(程翰) 가문과 그와 관련된 장씨, 상씨, 소씨, 조씨 등 여러 가문의 이야기들이 전개된다. 140여 명이 넘는 인물이 등장하고 4대에 걸쳐 여러 가문의 이야기가 복잡하게 구성되어 있다. 집안의 인간관계에서 일어날 수 있는 거의 모든 감정 갈등과 그 해결 방식을 총망라하였다고 보아도 지나친 말이 아니다. 가람 이병기는 이 소설을 '인간행락의 총서'라고 하였는데, 여기에는 그러한 뜻이 함축돼 있다고 할 수 있다.

「명주보월빙」은 100책에 이르는 대장편으로 105책으로 된 「윤하정삼문취록」과 연작을 이루는 소설이다. 제목이 뜻하는 바는 '용이 주고 간 명주와 보월패를 빙물로 삼아 결연하게 된다'는 말이다. 중국 송나라 때의 이부상서 윤현이 그의 이복동생인 윤수와 우애 있게 지내지만,

계모인 위부인과 윤수의 부인인 유씨에 의해 가문이 감정적 갈등을 겪고 여러 가지 어려움에 처하는 이야기이다. 그 과정에서 하늘이 맺어준 인연에 따라 윤씨, 하씨, 정씨 가문이 서로 혼사를 맺기도 한다.

「명주보월빙」의 속편에 해당하는 「윤하정삼문취록」은 '윤씨, 하씨, 정씨 세 가문이 모인 기록'이라는 뜻의 제목을 가지고 있다. 전편에 등장했던 이부상서 윤현, 어사대부 하진, 대사도 정년의 세 가문 후예들이 나타나는데, 윤현의 아들인 진왕 윤광천, 하진의 아들인 초왕 하원강, 정년의 아들인 정천홍 등의 자녀들이 등장하여 남녀 간 혼사를 맺고 일부다처제에서 나타나는 여러 가지의 감정 갈등을 다루고 있다. 그러한 점에서 작품의 성격은 전편과 다름이 없다.

「임화정연」은 일명 '사성기봉(四姓奇逢)'이라고도 하며, 임공자가 화소저, 정소저, 연소저를 만나 네 가문 사이에 인연을 맺는 가운데, 진상문, 호상국, 여금오와의 사이에서 가정적인 음모와 알력이 발생하지만 이를 잘 극복하고 가정의 감성적 화평을 이룩한다는 이야기이다. 선이 굵고 치밀하여 허구가 진실로 보이고 묘사가 세련된 작품이며 활자본으로 간행된 것을 볼 때 많은 독자들을 확보했던 대장편 가문소설로 여겨진다.

「화산선계록」은 80책으로 이루어져 있으며, 「천수석」에 이어지면서 「잔당오대연의」로 연결되는 3부작 연작소설이다. 당송 교체기를 배경으로 하여 화주의 화산 밑에 사는 서정공 위복성의 3대에 걸친 자녀들의 혼인과정과 일부다처생활에서 빚어지는 여성들의 감정적 질투와 갈등, 음모를 다루고 있는 작품이다.

위에서 거론한 것 외에도 많은 가정소설과 대장편소설이 전승되고 있다. 이러한 작품들이 인기를 얻고 많이 읽히게 된 이유는 여러 가지가 있다. 그러나 그중에서도 집안에서 일어날 수 있는 거의 모든 감정적 갈등의 양상과 그 해결방법들을 간접적으로 체험할 수 있다는 점도 중요한 원인이 되었을 것이다. 이런 작품들을 읽으면서 독자들은 친한 사람들 사이에서 일어날 수 있는 감정 소통의 과불급을 사례별로 다양하게 체험하고 그 바람직한 해결방법도 사례별로 찾아볼 수 있었기 때문이다. 가정소설과 대장편 가문소설은 각기 개별적이고 특수한 상황에 대처하는 감정적으로 바람직하고 세련된 언행이 제시된다. 정서적 측면이나 윤리적 측면에서 매우 유익한 일종의 '처세교과서'로서 충분한 활용가치를 지니고 있다. 그래서 다른 가문으로 시집가는 딸에게 가정소설과 가문소설을 선물로 주는 풍조가 있었다. 가정소설을 통해 집안에서 일어날 수 있는 갈등과 해결방법을 시뮬레이션 해볼 수도 있고 유사한 문제가 발생했을 때 유용한 지침을 얻을 수 있었기 때문이다.

5. 도덕 감정 공동체를 향한 서사적 발자취

지금까지 조선시대의 심성 지식장과 관련하여 고전소설의 양상과 그 특성을 검토해 보았다.

조선시대의 심성 지식장은 성리학의 심성론에 바탕을 두고 있다. 성리학에서는 인간의 본질을 심성적 존재로 파악한다. 심성적인 인간은 '느끼기 때문에 존재하는 인간'이기도 하다. 그런데 이러한 '느낌과 감정'이 현실에서 처리되거나 소통될 때는, 과잉되거나 결핍된 모습으로 나타나기 일쑤이다. 조선시대 유학자들은 인간이 희로애락을 처리하거나 소통할 때 나타나는 과불급으로 인하여 문명세계에 근본적인 병폐가 생겨난다고 보았다. 그렇기 때문에 인간의 감정 처리와 소통은 중용에 맞게 이루어져야 한다고 생각했다. 그러므로 그들은 인간 감정의 정당성을 늘 성찰하고, '감정 처리와 소통의 달인'이 되는 길을 추구했다. 이것이 조선시대 심성지식 담론의 핵심이라고 할 수 있다.

이러한 철학적 심성지식담론은 그 외연을 확장하면서 소설문학에 영향을 주며 다른 방식으로 변용되어 나타난다. 철학적 논설의 형태로 진행되던 심성지식담론은 시각적인 도상의 영역으로 침투하여 심성도설을 산출하고, 심성도설은 다시 서사적인 영역으로 침투하여 심성우언소설을 생성하였다. 이러한 과정을 거치면서, 철학적 심성론으로 정밀한 사유를 전개하고, 심성도설은 시각화를 통해 교훈적·실천적 지침을 명료화했으며, 소설의 서사형식을 통해 시시각각 변하는 인간의 마음을 흥미롭게 형상화하는 성과를 거둘 수 있었다.

심성지식담론은 판소리의 서사문법의 형성에도 침투하여 새로운 서사방식을 창조했다. 인간감정을 중심으로 서사미학의 문법을 구성하였다. 이것을 '정리의 서사문법'이라고 할 수 있다. 정리를 통해 구현하는 합리성의 방향은, 인물형상의 측면에서는 고립적이거나 고착되지 않은 인물형상화로 나타나고, 전체 서사전개에서는 울음과 웃음의 적절한 배치 그리고 대동정서와 생리적 정서로 마무리하는 것으로 나타나며, 부분정서의 측면에서는 일면적 정서에 몰입하면서도 반전이 여지를 남겨두고 물정을 빠짐없이 나열하여 핍진한 감정 몰입을 유도하는 것으로 나타난다. 또한 주제의 측면에서도 정리에 부합하는 주제를 도출한다.

감정의 처리와 소통은 친한 사람들과의 관계에서 더욱 중요한 의미를 지닌다. 사회적 단위로 보면 가족과 마을은 친한 사람들이 형성한 자연발생적인 감정공동체이다. 친한 사람들 사이에는 늘 감정의 교류가 있기 마련이며, 그 감정의 처리와 교류과정 속에서 많은 문제들이 발생한다. 특히 가족공동체는 심성적 인간의 존재 의미가 더욱 중요하게 요청되는 삶의 공간이다. 그래서 가족공동체에서 나타나는 감정의 과잉과 결핍의 문제를 해결하기 위해 예(禮)의 방식이 요구된다. 예라는 것은 가장 이상적인 감정의 교류와 처리 문제를 실천적으로 규범화하고 정식화하는 과정 속에서 나타난 것이기 때문이다. 이러한 관심 속에서, 심성 지식장은 바람직한 감정의 실천적 처리방식인 예론으로 확장되었으며, 예론은 다시 예의규범서들을 만들어내었고, 예의규범서들은 또한 『삼강행실도』와 같은 예의규범모범사례집의 출현을 불러왔다. 그리고 이러한 문화적 흐름 속에서 가정소설과 대장편 가문소설의 생성과 발전을 가져오기도 했다. 이 소설들은 가족 간에 발생할 수 있는 감정 갈등의 거의 모든 문제를 설정하고 바람직한 해결방법을 다양한 사례를 통해 가상현실의 형태로 제시했다. 이것은 종래의 심성 지식장이 감당하지 못했던 '감정처리 처세교과서'기능인데 이러한 유형의 소설은 그 기능을 훌륭하게 수행했던 것이다.

이렇게 조선시대의 심성 지식장은 철학적 논설, 시각적 도설, 마음나라를 형상화한 소설, 소설의 감정 서사미학, 소설의 감정처리 처세교과서 등으로 그 영역을 확장시키며 변용되어 왔다. 이를 통해, 우리는 조선사회에서 심성 지식장이 다양한 형태로 매우 활발하게 작용하였다는 것을 확인할 수 있다.

그러하다면 이러한 심성 지식장을 통해 조선 사람들이 궁극적으로 실현하려고 했던 이상세계는 어떠한 것이었을까? 필자는 그것이 '도덕 감정 공동체'였다고 생각한다. 조선시대 사람들은 인간의 감정을 사단과 칠정, 두 가지로 나누어 이해했다. 여기에서 사단(측은히 여기는 마음, 부끄러워하는 마음, 사양하는 마음, 옳고 그름을 가리는 마음)은 도덕 감정이고, 희로애락 등의 칠정은 일반감정이다.[22] 성리학은 인간 구원의 가능성을 인간 내부의 도덕 감정에서 찾았다.[23] 성리학에서는, 기독교에서처럼 시간과 공간밖에 존재한다고 알려진 초월적인 신이 인간을 구원한다고 보지도 않았고, 불교에서처럼 모든 사회적 관계를 여의고 오로지 개인적 해탈을 통해서 구원에 다다를 수 있다고 보지도 않았으며, 자본주의에서처럼 개인이 물질적 재화를 욕망하고 충분히 소유하는 삶을 통해 구원에 이를 수 있다고 보지도 않는다. 구원은 하늘나라 신의 힘으로 이루어지는 것도 아니고, 개인의 독자적인 노력만으로 얻어질 수 있는 것도 아니라고 생각했다. 현세의 '도덕 감정 공동체'야말로 인간 구원의 가장 중요한 근거가 된다고 여겼다.

사람에게는 결국 사람만이 희망이고 사람은 사람에 의해서 구원받을 수 있다고 본 것이다. 나를 구원해주는 그 사람들은 나와 도덕감정으로 친밀하게 연결된 사람들이다. 도덕감정을 지닌 좋은 부모, 좋은 자식, 좋은 아내, 좋은 남편, 좋은 친구, 좋은 이웃에게서 인간구원의 희망을 발견했던 것이다. "자기 부모만 부모로 여기지 않고 자기 자식만 자식으로 여기지 않았다"[24]고 했던 대동사회(大同社會)도 이러한 도덕 감정 공동체에 해당한다. 도덕 감정 공동체 사람들은 타인의 감정을 잘 공감하고 소통할 수 있는 감정처리와 감정교류의 달인이

---

22) 유영희, 「사단칠정」, 『조선유학의 개념들』, 한국사상사연구회 편, 예문서원, 2002, 238~258 쪽 참조.

23) 아담 스미스는 그의 저서 『도덕감정론(The Theory of Moral Sentiments)』에서 타인의 공감을 받을 수 있는 행위와, 타인의 입장에서 시인을 받을 수 있는 행위가 사회적인 행위의 기준이 되어야 한다고 주장했다. 애덤 스미스는 이렇게 타인에 대한 공감의 감정을 도덕감정으로 보았는데, 이것은 유교 심성론의 도덕 감정과 매우 유사한 점이 있다.

24) 『예기』, 「예운」: "不獨親其親, 不獨子其子".

다. 감성지수가 높은, 감정 처리와 그 교류의 달인들이 정을 나누며 오순도순 모여 사는 사회가 바로 '도덕 감정 공동체'이다.

철학적 심성론은 정밀한 학술담론을 통해서, 심성도설은 시각적으로 명료한 실천지침을 제시함으로써, 심성우언소설은 서사적으로 마음나라의 흥망성쇠를 보여주는 것으로 도덕 감정 공동체를 구현하려고 했다. 또한 판소리계소설은 정리의 서사미학을 통해서 인간이 생명적 동질감을 느끼며 대동정서에 도달할 수 있는 길을 제시하였고, 가정소설과 대장편 가문소설은 인간관계에서 나타날 수 있는 거의 모든 감정문제의 해결방안을 사례별로 제시하면서 도덕 감정 공동체로 나아가는 서사적 발자취를 보여주었다고 할 수 있다.

참 고 문 헌

김대행, 「판소리 사설의 구조적 특징」, 『국어교육』 27·28, 한국국어교육연구회, 1976.

김명환(구술), 『내 북에 앵길 소리가 없어요』, 뿌리깊은나무, 1992.

김흥규, 「판소리의 서사적 구조」, 『고전문학을 찾아서』, 문학과지성사, 1976.

유영희, 「사단칠정」, 한국사상사연구회 편 『조선유학의 개념들』, 예문서원, 2002.

정양완 외, 『조선후기한자어휘검색사전: 물명고·광재물보』, 한국정신문화연구원, 1997.

조동일, 「흥부전의 양면성」, 『계명논총』 5, 계명대학교, 1969.

최봉영, 『주체와 욕망』, 사계절, 2000.

최진원, 「春香傳의 合理性과 不合理性」, 『대동문화연구』 제2집, 성균관대학교 대동문화연구원, 1966.

한형조, 「이(理): 지상의 척도에 대하여」, 『왜 동양철학인가』, 문학동네, 2000.

허원기, 『판소리의 신명풀이 미학』, 박이정, 2001.

허원기, 「천군소설의 심성론적 의미」, 『고소설연구』 제11집, 한국고소설학회, 2001.

허원기, 「판소리 서사기법의 정리적 합리성」, 『국제어문』 제29집, 국제어문학회, 2003.

허원기, 「심성도설의 도상학적 의미와 심성우언소설」, 『남명학연구』 제20집, 경상대학교 남명학연구소, 2005.

허원기, 「흥부전의 인성론적 의미」, 『한민족문화연구』 제19집, 한민족문화학회, 2006.

허원기, 『고전서사문학의 계보』, 박문사, 2010.

허원기, 「심성우언소설에 나타난 구원관: 천로역정과의 비교를 중심으로」,
『동아시아고대학』 제27집, 동아시아고대학회, 2012.

아담 스미스, 박세일 옮김, 『도덕 감정론』, 비봉출판사, 2009.

大賓皓, 이형성 옮김, 『범주로 보는 주자학』, 예문서원, 1999.

溝口雄三 外, 『中國思想文化事典』, 東京大學出版部, 2001.

유이민 시의 디아스포라 상상력과 민족 정체성

김영철

1. 논점의 제기

유이민 문학은 일제 강점기 대규모로 발생한 경제사회적 난민인 유이민들의 문학을 지칭한다. 그리고 해방 후에도 귀국하지 못한 채 유랑지에 머물며 그곳에 정착한 동포들의 문학을 포괄한다. 전자는 유이민 1세대의 문학이고, 후자는 유이민 후세대의 문학이다. 중국의 경우 유이민 후세대는 '조선족'으로 통칭되는 세대들이다.

따라서 현금 연변 조선족 문학도 광범위한 의미에서 유이민 문학의 범주에 포함된다. 왜냐하면 연변문학의 창작주체나 향수주체가 모두 유이민들의 후예이기 때문이다. 비록 일제 강점기는 아니더라도 유이민 1세대의 후예들이 같은 지역에서 같은 삶을 영위하고 그 삶을 문학으로 형상화하고 있기 때문이다. 유이민 문학은 좁게 보면 강점기 만주 유이민들의 문학이고, 넓게 보면 그들의 후세대인 중국 조선족 문학을 포함한다.

유이민 문학은 한국문학에서는 하나의 독립된 장르를 형성할 만큼 독자적인 문학영역을 구축하고 있다. 시에서 이용악, 백석, 안용만, 소설에서 강경애, 안수길 등이 그 중심을 이루고 있다. 하지만 제2의 윤동주로 불리는 심연수나 이민 후세대인 홍용암, 그리고 현재 연변 조선족 자치주에서 활동하는 현역시인들도 중요한 유이민 문학의 주체들이다. 이들의 작품은 유이민 문학의 특성을 파악하는 준거(準據)가 된다.

본 고에서는 일제 강점기 만주 유이민과 그 후세대인 중국 조선족 문학을 중심으로 그 특성을 살펴 보고자 한다. 중국 유이민은 1949년 중화민국 건국 이전과 이후로 분별된다. 따라서 본고도 양자를 이원화하여 분석할 것이다. 일제 강점기 만주 유이민의 삶을 형상화한 1세대 시와 건국 이후의 중국 조선족으로 편입된 차세대 시인들의 시세계를 통하여 디아스포라 의식과 민족정체성의 혼란과 정립과정을 고구(考究)할 것이다.

전자에서는 유이민 시의 대표 시인으로 평가되는 이용악과 심연수의 시세계를 조명하고, 후자로는 조선족 신예 시인으로 평가받는 홍용암, 그리고 한중수교 후 고국체험을 바탕으로 한 현금 조선족 시인들의 디아스포라 의식 및 민족 정체성 문제를 고찰해 보고자 한다.

2. 디아스포라의 개념과 발생

2.1. 디아스포라의 개념

디아스포라(diaspora)는 어원적으로 그리스어 'diasperien'(dia+sperien)에서 유래되었으며 일반적으로 '가로 지르다'와 '씨를 흩뿌리다'의 두 가지 의미를 지니고 있다. 여기저기 가로 질러 씨가 퍼진다는 뜻으로 결국 함께 살던 사람들이 여러 곳으로 흩어진다는 뜻이 내포되어 있다.

디아스포라는 애초에 팔레스타인에서 추방된 유태인을 지칭하는 의미로 사용되었다. 하지만 오늘날 디아스포라의 개념은 그것과는 다른 의미로 사용되고 있다. 폭넓게 '국제이주·망명·난민·이주노동자·망명자 공동체·소수민족 공동체·초국가 민족공동체' 등을 아우르는 포괄적인 개념으로 사용되고 있다.1) 본고의 대상이 되는 일제 강점기에 대규모로 발생한 조선의 유이민들은 이 개념에 따르면 국제이주, 망명, 난민, 이주노동자에 해당될 것이다.

사프란(William Safran)은 『Diaspora』 창간호에서 디아스포라의 특징을 다음의 여섯 가지로 설명하고 있다. ① 고향을 중심으로 두 개이상의 주변지역으로의 이주, ② 모국에 대한 집합적 기억, 환상 또는 미련을 유지, ③ 거주국 사회에서 완전히 수용되지 않거나 소외나고립되었다는 믿음, ④ 조상의 모국을 언젠가는 되돌아갈 땅으로 간주하고, ⑤ 모국 재건을 위해 헌신해야 한다고 생각하며, ⑥ 모국과 지속적이고 끈끈한 관계를 유지하고 있는 특징을 공유한다는 것이다.2)

---

1) 윤인지, 『코리안디아스포라: 재외한인의 이주, 적응, 정체성』, 고려대학교 출판부, 2004, 5쪽.

2) William Safran, "Diasporas in Modern Societies: Myths of Homdland and Rerurn", *Diaspora*,

이처럼 디아스포라 의식은 이민자와 그 후손들이 이민 이전의 모국과 어떤 관계를 맺고 있는가가 논의의 중심이 된다. 고향으로부터의 이주, 원래 고향에 대한 기억, 현재 거주하는 지역에서 소외감 등이 특징인 바, 그로 인해 원고향으로의 이주를 꿈꾸는 것이 공통적인 심리성향으로 드러난다. 일제 강점기 만주로 이주한 유이민 1세대들이나 해방 후 그곳에 정착한 유이민 후세대들 모두 이러한 디아스포라의 심의(心意) 성향을 드러내고 있으며, 그러한 의식이 문학으로 형상화된 것이 유이민 시인 것이다.

2.2. 강점기 유이민의 역사적 배경

두만강, 압록강을 건너 중국 땅에 농사짓고 장사하러 이주한 유이민들의 역사는 이미 조선시대부터 시작되었다. 청나라 말기에는 지금의 연변지역을 만주족의 발상지로 보고 신성시해 왔기 때문에 사람이 살지 않는 변방으로 여겨왔다. 덕분에 기름진 옥토와 사냥감이 많았던 북간도에 많은 조선의 이주민들이 생겨났다. 월경죄(越境罪)로 단속하였으나 먹고 살기 힘든 시절에 월경은 문제가 되지 않았다.

그러다가 조선이 일제 식민지가 되면서 유이민들이 기하급수적으로 늘어났다. 일제와 지주들의 등쌀에 못 이겨 야반도주한 유랑민들이 줄을 지어 두만강과 압록강을 건넜던 것이다. 유이민의 대량 발생은 특히 일본인의 조선 이주와 관련이 깊다. '쪽발이가 한 놈 들어오면 30명의 한국인이 나라를 쫓겨났다'는 지적이 있듯이[3] 일본인의 조선

---

vol. 11(1), 1991, pp. 83~84.
3) 님웨일즈, 『아리랑』, 동녘, 2005, 78쪽.

진출은 곧 조선인의 국외 탈출을 의미했다.

청일전쟁 당시 2만여 명이던 조선 거주 일본인은 동양척식회사가 세워져 토지조사 사업이 완료된 1918년에는 33만 7천 명으로 늘어났다. 물경 4만 6천여 정보의 조선땅을 갖게 된 일본인 지주와 토착지주들의 횡포와 착취에 조선 농민들은 분해되고 말았다. 소작농, 농업노동자로 전락하거나 화전민, 도시 노동자로 연명하게 된다. 이조차 힘든 상황이 되어 만주, 일본, 하와이, 멕시코로 노동이민의 길을 떠났던 것이다.[4]

또한 의병들이나 독립군들이 월경하여 독립운동을 전개하면서 만주, 연해주가 조선인들의 제2의 삶의 터전이자, 독립운동의 전초기지가 되기도 했다. 의병, 독립군은 일종의 정치적 망명인, 정치적 유이민인 셈이다.

이런 유이민의 이주는 1930년대 일제의 중국침략과 병행하여 대규모로 전개된다. 1931년 만주사변이 터지고 1937년 중일전쟁에서 일본이 승리하자, 일제는 만주국이라는 위성국가를 세워 대륙침략의 야욕을 본격화했다. 1937년 국가 총동원령, 1941년 대동아 전쟁, 태평양 전쟁으로 확산되면서 조선은 인적, 물적 지원의 병참기지로 전락된다.

일제는 선만일체(鮮滿一體), 오족협화(五族協和)라는 기치를 내걸고 갖은 회유와 압박으로 조선인들을 만주 땅으로 내몰았다. 만주의 실질적 지배를 위하여 일본인 및 조선인 거주가 절실했던 것이다. 1931년 만주사변 후 조직적이고 광범위하게 실시된 이민 정책에 따라 국책이민들이 대량으로 발생하여 만주행 이민열차에 몸을 실었던 것이다. 땅을 주고 일본 국적을 준다는 회유책으로 반강제적으로 만주

---

4) 윤영천, 『물위에 기약 두고』, 실천문학사, 1988, 248쪽.

땅을 밟게 했던 것이다.

1920년대 이농(離農)현상이 토지수탈 정책에 의한 것이었다면, 1930년대는 이처럼 강제 이민정책에 의한 것이었다. 가난과 궁핍을 견디다 못해 고향을 떠나 만주, 러시아 땅을 헤매도는 유이민들이 대규모로 발생한 것은 바로 이러한 일제의 식민정책에 기인한 것이다.

그렇게 모인 인구가 근 200만 명, 엄청난 조선인들의 민족 대이동, 곧 민족의 엑소더스(exodus)가 발생했던 것이다.

3. 유이민 시의 선구자, 이용악

3.1. 유이민 삶의 형상화

함북 경성 출신의 이용악은 백석과 함께 북방의 향토적 서정성을 근간으로 하여 만주, 시베리아의 유이민들의 생활상과 가족과 민족에 대한 공동체 의식을 깊은 역사적 현실안(現實眼)으로 그려낸 시인이다.

이용악은 처녀시집인 『분수령』을 1937년에 상재한 후, 『낡은 집』 (38년), 『오랑캐꽃』(47년), 『이용악집』(49년) 등을 내놓았는데 『이용악 시 전집』으로 묶여 88년 창작과 비평사에서 출판되었다. 우리에게 다소 낯선 시인 이용악, 6·25 동란 중 월북한 후 40년 가까이 우리 문학사에서 묻혀 있던 그의 시세계는 1988년 해금 조치 후에 빛을 보았던 것이다.

이용악의 핵심적인 시세계는 유이민 삶의 시적 형상화다. 만주, 간도, 시베리아 벌판으로 떠난 유이민들의 비참한 상활상이 그의 시에 리얼하게 묘파(描破)되어 있다. 두만강 건너 만주 땅에 이주하여 주막 작부로 전락한 조선 처녀의 슬픔을 「제비같은 소녀야」, 「전라도 가시내야」에서 절창하고 있고, 온 가족이 이주하여 썰렁하게 허물어져 가는 유이민의 폐가를 「낡은 집」에서 생생하게 그려내고 있다.

3.2. 통한의 강, 두만강

이용악은 일련의 두만강 연작시를 통하여 유이민들이 국경을 넘는 통한(痛恨)의 슬픔을 절절히 노래하고 있다. 두만강은 조선과 중국의 국경으로 유이민들이 만주땅을 밟기 위해서 건너야 하는 필수통로였다. 결국 두만강은 유이민들의 삶, 인생조건을 구획하는 경계선이었던 것이다.

> 너를 건너
> 키 넘는 풀속을 들쥐처럼 기어
> 색다른 국경을 넘고져 숨어 다니는 무리
>
> 강안에 무수한 해골이 뒹굴어도
> 해매다 계절마다 더 해도
> 오직 너만의 꿈만 아름다운 듯 고집하는 강아
> 천치의 강아
>
> ▷▷이용악, 「천치의 강아」

이처럼 시인은 유이민들이 넘나드는 두만강을 '천치의 강'으로 묘사하고 있다. 시에서 유이민들은 '키 넘는 풀 속으로 들쥐처럼 기어 색다른 국경을 넘는 무리'로 그려진다. 여기저기 숨어 다니는 들쥐

같은 존재, 그처럼 유이민들은 쫓겨 다니며 신산(辛酸)한 삶을 영위하는 존재였던 것이다. 그런 사실을 외면한 채 유유하게 아름다움을 뽐내며 흐르는 강을 시인은 '천치의 강'이라고 절규하고 있다. 민족과 역사의 현실을 외면한 채 흐르는 두만강은 통한의 강이고 천치의 강일 수밖에 없었을 것이다. 만주이민이 반드시 넘어야 하는 두만강은 비유컨대 유태인들의 '통곡의 벽'이고, 애통의 강이었다. 다른 작품 「두만강 너 우리의 강아」에서도 "두만강 너 우리의 강아/북간도로 간다는 강원도치와 마주앉은/나는 울 줄을 몰라 외롭다"고 노래하고 있다.

이용악의 가족들은 누대에 걸쳐 상업에 종사했다. 할아버지는 러시아를 넘나들며 소금밀수를 했고 아버지 역시 소금장수로 국경을 넘나들다가 그곳에서 객사했다. 외할머니와 큰아버지도 아라사령에 살았던 유이민들이었다. 이용악은 방학 때마다 간도여행을 통해 유이민들의 신산한 삶을 추체험했다. 이러한 유이민 가족들의 이야기가 서사적 짜임으로 시화되고 있다. 염상섭의 「삼대」, 채만식의 「태평천하」를 '가족사 소설'로 하듯이 이용악의 시를 '가족사 시'로 대응시킬 수 있을 만큼 그의 유이민 시에는 가족과 이웃에 대한 이야기들이 펼쳐지고 있다. 곧 이용악의 유이민 시는 가족사적 이야기시가 양식적 특징을 이룬다.

이렇게 가족에서 이웃으로, 이웃에서 민족으로 확산되는 공동체 의식의 시적 지평을 통해 우리는 민족 시인으로서의 이용악의 진경(眞境)을 엿볼 수 있다. 이용악은 일제 강점기의 식민지 현실을 예리하게 영상화하여 민족 정체성(national identity) 회복을 위해 문학적 수단을 성공적으로 동원한 전형적인 경우가 될 것이다.

알룩조개에 입맞추며 자랐나
눈이 바다처럼 푸를 뿐더러 까무스레한 네 얼굴
가시내야
나는 발을 얼구며
무쇠다리를 건너온 함경도 사내

술을 부어 남실남실 술을 따루어
가난한 이야기에 고히 잠궈다오

네 두만강을 건너왔다는 석달 전이면
단풍이 물들어 천리천리 산마다 불탔을 겐데
그래도 외로워서 슬퍼서 치마폭으로 얼굴을 가렸더냐

▷▷이용악, 「전라도 가시내」

이 시는 무쇠다리(두만강 철교)를 건너온 함경도 사내와 단풍이 아름다운 전라도 고향땅을 등지고 술집으로 팔려온 주막 아가씨의 슬픈 만남을 다루고 있다. 그들 모두 조국땅을 떠나 두만강을 건너온 유랑민들이었던 것이다. 먹고 살기 위해 만주땅에 왔건만 사내는 품팔이 일꾼으로, 가시내는 술집 작부로 연명하고 있다.

그들의 신산(辛酸)한 삶은 만주에 와서도 끝나지 않았던 것이다. 그들의 고달픈 유이민의 삶은 그들만의 문제가 아니라 간도 유민들의 공통된 자화상이다. 새로운 신천지라고 찾아온 만주땅은 중국 토착지주와 입식(入植) 일본인 지주들의 횡포, 중국 및 일본 경찰의 압박, 마적단들의 피해로 죽음의 땅, 불모지가 되었던 것이다.

3.3. 유이민의 표상, 「낡은 집」

일제는 1937년 중일전쟁을 일으켰고, 1938년 국가 총동원령을 내렸으며, 1941년 마침내 태평양 전쟁을 일으켰다. 이러한 일제의 군국주의 전쟁을 위해 병참기지로 전락한 조선은 군수물자를 대기 위해 갖은 수탈과 만행을 겪어야만 했다.

「낡은 집」은 이러한 시대상황이 심화되던 1938년에 쓰인 작품이다. 따라서 「낡은 집」은 1938년대 조선의 식민지 현실을 그대로 압축해 논 역사의 축소판에 해당된다.

그가 아홉 살 되던 해
사냥개 꿩을 쫓아다니는 겨울
이 집에 살던 일곱 식솔이
어디론지 사라지고 이튿날 아침
북쪽을 향한 발자욱만 눈 위에 떨고 있었다

더러는 오랑캐령 쪽으로 갔으리라고
더러는 아라사로 갔으리라고
이웃 늙은이들은
모두 무서운 곳을 짚었다

지금은 아무도 살지 않는 집
마을서 흉집이라고 꺼리는 낡은 집
제철마다 먹음직한 열매
탐스럽게 열던 살구

살구나무도 글거리만 남았길래

꽃피는 철이 와도 가도 뒤 울안에

꿀벌 하나 날아들지 않는다

▷▷이용악, 「낡은 집」

한국 근대사의 비극인 일제 강점기 유이민의 참상을 리얼리즘 시각으로 그려 낸 유이민 시의 절창이 「낡은 집」이다. 「낡은 집」은 김동환, 백석, 안용만, 이용악으로 이어지는 유이민 시의 계보의 중심에 서 있는 이용악의 대표작이자, 유이민 시의 전형(典型)이다. 일제 강점기에 대규모로 발생한 국내외의 집단적 비극을 민족 모순으로 형상화한 작품이라는 평가대로[5] 유이민 시, 나아가서 민족주의 시의 뚜렷한 궤적과 원형을 제시하고 있다.

무엇보다 「낡은 집」은 한 가족의 비극을 민족모순의 비극으로 지평을 확대하여 객관성과 보편성을 획득하고 있음에 특징이 있다. 단순한 한 개인사적 비극에 그치는 것이 아니라 개인공간을 민족공간으로 지평을 확대, 심화하여 민족사의 비극으로 그려 내고 있는 것이다.

이 시에서 주목되는 것이 가족사시의 특징이다. 비록 짧은 이야기지만 한 가족의 부침(浮沈)과 삶의 궤적을 보여주고 있다. 「낡은 집」은 털보네 가족의 생생한 삶의 기록이다. 방앗간과 무곡(貿穀) 장사를 하며, 단란하게 살던 한 가정이 어떻게 몰락해 갔는가를 짧은 이야기 속에 생생하게 담아내고 있다. 이처럼 유이민 시를 이야기시, 가족서사시로 풀어내어 한국 근대시의 양식사적 지평을 확대했다는 점에 「낡은 집」의 양식사적 의미가 있다.

---

5) 윤영천, 『이용악 시전집』, 창작과비평사, 1988, 243쪽.

「낡은 집」은 이상향(utopia)과 실락원의 대비를 서술의 기본 축으로 삼고 있다. 「낡은 집」의 고향마을은 비록 가난했지만, '노루 멧돼지, 족제비들이 앞뒤 산을 마음 놓고 뛰어 다니고, 제철마다 먹음직한 열매가 탐스럽게 열던' 풍요와 축복의 땅이었다. 그곳에서 털보네는 단란한 삶을 꾸려갔다.

하지만 '찻길'이 놓이면서 털보네는 항구로 '콩실이' 무곡(貿穀, 곡식 장사)을 다니면서 '둥글소' 신세로 전락했고, 생계수단인 당나귀, 소마 져 빼앗긴 후 털보는 돈 벌러 고향 땅을 떠나고, 아내는 밤을 새며 방앗간을 돌려야 했다. 그마저 여의치 않자 털보네는 끝내 야반도주 하여 고향땅을 떠나야 했던 것이다(생략 부분). 그리하여 털보네가 살 던 집은 '왕거미가 줄을 치고, 꽃피는 철이 와도 꿀벌 한 마리 날지 않는' 흉가가 되고 만 것이다.

「낡은 집」에서의 '집'은 근본적으로 '국가(國家)'라고 할 때의 '가(家)' 의 개념과 일치한다. 집은 가족 공동체가 머무는 안식과 생활의 기초 공간이다. 말하자면 가족 공동체의 기본 공간인 것이다. 이러한 공간 이 '낡은 집'으로 무너졌다는 것은 곧 '국가 상실'을 의미한다. 가족 공동체는 근본적으로 민족 공동체의 근간을 이루기 때문이다.

시에서 털보네가 살던 집이 '낡은 집'으로 전락했다는 것은 곧 한 나라가 무너졌음을 의미한다. 역으로 국가의 상실, 즉 나랏집의 붕괴 가 한 가정집의 파탄으로 이어지고 있음을 암시한다. 「낡은 집」의 개인사적 질곡은 개인사로 끝나는 것이 아니라 민족사적 질곡이 된 것이다. 털보네가 겪는 가난과 궁핍의 고통은 당대 조선 민족이 공통 적으로 감내해야 했던 민족적 고통이고, 환난(患難)이었던 것이다.

봄이 와도 꽃이 피지 않고, 꿀벌 한 마리 날지 않는 생명 상실의 상황도 심각하다. 국가 상실은 가정상실로 이어지고 끝내 인간 상실과 생명 상실 상황으로 내몰리고 있는 것이다. "꽃피는 철이 와도, 가도 뒤울안에 꿀벌 하나 날아들지 않는다"라는 구절은 마치 이상화의 '빼앗긴 들에도 봄은 오는가' 라는 절창을 연상시킨다. 빼앗긴 나라, 국권을 상실한 나라에는 봄이 결코 찾아 올 수 없음을 탄식하고 있는 것이다.[6] '낡은 집'이 곧 '낡은 나라'의 환유임을 다시 한번 확인할 수 있는 대목이다. 이런 점에서 「낡은 집」은 「빼앗긴 들에도 봄은 오는가」의 연장선상에 있다.

「낡은 집」의 털보네 가족상황은 바로 이용악 자신의 가계보였다. 이용악 집안은 대대로 러시아와 만주를 떠돌며 생계를 유지한 전형적인 유이민이었다.[7] '외할머니 큰 아버지랑 계신 아라사를 못잊어'(「푸른 한나절」), '아버지도 어머니도 우라지오로 다니는 밀수꾼, 좋은 하늘 못보고 타향서 돌아가신 아버지'(「우리의 거리」)에서처럼 이용악은 유이민으로서의 가족사적 쾌적을 생생히 기록하고 있다. 이용악 자신도 청년시절 중국 아무르강, 러시아의 시베리아, 니콜라에프스키 등을 유랑하였다. 이처럼 뿌리 뽑힌 자로서의 노마드(nomad)적 방랑은 이용악 집안의 내력이었다. 이러한 유이민적 가족사가 「낡은 집」의 털보네로 환치되어 있는 것이다. 그런 점에서 「낡은 집」은 이용악 개인의 가족사에 해당된다.

---

6) 오세영, 『현대시 분석적 읽기』, 고려대학교출판부, 2001, 382쪽.
7) 이수향, 「용악과 용악의 예술에 대하여」, 『현대시인전집 1: 이용악』, 1949, 160쪽.

4. 제2의 윤동주, 심연수

4.1. 심연수 시의 지형도

심연수(沈連洙, 본명 鍊洙)는 뒤늦게 알려진 일제 강점기의 유이민 시인이다. 강릉에서 태어나 어린 나이에 러시아로 이주해서 여러 곳을 유랑하다가 해방을 며칠 앞둔 채, 27세의 짧은 나이로 비극적 삶을 마감한 전형적인 유이민 시인이다. 작고한지 55년의 긴 세월이 흐른 뒤 2000년 육필 원고가 시집으로 간행되어 세상에 빛을 보게 된 비운의 시인이기도 하다.

공교롭게도 윤동주와 같은 시기, 같은 공간에서 활동하여 '제2의 윤동주'로 지칭되고 있으나, 뒤늦게 발굴됨으로써 평가와 조명이 미흡한 실정에 있다.

대체로 그에 대한 평가는 민족시인, 항일 저항시인으로 집약되고 있다. '항일문학의 전형'(신세훈), '암흑기 문학사의 별'(임헌영), '민족문학의 등불'(이명재), '민족의 예언자'(엄창섭), '민족의 선구자'(이재호) 등이 그것이다.8) 표현이 다소 다를지언정 민족시인이라는 점에서는 일치한다. 심지어는 이육사, 이상화, 한용운에 버금가는 저항시인의 반열에 올려지거나9) '항일문학의 전형'으로 평가되고 있다.10) 때로는 '제2의 윤동주'로서 '저항시의 쌍벽'11)으로 규정되기도 한다.12) 분명

---

8) 민족시인 심연수 시선집 『소년아 봄은 오려니』(강원도민일보사 간, 2001)에 실린 평론 발췌.

9) 신세훈, 위의 시선집, 22쪽; 이명재, 「암흑기 민족시인의 환생」, 『소년아 봄은 오려니』, 강원도민일보사, 2001, 164쪽.

10) 이명재, 「심연수 시인의 문학사적 위상」, 『시와 세계』 1집, 2003, 65쪽.

11) 김룡운, 「문단에 솟아난 또 하나의 혜성, 심련수론」, 『20세기 중국 조선족 사료전집』, 2000,

이러한 평가는 그가 일제 강점기, 망명지인 간도 땅에서 신산한 삶을 영위했고, 그러한 유이민의 체험을 생생하게 기록하고 있다는 점에서 가능했을 것이다.

심연수의 시의 근간을 이루는 디아스포라 상상력은 유이민들의 유랑의식과 고향 모티프로 구현되어 혈흔(血痕)의 역사를 생생하게 복원한다. 가족사적 생체험은 민족사적 생체험으로 확장되어 디아스포라 상상력의 외연을 넓히고 있다.13)

4.2. 대표적 개인으로서의 삶과 시

만 27세의 짧은 생애를 마감한 심연수는 일제 강점기 비극적 삶의 한 전형이다. 한국에서 태어났으나 7살 때 러시아로 이주한 후, 이곳저곳을 유랑하며 식민지 유이민의 삶을 영위했다. 일본 유학까지 마친 인텔리였으나 끝내 자신의 이상을 마음껏 펼쳐보지 못하고 일제의 앞잡이에 의해 피살되고 말았다. 신혼의 단꿈도 제대로 꾸어 보지 못한 채 유복자를 남기고 이국 땅 낯선 곳에서 짧은 생애를 마감했던 것이다.

그가 고향을 등지고 유랑의 삶을 떠난 것도, 간난(艱難)한 경제적 핍박 속에서 근근이 생존을 연명한 것도, 마음껏 시재(詩才)를 펼치지 못한 것도, 또한 인생의 황금기에 서둘러 삶을 마감한 것도, 궁극적으로는 일제 강점이라는 시대상황에서 기인한다. 말 그대로 식민지 지

621쪽.

12) 임헌영, 「심연수의 생애와 문학」, 『소년아 봄은 오려니』, 강원도민일보사, 2001, 157쪽.

13) 최근 심연수 시 연구를 집대성한 자료집이 발간되었다. 심연수 기념사업회 간, 『심연수 논문집』, 2018.12; 심연수 기념사업회 간, 『심연수 육필 시고집』, 2018.12.

식인의 비참한 생의 여정을 극명히 보여주고 있는 것이다.

심연수는 1918년 5월 20일에[14] 강릉에서 삼척 심씨 심운택(沈雲澤)의 5남 2녀 중 장남으로 태어났다. 가정환경은 그의 민족의식과 시창작에 중요한 영향을 끼쳤다. 조부 심대규는 의협심이 강한 유학자였다. 심연수의 강인한 의지와 선비기질은 조부에게서 유전된 것으로 보인다. 삼촌 심우택은 이동휘와 활동했던 독립운동가였고 남동생 학수는 항일투사 박관순과 동서지간이었다.[15] 큰 누나는 문학에 조예가 깊어 학교 글짓기에서 늘 1등을 차지했으며 학수도 연변작가협회 회원으로 활동하였다. 이처럼 주변 가족이 독립운동이나 문학활동에 적극적이었고 이러한 가풍에 심연수도 영향을 받은 것으로 보인다. 실로 그의 민족문학은 이러한 가족사적 환경에서 배태되었던 것이다.

1925년 3월 그가 7살 되던 해 가족과 함께 동해 바다를 건너 러시아 블라디보스토크로 이주한다. 본격적으로 유이민의 삶이 시작된 것이다. 그런데 러시아 1차 경제개발 5개년 계획이 수립되어(1928) 한국인 이주정책이 수행됨으로써, 부득이 심연수 가족은 1931년 흑룡강성 밀산으로 이주한다. 심연수는 그곳에서 신안진 초등학교에 입학한다. 1935년 다시 용정 길안촌으로 재이주하여 동홍소학교 5년에 편입된다. 1937년 소학교를 졸업하고 동홍중학에 진학한다.

중학시절 비로소 문학에 눈을 뜨게 된다. 이 무렵 문예반장을 맡아 습작에 몰두했고, 교사의 부인이었던 강경애에게 직접 문학 지도를 받기도 했다. 그의 소설 창작은 강경애의 영향이 컸던 것으로 알려져 있다.[16] 마침내 1940년 신경(장춘)에서 발간되던 『만선일보』[17]에 5편

---

14) 용정의 묘비에는 1919.5.20으로 되었으나 여타 기록에는 1918로 되어 있다.

15) 박관순은 김일성의 이종사촌으로, 심학수와 매우 친밀한 관계였다. 임헌영, 「심연수의 생애와 문학」, 144쪽.

의 시를 발표한다. 정식으로 문단에 데뷔하는 셈이다. 이때 쓴 1년
분의 일기도 그의 문학적 상상력을 엿볼 수 있는 좋은 자료이다.[18]
중학시절 이미 왕성한 창작열을 불태웠던 바, 17일간의 수학여행
(1940.5) 체험을 바탕으로 67편의 기행시를 창작하기도 한다.

1941년 일본대학 예술학원 창작과에 입학하여 신문배달, 공사장
잡부로 일하며 공부했다. 재학 시 민족시인 이기형과 친분을 맺고
여운형과 교유하기도 했다. 졸업반 당시 20여 일 간의 수학여행을
하며 작품을 쓰기도 했다.[19] 1943년 일본대를 졸업하고 학병징집을
피하기 위해 지바현으로 피신하고, 다시 중국으로 온 후 영안현, 신안
진 등지에서 소학교 교사로 근무했다. 신안진 소학은 김좌진 장군이
설립한 민족 학교였다. 재직 중 학생들에게 반일사상을 고취하여 2번
이나 유치장 신세를 지기도 했다.

1945년 2월에 용정 예배당에서 백보배와 결혼하였으나 신혼의 단
꿈은 오래가지 못했다. 히로시마에 원폭이 투하됐고, 이 소식을 접한
심연수는 동료 6명과 함께 도보로 용정까지 걸어오던 중 괴뢰국이었
던 만주국의 군인에 의해서 피살되었다. 이때 배낭 속에 있던 원고뭉
치를 막내 동생 심호수가 보관하여 55년 뒤 시집으로 발간하게 된다.

원래 심연수는 생존시 48편의 시를 모아 육필 시선집, 『지평선』을
꾸민 바 있다. 그러나 출판은 어려웠고 끝내 사후에야 시집이 간행된
것이다. 동시에 윤동주 스크랩북도 함께 보관되었다.[20] 1946년 3월

16) 김해응, 「심연수의 생애와 시세계 연구」, 『국제 한인문학 연구』 2집, 2005, 111쪽.
17) 『만선일보』는 용정에서 간행되던 『간도일보』와 신경에서 간행된 『만몽일보』가 합친 것으
로, 우리 문인들과 관계가 깊다. 최남선·염상섭·안수길·손소희·박팔양 등이 이에 관여했다.
18) 심연수 기념사업회 간, 『심연수 육필 일기집』, 2018.12.
19) 대학시절 가장 왕성한 창작열을 불태워 100여 편의 작품을 발표한다. 이명재, 「심연수
시인론」, 61쪽.

시신을 수습하여 용정 가족묘인 심가능묘(沈家陵墓)에 안장된다.[21] 육필원고가 빛을 보아 2000년 7월에『20세기 중국조선족 문학사료 전집』1권으로 발간되고,[22] 2001년 8월에 그의 모교인 용정실험 소학교에 시비가 건립되었다.

이상이 간략한 심연수 생애의 족적이다. 심연수는 27년간 한국, 러시아, 중국, 일본을 떠다니며, 신산한 삶을 영위하다 비극적인 삶을 마감했다. 그의 삶 자체가 식민지 역사를 반증하고 있으며, 우리민족 특히 조국 땅을 떠나서 이국을 유랑하던 유이민들의 비참한 삶을 생생히 증언하고 있다. 그리고 이러한 유이민의 고단한 삶이, 그리고 식민지 지식인의 피맺힌 절규가 그의 시에 그대로 녹아 있다. 이런 점에서 그의 삶과 시는 대표성을 갖는다.

오무라 마스오는 심연수의 시가 비록 예술성은 다소 떨어지나 기록성 면에서 탁월하다고 지적한 바 있다.[23] 일제 강점기의 시대상황과 민족현실을 대변하는 상징성을 띠고 있다는 지적인 것이다. 그의 삶과 시에 주목해야 하는 이유가 바로 여기에 있다.

4.3. 디아스포라 상상력

탈향(脫鄕) 및 유랑에 기초한 디아스포라 상상력이 심연수 시의 근간을 이루고 있다. 물론 이때 심연수의 디아스포라 상상력은 일제

---

20) 윤동주 막내 광주와 심연수 막내 해수가 막역한 사이어서 스크랩북이 전해진 것으로 보인다. 이 스크랩북은 윤동주와 심연수 사이의 간접 교류의 유일한 증거이다.

21) 심가 능묘에는 조부모, 부모, 심연수의 묘가 합장되어 있다.

22) 총 250편 중 시가 238편(시조 포함) 실려 있다. 그 밖에 장편 4, 수필 12, 일기, 편지 등으로 구성되어 있다.

23) 오오무라 마스오, 「재만 한인문학의 제상」, 『국제 언어문학』 제9집, 2004, 34쪽.

강점기의 시공이 배경이 된다.

심연수의 삶은 '뿌리 뽑힌 자'의 정처 없는 방랑의 연속이었다. 한국, 러시아, 중국, 일본 각지를 떠돌며 노마드(nomad)로서의 여정을 지속했다. 그의 인생역정은 일제 강점기에 대량으로 발생한 유이민들의 삶의 전형을 극명하게 보여주고 있다. 그의 짧은 생을 마감한 곳도 낯선 중국땅 왕청현이었다. 이런 부평초 같은 삶의 도정(道程)은 그의 시에 디아스포라 상상력으로 자리잡게 된다.

잘 살려고 고향떠나 못사는게 타향살이
간 곳마다 펼친 心荷 뜰때마다 허실됐다

흐뭇할 품을 찾아 들뜬 마음 잡으려고
동해를 둘려서 어선에 실려 대인 곳은
막막한 벌판이었다

싸늘한 북풍받이 허넓은 곳
떼장막을 치고 누워
떠돌던 몸 쉬이려던 심사
불쌍한 유랑민의 꿈이었다
서글퍼 가엾던 부모형제 헐벗고 주림을 참던 일
지금도 뼈아픈 눈물의 기록
잊지 못할 拓史의 혈혼이었다

▷▷「만주」

신산한 유이민의 가족사가 눈에 보이듯 선명하게 각인되어 있다.

짧은 시행 속에 고향을 떠나 이국땅에 자리잡기까지의 유이민의 여정을 생생히 압축하고 있다. 좀 더 나은 삶을 위해 정든 고향을 떠나 어선에 몸을 실었건만, 도착한 곳은 '막막한 벌판'이었다. 만주의 '싸늘한 북풍'을 '떼장막'으로 막아가며, 굶주림에 시달리며 연명해 가던 유이민의 '척사(拓史)', 그 간난(艱難)과 고난의 여정이 생생히 기록되어 있다. 유이민들의 유맹의식(流氓意識)이[24] 극명하게 표출되고 있는 것이다. 허형만은 이를 '유민사의 집약'으로,[25] 김룡운은 '조선민족 한의 집약'으로[26] 평가하고 있다.

무엇보다 시인 자신의 가족사의 생생한 체험의 기록이라는 점에서 리얼리티가 살아난다. 이 시는 이용악의 「낡은 집」처럼, 일종의 '가족사 시(family poetry)' 양식을 보여준다는 점에서 주목된다. 임향란은 심연수의 시를 가족사와 민족사의 만남이고, 생생한 삶의 기록이라는 점에서 '민족현실의 자화상'이라고 평가하였다.[27] '뼈아픈 눈물의 기록과 혈흔'으로 끝난 '불쌍한 유랑민의 꿈'은 조부의 죽음에서 절정으로 치닫는다.

꿈에서 고생으로 돌아가신 할아버지
가엾은 우리 할아버지
자손을 위하여 길바닥에서 놈들의 총에 맞아
객사하신 나의 할아버지여

---

24) 이명재는 유이민들의 유랑의식을 유맹의식으로 명명하였다(「심연수 시인론」, 63쪽).
25) 허형만, 「심연수 시 연구」, 『한국문학이론과 비평』 22, 한국문학이론과 비평학회, 2004, 379쪽.
26) 김룡운, 앞의 글, 629쪽.
27) 임향란, 「중국 조선족 시문학에 나타난 현실인식과 대응」, 『국제 한인문학 연구』 제3집, 2006, 202쪽, 216쪽.

닳아터진 열손가락에, 찢어져 펄럭이는 흰옷
진흙투성이 된 헌 버선과 꿰진 고무신
이제 먹을 것 찾아
떠지고 이고 이곳을 떠난다면
벌초도 못해 올릴 불효들을
용서해주세요

▷▷「돌아가신 할아버지」

이 시도 가족사 시의 한 예이다. 가족을 이끌고 유이민의 여정에 앞장섰던 조부가 끝내 '놈들의 총'에 쓰러졌다. 가족들을 위하여 헌신적으로 몸을 바쳐 부양했건만 돌아온 건 가난과 죽음뿐이었다. '닳아터진 열손가락, 찢어진 흰옷, 진흙투성이의 헌 버선, 꿰맨 고무신'은 조부의 고단한 삶을 생생하게 대변해 주고 있다. 성냥 한 톨 아끼려 부싯돌을 켜다가 엄지손가락에 피까지 흘리시던 조부(생략 부분)였건만, 가난은 피할 길이 없었다. 어쩌면 그것은 유이민들의 정해진 운명이었고, 피할 수 없는 삶의 질곡이었다.

하지만 그 가난은 끝내 극복되지 못하고 조부의 후손에게 대를 이어 지속된다. 조부를 '쓸쓸한 가둑나무 밭'에 묻고, 비석하나 세우지 못한 채, '먹을 것을 찾아 떠지고, 이고, 이곳을 떠나야 하는' 것이다. 신산한 유랑의 길은 끝없이 이어지는 것이다. 이처럼 '흰옷'으로 상징되는 조선 유이민들의 고단한 삶의 궤적을 생생하게 증언하고 있다.

이러한 유이민들의 '혈흔의 拓史'가 어찌 심연수 한 가족의 비극으로 끝났을 것인가. 일제 강점기 민족 대이동(exodus)으로 표현된 수많은 유이민들의 일반적인 삶의 전형일 것이다. 그런 점에서 심연수의 유이민 시편들은 당대성과 대표성을 띤다. 한 시대를 대변하는 '대표적 개인'으로서의 시적 위상이 심연수의 시에서 확인되는 것이다. 여기서 이용악, 백석, 안용만 등으로 이어지는 유이민 시의 계보가 심연수까지 이어지고 있음을 확인할 수 있다. 특히 심연수의 시가 생체험을 바탕으로 한 유이민 시의 전형을 보여주고 있다는 점에서 시사적 의미가 배가된다.

유이민의 정처없는 떠돌이 삶은 의당 고향에 대한 그리움으로 심화된다. 심연수 시편에서 고향 모티브를 발견하는 것은 어쩌면 자연스런 일일 것이다.

> 바다를 언제 건넜느냐
> 네 행색 너무나 외로워
> 고향을 그리는 애타는 마음을
> 낯설은 포구에서 쉬고 있느냐
> 두 나래 飛泡에 함빡 젖어
> 피까지 무거운 이역의 설음
> 마시지도 먹지도 않는 고달픔에
> 타는 듯 가벼운 몸을 어이하랴
> 섬도 없는 바다에서
> 풍파높아 지쳤어라
> 네 또 다시 날아갈 바다길
> 하늘아 바다야 잔잔하거라

▷▷「갈매기」 전문

유이민의 고달픈 삶의 기록이 이 시에서도 반복되고 있다. '마시지도 먹지도 않는 고달픈 행색'이 유이민의 초상화로 그려지고 있다.

'피까지 무거운 이역의 설음'이기에 고향에 대한 그리움의 정서는 증폭된다. 그가 머물고 있는 곳은 '구름 밑에 어두운 타향산천 물소리/길손이 잘 곳은 고목 밑의 너럭바위'(「인간의 노래」)일 뿐이다. '고향을 그리는 애타는 마음'은 '비포에 젖은 두 나래'를 활짝 펴고, 하늘과 바다를 건너 힘차게 비상한다. 고향땅(강릉)을 떠날 때 바다에 몸을 실었듯이, 다시 바다를 건너 귀향길에 나설 것을 굳게 다짐하고 있다. 이처럼 「갈매기」는 한 마리 갈매기에 기대어 자유롭게 고향땅을 밟고 싶은 시인의 감회를 형상화하고 있는 것이다. 앞서 사프란이 지적했듯이 디아스포라의 공통된 심의(心意) 성향인 원고향으로의 회귀의식이 선명하게 나타나는 것이다.

디아스포라 상상력과 관련하여 나타나는 또 하나의 특징은 북방정서이다. 심연수가 유랑의 삶을 이어가던 만주지역, 북간도의 풍광이 생생하게 펼쳐지고 있는 것이다. 물론 풍속이나 풍물 등 구체적인 소재의 표출은 아닐지라도 광활한 지평선이나 눈 덮인 설원, 긴 겨울밤과 세찬 북서풍 등의 이국적 풍경이 형상화되고 있다.

> 가) 雪線에 뽀얀 찬 기운이 오르고
>   서북풍에 얼음꽃이 흩날린다
>   광야에 눈길을 지나가는 차소리
>   해지는 지평선에 꽉 찬 暮色
>   길손이 달음질 친 雪線의 여정
>   雪光에 어두워지는 대지의 겨울 저녁
>
> ▷▷ 「대지의 겨울」

> 나) 바람은 서북풍

210

해질 무렵 넓은 벌판에
막막한 雪平線 조그마한 해덩이가 얼어 넘는다

▷▷「눈보라」

다) 하늘가 지평선 아득한 저쪽에
휘연히 밝으려는 대지의 여명을

▷▷「지평선」

라) 거친 땅 간도의 품을 흐르는 힘찬 동맥
안개낀 모아산 물소리에 께는 아침
낙조에 물든 비파암의 저녁 빛

▷▷「해란강」

가), 나)는 눈 쌓인 만주 벌판의 저녁풍경을 형상화하고 있다. '雪線, 雪平線, 雪光'의 낯선 표현들이 만주벌판의 겨울 풍경을 더욱 실감나게 부조(浮彫)하고 있다. 하얀 눈이 수북이 쌓여 있는 끝없이 펼쳐진 지평선, 시인은 그것을 '설평선'이라 칭했다. 그리고 그 위에 해가 지고 있다. 추위에 해도 얼어붙어 '조그마한 해덩이'로 넘어간다. 서북풍은 매섭게 불고, 얼음꽃이 이리저리 흩날린다. 남방에서는 볼 수 없는 북간도, 만주평원의 이국적인 풍경이다.

다)는 반대로 그 지평선에 아침 해가 떠오르는 여명을 묘사하고 있다. 휘연히 밝아 오는 지평선의 여명 속에 해란강이 흐른다. 라)에서는 심연수의 삶의 터전이었던 제2의 고향, 북간도 용정땅의 풍경을 그리고 있다. 거친 간도땅을 유유히 흐르는 해란강, 안개 낀 모아산, 낙조에 물든 비파암, 모두 용정의 아름다운 풍광들이다. 이러한 북간도의 낯선 풍경은 이국정서(exoticism)를 빚어내기에 충분하다.

아펠레이션(appellation, 命名法)에서도 「봉천」, 「송화강」, 「만주」, 「북국의 봄맞이」, 「국경의 하룻밤」, 「용정 역두에서」, 「해란강」처럼 북방의 이국적인 정취를 물씬 풍기는 명칭이 활용되고 있다. 이러한 북방정서는 유이민 시의 일반적 특징인데, 이용악, 백석, 김동환의 시에서 집중적으로 묘출된다. 심연수 시편에서 이용악의 두만강 연작시, 그리고 김동환의 「국경의 밤」의 시적 정서를 느낄 수 있는 것은 이러한 이유에서이다.

4.4. 민족정체성의 형상화

일반적으로 심연수의 시세계는 민족시 및 저항시로 평가받는다. 식민지 지식인으로서, 더구나 이국땅을 헤매던 유랑민으로서, 민족현실에 대한 역사인식은 투철했다. '뿌리 뽑힌 자'로서의 근원 찾기는 의당 민족정체성의 회복으로 귀결된다. 민족정체성의 회복은 일제의 강점상황을 종식시키고 민족해방에 이르는 도정(道程)이었던 것이다. 그가 한민족의 색채심상인 '흰색'에 집착하고, 단군의 후예임을 강조하며, 조선의 풍물에 애착을 가졌던 것도 이러한 정체성 회복의 방략이었던 것이다.

가) 말소리 서울말씨 옷도 조선옷이요
　　말도 다 조선말이다
　　거리엔 흰옷이 조선옷 흰빛이요
　　얼굴도 조선 얼굴 모습도 조선 모습

▷▷「서울의 밤」

나) 단군이 오신 길에 물 흘러 이강 되니

  강물이 예쁜 것은 더 말할 것 없어라

  주몽님 이곳에서 큰 일을 하였어라

▷▷「대동강」

가)에서 유난히도 '조선'을 강조하고 있다. 서울 사람이니까 당연히 조선 얼굴을 하고 조선말을 할 터인데, 새삼 그를 강조하는 이유는 무엇일까. 그것은 바로 그 말과 얼굴이 '조선혼(朝鮮魂)' 또는 '조선심(朝鮮心)'의 표상이기 때문이다. 식민지 서울이지만 사람과 말은 조선 그대로인 것이다. 특히 '흰 옷'을 표나게 강조하는 것은 흰색이 백의민족의 환유임을 인식하고 있다. 우리의 민족 정체성이 생생히 살아있음을 환기시키고 있는 것이다.

나)에서는 한민족의 선조(先祖)의식을 부각시키고 있다. 대동강 물줄기를 단군후예들의 유구한 혈통으로 비유하여 고주몽의 고구려 신화창조를 찬양하고 있는 것이다. 주몽의 '큰 일'은 고구려 건국의 위업을 칭송한 말이다. 비록 주권을 강탈당한 식민지 조선이지만 찬란한 역사 속에 깃든 민족혼은 영원할 것임을 암시하고 있는 것이다.

5. 유이민 3세대, 홍용암

5.1. 연변 조선족 문학의 정체성

연변 조선족 문학은 비유컨대 고립된 섬과 같다. 조선족이라 칭해지는 중국 소수민족의 문학으로서 한자문화권인 중국문학에 비껴 나

유이민 시의 디아스포라 상상력과 민족 정체성　213

있으며, 한국문학이나 북한문학과도 일정한 거리를 구축하고 있다. 민족문학을 동일민족[屬人]이 동일언어[屬言]로 동일지역[屬地]에서 창작된 것을 기준으로 삼는 소위 삼속주의(三屬主義) 입장에서 볼 때 연변문학의 고립성은 더 분명히 드러난다. 국적은 중국이지만 민족은 한민족이고, 조선문으로 창작을 하고 있는 것이다. 중국이라는 지역에 갇혀서 조선인들이 조선문으로 작품을 쓰고 있는 형국인 것이다.

여기에 조선족 문학의 특수성과 고립성이 있다. 연변문학을 주도하는 창작주체인 연변 조선족 자체가 민족 정체성(national identity)의 혼란을 드러낸다. 국적은 중국인이면서 조선족으로 살고 있는 것이다. 그들의 정체성의 혼란은 연변의 특산물인 '펑귀리'라는 과일로 상징된다. 펑귀리는 사과와 배를 접목시킨 '사과배'라는 독특한 과일이다. 모양과 맛이 사과와 배를 혼합해 놓은 상태이다. 연변 조선족은 펑귀리처럼, 중국인이면서 조선족인 이중성을 갖고 있다. 이 이중성(doubleness)이 바로 민족의 정체성 혼란을 초래하는 것이다.

하지만 조선족들은 이 혼란을 슬기롭게 극복하고 연변 조선족 문학이라는 한 집단의 문학을 개성 있게 구축하고 있다. 500만 해외동포들 중에서 연변 조선족처럼 한민족의 정서를 우리말, 우리글로 표출하고 있는 동포들이 어디 있는가. 재일교포, 재미교포들은 일찍이 한글문학을 포기한지 오래됐으며, 중앙아시아 고려인들의 한글문학도 소멸의 경지에 놓여 있다. 이런 점을 고려할 때 한글문학을 고수하고 있는 연변 조선족 문학에 대해서 우리 한민족은 뜨거운 갈채와 성원을 보내야 마땅할 일이다.

그 고립된 섬에서 한글문학을 고수하고 있는 한명의 시인이 홍용암이다. 홍용암은 청소년 시절부터 연변문학의 신동이라 칭해지던 조선족 대표 시인이다. 그는 16세 소년시절에 『꽃무지개』라는 시집을 상재하여 연변문단에 데뷔한 후, 『나는 시골아이』, 『흰구름이 된 이야기』, 『여행자』, 『사슴뿔 나무』 등의 시집을 발간했으며, 소설, 수필, 평론, 실화 등 다방면에 걸쳐 정력적으로 문필활동을 전개한 연변의 대표적인 문인이다.

2001년 연길에서 '홍용암 시작품 연구 쎄미나'가 연변의 여러 문학 단체들의 주관 하에 개최됨으로써 연변문학에서 갖는 그의 문학적 위상을 높여 주었고, 그의 문명(文名)은 널리 한국에 까지 알려졌다. 급기야 2005년에 북한의 평양출판사에서 『다리를 놓자』는 시집을 4만부나 찍기에 이르렀다. 그의 시세계는 이미 김룡운 등 연변의 대표적인 논자들에 의해서 조명된 바 있다.28)

홍용암은 분명 조선족문학의 '대표적 개인'이다. 고립된 문학의 섬에서 외롭게 문학혼을 불태우고 있는 시인이다. 따라서 그의 시세계를 살피는 것은 연변문학의 한 단층을 파헤치는 작업이 될 것이고, 연변문학의 퍼스펙티브(perspective)를 살피는 관건이 될 것이다. 특히 그의 시세계가 조선족의 민족적 정체성 찾기와 민족혼의 구현에 초점을 맞추고 있는 바, 연변문학의 특수성을 살펴보는 좋은 계기가 될 것이다.

5.2. 민족 정체성의 혼란과 자아 찾기

홍용암은 전형적인 중국 조선족이다. 여기서 전형적이란 말은 현재 중국 조선족 사회를 구성하고 있는 구성원의 보편적 특성을 구유하고

---

28) 2001년 3월 연변의 여러 문학 단체에서 홍용암 시 종합 세미나가 개최되고 그 성과물이 『청춘표류의 고독한 인생고백』(2001.5, 연변교육출판사)으로 출간됨.

있다는 뜻이다. 그는 중국 흑룡강성에서 태어나 자랐지만 그의 선조는 조선 땅에 뿌리를 둔 유이민이었다. 친할아버지는 함경북도가 고향이고, 외할아버지는 경기도가 고향이다. 말하자면 홍용암은 유이민 3세인 것이다. 유복자로 태어난 그는 어머니의 간고한 보살핌으로 교육을 받고 지금은 연길에서 사업가로 활동하고 있다. 그의 고학과 입지전적인 사업가로의 변신은 연변사회에서 큰 화제가 되고 있다.

이러한 그의 성장환경이나 가계보를 볼 때 그의 시에 주조를 이루는 정체성의 혼란과 자아 찾기의 몸부림은 어쩌면 자연스러운 현상이라 할 수 있다. 중국 조선족들이 겪는 민족정체성의 혼란, 즉 나는 누구인가, 나는 어디서 왔고 그 뿌리는 어디인가에 대한 끊임없는 회의와 방황은 홍용암에게도 결코 예외가 아닌 것이다. 더구나 시인으로서 감수성이 누구보다 예민한 그로서는 민족 정체성의 문제가 인생의 화두, 나아가 시적 화제로 각인되었던 것이다. 그의 시 도처에서 정체성에 대한 질문과 뿌리 찾기의 흔적이 남아 있다.

이러한 홍용암 시의 영원한 화두인 정체성의 문제는 두개의 객관적 상관물로 형상화되고 있다. 그것이 바로 '흰구름' 이미지와 '민들레' 이미지이다. 이 두 이미지를 통하여 그는 정체성의 문제를 선명하게 형상화하고 있다. 구름과 민들레는 그 공통적인 속성이 부유성(浮游性)이다. 어느 한 곳에 정착되지 못하고 이곳저곳을 떠다니는 속성을 지닌 것이 구름과 민들레 홀씨인 것이다. 그런 점에서 이 두 이미지는 유이민들의 떠돌이 삶을 환유하는 적절한 시적 기제다.

홍용암의 필명은 '백운(白雲)'이다. 그 만큼 그는 구름, 특히 흰 구름에 집착하고 있다. 김룡운은 흰 구름이 홍용암 시의 근간이며, 시적 에너지이자 메시아라고 평하고 있다. 그리고 그것은 자아, 한(恨), 사랑, 순결, 민족애, 효성 등의 다양한 주제를 함의한 시그니피에라고

분석하고 있다.29)

시집 『흰 구름이 된 이야기』는 그의 자전적 소재를 시화한 시집인데 흰 구름이 되어 살아온 그의 인생역정을 담담하게 그리고 있다. 시집 『다리를 놓자』에서도 흰 구름의 역할은 중요하다. 특히 흰 구름은 정체성의 혼란을 그리는데 중요한 시적 무기로 기능하고 있다.

> 나는 한 조각 흰 구름
> 오고 돌아오지 못하는 한 조각 흰 구름
> 산산이 흩어진 한 조각 흰 구름
> 회오리 선풍에 휘말려 오락가락
> 낯선 이역 만리 타향에서 떠돌다
> 눈 못 감고 승천한 흰 옷의 원혼들이
> 정든 고국 못잊어 죽어서 찾아가는
> 나는 한 조각 흰 구름
>
> ▷▷ 「나는 한 조각 흰 구름」

이 시에서 흰 구름은 일제 강점기에 북간도로 쫓겨난 유이민들의 시적 표상이다. 시에서 '회오리 선풍'은 조선 말기부터 불어 닥친 민족 수난의 역사적 광풍을 암시하고 있다. 그 광풍에 그들은 멀리 중국땅까지 떠밀려 온 것이다. 그리고 '어디가나 발길 잇닿는 곳, 거기가 바로 내 집이라, 긴긴 세월 방랑살이'(생략 부분)가 시작 되었던 것이다. 홍용암은 바로 그 유이민 세대의 후손이다. 말하자면 한 조각의 뜬 구름인 것이다. '구름세대', 그것이 홍용암이 그리고자 하는 중국 조선

---

29) 김룡운, 「다리를 놓는 시인」, 『다리를 놓자』, 한국학술정보, 2006.1.

족의 시적 자화상이다.

그리고 그것이 흰 구름이라는 점에서 의미심장하다. 이미 시에서 암시하고 있듯이 흰 구름은 '흰옷'의 환유인 것이다. 다시 말해 백의민족의 시적 표상인 것이다. 일제 강점기 북간도로 정처없는 삶의 표랑을 떠났던 우리 민족의 슬픈 역사를 암시하고 있다. '백운'이라는 홍용암의 아호는 얼핏 낭만적인 분위기를 풍기지만 기실 이러한 심오한 함의를 내포하고 있는 것이다. 어쩌면 민족시인으로 평가받고 있는 홍용암으로서 걸맞은 아호일 것이다.

이처럼 그는 유이민 3세대로서, '흰 구름'의 후손으로서 민족 정체성을 상실한 채 덧없는 삶을 영위하고 있다. '어제도 오늘도 한 조각 흰 구름, 정처없이 떠도는 한 조각 흰 구름, 세월 따라 바람따라 하염없이 표류' 하는 존재로서 그의 정체성을 표명하고 있다. 뿌리가 없는, 뿌리내리지 못하고 떠도는 부평초 같은 존재, 그것이 홍용암이 인식하고 있는 민족 정체성의 본질이다. 앞서 지적했듯이 연변의 특수 산물인 평궈리, 사과도 아니고 배도 아닌 그 과일의 속성이 그대로 중국 조선족의 자화상인 것이다.

이러한 민족 정체성의 혼란과 자아탐구는 「구름」, 「흰 구름의 길」, 「구름이 된 이야기」, 「운바라기가 된 소년」 등 일련의 구름 연작시에서 지속적으로 나타난다.

이러한 혼란이 어찌 홍용암 개인의 문제일 것인가. 그의 선조, 그리고 지금 현세대, 그리고 후세대가 짊어질 중국 조선족의 멍에일 것이다. 홍용암은 중국 조선족의 한 일원으로서 그러한 조선족 동포의 애환을 시적으로 승화시키고 있는 것이다. 그 점에서 대표적 개인으로서 홍용암의 시적 위상이 확인된다.

민족 정체성의 혼란을 암시하는 또 하나의 시적 표상은 민들레이다. 그의 시 도처에서 여기저기 날아다니는 민들레 홀씨를 만날 수 있다.

전해 내려온 전설에 의하면, 듣자니 나는 원시 저 건너 어디라 할까
그 무슨 먼 바다 남쪽
제주도 한라산 기슭에 오붓이 모여 피던 하얀 민들레 가족 꽃씨의
꽃씨의 꽃씨의 꽃씨였다는데…
어느 날 그 어느 회오리 선풍에 휘말려 문득 여기 낯선 지대에 불려와
자리를 잡고 싹이 트고
자라서 꽃피웠을까 흙도 물도 기후도 생소한 이 땅에 ―
나는 왜 꼭 여기서 피어야 했고 앞으로도 그냥 못박힌 듯이 이곳에서
뿌리를 박고 잎을 치고
꽃씨를 뿌려야 할까? 그것이 개변할 수 없는 정해진 내 숙명일까?
매양 돌이킬수록 무척 의문스럽다. 풀기 힘든 어려운 수수께끼처럼 ―
▷▷「민들레 가족 신화」

이처럼 시적 자아는 내가 누구이고 내 뿌리는 무엇인가에 대해 의문을 지속적으로 던지고 있다. 그의 선조는 원래 제주도의 민들레였건만, 회오리 선풍에 떠밀려 중국이라는 이국땅에 뿌리를 내렸다. 시적 자아는 그 제주도 민들레의 '후예의 후예'인 것이다. 중국 유이민 3세대로서 시인의 민족 정체성에 대한 회의와 탐색정신이 엿보인다. 내가 왜 여기서 피어야했는가, 앞으로도 이곳에서 뿌리를 다시 내려야만 하는가라는 자문 속에 이민 3세대로 살아가는 시인의 아픔과 역사적 통찰을 느낄 수 있다.

그 아픔과 번민이 어찌 홍용암의 개인적 고뇌로 끝날 문제일 것인

가. 중국동포들의 태생적 한계, 운명론적 존재성에 대한 시적 탐구가 홍용암의 시적 주제임이 다시 한번 확인된다. 그의 호가 '백운'이듯이, 흰 구름과 민들레 홀씨는 중국조선족의 민족적 표상이며, 백운시의 영원한 시적 화두로 자리매김 되고 있다. 이 지점이 한민족 시인으로서 홍용암이 갖는 위상이다.

5.3. 디아스포라 의식

주제의식에서 홍용암의 시는 유이민 문제를 좀 더 예리하게 천착하고 있음이 확인된다. 그는 일제 강점기의 유이민 문학이 아니라 2000년대의 유이민 문학의 영역을 개척하고 있는 것이다.

홍용암의 유이민 의식은 전술한 바, 민족 정체성 찾기로 구현된 바 있으나, 나아가 유이민 1세대의 망향의식이나, 두만강 모티브로 표출되기도 한다. 유이민의 당사자였던 아버지, 할아버지 세대의 망향가, 그리고 유이민들의 심리적 국경선이었던 두만강을 소재로 한 노래를 통해 유이민 의식을 새롭게 조명하고 있다. 유이민 당세대가 아니라 그 후세대의 관점과 시각이라는 점에서 홍용암의 유이민 시는 이채를 띤다.

고향땅을 떠나온 선조들의 망향가는 홍용암 시의 한 주류를 형성하고 있다.

아버지
이 불효자식의 죽을 죄를 용서해 주옵소서...

남쪽나라 쑥대 우거진

임자 없는 산소 하나
외로움에 한결 황폐해지는 날

해마다 청명날은
할아버지 대취하여
울고불고 노래하며 춤추는 날

'신라의 달밤' 옛 가락
더욱 처량하게 들리는 날…

▷▷「청명」

청명일을 맞이하여 고향땅에 돌아가지 못하고 먼 이국땅에서 돌아
가신 아버님을 기리는 자식의 애틋한 심정이 절절하게 묘사되고 있
다. 서러움에 못 이겨 대취한 채 울고 불며 「신라의 달밤」을 불어
재끼는 할아버지를 바라다보는 손자의 모습에서 이민 후세대의 표정
을 엿볼 수 있다. 신라의 달밤소리가 '처량하게' 들리는 것은 유이민인
할아버지의 아픔이 그에게로 그대로 전이됐기 때문일 것이다.

시인은 유이민의 후세대로서 유이민 당세대인 할아버지와 공감대
를 형성하고 있다. 그 공감대의 매개가 바로 '신라의 달밤'인 것이다.
이런 점에서 한국가요 「신라의 달밤」은 유이민 의식을 환기하는 객관
적 상관물이다.30)

이러한 망향의식의 객관적 상관물은 때로는 '두만강', '타향살이',
'아리랑'으로(「애주가 할아버지」) 변주되기도 한다. 이러한 망향의식은

---

30) '신라의 달밤'은 1949년 현인이 불러 크게 히트한 노래다.

아늑하고 신비로운 고향의 꿈으로(「운바라기가 된 소년」), 고향생각 때
문에 주름살이 늘어나는 어느 며느리의 울음으로(「고향생각」), 고향땅
을 퍼 와서 할아버지 산소에 뿌려드리는 효성행위로(「대대의 숙원」),
죽어서도 두 눈 뜨고 고향땅을 바라보겠다는 할아버지의 유언으로(「유
언」), 조상들의 흰 뼈를 끌어안는 충동으로(「내고향」) 표출되고 있다.
이처럼 망향의식은 홍용암의 시의 주조음으로 나타난다.

한편 홍용암 시에서 두드러지게 표출되는 두만강 모티브도 유이민
의식을 강화하는 또 하나의 시적 기제로 작동하고 있다.[31] 대표작
「두만강」을 보자.

> 역사의 강– 두만강!
> 네 거울에 비친 흰 옷의 그림자들
> 너는 기억하고 있으리라
>
> 너를 건너오던
> 흰 옷 입은 서러운 나그네
> 쪽박차고
> 막대짚고
> 지게지고
>
> 나는 그 때
> 그 배고파 우는 철부지 아이

---

31) 홍용암은 『다리를 놓자』 후기에서 두만강에 대한 자신의 심회를 수필형식으로 풀어내고
  있다(김룡운, 앞의 글(2006), 197~222쪽).

아들의 아들의 아들

설움의 강– 두만강!
너를 한번 건너오기는 쉬워도
다시 건너가기는 쉽지 않았더라

▷▷「두만강」

유이민들의 참상이 리얼하게 묘파되고 있다. 지게 위에 철부지 아이를 짊어지고 남루한 옷차림으로 두만강을 건너던 유이민의 형상이 사진처럼 각인되어 있다. 시인은 바로 그 서러운 나그네의 후손이다. 시인의 선조가 되는 그 할아버지의 형상은 일제 강점기 대규모로 발생한 유이민들의 전형이라는 점에서 주목된다.

더구나 그것이 유이민 후손의 기억 속에서 재현되고 있다는 점이 흥미롭다. 유이민 문학은 일제 강점기로 끝나지 않았음을 이 시는 말해주고 있다. 유이민 후세대에 의해 명징한 기억으로, 그리고 삶의 현장 속에서 생생히 재현되고 있는 것이다. 그런 점에서 이 시는 실로 2000년대의 신유이민 시가 되는 것이다.

이 시의 주된 시적 배경이 되는 두만강은 홍용암 시에서 하나의 라이트 모티브(light motive)로 작동하면서 주제의식을 구현하고 있다. 두만강 연작시라 할 만큼 많은 두만강 시가 창작되고 있다. 그는 두만강을 ‘눈물의 강’인 ‘루만강(淚滿江)’으로 명명하기도 한다. ‘흰 옷 입은 난민들의 서러운 눈물’이 쏟아져 이루어진 ‘한겨레 수난의 눈물의 강’이 되고 만 것이다(「루만강」). 시인은 두만강의 푸른 물결을 유이민들이 쏟아낸 눈물로 인식하고 있는 것이다.

홍용암의 두만강 노래는 한국 문학사에서 탁월한 유이민 시인으로 평가되는 이용악의 두만강 절창을 환기해준다. 앞서 살폈듯이 이용악은 두만강 연작시로 두만강을 넘나들던 유이민들의 애환을 생생하게 재현해 냈다. "잠들지 말라 우리의 강아, 오늘 밤도, 너의 가슴을 밟는 뭇 슬픔이 목마르고, 얼음길은 거칠다 길은 멀다, 두만강 너 우리의 강아"(「두만강 너 우리의 강아」)라고 절규했던 이용악의 생생한 목소리가 홍용암의 시에서 들리는 듯하다. 이용악을 두만강의 시인이라 했듯이, 2000년대 또 한명의 두만강 시인을 만날 수 있는 것이다.

5.4. 민족혼의 카타르시스

홍용암의 정체성 찾기와 유이민 의식은 마침내 민족혼의 카타르시스(catharsis) 경지에 이른다. 어쩌면 정체성의 혼란과 노마드, 유이민으로서의 방랑은 민족혼에 이르기 위한 통과제의였는지 모른다. 그 고난의 통과제의를 거친 홍용암은 한민족의 웅원한 목소리와 단군신화의 설화적 상상력을 마음껏 펼치게 된다. 홍용암은 민족혼의 형상화를 위하여 흰색 이미지와 모성 이미지를 적극 수용하고, 때로는 민족혼을 환기하는 민속물들을 동원하기도 한다.

먼저 단군의식을 보자. 주지하다시피 단군은 우리민족을 상징하는 신화적 존재이다. 따라서 단군이라는 시적 소재는 민족의식에 물꼬를 대는 중요한 매개물이다. 따라서 홍용암 시에 단군이 중요한 시적 소재로 수용되고 있다는 것은 그 만큼 민족의식이라는 시적 주제를 강화하려는 시인의 의도가 작용하고 있음을 암시하는 것이다.

단군님
당신은 백두산에 계십니까

한라산에 계십니까
아니면 묘향산에 계십니까
금강산에 계십니까

그러나 날마다
구주를 성심으로 받들 듯이
나 그 이상으로 당신을 우러러
한없이 경건히 신앙하는
당신의 충실한 신자입니다

그 뿐이 아닙니다
당신은 아직도 이 세상에
칠천만의 성도를 갖고 계십니다

당신이 계신 천국으로 가서
당신의 선량한 백성이 되겠습니다
제 평생의 유일한 소원은
오직 이것 뿐–
그런 날이 꼭 있으리라 고대합니다.

▷▷「내 평생의 소원」

시인은 단군을 성령(聖靈)적 존재로 부각시키고 있다. 예수 그리스
도와 같은 존재, 실로 단군은 우리 민족의 성령인 것이다. 따라서 그를
"한없이 경건히 신앙하는 당신의 충실한 신자"로 남는 것이 시인, 아
니 우리 민족이 취해야 할 정도(正道)임을 설파하고 있다. 신화의 차원

에서 종교의 차원으로 단군 이미지를 끌어 올리려는 시인의 의도에서 도도한 시인의 민족의식을 엿볼 수 있다. 오랜 세월 전해 오는 단군 신화나 설화에서, 또는 단군소재의 현대시에서 단군을 종교적 대상으로 노래한 것은 일찍이 본 바가 없다.

두 번째 홍용암의 민족혼의 카타르시스는 화이트 콤플렉스(white complex)로 현현되기도 한다. 그의 시를 한 폭의 수채화로 비유한다면 흰색으로 채색된 백화(白畵)라 칭할 수 있다. 흰색의 마술사, 이것이 시인으로서 홍용암의 자화상이다. '백운'이라는 아호가 시사하는 상징성도 이와 무관하지 않다. 대체로 그의 화이트 콤플렉스는 '흰 구름'과 '백의(白衣)'로 구현된다. 흰 구름의 이미지는 앞서 고찰한 바 있음으로 여기서는 백의의 이미지를 분석하기로 한다. 대표시 「백의 유랑자」를 보자.

천양만색 옷 물결이 파도치는
낯설은 이국의 네거리에서
흰 옷을 간직하고 살아가기가
이리도 어려운 줄 미처 몰랐다

그래도 어머님 물려주신 옷
죽어도 그 옷만은 못 버리겠다
언제나 어디서나 시시각각
어머님 천금당부 명심하며
흰 옷을 입고 끝없이 유랑한다

▷▷ 「백의 유랑자」

'백의'는 백의민족의 환유이다. 시인은 백의민족의 후예로서 당당하게 살아갈 것임을 천명하고 있다. "낯설은 이국의 네거리에서, 흰 옷을 간직하고 살아가기가 이리도 어려운 줄 몰랐다"는 시인의 언명에서 중국 조선족의 정체성을 극명하게 드러낸다. 시인은 중국을 차라리 '이국(異國)'이라고 호칭하고 있다. 분명 그는 중국의 국적을 갖고 있는 중국인이면서 어찌 그곳이 '낯설은 이국'이란 말인가. 중국인이면서 중국을 이국으로 받아들이는 시인의 인식은 중국 조선족의 의식구조의 심연을 드러낸 표현이다.

앞서 '펑궈리'를 지목했지만 사과도 아니고 배도 아닌 '사과배'로 살아가야 하는 조선족의 아픔이 있다. 흰 옷을 입기가 힘들다는 표현은 중국 조선족으로 살아가기 힘들다는 또 하나의 비유이다. 물론 흰 옷은 때가 잘 타고 간수하기가 힘든 옷이다. 그만큼 조선족들은 조심스럽게 조련하면서 삶을 영위해 가야 한다. 하지만 시인은 그 흰 옷에 긍지와 자부심을 느끼고 있다. 흰 옷을 입고 유랑할망정 "초라하지 않도록 품위 있게 간수하며"(생략 부분) 살아 갈 것을 굳게 다짐하고 있다. 다시 말해 어머님의 뒤를 이어 조선족으로서 떳떳하게 살아갈 것을 천명하고 있는 것이다.

흰 옷 이미지는 여러 시에서 확인되는 바, 「어머님을 그렸다네」에서는 앞서 살핀 '백의 유랑자' 인식을 반복하고 있으며, 「무슨 옷을 입고 돌아갈까」에서는 흰 옷의 수의를 입고 생을 마감할 것을 다짐하기도 한다. 「한 여름 두만강가」에서는 흰 옷을 입고 흰 빨래를 하고 있는 아낙들의 모습에서 백의 민족의 영상을 한폭의 수채화로 그리고 있다.

홍용암은 민족혼의 카타르시스를 위하여 또 하나의 시적 전략을 동원하는데 그것이 바로 객관적 상관물의 직접 수용이다. 조선혼을 환기할 수 있는 각종의 시적 소재들을 적극적으로 끌어 들이고 있다.

청명, 칠월칠석, 추석(민속명절), 콩쥐팥쥐, 장화홍련전, 춘향전, 심청전(민간설화), 월향, 논개, 남이장군, 이순신, 을지문덕, 안중근(역사적인물), 기와집, 물바가지, 족집게(생활소재), 아리랑, 젓가락 장단, 신라의 달밤, 타향살이(전통민요 및 유행가요), 무궁화, 진달래, 해당화, 봉선화(꽃) 등등 실로 헤아리기 힘들 정도로 다양한 소재들이 동원되고 있다.

예거한 것은 시집 『다리를 놓자』에서 추출된 것인데 여타 시집에도 마찬가지 양상을 보이고 있다. 이러한 소재들은 공히 한민족의 역사와 정서를 환기해 주는 시적 상관물들이다. 시인은 이러한 다양한 소재들을 시속에 끌어들임으로써 민족혼의 카타르시스에 성공하고 있다. 홍용암은 다양한 소재를 시적 전략으로 활용할 줄 아는 소재주의 시인인 것이다. 아무튼 그는 민족혼을 환기하는 객관적 상관물들을 통하여 마음껏 민족혼을 카타르시스 할 수 있었던 것이다.

6. 모국체험의 유이민 시

그 동안 교류가 막혔던 한중관계가 1992년 한중수교 후 개선되어 자유로운 왕래가 가능해졌다. 그런 흐름으로 조선족의 모국방문도 급물살을 타게 되었다. 사업, 취업, 유학으로 모국방문이 활발해졌는데 무엇보다 한국에 있는 친지방문으로 혈육 간의 만남과 소통이 빈번해졌다.

그런 와중에 문인들의 모국 방문도 활발해지면서, 실제 한국에 있는 고향땅을 밟고 느낀 감회를 노래한 시편들도 상당수 제작되었다. 이러한 모국 소재의 시는 조선족 시인이 모국인 한국땅을 밟은 체험을 바탕으로 한 시이기에 더 주목된다. 단순히 추억 속의 고향이거나, 상상 속의 고향이 아니라 실제 조국땅을 밝고 느낀 감회를 기록한 것이라 생생한 감정의 발로가 두드러진다. 특히 조선족으로서의 민족 정체성의 혼란이 여실하게 드러난다. 모국땅을 밟는 실제체험이 이들의 민족혼, 민족정체성을 자극하는 계기가 된 것이다. 이러한 현상은 조선족의 한국 교류가 빈번해질수록 더욱 심화될 것으로 예상된다.32)

모국 방문체험을 소재로 쓰인 작품들에 나타난 민족정체성의 구현 양상을 살펴보자.

먼저 조선족 원로 시인인 김철의 시 「고향의 감나무」(1998)를 보자.

매를 들고 섰는 고향의 감나무
가지가 휘도록 맺힌 그 자랑

사랑은 익어서 홍시가 되어도
익지 못할 자식의 떫은 그 효성

어머님 영상인가 휘여진 감나무
죄로운 내 마음에 그늘이 지네

▷▷1998.9.7. 고향 전남에서(김철, 「고향의 감나무」)33)

시인 김철은 전라남도 출신으로 고향에 살다가 1942년 만주로 이주 했다. 이 시는 그가 1998년 다시 고향인 한국의 전남을 방문해서 쓴

---

32) 유이민 후세대인 조선족 시의 시세계는 이사, 「조선족 시의 민족 정체성 구현 양상 연구」, 건국대학교 박사논문, 2013 참조.
33) 『20세기 중국조선족문학선집』 2(시선집), 연변인민출판사, 1999.9, 137쪽.

것이다. 무려 57년의 세월이 지난 후에 고향땅을 밟는 소회를 밝힌 시다. 시는 부모 자식간의 사랑을 감나무에 빗대 표현하고 있다. 감나무는 자식들을 키워낸 부모다. 감나무 가지에 매달린 감은 자식들이다. 감나무가 땅에서 물과 영양을 얻고 하늘에서 햇볕을 받아 탐스러운 열매를 맺었다. 탐스럽게 익은 감은 부모인 감나무의 고통과 헌신, 노고의 산물인 것이다.

하지만 시인은 그 감나무를 떠나 먼 이국땅으로 떠났고, 아무런 소식도 없다가 57년 만에 고향에 와서 부모님인 감나무를 만난다. 당연히 부모님은 이미 돌아갔고 부모님의 형상인 감나무만 고향집을 지키고 있을 뿐이다. 그런 감나무를 보며 자식된 도리를 못한 불경과 불효의 심사를 절절하게 표현하고 있다. '익지 못할 자식의 떫은 효성'이란 표현에서 시인의 그러한 아픈 마음을 읽을 수 있다. 부모님은 '달디단 정성'이었는데 자식은 '떫은 효성'인 것이다.

그런데 이러한 57년만의 해후와 비극은 근본적으로 유이민으로 떠난 과거의 트라우마에서 비롯된 것이다. 찾아뵈려고 해도 뵐 수 없는 이별의 비극은 바로 일제 강점기 유이민의 역사에서 비롯된 것이다. 결국 이 시는 만주 유이민의 아픈 역사를 되새기게 하는 것이다.

자신이 조선의 감나무의 감이며, 그 뿌리가 조선 땅에 내리고 있다는 시인의 인식도 중요하다. 곧 시인은 한민족의 후예라는 민족정체성에 눈 뜨고 있는 것이다. 단지 감나무가 부모의 상징이 아니라 조선의 감나무, 곧 한민족의 상징임을 환기하고 있는 것이다. 그런 점에서 이 시는 좁게는 가족의 연대감, 정체성을 노래하고 있지만 넓게는 한민족의 연대감, 곧 민족 정체성을 노래하고 있는 것이다. 곧 육신적 고향에서 이념적 고향의식이 발아되고 있는 것이다.

이처럼 한중 수교 이후 한국과의 왕래가 잦아지면서 조선족 시인들은 고향에 대한 인식의 폭이 넓어졌다. 현실적이던 과거 중국에서의 육신적인 고향의식의 범주를 넘어서서, 민족적이며 이념적인 고향의식을 모색하기 시작하기에 이른다.

리삼월의 시 「고향」(2000)에서도 이러한 인식의 흐름을 엿볼 수 있다.

고향은 언제나 마음에 따스한 건가
추운 북방 땅에서 살면서
추위를 견디는 내한성이
나이가 들어도 변치 않는
체질로 된 줄 알았는데
겨울에도 남풍이 자주 불고
푸른 대나무 설레이는 고향에 가서
나는 추위를 참고 견디는
체질로 면한 우세를 잃고 왔다

몇십 년을 좋게만 살아온
해마다 맞는 그러려한 겨울이
고향을 다녀온 후 부터는
어쩐지 길고 지루하고 춥다
고향은 언제나 마음에 따스한 건가

▷▷리삼월, 「고향」34)

---

34) 『장백산』, 2000.4.

리삼월 역시 오랜만에 모국인 한국땅을 밟고 와서 그 감회를 노래하고 있다. 그런데 이 시는 추위를 화두로 해서 모국방문의 감회를 그리고 있음이 이채롭다. 시인은 만주땅에 살면서 추위에 익숙해 있다. 만주의 겨울은 춥기로 정평이 나 있다. 한국과는 엄청난 차이가 있는 것이다. 만주로 이주하여 그런 혹한(酷寒)의 땅에 살면서 어느 정도 추위에 익숙해 왔다. 몇 십 년을 살면서, 나이가 들어가면서도 추위는 삶의 일부분이었기에 그저 '내한성(耐寒性)' 정도로 치부해 왔다. 하지만 조국을 다녀온 후 생각이 달라진 것이다. 한국에는 겨울에도 그리 춥지 않고 때로는 따뜻한 남풍도 분다. 그렇게 겨울이 따뜻한 모국을 다녀온 후 만주땅의 겨울이 더 춥고 지루하게 느껴지는 것이다. "어쩐지 길고 지루하고 춥다"는 시인의 고백은 이러한 심회를 표출한 것이다.

이 시의 키워드(keyword)인 추위는 무엇을 의미하는 것일까. 그것은 단순한 육체적 감각적 추위를 의미하는 것이 아닐 것이다. 한국의 겨울이 만주의 겨울보다 따뜻하다는 것은 상식이고, 당연한 일이다. 그것을 시인도 모를 리가 없다. 그러면서도 한국땅에 다녀온 후에 만주가 더 춥게 느껴진다는 것은 심리적, 정신적 의미가 내재해 있다. 시인이 느끼는 추위는 곧 살아왔던 만주땅이 이국이었기에 느껴지는 정신적 추위였던 것이다. 모국의 겨울에 비해 춥게 느껴지는 감회는 곧 모국에 대한 그리움과 애정의 표현이다.

곧 시인은 만주의 겨울과 한국의 겨울 추위를 통해 민족정체성을 환기하고 있는 것이다. 단순히 육체적 추위가 아니라 정신적 추위임을 빗대 사랑과 애정, 그리움과 향수에 대한 감정을 노래하고 있다. 결국 만주땅과 모국땅의 추위의 거리는 곧 한민족으로서의 정체성의 거리였던 것이다. 진정 시인의 가슴속에 불어오는 훈풍은 민족의 고향에서 불어오는 한국의 '남풍'이었던 것이다.

리삼월의 또 다른 시 역시 이주민의 방황의식이 고향 이미지를 통해 드러난다. 이 작품은 고향의식을 통해 민족 정체성의 혼란상황을 잘 표현하고 있다.

나는 태어난 곳도 명확하고
살다가 떠난 곳도 많지만
한 곳 고향을 짚을 수 없어서
어린 시절 이미 채색그림 한 폭만한
향수의 색깔을 잃은 사람이다.

▷▷리삼월, 「향수의 색깔」[35]

시인은 태어난 곳도 모르고 고향을 떠나 이곳저곳 만주땅을 헤며 돌며 살았다. 이러한 이주민의 삶은 비단 시인뿐만이 아닐 것이다. 일제 강점기 만주땅으로 이주한 유이민들은 비슷한 삶을 살았던 것이다. 비록 만주땅 한 곳에 정착한 사람들도 있지만 대부분 리삼월 시인처럼 이곳저곳 방랑하며 살아갔던 것이다. 먹고 살기 위해 조금이라도 좋은 땅, 좋은 곳만 있으면 떠날 수밖에 없는 게 유이민들의 삶의 조건이었다.

리삼월이야말로 태어난 고향도 모르고, 정착한 고향도 없으니 그는 '고향잃은 사람', 그야말로 떠돌이 노마드(nomad)였던 것이다. 그러한 노마드 의식이 "향수의 색깔을 잃은 사람"으로 표출되고 있다. 태어난 곳은 한국이지만 성장해서 살고 있는 땅은 중국, 그러기에 그는 향수

---

35) 『장백산』, 2000.4.

의 색깔조차 잃어버리고 만 것이다.

이 시에서 핵심어인 '향수의 색깔'은 바로 민족 정체성의 색깔, 곧 민족혼을 상징한다. 그는 민족혼을 상실한 채 부평초처럼 노마드적 삶을 영위해 왔던 것이다. 이러한 인식의 단초는 바로 모국체험에서 비롯된 것이다. 육신적 고향인 중국과 정신적 고향인 한국의 중간지대에서 방황하는 혼란과 갈등이 결국 '한 곳 고향을 짚을 수 없는' 정체성의 혼란으로 이어지고 있다.

현재 중국 조선족 사회는 1990년 이후로 급격한 변화의 물결에 휩싸여 있다. 정치 경제적 상황뿐 아니라 연변 중심이던 거주지역이 넓어지고 있다. 현재 조선족들의 삶의 공간은 한국, 러시아, 일본, 미국, 호주 등 세계 각 지역으로 확대되고 있다. 일본에 8만 명, 미국에 5만 명, 러시아에 10만 명, 한국에 40만 명 등으로 추정된다. 이는 중국 조선족 3명 중 1명이 해외에서 활동하고 있음을 의미하는 것이다. 이렇게 다양한 이주가 이루어졌고, 그곳의 생활 풍토가 다른 만큼 1990년도 이후 중국 조선족의 정체성 역시 그 이전과 또 다른 양상을 보일 것이다.[36]

7. 결론: 한민족 문학으로서의 유이민 시

민족문학의 개념과 범주를 설정할 때, 일반적으로 삼속(三屬)주의가 기본 전제가 된다. 즉 어느 나라 사람이, 어느 땅에서, 어떤 언어로

---

36) 박동훈·안화선, 「중국조선족의 초국가적 활동과 한반도: 디아스포라의 초국가적 성격에 관한 시작을 중심으로」, 『평화학연구』 13(1), 한국평화연구학회, 2012, 174쪽.

작품을 썼는가 하는 것이 기준이 된다. 한국문학의 경우 '한국인'이 '한국'에서, '한국어'로 쓴 작품이 한국문학이 될 것이다.

　본고에서 논의한 유이민 1세대 문학은 비록 북간도에서 살긴 했으나, 우리 국적으로 우리나라 사람이 우리말로 쓴 우리말로 작품이라 의당 국문학에 포함된다. 문제는 1949년 중화민국 건국 후 중국 국적으로 편입된 조선족 문학이다. 국적이 아예 중국으로 바뀌었기 때문에 과연 그를 국문학의 범주에 포함되는 것인지 문제가 되는 것이다. 조선족 문학을 삼속주의로 규정해 볼 때, 속인과 속언은 해당되지만 속지라는 조건이 부합되지 않는다. 즉 조선족 문학은 한국인의 후예가, 한국어로 문학을 하지만, 중국 땅에서 중국 국적으로 활동을 하고 있는 것이다.

　한국에서는 조선족에 대해 '조선족'이라는 명칭 외에도 '재중동포', '중국동포', '중국교포' 등의 명칭을 사용하고 있다. 이는 한국인의 입장에서 조선족은 중국에 거주하는 '단군의 후예'로 인식한다는 사실을 말해준다. 즉 한국인으로서 민족적 정체성이 더 강하다는 뜻을 내포하고 있다. '동포, 교포'라는 말 자체가 단지 삶의 터전이 외국일 뿐이지 민족은 한국인이라는 인식이 전제되어 있는 것이다. 일본 국적이 부여되지 않은 일본 거주 한국인을 '재일동포'로 부르는 경우와 흡사하다. 결국 중국 조선족 문학은 중국 동포문학이라는 개념으로 볼 때 넓은 의미의 한민족 문학에 포함시킬 수 있을 것이다.

　이러한 문제를 해결하기 위해서 필요한 것이 한국문학과 한민족 문학의 개념이다. 한국문학은 의당 삼속주의가 적용되는 우리의 국문학이다. 한국 땅에서 한국국적의 한국인이 한국어로 쓴 문학인 것이다. 그에 비해 한민족 문학은 타국 땅에서 쓰인 작품이라도 한민족의 후예 즉, 한국인 동포들의 문학을 지칭한다. 말하자면 한민족 문학은 한국문학뿐 아니라 해외 동포문학까지 포함한 광범위한 민족문학인 것이다.

이렇게 한국문학이 아니라 한민족 문학의 범주를 설정할 때 연변의 중국동포 문학뿐 아니라 일본교포, 재미동포, 우즈벡 고려인 문학 역시 한민족 문학에 포함된다. 이회성, 유미리 등 일본교포 작가의 경우, 대부분 일본어로 작품 활동을 하고 있다. 이회성은 『다듬이질 하는 여인』으로, 유미리는 『가족 시네마』로 각기 아쿠타가와 상을 획득하였던 바, 두 작품 다 일본어로 쓰인 작품이었다. 1964년 『순교자』로 노벨문학상 후보로 떠 오른 재미 작가 김은국도 영어로 작품 활동을 하였다. 이처럼 동포작가들의 경우 대부분 그들이 거주하고 있는 나라의 언어로 작품을 쓰고 있다. 하지만 그들이 한민족의 후예라는 점에서 비록 한국문학은 아니지만 한민족 문학인 것은 분명하다.

그런데 조선족 문학은 직접 한국어로 작품을 쓴다는 특징을 갖고 있다. 그런 점에서 일본, 러시아, 미국 작가들의 작품과 크게 변별된다. 더구나 그들 작품의 내용이 대부분 조선인의 입장에서 조선문화나 생활관습, 조선인의 정서 등을 바탕으로 해서 쓰고 있다는 점도 한민족 문학으로서의 특성을 여실히 보여주는 측면이다. 무엇보다 문학이 언어예술인 만큼, 어떤 언어로 글을 쓰느냐가 중요한 잣대가 되는 것이다. 언어가 단지 표현매체로 끝나는 것이 아니라 정신과 영혼을 관장한다는 점에서 더욱 그렇다. 한민족 언어에는 한민족의 민족혼이 스며있는 것이다. 그런 점에서 삼속주의 조건 중 속언주의가 가장 중요한 요건으로 평가돼야 한다. 비록 중국 땅에서, 중국국적을 갖고 작품 활동을 하고 있지만, 한민족의 후예로서, 한국어로 작품을 쓰는 조선족 문학은 포괄적으로 한민족 문학의 범주에 의당 포함시켜야 할 것이다.

나아가 이 문제는 한국문학이 좁은 민족문학의 울타리에 머물지 않고, 세계문학, 글로벌(global) 문학으로 발돋움하기 위해 반드시 필요한 과제이다. 한국문학은 단지 삼속주의에 얽맨 한국문학의 좁은 틀에서 벗어나 좀 더 폭넓은 시야와 지평을 유지할 필요가 있다. 한국문학의 세계문학화, 글로벌 문학화를 위해서는 한민족 문학의 퍼스펙티브(perspective)가 반드시 설정돼야만 한다. 그런 점에서 유이민 문학, 나아가 해외동포 문학에 대한 수용과 평가는 중요한 바로미터가 된다.

이 글의 유이민 문학은 이런 점에서 중요한 의의를 갖는 것이다.

참 고 문 헌

권혁률, 「새세기 중국조선족 시단의 풍경」, 『한국문학평론』 10(1), 한국문학평론가협회, 2006.

김룡운, 「문단에 솟아난 또 하나의 혜성, 심연수론」, 『20세기 중국 조선족 사료전집』, 2000.

김룡운, 『다리를 놓자』, 한국학술정보, 2006.

김해응, 「심연수의 생애와 시세계 연구」, 『국제 한인문학연구』 2집, 2005.

님웨일즈, 『아리랑』, 동녘, 1988.

시선집, 『20세기 중국조선족문학선집』 2, 연변인민출판사, 1999.

심연수 기념사업회, 『심연수 논문집』, 강원도민일보, 2018.

심연수 시선집, 『소년아 봄은 오려니』, 강원도민일보, 2001.

오무라 마스요, 「재만 한인문학의 제상」, 『국제 언어문학』 9집, 2004.

윤영천, 『물 위에 기약두고』, 실천문학사, 1988.

윤영천, 『이용악 시전집』, 창작과비평사, 1988.

윤인지, 『코리안 디아스포라, 재외 한인의 이주, 적응, 정체성』, 고려대학교출판부, 2004.

이명재, 「심연수 시인의 문학사적 위상」, 『시와 세계』 1집, 2003.

이사, 「조선족 시의 민족정체성 구현양상」, 건국대학교 박사논문, 2013.

이수향, 「용악과 용악의 예술에 대하여」, 『현대시인전집 1: 이용악』, 1949.

임향란, 「중국 조선족 시문학에 나타난 현실인식과 대응」, 『국제한인문학연구』, 2006.

허형만, 「심연수 시 연구」, 『한국문학이론과 비평』 22, 한국문학이론과 비평학회, 2004.

홍룡암, 『청춘 표류의 고독한 인생고백』, 연변교육출판사, 2001.

William Safran, "Diaspora in Modern Societies", *Diaspora*, vol. 11.

지식 지형의 변화와 탈한자화 문자생활시대 한국의 한자 연구 동력*

이건식

1. 서언(序言)

오늘날 한국은 어휘 생활의 측면에서 한자어를 사용하는 한자문화
권(漢字文化圈)에 속하고 있다. 그러나 문자 생활의 측면에서 한국은
탈한자화(脫漢字化) 시대에 접어들었다. 한국이 문자 생활의 측면에서
탈한자화되었다고 해서 한자에 대한 연구 동력이 소생(蘇生)할 가능성
이 없다는 것은 아니다. 한국어 어휘의 대다수를 차지하고 있는 한자어

---

* 이 논문은 일본의 『일본어학(日本語學)』 2018년 2월호에 마련된 '세계 한자의 연구' 특집란
에 '탈한자화 문자생활시대에 있어서 한국의 한자연구동력(脫漢字化の文字生活時代に於け
る韓国の漢字研究動力)'의 제목으로 일본어로 번역하여 게재한 글의 한국어 원문이다. 이
한국어 원문의 내용을 약간 보완하여 2018년 간행된 『국어학논총: 송철의선생퇴임기념』
에 '탈한자화(脫漢字化) 문자 생활 시대 한국의 한자 연구 동력(動力)'의 제목으로 수록한
바 있다. 여기에서는 '제목'을 보충하여 수록한 것이다.

의 연구 동력이 스러져 가고 있지만 한자의 연구 동력을 소생시켜 줄 가능성이 남아 있기 때문이다. 한국에서 한자의 연구 동력이 소생할 가능성을 타진하기 위해서 이 글은 문자 생활에 있어서 탈한자화 시대에 직면한 한국에서 한자 연구 동력의 흔적을 검토해 보고자 한다.

한국에서 한자 연구 동력의 불씨를 살리기 위해서는 한자의 어떤 특성이 한국에서 공공적(公共的) 가치를 가질 수 있는가를 주목해 보아야 한다. 공공적 가치를 가지는 한자의 특성은 역설적으로 한자의 연구 동력을 소멸시킨 탈한자화 과정 속에서 찾을 수 있을 것으로 전망된다.[1]

고려 시대까지 한국은 한자에 의존한 문자 생활을 영위(營爲)하였다. 그런데 1446년의 훈민정음(訓民正音) 창제(創製), 1894년 고종(高宗) 황제의 칙령(勅令)으로 공포(公布)된 국한문혼용(國漢文混用) 어문(語文) 정책, 1948년 10월 9일 법률(法律) 제6호로 제정된 '한글 전용법(專用法)' 등으로 한국의 문자 생활은 한글 전용 표기 중심으로 질주하게 되었다. 1980년대 말에 시작된 컴퓨터 기반 디지털 사회는 한국에서 탈한자화 문자 생활을 더욱 더 가속시키게 되었다.

그런데 역설적으로 컴퓨터 기반 디지털 사회는 한국에서 한자에 대한 공공적 연구를 촉진하는 계기가 되었다. 컴퓨터 기반 디지털 사회가 요구하는 한자의 공공적 연구는 두 방향으로 나타났다. 하나의 방향은 컴퓨터 기반 디지털 시대 동아세아(東亞細亞) 한자문화권(漢

---

1) 한국에서 한자에 대한 연구 성과와 방향을 점검하는 연구로 김왕규(2006, 「자원연구와 한자교육」), 허철(2011, 「한국 한자교육연구의 동향과 과제」), 한연석(2014, 「한자학 연구의 동향과 쟁점」), 윤재민(2014, 「한국의 한문교육연구의 동향과 과제」) 등을 찾아 볼 수 있다. 그러나 이들 연구는 한자 研究의 목표를 학술 연구에 치중하여 한국이 문자 생활의 측면에서 탈한자화(脫漢字化) 상태에 놓인 사실을 간과한 측면이 있다. 이로 말미암아 이들 연구는 탈한자화 상태에 놓인 한국에서 공공적 활용의 측면에서 해결해야만 하는 한자 문제의 본질을 포착하기에는 부족한 점이 있다.

字文化圈)의 연대(連帶)를 위한 필요성에 의한 것이었고, 다른 하나의 방향은 전통 문화의 정리와 유지를 위한 필요성에 의한 것이었다.

이 글에서는 한국의 탈한자화 문자 생활 시대를 훈민정음 창제 시대, 국한문혼용 시대, 한글전용 표기 시대, 컴퓨터 기반 디지털 시대 등으로 나누어 공공적 가치를 가지는 한자의 특성을 찾아보고자 한다.

2. 문자 생활의 탈한자화 과정과 한자 연구

2.1. 훈민정음 창제 시대의 한자 연구

1446년 훈민정음 창제는 한국에서 문자 생활의 탈한자화 기반을 마련한 것이다. 이것으로 인해 한국에서 국한문혼용체(國漢文混用體)와 순국문체(純國文體)의 문자 생활이 나타나기 시작하였다.

국한문혼용체란 한국어의 문법 형태소(形態素)는 훈민정음으로 표기하고 한자어의 경우에는 한자로만 표기하거나 한자를 제시하고 한자의 음을 훈민정음으로 주석(註釋)하는 표기 방식을 말한다. 15세기에 불전(佛典)을 한국어로 번역한 언해(諺解) 자료가 모두 국한문혼용체의 표기 방식을 채택하고 있다. 순국문체란 한국어를 훈민정음으로만 표기한 것을 말한다. 조선 시대 국왕들이 여성들에게 편지를 쓸 경우에 순국문체를 사용한 것을 대표적으로 들 수 있다.

훈민정음 창제로 한국에서 국한문혼용체와 순국문체가 등장했다고 해서 한국의 전체 계층이 탈한자화된 문자 생활을 시작한 것은 아니었다. 조선 시대가 존속되는 동안 지배층과 지식 계급에서는 오히려 한문의 언어생활을 지속적으로 강화시켜 나갔으며, 행정 관리들은 이두(吏讀) 문서를 여전히 사용하였다. 오로지 서민과 여성 계층에서만 훈민정음으로 문자 생활을 영위(營爲)하여 문자 생활의 탈한자화 경향을 보여 줄 뿐이었다.

조선 시대 지식층들은 한문을 통해 학술 연구를 전개하였다. 이러한 사정은 훈민정음 창제 당시에 반대 상소를 올렸던 최만리(崔萬理)의 상소문2)에서 확인할 수 있다. 최만리의 상소문을 중국에 대한 사대주의(事大主義)의 발로(發露)로 평가하는 논의가 있어 왔다. 최만리 상소문에 대한 이러한 평가는 상소문에 나오는 "성스럽게 대국(大國)을 섬기어"라는 표현 때문인 것으로 생각된다. 그런데 이 표현 뒤에 나오는 "한결같이 중화(中華)의 제도를 준행(遵行)하였는데"라는 표현을 고려하면 한자를 통해 세계적 수준의 학술과 문화가 유입되는 점을 최만리가 지적했던 것으로 생각된다.

이와 같이 조선 시대 지식층들은 한문을 통해 학술 연구를 전개하였기 때문에 중국에서 편찬된 자서(字書)나 운서(韻書)만으로도 그들의 학술을 충분히 전개시킬 수 있었다고 생각된다. 이러한 까닭에 조선 시대의 한국에서는 일반적으로 특별한 목적의 경우에만 한자의 자형(字形), 자음(字音), 자의(字意) 등에 대해 연구했던 것으로 파악된다.

자음의 경우 한국에서 통용되는 한자의 음이 중국과는 다르므로 한국의 한자음을 규정하고자 하는 운서(韻書)들이 출현하였다. 이러한 운서로 『동국정운(東國正韻)』(1448), 『규장전운(奎章全韻)』(1796), 『전운옥편(全韻玉篇)』(1796년 추정) 등을 들 수 있다.

자의의 경우 아동의 한자 교육을 위하여 한자의 자의(字意)를 한국어의 어휘로 해설해 주는 최세진의 『훈몽자회(訓蒙字會)』(1527), 편자

---

2) 『세종실록(世宗實錄)』 1444년(세종 26) 2월 20일 기사.

미상의 『광주천자문(光州千字文)』(1575), 류희춘(柳希春)의 『신증유합(新增類合)』(1576), 정윤용(鄭允容)의 『자류주석(字類註釋)』(1856), 이승희(李承熙)의 『정몽유어(正夢類語)』(1884) 등이 편찬되었다.3) 『훈몽자회(訓蒙字會)』가 3,360자, 『광주천자문(光州千字文)』이 1,000자, 『신증유합(新增類合)』이 3,000자, 『정몽유어(正夢類語)』가 1,008자를 수록한 것에 근거하면 이들이 아동의 한자 교육을 위한 것임을 알 수 있다. 또 표제 한자를 부수별로 제시하지 않고 분류별로 제시한 것으로 보면 이들이 자서(字書) 또는 자전(字典)이 아니다. 이들은 분류 어휘집의 성격을 가지고 있다. 또한 분류 어휘집에 나타난 한국어의 어휘는 한국어 이해의 수단으로 제시된 것이 아니라 한자에 의한 개념 체계를 이해하는 보조 수단으로 제시된 것에 유의할 필요가 있다. 이러한 점에서 조선 시대 분류 어휘집은 20세기 초 편찬된 한한(漢韓) 대역(對譯) 자전(字典)과는 성격을 달리 한다. 한한(漢韓) 대역(對譯) 자전(字典)은 한문을 이해하고 있는 한국인들에게는 한문을 위한 것이기도 하지만 한국어만 알고 있는 한국인들에게는 한국어만을 위한 것이다.

자형(字形)의 경우에는 조선 시대 독자적인 연구를 찾아보기 어렵다. 이 사실은 『신사전(新字典)』에 실린 「최남선서(崔南善序)」에서 언급된 내용으로 확인해 볼 수 있다. 「최남선서(崔南善序)」에서는 한국에서

---

3) 아동의 한자학습을 위한 자전(字典)과 사전(詞典)으로 『훈몽자회(訓蒙字會)』, 『신증유합(新證類合)』, 『자류주석(字類註釋)』, 『정몽유어(正夢類語)』, 『몽유편(夢喻編)』(1810) 등을 드는 경우가 있다. 『몽유편(夢喻編)』(1810)은 사전(詞典)으로 어휘집이다. 『훈몽자회(訓蒙字會)』, 『신증유합(新證類合)』, 『자류주석(字類註釋)』, 『정몽유어(正夢類語)』 등은 표제자를 부수별로 제시하지 않고 분류별로 제시하였으므로 자전(字典)이라 할 수 없고 분류어휘집 정도로 부를 수 있다. 『자류주석(字類註釋)』(1856)의 경우는 수록 한자의 수가 11,000여 항목이라는 점에서 아동의 한자 학습을 위한 것이 아니라 한자의 전문적인 사용자를 위한 분류어휘집이다. 이 문제에 대해서는 서수백, 「자류주석의 사전적 체재 연구」, 대구가톨릭대학교 박사논문, 2009, 23쪽에서 논의되었다.

편찬된 자서(字書)나 운서(韻書)에 대한 언급이 있으나 자형(字形)을 연구한 서적을 언급하지 않고 있다.

2.2. 국한문혼용체 시대의 한자 연구

한국에서 국한문혼용의 문자 생활 시대는 1894년 고종 황제의 칙령 1호 제14조로 시작되었다. 고종 황제의 칙령은 "法律 勅令 總以國文爲本 漢文附譯 或混用國漢文(법률 칙령은 모두 국문을 기본으로 하고 한문으로 번역을 붙이거나 혹은 국한문을 혼용한다)"는 것을 천명하고 있다. 이것은 한문에 의한 언어생활을 버리고 한국어에 의한 언어생활을 시작하게 되었음을 선언한 것이다. 이 선언으로 한국에서는 국한문혼용 문자 생활 시대가 본격적으로 개막되었다.

1908년부터 다수의 한자 자전이 출판되기 시작하였다. 박형익(2012: 401, 451)에 따라 국한문혼용 문자 생활 시대의 이른 시기에 편찬된 주요 자전을 제시하면 다음과 같다.

종류	書名	編作者	出版社	出版年	收錄 標題字
漢韓 對譯 字典	國漢文新玉篇	鄭益魯	耶穌敎書院	1908	10,963
	字典釋要	池錫永	匯東書館	1909	16,300
	漢鮮文新玉篇	玄公廉	大昌書院	1913	16,708
	新字典	崔南善	新文館	1913	13,321
	字林補註	劉漢翼	大廣書林	1921	18,177
漢鮮日 對譯 字典	日鮮大字典	朴重華	光東書局	1912	
漢日鮮 對譯 字典	漢日鮮新玉篇	李種楨	光東書局 太學書館	1916	16,708

위에 제시한 자전들은 한자의 자음(字音)과 자의(字義)를 모두 제시하고 표제자를 부수별로 제시하고 있다. 그런데 한자의 자의를 한국

어로 풀이했으므로 한한(漢韓) 대역(對譯) 자전(字典)의 성격을 가진다. 이 점에 대해 『신자전(新字典)』에 실린 「최남선서(崔南善序)」에서는 '본의(本義)를 직천(直闡)하고 정훈(定訓)을 확립하야 자어(自語)의 권위(權威)를 발휘하고 한학(漢學)의 진망(蓁莽)을 피벽(披闢)하려한 일편성심(一片誠心)'으로 표현하고 있다.

국한문혼용 시대의 특성 상, 한한(漢韓) 대역(對譯) 자전(字典)의 출현은 예고된 것이다. 국한문혼용의 문자 생활 시대에서는 한자를 한문의 문맥에서 이해할 필요는 없고 한자도 한국어의 문맥 속에서 이해해야 하기 때문이다. 물론 이러한 경우는 한문을 모르는 한국인에만 해당된다.

『일선대자전(日鮮大字典)』의 경우 '한자, 일본어, 한국어' 등의 순서로 제시되어 있으므로 '한선일대자전(漢鮮日大字典)'의 명칭이 더 적합할 것으로 생각된다. 『한일선신옥편(漢日鮮新玉篇)』의 경우 '한자, 일본어, 한국어' 등의 순서로 제시되어 있으므로 '한일선신옥편(漢日鮮新玉篇)'의 명칭은 적합하다.

1908년에 편찬된 『국한문신옥편(國漢文新玉篇)』의 표제자 수 10,963개에서 1921년 편찬된 『자림보주(字林補註)』의 표제자 수 18,177개로 수록 표제자의 수가 7,214개 증가하였다. 표제자 수의 증가 경향은 이전 자전의 소략함을 극복하기 위한 것이다. 이 점에 대해 김윤식(金允植)은 「자림보주서(字林補註序)」에서 '우리나라에서 간행된 '신옥편(新玉篇)' 등의 책은 왕왕 소략하여 사물의 뜻을 곡진하게 나타내지 못한다'고 말하였다.

2.3. 한글전용 시대의 한자 연구

1948년 10월 9일 법률 제6호로 '한글전용법'을 제정한 한국 정부는 지속적으로 한글 전용 정책을 추진하여 1970년 3월부터는 초등학교, 중학교, 고등학교에서 순한글로 개편된 교과서를 채택하였다.[4]

한국이 한자문화권에 속해 있기 때문에 '한글전용' 정책을 반대한 한국의 여론도 거세었다. 1949년 11월 5일 한국의 국회에서 임영신 의원이 초등학교에서의 한자 교육 부활을 건의하는 것을 시작으로 한국 정부의 '한글 전용' 정책을 반대하는 운동이 전개되었다.[5]

한국 정부의 '한글 전용' 정책에 대한 반대 운동의 결과 1963년부터 1969년까지 초중고에서 한자를 교육할 수 있게 되었으며[6] 상용한자 또는 교육용기초한자를 제정하게 되는 성과를 거두었다. 장원주 (1991: 23)와 김영옥(2013)에 따라 상용한자 또는 교육용기초한자를 제정한 경과를 제시하면 다음과 같다.

1950년 1월 문교부 상용 한자 제정위원회 상용한자 1,271자 제정
1950년 상용한자를 1,000자로 수정
1957년 300자 추가
1963년 9월 신학기부터 초등학교 600자, 중학교 400자, 고등학교 300자
  를 교육
1967년 12월 한국신문협회에서 상용한자 2,000자 제정

---

4) 한국 정부가 1974년까지 '한글 전용 정책'을 추진한 경과는 장원주, 「우리나라 한자교육정책에 관한 연구」, 이화여자대학교 석사논문, 1991, 17~23쪽 참조.
5) 한국 정부의 '한글 전용' 정책을 반대하는 운동의 경과는 장원주, 위의 논문, 17~28쪽 참조.
6) 이에 대해서는 장원주, 위의 논문, 23쪽 참조.

1967년 3월 국어심의위원회 한문 분과에서 상용한자 1,300자 중 542자
　　　의 약자 제정
1972년 8월 17일 문교부 교육용기초한자 제정 (중학교 900자, 고등학교
　　　900자)
2000년 교육인적자원부 기초한자조정위원회 교육용 기초한자 조정

　1959년 1월 선정한 1,271자는 1948년 문교부가 5만 자를 대상으로
빈도가 높은 것을 선정한 것이다. 1957년 300자의 추가 선정은 1956년
문교부가 실시한 '한자어 사용 빈도 조사' 작업을 통하여 이루어진
것이다. 1972년에 500자 추가가 이루어졌는데 30여 자를 기존의 목록
에서 삭제하고 530여 자를 추가할 때에 '기존의 한문 교과서에서 사용
되던 한자, 일본의 당용한자(當用漢字) 1,750자, 예일대의 교육용 한자
1,000자' 등에서 선정한 것이다.[7]
　2000년 12월에 있었던 '교육용 기초 한자' 조정은 '조정의 기본 원칙
과 방향'의 기준을 가지고 이루어졌다. '조정의 기본 원칙과 방향'은
교육인적자원부에서 발표한 '한문 교육용 기초 한자 조정 백서'에 수
록되어 있으며 그 내용은 다음과 같다.[8]

　　• 동북아 한자문화권(한국, 북한, 일본, 중국, 대만)에서 널리 쓰이는
　　　한자
　　• 한문 고전에 자주 쓰이는 한자
　　• 국어생활에 자주 쓰이는 한자

---

7) 여기의 설명은 김영옥, 「한문 교육용 기초 한자 제정 과정에 대한 사적 고찰」, 『한문교육연
　구』 40, 한국한문교육학회, 2013, 226~234쪽 참조.
8) 이에 대해서는 김영옥, 위의 논문, 226~234쪽 참조.

한국에서 '상용한자' 또는 '교육용 기초 한자'를 선정할 때에 두 가지 원칙을 가지고 있음을 알 수 있다. 하나는 한자의 사용 빈도이고 다른 하나는 한자의 국제적 통용성이다.

'한자의 사용 빈도'의 기준은 상용한자 제정의 당초부터 적용된 것이고, '한자의 국제적 통용성'의 기준은 1972년부터 적용된 것이다. 2000년 12월에 '교육용 기초 한자'를 조정할 때에는 '한자의 국제적 통용성'의 기준을 명백하게 구체화하고 있다.

1967년 12월에 한국신문협회에서 상용한자로 2,000자를 제정하였는데 이는 당시 한국 정부가 제정한 상용한자 1,300자보다는 무려 700자를 더 선정한 것이다. 이것은 한국의 신문사와 한국 정부 간에 상용한자 제정 범위에 대한 의견 차이를 보인 것이다. 이것은 또한 한국 정부보다는 한국 신문사 측에서 보다 국한문혼용 표기를 선호하고 있음을 말해 주는 것이다.

2.4. 컴퓨터 기반 디지털 시대 한자 연구

2.4.1. 한자문화권 연대를 위한 국제한자 코드의 통일

컴퓨터 기반 디지털 시대에 동아시아 한자문화권인 한국, 중국, 일본, 베트남 등은 한자의 컴퓨터 코드를 통일할 것을 요구 받았다. 이러한 시대적 요청에 따라 '한국, 중국, 일본' 등 3국은 1991년 2월 서울에서 한자의 컴퓨터 코드를 통일하기 위하여 CJK-JRG(한중일의 Joint Research Group)를 결성하기로 합의하였다. 1991년 7월에 동경에서 개최된 CJK-JRG 제1차 회의에서 ISO 10646의 한자 부문에 한국, 중국, 일본, 중국, 대만·등이 사용하고 있는 국가 표준 한자를 통합하여 배치하기로 결정하였다.

5차에 걸친 CJK-JRG 활동을 끝으로 이 기구는 1993년에 국제 표준화 기구의 정식 조직으로 편입하기 위하여 ISO/SC2/WG2 산하의 IRG로 재편하게 되었다. IRG는 여러 차례의 논의를 거쳐 20,902자의 기본 한자 세트, 6,582자의 추가한자 A세트, 42,711자의 추가한자 B세트, 4,073자의 추가한자 C세트의 제정을 거쳐 2002년 5월 마카오에서 개최된 19차 IRG 회의에서 70,205자의 Super CJK 14.0 버전에 대한 검토를 하였다.[9]

한국은 CJK(중일한) 한자 코드를 정하는 회의에 처음부터 참가하게 되었으며 CJK 한자 코드를 표준화하기 위한 여러 활동에 참여하였다. CJK 한자 코드를 표준화하기 위한 활동을 하기 위해서는 우선 각국에서 한자에 관한 대규모적 연구가 필요하였다. 이러한 대규모적 연구를 한국의 국립국어원이 지원하게 되었다. CJK 한자 코드를 표준화하기 위한 한국 내 대규모 한자 연구 사업은 다음과 같다. 이 연구 사업의 결과는 한국의 국립국어원 홈페이지에서 무료로 다운로드 받을 수 있다.

- 우리나라 한자의 약체 조사(1991)
- 동양 삼국의 약체자 비교 연구(1992)
- 한자코드 표준화 개선 방안에 대한 기초 研究-국내외 표준화 대응을 위한 확장 한자세트 선정을 위하여(1991)
- 한자코드 표준화 개선 방안에 대한 기초 연구-국내외 표준화 대응

---

9) CJK 관련 내용은 이준석(2003, 「국제한자특별전문위원회의 코드 표준화 활동과 남북 전산 한자 통합의 전망과 대책」)에 설명된 것을 인용한 것이다.

을 위한 확장 한자세트 선정을 위하여 추가(1992)

- 한자 약체 조사 연구(1994)
- 한자음에 의한 한자 입력 방법 연구(1994)
- 한자의 자형 조사 (1)(1996)
- 한자의 자형 조사 (2)(1997)
- 국제 문자 코드 한자 Super CJK 연구(2000)
- 국제 문자 코드계의 한자 표준화에 대한 연구(2001)
- 한국 한자 이체자 조사-표준코드 KS C 5601 한자를 중심으로(2002)
- 국제 문자 코드계 EXTB 등재 한자의 비교 연구(2003)
- 신출한자 국제 표준화 연구(2008)

이와 같은 한자에 대한 대규모 연구 사업은 CJK 한자 목록에 포함시킬 한자를 발굴하거나 CJK 한자 목록에 포함된 한자 자형의 변별성을 어떤 근거로 판별할 것인가에 대한 목적이 주류가 된다. 한국의 경우에는 '음(音)'을 통하여 한자를 이해하므로 한자음에 대한 것도 연구의 목표가 되었다.

2.4.2. 국가 지식 정보 자원 데이터베이스화

컴퓨터 기반 디지털 시대가 진행됨에 따라 1990년대부터 진행된 한국 정부의 사업은 점차적으로 전산화 기반으로 추진되기 시작하였다. 한자의 연구와 관련된 정부 사업으로 '인명전산화 사업, 지식정보 자원사업' 등을 들 수 있다.

한국 정부가 인명전산화 사업을 추진하여 한국인들은 자신의 이름을 한자로 표기하는 데에 제한을 받게 되었다. 1990년에 한국의 호적

법 개정으로 한국인들은 인명용 한자로 2,731자만을 사용해야 하는 제한을 받았다. 일부 한국인들이 이름으로 한국 고유어를 사용하기는 하지만 대다수의 한국인들은 이름을 한자를 사용해서 표현하고 있다. 많은 한국인들이 한자어를 한글로 쓰지만 자신의 이름만큼은 한자로 작명하기를 원한다. 한국인들의 이같은 한자 문화 의식으로 2,731자의 인명용 한자는 여러 차례의 개정을 거듭하게 되었다. 2014년 10월 20일에 이르러서는 인명용 한자가 8,142자로 증가하게 되었다.

국가의 지식 정보 자원을 데이터베이스화하는 과정에서 한자와 관련한 문제가 심각하게 제기되었다. 한국학중앙연구원, 국사편찬위원회, 서울대규장각한국학연구원, 한국고전번역원 등이 연합하여 2000년부터 2008년까지 진행시킨 한국역사정보통합시스템 구축 사업과 고려대장경을 전산화하는 사업에서 한적 자료 입력 시 한자와 관련된 여러 문제가 연구될 필요성이 제기되었다. 이 문제가 원만히 해결되지 않으면 한적 자료의 전산화 성과가 반감된다는 위기의식을 가지게 되었다.

한국역사정보통합시스템 구축 사업으로 기존 자전과 CJK 유니코드 EXT_B 영역까지에 정의되지 않은 신출한자 5,908개가 새로이 발굴되었다. 이 신출한자의 자형을 정확하게 판단하여 새로운 한자로 판단할 경우, 이 한자의 의미를 규정하고 한자음을 부여하는 일이 과제로 남아 있다. 신상현(2008)은 한국역사정보통합시스템 구축 사업에서 발견된 신출 한자를 주요한 연구 대상으로 하여 한국어 표기를 위한 특별한 구성 방식의 한자(틀10), 싹11), 花叱12)의 여러 종류를 논의하

---

10) 이 글자는 한자 乭와 乙을 결합한 것으로 의미는 없고 한국 발음 '걸'을 표기한다.
11) 이 글자에서 '斗'는 한자이고 'ㄱ' 한글 'ㄱ'으로 '싹'은 '둑'의 음을 표기한다.
12) 이 글자는 한국어 '꽃'을 표기한다. 花는 한국어 '꽃'을 훈차한 것이고 '叱'은 말음(末音)

였고, 인명 표기를 위한 특수한 조자(造字)의 한자[13])에 대해 논의하였다. 또 방대한 자료를 대상으로 이체자(異體字)의 유형을 논의하여 이체자의 발생 요인으로, '구건(構件)의 증가, 구건의 생략, 구건의 개환(改換), 구건의 위치 변화, 서사(書寫)에 의한 변이, 신자형의 창조, 근음(近音)으로 대체(代替), 합문(合文)' 등을 들고 있다. 한자의 자형에 관한 신상현(2008)의 연구는 실증적인 점에서 매우 가치가 있다.

한국역사정보통합시스템 구축 사업으로 발견되고 정리된 신출한자의 목록과 자형은 http://www.koreanhistory.or.kr/newchar에서 열람할 수 있다.

2004년에 국립국어원이 수행한 연구 과제인 '국제 표준코드 한자 EXT B의 한자 표준음 연구'는 CJK EXT_B 영역의 한자 중에서 17,211자 한자에 표준음을 부여하였다. 김홍규·김언종·이재훈·심경호·이건식·신상현(2013)의 『Unicode 한자 정보 사전』는 CJK에 등록된 한자의 관련 정보를 제공한 것으로 이 연구에서 CJK BMP의 한자 20,902자, EXT_A의 6,582자, EXT_B의 17,700여 자에 대한 한글 음(音)을 부여하였다. 한국에서는 한자를 이해할 때 우선적으로 자음(字音)을 통하기 때문에 이 연구는 중요한 가치를 가진다.

2.4.3. 어문정책 추진을 위한 데이터베이스화

컴퓨터의 도움을 받아 대용량의 데이터 처리가 가능해져 한자 및 한자어의 실태 조사가 이루어졌다. 이러한 실태 조사는 국립국어원

첨기(添記)로 한국어 蘤을 한국어 '꽃'으로 읽어야 됨을 표시한 것이다.
13) 인명 표기를 위한 조자(造字)의 방식은 부수(部首)를 첨가하거나 피휘(避諱)하는 것이다.

중심으로 이루어졌는데 국립국어원이 진행시킨 연구 사업은 다음과 같다. 이 연구 사업의 결과는 한국의 국립국어원 홈페이지에서 무료로 다운로드 받을 수 있다.

- 한자 사용 실태 조사(1990)
- 한자, 외래어 사용 실태 조사(199)
- 15세기 한자어 조사 연구 (I)(1993)
- 15세기 한자어 조사 연구 (II)(1993)
- 북한의 한자어 외래어 사용 실태 조사(1993)
- 국어 어휘 자료 처리를 위한 한자어의 형태 통사론적 연구(1999)
- 남북한 한자어 어떻게 다른가: 남북한 한자 한자어 차이 조사 연구 (1999)
- 초등학교 교과서 한자어 및 한자 분석 연구(2003)
- 중학교 교과서 한자어 및 한자 분석 연구(2004)

위의 연구 사업으로 한국어에서 한자 및 한자어의 사용 실태가 어느 정도는 밝혀져 한국에서 한자 및 한자어에 관한 어문 정책을 합리적으로 수립할 수 있을 것으로 기대된다. 이러한 사례로 2017년에 추진되고 있는 '한중일공통어휘집편찬사업(韓中日共通語彙集編纂事業)'을 들 수 있다. 이 사업은 한중일 3개국에서 공통적으로 사용되고 있는 어휘를 선정하여 어휘집을 편찬하는 것으로 목표로 하고 있다. 이 사업은 한중일3국협력사무국(韓中日3國協力事務局)이 추진하고 있다.14) 필자는 이 사업에 한국의 연구단으로 참여하고 있는데, '초등학

---

14) 한중일3국협력사무국(韓中日3國協力事務局)은 한중일 3국 외무부에서 자금(資金)을 출자

교 교과서 한자어 및 한자 분석 연구(2003), 중학교 교과서 한자어 및 한자 분석 연구(2004)' 등의 연구 결과를 효과적으로 활용하여 한국이 제출한 한자어 3,000여 개 목록을 작성한 바 있다.

2.4.4. 새로운 한자 연구의 방법

디지털 시대는 지식의 폭발 시대이기 때문에 한자 연구의 새로운 방법이 나타났다. 이 글에서는 '문서의 자동 인식 방법, 한자 Typography, 한자문화학(漢字文化學)' 등의 세 가지 측면에서 새로운 한자 연구 방법을 간단히 소개하고자 한다.

문서의 자동 인식 방법을 활용하는 한자 연구 방법의 사례는 다음과 같다.

출처: 朴大泛·金星周(2014: 220)

(出資)하여 한중일 3국의 우호 증진을 목표로 하고 있다. 현재 한중일협력사무국(韓中日協力事務局)은 한국의 서울에 설치되어 운영되고 있다. 현재 한중일 3국의 공통 어휘 658개를 선정하여 뜻풀이와 같은 후속 작업을 진행하고 있다.

위의 자료는 컴퓨터 프로그램을 활용하여 일본 동대사(東大寺) 소장의 신라 시대 『화엄경(華嚴經)』에 출현한 '진(眞)' 자(字)를 모아 놓은 것이다. '진(眞)' 자의 자형이 기본적으로 유사하지만 자세하게는 미세한 차이가 있음을 알 수 있다. 이러한 방법을 통하여 이체자(異體字)와 이형자(異形字)의 판별 기준을 명확하게 제시할 수 있을 것으로 기대된다.

한자 Typography 분야의 연구에서는 한자가 가지는 조형성(造形性)을 활용하여 상품의 가치를 높이고자 한다. 이러한 연구 방법은 한자를 주요 표기 수단으로 하는 중국과 일본에서는 활발하게 전개되고 있다. 그러나 한국에서는 한자가 주요 표기 수단이 아니기 때문에 한자 Typography 분야의 연구는 활발하지 못하다. 일부의 연구자들이 이에 대한 관심을 보이고 있다. 한국에서 한자 Typography 분야의 연구 결과를 활용하여 상품의 가치를 높인 사례는 찾아보기가 어렵다.

한자문화학(漢字文化學)은 한자나 한자어를 통해서 한자를 사용했던 사람들이 가졌던 문화의 모습을 재구하는 연구 분야를 말하는 것이다. 예컨대 최근 한국에서 발표된 '한자를 통해 본 중국 고대 어렵(漁獵), 한자에 투사된 고대 중국의 생육숭배(生育崇拜) 문화' 등의 연구 논문을 한자문화학 분야의 연구로 들 수 있다. 한자문화학의 연구는 난이도가 매우 높지만 한자 연구 분야에서 반드시 극복해야 할 탐구 주제라고 생각한다.

3. 결언(結言)

훈민정음 창제 시대에 훈민정음이 창제 되었지만 한국의 문자 생활이 바로 탈한자화 시대로 이행되지 않았다. 한문에 의한 문자 생활을 영위한 지배층이 훈민정음의 탈한자화 동력을 소멸시켰기 때문이다. 여러 가지 상황 때문에 오늘날 한자로 학술을 연구해야 한다는 이 방면에서 한자의 공공적 가치를 찾아보는 것은 무의미한 일로 생각된다. 오늘날 학술 연구 방법론은 서구의 방법론에 의존하고 있기 때문이다.

국한문혼용 시대에 다수의 한한자전(漢韓字典)이 출판되었다. 이 시기에 다수의 한한자전이 출판된 것은 한자가 한국에서 공공적 가치를 지닌 것이며 한자가 한국어 이해에 필수적인 존재임을 말해 주는 것이다. 하지만 한글전용의 어문정책(語文政策)으로 이 방면에서 한자의 공공적 가치를 찾아내는 것도 어려운 문제이다.

한글전용 표기 시대에 한글전용의 어문정책에도 불구하고 한자어가 한국어 어휘의 다수를 차지하고 있어 상용한자(常用漢字) 또는 교육용 기초 한자 제정이라는 성과를 얻어 내어 한자의 공공적 가치를 찾아내었다. 하지만 이 방면에서 한자의 공공적 가치도 얼마 가지 않으면 소멸될 것으로 생각된다. 오늘날 한국어의 언어생활에서 영어가 한자어를 급격하게 밀어내고 있기 때문이다.

컴퓨터 기반 디지털 시대는 한자의 공공적 가치를 급격하게 하락시킨 존재인 동시에 한자의 공공적 가치를 드높인 존재이다. 컴퓨터 기반 디지털 시대에 CJK 한자 코드의 공동 제정을 위한 활동의 측면, 한적 자료 전산화와 같은 전통 문화의 정리 측면, 한자어가 한국어 어휘의 다수를 차지하는 측면, 인명에 한자를 사용하는 전통 유지의 측면에서 한자의 공공적 가치가 높다는 것은 쉽게 확인할 수 있다.

그런데 한적 자료 전산화와 같은 전통 문화의 정리 측면에서 발생된 한자의 공공적 가치는 일시적인 것이다. 한적 자료 전산화와 같은 전통 문화의 정리가 지속될 수 없기 때문이다. 또한 인명에 한자를 사용하는 전통 유지의 측면에서 발생한 한자의 공공적 가치는 지속적이기는 하나 영향력이 미미한 것이 문제이다.

CJK 한자 코드의 공동 제정을 위한 활동에서 경험하였듯이 한자문화권의 연대를 강화하는 방법과 한국어의 이해를 위해서 한자어에 대한 심도 있는 연구 활동이 한국 사회에서 탈한자화하려는 문자 생활의 속도를 늦추는 방안이라고 생각된다.

디지털 시대에 한국에서는 한자 연구의 새로운 연구 동력이 생겨났으므로 한자에 대한 연구가 한국에서 활성화될 것으로 생각된다. 1,500여 년 이상 한자로 우리의 세계관을 형성해 왔고 또 학술 연구를 수행해 왔으므로 우리의 세계관과 학술 연구 방법론이 한글에 의해 완전히 대체되기 전까지는 한자에 대한 연구가 필요할 것으로 생각된다.

참 고 문 헌

김민수, 『신국어학사 전정판』, 일조각, 1986.

김영옥, 「한문 교육용 기초 한자 제정 과정에 대한 사적 고찰」, 『한문교육연구』 40, 한국한문교육학회, 2013.

김왕규, 「자원연구와 한자교육: 한자 교육 연구의 동향과 과제」, 『한자한문교육』 17, 한국한자한문교육학회, 2006.

김흥규 외, 『Unicode 한자 정보 사전』, 고려대학교 민족문화연구원, 2013.

박형익, 『한국 자전의 역사』, 역락, 2010.

박대범·김성주, 「신라 사경 자형 디지털 아카이브 구축에 대하여」, 『구결연구』 33, 구결학회, 2014.

서수백, 「자류주석의 사전적 체재 연구」, 대구가톨릭대학교 박사논문. 2009.

신상현, 「조선시대 한자 자형 연구」, 고려대학교 박사논문, 2008.

윤재민, 「한국의 한문교육연구의 동향과 과제」, 『한문교육연구』 43, 한국한문교육학회. 2014.

이준석, 「국제한자특별전문위원회(IRG)의 코드 표준화 활동과 남북 전산 한자 통합의 전망과 대책」, 『한자한문교육』 10, 한국한자한문교육학회, 2003.

장원주, 「우리나라 한자교육정책에 관한 연구」, 이화여자대학교 석사논문, 1991.

한연석, 「한자학 연구의 동향과 쟁점」, 『동방한문학』 58, 동방한문학회, 2014.

허철, 「한국 한자교육연구의 동향과 과제」, 『한문교육연구』 37, 한국한문교육학회, 2011.

홍윤표, 「조선후기 한자어휘분류집에 관하여」, 『조선후기한자어휘검색사전: 물명고·광재물보』, 한국정신문화연구원, 1997.

성호학파를 통해 본
조선후기 지식 집단의 형성과 변모의 한 양상*

윤재환

1. 서론

지식인, 또 지식 집단이라는 용어는 현재 일상적으로 사용하는 보통 명사이다. 그 개념에 대해서도 누구나 쉽게 말한다. 흔히 지식을 갖춘 사회의 상층 계급을 지식인으로, 그들의 집단을 지식 집단 또는 지식인 집단이라고 규정한다. 단순하고 명확해 보이지만, 이 개념의 구체적인 내용에 대해 다시 질문을 던지면 대부분 답을 주저한다. 지식이 무엇인가, 또 지식 집단은 지식인 집단과 같은가, 지식과 사회 상층 계급이라는 계층적·계급적 속성은 어떤 관계가 있는가.

---

* 이 글은 2018년 8월 24일 고전문학한문학연구회 하계학술대회로 고려대학교에서 개최된 '고전문학 속 권력의 문제'라는 학술대회에서 같은 제목으로 발표한 글을 수정·보완한 것임.

현대 사회를 지식정보(知識情報, knowledge information)에 기반한 지식정보 사회라고 하고, 미래 산업의 움직임을 "디지털 혁명에 기반하여 물리적 공간, 디지털적 공간 및 생물학적 공간의 경계가 희석되는 기술융합의 시대"인 4차 산업혁명(fourth industrial revolution)으로 예상한다. 정보·의료·교육·서비스 산업 등 지식 집약적 산업을 총칭하는 4차 산업이 강조될수록 지식정보의 필요성과 위상은 강조된다. 그런데 '지식'이 무엇이고, '지식인'이 어떤 사람이며, '지식 집단'이 무엇을 말하는가 하는 아주 근본적인 질문에 답하기 어렵다.

'지식' 또는 '지식인'이란 용어가 서구에서 수용된 철학적 개념이기 때문에 답하기 어렵다거나 우리나라의 역사나 전통에서 그 개념을 적절하게 추려내기 어렵기 때문에 명확하게 규정하기 어렵다고 할 수도 있다. 그런데 이렇게 답하고 말기에는 현재 '지식'과 '지식인' 그리고 '지식 집단'이라는 용어가 너무나 일상적으로 사용되고 있고, 그 범주 역시 현대라는 특정 시간을 벗어나 우리나라의 역사 전 시기에 걸쳐 자연스럽게 통용되고 있다. 무엇이라고 분명하게 답하지 못하지만 그 용어의 사용에서 어떤 제약도 느끼지 못하는 것은 개념에 대한 암묵적인 동의가 있어서일 것이다. 그렇다면 이제 그 암묵적인 동의가 어떤 것이고, 그 용어의 사용이 적절한 것인지에 대한 반성적 검토를 통해 개념을 구체화·명징화해야 할 필요가 있다.

이 글은 이와 같은 문제에 대한 반성적 인식을 전제로 기술되었다. 이 글은 현재 흔히 사용하고 있는 '지식인'과 '지식 집단'이라는 개념의 유효성과 사용의 가능성을 우리나라의 역사 속에서 살펴보고자 한 것이다. 이 글의 대상 시기를 조선후기로 설정한 것은 현재까지 지식 집단이라는 일련의 집단들이 가장 왕성하게 활동했던 시기가 조선후기라고 간주되기 때문이고, 대상 집단을 성호학파로 설정한 것은 성호학파라는 집단이 지니고 있었던 다양한 특수성에 주목해서이다. 당대 정치적으로 소외되었던 일군의 인물들이 형성한 집단으로, 집단 구성원들의 학문적 경향이 다양한 차이를 보였지만 하나의 집단으로 정립되어 학문적으로 또 정치적으로 적지 않은 영향력을 발휘하며 주목과 경계의 대상이 되었다가, 학파의 종장이었던 성호의 사후 얼마 지나지 않아 끝내 분열·해체되었던 성호학파가 조선후기 지식 집단의 형성과 변모의 양상을 가장 선명하게 보여준다고 생각해서이다.

이 글은 성호학파를 통해 조선후기 지식 집단의 형성과 변모의 한 양상을 살펴보고자 한 것이다. 이와 같은 목적을 위해 이 글에서는 우선 거칠게나마 지식인과 지식 집단의 개념을 알아보고, 이어 조선후기 성호학파의 정립과 변이(變移)의 과정을 통해 당대 지식 집단의 성립과 해체의 한 양상을 살펴보고자 한다. 그런데 이와 같은 작업을 위해서는 '지식'에 대한 다양한 철학적 사유가 전제되어야 한다. 하지만, 현재 필자의 역량으로는 '지식'에 대한 철학적 사유는 물론이고 성호학파의 성립과 변이의 전체적인 모습조차 선명하게 밝히기 어렵다. 그런 점에서 이 글은 이란격석(以卵擊石)의 무모한 작업이라고도 할 수 있다. 그러나 다른 한편으로 이 글이 현재 무비판적으로 사용되고 있는 '지식인'과 '지식 집단'에 대한 반성의 단초가 되어 새로운 해명과 대안을 이끄는 계기가 될 수도 있지 않을까 생각한다. 이 글이 앞으로 더 많은 연구를 이끄는 계기가 될 수 있기를 기대해 본다.

2. 지식인과 지식 집단

'지식인(知識人, intellectual)'이란 글자 그대로 지식을 갖춘 사람을 의미한다. 따라서 이 개념을 적용하기 위해서는 '지식'이 무엇인지에 대한 규정이 선행되어야 한다. 그러나 현재까지 지식을 무엇으로, 또왜 그렇게 규정해야 하는지에 대한 명확한 해명을 찾기 어렵다. 그런점에서 앞서 언급한 지식인의 개념 역시 모호하다. 서구에서는 지식인을 19세기 말 산업화의 과정에서 부르주아(bourgeois) 계급과 프롤레타리아(proletariat) 계급의 가운데에 위치하여 사회의 정신적 가치를 지키고 문화를 창조·매개해 왔던 일군의 엘리트(elite) 집단에서 유래된 용어로 규정하거나 1898년 프랑스의 드레퓌스(Dreyfus) 사건에서 '군의 명예와 국가 질서'를 내세운 반드레퓌스파와 '진실·정의·인권 옹호'를부르짖는 드레퓌스 지지파로 나뉘어 좌파와 우파로 대립했던 일군의집단을 지칭하던 용어에서 유래된 것으로 보고 있다. 이에 따라 서구에서 지식인은 "한 사회에서 이념의 생산과 소비, 그리고 그 이념에따른 행동을 주도하는 사람"을 의미하는 개념으로 인식된다.

이와 달리 전근대 우리나라에서 사용된 지식인이란 용어는 보이지않는다. 우리나라에서 지식인이란 용어는 최소한 20세기 근대 이전까지는 사용되지 않았고, 앞서 언급한 서구의 지식인 개념에 정확하게부합하는 대상을 찾기도 어렵다. 이와 같은 차이는 서구와 우리나라의 사회 구조와 역사 발전 단계의 차이에 의한 것이라 생각된다. 산업혁명과 시민 사회를 경험하지 못한 우리나라에서 서구 근대 시민 사회에서 유래된 지식인이란 용어와 그에 해당하는 대상을 찾기 어려운것은 당연한 것이다.

그러나 그렇다고 해서 전근대 우리나라에서 '지식인'이 존재하지 않았다고 보기는 어렵다. 다만 그 개념이 현재 우리가 사용하는 서구에서 유래된 지식인의 개념에 완전하게 부합하기 어려울 뿐이다. 흔히 서구에서 유래된 지식인이란 개념에는 비판·저항·대립·반발이라는 의미가 내포되어 있다고 본다. 그것은 지식인을 산출하여 지식인이 지식인으로 자리잡을 수 있게 한, 지식인이 지식인으로 위상을 누릴 수 있게 한, 바로 그 사회에서 발견되는 다양한 모순과 부조리에 항거하고 비판하여 새로운 사회를 만들어가는 인물, 어떻게 본다면 존재의 근거를 부정하는 인물이 올바른 지식인이라고 생각하기 때문이다.

전근대 우리나라에서도 자신이 살아가던 그 시대 사회의 모순과 부조리에 저항하고 대립했던 많은 인물들을 찾을 수 있다. 하지만 당대 사회에 대한 저항과 대립의 방향과 목적에 대한 고려 없이 당대 사회에 저항하고 대립했다는 것만으로 그 인물을 서구와 같은 의미의 지식인으로 규정하기는 어렵다. 그런 점에서 전근대 우리나라의 지식인 개념은 현재 우리들이 사용하고 있는 지식인 개념과 다를 수밖에 없다. 그렇다면 전근대 우리나라의 지식인을 어떻게 규정해야 할 것인지 고민할 필요가 있고, 고민의 결과 설정한 개념을 현재 우리들이 사용하는 지식인 개념과 조금씩 부합시켜 나가는 개념의 전변(轉變, constant change) 작업이 필요해 보인다. 다만 이 경우에도 전근대와 현대를 아우를 수 있는 공통분모의 확인이 이루어져야 할 것이다.

지식인의 설정 근거가 되는 '지식'의 개념을 어떻게 규정해야 하는지에 대해서는 다양한 논란이 있지만, 이 글이 '지식'의 개념을 다루고자 하는 글이 아니라는 점에서 우선 국립국어원의 『표준국어대사전』에 나오는 정의를 인정하여 아주 거칠고 단순하게 "어떤 대상에 대하여 배우거나 실천을 통하여 알게 된 명확한 인식이나 이해"라고 한다면1) 지식은 상식이나 교양과 같은 범박한 일상적인 지적 결과물과는 구분된다. 학습이나 실천의 과정을 거쳐야 하고, 그 과정을 통해 습득한 인식이나 이해가 명확해야 한다는 점에서 그렇다. 이와 같은 지식의 구축과 발전, 전파와 확산은 대체로 언어와 문자라는 도구를 통해 이루어져 왔는데, 지식의 체계적인 구축과 지속적인 발전이라는 측면에서 볼 때 언어보다 문자를 통해 이루어지는 지식이 상대적으로 강한 지속력을 가져 왔다. 그런 점에서 전근대 우리나라 지식인의 개념 설정에 문자의 사용 능력은 중요한 조건이 된다. 그런데 전근대 우리나라에서 문자에 다가설 수 있었던 대부분의 인물들은 사회 지배 계층 남성들이었다. 일반 민중이나 지배 계층이라고 하더라도 여성들의 경우 문자에 접근할 수 있는 기회 자체를 가지기 어려웠고, 설령 접근한다고 하더라도 문자를 통한 학습과 그를 통한 명확한 인식과 이해의 구축은 거의 불가능한 상황이었다. 물론 소수의 인물들이 신분이나 환경의 한계를 뛰어 넘은 경우가 있기는 하지만 그 수가 극히 적다는 점에서 이들을 이 글에서 살펴보고자 하는 지식인의 주류라고 하기는 어렵다. 이렇게 본다면 전근대 우리나라 지식인의 주류는 문자를 통한 학습이 가능했던 지배 계층 남성들을 중심으로 할 수밖에 없다.

그러나 문자를 통한 학습이 가능했던 지배 계층 남성들 모두를 지식인으로 볼 수 있는 것은 아니다. 지식인은 이들 중에서도 학습과

---

1) 지식의 개념과 다양한 양상에 대해서는 '지식 권력의 변천과 동아시아 인문학'이라는 주제로 연구를 진행하고 있는 단국대학교 일본연구소의 HK+ 사업팀에서 심도 깊은 논의를 계속하고 있다. 이 글에서 언급한 지식의 개념은 본문에서 밝힌 것처럼 거칠고 단순한 잠정적이고 피상적인 논의로, 필자가 온전히 동의하는 것이 아니다. 그러나 이 글에서는 다양한 제약 때문에 여기에 대해 더 이상 논의를 진행할 수 없어 우선 이렇게 규정하였다. 지식의 개념과 성격에 대해서는 다른 글을 통해 보다 구체적으로 해명하도록 할 예정이다.

실천을 통해 명확한 인식과 이해를 확립한 인물들로 한정된다. 문자 생활의 향유와, 학습과 실천을 통한 명확한 인식과 이해의 구축은 다른 층위의 것이기 때문이다. 또 여기에 일반 민중이나 지배 계층의 여성들로 문자를 이용한 학습이 가능했던 인물들 중 학습과 실천을 통해 명확한 인식과 이해를 획득한 인물들을 포함할 수 있다. 물론 사전적 개념을 우선 인정한다는 점에서 언어를 바탕으로 한 학습과 실천을 통해 명확한 인식과 이해를 확립한 인물들도 지식인의 범주에 포함될 수 있지만, 여기에 해당하는 인물을 찾기는 쉽지 않다. 특히 이 시기 대부분 언어를 통해 학습되고 전승되었던 공인(工人)과 예인 (藝人)의 기술과 같은 경우 학습과 실천을 통한 것은 분명하지만, 그들 이 전승한 기술은 명확한 인식이나 이해라기보다 전문적인 기능이라 고 규정하는 것이 타당해 보인다는 점에서 당대의 공인과 예인은 일 단 한 분야의 전문가(expert)로 간주하여 이 글에서는 우선 지식인과 구분하도록 한다.

전근대 우리나라 지식인을 이렇게 규정했을 때 이들 대부분이 당대 사회 상층부의 구성원이며, 대체적으로 친정권적인·권력지향적인 성 향을 보인다는 것을 알 수 있다. 일부에서 민중의 편에 서거나 당대 사회에 대한 비판의식을 보여주기도 하지만, 이들이 보여주는 민중성 이나 사회 비판의식은 언제나 일정한 한계를 가진다. 특히 당대 사회 에 대한 저항과 대립의 구체적이고 실질적인 방향과 목적을 살펴보면 그들의 저항과 대립이 민중을 위한 사회 전반의 변화가 아니라 체제 내 권력 구도의 변화를 추구했을 뿐이라는 것을 알 수 있다. 따라서 이들에게서 현대 사회의 지식인에게 요구되는 사회 체제를 흔들거나 부정하는 태도나 의식은 찾기 어렵다. 왕조가 교체되고 왕이 바뀌는 상황에서 지식인의 역할은 중요한 의미를 지니지만, 이 글에서 전제한 개념에 따라 당대의 지식인으로 살펴볼 수 있는 대부분의 인물들이 민중이나 사회 전반의 이익보다 신념으로 포장된 자신들의 정치 지향성과 이익에 따라 움직이고 반응했었다. 현실정치에 참여하고 있었던 지식인들뿐만 아니라 현실정치에서 한 걸음 물러나 있었던 재야 지식인의 경우에도 이런 모습에는 별다른 차이를 보이지 않는다. 이런 현상은 전근대 우리나라 지식인 개인이나 그 집단이 지니고 있던 문제나 특성에서 기인한 것이 아니라 사회 체제와 역사가 지니고 있는 특성에 의한 것이라 보인다.

전근대 우리나라 지식인의 경우 대부분 '지식'을 통해 현실 정치에 참여하고자 하는 강한 욕구를 지녔다. 이들이 사회 상층 지배계급의 구성원이었다는 사회적인 환경과 함께 이들이 형성했던 지식의 대부분이 현실 지향적인 유학(儒學)을 기저에 두고 있었다는 점에서 이런 성향은 당연하다고 할 수 있다. 그런데 이들이 현실 정치에 뛰어들어 일정한 영향력을 확보하기 위해서는 그들 스스로가 구축한 지식의 가치에 대한 인정이 필요했다. 지식인으로 그 자신이 지니고 있는 지식의 가치에 대해 인정받는 것 자체가 의미 있는 일이지만, 그 인정이 자신의 현실적 욕구를 충족하는 기저가 될 수 있다는 것은 또 다른 의미를 지니는 것이다.

'지식'이 지식으로 가치를 인정받고 영향력을 확보하기 위해서는 그 지식에 동의하는 대중이 필요하다. 다수에 의해 인정받을수록 그 지식의 가치가 확장되고 그에 따른 영향력이 확대되기 때문이다. 결국 다수에 의해 인정받은 지식의 확보와 확보한 지식의 깊이 여부가 지식인 개인의 현실 가치를 높이게 되고, 더 많은 대중에게 인정받는 지식일수록 지식 자체의 가치도 커질 수밖에 없다. 또 지식인 개인의 가치가 높아지기 위해서는 지식인이 지식인일 수 있게 한 지식의 가치가 먼저 인정되어야 한다. 이와 같은 구도는 자연스럽게 지식인들이 각자가 소유한 지식을 중심으로 하나의 집단을 형성하게 만든다. 이 집단이 지식 집단이 되는데, 지식 집단이 커지고 영향력을 확대할수록 그 집단의 성립 근거가 되는 지식의 가치와 함께 집단에 소속된 지식인 개인의 가치도 커진다.

'지식 집단'이란 동일 지식을 소유한 지식인들의 집단이다. 그런 점에서 지식 집단은 지식인 집단이 될 수 있지만, 지식인 집단이 반드시 지식 집단이 되는 것은 아니다. 대부분의 지식인들이 집단을 형성할 때 지식의 동질성 여부를 중심에 두지만, 집단을 형성한 지식인들의 지식이 동일한 성향을 보이지 않을 경우 지식인 집단은 지식 집단이 될 수 없다. 동일한 지식을 근거로 하지 않는 지식인 집단의 경우 대부분 특정한 정치적·사회적·인간적인 목적을 지닌 임의의 가변적인 집단이 된다. 그런데 전근대 우리나라 지식 집단의 경우 다양한 집단 내적 공통분모를 지니고 있었다. 가장 기본적인 것이 학문적 유사성에 근거한 지식의 동질성이지만, 이외에도 신분이나 계급, 사회적 위상이나 정치적 성향과 가문까지 동일한 경향을 보이는 경우가 대부분이었다. 이들의 경우 지식의 동질성이 인정된다고 하더라도 집단 내의 다양한 성향에서 공통점을 찾기 어려울 경우 집단화를 피하는 경향을 보여준다. 따라서 대체적으로 지식 집단은 지식인 집단이면서 정치 집단, 사회 집단의 기능을 동시에 가졌다.

앞서 언급한 것처럼 지식 집단의 다양한 공통적 속성 중에서도 가장 본질적인 것은 지식 집단을 하나의 집단으로 만든 지식의 동질성이다. 이 지식 집단이 지식의 동질성을 가지게 되는 방법으로 두 가지 경우를 들 수 있는데, 하나는 동일한 지식을 소유하고 있던 지식인들이 모여 집단을 만드는 것이고, 나머지 하나는 집단을 통해 동일한 지식을 소유하는 것이다. 그런데 앞서 거칠고 단순하게 인정했던 지식의 개념을 상기해 본다면 경험과 학습의 기회와 대상이 제한된 전근대 사회에서 지식 집단은 대부분 두 번째 경우를 통해 이루어질 수밖에 없다는 것을 알 수 있다. 즉 전근대 우리나라의 지식 집단은 대부분 지식의 학습을 가능하게 하는 학문적 전승관계를 중심으로 형성된다.

학문적 전승관계를 중심으로 형성되었던 지식 집단이자 지식인 집단은 집단의 지식을 선도하는 인물에 대한 구성원들의 자발적 혹은 비자발적인 참여로 형성되는데, 이들 대부분이 학문적 수수관계인 사제관계를 이룬다. 따라서 지식 집단의 종장은 구성원들의 스승으로, 구성원 일반은 문하생으로 서로를 규정하게 된다. 이 집단에 대한 비자발적인 참여는 정치적·사회적으로 자신의 윗자리에 있거나 가문적(家門的)으로 선대(先代)에 있는 인물의 추천이나 권유에 의해 이루어지고, 자발적 참여는 구성원 개인의 자율적인 의지에 의해 이루어지는데, 집단에 대한 자발적 또는 비자발적인 참여가 이루어지기 위해서는 집단의 종장으로 스승이 되는 인물의 지식과 학문에 대한 사회적·개인적 인정이나 집단에 대한 인정이 선행되어야 한다.

이와 같은 지식 집단은 대부분 두 가지 형태로 변모하는데 하나는 분화와 해체이고, 다른 하나는 보수화·고착화이다. 어떤 지식이든 지식은 개인에 의해 형성되어 사회화되고 전파된다. 전파된 지식은 학습하는 누구나 습득할 수 있는 것이지만, 수용의 방향이나 내용이 반드시 최초 형성된 지식 그 자체와 같은 것은 아니다. 지식이란 언제나 인간이 살아가는 사회의 구체적인 현실을 반영하기 때문에 개개인이 놓인 상황에 따라 변모한다. 지식 집단의 경우에도 종장인 스승에게서 학습한 지식과 학문이 문하생들의 개인적인 처지와 상황에 따라 언제나 달리 수용될 가능성을 지닌다. 이런 상황에서 지식과 학문을 수용하는 문하생 개개인의 자질 차이는 전파된 지식의 수용 방향과 결과에서 현격한 차이를 만든다. 이와 같이 하나의 지식 집단 안에 나타나는 지식과 학문 수용의 방향과 결과의 차이는 그 지식 집단을 분화·해체되게 만든다. 이런 현상은 지식 집단의 존폐를 결정하는 중요한 문제이지만, 지식 그 자체만을 놓고 본다면 다양한 발전의 과정이라고 볼 수 있다.

반대로 지식 집단이 보수화·고착화되는 경우 역시 적지 않다. 지식 집단의 종장인 스승에 대한 경외(敬畏)와 신뢰를 바탕으로 스승에게서 전해진 지식과 학문을 습득하고 심화하여 지식과 학문에 체계와 깊이를 더한다. 이 경우 전파된 지식의 영향력이 확대되고 지식 집단과 집단을 구성하는 개개인의 사회적인 위상이 확장되지만 단일 지식과 학문의 묵수(墨守)로 인해 지식과 학문이 보수화·고착화될 수 있다. 또 이런 경우 지식 집단은 지식 이외의 목적을 추구하는 도구적 결사 (結社)로 변질되기도 한다. 지식 집단의 측면에서 본다면 집단의 견고 화로 볼 수 있지만, 지식 그 자체만을 놓고 본다면 현실과 괴리되어 유효성을 상실하는 쇠퇴의 과정이라고 할 수 있다.

3. 성호학파, 새로운 지식 집단의 형성

지식 집단의 개념을 고려해 볼 때 학파(學派)는 지식 집단의 대표적 인 예라고 할 수 있다. 그것은 학파가 "학문에서, 학설이나 주장을 달리하여 갈라진 파"를 의미하기 때문이다. 학파가 하나의 학문 영역 안에서 학설과 주장의 동질성을 기반으로 하여 형성된 집단을 의미한다는 점에서 학파는 당연히 지식 집단의 대표적인 사례가 될 수밖에 없다. 학파와 함께 '학통(學統)·학맥(學脈)·학단(學團)·그룹·一파(派)'라는 용어를 사용하기도 하는데, 학맥은 "학문적으로 서로 연결되거나 이어져 내려오는 줄기나 가닥"을, 학통은 "학문이 계승되거나 전해진 계보"를, 그룹(Group)은 "함께 행동하는 사람이나 동물들의 무리"를, 일파(一派)는 "떼를 지어 행동하는 무리, 본디의 계통이나 계보에서 갈라져 나온 한 갈래"를 뜻한다는 점에서 학파와 학맥·학통은 비슷하지만 다른 뜻이고, 학맥과 학통은 유사 개념으로 학통의 흐름을 학맥이라고 규정할 수 있을 듯하다. 또 그룹이나 일파는 동일 개념이 된다.2) 학단이라는 용어는 최근 연구자에 의해 규정된 새로운 개념으로 "학파에 비해 상대적으로 긴밀성이나 동질성이 부족한 유사 경향의 학자군(學者群)"을 지칭한다고 보인다. 이렇게 보았을 때 지식 집단을 지칭하는 용어로는 학파가 가장 적절해 보인다.

조선후기에 오면 이전 시기와 달리 사승관계나 학문적 연원 관계를 중심으로 하는 지식인들의 집단적 활동이 활발했다. 이러한 집단은 시사(詩社)나 동인(同人)과는 다른 개념으로, 스승으로부터 전승된 정치적·학문적·사상적 동질성을 바탕으로 다양한 집단 활동을 하는 일군의 무리들을 의미한다. 이들은 학문적 동질성을 집단 형성의 근본적인 근거로 두고 있었다. 그런 점에서 이들을 '학파(學派)'라고 지칭하는 것에 별다른 이견이 없어 보이지만, 그러나 이들 대부분의 실질적인 동류활동(同類活動)은 학문 분야보다 정치·사회적인 부분에서 두드러졌다. 이들이 형성하고 있었던 동질성은 어떤 점에서 학문적 동질

---

2) 윤재환, 「조선후기 한시 연구를 위한 몇 가지 제언」, 『한문학논집』 41, 근역한문학회, 2015, 24~25쪽.

성이라기보다 환경적 동질성이라고도 볼 수 있을 듯하다. 동일 학파 구성원의 대부분이 유사한 정치적 성향을 지닌 가문의 일원으로 친·인척 관계를 형성하고 있었고, 현실적인 처지와 생활환경, 신분과 사회적 위상에서 동류의식(同類意識)을 지니기에 충분했기 때문이다.

'성호학파(星湖學派)'라 지칭하는 일군의 집단에서도 조선후기 학파의 보편적인 성격을 찾아볼 수 있다. 구성원 대부분이 정치적으로 청남계열(淸南系列)의 남인(南人)에 속하였고, 친·인척 관계를 중심으로 다양한 교류를 맺고 있던 가문의 구성원이며, 현실적인 처지와 생활환경, 신분과 사회적 위상에서 동질성을 보여준다. 그런 점에서 성호학파를 조선후기 흔히 볼 수 있는 보편적인 지식 집단의 하나로 볼 수 있지만, 그 내면을 조금 자세히 살펴보면 당대 일반적인 지식 집단으로써의 학파와는 다른 점이 적지 않다. 학파가 스승으로부터 전승된 학문적 동질성을 근본으로 다양한 집단 활동을 하는 일군의 무리를 지칭한다고 했을 때 성호학파의 구성원들은 스승인 성호로부터 전승된 동일한 학문적 속성을 지니고 있어야 한다. 하지만 성호학파 구성원들의 학문적 속성을 살펴보면 동질성과 함께 상당한 정도의 이질성을 확인할 수 있다.

성호학파는 학파의 성립 근거가 되는 성호의 학문이 최소한의 성취를 이룬 이후 주변에서 성호를 찾아 사사(師事)하면서 형성되었다. 성호의 학문이 최소한의 성취를 이룬 시기를 단언할 수는 없지만, 이병휴(李秉休)가 쓴 성호의 「가상(家狀)」을 보면 1717년(숙종43) 그의 나이 37세 무렵에 모친상을 마친 이후 원근에서 성호를 찾아 배우러 오는 문도(門徒)들이 점점 많아졌음을 알 수 있고,3) 순암(順菴)이 쓴 소남(邵

---

3) 李秉休,「家狀」,『星湖全集』附錄 卷1, "乙未遭太夫人喪, 毀容叶禮. 三年之內, 只食疏飯苦鹽,

南) 윤동규(尹東奎)의 행장을 보면 소남이 1711년(숙종 37) 당시 17세의 어린 나이로 31세였던 성호의 문하에 들어갔다는 것[4]을 알 수 있다. 가계(家系) 내에서도 종질(從姪) 죽파(竹坡) 이광휴(李廣休)·혜환(惠寰) 이용휴(李用休)·貞山(정산) 이병휴(李秉休) 세 형제가 성호의 초기 제자에 해당하는데, 죽파의 경우 정확한 자료가 없어 단언하기 어렵지만, 혜환과 정산의 경우 정산이 13, 14세가 되던 1722~23년(경종2)경에 안산(安山)으로 계부(季父)인 성호를 찾아가 수학하였다고 보인다.[5] 이렇게 볼 때 성호의 문하에 학도들이 모이기 시작한 시기는 대체로 성호가 안산의 첨성리로 몸을 피한 1709년[6] 이후 소남이 성호에게 의탁하던 1711년 무렵부터이고, 학도들이 어느 정도의 규모를 형성한 시기는 모친상을 마친 1717년 무렵이며, 문하에 문중 자제들까지 모여 든 시기는 1720년대 초반 무렵이라고 할 수 있다.

1710년부터 1720년대 초까지 약 10년 정도의 기간 동안 성호학파는 학파의 규모를 갖추며 성장했다고 보인다. 그러나 그렇다고 해서 별다른 고민 없이 이 시기를 성호학파의 형성기 혹은 성립기로 단정하기는 쉽지 않다. 그것은 하나의 집단이 형성되기 위해서는 집단 구성원들이 집단 구성의 의지를 지니고 모여야 하는데, 이 시기 성호의 문하에 모인 인물들이 스스로를 하나의 집단으로 규정하고 있었다고 단언하기 쉽지 않기 때문이다. 하지만 이런 문제의 경우 어떤 학파든

　　不近滋味, 縗絰未嘗去身也. 服闋遠近從學之士漸衆."

4) 安鼎福,「邵南先生尹公行狀」,『順菴先生文集』卷26, "乙巳星湖李先生生于東方絶學之餘, 講道於畿甸, 先生首先問學, 卽歲辛卯, 而先生之年十七矣."

5) 李秉休,「自序」,『貞山雜著』11冊, "四歲而孤, 十歲母氏携余兄弟還京師, 十三四歲當壬寅癸卯之際, 余乃往受學于季父先生. 先生之學, 卽退陶李子之學也."

6) 李瀷,「李司成旌閭記」,『星湖全集』卷53, "昔在丙戌, 我剡溪公之葬鮮也. 親朋操文哭者相繼, 其咸卿之辭曰, '士死於當死, 其死也不死, 蓋不以死爲悲而以心爲全也.' 旣虞祔, 余西遁海上, 咸送我於山之下, 相顧爲之惻然."

학파의 성립기에 문하 제자들이 학문적 동질성을 완성하여 스스로를 그 학파의 일원으로 간주하기 어렵다는 점에서, 학파의 구성원들이 동일한 인물을 스승으로 사사하면서 스스로 동문의식(同門意識)을 지니고 있었다면 동일 학파로 규정할 수 있다는 것으로 해명이 가능하다. 특히 1753년 『이자수어(李子粹語)』가 완성될 무렵 성호의 문인들이 강론절시(講論切偲)를 일삼았고, 작은 차이라도 반복 논변하여 귀착점을 찾는[7] 경향을 보였다면 이 시기를 성호학파가 완성된 단계로 볼 수 있고, 그보다 약 30~40여 년 앞선 1710~20년경을 성호학파의 형성기로 본다고 해서 별다른 문제가 없어 보인다.

1710~20년경을 성호학파의 형성기, 1750년경을 성호학파의 완성기로 본다면 1750년경 이후 성호학파는 학문적 동질성을 바탕으로 하는 학파의 속성을 완성하였다고 할 수 있다. 그런데 성호학파의 학파적 속성이 완성되었다고 할 수 있는 이 시기에 성호 문하의 제자들에게서 학문 내용의 온전한 동질성을 찾아보기 쉽지 않다. 학파가 "스승으로부터 전승된 학문적 동질성을 근본으로 다양한 집단 활동을 하는 일군의 무리"를 지칭한다면 성호학파의 구성원들은 스승인 성호로부터 전승된 동일한 학문적 속성을 지니고 있어야 한다. 그런데 원재린[8]과 이수환[9]에 의해 언급된 것처럼 성호학파의 구성원들은 조선시대 학파 구성의 주요 요소였던 성리학설이나 경학관에서 일치

---

7) 黃德吉,「順菴安先生行狀」,『下廬先生文集』卷16, "李先生嘗裒輯李子言行, 未及修潤, 令先生更爲增刪之, 乃定以近思錄例, 名之曰粹語, 以爲爲學之的, 蓋見師門傳道之微意云. 當時文學之士, 咸萃李先生門下, 篤實如邵南尹公, 精詳如貞山李公, 志同道合, 常以講論切偲爲事, 至或識見少異, 亦爲反覆論辨, 以一其歸, 蔚然有乾淳遺風."

8) 원재린,『조선후기 성호학파의 학풍 연구』, 혜안, 2003, 43쪽.

9) 이수환·정병석·백도근,「성호학과 성호우파학의 이동문제」,『철학연구』101, 대한철학회, 2007, 221~251쪽.

하지 않는 모습을 보여준다. 이들은 개인의 취향과 적성에 따라 각기 다른 영역의 학문을 전공하여 각자 나름의 성취를 이루었다. 성호를 정점으로 하여 이루어진 학파의 구성원들에게서 이들이 공유하고 있던 합의된 철학체계를 찾을 수 없을 뿐만 아니라 학파 형성의 근거가 되는 스승 성호와도 다른 모습을 확인할 수 있다면[10] 이들을 하나의 학파로, 동일 지식 집단으로 규정할 수 있는가는 적지 않은 논란이 될 수 있다.

성호의 고제(高弟)로 알려진 소남(邵南) 윤동규(尹東奎, 1695~1773)·하빈(河濱) 신후담(愼後聃, 1702~1761)·정산(貞山) 이병휴(李秉休, 1710~1776)·순암(順庵) 안정복(安鼎福, 1712~1791) 역시 이러한 점은 같다. 이들은 제기되는 문제 각각에 대해 사안에 따라 각기 다른 의견을 제시하며 상황에 따라 일치하고 괴리되는 다양한 모습을 보여준다. 공희노(公喜怒) 이발(理發)·기발(氣發) 문제와 『대학(大學)』 장구(章句)에 관한 의견에서는 소남·순암과 하빈·정산이 갈렸고, 서학(西學)에 대한 대응에서는 소남·하빈·순암과 정산이 갈렸다.[11] 그런데 이와 같은 학문적 대립에도 불구하고 이들은 스스로를 동일한 학파의 구성원으로 간주하였고 서로를 인정하였다. 정산이 「자서(自序)」에서 소남을 사표(師表)로, 하빈과 순암을 외우(畏友)로 간주했었다[12]는 것은 이들이 서로에 대해 지니고 있었던 기본적인 인식을 잘 보여준다. 성리학설과 경학관이라는 기본적인 철학 체계에 대한 인식의 차이, 서학이라는 현실

---

10) 위의 논문, 225~226쪽.

11) 송갑준, 「성호학파의 분기와 사상적 쟁점」, 『인문논총』 13, 경남대학교 인문과학연구소, 2000, 147~169쪽.

12) 李秉休, 「自序」, 『貞山雜著』 11冊, "當時及門之士, 如龍湖尹幼章氏, 余所師表也, 河濱愼耳老·漢山安百順, 皆余所畏友也."

적인 문제에 대한 대응의 차이에도 불구하고 이들 모두가 서로를 동일한 학파의 구성원으로 간주하며 외우·사표로 인정하고 높였다는 것은 당대 성호학파와 그 학파의 구성원들이 지니고 있었던 그들만의 독특함이자 이전까지의 학파 혹은 지식 집단에서 보기 어려운 새로운 모습이라고 할 수 있다.

성호학파의 구성원 특히 성호의 고제(高弟)에 해당하는 4명의 제자들이 서로를 동일한 학파의 구성원으로 규정하고 있었음에도 불구하고 각기 다른 의식을 지닐 수 있었던 것에는 다양한 이유가 있겠지만, 가장 큰 이유는 그들의 스승이었던 성호의 교육 방법에 기인한 것이라 생각된다. 성호의 학문 자세·사유 방법·학풍(學風)에 대해서는 성호 연구 초기부터 여러 학자들이 언급하였는데, 논의된 결과만을 대체적으로 살펴보면 수사학적(洙泗學的) 수기치인(修己治人)의 학(學),[13] 당대 학풍에 대한 반성과 변화에 대한 인식을 바탕으로 자득(自得)을 통한 실득(實得)과 실용(實用)의 학문 추구,[14] 회의(懷疑)와 자득[15] 등을 들 수 있다.

이와 같은 연구 결과들과 함께 성호에 관한 다양한 기록들과 성호 스스로 밝힌 내용으로 볼 때, 성호가 그 자신의 학문세계를 만들어 나가고 문하 제자들을 교육한 방법으로 거론할 수 있는 가장 대표적인 것을 '회의와 자득'이라고 할 수 있을 듯하다. 정산이 「가상(家狀)」에서 언급한 내용[16]이나 목재(木齋) 이삼환(李森煥)이 그 스스로 접했

---

13) 韓㳓劤, 『星湖 李瀷 研究』, 서울대학교출판부, 1980, 28~46쪽.

14) 崔錫起, 『星湖 李瀷의 學問精神과 詩經學』, 중문, 1994, 9~34쪽.

15) 원재린, 앞의 책, 65~159쪽.

16) 李秉休, 「家狀」, 『星湖全集』 附錄 卷1, "服闋遠近從學之士漸衆, 先生爲之各隨其才而施教. 是以居門下者, 雖其所得之淺深不同, 而莫不有蛾述之效."

던 성호의 언행을 기록한 『성호선생언행록(星湖先生言行錄)』을 보면 스스로의 학문과 문하 제자들의 교육 방법으로 '회의와 자득'을 추구했던 성호의 모습이 구체적으로 드러난다.[17] 성호는 그의 제자들이 스스로 학문의 주체임을 인식하고 적극적으로 각자의 학문세계를 확립해 나가도록 교육하여, 각자 스스로에게 가장 알맞은 방법이나 방책을 연구하여 대상의 본지를 정확하게 이해하도록 요구하였다.[18] 이에 따라 성호는 문하 제자들의 구체적인 학습 방법으로 토론을 강조하였고, 개개인의 견해 차이를 인정하였다. 성호는 자신의 주장을 제자들에게 강조하지 않았는데, 이와 같은 성호의 교육 방법은 성호의 문하 제자들 사이에도 그대로 전해져 성호의 제자들 사이에서는 선배로서 자신의 견해를 정설로 확정짓고 이 학설을 후배들에게 가르치고 지도하려는 모습이 보이지 않았다.[19]

'회의와 자득'의 학문 방법은 성호뿐만 아니라 성호의 문하 제자들이 학문을 해 나간 방법으로도 의미를 지닌다. 성호의 학문세계가 그 스스로의 '회의와 자득'에 의해 이루어진 만큼, 성호의 문하 제자들 역시 '회의와 자득'의 학문 방법을 통해 각자의 학문적 성취를 이루었다. 그런데 '회의와 자득'은 학문하는 개개인의 주체적 역량을 강조하는 것이다. 자신의 주장을 강요하지 않을 뿐만 아니라 적극적인 토론

---

17) 李森煥, 『星湖先生言行錄』, "先生記性絶人, 殆能過目成誦, 然常不自足, 必精究細繹, 使上下文勢意義, 通透歷落然後止. 盖先生之學, 自少至老, 多資於思. 故嘗擧管子思之思之, 又重思之. 思之不得, 鬼神其通之之語曰, 思之之久, 忽然領解者, 此使是鬼神通之. (…中略…) 森煥少與先生之孫九煥同學, 頗事記誦, 不解硏賾, 先生每戒曰, 若曹頗有記性, 涉獵雖多, 到年紀衰耄霜, 降水落之後, 漠然消亡, 都不能思起. 故讀書之要, 在於深造自得. 吾少時記誦不爲不多, 到今都忘之. 惟書中自得處, 方是吾有, 若曹異日必思吾言, 悔無及矣. (…中略…) 先生訓蒙, 未嘗口授句讀, 惟指示文勢語脈, 上下承接處, 使自究解. 當時雖若鈍滯, 得效甚速. 蓋及門三年, 終無魯莽滅裂之士."
18) 원재린, 앞의 책, 65~66쪽.
19) 위의 책, 207~208쪽.

을 통해 질문하고 상대방의 의견을 수용하여 자신의 견해를 교정해 나가는 수평적이고 상호 존중하는 학문 태도이다. 이런 학문 태도는 학습자 개개인의 견해를 바탕으로 한 다양한 이론의 확립을 가능하게 한다.[20]

성호학파의 구성원들이 서로를 동일한 학파의 구성원으로 간주하고 있었음에도 불구하고 학문적 동질성을 추구하기보다 각자의 소질과 특성을 바탕으로 각기 다양한 영역에서 개인적인 성취에 주력할 수 있었던 것은 이와 같은 성호의 교육 방법에 기인한 것이라 생각된다. 결국 성호학파의 구성원들이 성리학설과 경학관이라는 기본적인 철학 체계에 대한 인식의 차이, 서학이라는 현실적인 문제에 대한 대응의 차이에도 불구하고 서로를 동일한 학파의 구성원으로 인식할 수 있었던 것은 스승인 성호에 대한 경외심(敬畏心)과 함께 성호의 교육 방법에 대한 동의에 의한 것이었다고 할 수 있다. 스승의 학문세계에 대한 일방적 추종의 명시적(明示的)·암시적(暗示的) 강요가 아니라 학문의 요체는 학문하는 개인에게 있으며[21] 스스로 깨달았다면 스승인 자신에게도 물을 필요가 없다[22]는 인식을 가지고 문인 개개인의 재능과 특장에 맞춰 학습을 권장한 성호의 교육 방법은 성호를 찾은 문하 제자들에게 그들 자신의 학문적 관심을 가장 잘 구현할 수 있게 하는 교육 방법으로 인식되었다고 보인다. 그런 점에서 성호학파는 지식 집단이라기보다는 지식인 집단에 더 가깝다고 할 수 있

---

20) 윤재환, 「성호학의 개념 정립을 위한 시론」, 『동양고전연구』 67, 동양고전학회, 2017, 25쪽.

21) 安鼎福, 「函丈錄」, 『順菴先生文集』 卷16, "學惟在于遜志, 遜志學習之久, 義理自熟, 心平氣和. 其要都在于自己身上, 不關他人."

22) 李瀷, 「答權旣明 庚辰」, 『星湖全集』 卷30, "君亦不自知少朋之爲患. 故曰好消息, 此君己自悟, 何必待吾言耶."

지만, 이들이 성호라는 한 인물을 중심으로 그의 교육 방법을 공유했다는 점에서 이 글에서는 일단 지식 집단으로 간주하여 논의하도록 한다. 성호학파가 당대 곤궁한 정치적·사회적 환경과 성긴 학문적 동질성에도 불구하고 조선후기 유력한 지식 집단으로 성장하고 자리 잡을 수 있었던 것은 구성원 개개인의 능력 인정과 자유로운 지식의 추구라는 성호학파가 추구했던 지식 습득의 새로운 방법 때문이었다고 보인다.

4. 학파의 변이와 내재된 의미

'회의와 자득'이라는 개인의 주체적 역량을 강조하는 학문 방법을 통해 문인 각자의 학문적 성취를 추구했던 성호의 교육 방법은 성호학파 구성원 개개인의 학문적 역량을 가장 잘 드러내 주었다. 성호의 고제로 알려진 네 사람 역시 각자의 재능에 맞춘 학문을 통해 각기 한 방면에서 뛰어난 성취를 이루었다. 소남은 지리(地理) 분야에서, 하빈은 수학 분야에서, 정산은 경학 분야에서, 순암은 역사 분야에서 탁월한 성취를 이루었다. 하지만 이와 같은 학파 구성원의 개인적인 성취와 달리 성호의 교육 방법은 학파의 분열을 야기할 수밖에 없었다. 회의와 자득을 추구하여 개개인의 견해차를 인정하고 토론을 강조한 성호의 교육 방법은 성호학파 안에서 문인 사이의 논쟁을 야기하여 필연적으로 집단 내의 계보 형성과 분파를 유도할 수밖에 없었다. 그런 점에서 어쩌면 성호 사후(死後) 성호학파의 분열은 성호학파에서 추구했던 학문 태도와 방법에 따른 당연한 결과라고도 할 수 있다.

성호학파 구성원 사이의 학문적 견해 차이는 다양한 지점에서 확인된다. 가장 대표적인 것이 공희노(公喜怒) 이발(理發)·기발(氣發)과 『대학』 장구, 서학에 대한 견해인데, 이 부분들에 대한 학문적 견해 차이는 단순화시켜 성호학파를 하나의 지식 집단으로 묶어준 것은 학문의 내용이 아니라 학문 방법이고, 성호학파의 학파적 속성은 스승인 성호와 그들이 공유했던 학문 방법에서 찾을 수 있을 뿐이라고까지 확대할 수 있게 한다. 물론 이 사안들에 대한 견해 차이만을 가지고 이렇게까지 확대 해석하는 것에는 문제가 없지 않지만, 이 사안들은 그만큼 학파의 형성과 유지·발전에 중대한 영향을 미치는 본질적인 내용들이었고, 그들 사이의 의견 대립이 컸음을 의미하는 것이기도 하다.

성호학파는 성호가 83세로 1763년(영조39) 12월 17일 운명할 때까지 학파의 위상에 어떠한 흔들림도 없었다. 성호학파 구성원 사이의 다양한 의견 대립에도 불구하고 성호학파의 구성원들은 스스로 성호의 문하 제자였음에 자부를 느꼈고, 그 자부심에 바탕한 동류의식·집단의식을 지니고 있었다. 하지만 이와 같은 동류의식·집단의식은 그 의식의 근원이 되는 성호의 운명과 함께 분열의 기운을 내보이게 된다. 한 인물을 중심으로 모인 집단의 경우 중심인물이 운명하면 집단의 일부가 분화되어 집단에서 분리되기도 하지만, 주류적인 흐름은 중심이 되었던 인물에 의해 지목되거나 집단 내에서 추앙된 인물이 다음 세대를 이끄는 것이다. 대부분의 학파에서는 스승에 의해 인정·지목된 인물이나 동문(同門) 중 스승에게 친자(親炙)한 제1세대 문인(門人) 가운데 동문의 추앙을 얻은 인물이 다음 세대 학파의 종장이 된다.

성호학파의 경우 성호의 후계로 가장 주목받았던 인물은 소남이었던 것 같다. 소남이 1711년 17세의 나이로 성호의 문하에 들어가 성호가 운명할 때까지 53년간 성호의 문하에서 수학했던 성호의 거의 첫 제자였다는 점뿐만 아니라 그가 성호학파 안에서 지녔던 위상으로 보아 이와 같은 인정은 당연한 것이었다고도 할 수 있다. 성호는 소남을 자신과 같은 부류로 생각하여[23] 도(道)를 전할 책임을 맡겼으며,[24] 동문수학한 정산의 경우 소남을 사표로 인정하였고,[25] 순암의 경우 소남이 성호를 이어 학파를 이끌 적임자로 여겼다.[26] 성호학파의 제1세대 고제 4명 중 하빈이 성호 운명 3년 전에 세상을 떠난 상황에서 소남이 성호는 물론이고 다른 두 고제 정산과 순암에게서 받았던 평가를 고려해 본다면 소남은 성호학파 다음 세대의 종장이 되어야만 한다. 그런데 성호 사후 성호학파는 이와 다른 방향으로 움직였다.

성호학파의 제2세대 구성원들은 소남을 학파의 중심에 두기보다 정산을 중심으로 규합하였다. 이들이 소남보다 정산을 학파의 중심에 두게 된 것에는 대체적으로 두 가지 요인이 작용했었던 것 같다. 첫 번째는 상황적 요인이다. 성호의 사후 성호학파는 학파의 구심점을 잃고 흔들리게 되는데, 이 무렵 정산은 출생지인 충청남도 덕산현 장천리에 있었다고 보인다. 이 시기 정산은 성호의 학문과 법도가 세상에 행해질 수 있도록 문중 자제와 문하 제자들을 훈육하여 성호

---

23) 李瀷, 「送尹幼章序」, 『星湖全集』 卷51, "蓋有迹同而心異者, 私意萬轍, 一東一西, 而以同爲異者也. 有心同而迹異者, 事有長短, 功有疏密, 而以異爲同者也. 余之於幼章是已. 余生而粗略, 無所檢防, 日用事爲, 言動服飾, 一處以俗套庸鄙, 可笑可駭, 乃幼章則反之. 觀其氣味之際, 殆若風馬牛之遠也. 至其相悅則如病嗜土炭, 海上之逐臭也, 其故何也. 異者自異而所存者同也."

24) 安鼎福, 「邵南先生尹公行狀 乙巳」, 『順菴先生文集』 卷26, "甲子歲, 李先生疾劇, 招先生, 授以治命, 付以傳道之責. 以此觀之, 師弟傳授之重, 可知已."

25) 李秉休, 「自序」, 『貞山雜著』 11冊, "當時及門之士, 如龍湖尹幼章氏, 余所師表也, 河濱愼耳老·漢山安百順, 皆余所畏友也."

26) 安鼎福, 「祭邵南尹丈 東奎 文 癸巳」, 『順菴先生文集』 卷20, "先生以知造而至於高明廣大之域, 公以行勉而期于光輝篤實之地. 先生之門, 得公而道益明, 摯乎盛矣. (…中略…) 嗚呼, 先生之道, 公得其宗, 而家學淵源, 至景協而盛矣."

의 은혜에 보답하고자 하는 뜻을 지니고 있었다.[27] 이런 상황에서 정산이 성호의 문집 정리를 맡게 되었는데, 이 작업에는 상당한 인력이 필요하여 정산은 문중의 이삼환·이구환(李九煥)과 문하 제자들 중 다음 세대 선두 주자에 해당하는 권철신(權哲身)·이기양(李基讓) 등 학파 내 젊은 후학들의 도움을 받았다.

성호 운명 이듬해인 1764년 시작된 유고 정리 작업은 이로부터 10년여가 지난 1774년 마무리되었는데, 이 작업을 주도했던 정산을 중심으로 학파의 다음 세대 젊은 학자들이 모였던 것은 상황에 따른 당연한 결과였다고 할 수 있다. 성호의 유고 정리 작업을 정산이 담당하게 된 것은 이 시기 소남은 이미 연로(年老)하여 일을 맡기 어려웠고, 순암도 병들어 맡을 수 없었기 때문이었던 것으로 보인다.[28] 그러나 이런 상황으로 인해 성호 문집의 정리 작업을 정산이 담당하게 되었다고 하더라도 소남의 입장에서는 이 상황이 탐탁할 리 없었고, 따라서 서운함을 느끼기도 했었다고 보인다.[29] 여기에 더해 유고의 정리 과정에서 『사칠신편(四七新編)』 중발(重跋)의 기록을 놓고 소남은 다시 정산과 불편한 상황에 이르기도 했었지만, 그는 문집의 정리를 마치기 한 해 전에 운명하였다.

두 번째는 학문적 요인이다. 첫 번째보다 이 두 번째 요인으로 인해 다음 세대 성호학파의 주류들이 정산을 중심으로 모였다고 생각된다.

---

27) 李秉休, 「季父星湖先生文」, 『貞山雜著』 7冊, "若言其教養成就之恩, 昊天罔極. 小子何以報其萬一耶. 庶將與家塾子弟, 及門下諸彦, 佩誦先生之遺文, 服行先生之遺矩, 無或廢墜, 得令先生之道, 因而少明於來許, 則斯或爲不負先生, 而小子之責, 亦可少酬矣. 先生易簀時, 秉休在遠, 未及與觀治喪."

28) 李秉休, 「答安百順書」, 『貞山雜著』 8冊, "賢兄所謂自古遺集修整, 必出於及門之人者, 誠是矣. 尹丈年高, 賢兄病侵, 今不能, 然則不獲已. (…中略…) 今此遺集, 若使一徑高明之眼, 則刪修豈不易哉. 如秉休鈍根淺識, 不敢下手於其間."

29) 강세구, 「성호문집 편찬과정과 성호 선생 문집」, 『성호학보』 5, 성호학회, 2008, 72쪽.

성호의 제자인 소남 역시 회의와 자득을 통한 학문 추구라는 성호의
교육 방법을 인정했지만, 그가 추구했던 회의와 자득은 성호와 다른
모습이었다. 소남의 경우 학문의 방법이 주자서(朱子書)에 모두 들어
있으니 그 중에서 자신에게 적절한 것을 취사선택(取捨選擇)하면 된다
고 생각했고, 전주(箋注)에 매달리거나 새롭고 신기한 주장에 매료되는
태도를 모두 부정했다. 지식을 위한 지식의 습득과 방대한 지식의
무조건적인 수집과 적용, 그리고 새로운 지식에 대한 무비판적인 수용
과 포장을 모두 부정하였다. 소남은 사서(四書)를 중심으로 선현(先賢)
들의 학문을 자득하고 체득(體得)하여 궁행실천(躬行實踐)하는 것이 올
바른 학문 자세라고 생각하였다. 그래서인지 그는 평생 별다른 저술을
남기지 않았고, 남겨놓은 저작들도 지(志)·의(疑) 몇 권에 불과했다.30)

　　지식을 추구하는 지식인이라기보다 실천을 강조하는 학자의 모습
이 강한 소남의 학문 태도는 성호에게 직접 학문 방법을 익혔던 권철
신뿐만 아니라 권철신에게 영향 받은 이기양과 같은 학파 내 젊은
후학들의 동의를 얻기 어려웠다. 이들이 남아 있는 성호의 고제 소남·
정산·순암 중에서 성호의 학문 방법과 가장 유사하다고 생각했던 정
산을 중심으로 모인 것은 당연할 수밖에 없다. 정산의 경우 양묵노불
(楊墨老佛) 같은 이단의 부류들이 성인의 학문과는 달랐지만 이욕(利慾)
을 일삼은 것이 아니라고 보았고, 주자의 저작도 잘못된 부분이 있으

---

30) 安鼎福,「邵南先生尹公行狀 乙巳」,『順菴先生文集』卷26, "爲學之方, 備在朱書, 門弟問答, 隨人
　　針砭, 後人待症之藥, 皆在於此. 讀者宜求襯己之敎而行之. (…中略…) 世之學者, 卑者溺於箋注
　　之間而專事考究, 惟以酬俗爲能, 高者流於新奇之論而別立言語, 惟以務勝爲意, 先生兩病之曰,
　　如是爲學, 雖曰爲己, 皆是爲人, 果何益哉. 誨人讀法曰, 熟讀詳味, 務求本意, 讀去讀來, 不能無
　　疑, 疑必箚記, 以占吾學之進退, 豈必廣採傍求, 段段立說然後爲實學耶. 循古人之說, 固已省力,
　　不可以己見臆揣而立異也. 苟欲著書傳後, 心已外馳, 非爲己之學也. 古人書猶不能盡讀, 更安用
　　吾書. 是以無文辭之可傳, 而略有志疑數卷. (…中略…) 先生雖略博通墓經, 而喫緊用力, 專在四書,
　　常曰, 聖學工夫, 無過四子. 當如日用之茶飯, 體驗之工, 不可一刻有間也."

니 분별하여야 한다고 했다. 따라서 올바른 학문이란 무엇보다 무턱대고 외우는 일을 벗어나야 하는 것이라고 보았다.[31] 서학에 대해서도 관대했던 정산의 학문 방법은 주체적이고 자유로운 사고를 추구했던 성호학파 제2세대의 의식에 가장 부합할 수밖에 없었다.

그러나 정산을 중심으로 했던 성호학파 제2세대들은 정산이 1776년(영조52) 7월 27일 67세를 일기로 생을 마감한 뒤 중심점을 잃게 되었다. 정산이 운명한 이후 이들은 순암을 정점으로 성호학파를 재구성하기보다 학파의 분리를 추구했다. 이들은 순암의 학문 방법을 전통적인 유학의 묵수와 다를 것이 없다고 보았다. 사실 순암의 학문 방법은 선현의 학문적 성취에 대한 깊이 있는 사색을 통해 스스로 진리를 찾아내는 것[32]이었기에 성호가 추구했던 개개인의 주체적 역량을 강조하는 학문 방법과 상당한 거리를 보여준다. 결국 정산 운명 이후 성호학파는 순암을 중심으로 하는 하나의 계열과 녹암(鹿庵) 권철신을 중심으로 하는 학파 내 젊은 후학들의 모임으로 분리될 수밖

---

31) 李秉休, 「論學術之弊」, 『貞山雜著』 10冊, "所謂異端如楊墨老佛之類, 雖異於聖人之學, 亦學仁義而差耳, 何嘗主利欲耶. (…中略…) 其書浩汗廣博, 故或有前後異見者, 或有考據失實者, 此不可不辨. (…中略…) 其子弟後學, 終身瞽誦, 而鹵莽滅裂, 不察於豕亥魚魯之辨, 此豈朱子所望於後人者耶."

32) 安鼎福, 「答李士賓書 辛丑」, 『順菴先生文集』 卷5, "孟子言道欲其自得, 自得云者, 義精仁熟, 洞見本原, 發之於行而無不善, 此卽眞知實踐, 而義理之悅於心, 若芻豢之悅於口, 欲罷而不能者也. (…中略…) 讀書體驗, 其於言行喫緊處, 忍耐用工, 積習之久, 庶有自得之妙, 而今之所謂自得, 有異於是, 必致力於一字一句之間而決摘穿鑿, 如見一義, 則謂之自得, 其於大本達道, 未暇及焉. 此爲今世有志者之通患, 而前賢之所望於後人, 實不在於此矣.";「答權旣明書 戊子」, 『順菴先生文集』 卷6, "愚嘗觀公之讀書, 每欲自主議論而必求其深高. 故讀一書得一理, 未及加功潛繢密之功而先自主張, 必欲求合於己意, 若或執此不能亟回頭疾旋踵, 則膠滯之久, 自用勝而欠遜志虛受之義, 未必不爲心術之害而有妨於進德修業之大功矣.";「答黃耳叟 德吉 書 辛丑」, 『順菴先生文集』 卷8, "大抵爲學之方, 必先博文, 必貴自得. 然欲其博文, 則多聞愼言, 多見愼行, 審問明辨, 多識畜德之謂也. 非若世之搜求隱僻之事, 鉤摘奇異之說, 誇多鬪靡, 以爲口耳記誦之資者也. 欲其自得, 則體之於心, 驗之於身, 眞積力久, 自然貫通之謂也. 非若世之窮格未到, 意慮橫生, 偶有所見, 自以爲發前人之未發, 至於誣經離道而不知止者也. (…中略…) 近來一種學問, 好爲高論, 務出新奇, 反以前聖格言, 把作死法, 則如愚之平日所講聞者, 無可告語, 而惟有望於君伯季也."

에 없었다. 순암 계열과 녹암 계열로 분리된 성호학파의 분열상을 극복하기 위해 순암은 다양한 노력[33]을 기울였지만, 시간이 지날수록 이들 사이의 거리는 점점 더 커졌고, 1787년경에 이르러서 마침내 순암은 분열된 학파를 하나로 모으려는 노력을 거의 포기하기에 이르렀다고[34] 보인다.

성호학파의 분열은 학파의 대사회적 영향력을 감소시키는 결과를 가져 왔지만, 성호의 학문이라는 학파 성립의 본질적인 요소 측면에서 볼 때 학문적 자기 분열에 의한 증식(增殖)이라고 할 수 있다. 회의와 자득을 통한 개개인의 주체적이고 자유로운 사고와 학문적 성취를 추구했던 성호의 학문 방법이 소남과 하빈, 정산과 순암이라는 인물들을 통해 각기 다른 방향으로 수용되었고, 이렇게 수용된 성호의 학문 방법은 다음 세대 녹암을 통해 변이의 폭을 더욱 넓혔다. 녹암이 추구했던 성호의 학문 방법이 당대 성호학파 젊은 후학들의 취향을 대표하는 것이었기 때문에 학파 내의 후학들 대부분이 그를 중심으로 모일 수 있었다.[35] 이런 모습은 성호학의 자기 분열에 의한 발전이라고 볼 수 있다.

하지만 조선후기 학파는 지식 집단의 기능만을 가지지 않는다. 집단 내의 다양한 공통분모를 바탕으로 정치 집단, 사회 집단의 기능을 동시에 추구했다. 성호학파 역시 당대 정치적으로 곤궁한 처지에 있던 청남계열 지식인의 집단이었다. 성호학파의 형성이 학문적 동질성

---

33) 강세구, 앞의 논문, 142~153쪽.

34) 安鼎福, 「答李仲章 天爕 書 丁未」, 『順菴先生文集』 卷8, "今世吾道殆將絶矣. 此中染於異學, 非我隻手可障."

35) 丁若鏞, 「鹿菴權 哲身 墓誌銘」, 『與猶堂全書』 卷15, "穎慧慈和, 才德兩備, 先生絶愛之, 恃文學如子夏, 意布揚如子貢. 先生旣沒, 後生才俊之輩, 咸以鹿菴爲歸."

을 바탕으로 한다는 것은 재론의 필요가 없는 것이지만, 여기에 더해 정치적 결속을 추구한 인물들의 참여 역시 적지 않았다. 성호를 직접 사사한 채제공(蔡濟恭)은 물론이고 사숙(私淑)한 정범조(丁範祖)나 일정한 교유 관계를 형성하고 있었던 오광운(吳光運)·강박(姜樸)·이헌경(李獻慶) 등이 그 대표적인 예가 되는데, 이들은 성호학파를 통해 자신들의 정치 이념과 운영 논리를 확보하고 인재를 제공받고자 했다.36) 성호가 원하던 원하지 않던, 성호학파의 구성원들이 어떤 생각을 가지고 있었던 성호학파는 학파의 구성원들이 정계에 진출하면 할수록, 학파와 관계된 인물들이 정계에 자리잡으면 잡을수록 유력한 정치 집단으로 기능할 수밖에 없었다.

이런 상황은 성호학파나 학파의 구성원들이 정치적 곤궁에 처했을 때 이들을 부지해 주는 기능을 하기도 했지만, 반대로 언제나 정치적 상대 세력의 견제에 주의하게 만들 수밖에 없다. 특히 당대 정권을 장악하고 있던 노론계열과의 유·무형적인 대립은 성호학파를 정치적·학문적으로 힘들게 만드는 중요한 이유가 되었다. 바로 이 지점에서 성호학파의 분열이 자기 분열에 의한 발전만이 아니라 학파의 소멸로 나타난 이유를 확인하게 된다.

회의와 자득을 통한 개개인의 주체적이고 자유로운 사고와 학문의 성취를 추구했던 성호는 서학이라는 새로운 지식 체계에 대해서도 상당한 관심을 지녔다. 특히 서양의 과학기술에 대해서는 상당한 흥미를 보였다. 성호의 서학에 대한 관심은 정산을 중심으로 성호학파의 젊은 세대들에게 그대로 계승되었고 점차 확산되었다. 성호학파의 젊은 세대들은 서학에 대한 성호의 호의적인 태도와 함께 흔들리기

---

36) 원재린, 앞의 책, 49~51쪽.

시작한 조선 사상계의 변화에 힘입어 서양 과학기술에 관심을 보이다가 마침내 천주교 신앙까지 받아들이게 되었다. 이들이 천주교를 손쉽게 받아들일 수 있었던 가장 큰 이유는 서학에 대해 개방적이었던 성호의 학문 성향을 들 수 있지만, 이 외에도 주자학적 이념이 조선 사회의 제도적 모순과 현실적 비리의 해결에 한계를 보였다는 구체적이고 현실적인 이유를 들 수 있다. 당대 어떤 학파보다 주체적이고 자유로운 사고를 지녔던 성호학파의 젊은 세대들에게 현실의 부조리를 해결하는 유의미한 대안으로 천주교 신앙이 다가온 것이다.[37]

하지만 성호학파의 젊은 세대들을 중심으로 이루어진 천주교 신앙의 수용은 조선 사회의 근간을 뒤흔드는 것이었다. 당대 사회의 정치적 주도권을 쥐고 있었던 노론계열 정치 세력들에게 성호학파 젊은 세대들의 이와 같은 태도는 묵인할 수 없는 사안이었다. 정치적 대항 세력으로 존재하며 새로운 정치 이념과 정권의 운영 논리를 제공하고 인재를 공급했던 성호학파에 대한 노론계열의 적대적 의식은 성호학파 젊은 세대들의 천주교 신앙 문제를 계기로 성호학파의 정리와 단절을 시도하게 만들었다고 보인다.

1776년부터 1784년까지 충청도 목천현감(木川縣監)·돈영부주부(敦寧府主簿)·의빈부도사(儀賓府都事)·세자익위사익찬(世子翊衛司翊贊)의 관직을 거치며 현실 정치를 경험했던 순암은 이와 같은 정치적·사회적 분위기를 심각하게 느꼈고, 이에 따라 순암은 그 자신의 학문 경향을 더욱 보수화했을 뿐만 아니라 『천학고(天學考)』와 『천학문답(天學問答)』 등의 저술을 통해 적극적으로 천주교를 비판했다. 성호 문하에 입문한 처음부터 보수적 성향을 보였던 순암의 학문이 이 시기에 와

---

37) 금장태, 『성호와 성호학파』, 서울대학교출판문화원, 2014, 126쪽.

서는 성호학파의 학문적 속성 상당 부분을 거세하게 된 것이다. 선현의 학문에 대한 회의와 자득 중 회의를 버렸고, 자득 역시 묵수적(墨守的) 추종(追從) 아래 자득을 추구하는 지극히 전통적이고 보수적인 모습을 보였다. 이후 순암은 목재 이삼환과 함께 성호학파의 존속을 위해 녹암 계열 성호학파와 단절하였고, 새로운 성호학파의 정립을 위해 노력하였다. 순암 이후 순암계열(順菴系列) 성호학파(星湖學派)라고 불리는 일군의 집단에서 발견되는 학문적 보수성은 이와 같은 순암의 학문에 영향 받은 바가 커 보인다. 이들의 학문적 속성이 성호보다 순암에 더 가깝다는 점에서 이들은 성호학파라기보다 순암학파로 규정하는 것이 더 적절해 보이기도 한다. 그런 점에서 다산(茶山)의 언급과 같이 녹암의 운명 이후 실질적인 성호학파는 단절되었다고도 볼 수 있다.[38]

성호학파의 변화 양상은 하나의 학파가 학문적 자기 분열에 의한 증식을 통해 내적 체계를 발전시켜 나가는 과정과 학문적 공고화를 통해 존속해 나가는 상반된 두 경향을 동시에 보여준다는 점에서 기본적인 의미를 지닌다. 그러나 이와 같은 기본적인 의미 이외에도 학파라는 지식 집단의 존속이 거대한 사회 기득권의 힘에 좌우된다는 사실을 선명하게 보여준다는 점에서 또 다른 의미를 지닌다. 학파의 존속이 사회 기득권의 힘에 좌우될 수밖에 없는 것은 지식이 사회와의 관계 속에서 의미를 지니며, 사회가 움직여 가야 할 방향을 제시한다는 점에서 당연한 것이기도 하다. 하지만 지식은 언제나 새로운 지식을 찾아가는 속성을 지닌다. 지식이 새로우면 새로울수록, 발을

---

38) 丁若鏞, 「鹿菴權 哲身 墓誌銘」, 『與猶堂全書』 卷15, "及西書之出, 鹿菴之弟日身, 首離刑禍, 死於壬子之春, 盡室皆被指目, 鹿菴不能禁, 亦死於辛酉之春, 遂使學脈斷絶, 而星湖之門, 無復能紹厥美者, 此世運非直爲一家悲也."

딛고 있는 사회의 벽을 허물어내면 허물어낼수록 지식의 본질적 가치는 커지게 되지만, 기득권의 힘 앞에서 그 지식이나 지식을 소유한 집단은 단절과 소멸의 기로에 놓이게 된다. 하나의 지식 체계를 묵수하고 공고화해 그 지식의 내적 체계를 심화시키는 것 역시 발전이라고 볼 수도 있으나 이 경우 대부분의 지식은 내화(內化)되어 지식의 본질적 가치를 잃고 사회와의 관계를 상실하여 지식을 위한 지식으로 남게 된다는 문제점을 보여준다. 그런 점에서 지식과 지식을 근거로 하는 학파라는 집단은 본질적으로 생성 이후부터 지속적으로 스스로 소멸을 찾아가는 것이라고 할 수 있다.

5. 결론

성호학파의 형성과 변이의 과정은 하나의 지식 집단이 생성과 발전, 쇠퇴와 종말을 맞는 전 과정을 단시간 안에 보여준다는 점에서 상당히 흥미로운 것이다. 성호학파의 변이 과정을 당대나 현재의 모든 지식 집단에 일률적으로 적용할 수는 없겠지만, 최소한 지식 집단의 변이 과정과 그 과정에서 일어나게 될 다양한 양상에 대해 유추할 수 있게 해 준다는 점에서 흥미로움은 흥미로만 그치지 않는다. 그런데 성호학파의 변이 과정은 한편으로 다양한 의문을 야기한다. 지식과 사회, 지식 집단과 사회 더 구체적으로는 지식, 지식 집단과 사회 기득권이나 주류 계층과의 관계이다.

지식 집단의 존폐 여부가 집단 자체의 내적 역량과 함께 사회와의 관계 속에서 결정된다면 지식 집단은 어떤 의미를 지니는 것인가, 지식 집단이 존속하기 위해 집단은 사회 기득권이나 주류 세력과 일치해야 하는가, 또는 지식 집단 자체가 사회 기득권이나 주류 세력이 되어야 하는가. 만약 그렇다면 지식 집단이 근거하고 있는 지식은 어떤 의미가 있는가.

이와 같은 의문들에 대해 지금 이 자리에서 답하기는 쉽지 않지만, 성호학파를 놓고 보았을 때 전근대 우리나라의 지식 집단은 최소한 당대의 정치권력에 이반(離反)되어 존재하기는 어려웠던 것 같다. 지식 집단의 지향점이나 그들이 근거한 지식이 사회의 주류를 형성하는 정치권력과 어긋나는 순간 그 집단은 단절의 위기에 처하게 된다. 지식의 힘이 정치권력의 현실적인 힘 앞에 무력해지는 것이다. 전근대 우리나라의 수많은 지식 집단이 그 스스로 정치권력을 지향했던 이유가 여기에 있지 않을까 생각된다. 지식 집단이 정치권력을 지향했던 것은 집단 구성원들의 정치적 욕구 때문이기도 했겠지만, 그들이 근거했던 집단의 존속을 위한 불가피한 선택이었을 수도 있다. 그리고 이렇게 권력화된 지식 집단은 그들에게 권력을 제공한 지식의 가치를 공고화했다.

하나의 지식이 집단화되면서 권력을 지향했던 것은 그 집단이나 집단 구성원을 위해 당연한 것이다. 개인과 집단을 일체화하여 집단의 존속이 집단 구성원의 가치나 삶을 좌우한다고 여길 경우 이와 같은 현상은 더욱 심해진다. 어떤 점에서 지식 집단의 권력 지향은 필연적인 것이고, 이것이 지식 집단의 속성일 수 있다. 하지만 이와 같은 지식 집단의 속성이 지식 그 자체의 속성이라고 보이지는 않는다. 권력화된 지식이 그 본질적 가치를 훼손당하는 수많은 예들을 볼 수 있다. 그렇다면 지식 집단의 권력화는 무엇을 위한 것인가. 집단의 생존을 위한 것일 수는 있지만, 그것이 집단의 성립 근거가 되는 지식을 위한 것일 수 있는가. 순암계열 성호학파라는 일군의 집단을 보면서 그들의 성립이 어떤 의미를 지니는 것인지 돌이키게 된다. 이들의 학문적 속성이 보여주는 성호와의 이질성에도 불구하고 이들이 성호학파로 존재하고자 한 이유와 존재해야 하는 이유가 고민스럽다. 순암과 목재가 성호학파의 부흥을 위해 그렇게 애썼던 그 이유가 성호와 성호학파를 위해서만 일까.

이 글은 성호학파를 통해 조선후기 지식 집단의 형성과 변모의 한 양상을 살펴보고자 한 것이다. 그러나 이 글은 조선후기 지식 집단 전반의 형성이나 변모의 양상은 고사하고 성호학파라는 하나의 집단이 지녔던 형성과 변이의 양상조차 제대로 보여주지 못하고 있다. 전적으로 필자의 능력 부족에 기인한 것이다. 그런 점에서 이 글이 비판의 대상이 되어 전근대 우리나라 '지식 집단'에 대한 생각의 기회를 제공할 수 있게 되기를 기대해 본다.

참 고 문 헌

李瀷, 『星湖全集』

李秉休, 『貞山雜著』

李森煥, 『星湖先生言行錄』

安鼎福, 『順菴先生文集』

丁若鏞, 『與猶堂全書』

黃德吉, 『下廬先生文集』

강세구, 「성호 사후 성호학파 후계 논의와 육성에 관한 일 고찰」, 『성호학보』 8, 성호학회, 2010.

강세구, 「성호문집 편찬과정과 성호 선생 문집」, 『성호학보』 5, 성호학회, 2008.

금장태, 『성호와 성호학파』, 서울대학교출판문화원, 2014.

송갑준, 「성호학파의 분기와 사상적 쟁점」, 『인문논총』 13, 경남대학교 인문과학연구소, 2000.

원재린, 『조선후기 星湖學派의 학풍 연구』, 혜안, 2003.

윤재환, 「성호학의 개념 정립을 위한 시론」, 『동양고전연구』 67, 동양고전학회, 2017.

윤재환, 「조선후기 한시 연구를 위한 몇 가지 제언」, 『한문학논집』 41, 근역한문학회, 2015.

이수환·정병석·백도근, 「성호학과 성호우파학의 이동문제」, 『철학연구』 101, 대한철학회, 2007.

崔錫起, 『星湖 李瀷의 學問精神과 詩經學』, 중문, 1994.

韓㳓劤, 『星湖 李瀷 硏究』, 서울대학교출판부, 1980.

지식 전달 체계의 한 단면*

: 명나라 유민 강세작(康世爵)을 기억하는 서사의 변이 양상을 중심으로

김묘정

1. 머리말

이 글은 명나라 유민이자 망명객이었던 강세작(康世爵, 1599~1683)을 기억하는 공적·사적 서사 양상을 파악해 의미를 고찰한 후 이를 토대로 지식 전달 체계의 한 단면을 확인하고자 기획되었다.[1] 이에 일차적

---

 * 이 논문은 『한국민족문화』 제67집, 부산대학교 한국민족문화연구소, 2018에 게재된 것을 수정·보완한 것임.

 1) 지식을 연구 대상이자 목적으로 삼는 분야는 사회학, 인류학, 고고학, 경제학, 지리학 정치학, 법학, 과학사, 철학사 등 다양함에도 불구하고 동아시아 인문학에서는 지식 자체에 대한 연구가 미비한 실정이다. 따라서 지식이라는 개념을 도입하여 논의를 개진한 이 글은 학문의 인식 전환을 도모하고 새로운 연구 방법론을 접목시키기 위한 시도의 일종이다. 지식이라는 개념이 학문 안에서 실질적으로 영향력을 발휘하기 위해서는 특정 사례를 통한 실체 입증이 필요하다고 판단된다. 부유하는 개념들을 또 다른 개념으로 설명하지 않고 가시적으로 확인되는 구체적 사례를 통해 입증함으로써 향후 또 다른 연구의 가능성을 열고자 한다.

으로 공적 서사인 실록에서 기억하는 강세작을 살펴보고, 사적 서사에 해당하는 문학작품을 분석함으로써 강세작이 어떻게 기억되고 있는지 개괄하는 작업을 진행하고자 한다. 이를 통해 공적 서사인 실록과 사적 서사인 문학 간의 기억의 층위를 발견할 수 있으리라 여긴다. 더 나아가 17세기 서사가 어떻게 구축되었고, 그 이후 지식인들에 의해 서사가 어떻게 변이되었는지 살펴볼 수 있겠다. 위 같은 과정을 통해 필자는 최종적으로 공적·사적 서사에 드러난 지식 전달 체계를 밝히고자 한다. 지식 전달의 가장 분명한 방법이 기록이라면, 기록의 전달은 특정 지식의 생존과 밀접한 개연성을 지닌다. 강세작을 기억하는 서사는 기록화 과정을 통해 일정한 경향성을 지닌 지식으로[2] 체계화되어 지속되는 양상을 보이므로 지식 그리고 지식체계라는 범주 안에서 논의 가능하다. 더 나아가 공적·사적 서사가 모두 존재하며, 시기별 다양한 변이 면모를 보이면서도 특정 지식집단에서 유독 활성화된 양상이 드러나므로 연구 대상으로 적합하다. 지식은 기본적으로 지식과 지식인의 생산체계가 갖추어져 지속적으로 작동될 때[3] 의미

---

2) 지식은 어떤 대상을 연구하고 배우거나 실천 과정을 통해 획득한 명확한 인식이나 견해, 알고 있는 내용이나 사물, 철학에서는 인식 과정에서 얻게 된 성과, 사물에 대한 단편적인 사실 혹은 경험적 인식을 말하며 객관적 타당성을 요구할 수 있는 일련의 판단의 체계를 말한다. 이명규, 「지식분류에 대한 동서양의 비교: 베이컨의 분류와 사고전서를 중심으로」, 『한국비블리아학회지』 11, 2000, 26쪽. 더 세분화해보면, 지식은 '가치관 혹은 사유방식으로서의 지식', '시대사조', '학문적 결과로서의 지식(이론과 법칙)'으로 대별 가능한 개념이다. 허재영, 「지식 생산과 전파·수용에 따른 지식 권력 연구 방법론」, 『한국민족문화』 66, 2018, 197쪽. 이에 강세작이라는 인물을 인식하고 그에 대한 명확한 견해를 서사를 통해 개진한 일련의 결과는 모두 지식 범주 안에 포섭된다고 할 수 있다. 더 나아가 강세작 서사는 사회적 맥락 아래 지식인의 사유방식과도 밀접한 연관성을 지니므로 지식으로 일정한 의미를 지닌다. 이 작업을 통해 '가치관 혹은 사유방식으로서의 지식'을 확인하고 시대적 의미와 결부된 지식의 한 단면까지도 확인 가능하리라 여긴다.
3) 김형찬, 「조선시대 지식생산체계 연구방법과 지식사회의 층위」(특집: 조선시대 지식, 지식인 생산체계: 17~18세기 평산 신씨를 중심으로), 『民族文化硏究』 65, 2014, 12쪽.

를 획득하는데, 강세작 관련 서사라는 가시적인 특정 사례를 통해 지식 전달 체계 구축 과정을 밝힐 수 있다.

강세작을 대상으로 한 기존 성과를 살펴보면, 첫 연구는 정일남[4])에 의해서 이루어졌다. 이 글은 『열하일기(熱河日記)』, 「도강록(渡江錄)」에 담긴 강세작 삽화와 『약천집(藥泉集)』의 「강세작전(康世爵傳)」 비교를 통해 박지원의 기행문 집필 과정을 확인하고 그 특징적 면모를 구명하였다. 그 다음으로는 『서계집(西溪集)』에 실린 「강세작전」이 연구되었는데, 주영아[5])는 「강세작전」을 기저로 박세당의 현실 극복 의지와 현실 인식을 밝혔다. 김종수[6]) 역시 박세당의 「강세작전」을 다루었으나, 17세기 조청(朝淸) 간 이주(移住)의 몇 유형을 밝히기 위해 기획된 글이므로 강세작의 이주 과정을 살피고 성공적인 이주를 위한 조건들을 살피는데 중점을 두었다. 그 후 윤세순[7])에 의해 강세작에 관한 논의가 본격화되었다고 할 수 있다. 윤세순은 강세작에 대한 문학적 형상화와 인식태도를 살펴보기 위해 박세당, 남구만, 최창대, 김몽화의 작품을 고찰한 후 박세당과 남구만이 있는 그대로의 강세작을 보여줬다면 최창대와 김몽화는 강세작을 영웅으로 미화시켰음을 밝혔다. 최근에는 주영아[8])에 의해 연구가 이뤄졌는데, 디아스포라라는 관점으로 강세작을 주목했다. 외부의 강제적 힘에 의해 디아스포라로

---

4) 정일남, 「『熱河日記, 渡江錄』의 康世爵 삽화와 『藥泉集』의 「康世爵傳」의 비교」, 『漢文學報』 12, 2005, 275~292쪽.

5) 주영아, 「『西溪集』 「康世爵傳」을 통해 본 西溪의 현실인식」, 『東方學』 12, 2006, 29~153쪽.

6) 김종수, 「17세기 朝淸 간 移住의 몇 유형: 『西溪燕錄·西溪集』을 중심으로」, 『소통과 인문학』 18, 2009, 33~66쪽.

7) 윤세순, 「17C 중국인 피난민 康世爵에 대한 문학적 형상화와 인식태도: 「강세작전」과 「강군 세작묘지명」을 중심으로」, 『古小說研究』 30, 2010, 213~258쪽.

8) 주영아, 「디아스포라에 대한 조선지식인의 문학적 수용 태도: 明나라 遺民 康世爵의 실상을 중심으로」, 『東方學』 37, 2017, 257~284쪽.

강제 전락한 강세작이 조선에서 어떤 입지를 구축하였는지 살핀 후 조선 지식인의 문학적 수용 태도를 밝히고자 했다. 그러나 이 역시 명나라 유민 강세작 그 자체에 대한 조망이라는 점에서 기존의 선행 연구와 맥락을 같이 한다는 한계를 지닌다.

이제 해결해야 할 남은 문제이자 연구의 핵심은 강세작과 관련된 내용이 어떻게 공적·사적 서사로 기록되면서 특정 지식으로 자리잡아 명맥을 유지하며 살아남았는가에 대한 답을 찾는데 있다. 따라서 필자는 기본적으로 서사의 변형 양상을 검토하기 위해 실록과 문학작품을 함께 살펴보고자 한다. 기존 선행 연구를 통해 개별 문학 작품들의 문학적 특징이 대략적으로 해명되었으나, 공적 서사와 사적 서사의 차이를 비롯해 서사의 시기별 변이 형태와 그 연유가 심도 있게 탐구되지 않았기 때문이다. 이 글에서는 17세기에서 18~19세기로 이르는 동안 발견되는 서사의 변이 양상을 함께 확인함으로써, 거시적 측면에서 강세작에 대한 인식 변화 면모를 개괄하도록 할 수 있으리라 여긴다. 이 과정을 통해 필자는 결과적으로 지식 전달 체계의 일 양상을 확인하는 것을 최종 목표로 삼고자 한다.

2. 공적 서사 속 강세작에 대한 기억과 지식의 고착

여기에서는 강세작에 관한 공적 서사를 살펴 공적 기록이 특정 지식으로 구축되는 과정을 확인하고자 한다. 특정 정보가 의미를 획득해 지식에 기여하기 위해서는 종합화하는 절차가 필요하며, 이 종합의 과정은 대체로 서사의 형태를 띠고 있으므로9) 공적 서사를 살피는 일은 지식을 파악하는 작업이다. 이 과정을 통해 공적 역사 안에서 구축된 강세작 서사의 특징을 확인할 수 있으며, 더 나아가 공적 서사를 통해 사적 서사와의 차이를 파악할 수 있으리라 여긴다.

논의에 앞서 강세작(1599~1683)이라는 인물에 대해 대략적으로 살펴보면, 강세작은 형주부(荊州府) 석탑촌(石塔村) 사람으로 명나라 유민이라는 특징을 지닌다. 가장 이른 시기 작품인 박세당(朴世堂, 1629~1703)의 작품을 통해 그의 행적을 추적해보면, 18세에 아버지를 따라 요양(遼陽)으로 왔다가 요양성이 함락되자 조선으로 망명한 것으로 확인된다.

明나라 사람 康世爵의 子女를 贖身할 것을 명하였다. 강세작은 中國사람으로 우리나라 북쪽 지방에 옮겨와 살면서 慶源府의 기생과 通情하여 자녀를 많이 낳았는데, 道臣이 狀啓로 청하였으므로 속신을 허가한 것이다.[10]

먼저 공적 서사이자 가장 이른 시기 기록인『숙종실록』숙종 14년 3월 8일 2번째 기사를 보면, 강세작의 자녀가 속신(贖身)되었음을 확인할 수 있다. 강세작이 명나라 유민이라는 신분을 가졌기에 대명의리론(大明義理論) 측면에서 조정에서는 이와 같이 처사한 것을 볼 수 있다. 동일시기에 지어진 남구만(南九萬, 1629~1711)의「강세작전」에서도 위 인용문과 비슷한 서사가 포착되는데, 여기에는 상국(上國) 사대부의 후예로서 천인의 호적에 떨어지는 것이 안타까워 조정에 보고했다

9) 피터 버크, 이상원 옮김,『지식은 어떻게 탄생하고 진화하는가』, 생각의날개, 2017, 139쪽 참조.
10)『肅宗實錄』卷19, 肅宗 14年 3月 8日 2번째 기사. "命贖皇明人康世爵子女, 世爵, 中朝人也. 流落於我國北地, 通慶源府妓, 多生子女, 道臣狀請許贖."

는 내용이 덧붙여 있다.11) 결과적으로 강세작의 출신 성분이 조선에서 특혜를 받게 되는 원천으로 작용했음을 상세히 확인할 수 있다.

唐人 康世爵은 荊州 출신으로, 중국 조정 衣冠의 겨레였습니다. 그의 증조 康佑는 蒙古에서 戰死하였고, 그의 조부 康霖은 임진년에 楊鎬를 따라 동쪽으로 와서 또 平山 땅에서 죽었으며, 강세작은 그의 아버지 康國泰와 함께 劉綎의 軍中에 있었는데, 牛毛嶺의 싸움에서 강국태 또한 전사하였습니다. 강세작은 탈출해 流離하다가 우리 경내에 이르러 會寧 땅에 살고 있는데, 忠義의 기상이 있습니다. 북쪽 사람들의 의복 재료는 모두 淸 나라에서 생산되지만 끝내 몸에 걸치지 않았고, 죽기 직전에는 자손들에게 다함께 살도록 경계하였습니다. 이에 강세작의 자손 10여 명이 지금도 한 울타리 안에 함께 거주하고 있어 북쪽 지방의 풍속을 통해 보고 느끼게 하는 효과가 있습니다. 마땅히 一命의 벼슬을 追贈하거나 그 자손을 錄用해야 할 것입니다." 하니, 임금이 이를 가상히 여기어 祖先을 追贈하고, 자손을 녹용하라고 명하였다.12)

다음으로 『숙종실록』 1700년(숙종26) 9월 28일 기사를 보면, 윤지인(尹趾仁, 1656~1718)이 강세작의 추증을 허락받은 내용이 포착된다. 윤지인은 강세작이 명나라 망명객이면서 청나라에서 생산되는 의복을

---

11) 南九萬, 『藥泉集』, 「康世爵傳」, "世爵以驛婢爲妻生二子, 道臣以上國衣冠之裔, 淪賤籍爲可傷, 上聞朝廷, 許贖從良."

12) 『肅宗實錄』卷34, 肅宗 26年 9月 28日 1번째 기사. "唐人康世爵, 是荊産而皇朝衣冠之族也. 其曾祖佑, 戰死於蒙古, 其祖霖, 壬辰年從楊鎬東來, 又死於平山地, 世爵與其父國泰, 在劉綎軍中, 牛毛嶺之戰, 國泰又戰死. 世爵脫身流離, 轉至我境, 居生於會寧地, 而頗有忠義之氣. 北人衣服之資, 皆資淸差, 而終不傳於身, 臨死戒子孫, 使之同居. 其子孫十餘人, 今方同居一籬之内, 北俗頗有觀感之效. 宜贈以一命之官, 或錄用其子孫." 上嘉之, 命追贈祖先, 錄用子孫."

입지 않는 충의와 절개를 지닌 인물이라는 점을 부각시켜 논지를 전
개하였다. 또한 풍속적 측면에서 북쪽 지방 주민들에게 깨달음을 준
일화를 말하여 그에게서 명나라의 유풍을 발견할 수 있음을 주장하고
있다. 이와 관련된 내용은 『일성록』 1777년(정조1) 기록에서도 확인할
수 있는데, "강씨(康氏) 집안사람들은 다들 지금껏 청나라에서 나는
잡물(雜物)들을 사다 쓰지 않는 것을 가풍으로 여기고 있으니, 참으로
희귀한 경우"13)라고 기재되어 있다. 공적 서사에서는 강세작에 관한
여러 일화 중 주로 대명의리론에 부합하는 내용만을 추출하여14) 강세
작이라는 인물의 이미지를 구축하고 있음을 확인할 수 있다.

　　우의정 趙文命이 말하기를, "康世爵의 자손으로 北方에 있는 자와 胡
　斗弼의 五峰의 後裔가 된 이는 모두 중국에서 왔는데 조정에서 본래 우
　대하던 자들이니 모두 마땅히 給復하여 軫恤함을 보여야 합니다." 하니,
　임금이 말하기를, "先朝에서도 또한 자손을 錄用하라는 하교가 있었으
　니, 康·胡 두 사람은 모두 그 후손을 녹용하고 또한 급복하게 하라." 하
　였다.15)

　다음으로 『영조실록』 1731년(영조7) 8월 10일 1번째 기사를 살펴보
면, 강세작이 조정에서 본래 우대하던 인물이었음이 문면에 잘 드러

---

13) 『日省錄』 正祖 1年 7月 16日.

14) 『肅宗實錄』 卷34, 肅宗 26年 9月 28日 기사보다 앞선 시기에 기술된 朴世堂(1629~1703)의
　　「康世爵傳」(1666~1667)과 南九萬(1629~1711)의 「康世爵傳」(1688)을 보았을 때, 공적 서사
　　에 기술된 일화는 여러 일화 중 극히 일부에 해당하며, 공적 서사에서는 대명의리론에
　　부합하는 일화가 주로 선택되었다.

15) 『英祖實錄』 卷30, 英祖 7年 8月 10日 1번째 기사. "右議政趙文命言, "康世爵子孫之在北者及胡
　　斗弼之爲五峰後者, 俱自中國來, 而朝家本優待者, 并宜給復, 以示軫恤也." 上曰, "先朝亦有子孫
　　錄用之敎, 康、胡兩人, 并錄其後, 亦令給復焉."

나 있다. 이처럼 평가받은 이유는 앞서 논한 바 있듯 강세작의 출신 성분을 비롯해 그의 절개가 대명의리론이라는 당시 사상과 부합했기 때문으로 판단된다. 그에 따라 숙종 시기를 지나 영조 때에는 강세작의 후손까지도 강세작과 마찬가지로 특별대우를 받게 되었음이 드러난다. 공적 서사를 통해 공적 역사가 지배적으로 변모할수록 그에 대한 평가가 고착화되는 동시에 공론화됨을 확인할 수 있다.

이날은 곧 毅宗皇帝가 殉節한 날이었다. (…중략…) 皇明人의 자손과 병자년·정축년의 胡亂때의 충신 자손을 召見하였는데, 강세작의 奉祀孫 康相堯에게는 北道의 邊將에 備望하고 康執圭에게는 특별히 加資하라고 명하였다. 강세작은 황명인으로 그의 아버지는 錦州의 청나라와의 전쟁 때에 전사하였으며, 강세작은 우리나라로 도망쳐 와서 務山에 정착하였으며 자손들이 지금까지 번성하고 있다.[16]

위 인용문은 『영조실록』 1773년(영조49) 3월 19일 1번째 기사로 당시 조선에서 명나라 마지막 황제인 장렬제(莊烈帝, 1628~1644)가 순절한 날을 기리고 있음을 볼 수 있다. 이날을 맞아 조정에서는 명나라 자손을 불러 모았는데, 강세작이 대표적인 인물로 선정되었음이 드러나 있다. 공적 서사 안에서 점차 강세작이 명나라를 대표하는 인물로 자리잡고, 더 나아가 명나라를 기리고 떠올리는 데 적합한 인물로 상정되었음을 볼 수 있다.

---

16) 『英祖實錄』 卷120, 英祖 49年 3月 19日 1번째 기사. "是日即毅宗皇帝殉節日也. (…中略…) 召見皇明人子孫及丙丁忠臣子孫, 命康世爵奉祀孫相堯, 北道邊將備擬, 執圭特爲加資. 世爵即皇 明人, 其父戰亡於錦州虜亂, 世爵逃來我國, 定居於茂山, 子孫至今蕃盛焉."

明나라 太祖高皇帝가 무신년 정월 을해일에 천하를 소유하여 國號를 세우고 천자에 즉위하여 洪武로 改元한 일곱 번째 甲年이 거듭 돌아왔고 日辰의 干支 또한 서로 같으니, 어찌 이날을 헛되이 보내서야 되겠는가." 하고, 드디어 춘당대에서 齋宿하고서 大報壇에 예를 행하였다. 그런 뒤에 명나라 사람의 자손들을 불러 보고 각각 성명과 世派를 묻고는 (…중략…) 강세작의 5대손 康尙堯는 현재 시골에 있으니 상경하기를 기다려 병조로 하여금 계품해 수용하게 하였다.[17)]

위 인용문은 『정조실록』 1788년(정조12) 1월 12일 1번째 기사로 춘당대에서 재숙한 후 대보단에서 예를 행하고 명나라 사람들의 자손을 서용한 일화가 담겨 있다. 공적 서사를 통해 조선이 임진왜란 때 도와주었던 명나라의 은덕을 기리기 위해 만든 대보단에서 여전히 대명의리를 지키고 있음을 확인할 수 있다. 또한 이와 같은 흐름 속에서 강세작은 숙종·영조·정조시기까지 명나라를 대표하는 인물로 기억 속에 자리잡고 있음을 볼 수 있다. 공적 서사를 통해 강세작이 명나라의 자손으로 대표성을 지닌 채 정조 때까지 추숭되어 온 사실을 알 수 있으며, 그의 5대손까지 강세작과 동일한 대우를 받았음이 드러난다.

지금까지 논의한 공적 서사를 시기별로 개괄해보면, 강세작이라는 인물이 처음으로 사회적 맥락 속에서 선택되고 규정된 숙종 시기에는 서사가 비교적 상세히 기술되었음을 알 수 있다. 이후 영조·정조 시기

---

17) 『正祖實錄』 卷25, 正祖 12年 1月 12日 1번째 기사. "皇明太祖高皇帝, 以戊申正月乙亥, 建有天下之號, 卽天子位, 改元洪武, 年甲重回, 日干又符, 豈可虛度是日." 遂於春塘臺齋宿, 行禮于大報壇, 召見皇朝人子孫, 各問姓名世派 (…中略…) 康世爵五世孫尙堯, 時在鄕里, 待上京, 令兵曹啓稟收用."

에는 이미 숙종 때 형성된 공적 서사를 바탕으로 강세작의 이미지가 고착화된 것으로 보인다. 그에 따라 공유된 기억을 소환해야 할, 즉 대명의리와 관련된 시점에서 강세작이 별도의 설명 없이 문면에 등장하는 실정이다. 대명의리론이 북벌론의 대안 역할을 담당하면서 19세기 후반에 이르기까지 조선사회에서 직접·간접적으로 큰 영향력을 행사하였기에[18] 강세작 관련 공적 서사는 당대 사회 상황과 밀접하게 결부되지 않을 수 없던 것이다. 결과적으로 강세작이라는 인물은 사회적 맥락 아래에서 대명의리론과 결부되면서 일정한 의미를 획득해 나간 것으로 확인된다.

3. 강세작을 기억하는 사적 서사와 지식의 전달 양태

사적 서사는 기본적으로 기억을 바탕으로 재구성된다. 여기에서 언급한 기억은 직접 경험을 전제로 하는 기억과 간접 경험으로 획득한 기억을 포괄하는 개념이다. 이 같은 과정 속에서 구축된 기억은 현재의 지식을 현존하게 하고 과거의 지식을 지속화시킨다. 기억의 가시적 형태인 서사는 지식이 특정 지식인에 의해 사유되는 과정을 직접적으로 보여준다는 점에서 일정한 의미를 지닌다. 또한 사적 서사의 가장 큰 특징은 여러 지식인에 의해 다양한 형태로 서술되기 때문에 기억의 다각화를 기저로 한다는 점이다. 기억의 다각화 양상은 주로 정보 선별의 자의성, 서사 전개 중 작자의 의도적 개입에 의해 초래된다. 따라서 이 장에서는 기본적으로 기억의 다각화 양상

---

18) 鄭玉子, 『조선후기 조선 중화사상 연구』, 일지사, 1998, 9~25쪽 참조.

을 바탕으로 개별 문학작품을 고찰해 지식으로 변모하는 과정을 파악하고자 한다.

3.1. 소론계 지식집단을 통한 강세작 서사의 계보

강세작을 기억하는 사적 서사가 유독 소론계 지식인 안에서만 포착되는 독특한 면모를 보이기에 서사의 계보 검토는 결과적으로 지식의 전승과 지식 전달 체계를 해명하는 데 유용하다. 더 나아가 소론계 지식인을 통한 강세적 서사의 계보를 확인한다는 것은 특정 당파 안에서 어떤 지식이 수용되고 지속되었는지를 볼 수 있음을 의미한다. 따라서 이 장에서는 강세작에 대한 서사가 명확하게 드러나는 박세당(1629~1703)의 「강세작전」, 남구만(1629~1711)의 「강세작전」, 최창대(1669~1720)의 「강군세작묘지명」 작품을 통해 서사의 계보를 추적하고자 한다.[19] 기억이라는 관점에서 층위를 나누어 논의해보자면, 박세당·남구만의 작품은 강세작과의 만남을 통한 직접 경험을 전제한 기억 서사이며, 최창대의 작품은 강세작 사후 작품이므로 간접 경험으로 획득한 기억 서사라는 특징을 보인다. 기본적으로 전(傳)과 묘지명(墓誌銘)이라는 장르의 차이가 있으나, 서사 기술 의도를 밝혀 특정 지식 전승의 의미를 찾는 것을 분석 목표로 삼는다.

첫 번째로 살펴볼 사적 서사는 박세당(1629~1703)의 「강세작전」[20]으로 공적 서사에 해당하는 1688년 실록의 기록[21]보다 시기상 앞선

---

19) 朴泰輔(1654~1689)의 『定齋集』, 李德壽(1673~1744)의 『西堂私載』, 李時恒(1672~1736)의 『和隱集』에서도 강세작에 대한 언급이 포착되나 내용이 소략한 실정이므로 연구 대상에서 제외했음을 밝힌다.

20) 朴世堂(1629~1703)의 「康世爵傳」은 『西溪集』 雜著에 수록되어 있으며, 1666~1667년 경 창작되어 강세작을 대상으로 입전한 가장 이른 시기의 작품이다.

작품이다. 서사 구조를 살펴보면, 「강세작전」은 크게 세 단락으로 이루어져 있다. 첫 번째는 강세작의 가계와 그의 행적을 개괄한 부분이며, 두 번째는 강세작 관련 일화, 세 번째는 박세당과의 대화 부분이다.

먼저 서사 단락 ①은22) 가계와 행적이 수록되어 있는데, 후에 기술되는 일화에 비해 양적으로 소략한 실정이다. 방법적 측면에서 강세작의 행적이 나열식으로 기술되었으며, 박세당의 사적 개입이 배제되어 있어 객관적인 정보가 지배적이라는 특징을 가진다.

(일화 1) 세작은 사람됨이 악착스럽지는 않으나 평범한 사람도 아니다. (…중략…) 고을을 다스리는 이들로 강세작이 他國에 떠돌며 돌아가지 못하는 것을 안타깝게 여겨 그를 불러 후하게 대우해 주는 이들이 많았는데, 강세작은 그들과 어울리며 늘 즐거워하는 모습을 잃지 않고, 곤궁하게 애걸하는 모습을 보인 적이 없었다. 또 사람들의 才否와 長短에 대해 잘 알았는데, 말을 하면 그 사람의 실상과 맞지 않은 적이 없었다.23)

서사 단락 ②는 강세작에 관한 일화로만 구성되어 있다는 특징을 보인다. 위 인용문은 박세당이 강세작을 평범한 사람이 아니라고 규

---

21) 『肅宗實錄』卷19, 肅宗 14年 3月 8日 2번째 기사.

22) 朴世堂, 『西溪集』,「康世爵傳」. "康世爵者, 自言淮南人. 父爲靑州虞候, 坐事謫戍遼陽, 世爵年十八, 隨父至遼陽. 牛毛嶺之敗, 父死焉, 世爵在軍中獨脫, 還走遼陽, 及後遼陽城陷, 世爵逃匿草間, 轉側山谷, 摘草木實以充飢, 不粒食十二日不死. 於是阻虜, 不得南歸故土, 遂東走渡鴨綠江, 游關西諸郡縣數月, 以近虜懼難, 去之踰嶺, 客咸興端川間八九年. 轉北至慶源鍾城, 亦屢遷移不定舍, 又未嘗遠之他郡以居."

23) 朴世堂, 『西溪集』,「康世爵傳」. "世爵爲人不齷齪, 類非庸人. (…中略…) 爲州邑者, 憐世爵羈客異國不得歸, 招延之多厚遇者, 世爵與之無所失歡, 然未嘗爲困窮乞憐態. 又皆能知其才否長短, 言之, 未嘗不如其人."

정하는 동시에 그의 성품에서 파생된 일화를 언급한 부분이다. 이를 통해 강세작이 명나라 유민 신분으로 타국에서 생활하면서도 곤궁함을 표출하지 않았고, 사람을 잘 파악하고 정확한 판단력을 확보한 인물이었음을 알 수 있다. 또한 강세작이 정보 선별 후 인식하는 과정에서 박세당이 강세작이라는 인물을 특정한 이미지로 만든 것으로 파악 가능하다.

(일화 2) 밭을 일구며 살 때, 군에서 낭미세를 거둔 적이 있었다. 그러자 강세작이 밭으로 가서 나무를 묶어 망루를 만들고 그 속에서 묵으며 오랫동안 지켜보다가 말았다. 그런 뒤에 군에 가서 말하기를, "郡稅는 밭의 소출을 보아서 납부하는 것인데 우리 밭에 지금 이리가 없으니, 나는 어디에서 이리 꼬리를 얻어 군세를 납부해야하오?"라고 하자, 군에서도 끝내 그를 책망하지 못했다.24)

위 인용문은 부조리한 현실이 담긴 부분으로 강세작 일화를 통해 낭미세에 대한 불합리함을 단적으로 볼 수 있다. 강세작은 처음부터 법을 거부하는 태도를 지닌 것이 아니라 낭미세가 합리적이지 않음을 확인한 후 자신의 견해를 당당하게 개진했다는 점에서 사리분별이 명확한 인물이었음을 볼 수 있다.

그 외에도 (일화 3)25)에는 강세작의 호방함과 뛰어난 지략이 잘

---

24) 朴世堂, 『西溪集』, 「康世爵傳」. "所居田作, 郡嘗稅狼尾. 世爵乃之田間, 縛木爲棚, 宿臥其中, 候視之久, 乃罷. 詣郡言曰, "郡之稅也, 視田所出, 而田今無狼, 吾安所得狼尾而輸郡稅乎." 郡卒無以責之."

25) 朴世堂, 『西溪集』, 「康世爵傳」. "又嘗夜漁于溪, 他漁者網塞下流, 魚不得上. 世爵置網無所得. 乃多取木葉, 竢漁者睡, 投諸水, 木葉流下, 擁漁者網. 水急網潰, 而漁者不之覺也. 於是, 世爵擧網, 大收魚以歸, 其玩俗不羈, 又如此."

드러나 있다. 이는 강세작의 비범함을 드러내기 위해 선택된 일화로 판단된다. 이렇게 본다면 강세작에 관한 정보 중에서 특정 일화를 선별해 입전한 것은 박세당의 의도가 일면 가미된 부분이라고 할 수 있다.

　내가 幕府를 따라 북쪽에 머무를 때, 세작이 마침 왔었는데 그 당시 예순 남짓의 나이로 수염과 머리가 모두 희었다. 그와 함께 얘기를 나누었으나 사투리를 사용하여 잘 알아듣지 못했다. (…중략…) 또 말하기를, "나는 명나라가 망하고 朱氏가 부흥하지 못하리라는 것을 아네. 한나라는 400년 만에 망하였는데, 비록 昭烈帝 같은 어진 군주도 부흥시키지 못하였으며, 唐나라와 宋나라는 모두 300년 만에 망했네. 明나라는 洪武로부터 崇禎까지가 역시 300년이니, 하늘의 大運을 누가 어길 수 있겠는가. 오랑캐가 끝내 천하를 차지할 것이네. 오랑캐는 강성한 반면 중국 사람들은 아주 곤궁하고 피폐하여 부자 형제가 목숨을 부지하기에도 급급한 실정이니, 영웅호걸이 있다 하더라도 오랑캐를 막지 못할 것이네. 그러나 50년, 70년이나 100년 정도 기다리면 오랑캐의 세력이 조금 쇠퇴하고 중국 사람들도 다소 안정을 찾게 될 것이네. 오래도록 수치를 겪었던 나머지 분발하여 일어나 몰아내기를 元나라가 망한 그 때처럼 할 것이오. 이것은 과거에 이미 나타난 자취이니, 알 수 있는 것이네."라고 하였다.[26]

---

26) 朴世堂, 『西溪集』, 「康世爵傳」. "余隨幕留北, 世爵適至, 時年六十餘, 鬚髮盡白. 與之言, 爲方語, 不能了. (…中略…) 又曰, "吾知明之亡, 朱氏不能復興也. 漢四百年而亡, 雖以昭烈之賢, 不能復, 唐與宋, 皆三百年而亡. 明自洪武至崇禎, 亦三百年, 天之大數, 誰能違之. 虜其終有天下乎. 夫虜方強, 而中國之人, 困敝已極, 父子兄弟, 救死不給, 雖有英雄豪傑, 莫能抗也. 竢五七十年或百年, 虜勢少衰, 中國之人, 且得休逸. 奮於積恥之餘, 起而逐之, 如元氏之亡. 此其已然之跡, 可知也."

서사 단락 ③은 강세작과 박세당의 대화 부분으로 1666~1667년 강세작이 60세이고 박세당이 37세 된 무렵 북쪽에 머물 때 서로 직접 만난 사실이 드러난다. 위 대화에서 강세작이 이미 흥망성쇠의 이치를 깨닫고 현실적 시각으로 지금 처해진 상황 속에서 시대를 조망하고 있음을 확인할 수 있다. 당시 조선에는 17세기 주도적 정치 집단이었던 노론 계통 지식인의 대명의리론이 팽배했고 조선의 문화자존의식·반청적(反淸的) 북벌대의론(北伐大義論)과 굳게 결합되어 있었기에27) 이러한 강세작의 태도는 박세당이 판단했을 때 자신의 입장과 일치한다고 여겼을 것으로 추측된다. 입전 동기를 직접적으로 밝히고 있지는 않지만 대화체 문답을 통해 추측해 보았을 때, 박세당은 현실적 측면에서 강세작의 깨어 있는 태도를 긍정적으로 평가했다고 생각된다. 당시 박세당 이래 소론계 일부 지식인의 사상적 지향은 현실론적이며, 북벌대의론과 대명의리론이 표리를 이루고 있었기에28) 박세당은 명나라 사람이지만 조선 사람들보다 오히려 더 객관적으로 현실을 파악하고 있는 강세작을 입전함으로써 은연중에 자신의 견해를 개진한 것으로 보인다. 선행 연구에서는 박세당이 이데올로기를 덧칠하지 않았으며 있는 그대로의 강세작을 보여 준 것이 박세당의 의도라고 논한 바 있으나29) 필자가 보기에 공적 서사와 다른 입전 의도를 가지고 정보를 취사선택한 것으로 파악된다. 더 나아가 일반적인 논찬(論贊) 형태를 따르지 않고 형식을 일탈한 서술 태도30)를 보이므로,

---

27) 유봉학, 「18~9세기 大明義理論과 對淸意識의 推移」, 『한신논문집』 5, 1988, 249~273쪽 참조.

28) 위의 논문, 253쪽.

29) 윤세순, 앞의 논문, 228쪽.

30) 주영아, 앞의 논문(2006), 141쪽. 주영아는 박세당이 자신의 의도대로 傳형식에 구애됨이 없이 강세작의 행적을 있는 그대로 당사자의 입을 통해 옮기고 있다고 논한 바 있다.

오히려 일화 나열을 통한 보여주기 방식의 서사 장치를 사용해 자신의 견해를 담아내고자 한 것으로 생각된다.

다음으로 살펴볼 작품은 남구만(1629~1711)의 「강세작전」으로 시기상 박세당이 입전한 이후 두 번째로 지어진 것이다. 남구만은 1671~1674년에 함경도 관찰사로 있으면서 순행 차 회령(會寧)에 머물렀을 때 강세작을 직접 만난 후 그 기억을 바탕으로 사적 서사를 기술했다. 서사 구조상 크게 네 부분으로 나눌 수 있는데, 강세작이 겪었던 일에 관한 기술, 강세작의 인물됨과 일화 제시, 강세작이 남긴 유언, 남구만의 찬(贊)으로 구획할 수 있다.

(1) 이때 강세작은 아버지의 시신을 수습하지 못하였으므로 차마 고향으로 돌아가지 못하였는데, 熊經略이 불러 이르기를 "일전에 너의 숙부인 國胤이 나에게 편지를 보냈는데 너에게 옷과 양식을 주고 네 아버지의 시신을 수습하게 해달라고 청하였다. 너는 젊은 나이에 건장하고 용맹하니, 起復하여 종군해서 너의 원수를 갚도록 하라."라고 하자, 강세작이 감히 사양하지 못했다.[31]

(2) 牛毛嶺의 敗戰에서 아버지가 죽자 강세작은 軍中에서 홀로 탈출하여 도로 요양으로 달려갔다.[32]

서사 단락 ①은 강세작이 겪었던 일에 대한 내용이 주를 이루는데, 인용문 (1)은 그 중 일부를 발췌한 것이다. 강세작의 행적을 비롯해 그가 피난 올 수 밖에 없게 된 상황을 비롯해 강세작이 온갖 고난을

---

31) 南九萬, 『藥泉集』, 「康世爵傳」. "時世爵以未收父骸, 不忍還鄕, 經略招謂之曰, "日者汝季父國胤書來, 請我資汝衣糧, 收汝父骸. 汝方年少壯勇, 可起復從軍, 復汝父讎." 世爵不敢辭."

32) 朴世堂, 『西溪集』, 「康世爵傳」. "牛毛嶺之敗, 父死馬, 世爵在軍中獨脫, 還走遼陽."

겪고 기적적으로 몇 번이나 살아나게 된 경위가 빠짐없이 서술되어 있다. 인용문 (2)에 제시된 박세당의 작품과 비교해보면 그 특징이 더욱 명확히 드러난다. 박세당이 아버지가 죽자 홀로 탈출했다는 내용만을 기술해 망명 과정을 간략하게 다루었다면,33) 남구만은 직접 획득한 지식을 바탕으로 강세작을 둘러싼 외부 상황 맥락을 상세히 기술함으로써 강세작의 망명 행위에 당위성을 부여하고 있음을 알 수 있다.

서사 단락 ②는 기존 서사에서 언급된 바 없는 정보를 토대로 강세작의 인물됨을 서술하고34) 일화를 제시한 부분이다. (일화 1)은 공적 서사에서도 포착되는 내용이나,35) 그 외의 일화들은 여타 서사에서도 확인된 바 없는 내용이므로 남구만이 직접적으로 획득한 지식을 바탕으로 기술했음을 알 수 있다.

(일화 3) 변방의 관리가 법금을 범했다는 말을 들으면 일찍이 큰 소리로 "중국에서는 법을 매우 엄격히 적용하는데, 어찌하여 이 조선에만 법을 범한 관리를 삶아 죽이는 규정이 없는가?" 하고 말하곤 하니, 사람들이 모두 존경하고 두려워하였다.36)

---

33) 박세당의 「康世爵傳」에는 강세작이 아버지의 시신을 수습하려 했으나 그러지 못했고 아비의 원수를 갚기 위해 종군하다가 위태로운 상황에 직면하여 도망쳐 나온 사건이 생략되어 있다.

34) 강세작을 칭찬하는 자가 많았다는 내용에서 그의 인덕을 미루어 짐작할 수 있다. 또한 점술과 관상을 볼 줄 아는 예지력이 있었음에도 불구하고 기술을 이용해 돈을 받지 않았으며, 무인 출신으로 용맹함을 가졌어도 함부로 남과 다투지 않는 성품을 겸비한 사실이 드러난다. 더 나아가 조선에 정착하면서 농사에도 충실하였으며, 남는 것으로 부족한 이를 도울 정도로 인덕이 있었음이 기술되어 있다.

35) (일화 1)은 1700년(숙종26) 9월 28일 정사 1번째 기사에도 드러나는데 조정에서는 대명의리론 입장에서 의리를 지키며 살아가고 있는 강세작을 높이 여겨 벼슬을 追贈하고 자손을 錄用한 것으로 보인다.

(일화 3)을 통해 남구만이 명나라의 유풍을 가지고 있으면서도 소신껏 자신의 의견을 개진하는 강세작의 면모가 잘 드러나는 일화를 채택하여 서사를 구축하고 있음을 볼 수 있다. (일화 4)37)에서도 강세작이 허탄함을 지적할 수 있는 인물임이 부각되어 있는데, 남구만은 「강세작전」 서사를 통해 지속적으로 강세작의 깨어 있는 면모를 강조하고 있다고 볼 수 있다. 이는 찬(贊) 부분에 기술된 강세작의 사유세계를 뒷받침할 근거가 되어 준다는 점에서 의미가 있다.

강세작은 죽을 무렵에 그 선조의 계통, 종족, 난리를 만나 유리하게 된 전말을 자세히 기술하여 아들에게 물려주고, 또 말하기를 "나는 아버지가 돌아가셨는데도 시신을 제대로 수습하지 못하였고, 나라가 멸망하였는데도 원수를 갚지 못하였다. 실낱같은 목숨을 아까워하여 잠시 동안 구차히 연명하여 다른 나라에 몸을 의탁해 노예를 배우자로 삼았다. 살아서는 치욕스러운 사람이 되었고 죽어서는 부끄러운 귀신이 될 것이니, 너희들은 나를 폄하하여 薄葬해서 군주와 부모에 대한 애통함을 표시하고 평생의 죄를 속죄하게 하라. 이것이 너희들이 효도하는 길이다." 라고 하였다. 그는 또 여러 아들에게 경계하는 말을 남겨서 재산을 나누지 말고 분가하여 따로 살지 말도록 하였는데, 여러 아들이 그 가르침을 따라 함께 살고 있다.38)

---

36) 南九萬, 『藥泉集』, 「康世爵傳」. "聞邊吏之犯禁者, 未嘗不揚言曰, "中國則用法甚嚴, 何東國獨無 烹吏之規乎." 人多憚畏之."

37) 南九萬, 『藥泉集』, 「康世爵傳」. "俯伏偵伺久之曰. 吾熟視而不見其形, 靜聽而不聞其聲, 所謂神 果何在也. 因散其酒餠, 撤神牀燒神位." 강세작은 마마에 걸린 아들을 살리려고 아내가 여자무당을 맞이하여 신에게 기도하자 "내 자세히 보아도 그 형체를 볼 수 없고 조용히 들어도 그 소리를 들을 수 없으니, 이른바 신이라는 것이 과연 어디에 있단 말인가." 하고는 신상을 철거하고 신위를 불태우는 면모를 보인다.

38) 南九萬, 『藥泉集』, 「康世爵傳」. "世爵將死, 敍其祖系宗族及喪亂流離之首尾以遺其子, 且曰 "吾

서사 단락 ③에는 강세작이 죽을 무렵 남긴 유언이 담겨 있다. 특기할 만한 지점은 강세작이 명나라가 멸망하는데도 원수를 갚지 못했던 자신의 불효·불충에 대한 강한 자책감을 표출했다는 것이다. 이 부분은 남구만이 강세작에게 직접 전해들은 정보를 토대로 서사를 구성하였기에 새롭게 담아낼 수 있었던 특징적 내용이면서도 엄밀히 말해 강세작이라는 인물의 행적이 지닌 결여 지점이라고 볼 수 있다. 그런데 남구만이 앞서 서사 단락 ①에서 강세작이 처했던 외적 상황을 자세히 기술해 정당성을 부여해주었으므로 강세작이 자신의 결점으로 지적한 불효·불충 행위가 남구만의 서사 안배로 인해 일정 부분 극복되는 구조를 보인다.

서사 단락 ④는 찬(贊)으로 강세작이 장수들을 평한 부분과 남구만이 강세작을 평한 부분으로 구성되어 있다. 특히 논평에 해당하는 이 단락은 입전 동기와 남구만의 사유가 직접적으로 담겨 있어 시사하는 바가 크다.

(논평 1) 또 동쪽으로 정벌 나온 장수들의 장단점을 논하여 이르기를, '楊鎬는 마음이 너그럽고 후덕하여 군사들의 마음을 얻었으나 적을 헤아릴 줄 몰라서 청나라 사람을 상대하기 쉽다고 여기다가 패하였으며, 劉綎과 杜松은 용맹하기만 하고 계책이 없어서 험한 곳에 깊이 진입하면서도 척후 기병을 두지 않았다가 갑자기 적을 만나 전몰하였다. 熊廷弼은 청백하고 나라의 법을 잘 지켜서 위엄과 명망이 있었으나 사람 죽이기를 좋아해 그만두지 않자 병졸들 중 원망하는 자가 많았으니, 또한

父死而未收其骨, 國滅而未復其讎. 自惜縷命, 苟延晷刻, 託身他邦, 耦於隸徒. 生爲辱人. 死爲羞鬼, 汝曹貶我以薄葬, 俾得表君父之痛, 贖平生之罪. 是汝曹之孝也." 且遺戒諸子, 使不析產不異宅, 諸子同居如教云."

310

이 때문에 공을 이루지 못하였다. 비록 그렇다 하더라도 승리하고 패하는 것은 天運이니, 어찌 오직 사람에게만 달려 있다고 할 수 있겠는가.'라고 하였다.[39]

위 인용문은 강세작이 요동 장수를 평가한 내용을 서사로 구성한 것이다. 강세작은 명나라 장수들의 장·단점을 평가하는 동시에 패전의 이유를 분석적으로 개진하였다. 이 글에는 강세작의 사유방식이 명확히 드러나 있는데, 그가 큰 틀에서 세상을 보고 있음을 확인할 수 있다. 사람에 의해 승패가 나뉘는 것이 아니라 천운(天運)의 결과임을 논함으로써 청나라가 승전하게 된 것을 천운으로 파악했기 때문이다. 이렇게 본다면 강세작은 큰 틀에서 명·청 교체를 조망했던 인물로 당시 대명의리론에 매몰되어 편협한 시각을 가졌던 사람들보다 사유세계가 열려 있었다. 이 논평 부분에는 남구만의 사적 견해가 표면화되지는 않았지만, 그 이면에는 강세작의 이러한 면모를 높이 평가했기에 입전했으리라 추측할 수 있다.

(논평 2) 내가 우리나라에 온 중국 사람들을 보면 허황되게 과장하며 이익을 좋아하는 이들이 많아 사람들에게 구하여도 만족함이 없었다. 그러나 강세작만은 헛되이 과장하지 않고 함부로 취하지 않았으며, 말을 바꾸지 않고 의심스러운 행동을 하지 않아 향리에서 신임을 받았고 여러 아들이 그 가르침을 따라 행했으니, 이는 모두 기록할 만한 것이다.[40]

---

39) 南九萬, 『藥泉集』, 「康世爵傳」. "且論東征諸將長短曰, "楊鎬寬厚得士心而昧於料敵, 以淸人爲易與而敗, 劉綎杜松勇而無謀, 深入險地, 不設斥候, 猝遇敵而沒. 熊廷弼淸白守法, 有威望而喜殺不已, 士卒多怨, 亦以此不能成功. 雖然勝敗天也, 豈專在人乎.""

이 부분은 남구만이 직접적으로 강세작을 평론한 것이며, 결론적으로 강세작의 됨됨이를 높게 여겨 입전했음을 밝힌 것이다. 입전 이유를 따져보면, 일차적으로는 명나라 망명객 중에서도 유풍이 남아 있던 강세작을 입전함으로써 명나라의 흔적을 찾고자 한 것으로 파악된다. 당시 현실적 시각을 겸비했던 소론이라고 해서 명나라에 대한 존숭 의식이 적었다고 볼 수는 없기 때문이다.[41] 그러나 이차적으로는 남구만 역시 소론계의 영수로서 현실적 관점을 지닌 인물이었기에 강세작을 명나라에 대한 의리를 지키는 대표적인 인물로만 여겨 입전했다고 판단하기 어렵다. 일화를 나열해 별도의 개입 없이 보여주기 기술 방식을 택했으나, 모든 일화가 강세작의 큰 사유세계를 드러내고 있기 때문이다. 그렇다면 남구만은 강세작이 명나라 유민임에도 불구하고 오히려 더 거시적인 사유를 가졌던 현실적으로 깨어 있던 인물이었음을 간파하고 그를 입전함으로써 자신의 뜻을 함께 개진한 것으로 추론 가능하다. 남구만의 대명·대청인식이 연구된 바는 없으나 그의 제자 최규서(崔奎瑞, 1650~1735)가 현실적 측면에서 청나라로 바뀌었음에도 존주지의(尊周之義)를 따르는 것에 대한 허탄함을 지적했으며, 1686년에 함께 연행을 떠났던 동료인 오도일(吳道一, 1645~1703) 역시 현실적인 입장을 겸비하여 시대적 흐름을 읽어내려 했으며 현실적으로 화이관을 극복하고자 했던 모습이 보였음을 확인할 수 있다.[42] 또한 동료인 박세당 역시 탄력적인 현실주의적 면모를 지녔으며[43] 소론 인물 중

---

40) 南九萬, 『藥泉集』, 「康世爵傳」. "余見中國人來東者, 類多浮誕好利, 求丐人不厭. 世爵獨能不虛 誇不妄取, 無二言無疑行, 信孚於鄕里, 敎行於諸子, 此皆可書者也."

41) 조성산, 「조선후기 소론계의 古代史 연구와 中華主義의 변용」, 『역사학보』 202, 2009, 49~90쪽.

42) 김묘정, 「『丙寅燕行日乘』에 나타난 吳道一의 대청의식 표출 양상 검토」, 『한문학논집』 43, 2016, 283쪽.

함께 활동했던 유득일 역시 객관적이고 중립적인 입장에서 정세를 바라보고자 노력한 인물이었기에[44] 남구만 역시 소론계 인물들과 같은 대청인식을 기저로 강세작을 입전했으리라 추측 가능하다.

세 번째로 살펴볼 작품은 최창대(崔昌大, 1669~1720)의 「강군세작묘지명(康君世爵墓誌銘)」이다. 1700년 작품이므로 강세작 사후에 기술되었다고 할 수 있다. 그에 따라 이 작품은 박세당과 남구만의 전을 참고한 흔적이 농후할 뿐 직접적 경험 부재로 새로운 일화나 내용이 보이지 않는다. 다만 최창대의 견해가 각 단락마다 첨기되어 있기에 그가 기억하고자 하는 강세작의 면모가 부각되어 있음을 확인할 수 있다. 앞서 살펴본 전 작품에서 대화적 진술 방식을 많이 사용했다면, 묘지명에서는 서술적 진술 방식을 주로 사용하여 인물을 중점적으로 드러내기 때문에[45] 최창대의 직접적인 진술이 담겨 있다는 특징이 보인다. 이 작품은 4단락으로 구성되어 있는데 오자서와 강세작 비교, 강세작이 겪었던 일과 논평, 강세작 일화와 논평, 총괄 논평으로 이루어져 있기에 단락별로 주요 내용을 살펴보도록 하겠다.

옛날에 오자서는 아버지를 따라 초나라에서 죽지 않고 제후의 나라로 달아났고, 이리저리 떠돌아다니면서 험난하고 어렵게 지내다가 마침내 오나라에서 흥기하고 합려를 왕이 되게 해주었고, 그의 병사를 빌려 초나라를 정벌하여 아버지의 원수를 갚았다. 그러자 천하가 진동하였고 그 이름이 후세에 드리워졌다. 내가 매번 史書를 읽으며 일찍이 눈물을

43) 김종수, 「朴世堂의 『西溪燕錄』에 대한 思想文化的 讀解」, 성균관대학교 박사논문, 2010, 40쪽.
44) 김묘정, 「兪得一의 『燕行日記草』에 나타난 대청인식과 의미」, 『동양한문학연구』 41, 2015, 67~101쪽 참조.
45) 백미나, 「고려시대 묘지명과 열전의 비교 연구」, 경희대학교 박사논문, 2008, 57쪽.

홀리지 않은 적이 없었고 그 뜻을 슬퍼하고 그 사람됨을 아름답게 여겼다. 지금 강세작이 오랑캐의 난리를 만나 아비가 죽었는데도 장사지내지 못하고 이웃나라로 도망쳐 왔으나 그 의리가 어찌 다르겠는가. 그가 평생 했던 일을 추적해보건대, 어찌 어버이를 잊고 죽음을 두려워하여 小國에서 숨어 살았다고 할 수 있겠는가. 다만 우리나라가 힘이 약하여 강군을 도와 오자서가 한 것처럼 그의 큰 수치심을 떨쳐버릴 수 있게 해주지 못한 것이 한스럽다. 끝내 강군으로 하여금 외지고 궁벽한 곳에서 곤궁하게 나그네로 살면서 천인으로 만족하며 뜻을 숨기고 죽어서 땅에 묻히도록 하였다. 아! 선비의 어짊과 不肖함이 어찌 古今이 다르겠는가? 다만 그가 처한 시대를 어찌하겠는가.[46]

우선 「강군세작묘지명」의 서사 단락 [1]을 살펴보면, 최창대가 강세작을 오자서와 유사한 인물로 상정하고 있음을 확인할 수 있다. 오자서는 아버지와 형이 살해당한 뒤 오나라를 섬겨 초나라를 정벌해 원수를 갚은 인물인데, 최창대는 오자서와 강세작이 처했던 상황의 공통점을 바탕으로 서사를 구축했다. 강세작이 오자서의 경우처럼 이웃나라로 도망쳐 왔으나, 의리 측면에서 닮아 있음을 말하고자 한 것이다. 그러나 결과적으로 오자서는 치욕을 갚았고 강세작은 수치를 떨치지 못했다는 점에서 한계를 보이는데, 최창대는 이 같은 결과가 초래된 원인을 우리나라의 힘이 약했던 것에서 찾고 있다. 그 의리는 같았으나 강세작이 처한 시대가 좋지 않았기에 공명을 이루지 못했음

---

46) 崔昌大,『昆侖集』,「康君世爵墓誌銘」. "昔伍子胥不隨父死楚, 亡奔諸侯, 不憚流離險艱, 卒興於吳, 以闔廬伯, 借兵伐楚, 雪父仇. 天下震動, 聲垂於後世. 余每讀史, 未嘗不流涕, 悲其志而烈其爲人也. 今君遇虜難, 父死不葬, 來奔隣國, 其義豈異也. 迹其平生所行事, 豈忘親畏死, 偸活於小邦者耶. 然獨恨吾國力小弱, 不能有爲資君以奮大恥, 如子胥之爲. 卒使君窮困客邊鄙, 夷於隷人, 飮志而沒地也. 嗚呼. 士之賢不肖, 豈以古今異也. 顧時所遇如何耳."

을 안타까워한 것이다. 결론적으로 최창대는 강세작의 결점인 불효·불충을 극복하기 위해 오자서 이야기를 차용하여 강세작의 한계점을 의도적으로 보충해 준 것이다. 남구만이 망명 상황을 장황하게 논하여 그가 처한 환경에 당위성을 부여했다면, 최창대는 강세작의 의리를 추켜세우고 결론적인 한계를 시대적 문제로 덧칠하여 그의 결여 지점을 채워주었다고 볼 수 있다.

서사 단락 ②는 강세작이 겪었던 일과 논평으로 구성되어 있다. 강세작의 망명 과정에 관한 내용은 남구만 전을 참고해 기술했으므로 그 부분은 배제하고 논평 부분만을 살펴보면 다음과 같다.

아! 그 禍亂과 顚沛의 참상을 古今에 들어 본 적이 없으나, 강인함과 인내심으로 이 같은 辛苦를 견뎠으니 烈士가 아니라면 그럴 수 있었겠는가. 누차 強虜에게 사로잡혀 생사를 넘나들고 몸이 칼과 도마 사이에 처한 것이 여러 차례였지만 문득 계책으로 스스로 위기를 벗어나 목숨을 보전할 수 있었으니 지혜롭다고 말하지 않을 수 있겠는가. 오합지졸로 다치고 패한 나머지 병사가 천명도 안 되었는데, 죽음을 무릅쓰고 孤城을 지켰으며, 호랑이와 이리 같이 저지할 수 없는 적과 싸우면서 의로움을 위해 자신의 죽음을 돌아보지 않았으니, 그 뜻이 크지 않다고 말할 수 없다.[47]

최창대는 강세작을 열사(烈士)의 반열에 올렸으며, 온갖 고초를 이겨내고 살아남은 그의 강인함을 언급했다. 또한 강세작은 유광한(劉光

---

47) 崔昌大, 『昆侖集』, 「康君世爵墓誌銘」. "嗚呼. 其禍亂顚沛之慘, 古今所未聞, 而剛忍能辛苦若此, 非烈士, 能之乎. 累被掠强虜, 出入生死, 身處刀俎間者數矣, 輒以計自免得全, 可不謂智乎. 以烏合創敗之餘, 兵不滿千, 而死守孤城, 戰虎狼莫抗之賊, 爲義不顧死, 其志不可謂不大矣."

漢)과 함께 병졸을 수습하여 함께 봉황성을 지킨 바 있는데, 최창대는 그가 죽음을 개의치 않고 의로움을 위해 싸웠다고 논하여 특정 일화를 부각하고 있음을 살펴볼 수 있다.

　서사 단락 ③은 강세작 관련 일화를 말하고 평을 붙인 것으로, 일화는 남구만 전에 담긴 내용을 차용해 쓴 것이다. 최창대는 그의 일화를 통해 풍의(風義)의 특별함을 말하였으며[48] 강세작이 거시적 시각으로 흥망성쇠를 논한 것과 요동 장수들의 장단점을 개진한 뒤 천운이라는 큰 틀로 이치를 설명했던 강세작의 말을 옮겨두고, 그가 운수의 움직임에 밝았다고 평하였다.[49] 또한 청나라의 화물(貨物)을 쓰지 않았던 일화를 기술하고 그의 의리를 높게 여겼다.[50]

　아! 이것으로 살펴보건대, 그 志節이 현명할 뿐만 아니라 義를 행함이 독실하였다. 비록 君子라고 말하더라도 지나치지 않을 것이다. 이 몇 가지 점으로 군을 살펴볼 수 있으니, 또한 군을 위해 銘을 지을만하다.[51]

　위 인용문인 서사 단락 ④는 총괄 논평 부분으로 강세작 묘지명 기술의 당위성이 담겨 있다. 최창대는 강세작의 지절(志節)와 의(義)를 높이 평가하여 그를 군자에 버금가는 인물로까지 상정해두었다.
　묘지명은 인물에 대한 칭송이 주류이며 설령 해당 인물의 좋지 않

---

48) 崔昌大, 『昆侖集』, 「康君世爵墓誌銘」. "嗚呼. 士之錄錄喜苟禮, 佼好自澤, 以取售於人者, 世或以爲賢. 若君之深中不外飾而風義特然者, 視彼爲何如哉."
49) 崔昌大, 『昆侖集』, 「康君世爵墓誌銘」. "嗚呼. 觀其言, 類能明於成壞興敗之數."
50) 崔昌大, 『昆侖集』, 「康君世爵墓誌銘」. "嗚呼. 此其志豈懷生棄義. 一日而忘仇讐者. 凡人, 激於憤恥. 或能義形於一時, 曠日陵遲, 鮮不忘其初者也. 非有哀痛慘烈之志沒身不變者, 能如是乎."
51) 崔昌大, 『昆侖集』, 「康君世爵墓誌銘」. "嗚呼. 由此觀之, 非獨其志節賢也, 卽行義之敦. 雖篤道君子, 不過也. 此數者, 可以觀君矣, 亦可以銘君矣."

은 행적이 있다고 하더라도 그것을 덮어 주는 것이 예의며 올바른 묘지명의 쓰기 방식이라 여기기 때문에[52] 「강군세작묘지명」 역시 강세작을 칭송하는 내용으로 경도되었다. 그러나 여타 묘지명이 인물에 대한 칭송만을 나열함으로써 오히려 칭송이 막연하게 느껴지는 역효과를 가져왔다면,[53] 최창대는 일화를 모두 기술하고 일화를 논평하면서 의견을 개진했기에 설득력을 확보한 것으로 보인다. 그러나 묘지명의 장르적 특징으로 인해 여전히 강세작의 행적 중에서 긍정적으로 평가할 수 있는 부분이 재차 강조되어 있고, 결점이 있는 지점 역시 미화된 실정이다.

지금까지 살펴본 바 있듯 17세기 사적 서사의 특이점은 주로 소론계 지식집단을 통해 강세작 서사가 명맥을 유지해 왔다는 점이다. 앞서 살펴본 작품의 작가인 박세당, 남구만, 최창대가 모두 소론계 지식인이었으며, 그 외에도 박태보(朴泰輔, 1654~1689)의 『정재집(定齋集)』, 이덕수(李德壽, 1673~1744)의 『서당사재(西堂私載)』, 이시항(李時恒, 1672~1736)의 『회은집(和隱集)』에서 강세작에 대한 언급이 포착되기 때문이다. 공적 서사에서 강세작이 대명의리론과 결부되면서 추숭되어 온 사실을 보았을 때, 충분히 노론 지식인들 사이에서 언급이 될 만한데도 불구하고 유독 강세작에 대한 서사는 소론계에 경도되어 있는 독특한 면모를 보인다. 그 연유로 몇 가지를 추측해 볼 수 있는데, 우선 표면적으로는 강세작이 소론계 지식인들과 교유했을 가능성을 들 수 있다. 동시대에 강세작을 직접적인 친분을 유지했던 지식인이 소론이라면, 후대에 그를 기억해 서사로 구성할 수 있는 지식인도

---

52) 백미나, 앞의 논문, 117쪽.
53) 위의 논문, 119쪽.

소론계로 경도될 확률이 높기 때문이다. 다음으로는 앞서 논의한 바 있듯 이면적인 의미로 강세작의 현실적인 모습이 소론계 지식인들이 가지고 있던 대외인식과 일면 일치했기 때문이라고 판단된다. 결과적으로 강세적 서사의 계보는 17세기 당대에 소론계 지식인을 통해 유지되고 완성되었다고 할 수 있다.

3.2. 전승 지식으로 공간 속에 자리잡은 강세작 서사

18~19세기에 이르면 강세작 관련 서사는 전승 지식으로 공간 속에 자리잡는 양상을 보이며 주로 연행록 안에서 포착된다. 연행에서의 지식 획득 경위는 일차적으로 직접적인 견문 지식이 가장 많은 비중을 차지하겠지만, 연행에 참여한 인사들은 기존에 존재하는 연행록과 다양한 문헌에서 지식과 정보를 획득하기도 한다.[54] 따라서 이 과정을 추적하여 어떤 경로를 통해 지식이 획득되었는가를 살펴보고자 한다.

첫 번째로 박지원(朴趾源, 1737~1805)의 『열하일기(熱河日記)』를 살펴보면, 「도강록(渡江錄)」과 「동란섭필(銅蘭涉筆)」 두 서사에서 강세작 관련 기록이 포착된다. 박지원이 연행 길에 오른 시기가 강세작 사후 87여 년이 지난 때라는 점에서 강세작 서사가 지속적으로 전해졌음을 볼 수 있다.

26일 癸酉 아침에 안개가 끼었다가 늦게야 개다. 구련성을 떠나 삼십

---

54) 진재교, 「燕行錄과 知識·情報: 지식·정보의 수집과 기록방식」, 『대동문화연구』 97호, 2017, 49쪽.

리를 가서 金石山 아래 이르러 점심을 먹고, 다시 삼십 리를 가서 葱秀에서 노숙하였다. 날이 새자 새벽 일찍 안개를 헤치고 길을 떠났다. 上判事의 마두 得龍이 쇄마 구종들과 함께 康世爵의 옛일을 이야기한다. 안개 속에 저 멀리 보이는 금석산을 가리키면서, "저기가 荊州 사람 강세작이 숨었던 곳이네."라고 말한다. 그 이야기가 흥미진진하여 들을 만하다.55)

위 인용문은 1780년 6월 24일 일기인 「도강록」 도입부로 서사 단락 1에 해당한다. 박지원이 득룡(得龍)이라는 인물을 비롯해 여러 사람과 강세작에 관해 이야기를 나눈 사실을 기록한 것으로, 금석산(金石山)이라는 공간에 당도하면서부터 강세작 관련 서사가 전개되고 있다는 특징을 보인다. 앞서 살펴본 17세기 서사에서는 금석산에 관한 내용이 누락되어 있으나, 18~19세기에는 금석산이 강세작을 상징하는 공간으로 변모했음을 알 수 있다. 또한 박지원 연행록에서의 강세작 일화는 의도 측면에서 17세기 작품과 다른 양상을 보인다. 17세기 공적 서사가 강세작의 대명의리론을 강조하고, 17세기 사적 서사가 강세작이 인물됨과 현실적 사유방식을 중시했다면 18세기 박지원의 연행록에서의 강세작은 단지 명명 과정이 흥미로운 일화 중 하나로 인식되고 있음을 확인할 수 있다.

다음 서사 단락 2는 이야기 부분으로 강세작이 조선으로 망명하게 되는 과정과 생애 전반을 축약해 옮겨 둔 형태이다.56) 남구만의 「강세

---

55) 朴趾源, 『熱河日記』, 「渡江錄」. "二十六日癸酉, 朝霧晚晴. 發九連城. 行三十里, 到金石山下中火, 又行三十里, 露宿葱莠. 旣曉, 冒霧發行. 上判事馬頭得龍, 與刷馬驅人輩, 談說康世爵事. 霧中遙指金石山曰, "此荊州人康世爵所隱處." 其說津津可聽."

56) 朴趾源, 『熱河日記』, 「渡江錄」. "蓋世爵祖霖, 從楊鎬東援我國, 死於平山, 父國泰官靑州通判, 萬曆丁巳. 坐事謫遼陽. 世爵年十八, 隨父在遼陽. 明年, 淸人陷撫順, 游擊將軍李永芳降. 經略楊鎬, 分遣諸將, 摠兵杜松出開原, 摠兵王尙乾出撫順, 摠兵李如栢出淸河, 都督劉綎出毛嶺. 國泰父

작전」 내용과 거의 일치함을 확인할 수 있는데, 박지원이 「피서록(避暑錄)」에서 남구만의 전을 언급한 바 있으므로57) 실제로 전대 서사를 읽고 참조했던 것으로 사료된다.58) 이 사례를 통해 보면, 간접적으로 지식을 획득함에 있어서 전승 지식이 중요한 역할을 담당하고 있음을 알 수 있다. 특정한 지식을 가지고 있는 사람들과의 교류 그리고 다양한 서사에서 확보한 지식은 또 다른 형태로 가공되어 새로운 형태의 지식으로 변모하는 것이다.

스스로 생각하기를, 고향길이 이미 끊어졌으니 차라리 동쪽 나라 조선으로 나가서 저 薙髮·左衽의 되놈을 면하는 것이 낫겠다고 생각하고, 드디어 싸움터를 탈출하여 금석산 속에 숨었다.59)

서사 단락 ② 가운데 특징적인 부분만 발췌해보면, 박지원의 연행록에서는 기존 서사에서 언급된 바 없는 금석산과 관련된 기록이 보인다는 점이다. 이는 득룡이 발화 시 추가로 언급하였다고도 볼 수

子從劉綎, 淸伏兵從陝中出, 大軍前後不相救, 劉綎自燒死, 國泰中流矢仆. 世爵日暮得父屍, 埋谷中, 聚石以識之. 時朝鮮都元帥姜弘立, 副元帥金景瑞, 陣山上, 朝鮮左右營將, 陣山下. 世爵投元帥陣. 明日淸兵擊朝鮮左營, 無一人得脫, 山上軍望見皆股栗. 弘立不戰而降. 淸人圍弘立軍數匝, 搜明兵之竄入者, 反縛驅出, 皆劍斬之. 世爵被縛坐大石下, 主者忽忘而去. 世爵目朝鮮兵, 乞解其縛, 朝鮮兵相睥睨莫敢動. 世爵自以背磨之石, 楞縛繩斷, 遂起脫朝鮮死者衣, 換着之, 揷入朝鮮兵中以得免. 於是走遼遼陽, 及熊廷弻鎭遼陽, 招世爵使復父髏. 是年, 淸人連陷開原鐵嶺, 則建廷弻, 薛國用代之, 世爵仍留薛軍中, 及瀋陽陷, 世爵晝伏夜行, 抵鳳凰城, 與廣寧人劉光漢, 收遼陽散卒, 共守之. 未幾, 光漢戰死, 世爵亦被十餘鎗. 自念中原路絶, 不如東出朝鮮, 猶得免薙髮左衽, 遂走穿塞, 隱金石山. 燎羊裘, 裹木葉以咽之, 數月得不死. 遂渡鴨綠江, 遍歷關西諸郡, 轉入會寧, 遂娶東婦生二子, 世爵年八十餘卒. 子孫蕃衍, 至百餘人, 而猶同居云."

57) 朴趾源, 『熱河日記』, 「避暑錄」. "此載藥泉集中, 以藥泉之博識."

58) 정일남, 앞의 글, 276쪽.

59) 朴趾源, 『熱河日記』, 「渡江錄」. "自念中原路絶, 不如東出朝鮮, 猶得免薙髮左衽, 遂走穿塞, 隱金石山."

있으나, 강세작 사후에 망명 일화가 전설화되어 특정 공간에 자리잡게 되면서 부연되었을 가능성이 농후하다. 이 같은 현상이 바로 지식의 또 다른 변모 양상이라고 볼 수 있다.

得龍은 嘉山사람인데, 14살부터 北京에 드나들어 이번이면 30여 차례에 이른다. 華語에 가장 능통하여 일행의 모든 일에 득룡이 아니면 책임지고 해낼 자가 없다. 그는 이미 가산과 龍川, 鐵山 등 府의 中軍을 지내고 품계가 嘉善에까지 이르렀다. 사행이 있을 때마다 미리 가산에 통첩하여 그 次知를 監禁하여 그의 도피함을 막는 것으로 보아서도, 그 위인의 재간을 넉넉히 짐작할 수 있겠다. 강세작이 처음 왔을 때, 득룡의 집에 묵으며 득룡의 선조와 친해져 서로 중국말과 조선말을 배웠었는데, 득룡이 화어를 잘 하는 것은 家學 때문이라고 한다.60)

마지막 부분인 서사 단락 ③에서는 강세작 관련 서사의 주요 전달자인 득룡이라는 인물을 설명하는 것으로 끝을 맺고 있다. 강세작이 득룡에 집에서 머물렀다는 기록을 통해 보았을 때, 강세작은 득룡의 선조와 직접 만났던 것으로 확인된다. 이렇게 본다면, 강세작 관련 기억이 시대가 지나도 특정 지식으로 유지될 수 있었던 것은 전승 지식 전달자가 존재한 동시에 이전 시기의 서사가 명맥을 유지했기 때문이라고 할 수 있다.

두 번째로, 『열하일기(熱河日記)』「동란섭필(銅蘭涉筆)」작품에 강세

---

60) 朴趾源, 『熱河日記』, 「渡江錄」. "得龍, 嘉山人也, 自十四歲, 出入燕中, 今三十餘次. 最善華語, 行中大小事例, 非得龍, 莫可當此任者. 已經本郡及龍鐵等諸府中軍, 階得嘉善. 而每使行, 則預關本郡, 囚其次知, 家屬, 謂之次知, 以防其逃避, 其爲人之幹能可知. 方世爵初出時, 客得龍家, 與得龍祖善, 互學華東語, 得龍之善漢語, 乃其家學云."

작 관련 내용이 보인다. 이 서사에서도 강세작이 전승 지식으로 공간 속에 자리잡았음을 확인할 수 있으며, 더 나아가 관련 지식이 추가되어가는 양상을 볼 수 있다.

만력 시절에 형문 사람 康國泰는 법에 걸려 요양에 유배되었다. 都督 劉綎이 建州를 칠 때 국태는 종군했다가 전사했고, 아들 康世爵은 나이 17세에 바로 淸軍 속에 들어가 아버지의 시체를 찾았다. 兵部 熊廷弼이 휘하에 두었더니, 요양이 함락되자 강세작은 馬登山으로 도망해 들어갔다가 밤에 참호를 헤엄쳐 요새를 빠져 나와서 다시 鳳凰城을 지키더니, 성이 함락되자 金石山으로 들어가 날마다 나뭇잎을 먹으면서 죽음을 면하고, 義州로 나와서 드디어 난리를 피하여 會寧府에 살았는데, 항상 楚 제도의 관을 쓰고 자기 집을 楚幘堂이라 불렀다. 내가 금석산을 지날 때 의주 마부꾼들이 가리키면서 강세작이 은신했던 곳이라 하여 이야기를 하는데 기이한 말이 많았다.[61]

위 인용문은 박지원이 동란재(銅蘭齋)에 머물며 수필 형태로 쓴 「동란섭필」 작품 중 일부다. 박지원이 「도강록」에서 획득한 강세작 관련 내용을 요약적으로 기술한 것으로 보인다. 「도강록」에서와 마찬가지로 강세작 관련 서사가 전승 지식으로 공간 속에 자리잡았음을 재차 확인할 수 있다. 특기할 만한 사항은 강세작이 항상 초(楚)제도의 관을 쓰고 자기 집을 초책당(楚幘堂) 명명했다는 점이다. 이 부분은 이전

---

61) 朴趾源, 『熱河日記』, 「銅蘭涉筆」. "萬曆時, 荊門人康國泰坐法, 徙遼陽. 都督劉綎征建州, 國泰從戰死, 子世爵年十七, 直入虜軍, 求父屍. 兵部熊廷弼置之麾下, 及遼陽陷, 世爵亡入馬登山, 夜泅壕出塞保, 鳳凰城城陷, 入金石山, 日食木葉, 得不死, 間出義州, 遂避地居會寧府, 常冠楚制而自號其堂曰楚幘. 余過金石山, 義州刷馬驅人輩, 指點言世爵隱身處, 多奇聞."

서사에서 전혀 발견되지 않는 내용으로 박지원이 새로 획득한 정보를 추가로 기술한 것으로 파악된다. 「동란섭필」자체가 다른 작품에서 누락된 부분을 보충하는 의미가 강한 작품이기에[62] 이 같은 의도 아래 언급되었을 확률이 높다. 박지원 개인의 창작 경향과도 밀접하지만, 서사가 구축되고 정보가 지식으로 변모하면서 새로운 지식이 첨가되어 가는 과정을 대변한다는 점에서 의미가 있다.

세 번째로는 김경선(金景善, 1788~1853)의 『연원직지(燕轅直指)』「출강록(出疆錄)」에 실린 「금석산기(金石山記)」에서 강세작 관련 내용이 포착된다. 1832년(순조32) 11월에 지어진 작품이라는 점에서 강세작에 관련 지식이 19세기까지 이어졌음을 확인할 수 있다. 더 나아가 「금석산기」라는 제목 아래 기술된 작품이면서 강세작에 대한 내용이 주된 서사이기에 강세작이 금석산이라는 공간과 결합되면서 더욱 강력히 지식으로 전승되었음을 알 수 있다.

돌 모퉁이 길을 지나 금석산을 따라 7, 8리를 가니 돌산이 연이어 웅긋쭝긋하여 마치 우리나라 道峯山과 같아 참으로 名山이니, 혹자는 金石山이라 하고, 또 松鶻山이라고도 불린다. 산에 황색 돌이 많으므로 금석산이라 이름 지어진 것이다. 박지원의 『熱河日記』를 보면 驅人들이 강세작의 일을 전하여 다음과 같이 말했다.[63]

먼저 도입부를 살펴보면, 김경선이 박지원의 『열하일기』에 실린

---

62) 崔千集, 「『熱河日記』의 表現方式과 그 意圖: 「金蓼少鈔」「黃圖紀略」「謁聖退述」「盎葉記」「銅蘭涉筆」「玉匣夜話」를 중심으로」, 『문화와 융합』 18, 1997, 49쪽 참조.

63) 金景善, 『燕轅直指』, 「出疆錄」, 「金石山記」. "過石隅路, 循金石山而行七八里, 石山連綿矗矗, 恰似我國道峯, 眞名山也, 或云金石山, 一名松鶻山. 山多黃石, 故名金石山. 燕記曰, 驅人輩傳說康世爵事曰."

강세작 관련 일화를 다시 옮겨두었음을 알 수 있다. 이 과정에서 지식 전달 체계를 일면 확인할 수 있는데, 직접적인 경험을 바탕으로 하지 않은 지식은 주로 기록을 통해 전달되고 지식으로 전승됨을 볼 수 있다.

스스로 中原으로 가는 길이 끊어졌으니 동쪽으로 조선에 나아가 모면 하는 것만 못하다고 여기고, 드디어 머리를 깎고 도망쳐 국경을 뚫고 금석산에 숨었다. 양 갖옷을 구워 나뭇잎으로 싸 먹으니, 두어 달을 죽지 않을 수 있었다. (…중략…) 강세작이 처음 왔을 때, 嘉山 驛子 집에서 묵고 驛子 父子에게 중국어를 배웠다. 그의 자손 康得龍에 이르러서는 중국말을 제일 잘한다 하여 14살 때부터 북경에 드나들기를 무릇 30여 차례나 하였다. 행차 중의 크고 작은 일을 으레 모두 그에게 맡겼다.[64]

「금석산기」는 주로 특정 지식을 전대 연행록인 『열하일기』에서 그 대로 가져와 요약적으로 제시했기에 강세작에 대해 새롭게 추가한 내용은 없는 실정이다. 다만 김경선의 서사에서도 강세작이 금석산이 라는 공간과 결부되었음을 확인할 수 있다는 점에서 의미를 지닌다.

결론적으로 18~19세기 서사는 앞서 조성된 다양한 형태의 전승 지식을 수용·활용하면서도 새로운 지식을 추가해 나간 형태를 보인 다. 이에 강세작 서사가 연행록 속의 특정 일화로 자리잡게 되고 금석 산이라는 공간과 결부되는 형태로 변이되었음을 확인한 바 있다. 강

---

64) 金景善, 『燕轅直指』, 「出疆錄」, 「金石山記」. "自念中原路絶, 不如東出朝鮮, 猶得免薙髮, 遂走穿塞, 隱金石山. 燎羊裘, 裹木葉以咽之, 數月得不死. (…中略…) 世爵之初至, 客於嘉山驛子, 驛子父子, 皆學漢語. 至其孫得龍, 以最善華語, 自十四歲, 出入燕中, 凡三十餘次. 行中大小事, 例皆任之云."

세작 서사는 전승 지식으로 금석산이라는 공간 속에 자리잡게 됨으로써 역사 공간 안에서 의미를 획득하고 있다. 17세기 명·청 교체기라는 국제질서의 변화를 맞아 정체성의 혼돈을 겪었던 당시 지식인들은 변화를 부정하거나 일면 긍정함으로써 우리의 위치를 규정하고자 했다면,[65] 18~19세기에는 그러한 거대담론이 와해됨으로써 강세작은 망명객으로써 17세기 당시 치열했던 전쟁을 회고하는 매개체로 자리잡게 된 것이다. 그에 따라 강세작은 공적 서사에서 강조했던 의리와 절개의 인물 혹은 사적 서사에서 언급한 현실적 세계관을 지닌 인물이 아닌 고난과 역경을 겪고 조선으로 망명하게 된 인물로 부각 된 것이다.

4. 기억, 서사, 지식 그리고 지식 전달 체계: 맺음말을 대신하여

이 글은 특정한 정보가 어떻게 기억되고 기록되어 지식으로 변모하는지를 살피기 위한 첫걸음이자 지식 전달 체계를 확인해 서사를 다른 방식으로 독법하기 위한 시도의 일종이다. 더 나아가 미시적인 연구를 통해 거시적인 담론의 해답을 찾을 수 있지 않을까 하는 기대에서 출발한다. 이 글의 시작은 풀리지 않는 몇 가지 문제들에서 파생되었기에 애초에 가졌던 의문점을 기술하고 이 연구를 통해 해결할 수 있었던 부분과 미해결 문제를 공유함으로써 의미를 찾고자 한다.

첫 번째는 어떤 서사가 지식이 될 수 있는가에 대한 의문이다. 기본적으로 특정 정보가 의미를 획득해 지식에 기여하기 위해서는 종합화

---

65) 김묘정, 앞의 논문(2016), 252쪽.

하는 절차가 필요한데, 이 종합의 과정은 대체로 서사의 형태를 띤다고 할 수 있다. 그렇다면 연쇄적으로 서사에 담긴 모든 내용은 지식일 수 있는가에 대한 질문이 발생한다. 이 글을 통해 해명할 수 있는 지점은 특정 지식이 수직·수평적으로 명맥을 유지했을 때 일정한 의미를 지닌다는 것이다. 강세작 관련 지식은 공적·사적 서사를 통해 지속적인 지식전달 체계를 확보함으로써 지식의 범주에서 논의가 가능했기 때문이다.

두 번째 질문은 서사의 성격에 따라 지식이 다양한 형태로 구축되는가에 대한 것이다. 이는 다양한 정보가 질서 있는 지식으로 가공되는 과정에서 발생하는 문제가 아닐까 생각한다. 앞서 강세작 관련 서사에서 확인한 바 있듯 기본적으로 공적·사적 서사는 서사 성격 차이로 말미암아 각기 다른 지식으로 구축된다. 더 나아가 사적 서사 내부에서도 다른 형태를 보이는데, 소론계 지식집단을 통한 강세작 서사와 전승 지식으로 공간 속에 자리잡은 강세작 서사는 엄밀히 다르기 때문이다. 여기에서 다룬 서사는 한 예시에 지나지 않지만, 서사의 성격에 따라 지식이 다채로운 형태로 구축된다는 것을 밝힌 것이 이 글의 소결이라고 할 수 있다.

세 번째는 지식이 명맥을 유지하는 방법에 대한 질문이다. 앞서 서사의 성격에 따라 지식이 다양한 형태로 구축됨을 확인한 바 있으므로 논의의 편의성을 위해 '지식A'와 '지식B'로 지칭하여 지식의 생존과 소멸 양상을 도표화 하고자 한다. 여기에서 필자가 상정한 '지식A'와 '지식B'는 같은 정보를 바탕으로 하면서도 일면 다른 형태를 보이는 지식으로 범위를 축소했음을 밝힌다.

지식A - 생존 지식B - 생존 **〈지식의 생존과 소멸 양상 1〉**	지식A - 소멸 지식B - 생존 **〈지식의 생존과 소멸 양상 2〉**
지식A - 생존 지식B - 소멸 **〈지식의 생존과 소멸 양상 3〉**	지식A - 소멸 지식B - 소멸 **〈지식의 생존과 소멸 양상 4〉**

큰 틀에서 구분해보자면, 지식은 위 표와 같이 생존과 소멸 두 단계로 일별 가능하다. 그러나 엄밀히 따져보자면, 이 과정에서 지식의 '변이' 양상을 생각하지 않을 수 없다. '변이'된 서사는 과연 생존한 지식인가 아니면 소멸한 지식인가. 어디까지는 '변이' 양상을 통한 '생존'이고, 어느 선까지는 '변이'되어 결과적으로 '소멸'된 것인가. 이렇게 본다면 지식의 '생존', '소멸'은 선후 관계에 대한 다각도적이고 면밀한 추적 없이 파악하기 어려운 지점이다. 이 글에서 다룬 지식 역시 공적 서사가 대명의리론 측면에서 생존했다면, 17세기 사적 서사는 소론계 문인들에 의해 현실론적 세계관 측면에서 일면 명맥을 유지했으며, 18~19세기 사적 서사는 전승지식으로 공간 안에서 또 다른 형태로 자리잡아 복잡한 형태를 보이기 때문이다. 따라서 앞으로의 지식 연구는 모든 기록을 종합적으로 파악한 후 '변이' 과정에 주목해 그 의미를 따져나가는 방식으로 진행되어야 한다고 본다. 이러한 방식을 활용한다면 지식이 명맥을 유지해 나가는 다양한 양상을 밝혀낼 수 있으리라 여긴다.

이제 남은 미해결 문제는 기억과 기록 간의 선후 관계를 확인해 지식 전달 체계를 구축하는 작업이다.

기억 - 기록(공적 서사) - 지식A	기록(공적 서사) - 기억 - 지식A
기억 - 기록(사적 서사) - 지식B	기록(사적 서사) - 기억 - 지식B
〈지식 전달 체계 1 〉	〈지식 전달 체계 2〉

　　이는 기억을 바탕으로 기록(공적·사적 서사)이 구성되는가. 아니면 기록을 바탕으로 기억이 생성되는가에 대한 복잡한 문제이다. 기억은 고정적이지 않으며, 다양한 변수가 개입하는 영역이므로 다양한 시선으로 해석 가능하다. 더 나아가 필자가 판단하건대 기억은 간접 기억과 직접 기억을 포괄하는 개념으로 이해될 필요가 있다고 본다. 이 글에서 확인한 바와 같이 강세작 서사 전개는 동 시기 강세작에 대한 직접 경험을 통한 기억 그리고 기록으로의 전개일 수도 있으나, 기록을 통한 간접 기억의 재생성 후 지식으로 정립되기도 하기 때문이다. 이는 이 글에서 논한 서사 외에 다른 미시적 연구의 축적을 통해 추후에 재논의 하는 것이 옳다고 보기에 미해결 문제로 남겨두고자 한다.

　　이 글에서 언급한 지식 전달 체계의 주요 기저 가운데 기록 즉 서사를 중심으로 하면서 기억을 결부시켜 논의한 연구는 이미 '기억 서사'라는 용어로 학계에 자리잡은 실정이다. 이 가운데 문학작품을 대상으로 기억서사를 고찰한 연구는 대체로 공적 기억이 지배력을 얻어갈수록 억압된 기억들이 대항적 구도로 모습을 드러낸다는 구도를 기저로 한다. 그러나 필자는 지식 전달 체계라는 관점을 도입해 대항적 관계가 아닌 개별적 기억들의 다기한 활동 관계라는 관점으로 논의할 필요가 있다고 본다. 기존 선행 연구에서 다뤄진 기억서사가 공적기억에 대항하는 사적 서사에 초점이 맞춰져 연구 범위를 일정 부분 축소시켰다면, 지식 전달 체계라는 새로운 구도로 읽어낸 서사는 엄밀히 공적기억과 대항하지 않아도 그 자체로서 의미를 지닌다는 점에서 연구 범위를 확장시키는 효과가 있다. 더 나아가 지식 전달 체계를 확인하는 일련의 과정에서 기존과는 다른 결과를 도출할 수 있다는 점에서 연구의 의미를 지닌다. 지식 전달 체계라는 구조로 서사를 파악해 나가면 개별 현상에 매몰되지 않고, 수직·수평적 흐름이라는 거시적인 틀에서 서사 조망이 가능하다. 그러나 엄밀히 말하자면, 이 글은 강세작 관련 서사만을 중심으로 구성되었기에 지식 전달 체계에 대한 개괄적인 내용을 도출하기에는 무리가 있는 실정이다. 다만 특정한 사례를 통해 기억, 기록, 지식 그리고 지식 전달 체계의 한 단면을 밝히고자 했다는 지점에서 의미를 찾고자 한다.

참 고 문 헌

『肅宗實錄』

『英祖實錄』

『正祖實錄』

『日省錄』

『西溪集』

『藥泉集』

『昆侖集』

『熱河日記』

『燕轅直指』

鄭玉子, 『조선후기 조선 중화사상 연구』, 일지사, 1998.

피터 버크, 이상원 옮김, 『지식은 어떻게 탄생하고 진화하는가』, 생각의날
    개, 2017.

김묘정, 「『丙寅燕行日乘』에 나타난 吳道一의 대청의식 표출 양상 검토」,
    『한문학논집』 43, 2016.

김묘정, 「兪得一의 『燕行日記草』에 나타난 대청인식과 의미」, 『동양한문학
    연구』 41, 2015.

김종수, 「17세기 朝淸 간 移住의 몇 유형: 『西溪燕錄·西溪集』을 중심으로」,
    『소통과 인문학』 18, 2009.

김종수, 「朴世堂의 『西溪燕錄』에 대한 思想文化的 讀解」, 성균관대학교 박
    사논문, 2010.

김형찬, 「조선시대 지식생산체계 연구방법과 지식사회의 층위」(특집: 조
    선시대 지식, 지식인 생산체계: 17~18세기 평산 신씨를 중심으
    로), 『民族文化研究』 65, 2014.

백미나, 「고려시대 묘지명과 열전의 비교 연구」, 경희대학교 박사논문, 2008.

유봉학, 「18·9세기 大明義理論과 對淸意識의 推移」, 『한신논문집』 5, 1988.

윤세순, 「17C 중국인 피난민 康世爵에 대한 문학적 형상화와 인식태도: 「강세작전」과 「강군세작묘지명」을 중심으로」, 『古小說研究』 30, 2010.

이명규, 「지식분류에 대한 동서양의 비교: 베이컨의 분류와 사고전서를 중심으로」, 『한국비블리아학회지』 11, 2000.

정일남, 「『熱河日記, 渡江錄』의 康世爵 삽화와 『藥泉集』의 「康世爵傳」의 비교」, 『漢文學報』 12, 2005.

주영아, 「『西溪集』 「康世爵傳」을 통해 본 西溪의 현실인식」, 『東方學』 12, 2006.

주영아, 「디아스포라에 대한 조선지식인의 문학적 수용 태도: 明나라 遺民 康世爵의 실상을 중심으로」, 『東方學』 37, 2017.

조성산, 「조선후기 소론계의 古代史 연구와 中華主義의 변용」, 『역사학보』 202, 2009.

진재교, 「燕行錄과 知識·情報: 지식·정보의 수집과 기록방식」, 『대동문화연구』 97, 2017.

崔千集, 「『熱河日記』의 表現方式과 그 意圖: 「金蓼少鈔」 「黃圖紀略」 「謁聖退述」 「盎葉記」 「銅蘭涉筆」 「玉匣夜話」를 중심으로」, 『문화와 융합』 18, 1997.

허재영, 「지식 생산과 전파·수용에 따른 지식 권력 연구 방법론」, 『한국민족문화』 66, 2018.

[부록]
지식 지형의 변화와 근대의 교육사 자료

지식 지형의 변화와 근대의 교육사 자료___김경남·허재영 편역

[1] 아한의 교육 내력
　　: 我韓의 敎育 來歷, 『조양보』 제3호, 1906.7.

[2] 태서교육사
　　: 泰西敎育史, 『朝陽報』 제5호, 1906.8.25.

[3] 태서교육의 사적 고찰
　　: 신정언, '泰西敎育의 史的 考察', 『동아일보』, 1921.5.15~6.30.

지식 지형의 변화와 근대의 교육사 자료

김경남·허재영 편역

　다양한 형태의 정의 방식이 존재하겠지만, 근본적으로 지식은 앎과 사유방식, 생활양식을 포괄하는 개념이다. 지식을 산출하고 전달하며, 그것을 유용하게 사용하는 문제는 비단 현대 정보사회의 과제일 뿐 아니라, 인류 역사 발전의 근본적인 문제에 해당한다. 이 점에서 '교육(敎育)'은 앞선 시대의 지식을 전달하고, 새로운 지식을 산출하는 중요 메커니즘이라고 할 수 있다.

　서양 근대사뿐만 아니라 한국에서도 근대 학문이 형성되는 과정에서 기존의 지식 체계에 비해 중요한 변화를 보인 것은 '연구 방법론', 이른바 '과학적 연구'라는 개념이 등장한 것이다. 예를 들어 1896년 대조선재일유학생친목회에서 발행한 『친목회회보』 제2호에는 '사물 변천의 연구에 대한 인류학적 방법'이라는 고의준(高義峻)의 논문이 실려 있다. 이 논문에서는 '사물 변천을 연구하는 세 가지 방법'으로

'추리적 방법', '역사적 방법', '인류학적 방법'을 제시하고 있다. 이 논문에서 추리적 방법은 사물의 성질을 조사하고, 사물에 내재하는 여러 가지 사항을 이론상으로 연구하며, 앞선 것을 추구(追究)하고 본원(本源)을 추리하는 방식을 의미하며, 역사적 방법은 고금의 사실을 모아 연대 순서에 따라 변화하는 과정을 탐구하는 방법이라고 설명하였다. 또한 사물의 이동(異同)을 연구하고 변천 과정을 비교하며, 사물 변천의 과정과 동력을 추구하는 것을 인류학적 방법이라고 하였다.

근대 학문 형성 과정에서 연구 방법론의 도입은 다양한 형태로 이루어졌다. '귀납', '연역', '비교', '역사적 방법' 등의 개념이 도입되었고, 그 경향에서 교육사에 대한 관심도 높아졌다.

『조양보』 제3호~제4호에 실린 '아한(我韓) 교육의 내력(來歷)'은 필자를 알 수 없으나 우리나라의 교육사를 기술한 최초의 작품이라고 할 수 있다. 기자의 동래(東來), 고구려, 신라, 백제, 고려, 조선의 교육과 관련한 간략한 정리로 이루어진 논문이지만, 이 논문은 사적 연구 방법론을 적용한 한국 교육사 논저라는 점에서 지식 탐구의 지형 변화와 밀접한 관련을 맺고 있다. 이와 같은 맥락에서 『조양보』 제5호부터 제11호까지 연재된 '태서 교육사(泰西敎育史)'는 최초의 서양 교육사 관련 저술이라는 점에서 주목할 논문이다. 비록 이 시기 학회보나 잡지 등의 발행이 불안정하여, 완성된 연재물이 되지는 못했지만 서양 교육사 및 사상가를 처음으로 소개했다는 점에서 한국 근대 지식 지형 변화에 적지 않은 영향을 미친 논문으로 볼 수 있다.

아울러 『동아일보』 1921년 5월 15일부터 6월 30일까지 37회에 걸쳐 연재된 정언생(신정언)의 '태서 교육(泰西敎育)의 사적(史的) 고찰(考察)'은 서양 교육사에 대한 본격적인 고찰이라는 점에서 『조양보』 소재 두 편의 논문과 함께 주목할 논문이라고 할 수 있다.

지식 지형의 변화는 지식의 내용뿐만 아니라 연구 방법론, 그로 인한 사유방식 등 다양한 형태를 띤다. 특히 한국 근대 학문 형성 과정에서 새로운 지식의 유입과 새로운 연구 방법의 도입은 기존의 전근대적 학문 체계를 혁신적으로 변화시킨 사례가 많다. 교육학과 교육사의 등장도 마찬가지이다. 기존의 편년체 또는 강목체 사건 중심의 역사 인식과는 달리, 특정 주제와 관련한 과학적 연구 방법을 적용하고자 하는 다양한 시도가 이 시기부터 본격적으로 이루어지기 시작하였다. 물론 1906년 이후 국권 침탈과 국권 상실로 이어지는 불완전한 연구 풍토에서 새로운 지식의 산출이 쉽지 않은 조건이었으나, 지식 생산과 전수의 근본 메커니즘으로서 교육 문제에 대한 사적 고찰이 이루어지고 있음은 지식 지형 변화 연구에서도 주목할 사실들이다.

본 사업단의 '지식지형총서' 개발팀은 이 점에 주목하여, 『조양보』 소재 논문은 현대어로 번역하고, 『동아일보』 소재 신정언의 논문은 뉴스라이브러리를 기반으로 입력하여 지형 연구의 기본 자료로 삼고자 한다.

[1] 아한의 교육 내력*

: 我韓의 敎育 來歷, 『조양보』 제3호, 1906.7.

【원문】

▲ 제3호

　我韓의 上世ᄂᆞᆫ 人文이 未開ᄒᆞ야 榛榛否否(진진부부)ᄒᆞᆫ 一混沌의 世界라. 宇內萬國이 其開闢ᄒᆞ던 始에ᄂᆞᆫ 皆鴻濛(개홍몽)ᄒᆞᆷ이 此와 如ᄒᆞ거니와 及其 君長이 旣立ᄒᆞ야 邦國의 體製를 組織ᄒᆞ고 政治의 制度를 定ᄒᆞᆯ진ᄃᆡ 工拙은 勿論ᄒᆞ고 皆能히 其國의 方音으로 文字를 自造ᄒᆞ야 써 其民을 敎ᄒᆞ며 其事를 記ᄒᆞ거늘 我邦은 檀君의 神聖ᄒᆞᆷ으로도 文字가 獨無ᄒᆞ야 如何ᄒᆞᆫ 敎化의 跡을 未聞ᄒᆞ니 是ᄂᆞᆫ 朝市郊野의 生長老死

---

* 이 자료는 『현장교육연구』 제2집, 단국대학교 현장교육연구소, 2018에 수록된 것을 수정·보완·재편집한 것임.

ㅎㄴ 間에 다믄 一聒然(일괄연)흔 鳥音(조음)이오 蠢然(준연)흔 虫行而已라. 엇지 煩鬱(번울)홈을 堪ㅎ리오.

東國遺事에 檀君이 其人民을 敎ㅎ되 編髮盖首ㅎ며 飮食居處의 制로 써 ㅎ얏다 ㅎ니 此ㄴ 敎化의 始라 可謂홀지나 學術로써 人民을 敎育ㅎ ㄴ 眞相은 아니오 一千二百十有二年을 經ㅎ야 神聖ㅎ신 殷太師 箕子 가 東來ㅎ심이 支那 堯舜禹湯의 文明을 비로소 輸入ㅎ야 東夷의 陋俗 을 一洗ㅎ고 洪範의 文化로 陶鑄ㅎ니 周易의 所謂 箕子의 明夷라 홈이 是를 稱홈이라. 東史에 云ㅎ기를 初에 箕子가 東來홀 時에 殷人의 隨ㅎ ㄴ 者 五千이라, 詩書禮樂과 醫藥 卜筮(복서)와 百工技藝의 流가 皆從 ㅎ야 始至에 言語가 不通홈으로 文字로써 譯흔 後에야 乃知ㅎ고 於是 에 其民을 敎호디 禮義로써 八條의 敎를 設ㅎ며 田蠶을 敎홈으로 人民 이 盜賊을 羞ㅎ며 婦人은 貞信ㅎ야 不淫ㅎ며 田野가 闢ㅎ고 飮食을 籩豆로써 ㅎ믹 仁賢의 化가 有ㅎ야 至今까지 天下가 東方의 君子國이 라 稱홈은 皆箕子의 遺敎니라.

此ㄴ 卽 我邦의 敎育의 鼻祖라. 箕子ㄴ 支那의 聖人이라. 學問이 廣 博ㅎ고 道德이 崇大ㅎ야 洪範九疇를 周武王의게 陳ㅎ고 不臣之義를 遂ㅎ샤 朝鮮으로 東出ㅎ시믹 文明흔 敎化로 人民을 敎育ㅎ야 荒俗을 丕變(비변)ㅎ고 禮義를 培養ㅎ시니 其敎育의 制度가 必也彬彬然可觀 이 有ㅎ깃거늘 不幸히 歷代 史牒을 다 兵焚에 燬蕩(훼탕)ㅎ고 文獻을 莫徵ㅎ야 考稽키 不能ㅎ니 엇지 慨惜치 아니ㅎ리오. 歷九百二十九年 而三韓이 興ㅎ니라.

三韓 以來로 史多佚文(사다일문)ㅎ야 學校의 制度가 迨寥寥無聞이오 新羅, 高句麗, 百濟의 三國이 繼興홈믹 쏘흔 敎育이 未備홀 쑨더러 新羅ㄴ 辰韓故地에 起ㅎ야 最荒僻홈으로 梁書 新羅傳에 曰 新羅ㄴ 文

字가 無ᄒ야 刻木爲信이라 ᄒ니 其昧陋ᄒ을 可想할지며 且其君王이 尼斯今이라, 麻立干이라 稱ᄒ 則, 其無文을 可知오, 百濟ᄂ 馬韓地에 起ᄒ니 馬韓은 原來 箕子의 後孫 箕準의 立國ᄒ 地인 故로 三國 中에 文明이 最早開ᄒ야 隣邦에 見稱ᄒ나 學校의 制ᄂ 其如何ᄒ을 未見ᄒ 지라. 試以史文의 雜出者로써 採考ᄒ건딕 新羅 脫解王이 始生에 棄之 海濱ᄒ얏더니 有老嫗가 收養ᄒ 後 及 長ᄒ이 嫗曰 君은 骨相이 殊異ᄒ 니 宜力學ᄒ야 功名을 立ᄒ지라 ᄒ딕 脫解가 自是로 遂學問에 專精ᄒ 야 地理를 兼通ᄒ얏다 ᄒ니 推此觀之ᄒ면 新羅의 初에도 學問의 科程 이 有ᄒ을 可證ᄒ지라.

百濟 古爾王 五十年에 王子 阿直岐를 日本에 遣ᄒ딕 阿直岐ᄂ 經典 을 能通ᄒ으로 日皇의 子稚郎(치랑)이 就學ᄒ고 又 百濟博士 王仁은 一國의 秀士인 故로 日皇의 延聘을 被ᄒ야 論語와 千字文을 齎(재)ᄒ고 日本에 往赴ᄒ야 皇子의 師가 되믹 日本의 文字 有ᄒ이 此時로붓터 始ᄒ얏스니 百濟의 文學이 有ᄒ은 其來가 己久로딕 但 東史에 闕略이 多ᄒ야 其敎育의 制度를 記載ᄒ이 無ᄒ더니 近肖古王 二十八年에 至 ᄒ야 始以高興으로 爲博士ᄒ고 書記를 掌ᄒ얏다 ᄒ니 百濟의 學國이 早己設有ᄒ 것을 此時에 始置라 ᄒ이 엇지 闕文이 아니리오.

高句麗ᄂ 小獸林王 元年에 太學을 立ᄒ고 國子博士와 太學博士의 官을 始置라 ᄒ나 高句麗ᄂ 其地ㅣ 支那와 密接ᄒ야 交通이 最早ᄒ으 로 其文化의 輸入이 亦久하야 瑠璃王의 黃鳥詩와 陜父(협보)의 諫章(간 장)이 立國未幾예 己著ᄒ 則 其文學의 風敎가 肇開ᄒ을 可卜ᄒ지라. 엇지 數百年을 歷ᄒ야 小獸林王時에 國學을 始刱ᄒ리오. 此亦史氏의 闕略ᄒ이로다.

新羅 神文王 二年에 國學을 始置ᄒ고 景德王이 諸業 博士와 及 助敎 를 設ᄒ얏다가 尋에 大學監官이라 改ᄒ고, 聖德王이 詳文司와 通文博

士를 置호니 新羅의 文化가 至是大闢호나, 然호나 其 用人의 法이 極히 野昧호야 法興王 末年에 童男의 容儀端正흔 者를 選호야 風月主라 謂호고, 善士로써 敎養호야 選用호다가 眞興王 時에는 又 花郎이라는 科名을 置호고 學徒를 羣取호야 裝飾을 盛히 호고, 山水間에 游娛호며 道義로 相磨호야 邪正을 分別흔 後 選用호니 엇지 古代의 大朴의 風이 아니리오.

新羅는 眞德王 以後로붓터는 唐國의 文物에 心醉홈으로 金春秋를 遣호야 唐朝 國學에 留學호니 此는 我國 人士의 海外 留學호는 嚆矢라. 自此로 春秋가 回國함이 學校의 制度를 唐朝에 一依호며 衣冠과 官制까지 唐을 模호고 及 其 王位(卽 武烈王)에 卽홈이 又 其 子 仁問을 遣호야 唐에 留學호야 經史를 博通호고, 文章이 宏深흔지라. 因此로 唐朝의 優渥(우악)을 被호야 麗濟를 統合호고, 文明을 發達호는 效果를 奏호니, 學問의 功이 엇지 淺鮮타 謂호리오. 又 任强首, 薛弘儒와 如흔 文學의 士가 輩出호야, 薛聰은 能이 我國의 文言으로써 經傳을 解釋호 야 後生을 訓導호며 且 俚讀를 作호야 文字의 未通홈을 通케 호야 我國 國文의 源流를 倡起호니 엇지 春秋 斯文의 功이 아니리오.

自是로 唐에 入호야 留學 卒業흔 者ㅣ 如崔孤雲, 崔匡裕, 崔彦撝(최언 휘), 金仁存 諸氏 五十餘人이 相繼菀興(상계완흥)호야 全唐의 才子를 凌駕호며 東方의 文化를 大闢호니 於是盛哉로다.

高麗의 學制는 成宗이 國子監을 刱設호고 司業, 博士, 助敎 等 官을 置호며, 大學 四門을 設호야 博士와 助敎를 各置호고, 又 十二州牧에 經學博士를 各置호며 文宗 時에 四門博士 以外에 又 各科 博士를 增置 호고, 忠宣王 時에 成均館을 改設호고, 明經博士를 加置호며, 恭愍王 時에 書學, 算學의 外에 律學을 增置호고, 恭讓王 三年에 各 道府牧에

敎授를 廣置ᄒ야 京外 人民을 敎育ᄒ니 此는 高麗 學校의 大槩라.

雖然이나 高麗는 科擧法을 設ᄒ고 詞章의 綺麗(기려)를 專尙ᄒ고 道德의 實理는 不講홈으로 四百年來로 眞儒가 廖廖ᄒ더니 及 其季葉에 至ᄒ야는 道學의 君子가 稍稍 梃生(정생, 이어 출현)ᄒ야 如 金良鑑,[1] 安文成裕가 首倡理學ᄒ야 安文成의 道德의 敎育은 實로 東方 道學의 祖라, 平生에 興學養賢으로써 己任을 作ᄒ야 七管十二徒의 成就홈이 實로 我國에 刱有홈이니, 自是로 文學의 士가 皆其餘波에 漸染ᄒ야 文風이 大振ᄒ며, 且 其 資材를 義捐ᄒ야 贍學錢이라 襴ᄒ고 學校를 廣設ᄒ야 生徒를 敎育홈도 亦吾邦에 刱覩홈이니 第一 敎育家라 可謂 홀지로다.

其後 禹倬은 易學의 理에 明邃(명수)ᄒ야 世가 易東先生이라 稱ᄒ고, 權溥[2]는 程朱의 學을 尊尙ᄒ야 性理의 諸書를 刊行ᄒ며 歷代 孝行錄을 撰ᄒ야 彝倫(이륜)을 奬勵홈으로 世가 菊齋 權文正이라 稱ᄒ고, 李齊賢은 學問이 淵邃(연수, 깊음)ᄒ고 議論이 宏博ᄒ야 其文章事業이 一

---

1) 김양감(金良鑑): 고려 중기의 문신. 생몰연대 미상. 본관은 광양(光陽). 1070년(문종 24) 상서우승 좌간의대부(尙書右丞左諫議大夫)에 이어 서북로병마부사가 되고, 이듬해 상서좌승 지어사대사(尙書左丞知御史臺事)가 되었다. 1074년 태복경(太僕卿)으로 중서사인(中書舍人) 노단(盧旦)과 함께 송나라에 사은사로 가서 종전의 등주(登州)를 거치는 항로를 요나라의 이목을 피하기 위하여 명주(明州: 浙江省)로 변경하는 데 합의하고 귀국하였다. 이듬해 우산기상시(右散騎常侍)가 되고, 동지중추원사·호부상서·참지정사 판상서병부사(參知政事判尙書兵部事)·권판중추원사(權判中樞院事)를 거쳐 1082년 좌복야(左僕射)에 올랐다. 선종이 즉위하자 중서시랑 평장사(中書侍郎平章事)로서 문하시랑 평장사(門下侍郎平章事) 이정공(李靖恭) 등과 함께 시정(時政)의 득실을 진술하고 이어 판상서호부사(判尙書戶部事)를 거쳐 수태위(守太尉)에 올랐다. 1090년(선종 7)에 문하시랑으로서 지공거(知貢擧)가 되어 우간의 손관(孫冠)과 함께 진사 이경필(李景泌) 등을 뽑았는데, 그 답안이 격식에 맞지 않아 주사(主司)에 밝지 못하다는 비난을 받았다. 이자겸(李資謙)과 인척이면서도 정의를 지켜 끝까지 그에게 아부하지 않았다. 『삼국유사』에 실려 있는 「가락국기(駕洛國記)」의 저자라고 전하기도 한다. 시호는 문안(文安)이다. 〈다음 백과사전〉

2) 권보(權溥, 1262~1365): 고려 원종 때의 문신. 호는 국재(菊齋). 고려시대 정주학을 정착한 인물. 안동 권씨.

世에 揮赫홈으로 人皆宗師로 仰ᄒᆞ야 號를 益齋先生이라 稱ᄒᆞ고 李穡은 其道學 文章이 元朝의 儒士를 驚倒ᄒᆞ며, 國民의 師範을 作ᄒᆞ야 擧世가 牧隱先生의 名下에 風靡ᄒᆞ야 其門人 弟子가 名碩鴻儒로 著稱ᄒᆞᄂᆞᆫ 者ㅣ 多ᄒᆞ고, 鄭圃隱 夢周ᄂᆞᆫ 自少로 豪邁絶倫ᄒᆞ야 好學不倦홈으로 能히 性理學問을 精研ᄒᆞ야 五部의 學堂을 建ᄒᆞ고, 外方 各郡에 鄕校를 設立ᄒᆞ야 子弟를 敎育ᄒᆞ며, 浮華를 黜ᄒᆞ고, 實用을 究ᄒᆞ야 學問의 眞理를 發揮ᄒᆞ니, 公은 實로 我東理學의 宗祖라.

道學의 淵源을 其門人 吉再冶隱에게 傳ᄒᆞ고 吉 冶隱은 金淑滋 江湖散人의게 傳ᄒᆞ야 我國朝 五百年 文治의 化를 遂開ᄒᆞ니 公은 體用이 兼備ᄒᆞᆫ 學問이라 可謂홀지라. 其 功名과 事業은 鼎彛(정이, 종묘제기)에 銘ᄒᆞ고 其忠義와 烈節은 竹帛에 傳ᄒᆞ며 又 其 文章이 渾然히 天成ᄒᆞ야 百世에 膾炙ᄒᆞ니 公은 身殉ᄒᆞᄂᆞᆫ 日에 高麗의 宗社도 隨亡ᄒᆞ니 嗚呼라. 公은 眞萬世의 偉人이오, 千秋의 師表라 홀지로다.

恭愍王 元年에 牧隱 李 文忠公 穡이 當時 學校의 弊를 擧ᄒᆞ야 言事를 上홈이 其敎育의 狀況을 槪見ᄒᆞ깃기로 玆에 其略을 抄陳ᄒᆞ노니, 夫 學校ᄂᆞᆫ 乃風化의 源이오, 人才ᄂᆞᆫ 卽 政務의 本이라. 若 其本을 不培ᄒᆞ면 固치 못홀지오, 其源을 不瀋ᄒᆞ면 淸치 못ᄒᆞᄂᆞ니 國家ㅣ 內으로 成均 十二徒와 東西學堂을 設ᄒᆞ고 外으로 州郡에 薄ᄒᆞ야 또흔 學校가 各有ᄒᆞ니 祖宗의써 崇學重道ᄒᆞᄂᆞᆫ 바 深切ᄒᆞ거늘 今에 明徒가 解散ᄒᆞ고, 齋舍가 傾頹홈은 所由然이 有ᄒᆞᆫ지라. 古의 學者ᄂᆞᆫ 將ᄎᆞ 써 聖을 作코져 홈이나 今의 學者ᄂᆞᆫ 將ᄎᆞ 써 干祿코져 홈이라. 詩書를 誦讀ᄒᆞ나 繁華의 戰이 已勝ᄒᆞ야 雕章琢句(조장탁구)3)에 用心大過ᄒᆞ니 誠正의 功이

---

3) 조장탁구(雕章琢句): 문장을 지을 때 남에게 아름답게 보이려고 수식하는 일을 비유함. 조충(雕蟲).

安在오. 或 變而之他ᄒ야 其投筆을 誇ᄒ며 或 老以無成ᄒ야 其誤身을 歎ᄒ니, 其中에 英邁傑出ᄒ야 儒林의 宗匠과 國家의 柱石을 作ᄒ 者ㅣ 幾人이리오. 登仕者. 未必及第오 及第者ㅣ 未必由國學이면 誰가 肯히 捷徑을 棄ᄒ고 岐途에 趨ᄒ리오. 伏乞條制를 明降ᄒ야 外面鄕校와 內面學堂에 其才를 考ᄒ야 十二徒에 陞ᄒ고, 十二徒를 撮考ᄒ야 成均에 陞ᄒ고 日月을 限ᄒ야 其德藝를 程ᄒ고, 學術을 科ᄒ야 中者는 依例히 官을 與ᄒ고, 不中者도 出身의 階梯를 給ᄒ되 學校로 由치 아니ᄒ면 試에 與치 못ᄒ계 ᄒ 則 人才가 輩出ᄒ고 學術이 日明ᄒ야 作用不竭일가 ᄒ노라.

盖 我國의 敎育 來歷을 溯考ᄒ건듸 箕子 以來로 儒敎의 化에 服從ᄒ야 洪範의 餘波를 涵漾(함양)ᄒ나 其時는 民俗이 草昧ᄒ야 聖學의 程度를 遽然히 發達키 難望홈으로 箕子도 다만 民俗을 隨ᄒ야 敎化를 施홀 싸람이오, 實狀 彬彬ᄒ 敎育은 施치 못ᄒ얏스나 雖然이나 大朴을 未破ᄒ 人民이 神聖의 敎化 中에 沐浴ᄒ야 煥然히 一變ᄒ얏고 羅 麗 濟 三國에 至ᄒ야는 支那의 佛敎가 流入ᄒ야 三國의 君臣이 皆汲汲然 遵奉홈이 天來福音과 如히 神悅心醉홈으로 伊時는 佛敎로써 文化를 大闢ᄒ지라. 佛敎의 崇拜홈이 極度에 達홈으로 名山勝地에 大刹을 廣建ᄒ며 金銅寶貝로 佛像을 多造ᄒ야 王公將相과 后妃 夫人으로 下至閭巷 人民까지 靡然風徒ᄒ야 一代의 敎化를 大鑄ᄒ니 至今 全國에 山川 城邑의 名號도 皆佛式의 文字로 稱述홈이오, 君王 謚號와 歷史 記乘도 또ᄒ 皆釋迦의 文字로 從出홈인즉 推此觀之컨듸 當時에 純全ᄒ 佛敎로써 文明을 大闢홈을 可證홀지오. 及其 太宗武烈王 以後붓터는 唐家에 留學ᄒ야 詞章의 學에 稍稍 崇拜홈으로 于時는 文學의 士가 始起ᄒ야 孔子의 廟를 立ᄒ고 國學을 設ᄒ야 釋尊의 禮[4]를 講ᄒ며, 經傳의

旨를 究ᄒ나 猶佛敎의 撝染(유염)이 已久홈으로 緇衲(치납)5)의 羈絆을 未脫ᄒ며 詞章의 浮華를 是尙ᄒ다가 高麗가 繼興홈의 太祖 王建이 또ᄒ 國師 道詵의 術을 惑信홈으로 八關會를 首設ᄒ고, 大檀樾(대단월)을 施ᄒ니 其立國의 初에 刱業의 君이 임의 如此홈으로 遂後 嗣子孫의 模範을 貽燕ᄒ야 王氏 四百年의 佛國을 做케 ᄒ니, 嗚呼라 高麗에 學問 敎育도 또ᄒ 佛氏의 敎로써 一世 人民을 荒誕寂滅의 域에 陷케 ᄒ도다.

高麗의 末葉에 至ᄒ야는 我國朝의 文化를 開홀 兆朕(조짐)으로 突然히 釋氏 奔波 中에 一代 偉人이 出ᄒ니 卽 梅憲 先生 安 文成公 裕 氏가 是也라. 孔子의 道를 尊崇ᄒ며 六經의 奧를 硏究ᄒ야 儒敎의 一脈 精神을 喚起ᄒ니 其時 麗家의 國學, 四門學, 各府郡의 鄕校가 有ᄒ야도 但 虛位에 不過ᄒ고 實地 學理를 講究ᄒ야 儒敎에 服從ᄒᄂ 者ㅣ 絶無 홈으로 學宮 校堂이 皆荒凉頹圯(황량퇴이)ᄒ야 榛草(진초)에 沒ᄒ지라. 安公이 此를 感傷ᄒ야 一詩를 作ᄒ야 曰

香燈處處皆祈佛 簫鼓家家亦賽神 惟有數間夫子廟 滿庭秋草寂無人

此詩를 見ᄒ면 其學校의 情況을 槪想홀지라. 文成은 原來 慶尙道 順興郡人이라. 家貲(가자)를 盡出ᄒ야 學校의 敎育費를 措辦ᄒ고 子弟 를 募集ᄒ야 人才를 養成ᄒ니 於是에 社會上 學問家가 始皆正道를 悟 ᄒ고, 眞理를 究ᄒ야 外敎를 一掃ᄒ니 禹倬 白頤正 權溥 李齊賢 李穡 鄭夢周 吉再 諸賢이 倂起ᄒ야 一代 文化를 振起ᄒ니라.

---

4) 석존(釋尊)의 예(禮): 석전대제. 석전(釋奠)이란 문묘(文廟)에서 공자(孔子)를 비롯한 선성선 현(先聖先賢)에게 제사지내는 의식이다. 석(釋)은 '놓다(舍)' 또는 '두다(置)'의 뜻을 지닌 글자로서 '베풀다' 또는 '차려놓다'라는 뜻이며, 전(奠)은 추(酋)와 대(大)의 합성자로서 '酋'는 술병에 덮개를 덮어놓은 형상이며, '大'는 물건을 얹어두는 받침대를 상징한다. 따라 서 석전은 생폐(生幣)와 합악(合樂)과 헌수(獻酬)가 있는 성대한 제전으로 석전제·석채·상 정(上丁)·정제(丁祭)라고도 한다. 이와 유사한 말로 석채(釋菜)가 있는데 이는 나물 종류만 차려놓고 음악이 연주되지 않는 조촐한 의식이다. 〈위키백과〉

5) 치납(緇衲): 승복. 일본어로는 시도츠라고 부름.

▲ 제4호

高麗 王氏의 四百五十餘年의 間은 全國 教育의 跡이 只是 一釋氏의 風에 不過ᄒ다가 及其 忠烈王 以後에 至ᄒ야 安裕 崔沖 禹倬 白頤正 李齊賢 諸公이 相繼起ᄒ야 孔孟의 道를 尊崇홈으로써 於是 儒化가 稍稍振興ᄒ야 我國朝 文明의 基礎를 胚胎ᄒ니 天이 豈偶然ᄒ리오.

國初에 麗代의 遺制를 仍倣ᄒ야 太學은 成均館을 設ᄒ고 漢城內에 又四學을 設立ᄒ며 八道 各州府郡縣에 鄉校를 設ᄒ고 教授와 訓導를 置ᄒ야 人才를 培養ᄒ더니 世宗朝에 至ᄒ야 東方에 神聖ᄒ신 聖主로 位에 在ᄒ심이 麗末의 陋俗을 一變ᄒ야 至今五百餘年 文化의 基本을 啓ᄒ신지라. 禮樂을 撰定ᄒ시며 典章을 明立ᄒ시며 學校의 卷을 擴張ᄒ야 教育의 術을 實行케 ᄒ시고 以至農業 及 醫藥兵算 等의 學術ᄒ야도 亦皆編撰 講究ᄒ며 또ᄒ 東國에 物有ᄒ 國文을 製造ᄒ샤 萬世 文明의 利를 開ᄒ시니 實노 我國文教의 宗祖시라. 今에 其 訓民正音의 原文을 揭左ᄒ노니

國之語音이 異乎中國ᄒ야 與文字로 不相流通 故로 愚民이 有所欲言이나 而終不得伸其情者ㅣ 多矣라. 予ㅣ 為此憫然일ᄉᆡ 新製二十八字ᄒ야 欲使人人으로 易習ᄒ야 便於日用耳라.

ㄱ 牙音이니 如君字初發聲ᄒ고 並書如ᄭᅭ字初發聲ᄒ니라.
ㅋ 牙音이니 如快字初發聲이오
ㆁ 牙音이니 如業字初發聲이오

ㄷ 舌音이니 如斗字初發聲ᄒ고 並書如覃字初發聲ᄒ니라.

ㅌ 舌音이니 如呑字初發聲이오

ㄴ 舌音이니 如那字初發聲이오

ㅂ 脣音이니 如彆字初發聲ᄒ고 並書如步字初發聲ᄒ니라.

ㅍ 脣音이니 如漂字初發聲이오

ㅁ 脣音이니 如彌字初發聲이오

ㅈ 齒音이니 如卽字初發聲이오 並書如慈字初發聲ᄒ니라.

ㅊ 齒音이니 如侵字初發聲이오

ㅅ 齒音이니 如戌字初發聲이오 並書如邪字初發聲ᄒ니라.

ㆆ 喉音이니 如挹字初發聲이오

ㅎ 喉音이니 如虛字初發聲이오 並書如洪字初發聲ᄒ니라.

ㅇ 喉音이니 如欲字初發聲이오

ㄹ 半舌音이니 如閭字初發聲이오

ㅿ 半齒音이니 如穰字初發聲이오

· 如呑字中聲이오

ㅡ 如卽字中聲이오

ㅣ 如侵字中聲이오

ㅗ 如洪字中聲이오

ㅏ 如覃字中聲이오

ㅜ 如君字中聲이오

ㅓ 如業字中聲이오

ㅛ 如欲字中聲이오

ㅑ 如穰字中聲이오

ㅠ 如戌字中聲이오

ㅕ 如彆字中聲이오

終聲은 復用初聲이니 ㅇ連書脣音之下則爲脣輕音이오 初聲合用則
並書니 終聲도 同ᄒ고 · ㅡ ㅗ ㅜ ㅛ ㅠ 附書初聲之下ᄒ고 ㅣ ㅏ ㅓ
ㅑ ㅕ 附書於右ᄒᄂ니 凡字를 必合以成音이라 左加一点則去聲이오 二
則上聲이오 無則平聲이오 入聲은 加点은 同而促急ᄒ니라.

右ᄂ 我 世宗大王이 手自撰定ᄒ신 國民正音6)의 原文이라. 後來 轉
訛襲謬ᄒ야 多失其眞이로ᄃᆝ 今에 硏究詳味ᄒ면 其音聲의 正과 卷字의
妙를 可得ᄒᆯ지라. 엇지 我國의 至寶가 아니리오.

其後 中宗朝에 至ᄒ야 于時 羣賢이 輩出ᄒᆷ이 如 靜菴 趙 文正公 光祖
氏와 冲菴 金 文簡公 淨 氏와 金 老泉 湜 氏와 奇服齋 遵 氏와 慕齋
金 文敬公 安國 氏 等이 皆以道德儒術로 進用於朝ᄒᆷ이 趙 文正이 槪然
히 以敎育으로 自任ᄒ야 八道 各 州郡에 鄕校를 增修ᄒ야 一切 功令의
學을 廢ᄒ고 小學 及 六經으로 敎育의 本을 作ᄒ야 各其 子弟의 學者로
ᄒ야금 皆 小學 一書에 專工케 ᄒ고, 詞章 科擧의 法을 改革ᄒ야 漢制
孝廉과 如히 各州郡에셔 文學 賢良을 擧ᄒ야 試選 登用케 ᄒᆷ으로 定制
를 습고, 八道 方伯으로 薦聞케 ᄒᆷ이 當時 賢良에 入薦ᄒᆫ 者 凡 一百二
十餘이라.

乃以 己卯 四月로 賢良科를 設ᄒ고 五十八人을 試選ᄒ야 ᄯᅩ 金湜
等 二十八人을 課取ᄒᆫ 後 卽時相當職에 附ᄒ야 任用ᄒ더니 邦運이 不

---

6) 국민정음: 훈민정음의 오식일 듯.

幸ㅎ야 同年 十一月 十五日에 神武門의 禍가 起ㅎ니 盖 南袞 沈貞 等 一種 小人의 輩가 士流에 不齒홈을 自羞ㅎ야 中傷의 討로써 排擊擠陷 (배격제함)ㅎ야 一代 賢流를 網打迫盡ㅎ고 賢良科에 被選혼 人은 一倂 擯斥(빈척)ㅎ야 世途에 不容케 ㅎ며 小學을 讀ㅎ고, 經術을 講ㅎᄂ 者ᄂ 皆僞學邪黨이라 指目ㅎ야 界에 抵홈으로 其時 父兄과 師友된 者ㅣ 其子弟를 相戒ㅎ야 小學의 書와 經術의 業을 盡廢ㅎ니 於是 閭巷之間 에 絃誦(현송)의 聲이 絶ㅎ고, 學校之場에 荒棘(황극)의 生이 茂ㅎ야 廖廖혼 全國에 敎育의 影響이 消滅혼지라. 從此로 各 府郡의 鄕校ᄂ 但 鄕任輩의 酒食의 場을 成홀 ᄯ름이오, 永히 學徒의 跡이 掃地ㅎ야 歸然(규연)혼 明倫堂이 虛殼에 不過ㅎ니 엇지 國運의 關係가 아니리오.

其後 明宗朝에 至ㅎ야 周 愼齋 世鵬 氏가 順興 郡守로 在任홀식 其 境內 白雲洞에 高麗 名儒 安 文成公 裕 氏의 古宅이 有혼지라. 周 氏가 宋朝 朱子의 白鹿洞 故事를 依ㅎ야 一書院을 刱立ㅎ고 學者藏修의 所 를 作ㅎ니, 此ᄂ 我國 書院의 刱始홈이라. 初에 白雲書院이라 稱ㅎ더니 朝廷이 聞之ㅎ고, 特히 始修書院의 號를 賜額ㅎ시고 內庫 書籍을 分給 ㅎ야 士林을 獎勵ㅎ며 文化를 振興케 ㅎ시니 自是로 全國 士林이 聞風 繼起ㅎ야 凡前賢 往哲의 所居地마다 並皆書院을 設立ㅎ야 國內 書院 의 多가 萬餘所에 達ㅎ니라.

宣祖朝 以後ᄂ 士論이 岐貳ㅎ야 朋黨이 大起홈으로 權利 爭奪에 業 火가 沸騰ㅎ야 政治 敎化ᄂ 腦後에 抛寘(포치)홈으로 遂三百餘年을 經 過ㅎ다가 今日의 狀態에 至ㅎ니 嗚呼라, 國家之不振이여.

甲午更張혼 後로붓터 全國 學校의 制를 始乃統一케 ㅎ야 部令을 制 定ㅎ고 尋常, 高等 小學校를 設ㅎ며, 中學校, 師範學校를 置하고, 又 其他 法官, 法律, 醫學, 農商工, 外國語 等의 各學校를 逐次 設立ㅎ고,

或 外國 敎師로 雇聘ᄒ며 或 本國 敎官도 試選ᄒ야 若 將振起敎育이나 然而 十餘年來로 日見 其退步而已오, 絶未聞一才一藝의 卒業以成就者ᄒ며 至于近日ᄒ야ᄂᆞᆫ 人民之私立學校者ㅣ 又焚然日興ᄒ야 全國 公私學校之數가 迫至百千이로ᄃᆡ 究其實況이면 皆虛名을 冒ᄒ야 聲響를 要홀 ᄲᅮᆫ이오, 又不然이면 皆資本에 絀乏ᄒ야 中途以蹶者ㅣ 迫種種焉ᄒ며, 遇或措辦贏金ᄒ야 熱心敎育이라도 亦發達之望이 難矣로다.

其故 何哉오. 盖雖欲硏究於新於學問上이라도 奈無敎科之書類ᄒ며 亦尠敎師之材料ᄒ야 無以資敎育之備則雖設許多學校나 如無麵之不飩과 無質之繪畵ᄒ야 穹然空屋(궁연공옥)에 依舊是大讀天皇氏之弟子니 是ᄂᆞᆫ 寧不若仍貫之爲愈也라. 焉用乎學校之興立哉아. 然則 學校 設立이 雖屬時急이나 尤以敎科書之編纂과 師範學之養成으로 爲今日 第一急務也오, 至其國內의 官公立之現在學校ᄒ야ᄂᆞᆫ 亟宜講究其維持方便ᄒ야 免致虧簣之歎ᄒ고 不必紛紛然 以徒設學校로 爲急也니 試擧現今 我國內의 官公私立學校之數ᄒ야 臚列(여열) 如左ᄒ노니

漢城內 官立各學校表(19교)

名號	位置	數爻	名號	位置	數爻
師範學校	中署 校洞	1	中學校	北署 紅峴	1
農商工學校	北署 壽洞	1	醫學校	中署 勳洞	1
英語學校	中署司醞洞	1	日語學校	中署 校洞, 仁川 校友會	2
法語學校	北署 磚洞	1	德語學校	北署 安洞	1
漢語學校	中署 典洞	1	高等小學校	中署 校洞	1
小學校	남서 수하동, 주동(2), 북서 재동, 안동 (2), 동서 양상동, 양현동(2)				

右合十九校

漢城內外 私立 各學校表(34교) = 이하 한글로 입력함

명호	위치	명호	위치
중교의숙	중학교	아동학교	아동
홍화학교	수진동	정문학교	정문동
광성학교	수각교	서학현교	서학현
후동학교	후천동	보광학교	돈화문 전
순동학교	순청동	광주학교	광주
능동학교	정릉동	인천학교	인천
합동학교	합동	달성학교	달성
상사동학교	상사동	야동학교	야동
산림동교	산림동	보명의숙	청풍계
계산학교	계동	진명야학교	황토현
공덕리교	공덕리	광흥학교	약현
찬성학교		보통학교	공덕리 2
일신의숙	종로 후	보성학교	
보명학교	북서신교	양정의숙	전동 천연정 경교 서문 내
漢語夜學校	전동	우산학교	마포
광성의숙	교동		

   右合 三十四 校

各府郡 公立小學校 (94교) =실시 + 실시를 인정하지 않는 경우 포함
   漢城府, 京畿觀察府, 忠南觀察府, 忠北觀察府, 全北觀察府, 全南觀察府, 慶北觀察府, 慶南觀察府, 江原觀察府, 평남관찰부, 평북관찰부, 황해관찰부, 함남관찰부, 함북관찰부, 개성부, 강화부, 인천군, 평양군, 동래군, 덕원군 又 원산항, 경흥항, 무안항. 삼화항, 옥구항, 성진항, 창원항, 양주, 홍주, 경주, 강릉, 북청, 김포, 회양, 甑山(증산), 진위, 운산, 곽산, 장진, 영흥, 문천, 홍원, 정하, 남양, 안산, 철원, 풍덕, 금성, 부평, 강서, 김해, 황간, 안성, 경주계림

右 以上 現今 實施

경주, 제주, 파주, 청주, 의주, 임천, 성천, 순천, 남원성, 장련, 과천,
용인, 용강, 포천, 삼등, 상주, 직산, 토산, 진도, 담양, 밀양, 단천, 안주,
양근, 중화, 평강, 회령, 옥천, 김화, 명천, 북간도 右 以上姑未認施
右合 九十四校

各府郡 私立學校表 (59교)

명호	위치	명호	위치
광흥학교	광주	영화학교	인천
온천학교	광주	장단군학교	장단
광진학교	광주	북청군학교	북청
대동학교	평양	회령군학교	회령
일신학교	평양	남해군학교	남해
사숭학교	평양	의주군학교	의주
안동학교	안주	상원군학교	상원
문화학교	안변	순천군학교	순천
면양학교	면천	순천군학교	순천(중복 표기)
선천군학교	선천	진보군학교	진보
고창군학교	고창	해미군학교	해미
홍주군학교	홍주	광무학교	풍천
시흥군학교	시흥	보광학교	남양
시무학교	순천	팽명학교	옥천
진명학교	회인	보명학교	괴산
보창학교	강화	전대학교	의주
찬성학교	강화	의성학교	의주
영화학교	양근	광동학교	옥천
신야의숙	포천	낙영학교	토산
영흥군학교	영흥	사범학교	강서
벽란의숙	백천	박명학교	토산
청호학교	청주	광성학교	토산
동흥학교	양주	보통학교	김해

명호	위치	명호	위치
정명학교	정산	유신학교	단천
중성학교	강화	대아학교	회덕
의성학교	남양	동명학교	정주
명화학교	공주	연의학교	재령
달성중학교	대구	구시학교	의주
광성학교	대구		

以上 共合 五十九校

【번역】 우리나라 교육의 내력

〈고조선의 교육〉7)

우리나라 상고 시대는 개벽하지 않아서 진부한 혼돈의 세계였다. 만국 내에 개벽하던 초기에는 홍몽함이 이와 같거니와 그 군장이 이미 서서 방국의 체제를 조직하고 정치의 제도를 정할 때 그 일이 졸열함은 물론하고 모두 능히 그 국가의 지방말(方音) 문자를 스스로 만들어서 그 백성을 가르치며 그 일을 기록하거늘, 우리나라는 단군의 신성함으로도 문자가 없어 어떤 교화의 자취를 들을 수 없으니 이는 조시 교야(朝市郊野)에 태어나 자라고 늙어 죽는 사이에 다만 일괄한 새의 울음소리요, 꿈틀거리는 벌레일 따름이니 어찌 우울함을 감당하겠는가.

우리나라의 〈유사〉(삼국유사)에 단군이 그 백성을 가르침에 편발개

---

7) 입력자가 붙임.

수하며 음식 거처의 제도로 했다고 하니, 이는 교화의 시작이라고 말할 수 있으나 학술로 인민을 교육하는 참된 모습은 아니요, 1212년을 경과하여 성신하신 은 태사 기자가 동래함으로 중국 요순우탕의 문명을 비로소 수입하여 동이의 누추한 습속을 씻어버리고 홍범의 문화를 만드니 주역에 소위 기자가 오랑캐를 밝혔다 하는 것이 이것을 일컬음이다. 〈동사〉에 이르기를 초에 기자가 동래할 때 은나라 사람이 따르는 자가 5천이라 하였으니, 시서예악과 의약, 복서와 백공기예의 흐름이 모두 따라 이르기 시작함에 언어가 통하지 않으므로 문자(중국 글자)로 번역한 후에야 알게 되고, 이에 그 백성을 가르치되 예의로 8조의 교훈을 만들고, 전잠을 가르침으로 백성이 도둑질하는 것을 부끄럽게 생각하며, 부인은 정신하여 음란하지 않고, 전야가 열리고 음식을 변두(籩豆)로 하니 인현(仁賢)의 변화가 있어 지금까지 천하가 동방의 군자국이라고 칭하는 것은 모두 기자가 남긴 가르침이다.

이는 곧 우리나라 교육의 시조이다. 기자는 중국의 성인이다. 학문이 넓고 박식하며 도덕이 숭대하여 홍범구주를 주나라 무왕에게 바치고 신하의 의가 아니므로 드디어 조선으로 오시매 문명한 교화로 백성들을 교육하여 황량한 풍속을 바꾸고 예의를 기르시니 그 교육 제도가 반드시 빈빈하여 볼 만한 것이 있을 것이어늘, 불행히 역대 사첩이 다 병분에 사라지고 문헌을 고증하여 증명하기 어려우니 어찌 아쉽지 아니하겠는가. 929년을 지나 삼한이 흥하였다.

〈삼국의 교육〉

삼한 이래로 사다일문(史多佚文)하여 학교의 제도가 없어 들은 바 없고, 신라, 고구려, 백제의 삼국이 이어 흥하매 또한 교육이 갖추어지지 않았을뿐더러 신라는 진한의 옛 지역에서 일어나 가히 가장 궁벽한 땅이므로 〈양서〉 신라전에 이르기를 "신라는 문자가 없어 각목으로 신표를 삼는다." 하였으니 그 몽매하고 누추함을 가히 상상할 것이며, 또 그 군왕을 이사금, 마립간이라고 칭한 즉 문자가 없음을 가히 알겠다. 백제는 마한의 땅에서 일어나니 마한은 원래 기자의 후손인 준왕이 세운 나라인 까닭에 삼국 가운데 문명이 가장 일찍 열려 이웃 나라에서 일컬은 바를 볼 수 있으나 학교 제도가 어떠한지는 볼 수 없다. 이로써 역사와 문장의 잡출자로 채록하여 고증하건대 신라 탈해왕이 태어날 때 바닷가에 버려져 있거늘 한 노파가 거두어 기른 후 장차 성장함에 노파가 말하기를 "너는 골상이 특이하니 마땅히 힘써 공부하여 공명을 세우라." 하니 탈해가 이로부터 학문에 정진하여 지리를 아울러 통달하였다 하니 이로 미루어 보건대 신라 초에도 학문의 과정이 있었음을 가히 증명할 수 있다.

백제 고이왕 50년에 왕자 아직기를 일본에 보냈는데, 아직기는 경전에 능통하여 일왕의 자식 치랑이 학문을 배우고 또 백제 박사 왕인은 일국의 뛰어난 선비인 까닭에 일왕의 초빙을 받아 논어와 천자문을 가져갔으며 일본에 가서 황자의 스승이 되니, 일본에 문자가 있는 것은 이때부터 시작되었으니 백제의 학문이 있음은 그 유래가 오래되었지만, 다만 〈동사〉에 누락되고 생략된 것이 많아서 그 교육 제도를 기재한 것이 없더니, 근초고왕 28년에 이르러 고흥으로 박사를 삼고 〈서기〉를 짓게 했다 하니 백제의 국학이 이미 오래 전에 설립된 것을 이때에 시작된 것이라고 하니 어찌 기록이 누락된 것이 아니겠는가.

고구려는 소수림왕 원년에 태학을 세우고 국자박사와 태학박사의 직위를 처음 두었다고 하나 고구려는 그 땅이 중국과 밀접하여 교통이 가장 일찍 열리므로 그 문화의 수입이 역시 오래되어 유리왕의 황조시와 협보의 간장이 나라를 세운 지 오래지 않아 이미 저술된 바 있으니, 그 학문의 풍교가 일찍 열렸음을 가히 점칠 수 있으니 어찌 수백 년을 지나 소수림왕 때에 국학을 창시하였겠는가. 이 또한 역사의 궐략을 의미한다.

신라 문무왕 2년에 국학을 처음 설치하고, 경덕왕이 여러 분야의 박사와 조교를 두었다가 더하여 대학감관(大學監官)이라고 개칭하고, 성덕왕이 상문사(詳文司)와 통문박사(通文博士)를 두니, 신라의 문화가 이에 이르러 크게 열렸다. 그러나 그 사람 쓰는 방법이 극히 야매하여 법흥왕 말년에 어린 남아 중 용의가 단정한 자를 선발하여 풍월주(風月主)라고 부르고, 선사(善士)로 하여금 가르쳐 선용(選用)하다가 진흥왕 때에는 또 화랑(花郞)이라는 과명을 두고, 학도를 모아 장식을 성대하게 하고, 산수간에 유람하며 도의를 서로 연마하여 사정을 분별한 후 선용하니 어찌 고대의 개명의 풍이 아니겠는가.

신라는 진덕왕 이후부터 당나라의 문물에 심취하여 김춘추를 파견하여 당나라 국학을 배우게 하니, 이는 우리나라 인사가 해외에 유학한 효시이다. 이로부터 김춘추가 귀국하니 학교 제도를 당나라에 따라 만들고, 의관과 관제까지 당을 모방하고, 왕위(곧 무열왕)에 즉위하니 그 자제 김인문을 당에 유학하도록 하여 경사(經史)를 널리 통하게 하니 문장이 또한 굉장히 심오하였다. 이로 인해 당나라의 우수한 학문의 영향을 받아 고구려와 백제를 통합하고, 문명을 발달하는 효과를 거두니, 학문의 공이 어찌 천선(淺鮮)하다고 하겠는가. 또한 임강수, 설총과 같은 선비를 배출하니, 설총은 능히 우리나라의 말과 글로 경전을 해석하여 후생을 가르치고, 또 이두(吏讀, 俚讀)를 만들어 문자가 통하지 않던 것을 통하게 하여, 우리나라 국문의 원류를 비롯하게 하니 어찌 춘추사문(春秋斯文)의 공이 아니겠는가.

이로부터 당에 들어가 유학하고 졸업한 자는 최치원, 최광유, 최언휘, 김인존 제씨 50여 명이 계속 이어 홍하여 당 전체의 재자를 능가하며 동방의 문화를 크게 떨치니 이로 크게 융성하였다.

〈고려의 교육〉

고려의 학제는 성종이 국자감을 창설하고, 사업, 박사, 조교 등의 관직을 두었으며, 대학 4문을 설치하여 박사와 조교를 각각 두고, 또 12주목에 경학박사를 두어 문종 때에 4문 박사 이외에 각 과 박사를 증치하고, 충선왕 때에 성균관을 개설하고, 명경박사를 더 두었으며, 공민왕 때에 서학, 산학 외에 율학을 증치하고, 공양왕 3년에 각 도부목에 교수를 두어 지방 인민을 교육하니 이는 고려 학교의 대략이다.

그러나 고려는 과거법을 두고 사장(詞章)의 화려함을 숭상하고, 도덕의 실리는 강구하지 않아서 4백년 이래로 참된 선비가 드물더니, 그 말년에 이르러 도학 군자가 이어 출현하여 김양감, 문성공 안유가 이학(理學)을 주창하였다. 안 문성공의 도덕 교육은 실로 동방 도학의 시조이다. 평생 홍학과 현사 양성을 책임으로 알아 7관 12도를 성취한 것은 실로 우리나라에 처음 있는 일이니, 이로부터 학문하는 선비가 모두 그 여파를 받게 되어 문풍이 크게 일어났으며, 또한 그 재물을 의연하여 섬학전(贍學錢)이라 하고, 학교를 널리 세워 생도를 교육한 것도 또한 우리나라에서 처음 보는 일이니 제일의 교육가라고 일컬을 만하다.

그 후 우탁은 역학의 이치에 깊어 세상이 역동 선생(易東先生)이라 부르고, 권보(權溥)는 정주의 학을 존상하여 성리학과 관련된 여러 서적을 간행하고 역대 효행록을 찬하여 이륜(彝倫)을 장려하여 세상이

국재 권문공이라고 칭하고, 이제현은 학문이 깊고 의론이 굉박하여 그 문장과 사업이 세상에 널리 알려졌으므로 사람이 모두 스승으로 추앙하여 호를 익재 선생이라고 부르고, 이색은 도학 문장이 원나라의 선비들을 놀라게 하며 국민의 스승이 되어 세상이 모두 목은 선생의 이름 아래 풍미하여, 그 문인 제자가 석학 홍유로 칭하는 자가 많으며, 포은 정몽주는 어렸을 때부터 호탕 원대하고 절륜하여 학문을 좋아하며 게으르지 않아서 능히 성리학을 정밀히 연구하여 5부 학당을 세우고, 외방의 각 군에도 향교를 설립하여 그 자제를 교육하며, 부화한 학문을 축출하고 실용을 탐구하여 학문의 진리를 발휘하니 공은 실로 우리 동방 성리학의 시조이다.

도학의 연원을 그 문인 야은 길재에게 전하고, 길 야은은 강호산인 김숙자에게 전하여 드디어 우리 조정 5백년 문치(文治)를 여니, 공은 체용을 겸비한 학문이라고 할 것이다. 그 공명과 사업은 종묘제기(정이)에 새기고 충의와 절개는 죽백에 전하며, 도 그 문장이 혼연히 천성하여 백세에 회자되니 공이 순국하는 날에 고려의 종사도 따라 망했으니, 아아 공은 진실로 만세의 위인이며, 천추의 스승이라고 할 것이다.

공민왕 원년에 문충공 목은 이색이 당시 학교의 폐단을 상소하여, 그 당시 교육 상황을 개관할 수 있으므로 이에 그 대략을 발췌하여 진술한다. "대저 학교는 풍속 교화의 원천이요, 인재는 정무의 근본이다. 만약 근본을 기르지 않으면 공고하지 못할 것이며, 그 근원을 깊게 하지 않으면 맑음이 없을 것이니, 국가가 안으로 성균 12도와 동서 학당을 설치하고, 밖으로 주군에 넓히니 또한 학교가 각각 존재하므로 왕실 조상으로부터 학문을 숭상하고 도를 존중한 것이 매우 깊거늘, 지금 밝은 무리가 흩어지고 재사(齋舍)가 기울어 퇴락함은 그 이유가 있는 것이다. 옛날 학자는 장차 성현을 이루고저 하나 지금 학자는 장차 벼슬을 구하는 데 목적을 둔다. 시서를 암송하여 읽으나 번화(繁華)가 이미 두드러져 다른 사람에게 자랑하고자 하는 마음으로 과오가 크니 진실로 바름이 어찌 존재하겠는가. 혹 다른 것을 변화하여 글솜씨를 과장하고 혹 늙어서 성취함이 없어 그 그릇됨을 탄식하나 그 가운데 영웅호걸이 출현하여 유림의 종장(宗匠)과 국가의 주석을 이룬 자가 몇 사람이나 되는가. 벼슬길에 오른 자는 급제하지 못하고, 급제한 자가 국학으로 말미암지 않으면 누가 첩경(捷徑)을 버리고 갈래길을 걸으리오. 원하건대 제도를 만들어 지방의 향교와 서울의 학당의 인재를 살펴 12도에 올리고, 12도를 모두 고찰하여 성균에 올리고, 시간을 한정하여 그 덕예를 가르치고, 학술을 부과하여 적합한 자는 마땅히 관직을 주고, 적합하지 않은 자도 출신의 등급을 주되 학교로 말미암지 않으면 시험에 응시하지 못하게 하면 인재를 배출하고 학술이 또한 밝아져서 그 힘이 미쳐 끊임이 없을 것이다."

〈우리나라 교육 내력 정리〉

대개 우리나라의 교육 내력을 살펴보면 기자 이래로 유교의 교화에 복종하여, 홍범의 여파를 함양하니 그 당시는 민속이 초매하여 성학의 정도를 거연히 발달하기가 어려웠고, 기자도 다만 백성들의 풍속을 따라 교화를 베풀 따름이요, 실상 빈빈한 교육은 실시하지 못하였으나 대박(大朴)을 경험하지 못한 백성들이 신성한 교화에 흡족하여 일변하였고, 신라 고구려 백제 삼국에 이르러서는 중국의 불교가 유입되어 삼국의 군신이 모두 이를 준봉하여 하늘에서 온 복음과 같이 심취하였으니, 이 시기는 불교로 문화가 크게 열렸다. 불교를 숭배하는 것이 극도에 달해 명산승지에 큰 절을 건축했으며 금동 보화로 불상을 다수 주조하여 왕공과 장상, 후비와 부인들로부터 아래로 여항의 백성에 이르기까지 풍미하여 일대 교화를 주조하니 지금 전국 산천 성읍의 이름도 모두 불교식 문자로 불리고, 군왕의 시호와 역사의 기승도 또한 모두 석가의 문자로부터 나온 것인즉 이를 추구하여 살피건대 당시는 오직 불교로 문명이 크게 열렸음을 증명할 수 있다. 급기 태종 무열왕 이후부터는 당나라에 유학하여 사장(詞章)의 학문을 조금씩 숭배하여 이때는 문학사가 나타나기 시작하여 공자의 묘를 세우고, 국학을 설립하여 석전대제를 강론하며 경전의 취지를 연구하나 오직 불교에 물든 지 오래되어 승복의 기반을 벗지 못하고, 사장의 부화를 숭상하다가 고려가 계승하니 태조 왕건이 또한 국사 도선의 술을 믿어 팔관회를 설립하고, 대단월을 실시하니 그 입국 초부터 창업의 군주가 이미 이러했으니, 드디어 그 후손이 모범을 삼아 왕씨 4백년이 불교의 나라를 건설했으니, 아아, 고려의 학문과 교육도 또한 불교로 일세의 인민을 황탄 적멸한 지경에 빠지도록 하였다.

　고려 말에 이르러 우리나라 문화를 개화할 징조에 따라 돌연히 불교의 분파 중에 한 위인이 나타나니 곧 매헌 선생 문성공 안유가 그이다. 공자의 도를 존숭하고 육경의 심오함을 연구하여 유교의 일맥 정신을 환기하니 그 때 고려가의 국학, 사문학, 각 부군의 향교가 있어도 단지 허위에 불과하고 실지 학리를 강구하여 유교를 따르는 자거의 없었으므로 학궁이나 교당이 황량하고 퇴폐하여 진초에 빠져 있었다. 안유가 이를 안타깝게 여겨 한 편의 시를 지었는데 다음과 같다.

　　향기로운 등불에 곳곳마다 부처에게 기도하고
　　퉁소소리 집집마다 또한 절름발이 신이 깃드니

오직 여러 간의 공자묘가 있을지라도

뜰 안에는 추초만 가득하고 사람 없이 적막하다.

이 시를 보면 그 당시 학교의 정황을 상상할 수 있다. 문성공은 원래 경상도 순흥군 사람이다. 집안의 재물을 모두 내어 학교의 교육비를 조달하고 자제를 모집하여 인재를 양성하니, 이에 사회상 학문가가 모두 정도를 깨닫기 시작하고, 진리를 탐구하여 외래 풍조를 일소하니 우탁, 백이정, 권보, 이제현, 이색, 정몽주, 길재 등의 현사가 함께 일어나 한 시대 문화를 떨쳐 일으켰다.

고려 왕시 4백여 년 간은 전국 교육의 자취가 다만 불교의 풍토에 불과하다가 충렬왕 이후에 이르러 안유, 최충, 백이정, 이제현 등이 이어 나타나 공맹의 도를 존숭하여 이에 유교의 교화가 점점 진흥하여 우리 국조의 문명 기초를 싹틔웠으니 하늘이 어찌 우연한 것이겠는가.

국초에 고려시대에 남겨진 제도를 모방하여 대학으로 성균관을 설치하고 한성 내에 4학을 설립하며 8도 각 주부군현에 향교를 설립하고 교수와 훈도를 두어 인재를 배양하더니, 세종조에 이르러 동방 성신하신 성스러운 군주께서 재위하셔서 고려 말의 누습을 변화시켜 지금 5백여 년 문화의 기본을 계도하셨다. 예악을 찬정하시고 전장을 밝게 수립하였으며 학교의 권역을 확장하여 교육의 기술을 실행하도록 하였으며, 농업 및 의약 병법 산술 등의 학술에 이르러서도 또한 편찬 강구하며 우리나라에서 처음으로 국문을 만드셔서 만세 문명의 이익을 열었으니 실로 우리나라 문화 교육의 시조이다. 지금 훈민정음 원문을 다음에 게재한다.

(훈민정음 원문 번역은 생략함)

이상은 세종대왕이 직접 찬정하신 훈민정음의 원문이다. 이래로 와전되거나 잘못 전래되어 다수 그 진실을 상실하였으나 지금 자세히 연구하면 그 음성의 바름과 글자의 묘를 가히 이해할 수 있으니 어찌 우리나라의 지극한 보배가 아니겠는가.

그 후 중종 때에 이르러 여러 선비를 배출하여 정암 문정공 조광조, 충암 문간공 김정(金靜),[8] 노천 김식(金湜),[9] 복재 기준(奇遵),[10] 모재

---

8) 김정(1486~1521): 조선 중기의 문신. 字는 원충(元沖) 號는 충암(冲菴)·고봉(孤峯) 판도판서 공 휘 장유의 7세손으로 보은에서 출생하였다. 22세에 문과에 장원급제한 후 도승지, 이조 참판, 홍문관제학, 대사헌 등을 거쳐 형조판서가 되었다. 정암 조광조와 함께 왕도정치의 실현을 위한 개혁정치를 폈다. 그러나 위훈삭제(연산군을 몰아내고 중종을 옹립한 정국공 신의 공을 가려내는 것)를 추진하는 과정에서 기존세력인 훈구파의 공격을 받아 1519년 기묘사화 때 극형에 처해지게 되었으나, 영의정 정광필 등의 옹호로 금산과 진도를 거쳐 제주도에 안치되었다가 신사무옥에 연루되어 사약을 받자 절명사를 남긴 후 사약을 마시 고 36세의 일기로 세상을 떠났다. 충암 김정의 형인 장암 김광이 당질인 김응교, 김천우와 함께 아우의 시체를 안고 돌아왔다. 충암 김정은 인종1년(1545)에 복관된 후 인조24년 (1646)에 영의정에 추증되었다. 충암 김정은 인종1년(1545)에 복관된 후 인조24년(1646)에 영의정에 추증되었다. 출처: 진산 유철준 카페. 문간공(文簡公) 충암 김정 先生 묘역은 대전광역시 동구 신하동 268-5에 있음.

9) 김식(1482~1520): 조선 중기 문신. 본관은 청풍(淸風). 자는 노천(老泉), 호는 사서(沙西)·동 천(東泉) 또는 정우당(淨友堂). 아버지는 생원 숙필(叔弼)이며, 어머니는 사천 목씨(泗川目 氏)이다. 사림파의 대표적 인물 중의 한 사람이다. 〈다음 백과사전〉

10) 기준(奇遵, 1492~1521): 조선 중기의 문신. 학자. 본관은 행주(幸州). 자는 자경(子敬), 호는 복재(服齋)·덕양(德陽). 아버지는 응교(應敎) 찬홍(襑弘). 조광조(趙光祖)의 문인이다. 1513 년(중종 8) 사마시에 합격하고 이듬해 별시문과에 급제해, 사관(史官)을 거쳐 홍문관정자에 임명되었고, 박사를 역임한 뒤 사가독서(賜暇讀書)하였다. 스승 조광조의 노선을 견지했으 며, 사경(司經)으로 있을 때에는 임금에게 효제(孝悌)의 도리를 다할 것을 건의하였다. 1516 년 저작(著作)으로 천문이습관(天文肄習官)을 겸했으며, 검토관(檢討官)·수찬(修撰)·검상 (檢詳)·장령(掌令)·시강관(侍講官) 등을 두루 역임하였다. 그는 이성언(李誠彦)이 임금을 속이고 부정을 저질렀다 하여, 이를 탄핵하는 상소를 올리고, 또한 당시 대각(臺閣)이 이를 묵인하였음을 논박해 훈구파(勳舊派)인 남곤(南袞)·심정(沈貞) 등으로부터 질시의 대상이 되었다. 1519년 응교가 되어 마침 기묘사화가 일어나자 조광조를 위시해 김식(金湜)·김정 (金淨) 등과 함께 하옥되고, 이어 아산으로 정배되었다가 이듬해 죄가 가중되어 다시 온성으 로 이배되었다. 어머니상을 당해 고향에 돌아갔다가 1521년 송사련(宋祀連)의 무고로 신사 무옥(辛巳誣獄)이 터져 다시 유배지에 가서 교살되었다. 시에도 능해 『해동시선』·『대동운부 군옥(大東韻府群玉)』 등에 시가 수록되어 있다. 온성의 충곡서원(忠谷書院), 아산의 아산서

문경공 김안국 등이 도덕과 유학으로 조정에 등용되어 조 문정공이 개연히 교육을 자임하여 8도 각 주군에 향교를 증수하고 모든 공령의 학을 폐하고 소학과 육경으로 교육의 근본을 삼아 각 자제로 하여금 소학 한 책을 전적으로 공부하게 하고 사장 과거의 법을 개혁하여 중국식 효렴과 같이 각 주군에서 현향들을 천거하여 시험을 보아 등용하는 것을 제도화하고 8도 방백으로 천거하게 하니 당시 현량 가운데 천거된 자가 무릇 120여 명이다.

이에 기묘년 4월 현량과를 설치하고 58인을 시선하며 또 김식 등 28인을 과취하여 즉시 그에 마땅한 직책을 부여하여 임용하더니, 나라의 운세가 불행하여 동년 11월 15일 신무문의 화가 일어나 남곤, 심정 등 일종의 소인배가 사류에 들지 못함을 부끄러이 여겨 중상모략으로 일제 배격하여 현량들을 일망타진하고 현량과에 피선한 사람들은 모두 배척하여 세상에서 용납하지 못하게 하며, 소학을 읽고 경술을 강독하는 자는 모두 거짓 학문이며 사악한 무리라고 지목하여 세상에 나오지 못하게 저지하니 그 때 부형과 사우된 사람들이 그 자제를 서로 경계하여 소학의 서적과 경술의 업을 모두 폐하니 이에 여항간에 현송(絃誦)하는 소리가 끊어지고, 학교가 황량한 가시덤불만 무성하니 적막한 나라 전체가 교육의 영향이 모두 끊어졌다. 이로부터 각 부군의 향교는 단지 향임배의 주식(酒食)의 장소가 될 뿐이며 영영 학도의 자취는 사라져 우뚝한 명륜당이 헛된 껍질에 불과하니 어찌 국가의 운명과 관계된 일이 아니겠는가.

그 후 명종 때에 이르러 신재 주세붕이 순흥 군수로 재임할 때,

원(牙山書院), 고양의 문봉서원(文峯書院) 등에 제향되었다. 저서로는 『복재집』·『무인기문 (戊寅紀聞)』·『덕양일기(德陽日記)』 등이 있다. 기묘명현(己卯名賢)의 한 사람으로 1545년(인 종 1) 신원되어 이조판서에 추증되었다. 시호는 문민(文愍)이다. 〈다음 백과사전〉

그 경내 백운동에 고려 명유 문성공 안유의 고택이 있으므로, 주세붕이 송나라 때 주자가 백록동에 서원을 세웠던 고사를 따라 한 서원을 창립하고, 학자들이 수양하는 장소로 삼으니, 이는 우리나라 서원의 창시이다. 처음에 백운서원이라고 일컫더니 조정이 그것을 듣고 특히 '시수서원(실제로는 소수서원)'이라는 호를 사액하고 왕실의 서적을 분급하여 사림을 장려하며 문화를 진흥케 하였으니, 이로부터 전국 사람이 잇달아 서원을 창건하여 전대의 현사와 과거의 철인(哲人)이 살았던 곳마다 서원을 설립하여 국내 서원이 만여 개에 달했다.

선조 이후는 사론이 갈리어 붕당이 크게 일어남으로 권리 쟁탈에 노여움이 비등하여 정치 교화는 머릿속에서 포기하니 드디어 삼백여 년을 지나 금일의 상태에 이르렀으니, 아아, 국가의 부진이 심하다.

갑오년에 경장한 이후부터 전국 학교의 제도를 처음 통일하여 학부령을 제정하고, 심상, 고등소학교를 설치하며, 중학교, 사범학교를 두고, 또 기타 법관, 법률, 의학, 농상공, 외국어 등의 각 학교를 차츰 설립하고, 혹 외국인 교사를 고빙하며 혹 본국 교관도 시험을 보아 선발하여 장차 교육이 진흥할 것을 기약하였으나, 십년 이래로 보면 퇴보만 보일 따름이며, 하나의 계예자를 길러 졸업하여 성취한 자를 듣지 못했다. 근일에 이르러는 백성들의 사립학교가 또한 날마다 흥하여 전국 공사립학교의 수가 백천에 이르되, 그 실상을 보면 모두 허명을 위주하며 이름만 필요로 할 뿐이며, 또 그렇지 않으면 대개 자본이 궁핍하여 중도에 그만두는 자가 종종 나타나며, 혹 잉여금을 조치하여 열심히 교육하더라도 또한 그 발달을 기대하기 어렵다.

그 까닭은 무엇인가. 대개 학문상 새로운 것을 연구하고자 할지라도 교과의 서류가 없으며, 교사의 재료가 드물어 교육을 예비하는 자료로 삼고자 한즉 허다한 학교를 설립할지라도 빵을 만드는 재료가 없고 그림을 그릴 재질이 없는 것과 같아 빈 하늘에 빈 집을 지어 옛날처럼 천황씨 자제나 읊조리니 이는 차라리 일관하여 병이 낫게 하는 것만 못하니 어찌 학교의 흥립에 쓸 수 있겠는가. 그러므로 학교 설립이 비록 시급한 문제이나 교과서 편찬과 사범 양성이 더욱 금일의 제일 급한 일이며, 국내 관공 사립학교에 이르러서는 극히 그 유지 방편을 강구하여 휴궤(이지러지고 썩음)의 탄식을 면하게 하고, 분분연히 헛되게 학교를 설립하는 일을 급무로 삼을 필요가 없다. 현금 우리 국내 관공사립학교의 수를 들어 보이고자 하니 그것은 다음과 같다.

(표 내용 번역은 생략함)

[2] 태서교육사*

: 泰西教育史, 『朝陽報』 제5호, 1906.8.25.

【원문】

第一章 古代 希臘의 教育

泰西 開化의 本原

希臘 羅馬 二國이 則 泰西文化의 刱始흔 者라. 學者ㅣ 當今 開化의
本原을 慾稽(욕계)홀진ᄃᆡ 此二國에셔 出흠을 宜知홀지니 如建築, 彫刻,
音樂, 詩文, 歷史, 演說, 法律, 政治, 哲學 等事로 人文을 促進케 ᄒᄂ
諸元質이 皆此 二國으로셔 由ᄒ야 其規準을 遺흔 者니 二國의 民은

---

* 이 자료는 『현장교육연구』 제2집, 단국대학교 현장교육연구소, 2018에 수록된 것을 수정·
보완·재편집한 것임.

又 剛强忍耐 克己節制의 美德을 具홈으로 能히 愛國心思로쎠 忠勇과 節義와 事業에 發혼 者도 皆此二國으로 由ᄒ야 其遺徽를 傳혼 者라. 如東洋諸國은 夢想에도 不及혼 代議政制도 亦皆二國으로붓터 傳홈이 其注措의 實利가 能히 人人의 自由를 保ᄒ야 令人으로 獨立의 心을 興起케 ᄒ고 身外 殘酷의 權勢에 屈服치 아니케 ᄒ야 凡其所爲가 人世의 意智를 開明케 혼 者ㅣ 不尠ᄒ도다. 又其良風美懿俗이 後世에 昭垂ᄒ야 令人持守홈에 足ᄒ니 持守란 者는 分定의 內에서 自然혼 福利의 有홈을 俾知케 ᄒ는지라.

是故로 二國이 於敎育史上에 高等 位置를 頗占ᄒ야 凡敎育에 涉혼 思想이나 與其事業이 皆後人으로 ᄒ야곰 嚮仰의 思를 惹起ᄒ는지라, 今에 其大要를 左에 摘記ᄒ건딕

希臘의 國情

希臘은 一小國이라. 南北이 僅二百五十英哩에 不過ᄒ고 東西의 最廣處도 亦只百八十英哩인딕 古代에는 又分爲二十餘州ᄒ야 其山脉港灣을 因ᄒ야 區劃ᄒ고 其風尙이 互異ᄒ며 其政府의 法律도 殆甚踈陋ᄒ고 民俗이 擴悍(확한)ᄒ야 戰爭을 不絶홈으로 其酋長豪傑은 聯合兼幷ᄒ야 其權力으로쎠 他州를 箝制(겸제)ᄒ나 然ᄒ나 敎育史上에 在ᄒ야 不必以此爲論이오 只須其中에 二州 或二三都府를 揭ᄒ면 其大要를 可知홀지니 此二都府는 卽斯巴達과 雅典이 是也라.

斯巴達[1])의 教育

斯巴達은 在希臘都府中에 最强忍好鬪의 族이라. 故로 其教育이 尙武ᄒ야 剛强의 兵士를 造養ᄒ니 紀元前 第九世紀에 當ᄒ야 此府의 立法官 來古庫 氏가 法憲을 定ᄒ니 此州 人士의 事情에 適合ᄒ지라. 以大體로 論之ᄒ면 其制度가 甚爲嚴酷ᄒ나 然而剛强의 兵士訓練에ᄂ 其宜에 適合ᄒ 故로 斯巴達이 遂作常備兵式의 操練ᄒᄂ 場ᄒ지라. 其教育의 次序난 如左略述ᄒ노니

甲. 體育

大槪 其教育의 法은 以體育으로 爲主ᄒ니 其制가 小兒를 國家 財産으로 認做ᄒ야 凡兒가 初生ᄒ면 直視 問案官의 前에 抱出ᄒ야 其檢查를 請ᄒ면 問案官이 其兒가 强壯ᄒ야 可히 成材의 望이 有ᄒ 줄노 認明ᄒ 然後에 養케 ᄒ고 不然이면 則殺之ᄒᄂ니 小兒가 七歲 以內에ᄂ 父母親戚의 撫養을 許ᄒ되 七歲 以後붓터ᄂ 卽 公家所設ᄒ 教育場으로 送ᄒ야 嚴酷ᄒ 訓練을 服習케 ᄒ고, 食必粗糲(조려)ᄒ며 衣必單薄(단박)ᄒ고 其臥具ᄂ 河畔野田에 自往ᄒ야 采蒲織藁(채포직고)로써 藉臥(자와)케 ᄒ며 十二歲에 至ᄒ 則 褻衣(裏衣)를 禁着ᄒ고 一年之中에 僅히 一襲衣(습의)만 許容ᄒ며 又每日에 所配定ᄒ 常食 以外ᄂ 竊盜로서 得食ᄒᆷ을 獎勵ᄒ야 設或 敗露ᄒ거나 ᄒ면 竊盜에 拙劣ᄒᆷ을 責ᄒ고 鞭撻을 加ᄒ며 且 身體로 ᄒ야곰 强固크져 ᄒ야 恒常 體操를 習케 ᄒ니 如高飛 高跳 競走 角力 抛鎗(포쟁) 投環의 諸技가 皆此에 始ᇙᄒ

---

1) 사파달(斯巴達): 스파르타.

바이로다.

乙. 智育

斯巴達의 智育은 於文學에 用力홈은 極少ᄒ야 僅히 讀書 識者만 敎習홀 而已라. 當此 體育을 偏重히 ᄒ고 智育을 輕視ᄒᄂ 世에 欲令少年과 與老輩로 相交ᄒ야 實物 經驗의 薰陶를 受케 ᄒ야 乃於公同會食의 所의 令少年者로 長老와 互相 言談 論難케 ᄒ야 此로써 國事를 涉習ᄒ며 知識을 相資ᄒ고 又 其判斷力을 欲養ᄒ야 問題를 屢出ᄒ야 使之熟思深究ᄒ야 答案을 述케 ᄒ니 斯巴達의 智育은 是以로 硏究홈에 不過ᄒ니라.

丙. 德育

德義上 敎育은 其感服홀 者ㅣ 甚多ᄒ니 凡少年은 其情慾을 自己가 裁抑케 ᄒ야 平居에ᄂ 謙退의 風을 崇ᄒ며 事變이 來ᄒᆫ 則 敏捷 勇敢ᄒ며 强健不屈ᄒ야 倉卒臨難ᄒ야도 不肯苟避ᄒ고 以損軀致命으로 相尙ᄒ야 摩盪浸濡(마탕침유)에 堅忍의 俗을 養成홈으로 能히 寒暑와 飢渴을 耐ᄒ며 阽危(점위)를 不順ᄒ고 其於國家에 在ᄒ야ᄂ 又順親篤故ᄒ며 敬老尊長故로 其少年이 皆能히 長者의 忠告와 責難을 順受ᄒ며 又 斯巴達에 音樂과 詩歌의 敎育이 有ᄒ니 其歌詞의 中에 猛厲홀 寓意가 有홈으로 令人으로 武勇에 趨嚮ᄒ야 奮興의 氣를 皷激ᄒ며 義俠의 士됨을 貴히 역이고 庸懦(용나)疲茶의 人을 賤히 역이니라.

丁. 女子의 教育

壯健호 人材를 欲得ᄒ야 女子 待遇를 男子와 亦等視홈으로 教育 獎勵의 術이 備至ᄒ야 其優美의 德과 親愛의 情을 養ᄒ니 是以로 斯巴達의 女子도 愛國心을 皆具ᄒ야 怯懦(겁나)로써 可恥라 ᄒ며 母之於子와 妻之於夫에 戰死者를 敢히 悲傷치 아니ᄒ고 母가 子를 送ᄒ야 戰場에 赴홀 時ᄂ 必戒語曰 盾을 持ᄒ야써 兵을 蔽홈보다 寧敵盾을 奪ᄒ야 歸國홈만 不如ᄒ다 ᄒ야 此로서 相戒ᄒᄂ니라.

戊. 結果

凡斯巴達의 教育은 一言以蔽曰 尙武教育이니 由此를 教育의 法ᄒ야 宜將帥를 造就ᄒ며 或褊裨(편비)의 材와 與不屈의 武士를 養成호 故로 能히 雅典을 攻敗ᄒ야 當時에 無敵호지라. 希臘을 써 諸邦의 領袖로 推崇홈이 此로 由홈이라. 森莫比拉에셔 生호 바 英名無雙호 勞尼達士 氏와 與其三百勇士를 見ᄒ면 쏘호 尙武의 教育을 可知홀지니라.

雅典[2]의 教育

雅典의 初盛時ᄂ 紀元前 六百年에 在ᄒ니 梭倫(사륜)이 爲統領時에 夙昔達賴爪(숙석달뢰조)의 苛法을 一變ᄒ고 仁義兼備의 新法을 編制ᄒ야 教育을 大獎ᄒ되 令爲父者로 其子를 不教호 則 日後 衰老後에 其子의게 受養의 權利를 失케 ᄒ니 雅典의 極盛은 波斯와 戰爭 後에 在ᄒ나

---

2) 아전(雅典): 아테네.

然ᄒ나 紀元前 四百八十年으로 五百三十年에 至ᄒᆯ 時ᄂᆞᆫ 斯巴達3)의 攻破ᄒᆫ 빅 되야 政治主權을 失ᄒᆞᆞ스나 顧其文學 技術을 少衰치 아니 ᄒᆞ고 又其哲學者ᄂᆞᆫ 非特希臘 全國의 首出이라. 後世의 模範을 能作ᄒᆞ 도다. 然ᄒ나 此土의 弊俗은 以妻로 爲夫之奴隸ᄒᆞ야 內室에 常閉室ᄒ 고 夫의 役使만 供케 ᄒᄂᆞᆫ 故로 雅典은 開化의 元質을 缺ᄒᆞ야 其亡이 速ᄒ니 後世ᄂᆞᆫ 宜此를 深戒할지니라.

甲. 兒童敎育

凡雅典의 兒童은 六七歲에 至ᄒᆫ 則 家庭敎育法을 用ᄒᆞ야 其母와 傅 保가 俗語로써 敎訓ᄒ다가 七歲 以後 則 母와 乳母의 手ᄅᆯ 離ᄒ고 外傅(외부)에게 移就ᄒ니 此外傅ᄂᆞᆫ 稱曰培達瀾克이라 ᄒᄂᆞ니 小兒를 引導ᄒᆞ야 以受其敎育케 ᄒᆞ되 其師傅의 所任이 甚多ᄒᆞ야 時爲從者ᄒ며 時爲守護者ᄒ며 時爲相談人ᄒ며 時爲監督者ᄒᆞ야 兒童과 相伴ᄒᆞ야 遊 戲散步ᄒᆞᆷ으로 學校 中에셔 師와 弟子이 常不相離ᄒᆞ야 初等學을 通學 ᄒ며 凡學校ᄂᆞᆫ 均히 政府로셔 管理ᄒ고 初等 學科ᄂᆞᆫ 讀書, 習字, 綴字, 算術이니 自十二歲로 至十四歲ᄭᅡ지 貧人은 尋常工商을 學ᄒ다가 或廢 學者도 有ᄒ나 富人은 進ᄒᆞ야 詩文 音樂 數學 哲學 神學 等의 諸高等學 科를 修ᄒ며 十八歲에 至ᄒ면 公民의 籍에 錄ᄒᆞ야 公務에 就ᄒ고, 二年 之後난 任意로 學問에 從事ᄒᆞᆷ을 許ᄒ니 凡希臘 大學의 敎法은 如是ᄒᆞᆷ 으로 其學問이 生計에 役ᄒᄂᆞᆫ 者ᄂᆞᆫ 能히 勝任키 不得ᄒ고 間暇의 人이 多講明此事ᄒ지라. 英語에 司廓兒(사확아) 法語에 愛廓兒(애확아) 德語

에 西烏爾(서오이)로써 各學校를 名흔 者이 盖希臘의 司廊爾 一語에셔
基本흔 者라. 皆閑暇흔 意味를 涵有ᄒ니라.

乙. 美育

雅典教育의 宗旨ᄂ 美育에 在ᄒ니 與斯巴達로 異ᄒ야 以爲美麗의
精神은 美麗의 身體에 在ᄒ므로 體育과 與智育의 保合을 皆藉美育以
發達之라 ᄒ야 最於音樂, 彫刻, 建築, 詩文, 戲曲에 注意ᄒ야 並臻精妙
ᄒ니 凡此ㅣ 皆身體의 優美를 求흠이오 又體操術을 最獎勵ᄒ고 泅水
法(수수법)을 尤重히 넉여 貧民은 僅能讀書 ◯水商法 三種만 知ᄒ면
自足타 ᄒ난 故로 小兒ᄂ 他事를 廢止ᄒ고도 ◯水를 先習ᄒᄂ니 雅典
人은 寧其 阿爾哈培達(字母也如我國之ㄱㄴ)은 不知홀지언졍 泅水를 不
知흔 者ᄂ 無識人을 未免ᄒ고 其體操ᄂ 身體의 强壯에 不在ᄒ고 但
身體의 美觀에 在ᄒ며, 學校에도 音樂을 盛用ᄒ야 其精神을 宣發(선발)
ᄒ며 其秩序를 調和ᄒ며 其情慾을 慰安케 흠으로 其音樂의 用이 有三
ᄒ니 一은 常施於實際ᄒ니 感其用也오, 二ᄂ 法律노 歌詩를 作ᄒ야
布告흠이오, 三은 宗敎로써 흠이니라.

丙. 哲學者

哲學者 雅典에 三個 哲學者이 有ᄒ야 各其 美才少年을 敎ᄒ니 三人
은 卽 蘇格拉弟 氏, 栢拉圖 氏, 亞理斯大德 氏가 是라.
蘇格拉弟者ᄂ 其家에셔 敎授ᄒ되 學校를 不立ᄒ고 栢拉圖와 阿加達
米耶와 亞理斯大德의 臟伊司某ᄂ 皆最大흔 學校로 一人의 管理흔 빅
되야 其所施흔 敎授ᄂ 歷年이 頗久ᄒ나 高尙의 學科를 講求ᄒ니 其所

用의 法則이 可謂 今日 實際로 辨事의 嚆矢라. 盖希臘의 敎育의 光輝가
當時에 放ᄒ고 後世에 遺ᄒᆞᆫ 者ᄂᆞᆫ 皆三氏의 餘波로다.

蘇格拉第의 傳

蘇氏ᄂᆞᆫ 紀元前 四百六十九年에 雅典에셔 生ᄒᆞ야 及 長而學成에 以
敎授로 終其身ᄒᆞ니 學校를 不立ᄒᆞᆷ으로 弟子도 亦鮮ᄒᆞ나 然ᄒᆞ나 其啓
發의 力은 一世에 普被ᄒᆞ니 氏가 疑問을 善設ᄒᆞ야 敎人에 剖析(부석)ᄒᆞᆷ
은 善히ᄒᆞᄂᆞᆫ 故로 每在學校 或 市街ᄒᆞ야 商賈 工匠 庸夫 倡夫 等을
遇ᄒᆞ면 輒以疑問語로 問難ᄒᆞᆷ이 初雖人皆笑之ᄒᆞ나 久後ᄂᆞᆫ 其聲音의 妙
를 漸感(점감)ᄒᆞ야 必傾 耳仄聽 故로 終乃ᄂᆞᆫ 肅然 黙聽ᄒᆞᆷ으로 凡巧辯家
가 縱橫의 術을 擅(천)ᄒᆞ라가 蘇氏의 議論을 聆ᄒᆞ면 往往이 其誤謬를
自服ᄒᆞ고 驕傲少年도 蘇氏의 言을 聞ᄒᆞᆫ 則, 必其自負의 心을 裁抑ᄒᆞ고
政治家ᄂᆞᆫ 其意見의 自誤ᄒᆞᆷ을 認케 ᄒᆞ며, 田夫 野人ᄭᅡ지도 氏의 緒論을
聞ᄒᆞᆫ 則, 能히 未知의 眞理를 悟케 ᄒᆞ야 人生으로 ᄒᆞ야곰 頓然省悟케
ᄒᆞᄂᆞ니,

盖其敎授의 法이 談話로ᄡᅥ 疑問을 設ᄒᆞ고 就事剖析ᄒᆞ거나 或 人의
所長을 因ᄒᆞ야 加之以一言ᄒᆞ야 使自觀念을 喚起케 ᄒᆞ며 或 微妙의 疑
問을 出ᄒᆞ야 使之反省ᄒᆞ야 其 中心에 備ᄒᆞᆫ 眞理를 自省케 ᄒᆞ거니 或
令人으로 誤謬의 方向에 行케 ᄒᆞ야 其 迷惑을 自覺케 ᄒᆞ니, 其剖解가
詞明ᄒᆞ고 言語가 簡略ᄒᆞ며 且 比例를 擧ᄒᆞᆷ도 切近ᄒᆞᆫ 故로 能히 人人으
로 容易히 自明케 ᄒᆞ며, 兒童을 敎授ᄒᆞᆷ에도 文字를 不用ᄒᆞ고 但 言語으
로ᄡᅥ 問答ᄒᆞ야 能히 眞理를 見ᄒᆞ고 其惑을 自解케 ᄒᆞᄂᆞᆫ지라. 今에 其
一例를 擧ᄒᆞ건ᄃᆡ 如左ᄒᆞ니,

蘇氏가 於沙上에 一綫을 畵ᄒᆞ야 曰 兒童와 此綫(선)의 長이 幾何오

兒童曰 一尺也로라.

又畵一綫曰 此綫은 幾何오.

兒童曰 二尺也로라.

又問曰 第二綫의 平方과 與 第一綫의 平方이 其大幾倍오.

兒童曰 可二倍나 大ᄒ니라.

又於沙上所畵흔 長短二綫에 各造平方曰 汝ᄂ 能知第二者가 較第一者에 其大가 幾倍오.[4]

兒童曰 大 二倍也로다.

又指平方問曰 汝ㅣ 觀此ᄒ라. 實爲幾倍乎오.

兒童曰 四倍也로라.

蘇氏曰 善다. 此其大較也라.

柏納圖[5] 氏의 敎育:

---

4) 그림은 입력하지 않았음.

5) 플라톤(기원전 428~347): 플라톤은 기원전 428년경 아테네 귀족 가문에서 태어났다. 기원전 387년경 아테네로 돌아온 플라톤은 철학과 과학을 교육하고 연구하는 아카데메이아를 세웠다. 아카데메이아에서는 철학뿐만 아니라 수학, 수사학, 생물학, 법학 등 다양한 학문을 가르치고 연구했다. 원뿔곡선론과 같은 수학 이론을 비롯한 기원전 4세기의 중요한 학문적 업적들이 모두 이곳을 중심으로 전개되었다. 플라톤은 이곳에서 20여 년 동안 수많은 제자들을 길러 냈다. 티아이테토스는 입체기하학을 창시했으며, 에우독소스는 비례론과 곡면체의 면적과 부피를 찾는 방법을 고안했다. 플라톤의 친구인 아르키타스는 역학을 창안했고, 플라톤의 조카 스페우시포스와 제자 아리스토텔레스는 생물학에 관한 중요한 저서를 남겼다. 이 외에도 법학에 대한 연구와 법률의 제정과 같은 실제적인 문제에도 관심을 기울였다. 한 가지 문제에만 집중했던 이전의 철학자들과 달리 플라톤은 인간 사유의 모든 영역으로 탐구의 폭을 넓혔다. 일생 30여 편에 이르는 저서를 남겼는데, 형식은 소크라테스를 비롯한 등장인물들이 철학적 논제에 대해 이야기를 나누는 대화체로 되어 있는 것이 특징이다. 소크라테스가 재판 과정에서 한 말을 모은『소크라테스의 변명』, 이상 국가에 대한 사상을 피력한『국가론』, 사랑의 문제를 다룬『향연』, 소피스트 학파와의 논쟁을 그린『프로타고라스』, 자연철학에 대한 논의를 담은『티마이오스』등이 있다. 플라톤 철학의 근간을 이루는 것은 '이데아론'이라고 하는 극단적인 관념론이다. 플라톤은

紀元前 四百二十九年에 氏가 生於雅典ᄒ야 學於蘇格拉弟之門을 凡
十年에 埃及과 及 意大利에 游學ᄒ다가 雅典에 歸ᄒ야 阿加達米亞6)
大 林中에서 敎授ᄒ져, 亞理斯大德7)과 及 質木生那士8)가 皆其門下의
高弟라. 氏ᄂᆫ 畢生토록 哲學에 用力ᄒ야 所述ᄒᆫ 達奧羅克司9)라 ᄒᄂᆫ
書가 後世에 流傳ᄒ니라.

氏의 敎育法은 體操와 音樂을 最重히 ᄒ고 其於 智育에ᄂᆫ 算術 幾何
天文 修辭 哲學 等을 習케 ᄒ야써 高深ᄒᆫ 智力을 磨淬(마쉬)ᄒ고 至德
育ᄒ야ᄂᆫ 神과 親과 國法을 尊敬홈을 說明ᄒ니라.

亞理斯大德 氏의 敎育

紀元前 三百八十四年에 氏가 生於馬其頓國이라가 及長에 赴雅典ᄒ
야 哲學 栢拉圖의 門에 受學홈이 校中의 智者로 著稱ᄒ더니 後에 亞烈
山大王의 師를 作ᄒ야 寵遇(총우)를 受ᄒ니라. 王이 亞西亞를 征伐ᄒ고
歸홈이 腦伊司10)의 學校를 設ᄒ고 十三年을 敎授ᄒᆯ시 恒常 樹陰에
逍遙ᄒ며 門人으로 講學ᄒ되 午前은 高弟를 集ᄒ야 哲學 科學의 深遠

미(美)란 시간과 공간을 초월하는 절대적인 진리로서, 이는 현실 속에 존재하는 것이 아니
라 오직 이데아라고 하는 초월적인 세계에서만 존재한다고 주장했다. 〈다음 백과사전〉에
서 발췌 수록.

6) 아가달미아(阿加達米亞): 아카데미.
7) 아리사대덕(亞理斯大德): 아리스토텔레스.
8) 질목생나사(質木生那士): 티마이오스. 플라톤의 제자.
9) 달오극나사(達奧羅克司): 『티마이오스』는 기원전 360년경에 쓰여진 플라톤의 저작이다.
플라톤의 저술들은 보통 세 시기로 구분되는데, 『티마이오스』는 그 중 세 번째 시기의
작품에 해당한다. 소크라테스와 대화상대자들인 티마이오스, 크리티아스, 헤르모크라테
스, 그리고 익명의 한 사람 사이의 이야기가 대화체로 쓰여져 있으며 우주와 인간, 혼과
몸 등에 대해 이야기하고 있다.
10) 뇌이사: 리케이온. 아리스토텔레스가 세운 학교.

之旨趣를 講ㅎ고 午後는 政治 倫理 修辭 等 科로써 普通의 義을 講論ㅎ
니라.

氏의 身體는 極弱ㅎ되 所成의 事業인즉 極大ㅎ니 盖 氏의 學問이
先히 當時 諸學科를 徧通ㅎ고 又 倫理學과 動物學을 新刱ㅎ야 其 著述
이 甚多ㅎ니 如 政治學, 倫理學, 論理學, 修辭學, 動物學 等의 書가 皆其
遺니 其動物學 研究의 時에는 亞烈山 大王이 各地 動物을 羅致ㅎ야
其 研究에 供ㅎ 故로, 氏가 能히 物理에 深ㅎ니라.

氏의 哲學이 後世에 被ㅎ야 重其書를 經典과 如히 홈으로 異論을
懷ㅎ 者는 以異端으로 斥ㅎ더니 及 文學이 再興ㅎ 以後로 氏의 名稱이
雖少衰ㅎ나 至今日ㅎ야는 又世에 再顯ㅎ나니 嘗曰 小兒時에 體育을
施ㅎ여야 他日 智育 德育의 受홀 準備를 作ㅎ다 ㅎ니라.

▲ 제6호

第二章 古代 羅馬의 敎育

羅馬國情

凡讀史者ㅣ 歐美諸邦의 情狀을 欲明홀진딕 必羅馬史를 研究홈이 可
ㅎ니 盖羅馬人이 古時로붓터 地中海 近側과 與亞西亞 西方과 阿非利
加 北方의 文化를 摠히 集成ㅎ야 써 後世에 灌漑(관개)홈으로 近世의
文明이 乃有ㅎ지라. 是故고 古代史者는 其文化가 旣羅馬에 萃(췌)ㅎ고
近代史者는 其文化의 源이 亦自羅馬로 流出흔 者이라. 自羅馬帝國이
滅亡흔 以後로 迨經千餘年而今日에 至ㅎ얏스니 其間 言語와 風俗과
習尙과 制度와 法律 等의 事情의 變態는 固甚多ㅎ나 然ㅎ나 其所變의

跡은 皆羅馬의 成勢를 因홈인즉 羅馬의 史가 於今에 關係됨이 甚大흔지라. 然호나 獨其教育史에 至호야 蕞爾(최이)흔 希臘에 遠遜호니 羅馬史乘은 殆二千年을 亘(궁)호도록 事業의 暢盛(창성)홈이 能히 加尙홀者ㅣ 莫有흔지라. 其初는 不過 一小殖民으로붓터 進호야 宇內를 統轄호고 文明의 代表者가 되야 豪傑 偉人의 事蹟이 頗富호나 然而 教育學을 專治흔 者는 甚히 罕見흔지라. 以此로 羅馬人은 文學 科學을 嗜好호는 思想而鮮호고 實用을 重히 호는 風이 有홈은 可知홀지라.

今夫 教育者는 自一面으로 觀之호면 雖亦爲實事나 然이나 固其 哲學上의 原理는 人性의 知識과 人類 運命의 理論으로 根本을 숨느니 若 羅馬人은 爭戰에만 營營호고 曾히 其密切의 關係됨을 不悟홈은 盖 羅馬의 初에 四邊이 皆敵國으로써 盛力抵禦치 못호면 必滅亡에 自底호고 衰弱에 自歸홀지니 安能 意大利半島에 雄長홈을 得호리오. 既以 外敵을 拒捍호고 他國을 侵略홀 主義로 其國民을 集合 蟠結(반결)호야 其愛國心과 勸業心을 興起호야써 世에 赫耀(혁요)호니 是는 羅馬 強盛의 原因이라. 夫如是흔 則 羅馬人의 精神은 本國을 防禦호며 他邦을 侵略홈에 專在호고 文藝 科學 等 教育上에는 未遑홈이 有흔 비라.

羅馬는 王政으로붓터 共和政治의 末까지 所謂 學校의 教育이 無호고 其子弟는 僅히 父母의게 受教홀 而已나 然而教育이 쏘흔 專히 體育 德育과 或 稱兵式教育호며 或以宗教教育이라 호니 其所謂 道德은 種種 原因에 依호야 成흔 者라. 凡父의 權力이 無限홈으로 爲子者가 是를 順從호야 家庭의 法律을 嚴守 恪遵(각준)호고 母는 一家以内에서 綾提 (능제)를 保護호는 教師이오 又 宗教의 勢力도 家内에 亦及호야 以爲 凡人이 一事一行에 必有神而司理監察흔다 홈으로 羅馬의 人은 少年時에 必以十二牌로 教호니 卽 羅馬法에 天然的 約束者라. 其主旨는 大抵 人으로 호야곰 神聖을 信服호야 可히 干犯치 못호게 홈이라.

羅馬의 古代에 敎育의 形式은 斯巴達과 大類ᄒ더니 自共和政末로 帝政時代에 至ᄒ야ᄂ 其風이 一變ᄒ야 雅典을 轉學ᄒ니 曩時ᄂ 風氣가 剛暴ᄒ고 民情이 獷悍(광한)ᄒ다가 希臘을 征服홈에 及ᄒ야 反히 其化ᄅ 受ᄒ야 其文雅ᄅ 學ᄒ며 美善의 俗을 變成ᄒ니 然則 羅馬의 文運은 實노 雅典에서 發源홈이라. 其希臘을 滅ᄒ 後로븟터 學者덜이 相率ᄒ야 雅典에 游學ᄒ다가 國人에게 歸傳홈으로 於是國人이 乃學術을 漸好ᄒ고 才藝ᄅ 嗜ᄒ야 學校ᄅ 始設ᄒ고 各種 敎育을 興ᄒ니라.

帝政時代에 其初步의 敎育은 兒童 七歲된 者의게 施홈이니 其學科ᄂ 讀書, 習字, 算法이오 且 當時 一切 習尙이 文字의 讀法과 與 其秩序ᄅ 先敎하고 次에 字形과 算法을 敎ᄒ며, 十二歲에 至ᄒ면 初等의 敎育을 畢ᄒ고 高等學校에 入ᄒ야 希臘語ᄅ 學ᄒ며 文典을 修ᄒ며 詩文, 演說, 史記, 哲學 等을 硏究ᄒ며, 古今 名家의 詩文을 諳記(암기)ᄒ고 十五六歲에 至ᄒ 則, 大人의 衣服을 着ᄒ고 其職業을 各選ᄒ야 此業과 相關되ᄂ 學術에만 專門으로 從事케 ᄒ니 農業, 兵事, 政治, 法律, 演說 等 學을 皆自此로 始選ᄒᄂ니라.

羅馬의 敎育家

已上 所術과 如히 羅馬人은 事業에 長ᄒ고 思想에 短홈으로 大學의 敎育家ᄂ 不見ᄒ얏스나 其敎育史에 可히 記名홀 者ᄂ 帝政時代에 僅히 郭英迭利安 氏 一人만 有ᄒ고 其外ᄂ 寥寥ᄒ도다.

郭英迭利安 氏ᄂ 著名ᄒ 修辭家라. 紀元 四十年時에 西班牙에셔 生ᄒ니 其初ᄂ 法律만 偏尙ᄒ더니 後에 乃文學을 崇ᄒ야 敎師가 되고 令名을 永遺ᄒ니 其所著ᄒ 才辨法 一書ᄂ 當時 敎育書 中에 最善美ᄒ 者ᄽᄂ더러 ᄯ호 後世 敎育家의 權輿가 되야 其說이 今世에 敎育說과

多符合ᄒᆞᆯ지라. 氏가 以爲兒童이 最幼時에 受敎ᄒᆞ기 易ᄒᆞ니 當以施敎育으로 第一義ᄅᆞᆯ 合ᄒᆞᆯ지라. 兒童이 外物의 感覺ᄒᆞᆷ을 初受ᄒᆞ면 印象이 生ᄒᆞ야 即 能永留ᄒᆞᆷ이 宛然 新壜內(신담내)에 液類의 臭氣ᄅᆞᆯ 初入ᄒᆞᆷ과 如ᄒᆞ야 容易히 消失치 아니ᄒᆞᆫ다 ᄒᆞ고, 又曰 凡兒童의 精神을 擾亂케 ᄒᆞᄂᆞᆫ 者ᄂᆞᆫ 務須謹避ᄒᆞᆯ지라 ᄒᆞ며, 又曰 務使兒童으로 勉力於學ᄒᆞ되 其道ᄅᆞᆯ 遊戲間에 寓ᄒᆞᆷ이 可ᄒᆞ다 ᄒᆞ고, 又曰 凡敎師의 最應 注意ᄒᆞᆯ 者ᄂᆞᆫ 兒童의 心意와 與性質과 兒童의 記憶力과 及 模倣力에 關係됨을 必察 知ᄒᆞᆷ이 緊要ᄒᆞ다 ᄒᆞ고, 又言ᄒᆞ되 <u>爲學之人이 小成의 危險에 安ᄒᆞᆯ지라</u> ᄒᆞ며, 又道德 訓練之法을 論ᄒᆞ야 曰, 畏懼者ᄂᆞᆫ 制人壓人ᄒᆞᄂᆞᆫ 者라, 兒童의 品行은 其天眞을 率ᄒᆞᆯ지오, 譴責(견책)을 因ᄒᆞ야 畏懼矯正ᄒᆞᄂᆞᆫ 事ᄂᆞᆫ 無ᄒᆞ거ᄂᆞᆯ 世俗은 此理ᄅᆞᆯ 不知ᄒᆞᆷ으로 往往히 <u>墮制力</u>으로써 兒童에게 施ᄒᆞ며 甚ᄒᆞᆫ 者ᄂᆞᆫ 鞭撻을 常施ᄒᆞ야 其怒心을 激ᄒᆞᆷ으로 更히 其惡을 加長ᄒᆞᄂᆞ니 故로 敎育의 正例ᄂᆞᆫ <u>勤勉</u>으로써 爲主ᄒᆞ고 加體의 罰責을 無取ᄒᆞᆯ지니라.

第三章 中古 歐洲 情狀

羅馬帝國 滅亡

歐洲 中古史乘에 自第五世紀 西羅馬帝國의 滅亡으로 第十五世紀 東羅馬帝國의 滅亡에 至ᄒᆞ기ᄭᆞ지 一千年間은 即 上古文學이 滅絶ᄒᆞ고 近世文學이 興起ᄒᆞᆯ 關鍵이 되ᄂᆞ 然ᄒᆞ나 其時歐洲 諸國이 擧皆蒙昧無知의 域에 陷함으로 史家ㅣ 名曰 暗世라 ᄒᆞ니 其幽暗不明ᄒᆞᆷ을 謂ᄒᆞᆷ이라. 至若羅馬帝國 滅亡의 原因인즉 內外 二種이 有ᄒᆞ니 其內因의 亡國者ᄂᆞᆫ 國民 道德의 腐敗ᄒᆞᆷ이오, 其外因의 亡國者ᄂᆞᆫ 北狄人의 侵掠ᄒᆞᆷ이

라. 羅馬의 亡國이 此二因이 有홈을 不自覺悟ㅎ고 政學을 改良ㅎ야 其失을 不救홈으로써 滅亡에 遂至ㅎ니라.

所謂 北狄人은 卽 德意志의 人種이니 奧古斯丁帝時로붓터 己爲羅馬의 强敵이더니 其後에 侵掠이 不絶홈이 羅馬人이 苦히 넉여 支那의 匈奴와 蒙古의 患홈과 頗如ㅎ니, 盖自第四世紀之末로 第五世紀의 始에 至ㅎ도록 德意志種과 喀斯族과 尼斯達爾士族과 並 匈奴等族의 蠻民이 歐洲의 北과 亞洲의 西로셔 羅馬에 侵入ㅎ야 羅馬帝國의 領土에 割據ㅎ니 於是에 當時 所稱홍 世界의 都府와 文明의 樞極과 文學의 淵藪가 喀司族에게 殘毀摧滅혼 빅 되니 自此로 第十一世紀에 至ㅎ도록 暗昧홈이 殊極ㅎ야 文化가 慘憺ㅎ고 敎育이 衰替ㅎ고 書紀가 散失ㅎ야 貴顯의 紳士도 讀書ㅎ기 不能홀지라. 況學政의 振興乎아.

歐洲 北部 野蠻人의 情態

希臘 羅馬 古代 開化의 成勢를 破壞ㅎ고 更히 近世文明의 種을 蒔(모종낼 시)ㅎ는 者는 卽 歐洲 北部의 野蠻 民族이라. 故로 中古의 敎史를 欲述홀진딕 此種 蠻民의 性質을 略言ㅎ야 其源流를 考홀지니

當時 所稱혼 日耳曼의 地方이 今德意志, 奧地利, 比利時, 荷蘭, 諸地라. 羅馬의 屬地와 比較혼 則 氣候 寒冽ㅎ고 土地 不毛ㅎ야 長林沼澤이 多ㅎ고, 猛獸가 繁息혼데 德意志人이 此中에 棲息ㅎ야 淡泊(담박)의 生計를 做ㅎ니, 其男子는 田獵과 戰爭으로써 爲事ㅎ고 婦人은 家庭을 理ㅎ며 田畝(전무)를 耕홈으로써 爲事ㅎ고 男子는 少時에 父兄을 從ㅎ야 畋獵(전렵)에 服홀식 山川을 跋涉ㅎ며 兵事에 嫺習(한습)ㅎ고 平居 游戲에도 亦擊刺(격자) 劍舞(검무)를 好ㅎ야 以此로 自由 生活의 運動을 作홈으로 能히 筋骸(저해)가 强健ㅎ고 體力이 壯大ㅎ야 百難을 支柱

홀 만흔지라. 羅馬人이 其强矯홈을 震恐ㅎ야 與抗키 不敢홈의 德意志
人이 愈益恣橫ㅎ며 且德意志의 風俗은 男子가 壯年에 及흔 則 公會에
擧出ㅎᄂ 大禮가 有ㅎ야 自由男子가 되ᄂ 神符와 兵器를 領受ㅎ야
自此 以後ᄂ 恒常 携帶ㅎ야 身邊에 不離ㅎ고 或 單身으로 戰鬪에 赴ㅎ
고 將帥를 從ㅎ야 戰陣에 臨ㅎ거나 ㅎ니라.

德意志人의 最重ㅎᄂ 宗旨ᄂ 自由의 精神과 及 獨立不羈(독립불기)
의 志操와 氣力의 剛强홈과 決斷의 勇敢홈이라. 故로 其人이 朋友나
仇敵에게 皆信實의 道를 盡ㅎ며 又 重意氣ㅎ며 廣結客ㅎᄂ 風이 有ㅎ
고 天性이 慈悲ㅎ야 耶蘇敎 博愛主義에 最宜흔 故로 其羅馬를 滅ㅎ고
文明을 受홈에 更히 改蘇敎를 改善ㅎ야써 近世에 布ㅎ니 此人種이
其初 開化의 程度ᄂ 最淺ㅎ나 唯體力이 羅馬人보다 勝홈으로 羅馬人
과 交通ㅎ야 其宿習을 大改ㅎ고 一切 事物을 皆羅馬에 取範ㅎ야 智力
이 大暢홈으로써 世界 文明의 最高度에 造ㅎ야 近世 哲學 科學 政治
宗敎가 皆 此種人에셔 由出홈이니라.

▲ 제7호

第三章 耶蘇敎와 與敎育의 關係

耶蘇敎ᄂ 自第二世紀의 末로 歐洲에 大行ㅎ야 其舊來의 結習을 一
變ㅎ고 因以羅馬人의 思想을 改良케 ㅎ니 盖能히 人의 良知에 就ㅎ야
誘進케 ㅎ야써 元質을 新케 ㅎᄂ 故로 所以 政治의 橫戾(횡려)홈을
敵抗ㅎ야 其反抗力을 增케 ㅎᄂ지라. 其所敎者ᄂ 於人間에 其一部를
除흔 外ᄂ 社會에 羈志치 아니코 肉體에 戀情치 아니ㅎ야 萬若 利害의
形이 有흔즉 應히 國家에 盡忠홀지오 其君政의 下에 在ㅎ야ᄂ 應히

其君主에게 服從홀지오, 共和의 國民이 된즉 應히 力을 致ᄒ야 共和政治의 事를 成홀지오, 應히 其生命을 不惜홀지나 至於人의 靈魂ᄒ야는 진실노 自由로 活潑ᄒ야 世의 用이 되지 아니코 祇應(지응)히 上帝의 盡忠홀지라.

故로 耶蘇敎의 主義는 希臘 羅馬人의 所思와 如치 안코 또ᄒ 才를 修ᄒ야써 國用에 供치 안코 肉身을 脫離ᄒ야 靈魂으로 ᄒ야곰 乘虛周游ᄒ야 天國에 以登케 홈에 在ᄒ고 又謂 人生이 皆同一의 命으로 上帝의 眷注中에 咸在ᄒ야 富貴貧賤의 殊가 絶無ᄒ 故로 於貧民이나 賤ᄒ 男女의 奴隷라도 皆一視同仁홀 敎育이 有ᄒ야 其自由의 觀念으로써 加之以平等의 觀ᄒ니 公義와 正道로 人의 應有ᄒ 理想을 盡케 ᄒ는 者ㅣ 耶蘇氏 敎義의 最善最美ᄒ 者이로다.

耶蘇敎는 又 現在를 蔑視ᄒ고 未來의 幸福을 專祈ᄒ야 或 人身을 視ᄒ되 罪藪(죄수)와 如히 ᄒ야 謂曰 肉體를 加苦ᄒ 則 靈魂이 可히 神靈의 靈에 抵ᄒ리라 ᄒ야 神秘의 法에 傾向ᄒ야 來世에 誇耀(과요)코져 홈으로 一心이 天國에 期入ᄒ야 遂難辛苦홈을 能耐ᄒ며 人世의 一切 快樂을 斷棄ᄒ니 盖當世에 甚히 不德의 人을 欲推홀진딘 不得不 人에 較ᄒ야 甚히 尊高ᄒ 上帝를 擧ᄒ야 其模範을 示홀지니 以上帝로써 神聖 完全ᄒ다 ᄒ며 人類로써 微薄孱劣(미박잔열)ᄒ다 ᄒ야 人의 思想 行事가 皆 上帝의 知識에 關홈이라 홈이 其敎에 信從ᄒ는 者는 乃至 僧侶에 依賴ᄒ야 未來의 幸福을 祈ᄒ며 未來의 宿因을 做홈으로 僧侶의 權勢가 漸漸 增大ᄒ야 哲學과 文學이 皆新學의 域에 蕪(매)ᄒ고 學問의 思想이 掃地(소지)홈에 至ᄒ도다.

盖 人類의 進化의 狀이 川流의 紆回溪谷ᄒ며 曲折原野ᄒ야 以達於海홈과 如ᄒ고 決코 直行者는 아니라. 或流於左ᄒ며 或瀉於右(혹사어우)ᄒ야 著著進步ᄒ 者이니 然則 耶蘇敎의 流傳 以前은 希臘 羅馬人이

現世의 幸福에 專注ᄒᆞ야 身體의 極盡ᄒᆞᆫ 快樂으로써 認做(인주)ᄒᆞᆷ으로 禍害가 相踵(상종)ᄒᆞ야 其 慘狀이 不忍見에 至ᄒᆞᆯ지라.

故로 耶蘇教의 說教는 未來의 幸福을 論ᄒᆞ야 曰 凡人者는 皆 神의 子오, 其本性이 ᄯᅩᄒᆞᆫ 神과 同一ᄒᆞᆫ 故로 身體는 雖死ᄒᆞ나 靈魂은 不滅ᄒᆞ야 來世ᄭᅡ지 涉ᄒᆞ며 今世의 富貴와 榮譽는 足히 貴重치 못ᄒᆞᆫ 것이 歷觀自古컨ᄃᆡ 人이 或 榮貴를 得ᄒᆞ야도 能히 永久安樂치 못ᄒᆞᄂᆞ니 是는 快意者가 禍害를 反蒙ᄒᆞᆷ이라.

當希臘 羅馬의 衰ᄒᆞ야 人人마다 澆季(요계)의 慘禍를 見ᄒᆞ고 現世는 旣已 失望ᄒᆞ야 皆恒痛ᄒᆞᄂᆞᆫ 餘인 故로 未來를 希望ᄒᆞᄂᆞᆫ 想像力이 日大ᄒᆞ야 遂至天國을 深信ᄒᆞ고 教義에 信仰이 過甚ᄒᆞᆫ 者는 以謂 宗教界에만 眞理가 有ᄒᆞ고 萬物界는 敝履(창리)와 皆如ᄒᆞ다 ᄒᆞ야 畢生의 實趣가 此 萬物界를 避ᄒᆞᆷ에 在ᄒᆞ니 因其時에 社會의 道德이 腐敗ᄒᆞᆷ을 憎惡ᄒᆞ야 浸浸히 哲學 文學ᄭᅥ지도 惡ᄒᆞᆷ에 至ᄒᆞ니 矯枉過直이라 ᄒᆞᆷ이 固人情의 所不免ᄒᆞᆷ이로다.

耶蘇教의 源委는 上의 述ᄒᆞᆫ 바와 如ᄒᆞ야 信守에 篤ᄒᆞᆷ으로 猜忌 固執의 念이 起ᄒᆞ야 乃以 研究 哲學으로 爲界案ᄒᆞ며 以文學으로 爲異論ᄒᆞ니라.

如 喀爾達西의 僧 達偸利安 者ㅣ 第三世紀의 初에 異宗의 教育을 致惡ᄒᆞ야 以謂哲學焉 文學은 不當研究니 研究者는 甚히 謬誤ᄒᆞᆯ지라. 此는 驕慢을 增長ᄒᆞᄂᆞᆫ 道니 當然히 賤히 視ᄒᆞᆯ지오, 又 古文學을 修ᄒᆞᄂᆞᆫ 者로써 上帝의 目을 盜ᄒᆞ얏다 ᄒᆞ야 亦以賤業으로 斥之ᄒᆞ며 如聖 奧古宗은 牧使의 異宗讀書ᄒᆞᆷ을 禁ᄒᆞ야 凡從前 希臘人의 言ᄒᆞᆫ 바 身體強壯이 精神을 磨鍊ᄒᆞᆫ다는 說을 一切 摧抑(최억)ᄒᆞ야 其迹을 絶케 ᄒᆞ고 至曰宜飮食을 戒ᄒᆞ며 情慾을 制ᄒᆞ며 肉身을 殺ᄒᆞ야 此靈魂의 仇敵을 克케 ᄒᆞᆫ다 ᄒᆞ며 人의 精神도 ᄯᅩᄒᆞᆫ 嚴肅으로 爲主ᄒᆞ야 如聖 吉羅倚姆

者ᄂᆞᆫ 音樂을 禁ᄒᆞ며 美衣美食을 禁ᄒᆞ고 日夜로 但 祈念誦經으로써 爲事ᄒᆞ며 雖此僞世界에 在ᄒᆞ야도 ᄯᅩᄒᆞᆫ 隱遁幽居의 生計를 多爲ᄒᆞ니라.

是時 希臘 羅馬의 文學이 闇荒塵晦ᄒᆞ야 學校가 均度ᄒᆞ니 由第五世紀로 至第十一世紀히 凡諸侯伯이 皆以己之無識으로 自誇ᄒᆞ야 以爲常人의 行敎育者ㅣ 敎人奢侈홈이라 ᄒᆞ되, 惟僧侶ᄂᆞᆫ 能히 眞理를 修ᄒᆞ야 敎育의 特權을 操ᄒᆞ고 世人에게 布敎ᄒᆞᆫ다 ᄒᆞ나 然ᄒᆞ나 是時 僧侶가 能히 識字作文ᄒᆞᆫ 者ㅣ 甚少ᄒᆞ니 夫 中古의 時代에 人이 蒙昧無識에 陷ᄒᆞᆫ 者ᄂᆞᆫ 固宗敎의 徒가 世務를 輕視ᄒᆞ고 哲學과 文學을 排斥홈에 由홈이라.

然이나 亦不可敎徒에게 專咎홀지니 凡學問을 硏究홈에ᄂᆞᆫ 安心閒暇치 아니ᄒᆞ면 不能ᄒᆞᄂᆞ니 當時 歐洲 全部의 大封建 諸侯가 日로 戰爭을 事ᄒᆞ야 人民이 其居廬를 喪ᄒᆞ며 其田園을 荒ᄒᆞ고 婦女 小兒의 無辜히 慘戮(참륙)ᄒᆞᆫ 者ㅣ 不可勝數라. 擧陷於水火塗炭ᄒᆞ얏슨 則 奚暇에 安心閒暇ᄒᆞ야 學問을 硏究ᄒᆞ며 敎育의 事를 依ᄒᆞ리오. 其稍히 安心閒暇를 得ᄒᆞᆫ 者ᄂᆞᆫ 惟僧侶라. 然則 敎育이 不亡ᄒᆞ야 上古文學의 遺跡이 一二留存홈을 猶得ᄒᆞᆫ 者ᄂᆞᆫ 或 僧侶의 功이 不無ᄒᆞ다 謂홀지라. 雖然이나 史籍을 試繙ᄒᆞ건ᄃᆡ 哲學과 文學을 排斥ᄒᆞ고 人民으로 ᄒᆞ야곰 無知者에 陷ᄒᆞᆫ 者ᄂᆞᆫ 誰의 咎인고. 區區히 遺籍을 保存ᄒᆞᆫ 功이 엇지 足히 其責을 償홀가.

第四章 中古 歐洲의 敎育

寺院學校

希臘 羅馬의 敎育을 受ᄒᆞᆫ 學人은 老而死ᄒᆞ야 繼續이 無ᄒᆞ니 哲學

文學의 學校가 亦漸次消滅ᄒ야 泥泥芬芬에 流於戰鬪ᄒ則 教育의 任이 僧侶에게 自歸ᄒ지라. 一切 教法을 其掌握之內에 收ᄒ야 細微ᄒ 正僞의 事도 亦皆教門에 歸ᄒ니 當時 耶蘇教 寺院의 學校에 教授ᄒᄂ 學科가 大凡 七藝에 二類로 分ᄒ니 一類ᄂ 三科라 稱ᄒᄂᄃ 羅甸(卽拉丁)文法, 論理學, 修辭學也오, 一類ᄂ 稱爲四科ᄒ니 算術, 幾何, 天文, 音樂也라. 至 讀書 習字 則在文典科中ᄒ니 大率 七年而卒業이라. 此 學科之期ᄂ 以羅甸語로 爲教育之根本ᄒ고 自餘諸學科ᄂ 亦皆以理會 耶蘇經典으로 爲主 故로 論理學, 修辭學이 皆用攻辨異宗之議論也오, 算術 幾何學은 則爲經典中에 有數 度量 與殿堂之事也오, 音樂學은 則爲禮拜也오, 至於發人之思想과 社會之事業과 實在之知識은 如地理, 史志, 物理, 博物 諸科 則均無之ᄒ으로 雖盡受七科教育之人이라도 不過爲偏狹隘陋之論理家耳오 神學家耳로다.

寺院學校之教授法이 其開發心性ᄒ며 磨練智力이 皆虛而無著ᄒ야 甚或使專信一人ᄒ야 有時教師가 朗誦其一時意見而令生徒로 悉心聽之ᄒ고 且其規罰이 甚加嚴酷ᄒ야 楚撻이 戲行ᄒ니라.

僧庵學校

寺院學校도 本自僧庵學校로 起ᄒ니 耶蘇之有僧庵學校가 久矣라. 然이나 眞具學校之規模則起於第六世紀의 培那第克達派之僧庵學校ᄒ니 培那第克達派氏ᄂ 生於紀元四百八十年ᄒ야 在羅馬에 受教育爲名 僧ᄒ야 於諸處에 開設僧庵學校ᄒ니 僧庵學校ᄂ 爲委身上帝者의 營生 之教育所也라, 庵規嚴肅ᄒ야 不與外界로 接ᄒ고 絶交際ᄒ며 遠女色ᄒ며 安貧困ᄒ야 以從順으로 爲貴ᄒ고 祈禱誦經ᄒ며 損食而强行ᄒ야 凡入學者ㅣ 五歲 以上으로 七歲 以下則奉身於僧庵ᄒ야 僅以願爲僧者

로 爲限ᄒ야 一入學校면 不問貴賤 及 尊卑ᄒ고 其敎育이 專以嚴爲的ᄒ니라.

其後世人이 漸知敎育之要領則入學者ㅣ 不獨限僧侶라. 平人도 亦許入學ᄒ야 生徒之數가 益增ᄒ더니 自第八世紀時로 遂分僧俗爲二種ᄒ야 僧은 寄宿庵內ᄒ야 專修宗敎之事ᄒ고 俗은 自外通學而修普通之學科ᄒ니, 故로 僧庵學校ᄂᆞᆫ 但敎僧侶之流ᄒ고 寺院學校ᄂᆞᆫ 僧與民을 倂敎之矣라.

至十二世紀ᄒ야 僧庵學校와 與寺院學校가 始衰弊ᄒ다가 及 武士敎育과 平民敎育이 興則 漸衰滅ᄒ야 所謂 中古 暗世에 耶蘇敎徒之特存敎育者ㅣ 卽在此僧庵學校와 及 寺院學校의 中ᄒ얏ᄂ니라.

▲ 제8호

武士敎育

十字軍未興 以前에 有敎育之權者ㅣ 在僧侶ᄒ고 而其所敎ᄂᆞᆫ 非耶蘇之敎義라. 卽 羅馬之古文學也니 自十字軍之興으로 僧侶가 不能閑居寺內ᄒ야 或携兵入隊ᄒ고 或與世人交際에 漸棄敎育之專權而武士平民이 爲當世彊場所必需ᄒᆞᆷ이 旣以戰鬪로 增其聲勢ᄒ야 遂得執敎育之權ᄒ니 於是武士之敎育이 敎乘馬 泗水 弓術 擊劍 鷹狩 象棊(상기) 與 詩句요 且 以敬待貴婦人으로 爲武士敎育之主目ᄒ니 此敎育者ᄂᆞᆫ 專行於高貴武門王侯之城中也라. 敎育高貴武士子弟之法이 尋常有三階級ᄒ니

第一 侍童: 男子至七歲에 在母之膝下ᄒ야 受其敎育호ᄃᆡ 爰是就近地城中之諸侯와 或武士家ᄒ야 供役於其夫人與其主人ᄒ니 稱之曰侍童

386

이라. 必愼動作ᄒᆞ며 習言語ᄒᆞ며 接賓客ᄒᆞ며 侍食ᄒᆞ며 侍夫人 與 主人之出外ᄒᆞ야 任種種役使ᄒᆞ니 如日本 封建時代 幕府諸侯의 扈從者焉이라. 體操則有教師ᄒᆞ야 日日教之호ᄃᆡ 如學術之教授ᄂᆞᆫ 任兒童所欲云이러라.

第二 壯士: 男子 十四歲에 得入壯士之列ᄒᆞ야 初得携帶兵器之權ᄒᆞ고 於游獵戰爭之時에 實心으로 隨侍主人ᄒᆞ야 常敬尊貴婦人ᄒᆞ야 悉力服事之ᄒᆞ고 久則證明其人之宜爲武士ᄒᆞᄂᆞ니라.

第三 武士: 得前所事者ᄒᆞ야 爲之證明이니 至二十一歲에 備莊嚴之儀式而入武士行列ᄒᆞ야 此時에 齋戒沐浴ᄒᆞ고 通宵祈禱ᄒᆞ야 自白其罪ᄒᆞ고 跪神席前ᄒᆞ야 受聖餐ᄒᆞ고 宣誓詞曰,

余自今으로 吐忠信之言ᄒᆞ고 棄邪惡ᄒᆞ고 依正當之權利ᄒᆞ고 崇宗教ᄒᆞ고 保護僧侶ᄒᆞ고 守衛寺院ᄒᆞ고 懲暴助弱ᄒᆞ고 常庇護婦女ᄒᆞ고 自不犯罪ᄒᆞ고 不爲惡事ᄒᆞ고 又盡力保貴婦人之榮譽ᄒᆞ고 且見爲基督教之敵者ᄒᆞ야 必須以死戰與敵ᄒᆞ리라

誓ᄒᆞ고 詞終則由貴婦人手ᄒᆞ야 授甲冑焉ᄒᆞᄂᆞ니

波羅因客[11] 氏 曰 生徒 身體가 在寺院則纖弱(섬약)ᄒᆞ고 在城中則强壯ᄒᆞ니 於寺院則不見婦人之面ᄒᆞ고 於城中則盡以婦人之事로 爲教育之主目ᄒᆞ며 於寺院則有僧徒詠羅甸之詩ᄒᆞ고 於城中則詠寄情婦人之詩ᄒᆞ며 又其詩도 必和以樂器焉ᄒᆞ니라.

當武士極盛時ᄒᆞ야 苟欲爲才德兼備之武士 則身體를 宜壯麗輕矯요,

---

11) 파라인객(波羅因客): 미상.

又宜嫻於武藝ᄒ고 敬神, 仁慈, 節義, 禮, 謙讓, 忠君, 制欲의 諸德을 修ᄒ야 以養不屈撓之誠과 與不可犯之氣ᄒ고, 以立雄豪之功業ᄒ야 兼任庇護貴婦에 得其歡心이라.

武士敎育之立制가 雖多可笑而在草昧榛狉之世ᄒ야 社會頹疲ᄒ 風俗을 改善ᄒ야 歸於强俠ᄒ니 其功이 亦不細라. 卽如擧世가 以戰鬪로 爲本職時則臨陳而加以仁心ᄒ고 上下人情이 粗暴而愚闇時則致謙讓之風ᄒ고 民俗이 浮薄ᄒ야 詐僞日作則養信義之心ᄒ고 又如優待婦人홈이 均爲武士敎育之結果也러라.

武士敎育時代之女子가 至七八歲則在家庭ᄒ야 依保姆之敎育ᄒ고 其後ᄂ 學裁縫ᄒ고 或與男子로 共習讀書唱歌ᄒ며 其高貴女子ᄂ 學羅甸語ᄒ고 學音樂詩ᄒ고 又修動作禮儀ᄒ니 然則武士敎育之制가 通男女而均受感化也라. 盖男子欲得婦人之歡心ᄒ고 婦人이 亦不可不修其德ᄒ야 以保持之니 能修其身則可得雄毅武士之眷戀也라. 當時歐洲諸國에 皆有武士敎育之編制나 然이나 其中最盛者ᄂ 日耳曼 法蘭西 及西班牙 而英國이 爲稍遜이니라.

抑武士敎育之制가 與封建之制로 同其興廢ᄒ니 盖自火藥之制造로 武戰法이 一變ᄒ야 活版之術이 起ᄒ야 知識이 普及於遠近矣요, 通商之道가 開ᄒ야 殖産生財가 得其宜라. 故로 封建이 敗壞에 武士敎育이 亦廢絶ᄒ니라.

▲ 제9호

平民敎育

因寺院 武士之勢力衰廢ᄒ야 工商勢力이 日增ᄒ고 平民之狀態가 漸

臻隆盛(점진융성)ᄒ야 知慮開闢에 乃悟日用實際의 最有關係者를 不可無教育이라 ᄒ야 於是 以國語로 教讀書 算術 習字之學校가 更建迭起ᄒ고 因之ᄳ有適宜教師ᄒ야 教地理 國史 博物 與 社會之情狀과 貿易之關係 等 一切 實用之學ᄒ니

平民學校ᄂ 其初에 亦有惟僧侶ᄒ야 任教師러니 其後에 平民이 多嚮學ᄒ야 非役於官吏則雇下等學生ᄒ야 以爲師나 然이나 學識이 旣淺ᄒ야 報酬亦薄ᄒ고 束修所入은 祇足供日用而已요 其教授法은 以諳誦與體罰로 爲主나 然이나 爲教師者ㅣ 以教求食於人ᄒ야 居處가 漂寄無定ᄒ야 其所爲가 無少異於商賈之業ᄒ야 熱心으로 以此自任者가 無ᄒ고, 校舍도 亦借居寺院이나 或都市之房屋ᄒ니 由是로 生徒가 遂染游惰ᄒ야 浮佻無行ᄒ니 其甚者ᄂ 爲丐爲盜ᄒ니라.

煩瑣理學(번쇄이학)은 自第十二世紀로 至第十三世紀之間ᄒ야 有煩瑣理學이 起ᄒ니 此學派之骨髓ᄂ 只在於爲淺薄無用之辯論ᄒ야 論理學의 防禦를 巧構홈이니 例如說針之尖端이 可得幾何之角乎아. 靈魂者ᄂ 無中立之媒ᄒ고 可得由甲通乙乎아. 以此로 設爲問難ᄒ니 是ᄂ 近戲無益之辨論也라.

當時 學者가 凡二百年間을 費心力ᄒ야써 講求하야 大學校를 起홈이 二十有餘라. 布於諸地하야 學徒 數千을 聚하고 孜孜히 以免此學하야 稱曰 司喀兒蠻[12]이라 하니 其學이 不觀察於物ᄒ고 但就言語思想하야 以推究홈으로 於物質에ᄂ 毫無所發明하고 惟以詭辯으로 炫俗耳니라.

然이나 煩瑣理學은 於學問進步에 雖無功하나 惟僧侶之徒ᄂ 能籍是하야써 狹隘(협애)ᄒ 宗教에 束縛을 脫하고 哲學에 思想을 起케 하야 折衷於亞理斯大德之哲學과 與耶蘇教之教하야 務使道理로 與教法幷

---

12) 사객아만(司喀兒蠻): '스콜라'를 의미하는 것으로 추정됨.

行하야 起沈思熟察之念ᄒ고 有不能明解면 不滿之意가 生ᄒ고 或 又人間의 夢寐를 喚醒(환성)ᄒ야 使之於宗敎에 起欲學之心ᄒ야 爲近世文學再興의 導其先路ᄒ니 亦可謂有功也로다.

然이나 此論理學은 發明新事之功이 少ᄒ고 惟用以說明已知之事耳라. 在知識狹隘ᄒ고 心意不暢盛之時ᄒ야 無可爲科學之根本者 故로 徒研論理ᄒ고 曾無寸效也라. 顧當時之號爲哲學者가 偏爲宗敎之奴隷ᄒ야 才辨術과 論理學도 亦只解釋經典으로 爲亞理斯大德의 敎義를 解明홀 而已니라.

回敎의 學問

回敎의 祖穆罕默德[13]이 自紀元六百二十九年으로 阿拉比亞를 戡定(감정)ᄒ고 其後에 復以兵力으로 亞細亞 西部와 阿比利加 北部와 歐羅巴 東部를 呑倂ᄒ니 不出百年에 其版圖의 大가 勝於羅馬末世ᄒ고 回敎君長이 兼宗敎與政治ᄒ고 又事保護學問ᄒ야 競起學校ᄒ며 獎勵學業 故로 第十世紀時에 其屬이 內有太學校 十七ᄒ야 養生學徒數千ᄒ고 就中 小亞細亞의 巴達[14]과 及西班牙의 科爾豆法[15] 一學校가 最爲盛大 故로 此時에 歐洲 各部의 耶蘇敎 少年이 科爾豆法에 游學者ㅣ 多ᄒ야 其理學을 學ᄒ고 本國에 歸ᄒ야 以增耶蘇敎人之知識ᄒ니라.

科爾豆法의 學校 附屬에 書籍舘이 有ᄒ니 藏書가 六十萬卷이오 又

---

13) 목한묵덕(穆罕默德): 마호메트. 이슬람교의 창시자.

14) 파달(巴達): 바그다드.

15) 과이두법(科爾豆法): 코르도바(콜도바). 스페인 남부의 이슬람 도시 또는 코르도바 대학교. 세비야 북동쪽, 과달키비르 강 유역에 있다. 카르타고인들에 의해 세워졌다고 짐작되며 성서에 나오는 다시시 시(市)라는 주장도 있다. 〈다음 백과사전〉

專敎數學, 天文, 化學, 醫學, 哲學 等ᄒ야 功效大著ᄒ니 化學은 本亞拉
比亞人의 所臆刱이니 亞兒格保兒,16) 硫酸,17) 硝酸의 類가 皆其發明ᄒ
바이라. 又 代數, 三角, 及 計時用 撓鍾과 星宿表가 亦皆因於其力이니
然則 亞拉比亞人이 於歐人의 長夜漫漫ᄒ 時에 能히 科學을 硏究ᄒ며
技藝를 練習ᄒ니 其智力이 可謂 歐洲諸國의 先導者로다.

大學校 設立

亞拉比亞人이 於西班牙 科爾豆法에 硏究科學ᄒ야 建大學校하니 乃
歐洲各國 大學校의 嚆矢라. 自餘諸地에도 亦設大學하나 但最初之大學
校ᄂ 與今之編制者로 其宗旨大異하야 無關於政府寺院及君主하고 乃
敎師與生徒가 相集하야 敎授 學術ᄒ고 無校舍之定立者러니 至第十二
世紀ᄒ야 於保羅客那18)에 起神學與哲學之大學ᄒ니 皆不過專門之大
學校 而科學完全之大學校ᄂ 則自德王維廉 第二19)가 立於尼阿培羅

---

16) 아아격보아(亞兒格保兒): 알카리 성분을 표현한 것으로 추정됨.

17) 유산(硫酸): 황산.

18) 보라객나(保羅客那): 볼로냐. 볼로냐 대학교(Università di Bologna)는 이탈리아 볼로냐에
있는 유일한 대학이다. 세계에서 가장 오래된 대학인 이 대학은 1088년에 설립되었다.
원래는 신성 로마 제국의 프리드리히 1세가 이 대학의 상징을 기증하였으나, 19세기의
역사학자인 조수에 카르두치에 의해, 실제로 이 대학의 역사가 1088년까지 거슬러 올라간
다는 것이 밝혀졌고 공식인정을 받았다. 최근 1988년에는 개교 900주년 기념식을 열기도
했었다. 최초 이 대학의 설립 당시에는 교회법(Canon)과 민법을 강의하였다. 〈위키백과〉

19) 덕왕유렴제이(德王維廉第二): 신성로마제국의 프리드리히 2세. 프리드리히 2세(Friedrich
II, 1194년 12월 26일~1250년 12월 13일)는 신성 로마 제국 호엔슈타우펜가의 황제(재위
1220~1250년 12월 13일)이자 시칠리아 왕(페데리코 1세, 재위 1197~1250). 이탈리아 역사
계에서는 이탈리아 이름인 페데리코 2세(Federico II)로 부르는 경우가 많다. 학문과 예술을
좋아했으며, 시대에 앞장선 근대적인 군주같은 행동때문에 스위스의 역사가인 야코프
부르크하르트는 프리드리히 2세를 「왕좌에 있는 사람 중 최초의 근대인」이라고 평가했다.
중세에서는 가장 진보적인 군주로 평가되어, 같은 시대에 쓰여진 연대기에서는 「세계의
경이」라며 극찬을 했다. 평소에 식사는 검소적이며, 음주도 하지 않았지만, 그가 열었던

者[20]로 始나 然니나 其萌芽는 在千二百二十四年時 巴黎之大學[21] 僧
侶와 餘他敎師爭論ᄒ야 遂設一神學分科也오 其在德意志ᄒ야는 以千
三百四十八年 嘎羅 第四[22]가 刱立栢拉克[23]으로 爲嚆矢者也니

연회는 호사스러울 정도였으며, 르네상스 시대를 먼저 살았다고 생각할 정도의 궁정생활을 보냈다. 프리드리히의 용모에 대해서는 같은 시대의 유럽 사람들은 전부 칭찬했다고 하지만, 이슬람의 연대기 작자는 그를 「벗겨진 붉은 머리에 아는 것도 없어서 노예였다면 절대 가격이 높지는 않을 것이다」라며 풍채가 좋지 않은 인물로 기록했다.〈위키백과〉

20) 니아배라(尼亞培羅): 뉘른베르크.

21) 파려지대학(巴黎之大學): 파리대학. 파리에서의 대학교 발전은 볼로냐에서와는 상당히 다른 조건에서 이루어졌다. 파리 대학교의 중심을 이룬 문학부 학생들은 볼로냐 대학교의 학생들처럼 부유하지도 않았고 사회 경험도 적었다. 이 때문에 교원과 학생 간의 갈등은 거의 없었고, 대학 기관과 시 당국 간의 갈등도 적었다. 파리 대학교의 체제가 확립되는 데 중대한 영향을 미친 것은 13세기 내내 계속된 교원조합과 노트르담 사원장 간의 갈등이었다. 원래 노트르담 사원장은 노트르담대성당부설학교의 교장을 겸하면서 파리 교육계의 최고 권위자였으며, 파리의 모든 교원들은 그 사원장이 발급해 주는 교원 자격증을 반드시 소지해야 했다. 노트르담 사원장은 임의대로 교원 자격증을 수여하고 박탈할 권리를 갖고 있었을 뿐만 아니라 파리 내의 교원과 학생에 관련된 모든 일을 관장할 수 있었다. 교원들은 노트르담 사원장이 교원 자격증을 수여하고 박탈할 권리를 가진다는 데는 동의했지만, 교원이 될 수 있는 조건을 정하는 것은 교원들에게 위임되어야 한다고 주장했다. 이러한 주장에 따라 교원들은 자신들이 내세우는 조건에 부합하지 않는 자가 노트르담 사원장의 자격증을 소지하고 있다 하여도 교원조합의 가입을 승인하지 않았다. 이러한 주장에 따라 교원들은 자신들이 내세우는 조건에 부합하지 않는 자가 노트르담 사원장의 자격증을 소지하고 있다 하여도 교원조합의 가입을 승인하지 않았다. 교원들의 이러한 행동은 교회 간부들에게 공인된 권위에 대한 반란으로 간주되었으며, 그러한 움직임을 봉쇄하기 위해 총력을 기울였다. 13세기 초반의 10여 년간, 노트르담 사원장은 모든 교원에게 교회 기관에 대한 복종 서약을 강요하며 첫 포문을 열었다. 이 공격에 대항하여 파리 교원조합은 교황 인노첸시오 3세에게 노트르담 사원장이 제시하는 복종 서약이 타당한 것인지를 질의하였다. 이에 교황 인노첸시오 3세는 복종 서약이 타당하지 아니하다고 판정했으며, 1212년에는 정식 교지를 내려 노트르담 사원장은 교원과 교원조합에 복종 서약을 강요할 수 없고 노트르담 사원장은 교원조합에서 제출하는 명부의 모든 신규 교원에게 자격증을 발부해야 한다고 확정하였다.〈위키백과〉'중세대학'에서 발췌.

22) 갈라 제사(嘎羅第四): 카렐4세.

23) 백납극(栢拉克): 프라하. 프라하 카렐 대학교(체코어: Univerzita Karlova v Praze, 라틴어: Universitas Carolina Pragensis)는 체코의 수도인 프라하에 있는 국립 종합대학교이다. 1348년 설립되어 중앙유럽에서 가장 오래 된 대학교이다. 1348년 4월 7일 보헤미아의 왕이자 신성 로마 제국의 황제인 카렐 4세에 의해 이탈리아의 볼로냐 대학교(1088년)와 프랑스의 파리 대학교(1150년)를 본보기로 하여 설립되었다. 현재의 중앙유럽에 속하는 지역에서 최초로 설립된 대학이었다. 15세기에 얀 후스 등의 종교개혁 운동의 중심지가 되었으나,

諸大學이 漸漸向盛홈이 昔之私立者가 亦寺院與官府의 關係가 生ᄒ
야 特許를 受ᄒ니 盖智力의 所輯에 各種의 人事와도 關涉되야 寺院과
政府와 君主와 庶民이 均各保護ᄒ야 競欲籍其力也로다.

第五章 文學再興의 近代

意大利 文學之再興

近世文物之開明과 教育之昌盛이 其源이 發於十六世紀 文學再興之
時 故로 欲述 近世 教育史인디 須先述 文學再興之情狀也니,

當中古暗世之末에 幽微之光이 点点發生於歐洲諸地ᄒ니 如何 阿拉
比亞人의 學問은 在黑闇歐洲之邊疆ᄒ야 發光이 頗明이나 然이나 爲歐
洲文學再興의 近因者ᄂ 則在阿拉比亞而在君士坦 丁諾泊兒之亡滅하
니 卽 第四紀 君士坦丁帝의 所立ᄒ 東羅馬帝國이 至千四百十三年하야
爲土耳其人所滅也라. 其時 留居帝國하ᄂ 希臘學者가 其文學을 抱하고
遠遁(원둔)하니 是爲古代文學이 再移於意大利之原因하니 歐洲文學의
再興之端이 此에서 肇하니라.

當時 意大利의 國体가 甚類 古代之希臘ᄒ니 非全部一統之國이오 又

17세기 페르디난트 3세 때 예수회의 영향으로 다시 보수적인 가톨릭 대학이 되었고, 카를
페르디난트 대학교(라틴어: Universitas Carolo-Ferdinandea, 독일어: Karl-Ferdinands-
Universität)로 개칭되었다. 그로 인하여 가톨릭 신자만 입학이 허락되었으나, 18세기 말부
터 다시 개신교 신자의 입학도 가능해졌고, 이후 라틴어 대신 독일어가 학사의 주된 언어가
되었다. 이후 프라하 지역의 다수를 차지하는 체코어 사용자들의 반발이 계속되자, 1882년
대학은 독일어 대학과 체코어 대학으로 분리되었다. 1918년 체코슬로바키아가 건국된
후 체코어 대학의 명칭은 카렐 대학교로 환원되었고, 독일어 대학은 1945년까지 존속했다.
제2차 세계대전으로 히틀러가 침공하자 체코어 대학이 폐쇄되었다. 1945년 체코어 대학은
재개교하고, 독일어 대학은 폐교하였다. 〈위키백과〉

有無數都府가 獨立各處ᄒ야 都府 ㅣ 互競ᄒ야 自詡(후)其邑居之壯麗와 與其居民寓客之才智 故로 有自希臘으로 遁至學校者면 豪貴가 皆樂迎 之而保護ᄒ고 其所携來ᄒ 古文을 遂乃蒐集圖書ᄒ며 設置學校ᄒ며 開 藏書館ᄒ니 如瓦的耕24)의 圖書舘이 其名이 最著ᄒ니 是時에 敎皇 尼 哥拉 第五25)의 所立也라.

盖當時 意大利國은 旣非如今之統一而有國家之思想者오, 徒其都府 를 裝飾ᄒ며 宮殿을 建築ᄒ며 書籍을 蒐集ᄒ며 文學을 硏修ᄒ야 欲圖 興復古羅馬의 烜耀榮華 故로 意大利의 文學再興은 其因果가 殊甚閒命 ᄒ야 非如歐洲他國의 錯綜ᄒ 宗敎를 含有ᄒ며, 與國家主義의 諸元質 을 包홈이라. 其先後顯出ᄒ 學人이 大抵는 非宗敎家오, 亦非愛國家오, 乃詩人 畵工 彫刻師 文學士의 類라.

時時로 宏大之詩를 著ᄒ는 者는 有達泰26) 氏ᄒ고 美麗之詩를 作ᄒ 난 者는 有拉達培克27) 氏하며 其流暢ᄒ 文章을 綴ᄒ는 者는 有保克西 奧28) 氏ᄒ며 古今 無雙之畵伯은 有納比爾29) 氏ᄒ며 丁西恩30) 氏ᄒ고

---

24) 와적경(瓦的耕): 바티칸으로 추정. 로마 교황청 소재지.

25) 니가납 제5(尼哥拉 第五): 교황 니콜라이 5세.

26) 달태(達泰): Dante, Alighieri(1265~1321). 이탈리아 최대의 시인.

27) 납달배극(拉達培克): 페트라르카. 후에 나오는 배달납극(培達拉克)을 잘못 적은 것으로 판 단됨.

28) 보극서오(保克西奧): 보카치오.

29) 비납이(比拉爾): 보티첼리로 추정. 보티첼리(1445~1510). 그의 작품에서 3차원적인 회화기 법은 없지만 장식적인 선 스타일로 인체를 자유롭게 표현했다. 신화 내용을 인간의 모습과 조화롭게 결합했다. 대표작으로는 〈비너스의 탄생〉(피렌체 우피치 미술관), 〈봄의 우의〉(피 렌체 우피치 미술관) 등이 있다. 진중권, 『진중권의 서양미술사』(휴머니스트, 2018) 참조.

30) 정서은(丁西恩): 레오나르도 다빈치(1452~1519). 레오나르도 다빈치는 동시대인들에게조 차도 거장으로 대접받았다. 레오나르도는 다방면에서 뛰어난 천재성을 발휘하여 늘 유명 세를 탔다. 그는 위대한 미술가들의 시대에 가장 위대한 미술가였을 뿐만 아니라 세계에서 가장 뛰어난 해부학자이자 식물학, 지질학, 심지어 항공학의 태동에 이르는 방대한 영역에 서 타의 추종을 불허한 자연과학자이다. 그렇지만 수천 장의 노트와 드로잉이 재발견되어 평가된 덕은 비교적 최근의 일이다. 대표작으로는 〈최후의 만찬〉. 〈모나리자〉 등이 있다.

彫刻 及 建築家는 有米基耶爾恩顯路[31] 氏ᄒ며 皆當時意大利之人物也라. 至李珂 第十世[32] 時ᄒ야 羅馬가 成爲歐洲文藝之樞極ᄒ니 凡英法德人이 欲得新知識者는 皆逾阿耳魄士山[33]하야 游等於意大利하ᄂ니,

自土耳其人之亡東羅馬帝國으로 破壞希臘羅馬之文學技術을 歐洲人이 再修繕之하야 其間意大利人이 實有保存文學之功하니 可謂 古今文學之續絶者라. 如川谷之懸橋然하야 其美術이 亦多出大家하니 他國之所遠不及이로다.

意大利文學焉 美術이 極其隆盛은 在第十五 第十六世紀之間하야 實爲諸國之先導也 而在意大利하야 爲文學之先導者는 則又爲達泰氏로다.

達泰氏는 生於千二百六十五年하야 沒於千三百二十一年하니 然則在歐洲에 爲介於中古之末과 與近世之始ᄒ 大學人이라. 當是時하야 歐洲之文言이 惟羅甸文이니 不習羅甸文이면 不得稱爲有學하ᄂ니 氏 以本國文言이 曾未見用於文學으로 乃以粗鄙之俗語로 作高壯說話體之詩하니 然則 若氏者는 謂之刱造意大利文字人이라도 可也라.

▲ 제10호

盖歐洲 中古의 文學之致頹廢者는 原於文言之拘束ᄒ야 不能以本國之語言으로 爲學ᄒ야 或誦經典ᄒ며 或講學問에 皆不得不依羅甸文이어늘 達泰 氏ㅣ 始以本國語로 著書ᄒ야 俾國民之精神으로 因之暢達ᄒ

진중권, 『진중권의 서양미술사』(휴머니스트, 2018) 참조.

31) 미기야이은현로(米基耶爾恩顯路): 미켈란젤로.

32) 이가 십세(李珂十世): 레오10세. 교황 레오 10세(라틴어: Leo PP. X, 이탈리아어: Papa Leone X)는 제217대 교황(재위 1513년 3월 9일~1521년 12월 1일). 〈다음 백과사전〉

33) 아이백사산(阿耳魄士山): 지명 미상. 알프스를 지칭한 것으로 추정됨.

니 其功이 可謂偉矣로다. 又如 培達拉克 氏, 保極西奧 氏가 繼達泰氏而 興ᄒ야 亦以意大利語로 作詩與散文ᄒ야 排斥宗敎哲學而盡力以修古 學ᄒ야 使意大利人으로 出宗敎之枯軛(출종교지고액) 而發揮自由ᄒ야 硏究學問케 ᄒ 者는 三氏의 力이 爲大ᄒ니라.

近世 文明之元質

自意大利人이 爲文學再興之先導로 開近世文明之端緖ᄒ야 歐洲人 이 始覺其千餘年 長夜之眠ᄒ야 以有今日之曉者ㅣ 又有故焉ᄒ니, 非僅 此一事가 遂足爲近世文明之原因也라. 盖當時에 有數事ㅣ 皆可稱爲今 日文明之準備助力焉일ᄉᆡ 今擧大略如左ᄒ니,

一. 自學希臘羅馬之古學으로 人之思想이 不役淺近ᄒ고 遂能奮起ᄒ야
   皆欲蝸液於學問ᄒ야 硏究事物之動力ᄒ며
二. 從事於十字軍者ㅣ 齎來東方之文物ᄒ야 其知識機能을 增益케 ᄒ며
三. 發明羅針之用ᄒ야 印度와 與亞美利에 向ᄒ야 航行ᄒ야 新世界를
   得ᄒ야 海路를 交通홈이 其知識의 境域을 大擴ᄒ며
四. 有火器而行軍이며 又有發明社會의 組織ᄒ며 起重大變故ᄒ야 削武
   士之權力ᄒ며 高農業者之位階ᄒ야 可以平均權力而大減戰爭之數
   ᄒ야 得永平和之福케 ᄒ며
五. 印刷器械發明이니 省煩勞之抄寫ᄒ고 學士ㅣ得書甚易ᄒ며 又麻布
   造紙法이 亦同時發見ᄒ야 與印刷器로 均能速知識之編及ᄒ며, 印
   刷器는 和蘭人 洛稜司檻斯脫[34]에 刱ᄒ니 時는 一千四百四十五年

---

34) 낙릉사함사탈(洛稜司檻斯脫): 미상.

으로브터 一千四百五十年頃이라. 與其弟子 葛登培格35)으로 共携
此器ᄒ고 入德意志ᄒ니 業書家가 大便利之라. 爾後 二十年間에 其
器가 遂通行全歐ᄒ니라.

六. 通貿易之衢途ᄒ며 開商業之都府ᄒ야 增富厚之程度니 爲此者ㅣ 可
得獎勵文藝之資本ᄒ며,

七. 以用於普通言語之國語로 爲文章書籍이니 學問之道가 大爲簡便이
오,

八. 破封建之制度ᄒ고 戢貴族之暴橫ᄒ고 斂武士之跋扈ᄒ야 平民이 亦
得受平均之權利함으로 人事의 敎育을 能盡케 홈이오,

九. 歐洲 諸國 中央政府의 權力이 日盛ᄒ 故로 人民의 身家財産을 可以
保護無虞케 홈이오,

十. 宗敎의 改革이니 從來로 宗敎의 束縛에 蒙蔽홈을 脫ᄒ고 不倚賴於
僧侶 而自由任便의 信敎를 得ᄒ야 硏究眞理홀 意志를 起ᄒ며 智力
의 秘要를 啓發홈을 悟케 ᄒ니 於是에 敎門之事를 不要ᄒ고 能히
學生을 造就ᄒ야 人生의 敎育法을 求合케 홈이라.

文學이 及於歐北

發生於意大利之文學이 漸越阿爾魄士山36)ᄒ야 行乎歐洲北部ᄒ야

---

35) 갈등배격(葛登培格): 구텐베르크. 구텐베르크는 마인츠의 귀족의 아들로 태어났다. 그가
금세공사조합에 가입해서 금속세공기술을 익혔다는 사실 이외에 그에 대하여 얻을 수
있는 자료는 자금거래 서류에서 나온 것이 전부이다. 구텐베르크는 1436년부터 1446년
사이에 그의 인쇄술을 발명했으며, 걸작인 42행 성서를 1455년 이전에 완성한 것으로
보인다. 복잡한 재판 기록에 의하면 그는 권리를 확보하지 못하고 파산했으며, 말년에는
거의 실명에 이르기도 했다. 〈다음 백과사전〉

36) 아이백사산: 알프스.

入英法德荷 諸國ㅎ야 大變其宿昔敎育之法ㅎ야 歷無數變遷ㅎ고 曲折變騰而成今時所行ㅎㄴ 理論方法ㅎ니 若能考其源委ㅎ면 誠最要而最增樂趣者라.

當意大利 文學再興時ㅎ야 其人이 皆具慕故之情ㅎ야 於希臘羅馬文學에 醉心ㅎ야 至欲復見紀元前에 希臘 佩爾克賴士[37](雅典 豪傑)의 盛時景象ㅎ며 又其時에 僧侶 平民이 亦皆熱心於古代文學而减其向宗敎之心力ㅎ고 或至不奉耶蘇敎而拜希臘之神ㅎ고 或爲不歸依宗敎之人而是時에 羅馬敎皇이 又習於華奢ㅎ야 瓦的耕[38]之王宮이 爲恣其醜行之場ㅎ고 僧侶ㄴ 皆放蕩無行ㅎ며 志趣鄙陋ㅎ야 競爲褻薄之事(경위설박지사)ㅎ니 爲平民之所不齒오 平民도 亦减其往日의 敬神重僧之心ㅎ지라.

耶蘇敎의 中心에 羅馬敎皇의 現住ㅎ 意大利ㄴ 其人이 率皆不願束縛於宗敎가 旣如是ㅎ으로 於是尊信敎皇ㅎ며 服從彼敎ㅎㄴ 別種歐洲人도 其心이 亦爲大變ㅎ야 阿爾魄士山 以北에 如德意志人도 見敎皇放恣ㅎ며 僧侶無行ㅎ고 心生不悅ㅎ야 乃欲不賴僧侶而自誦經典ㅎ며 不黙從敎權而自研宗敎眞理ㅎ야 遂知自學希伯來語[39]ㅎ야 讀舊約書ㅎ고 學希臘語ㅎ야 讀新約語ㅎ이 爲硏求之最要ㅎ고 更修習古文學ㅎ야 以研究經典ㅎ며 或譯而傳之ㅎ야 使人民으로 不待僧侶講釋而能解耶蘇敎旨ㅎ며 其後에 乃有改革宗敎一事ㅎ니 當時 碩學이 輩出이라. 其最初出者ㄴ 古文學家인ᄃᆡ 於宗敎改革에 爲助力爲先導者오 其後繼出者ㄴ 宗敎改革家而能盡力於敎育者가 又續出而盡力於敎育之改良ㅎ니 故로 意大利 文學再興之結果ㄴ 爲替敎皇之權力ㅎ야 貶抑僧侶ㅎ야 衰

---

37) 패이극뢰사: 페리클레스.

38) 와적경: 바티칸.

39) 희백래어(希伯來語): 히브리어.

頹其宗敎者也라.

德意志人이 實當改革宗敎ᄒᆞ며 並硏究文學之任ᄒᆞ야 遂令敎育改良ᄒᆞ고 文明益進ᄒᆞ야 馴致十九世紀之盛ᄒᆞ니, 然이나 在歐洲之北部ᄒᆞ야 其文學再興ᄒᆞ며 宗敎改革이 行之大不易而卒有效者ᄂᆞᆫ 可以見其人之 堅强矣로다. 盖其間에 有僧侶與學者之競爭ᄒᆞ고 又有煩瑣理學과 與新學之爭ᄒᆞ야 生激烈之抵抗而僧侶도 覺得新學之危己ᄒᆞ고 其抵抗이 尤力ᄒᆞ야 至目爲邪敎에 欲禁人學古文ᄒᆞ니 皆自希柏來與希臘起之니라.

今試擧盡力於古文學ᄒᆞ고 且於宗敎改革에 開其道路者ᄂᆞᆫ 則阿固利廓拉40)氏와 路徹英41)氏와 哀拉司馬42)氏가 爲最善著名者라. 至十六世紀後에 又有路德43)氏, 嘉爾文44)氏, 美蘭其松45)氏ᄒᆞ니라.

▲ 제11호

馬丁路德氏ᄂᆞᆫ 生於千四百八十三年ᄒᆞ야 殘於千五百四十六年ᄒᆞ니 氏가 於宗敎改革에 厥功이 偉矣라. 然이나 於敎育의 改良에도 其功이 亦不細ᄒᆞ니 盖氏가 抗羅馬敎皇ᄒᆞ고 與德意志政府로 爭ᄒᆞ야 辛苦艱難에 終獲改革之效홈이 因建人民政敎의 自由ᄒᆞ야 以助敎育之事業ᄒᆞ니

---

40) 아고리확랍(阿固利廓拉): 위클리프. 16세기 종교개혁은 그 이전에도 이미 선례가 있었다. 성 프란키스쿠스, 페터 발도, 얀 후스, 존 위클리프 같은 중세 교회 내의 개혁자들은 이미 1517년 이전에 수세기에 걸친 교회생활의 악습을 폭로했다. 16세기의 위대한 인문주의 학자인 로테르담의 에라스무스는 교회에 만연된 미신과 도덕적 악습을 공격하고 최고의 교사인 그리스도를 모방하라고 촉구한 자유주의 가톨릭 개혁의 주요 주창자였다. 〈다음 백과사전〉

41) 노철영(路徹英): 얀 후스로 추정.

42) 애랍사마(哀拉司馬): 에라스무스.

43) 로덕(路德): 마정로덕(馬丁路德). 마틴 루터.

44) 가이문(嘉爾文): 칼뱅.

45) 미란기송(美蘭其松): 츠빙글리(?).

其擧動이 皆關係於百事百物이라. 使無敎育이면 宗敎의 改革도 莫寸其成이오, 人民의 一切生計도 終難改良也니 路德이 殫心瘁力ᄒᆞ야 自爲己任ᄒᆞ고 或呈書政府ᄒᆞ며 或陳說於議員ᄒᆞ며 或勸僧侶ᄒᆞ며 或諭人民ᄒᆞ며 或著書ᄒᆞ며 或演說ᄒᆞ며 或作報ᄒᆞ며 或編敎則而踐行之ᄒᆞ야 無遠近無親疎無險易ᄒᆞ고 奮其熱力ᄒᆞ야 以救民爲急務而歸本於敎育ᄒᆞ고 倡言初等敎育之切要ᄒᆞ야 以施普通敎育으로 爲政府之責成ᄒᆞ니 若夫初等敎育과 及 强迫敎育의 原起가 皆路德氏로 因ᄒᆞ야 始明ᄒᆞ얏다 可謂ᄒᆞᆯ진져.

氏之言에 曰 維持學校之費ᄂᆞᆫ 應由國庫任之而使小兒로 入學ᄒᆞ야 以受敎育은 乃父對其子之責也오, 亦一切人民之責也라. 故로 氏가 自立學校ᄒᆞ고 致力於種種助敎育事業之法ᄒᆞ야 千五百二十五年에 氏가 受孟司腓立達[46] 公命ᄒᆞ야 於其鄕里 奧司納本[47]에 立一小學校 及 一中學校ᄒᆞ니 其所定學科와 課程과 與授業法을 他學校가 多倣而行之ᄒᆞᄂᆞ니

氏의 所新設ᄒᆞᆫ 敎ᄂᆞᆫ 分生徒爲三級ᄒᆞ니 第一級은 令讀自己所著之讀書, 入門, 習字, 暗誦古人格言이오, 第二級은 令讀文法ᄒᆞ야 伊曾布喩言과 古人美歌를 讀케 ᄒᆞ며, 第三級은 令讀羅馬文學書호ᄃᆡ 每日에 自正午로 至一時ᄂᆞᆫ 使習音樂ᄒᆞ고 水曜日則敎以宗敎之旨而學科中에 以宗敎로 爲最要ᄒᆞ야 嘗謂一切人民이 須勉讀經典譯本ᄒᆞ야 以明敎旨라 ᄒᆞ고, 因選擷經典而作宜於學校之敎科書ᄒᆞ니 人民이 爭購讀之ᄒᆞ고, 又以歷史로 爲敎科書中最必要而不可缺者라 ᄒᆞ며, 又貴音樂曰 敎師不能敎音樂則不足置於學校라 ᄒᆞ며, 又於體育에 亦極致意曰 運動於淸新空氣中ᄒᆞ야 行合宜之体操者ᄂᆞᆫ 爲兒童之急務라 ᄒᆞ고, 此外則獎勵數學, 理

---

46) 맹사비립달: 미상. 막데부르크(?).
47) 오사납본: 아이스레벤. 독일의 지명.

學호야 爲他日에 擴充學科之用호고, 並望後人於教育法中에 誘起受教者之精神호야 使人以學堂으로 爲欣樂之地케 호니, 氏의 剏立普通教育이 雖非如後世의 完全結搆者나 然이나 可稱普通小學校 剏立之人이오, 亦可謂現今普通教育의 基礎倡立之人也니라.

第六章 教育改良之近代

當時所行教育之缺典

如上篇所述호야 文學이 再興於意大利라가 漸次侵入歐洲호야 變其從來教育之舊法호고 擴張其區域호야 使人之身으로 不爲嚴酷監督의 所幽人호고 其心으로 又不爲狹隘教規의 所繁絏(번설)호며 向之煩瑣理學派는 唯發達於推理力者라. 僅局促於機變之才辯호더니 至此에ᄂᆞᆫ 亦不爲其拘圄役使호고 注意於衛生體育二者호야 專主於心意自由之發育故로 教育理法이 漸暢達於世호니라.

然이나 教育之改革은 固由古文學之再興而起者也니 故로 當時 學者ㅣ 多講希臘羅馬之古語호야 愛華麗之文章호며 止於量慕古人호야 硏求古人之思想호고 不知以己之思想으로 鎔化之호며 且愛玩古代之死語而恥修便於當時之活語호고 又其時에 有非常美術家出호야 於美術에 得非常進步호니 爲此로 擴人世生計之地平線호야 造高尚優美之感情이나 然而於日用所需之材物則猶未見進步焉이라.

及有教蘇之改革홈이 於人身之思想에 發自由探討之精神호고 因之於教育에도 亦有此精神焉호니 盖宗教改革良家ㅣ 於教育改良에도 雖亦盡力이로딕 其思ㅣ 未密호야 流於理論호며 加之以見誇於時尚홈으로 於學古文及古語外에ᄂᆞᆫ 未能有發明完全之教育法也로다.

今學當時所行ᄒ 教育之缺典컨틱 一則偏於文學ᄒ고 其餘學科ᄂ 付
之忽略ᄒ며 二則於長年之人에 知教以文學ᄒ틱 於教育兒童에ᄂ 則不
可意ᄒ며 三則拘泥於書籍之文字而忘自然之文字ᄒ고, 又書籍은 僅有
大人之讀本而不知爲兒童編書ᄒ며 四則僅汲汲然嘗古人之糟粕ᄒ야 譯
古人之書ᄒ며 蹈古人之影ᄒ야 不爲自運思想에 發見知識ᄒ며 探求眞
理ᄒ고, 五則文學도 亦只一人이 研究之ᄒ고, 不教之於學校ᄒ며 即或
教之라도 亦僅誦古人之文章ᄒ야 以解釋文体로 爲事ᄒ니 因此로 以本
國通行之語로 作文者ㅣ 無ᄒ고, 自文學再興於意大利時로 迄歐洲北部
宗教改革時ᄒ야 教育方法이 在於教古文古語而不教授事物國語ᄒ고
徒費日力於難供實用之古書而於可助日用之業務에ᄂ 則置之不顧ᄒᄂ
故로 學校가 只爲古文講學之所而已오, 教育이 不外乎養成其篤信古學
之人才ᄒ야 終於十六世紀토록 其形態가 大抵 如斯而矣니라.

(이하 연재가 중단됨) 11호 이후 발행되지 않음

【번역】 태서교육사 『조양보』 제5호~제11호

제1장 고대 희랍의 교육

태서 개화의 본원

희랍 로마 두 나라가 곧 태서문화를 창시한 자이다. 학자가 지금
개화의 근원을 상고할진대 이 두 나라에서 나옴을 마땅히 알지니 건
축, 조각, 음악, 시문, 역사, 연설, 법률, 정치, 철학 등으로 인문을 촉진
케 하는 모든 원질이 다 이 두 나라에서 비롯하여 그 기준을 전한

것이니, 두 나라의 백성은 또한 굳세고 강하며 인내하고 극기 절제의 미덕을 갖춤으로써 능히 애국하는 마음으로 충용과 절의와 사업을 시작하는 자도 모두 이 두 나라에서 비롯하여 그 유휘(遺徽)를 전한 것이다. 마치 동양 여러 나라에서는 꿈에도 미치지 못한 대의 정치제도도 또한 이 두 나라로부터 전함에 그 의미와 실리가 능히 사람마다 자유로움을 보호하여 사람에게 독립의 마음을 일으키게 하고, 신외 잔혹한 권세에 굴복하지 않게 하여 무릇 행위가 인세의 의의와 지혜를 개명하게 한 것이 적지 아니하다. 또 그 양풍 미의의 풍속이 후세에 드리워 영인 지수함에 족하니 지수(持守)는 분정(分定: 분수를 정함)의 내에서 자연스러운 복리가 있음을 더 알게 하는 것이다.

이로 두 나라가 교육사상에 높은 위치를 차지하여 무릇 교육에 관한 사상이나 그 사업이 모두 후세 사람으로 하여금 인도하고 우러르는 생각을 불러일으키므로, 지금 그 대요를 가려 적고자 한다.

희랍의 국가 정세

그리스는 작은 나라이다. 남북이 겨우 250영리에 불과하고 동서의 가장 넓은 곳도 다만 800영리인데, 고대에는 20여 주로 나뉘어 그 산맥과 항만을 따라 구획하고, 그 풍속이 서로 다르며 그 정부 법률도 심히 소략 누추하고 민속이 확한하여 전쟁이 끊이지 않으므로 그 추장과 호걸은 연합하여 그 권력을 아울러 가짐으로 다른 주를 억제하였다. 그러나 교육사에서는 이러한 논의가 필요하지 않고, 다만 그 가운데 두 주 또는 2~3개의 도부를 살펴보면 그 대강을 가히 알 수 있으니 이 두 도부는 곧 스파르타와 아테네이다.

스파르타의 교육

스파르타는 희랍 도부 중에 가장 강인하고 전쟁을 좋아하는 종족이다. 그러므로 그 교육이 무를 숭상하여 굳세고 강인한 병사를 조련 배양하니 기원전 제9세기에 이 정부의 입법관 리쿠르고스(來古庫)[48]가 법을 정하니 이 주의 사정에 적합하였다. 그 대체를 논하면 제도가 심히 엄혹하나 굳세고 강한 병사 훈련에는 가장 적합한 까닭에 스파르타가 드디어 상비 병식 조련하는 장이 되었다. 그 교육의 순서는 다음 간략히 서술한 바와 같다.

갑. 체육

대개 그 교육하는 법은 체육을 중심으로 하니, 그 제도가 소아를 국가의 재산으로 인식 간주하여 무릇 아이가 처음 태어나면 곧 문안관(問案官)에게 안고 가 검사를 청하면, 문안관이 그 아이가 강장하여 가히 재목의 희망이 있다고 인식한 후에 기르게 하고, 그렇지 않으면 곧 죽인다. 소아가 7세 이내에는 부모 친척의 보호를 허락하나 7세 이후부터는 곧 공적으로 설립한 교육장으로 보내 엄혹한 훈련에 복종하며 익히도록 하고, 먹는 것은 반드시 조려(粗糲)하고 입는 것은 반드시 홑으로 감싸는 데 불과하며 누워 자는 도구는 물가와 들에 스스로 가서 직물을 채취하여 말려 누워 자게 하며, 12세에 이르면 포의(속옷)를 입지 못하게 하고, 일 년 가운데 겨우 죽은 자에게 입히는 것과

---

48) 래고고(來古庫): 스파르타의 전설적인 입법자 리쿠르고스. 기원전 820년에 스파르타 헌법을 제정했다는 설이 있음.

같은 옷만 허용하며, 또 매일 배정한 일상 음식 이외에는 절도하여 먹을 것을 얻도록 장려하여 설혹 실패하면 절도가 졸열함을 책망하고 채찍을 가하며, 또 신체를 강고하게 하고자 항상 체조를 익히게 하니 높이 날기, 높이뛰기, 경주, 각력, 포쟁, 투환 등의 여러 기술이 이에 창시된 것이다.

을. 지육

스파르타의 지육은 문학에 힘쓴 것은 극히 적으니, 겨우 독서 식자만 가르칠 따름이다. 이에 마땅히 체육에 편중하고 지육을 경시하는 세상에서 소년과 노인들로 서로 소통하여 실물 경험의 가르침을 받게 하여, 이에 공동으로 모여 먹는 곳에서 소년들로 하여금 장년 노년과 상호 말을 하고 논란하게 하여 국사를 익히며 지식을 서로 보충하고, 또 그 판단력을 기르게 하여 문제를 여러 차례 내어 깊이 생각하고 탐구하여 답안을 기술하게 하니, 스파르타의 지육은 이에 따라 연구하는 것에 불과하다.

병. 덕육

덕의상 교육은 감복할 것이 매우 많으니 그 젊은이들은 정욕을 스스로 억제하여 평상시 거주할 때에는 겸양과 물러나는 풍토를 숭상하며 큰 일이 닥치면 곧 민첩하고 용감하여 강건하며 굴하지 않아서 갑자기 어려움에 닥쳐도 구차히 도망하지 않으며, 몸을 상하고 목숨을 바쳐 서로 존경하며 갈고 닦고 침유(浸濡)함에 견인의 풍속을 양성하니 능히 추위와 더위와 배고픔과 목마름을 인내하며, 어려움에 복종하지 않고, 나라에 대해서는 또한 순종 친애 돈독한 까닭으로 경로 존장하니 젊은이들이 모두 어른의 충고와 책난을 받아들이며, 또 스파르타에 음악과 시가 교육이 있으니 그 가사 가운데 사납고 억센 뜻이 있음으로, 사람을 부릴 때 무용(武勇)을 따라 분발 흥기를 고취 격려하며 의협의 선비가 되는 것을 귀하게 여기고, 나약하고 초췌한 사람을 천하게 여긴다.

정. 여자 교육

건장한 인재를 얻고자 하여, 여자 대우를 남자와 또한 동등시하여 교육 장려의 술이 갖추어져 있으니 우미한 덕과 친애의 정을 기르니, 이로 스파르타의 여자도 애국심을 모두 갖추어 비겁함을 수치라고 하며, 어머니와 아내로 전사자를 감히 슬퍼하지 않으며, 어머니가 아들을 전장터에 보낼 때에는 반드시 경계하여 말하기를 방패를 잡고 병사를 가리기보다 차라리 적의 방패를 빼앗아 돌아옴만 같지 못하다 하여 이로써 서로 경계한다.

무. 결과

무릇 스파르타의 교육은 한마디로 상무교육이니 이로 말미암아 교육을 받아 마땅히 장수를 기르며 혹은 편장 비장의 재목과 불굴의 무사를 양성한 까닭으로 능히 아테네를 공격하여 패배시키므로 당시에는 적이 없어, 희랍을 여러 나라의 우두머리로 추앙한 것이 이로 말미암은 것이다. 살라미스(森莫比拉)[49]에서 만들어진 영명 무쌍한 레오니우스(勞尼達士)[50]와 그 삼백 용사를 보면 또한 상무의 교육을 가히

알 것이다.51)

아테네의 교육

아테네의 처음 융성할 때는 기원전 600년이니 솔론52)이 통령이 되었을 때 옛적 달뢰조53)의 가혹한 법을 바꾸어 인의를 겸비한 새 법을 편제하여 교육을 장려하되, 그 아버지되는 자로 아들을 가르치지 않으면 후일 늙어서 그 자식에게 봉양 받을 권리를 잃게 하니, 아테네의 가장 융성함은 페르시아와 전쟁한 후이나, 기원전 480년에서 530년에 이르기까지는 스파르타가 공격하여 패함으로 정치 주권을 잃었으나, 문학과 기술을 돌아보건대 조금도 쇠퇴하지 않고, 철학자는 특히 희랍 전국에서 가장 두드러졌으니 후세의 모범이 될 만했다. 그러나

---

49) 삼막비납(森莫比拉): 살라미스.

50) 노니달사(勞尼達士, ?~BC480): 레오니우스. 스파르타의 왕.

51) 스파르타의 삼백 용사: 게일의 『유몽천자』 권2에도 등장하는 이야기임.

52) 사륜(梭倫): 솔론(BC630경~560경). 아테네의 시인·정치가. 그리스의 7현인(七賢人) 중 한 사람으로 알려진 그는 배타적인 귀족정치를 종식시키고 금권정치로 대체했으며 새로이 좀 더 인도적인 법을 도입했다.

53) 달뢰조(達賴爪): 그리스 아테네의 귀족 계급을 지칭한 말로 추정. 6세기 초는 아테네인들에게 또다른 면에서도 어려운 시기였다. 세습 귀족계급인 에우파트리다이가 사회 전반을 지배하면서 가장 좋은 땅을 소유하고 정치를 독점하며 자신들끼리 파벌싸움에 골몰해 있었다. 가난한 농민들은 쉽게 그들의 채무자로 전락해 빚을 갚지 못할 때는 자기 소유의 땅에서 농노 신세가 되거나 심한 경우는 노예로 팔려가기도 했다. 중간계급인 중농·수공업자·상인은 정치에서 배제된 것에 불만을 품고 있었다. 솔론이 다음과 같이 설명했듯이 아테네인은 어느 누구도 이같은 사회적·경제적·정치적 해악에서 벗어날 수 없었다. "이러한 공중(公衆)의 해악은 어느 집에나 들이닥치기에 대문으로도 막지 못하고 높은 담이라도 뛰어넘으며 누가 침실 한 모퉁이로 몸을 숨긴다 해도 끝내 찾아내고 만다." 솔론이 아니었더라면 공중의 해악은 다른 그리스 여러 도시에서 그랬듯이 혁명과 뒤이은 참주정치(독재)로 귀결되었을지도 모른다. 아테네인들은 어느 계급을 막론하고 모두가 전반적으로 만족할 만한 해결책을 찾으려는 희망을 품고 솔론에게 의지했다. 솔론은 중용을 믿고, 각 계급이 고유한 지위와 역할을 갖는 질서있는 사회를 신봉했기 때문에 그의 해결책은 혁명이라기보다는 개혁이었다. 〈위키백과〉

이 지역의 나쁜 풍속은 아내로 하여금 남편의 노예가 되게 했으니, 내실에 늘 가두어 두고 남편이 시키는 일만 하도록 한 까닭에 아테네는 개화의 원질이 부족하여 그 망함이 빨랐으니, 후세는 마땅히 이를 경계할 것이다.

갑. 아동교육

아테네의 아동은 6~7세에 이르면 가정교육법을 써서 그 모와 보모를 고용하여 속으로 가르치다가 7세 이후에는 어미와 유모의 손을 떠나 외부(外傅)에게 옮겨지니, 이 외부는 페이다고고스[培達濶克]54)라 불리며, 소아를 인도하여 교육을 받게 하되, 그 스승의 소임은 매우 많아서 때로 종자(從者)가 되며, 따로 수호자가 되고, 때로 상담인이 되며, 때로는 감독자가 되어 아동과 늘 함께하여 유희하고 산보함으로써 학교에서 스승과 제자가 떨어지지 않으며 초등의 학을 배우니, 무릇 학교는 똑같이 정부가 관리하고 초등의 학과는 독서, 습자, 철자, 산술이니 12세에서 14세까지 가난한 사람은 평범한 공업 상업을 배우다가 간혹 그치는 자도 있으나, 부자는 나아가 시문, 음악, 수학, 철학, 신학 등의 제반 고등 학과를 공부하며 18세에 이르면 공민의 적에 등록하고 공무에 나아가게 하며, 2년 후에는 자기의 뜻에 따라 학문에 종사하는 것을 허락하니 무릇 희랍의 가르치는 법이 이와 같아, 학문에서 생계에 종사하는 자는 능히 그 임무를 다하지 못하고,

---

54) 배달활극(培達濶克, paidagogos): paidagogos는 '어린이'를 의미하는 pais 혹은 ped가 변형된 paidas와 '이끌다, 지도하다, 안내하다'라는 뜻의 agogos가 합성되어 교육 노예라는 의미로 쓰인 말이다. 영어에서 Paideia 파이데이아는 고전적 교육이념을 의미하며, 불어에서도 pédagogue[페다고그]하면 교육가, 가정교사라는 뜻으로 쓰이는데, (고대에 주인의 아이를 학교에 데려가던) 노예를 의미하기도 한다.

한가한 사람이 이러한 일을 강구하여 밝히는 까닭에 영어에 사확아(司廓兒),55) 프랑스 어에 애확아(愛廓兒),56) 독일어에 서오이(西烏爾)57)로 각 학교의 이름을 붙인 것은 대개 희랍의 사확이(司廓爾)58)라는 한 단어에서 비롯된 것이다. 대개 '한가'라는 의미를 함유하고 있다.

을. 미육

아테네 교육의 종지는 미육에 있으니, 스파르타와 달라 미려의 정신은 미려의 신체에 있음으로 체육과 지육을 모두 합해 미육으로 발달하게 한다 하여, 음악, 조각, 건축, 시문, 희곡에 집중하여 정묘한 데 이르게 하였다. 무릇 이들은 신체의 우미를 구함이요, 또 체조술을 가장 장려하고 수영법을 더욱 중히 여겨 빈민은 겨우 글을 읽고 ○수상법59)의 세 종류만 알면 족하다 하는 까닭에 어린이는 다른 일은 폐지하고 ○수를 먼저 익히니, 아테네인은 정녕 아이합배달(阿爾哈培達, 문자의 자모로 우리나라의 ㄱㄴ과 같다)60)은 알지 못할지언정 수영을 알지 못하는 자는 무식한 사람을 면하지 못하고, 체조는 신체의 강장을 목표로 하지 않고 단지 신체의 미관에 존재하며, 학교에도 음악을

---

55) 사확아(司廓兒): 스쿨.

56) 애확아(愛廓兒): 프랑스 어 스쿨.

57) 서오이(西烏爾): 독일어 스쿨.

58) 사확이(司廓爾, schole): 스콜라. 본래 '한가하다'라는 뜻을 갖고 있다. 스콜라는 고대 그리스 어에서 '여유'라는 뜻을 가진 스콜레($\sigma\chi o\lambda\eta$)를 라틴어로 (schola) 소리 나는 대로 적은 낱말로서 오늘날 '학파'라는 뜻으로 이해되고 있으며, 특히 9세기에서 15세기에 걸쳐서 유럽의 정신세계를 지배하였던 신학에 바탕을 둔 철학적 사상을 일컫는 데 쓰이고 있다. 때문에 철학사에서는 이 시기의 철학을 통틀어서 흔히 스콜라 철학이라 부르고 있다. 〈위키백과〉

59) 원문에 ○水商法으로 기록되어 정확한 해독이 어려움. '○水'와 '상법(商法)'으로 해석됨.

60) 아이합배달(阿爾哈培達, 문자의 자모로 우리나라의 ㄱㄴ과 같다): 알파벳.

활발히 이용하여 그 정신을 잘 발휘하며 질서를 조화롭게 하고, 정욕을 안정되게 하고자 하였다. 그 음악의 용도가 셋이니 첫째는 실제에 늘 상용하는 것으로 감화가 그 용도요, 둘째는 법률로 시가를 지어 공포함이요, 셋째는 종교적인 용도이다.

병. 철학자

아테네에 세 철학자가 있어 각기 미려하고 재주 있는 젊은이들을 가르쳤으니, 세 사람은 곧 소크라테스[蘇格拉弟],[61] 플라톤[栢拉圖],[62] 아리스토텔레스[亞理斯大德][63]이다.

소크라테스는 그 가정에서 가르치되 학교를 세우지 않았고, 플라톤의 아카데미아[阿加達米耶][64]와 아리스토텔레스의 루케이온[臘伊司某][65]은 모두 가장 큰 학교로 한 사람이 관리한 것으로 그곳에서 실시한 교육은 오랜 시간이 흘렀으나 고상한 학과를 강구하고 쓸 만한 법칙이 가히 오늘날 실제로 웅변의 효시였으니, 모두 희랍 교육의 광휘가 당시에 빛나고 후세에 전해진 것은 모두 이 세 사람이 남긴 것이다.

---

61) 소격납제(蘇格拉弟): 소크라테스. 다른 문헌에서 '소격납저(蘇格拉底)'로 차자하기도 하였음.

62) 백납도(栢拉圖): 플라톤(기원전 427~349). 소크라테스의 문하생.

63) 아리사대덕(亞理斯大德): 아리스토텔레스(기원전 384~322). '亞理斯多得里' 또는 '亞理斯多德'으로 차자하는 경우도 있음.

64) 아가달미야(阿加達米耶): 아카데미아. 플라톤이 아테네 교외의 '아카데모스(Akademos)' 체육장에 연 사숙(私塾).

65) 랍이사모(臘伊司某): 루케이온. 아리스토텔레스가 아테네 교외 있는 루케이온(Rukeion)에 세운 사숙(私塾).

소크라테스 전

소크라테스는 기원전 496년에 아테네에서 태어났으며 성장하여 학문을 이룸에 교수로 일생을 마감했으나 학교를 세우지 않았기 때문에 제자 또한 드물었다. 그러나 그 계발하는 힘은 일세에 보편적으로 미쳤으니, 그가 의문을 잘 제시하여 가르치는 사람들에게 분석하도록 잘 했으므로 학교에 있거나 혹은 시장 거리에서 상인, 공장인, 고용인, 광대 등을 만나면, 문득 의문어로 어려운 것을 물으니, 처음은 비록 사람들이 그것을 비웃으나 시간이 지난 뒤, 반드시 곁에서 듣는 이가 그 말의 오묘함을 느끼는 까닭에, 마침내 숙연하고 조용히 들으니, 무릇 교변가(巧辯家)가 종횡의 술로 멋대로 하다가 소크라테스의 의론을 들으면, 때때로 그 오류를 스스로 인정하고, 교만스럽게 오만한 젊은이들도 그의 말을 들으면, 곧 반드시 그 방자한 마음을 억제하고, 정치가는 그 의연의 오류를 인식하게 하며, 밭가는 사람이나 야만인들도 그의 말을 들은즉, 능히 미지의 진리를 깨닫게 하여, 인생으로 하여금 돈연히 스스로 깨닫게 하니라.

그 교수의 방법이 담화로 의문을 제시하고 사물을 취해 분석하거나 혹은 사람이 능한 바를 따라 한마디 말을 더하여, 스스로 개념을 환기하게 하며, 혹은 미묘한 의문을 제시하여 스스로 반성하게 하며, 그 중심에 들어 있는 진리를 자성하게 하거나 혹은 사람으로 하여금 오류의 방향으로 행동하게 하여 그 미혹됨을 깨닫게 하니, 그 해석한 말들이 명료하고 언어가 간략하며 또 비유나 예시를 드는 일도 매우 익숙한 까닭에 사람마다 쉽게 스스로 깨우치며, 아동을 가르칠 때에도 문자를 사용하지 않고 다만 언어로 문답하여 능히 진리를 발견하게 하고, 그 미혹됨을 스스로 이해하게 한다. 지금 그 예를 들어보면 다음과 같다.

소크라테스가 모래 위에 선 하나를 그리고 아동에게 말하기를 이 선의 길이가 얼마냐?

아동이 말하기를 일척입니다.

또 한 선을 그리고 말하기를 이 선은 얼마냐?

아동이 말하기를 이척입니다.

또 묻기를 제이선의 평방은 제일선의 평방과 비교하여 크기가 몇 배인가?

아동이 말하기를 두 배입니다.

다시 평방을 가리켜 묻기를 너는 이것을 보아라. 실제 크기가 몇 배인가?

아동이 말하기를 네 배입니다.

소크라테스가 말하기를, 잘했다. 이것이 크기를 비교한 것이다.

플라톤의 교육

기원전 429년에 플라톤이 아테네에서 태어나 소크라테스의 문하에서 공부하고, 무릇 10년에 이집트와 이탈리아에 유학하다가, 아테네에 돌아와 아카데미를 세워 가르쳤는데, 아리스토텔레스와 티마이오스(?)가 유명한 제자이다. 그는 일생동안 철학에 힘써 『달오라극사(티마이오스)』(?)라는 저서가 후세에 전한다.

그의 교육법은 체조와 음악을 가장 중시하고, 지육에는 산술, 기하, 천문, 수사, 철학 등을 익히게 하여 높고 심원한 지력을 연마하도록 하고, 덕육에 이르러서는 신과 어버이와 국법을 존경함을 설명하였다.

아리스토텔레스의 교육

기원전 384년 그가 마케도니아 국에 태어나 성장하여 아테네로 옮긴 뒤 철학자 플라톤의 문하에서 수학하니 그 학도 중 지혜로운 자로 저명하게 일컬어지더니 후에 알렉산더 대왕의 스승이 되어 총애를 받았다. 왕이 아세아를 정벌하고 돌아오니 리케이온을 설립하고 13년을 가르칠 때, 항상 나무 그늘에서 소요하며 문인을 가르치되 오전은 뛰어난 제자들을 모아 철학과 과학의 심원한 뜻을 강의하고, 오후는 정치 윤리 수사 등의 학과로 보통의 의미를 강론하였다.

그의 신체는 극히 약했으나 이룬 바 사업은 극대하니 모두 그의 학문이 먼저 당시 제학과를 두루 통하고, 또 윤리학과 동물학을 새로 창시하여 그 저술이 매우 많으니, 정치학, 윤리학, 논리학, 수사학, 동물학 등의 저서가 모두 전해진다. 동물학 연구를 할 때에는 알렉산더 대왕이 각지의 동물을 두루 수집하여 그 연구에 제공했으므로 그가 능히 사물의 이치를 깊이 깨달았다.

그의 철학이 후세에 미쳐 거듭 그 서적이 경전과 같이 취급되었으므로 이론(異論)을 품은 자는 이단으로 배척하더니 문학이 재흥한 이후 그의 이름이 다소 쇠퇴했으나 지금에 이르러 다시 세상에 재현하니 일찍이 소아 때에 체육을 베풀어 타일 지육과 덕육을 받을 준비를 해야 한다고 하였다.

제2장 고대 로마의 교육

로마의 국정

무릇 역사를 읽는 자가 구미 여러 나라의 사정과 형편을 밝히고자 할진대, 반드시 로마사를 연구해야 하니, 대개 로마인은 옛날로부터 지중해의 부근과 아시아 서방과 아프리카 북방의 문화를 모두 집성하여 후세에 제공함으로, 근세 문명이 이로부터 말미암았다. 그러므로 고대사는 그 문화가 로마에 모이고, 근대사는 그 문화의 근원이 또한 로마로부터 시작한 것이다. 로마제국이 멸망한 이후 천여 년이 경과하여 지금에 이르렀으나, 그간 언어와 풍속과 습상과 제도와 법률 등의 사정이 변한 모습이 심히 많으나, 오직 교육사에 이르러서는 희랍보다 적으니 로마사는 2천년을 지나도록 사업이 창성함은 가히 숭상할 것이 없지 않은데, 처음에는 불과 작은 식민지로부터 나아가 우주 내를 통할하고 문명의 대표자가 되어 호걸 위인의 사적이 매우 많다. 그러나 교육학을 오로지 한 것은 심히 적은 까닭에 이로 로마인은 문학 과학을 좋아하는 사상이 드물고, 실용을 중히 하는 풍습이 있음을 가히 알 수 있다.

지금 대저 교육자는 자기 일면으로 보면 또한 실사를 위주로 하나 진실로 그 철학상의 원리는 인성의 지식과 인류 운명의 이치로 근본을 삼으니, 만약 로마인이 전쟁만 힘쓰고 일찍이 그와 관계된 것들을 깨치지 못한 것은, 대개 로마의 초기에 사방이 적국으로 둘러싸여 힘껏 저항하고 방어하지 못하면 곧 멸망에 이르고 쇠약해질지니 어찌 이탈리아 반도의 웅장함을 얻을 수 있었겠는가. 그로써 외적을 막고 타국을 침략하는 주의로 그 국민을 결집하여 애국심과 권업심을 흥기하여 세상에 빛나는 바가 있으니 이는 로마가 강성한 원인이다. 곧 이와 같이 로마인의 정신은 본국을 방어하며 다른 나라를 침략함에 있고 문예 과학 등 교육상에는 허둥거림이 있었다.

로마는 왕정에서 공화정 말까지 학교의 교육이 없었고, 그 자제는 겨우 부모에게 교육을 받을 뿐이었다. 그러나 교육이 또한 오직 체육과 덕육 혹은 병식교육이라 일컫는 것과 종교교육이 있으니, 소위 도덕은 종종 어떤 일에 따라 이루어진 것이다. 무릇 부모의 권력이 무한하여 자녀가 된 자는 곧 순종하여 가정의 법률을 엄히 준수하고 어머니는 한 가정 내에서 능제(綾提)66)를 보호하는 교사이요, 종교의 세력도 가내에 미칠 뿐이니, 무릇 사람이 어떤 일이나 행위에 모두 신이 있어서 감찰한다고 하여 로마인은 어렸을 때부터 반드시 12개의 패(牌)로 교육하니 곧 로마법에 자연스럽게 약속된 것으로, 그 주지는 사람으로 하여금 신성을 믿고 복종하게 하여 감히 침범하지 못하게 하는 것이다.

로마의 고대 교육의 형식은 스파르타와 비슷하더니, 공화정 말기로부터 제정시대에 이르러 그 풍속이 변하여 아테네의 학문을 따르니, 그때는 풍기가 강폭(剛暴)하고 민정이 광한(獷悍)하다가 희랍을 정복한 뒤, 도리어 그 변화를 받아 문아(文雅)를 배우며 미와 선의 풍속이 변화하였다. 그런즉 로마의 문운은 실로 아테네에서 기원한 것이다. 희랍을 멸한 후 학자들이 서로 아테네에 유학한 뒤 돌아와 국내의 교사가 되니 이에 사람들이 학술을 점점 좋아하고, 재예를 사랑하며, 학교를

---

66) 능제(綾提): 가사를 일컫는 말로 보임. 사전 미등재어.

세우기 시작하여 각종 교육이 흥했다.

제정시대 초기의 교육은 7세 된 아동에게 실시하였는데, 학과는 독서, 습자, 산법이며, 또 당시 일체 습속이 문자의 독법과 질서를 먼저 가르치고, 그 다음에 자형과 산법을 가르치며, 12세에 이르면 초등 교육을 마치고, 고등학교에 입학하여 희랍어를 공부하며, 문법을 익히고 시문, 연설, 사기, 철학 등을 연구하며 고금 명가의 시문을 암기하고, 15~16세에 이르면 성인의 의복을 입고 그 직업을 각각 선택하여 그와 관련된 학술만 전문으로 종사하게 하니, 농업, 병사, 정치, 법률, 연설 등의 학문을 이로부터 선택하기 시작한다.

로마의 교육가

이상 기술한 바와 같이, 로마인은 사업에 장점이 있고 사상에는 발달한 것이 없으니 큰 학업을 이룬 교육가는 보지 못했으나, 교육사에서 가히 기록할 만한 자는 제정시대에 겨우 곽영질리안(郭英迭利安)[67]

---

67) 곽영질리안(郭英迭利安, 퀸틸리아누스, (영) Quintilian 35경~96(?)): 로마시대의 교육가, 수사학자. 그가 쓴 수사학에 관한 책『웅변교수론(*Institutio oratoria*)』12권은 교육이론과 문학평론에 중대한 공헌을 했다. 퀸틸리아누스는 스페인 북부지방에서 태어났지만, 로마에서 교육받은 것으로 여겨진다. 나중에 그곳에서 당시의 훌륭한 수사학자인 도미티우스 아페르의 지도를 받았으며 그후로 한동안 법정에서 변론가로 활동했다. 57년 이후에 고향인 스페인으로 떠났으나, 68년에 로마로 돌아와 수사학을 가르치기 시작했으며, 동시에 법정에서 변론가로도 활동했다. 베스파시아누스 황제 치하(69~79)에서 라틴어 수사학을 가르치는 대가로 최초로 국가로부터 봉급을 받았으며, 티투스 황제와 도미티아누스 황제 치하에서는 로마에서 지도적인 교사로서의 직위를 갖게 되었다. 88년에 이 자리에서 물러난 것 같다. 도미티아누스 통치(81~96) 말엽에 황제의 두 상속자(그의 손자들)의 교육을 위임받았으며, 그 소년들의 아버지인 플라비우스의 호의로 집정관(ornamenta consularia)이라는 칭호를 받게 되었다. 아마도 그는 도미티아누스가 암살된 직후에 죽은 것 같은데, 이때 젊은 아내와 두 아들을 남겼다. (…중략…) 퀸틸리아누스의 것이라고 판단되는 2개의 웅변술 모음집이 지금도 남아 있다.『대변론집(*Declamationes majores*)』은 대체로 가짜인 것으로 판단되었고,『소변론집(*Declamationes minores*)』은 학생 중 한 사람이 퀸틸리아누스

416

한 사람만 있고, 그밖에는 보기 어렵다.

퀸틸리아누스는 저명한 교육가이다. 기원 40년에 스페인에서 태어나니 처음에는 법률만 배우다가 후에 문학을 숭상하여 교사가 되어 그 이름을 영원히 전하니, 그가 저술한 〈재변법(웅변교수법)〉은 당시의 교육서 중에 가장 뛰어난 것이자 후세 교육가의 기준이 되었으며, 그 학설이 지금 교육설과도 부합한 점이 많다. 그는 아동이 어렸을 때 교육을 받기가 쉬우니 마땅히 교육을 실시하는 것이 제일 중요한 일이므로, 아동이 외물을 처음 감각하면 인상이 생겨나서 오래 남음이 뚜렷하니, 새로운 술병 안에 액체류를 처음 넣어 그 향기를 맡는 것과 같아 쉽게 잃지 않는다고 하였다. 또한 아동의 정신을 요란하게 하는 것은 힘써 삼가고 피해야 한다고 하며, 아동으로 하여금 배움에 힘쓰게 하되, 그 도를 놀이하는 가운데 하도록 하는 것이 좋다고 하였다. 또 말하기를 교사가 가장 주의할 것은 아동의 심의와 성질과 아동의 기억력 및 모방력에 관계됨을 반드시 관찰하여 아는 것이 긴요하다 하고, 또 말하되(공부하는 사람을 위해 작은 성공이 위험함을 즐기지 말지며?), 또 그 도덕 훈련법을 논하여 말하기를, 두려움을 갖는 자는 타인을 제압하는 자라, 아동의 품행은 천진함을 바탕으로 할 것이며 두려움으로 교정되는 일은 없으나 세속은 이 이치를 알지 못하여 왕왕 아동에게 강제하며 심할 때에는 늘 채찍을 가하여 성내는 마음을 격하게 하여 다시 그 악함을 키우니 이로 교육의 바른 예는 근면을 중심으로 하고 신체에 벌책을 가함은 취하지 말아야 한다고 하였다.

가 강의한 것을 기록한 판본일 가능성이 있다. 『웅변교수론』이라는 교재는 피렌체 사람인 포조 브라치올리니에 의해서 재발견되었다. M. L. Clarke 글 〈브리태니커〉

제3장 중고 구주(歐洲)의 사정

로마 제국의 멸망

구주 중세사에서 5세기 서로마제국의 멸망으로부터 15세기 동로마 제국의 멸망에 이르기까지 일천 년 간은 곧 상고의 학문이 절멸하고 근세 학문이 흥기한 관건이 되나, 그 시기 구주 여러 나라가 모두 몽매 무지하여 멸망에 빠짐으로써, 역사가들이 일컬어 암흑기라고 하니, 그 암흑 불명함을 일컫는 것이다. 로마제국이 멸망한 원인은 내외 두 가지가 있으나, 그 내적 망국 요인은 국민 도덕이 부패함이요, 그 외부 요인은 북적인의 침략 때문이다. 로마의 망국이 이 두 요인이 있음을 깨닫지 못하고 정치를 개량하여 그 실패를 구하지 못했기 때문에 멸망에 이른 것이다.

소위 북적인은 곧 덕의지(德意志)[68]의 인종이니 오고사정(奧古斯丁) 제[69] 때로부터 이미 로마의 강적이 되었는데, 그 후 침략이 끊이지 않아 로마인이 괴롭게 여기는 것이, 중국의 흉노와 몽고의 우환과 대략 비슷하니 제4세기 말부터 제5세기 초에 이르도록 독일 민족과 객사족(喀斯族)[70]과 니사달이사족(尼斯達爾士族)[71]과 흉노족 등의 야만 민족이 구주의 북방과 아시아 서쪽으로부터 로마에 침입하여 로마 제국의 영토에 할거하니 이때 당시 세계의 도부, 문명의 추극, 학문의 연못이라 하던 곳이 객사족(喀司族)에게 잔혹히 훼손 절멸하였으니

---

68) 덕의지(德意志): 도이치. 독일. 게르만.
69) 오고사정(奧古斯丁) 제: 오도아케르(433~493).
70) 객사족(喀斯族): 미상
71) 니사달이사족(尼斯達爾士族): 미상

이로부터 제11세기에 이르기까지 암매함이 극히 심하여 문화가 참담해지고 교육이 쇠퇴하고 서책 기록이 산실하여 귀한 사람도 글 읽기가 어려우니 하물며 학정 진흥이 어떻겠는가.

구주 북부 야만인의 정태

희랍 로마 고대 개화이 성세를 파괴하고 다시 근세문명의 씨를 뿌린 자는 곧 구주 북부의 야만 민족이다. 그러므로 중고의 교육사를 서술하고자 하면 이들 야만 민족의 성질을 간략히 언급하여 그 원류를 고찰해야 한다.

당시 일이만이라고 일컫는 지방이 지금 독일, 오스트리아, 폴란드, 네덜란드 등의 지방이다. 로마의 속지와 비교하면 기후가 한열(寒冽)하고 토지가 황량하여 긴 삼림 연못이 많고 맹수가 번식하였는데, 독일인이 이 가운데 서식하여 담박하게 생계를 꾸리니, 남자는 전렵과 전쟁을 주로 하고 부인은 가정을 다스리며 농작을 행하니, 남자는 어렸을 때 부모를 따라 전렵에 종사하며 산천을 두루 돌아다녀 병무를 능히 익히고, 평상시 유희에서도 격자와 검무를 좋아하여 이로 자유롭게 생활의 운동을 삼으니 능히 골격이 강건하고 체력이 장대하여 어떤 어려움도 능히 지탱할 만했다. 로마인이 그 강교함을 두려워하여 더불어 감히 대항하지 못하니 독일인이 더욱 방자히 횡행하였다. 또 독일의 풍속은 남자가 성년이 되면 공회에 나아가는 큰 예식이 있어 완전한 남자가 되는 신부와 병기를 받는데, 그 이후는 항상 이를 휴대하여 몸에서 떼지 않고 혹은 단신으로 전투에 참가하고 장수를 따라 전진에 임하기도 하였다.

독일인이 가장 중시하는 주의는 자유의 정신과 독립하여 구속되지 않는 지조와 기력의 굳세고 강함과 결단의 용감함이다. 그러므로 사람들이 붕우나 적에게 모두 신실의 도를 다하며 또 의기를 중시하고 널리 사람을 사귀는 풍습이 있으며 천성이 자비하여 예수교의 박애주의에 가장 적당하였다. 그러므로 로마를 멸망하고 그 문명을 수용하여 다시 예수교를 개량하여 근세에 전파하니 이 인종이 처음 개화의 정도는 낮았으나 오직 체력이 로마인보다 나음으로 로마인과 교통하여 그 풍습과 학문을 고치고 일체의 사물을 모두 로마에서 취하여 모범을 삼아 지력을 크게 떨쳐 가장 높은 세계 문명을 이루어 근세 철학, 과학, 정치, 종교가 모두 이 인종으로부터 나온 것이다.

▲ 제7호

제3장 야소교와 교육의 관계

예수교는 제2세기 말 구주에 크게 유행하여 그 구래의 습관이 일변하고 이로 인해 로마인의 사상을 개량하게 하니 모두 능히 사람의 좋은 지식을 취하여 진보를 유도하게 하여 원질을 새롭게 하는 까닭에, 정치의 횡려(橫戾)함에 원수처럼 저항하지 않고, 그 반항력을 증진케 하였다. 그 가르침은 사람의 일부를 제한 외에는 사회에 구속되지 아니하고, 육체에 연연하지 아니하여 만약 이해의 형상이 있으면 응당 국가에 충성을 다할 것이며, 군정 하에서는 응당 그 군주에게 복종하며, 공화정의 국민이 된즉 응당 힘을 다해 공화정치의 사업을 성취할 것이며, 응당 그 생명을 아끼지 않으나 사람의 영혼에 이르러는 진실로 자유로이 활발하여 세계의 쓸모가 되지 않고 지응(祗應)하여 하느님께 충성을 다한다.

그러므로 예수교의 주의는 희랍, 로마인이 생각하는 것과 같지 않고, 또 재주를 닦아 국용에 제공하지 않고, 육신을 벗어나 영혼으로 하여금 빈 배를 타고 천국에 오르게 하는 데 있다. 또 인생이 모두 동일한 목숨으로 하느님이 장악하는 데 있으니 부귀빈천이 다름이 전혀 없는 까닭에 빈민이나 천한 남녀의 노예라도 일시동인(一視同仁)할 교육이 있으니, 자유로운 관념으로 평등을 더하는 관점이니 공의와 정도로 사람이 마땅히 있어야 할 이상을 다하게 하는 것이 예수교의 가르침에서 가장 선하고 아름다운 것이다.

예수교는 또 현재를 멸시하고 미래의 행복을 오로지 기도하여 혹 사람의 몸을 죄수와 같이 보아, 육체에 고통을 가한즉 영혼이 가히 신령의 영에 이르리라 하여 신비의 법에 치우쳐, 내세에 과요(誇耀)하고자 함으로써 마음이 천국에 들어갈 것을 기약하니, 어려운 신고를 능히 인내하여 인세의 일체 쾌락을 단호히 포기하니, 현재 세계에 심히 부덕한 사람을 추론하고자 하면 부득불 사람에 비교하여 심히 존엄하고 고상한 하나님을 들어 그 모범을 보일 것이니, 상제가 신성 완전하다 하며, 인류는 미약하고 보잘 것 없이 열등하다고 하여, 사람의 사상이나 행동이 모두 하나님의 지식과 관련된 것이라고 하였다. 따라서 이 종교를 믿는 사람은 승려(목사나 신부)에게 의지하여 미래의 행복을 기도하며, 미래에 평안함을 추구하니 목회자(승려)의 권세가 점점 증대하여 철학과 문학이 모두 신학의 영역에 매몰되고 학문의 사상이 없어지기에 이르렀다.

대개 인류의 진화의 모습이 하천이 계곡을 돌아 흐르며 들판을 에둘러 흘러 바다에 도달하는 것과 같아 결코 곧바로 흐르는 것은 아니다. 혹은 왼편으로 흐르며 혹은 오른편으로 흘러 진보하는 것이니 그러므로 예수교가 전해지기 이전 희랍, 로마인이 현세의 행복에 오로지 관심을 기울여 신체의 극진한 쾌락을 추구하더니 그 해가 함께 미쳐 그 참상이 차마 보기 어려운 상황에 도달하였다.

그러므로 예수교의 설교는 미래의 행복을 논하여 이르기를, 무릇 사람이란 자는 모두 신의 아들이요, 그 본성이 또한 신과 같은 까닭에 신체는 비록 죽으나 영혼은 불멸하여 내세까지 이른다고 하며 지금 세상의 부귀와 영예는 족히 귀중한 것이 못된다고 하니 자고로 보건대 사람이 혹 영귀를 얻어도 능히 영구히 누리지 못하니 이는 쾌의라는 것이 화와 해를 입음을 반증한다고 하였다.

당시 희랍 로마가 쇠퇴하여 사람마다 그 끝의 참화를 보고, 현세는 이미 실망하여 모두 항상 아픔이 남는 까닭에 미래를 희망하는 상상력이 날로 증대하여 드디어 천국을 깊이 믿고, 교의에 신앙이 더 심한 자는 이른바 종교계에만 진리가 있고 만물계는 창 속과 같다 하여 삶이 끝나는 의미가 이 만물계를 피하는 데 있으니, 그로 인해 사회의 도덕이 부패함을 증오하여 철학과 문학까지도 악한 데 이르니, 교왕과직이라고 하는 비판을 면하기 어렵다.

예수교의 원위(源委)는 위에 서술한 것과 같이 믿음을 지키는 데 독실하므로, 시기 고집의 관념이 일어나 철학 연구와 경계를 이루며, 문학을 이론(異論)으로 간주한다.

객이달서(喀爾達西)[72]의 수도사 달투리안(達偸利安)[73] 같은 자는 제3세기 초 다른 종교를 극히 싫어하여 철학이나 문학은 연구하기 마땅하지 않으니 연구하는 것은 심히 잘못된 것이어서, 교만을 증장하는 길이니 당연히 천히 여겨야 할 것이요, 또 고문학을 공부하는 자로 하나님의 눈을 도둑질하였다고 하여 또한 천업으로 배척하였다. 성 오고종(奧古宗)74)은 목사가 다른 종교의 책을 읽는 것을 금하여 희랍인이 말한 신체 강장이 정신을 연마한다는 설을 일체 억제하고 그 자취가 끊어지게 하였으며, 음식을 경계하고 욕정을 억제하여 육신을 죽여 영혼의 적을 극복하도록 해야 한다고 하였으며, 사람의 정신도 또한 엄숙함을 위주로 하여 성 길라의모(吉羅倚姆)는 음악을 금지하고 잘 입고75) 잘 먹는 것을 금했으며 밤낮으로 단지 기도하고 성경을 암송하는 것으로 일을 삼았으며 이 거짓된 세상에 존재해도 또한 은 둔 유거의 생활을 하는 것이라 하였다.

이때 희랍 로마의 학문이 대개 어둡고 거칠어 학교가 널리 퍼져 있으나 제5세기부터 제10세기까지 모든 후백이 대개 무식함을 과시하여 일반인이 교육을 행하는 자가 사람에게 사치함을 가르치는 것이라 하되, 오직 승려만 진리를 닦아 교육의 특권을 갖고 세인에게 포교한다고 하나, 이때 승려가 능히 글을 알고 짓는 것이 몹시 적으니, 대저 중고시대에 사람이 몽매무식에 빠진 것은 진실로 종교의 무리들이 세무(世務)를 경시하고 철학과 학문을 배척한 데서 비롯된 것이다.

그러나 또한 교도에게 그 허물을 오로지 전가할 수는 없으니 무릇

---

72) 객이달서(喀爾達西): 카타르로 추정.
73) 달투리안(達偸利安): 미상.
74) 성 오고종(奧古宗): 미상.
75) 성 길라의모(吉羅倚姆): 미상.

학문을 연구함에는 안심한가가 아니면 불가하니 당시 구주 전부의 봉건 제후들이 날로 전쟁을 하여, 인민이 그 삶의 터전을 잃고 전원이 황폐하고 부녀 소아가 무고히 살해되는 자가 헤아릴 수 없었다. 대개 전쟁의 도탄에 빠져 있었으니 어느 겨를에 마음을 진정하고 겨를을 얻어 학문을 연구하고 교육에 종사하겠는가. 오직 안심 한가를 얻는 자는 승려뿐이라 그런즉 교육이 없어지지 않고 상고의 학문 자취가 남아 한둘이라도 존재하는 것은 승려의 공이 없다고 할 수 없다. 그러나 사적을 살펴보건대 철학과 학문을 배척하고 인민으로 하여금 무지자에 빠지게 한 것은 누구의 허물인가. 구구히 남은 서적을 보존한 공이 어찌 그 책임을 보상할 수 있겠는가.

제4장 중고 구주의 교육

사원학교

희랍 로마의 교육을 받은 사람들은 늙고 죽어 계속 없으니 철학, 문학의 학교가 점차 소멸하여 분분히 전투에 흘러간즉 교육의 책임이 저절로 승려에게 돌아가니, 모든 교수법을 장악한 가운데 미세한 바르고 거짓된 일도 모두 종교에 돌아가니, 당시 예수교 사원의 학교에서 교수하는 학과가 무릇 7예의 두 종류로 나뉜다. 하나는 3과라 칭하는데 라틴(나전, 납정)문법, 논리학, 수사학이며, 다른 하나는 4과라 칭하는데 산술, 기하, 천문, 음악이다. 독서와 습자는 문전과 가운데 들어 있으니 대개 7년만에 졸업한다. 이 학과의 시기는 라틴어를 교육의 근본으로 삼고, 기타 다른 학과는 대개 예수교 경전을 이해하고 깨우치는 것을 위주하기 때문에 논리학, 수사학은 모두 이종교와 공변하는 의론에 쓰이며, 산술, 기하학은 경전 가운데 전당의 수와 도량에 관한 것이며, 음악학은 예배를 위한 것이다. 지리, 사지, 물리, 박물 등의 사람의 사상 발달과 사회사업에 관한 실재 지식과 관련된 학과는 모두 없으므로 비록 7과의 교육을 받은 사람일지라도 편협하고 고루한 논리가에 불과하며, 단지 신학가가 될 따름이다.

사원학교의 교수법이 심성을 개발하고 지력을 연마하는 데 모두 공허하고 두드러진 것이 없어, 혹 사람으로 하여금 믿게 하여 교사가 그것을 낭송하고 생도로 하여금 듣게 하며, 또 규칙과 벌을 엄격하게 가하여 채찍을 즐겨 행한다.

승암학교

사원학교도 본래 승암학교76)에서 시작되었으니 예수의 승암학교가 있어 오래된 것이다. 그러나 진실로 학교의 규모가 갖추어진 것은 6세기의 배나제극달파77)의 승암학교가 시작이니 배나제극달파는 기원 480년에 태어나 로마에서 교육을 받은 유명한 승려로, 여러 지방에 승암학교를 개설하니, 승암학교는 하느님을 위해 봉사하는 교육 장소이다. 학교의 규율이 엄숙하여 외부와 접촉을 금하고, 교제를 끊으며, 여색을 멀리하고 안빈하여 순종함을 가장 귀하게 여기고 기도하고 경전을 암송하며 절식하고 강행하여 무릇 5세 이상 7세 이하의 입학

---

76) 승암학교(僧庵學校): 승려 학교.
77) 배나제극달파(培那第克達派): 미상.

자들이 승암학교에 몸을 바쳐 삼가 승려가 되기를 원하는 자로 한정하여 학교에 입학하면 귀천과 존비를 묻지 않고 오로지 엄숙하고 바르게 교육한다.

그 후 세상 사람들이 점차 교육이 필요함을 알고 입학하는 자가 승려로 한정되지 않으니 평민도 입학을 허가받아 생도의 수가 점차 증가하더니, 8세기 이후 드디어 승속 두 종으로 나뉘어, 승려는 암내에서 기숙하며 오로지 종교 사무를 공부하고, 속은 외부로부터 통학하여 보통의 학과를 공부하니 이로 승암학교는 단지 승려가 공부하고, 사원학교는 승려와 일반 백성을 아울러 가르치게 되었다.

12세기에 이르러 승암학교와 사원학교가 시들해지다가 무사교육과 평민교육이 흥한 즉, 점차 쇠멸하였다. 이른바 중고 암흑시대의 예수교도의 특별한 교육은 곧 승암학교와 사원학교 가운데에 있었다.

▲ 제8호

무사학교

십자군이 일어나기 전에 교육의 권한이 승려에게 있고 그 장소는 예수교의 교의가 아니었으니 곧 로마의 고문학이었다. 십자군이 일어나고 승려가 교회 내에 한거하게 기거하지 못하고 혹은 병사로 입대하고 혹은 세인과 교제하여 점차 교육의 전권을 포기하고, 무사와 평만이 마땅히 이 세상에 필요하게 됨에 따라 전투로 그 세력이 증대하여 드디어 교육의 권한을 잡게 되니 이에 무사교육은 승마, 사수, 궁술, 격검, 응수(鷹狩: 매사냥), 상기(코끼리 몰기?) 및 시구요, 귀부인을 존경하는 것으로 무사 교육의 주요 과목을 삼으니 이 교육은 고귀한 무사 귀족이나 왕후의 성중에서 행해진다. 고귀한 무사 자제를 교육하는 방법에서는 일반적으로 세 단계가 있다.

제일 시동: 남자는 7세에 이르기까지 부모의 슬하에서 그 교육을 받되, 근처의 성중 제후를 따르거나 혹은 무사의 집안을 따라 그 부인과 주인에게 봉사하니 이를 일컬어 시동이라고 한다. 반드시 행동에 삼가고 언어를 익히며 빈객을 접하며 시식하고 부인과 주인이 외출할 때 시종하며 종종 맡겨진 일을 담당하니, 일본 봉건시대 막부 제후의 호종자와 같다. 체조는 교사가 있어 매일 그것을 가르치되, 학술의 교수 같은 것은 아동이 하고자 하는 바에 맡긴다고 한다.

제이 장사: 남자는 14세에 장사의 반열을 얻어 처음으로 병기를 휴대할 권리를 가지며, 사냥과 전쟁을 할 때 진심으로 주인을 모셔 항상 귀부인(貴婦人)을 공경 존중하여 온 힘을 다해 그에게 복종하고, 오랜즉 그 사람의 의로써 무사가 됨을 증명한다.

제삼 무사: 앞의 섬기는 자 앞에서 증명하니 21세에 이르러 장엄한 의식을 준비하고 무사 반열에 드니, 이때 목욕재계하고 통히 기도하여 그 죄를 고백하고 신석(神席) 앞에 꿇어앉아 성찬을 받고 맹세하여 말하기를, "나는 지금부터 충실하고 믿음 있는 말을 하며, 사악함을 버리고 정당한 권리에 의하며, 종교를 숭배하고, 승려를 보호하며, 사원을 지키고, 약자에게 횡포함을 징계하며 항상 부녀자를 보호하고 범죄를 저지르지 않으며, 나쁜 일을 하지 않고 또 진력하여 귀부인의 영예를 보호하며 또 기독교의 적을 보면 죽음으로써 그 적과 싸울 것이다."라고 맹세하고 말을 마치매 귀부인의 손에서 갑주를 받는다.

파라인객이 말하기를 생도의 신체가 사원에 있을 때는 섬약하고, 성중에 있을 때는 강장하니 사원에서는 곧 부인의 얼굴을 보지 못하고, 성중에서는 부인의 일을 다하며, 교육의 중심 항목을 삼는다. 사원에서는 승도의 라틴어 시를 읊고, 성중에서는 부인의 시의 정서에 의지하며, 그 시도 또한 악기로 조화롭게 한다.

당시 무사가 극성할 때 진실로 재덕을 겸비한 무사는 곧 신체를 마땅히 건장 미려하고 경쾌히 바로잡고자 하며, 또 마땅히 무예를 닦고, 경신(敬神), 인자(仁慈), 예, 겸양, 충군, 제욕의 모든 덕을 닦아 불굴의 진실한 마음을 기르고, 범죄를 저지르지 않으며, 웅호한 공업을 확립하며 더불어 귀부인을 비호함에 임하여 환심을 사고자 하였다.무사교육의 제도를 확립하는 것이, 비록 여러 가지 비웃고 진비(榛狉)한 세상에서 극히 우매한 것이 있으나 사회의 퇴락하고 피폐한 풍속을 개선하여 강협한 데로 돌아가게 하니 그 공이 또한 작지 않다. 곧 세상에 처하매 전투로 본직을 삼을 때 어진 마음을 더하게 하고, 상하 인정이 조악하고 폭력적이며 우매하고 어두울 때 곧 겸양의 풍속에 이르게 하며, 민속이 부박하여 거짓과 속임이 날로 생겨날 때 신의의 마음을 기르고, 또 부인을 우대함이 모두 무사교육의 결과였다.

무사교육 시대의 여자는 칠팔 세에 이르기까지 가정에서 보모의 교육을 받고, 그 다음에는 재봉을 배우며, 혹은 남자와 더불어 독서 창가를 배우고, 고귀한 여자는 라틴어를 배우고, 음악과 시를 공부하며, 또 예의 동작을 배우니, 그러므로 무사교육 제도가 남녀 모두 균등한 감화를 받게 하였다. 대개 남자는 부인의 환심을 사고자 하고, 부인이 또한 불가불 덕을 닦아 그것을 지키니 기 신체를 수양함은 가히 웅의한 무사의 권련(眷戀)이다. 당시 구주제국에 모두 무사교육의 편제가 있었으나 그 중 가장 융성한 곳은 일이만, 법란서 및 서반아이며,

영국이 그 다음이다.

생각건대 무사교육 제도가 봉건제도와 더불어 흥폐함이 같으니, 대개 화약의 제조로부터 싸움하는 방법이 크게 변화하고, 활판 기술이 발달하여 지식이 원근에 보급되었으며, 통상하는 도가 열려 식산과 생재를 필요한 대로 얻을 수 있었다. 그러므로 봉건이 붕괴함에 따라 무사교육이 또한 폐절되었다.

▲ 제9호

평민교육

사원 무사 교육이 쇠폐하고 공상 세력이 일증하여 평민의 상태가 개벽할 만한 지식과 사유가 점차 융성함에 이르러, 이에 일용 실제와 가장 관계가 깊은 것을 가르치지 않을 수 없을 것이라고 하여, 이에 자국어로 독서, 산술, 습자의 학교가 다시 계속 흥기하고 마땅한 교사를 찾아 지리, 국사, 박물 및 사회 상황과 무역과 관계된 일체의 실용 학문을 가르쳤다.

평민학교는 처음에 오직 승려만이 교사로 임용되더니 그 후에 평민이 다수 배우고자 하여 관의 통제를 받지 않는, 곳 하등 학생으로 교사를 삼으나 학식이 얕고 보수 또한 박하여 수입이 다만 일용에 불과할 뿐이며, 그 교수법은 암송과 체벌을 중심으로 하나 교사가 된 사람이 타인으로부터 먹을 것만 구하고, 거처가 일정하지 않아서 그 하는 바가 상인들의 생업과 조금도 다르지 않으니 열심히 이를 담당하고자 하는 자가 없고, 교사도 또한 사원을 빌리거나 도시의 방을 빌려 이로부터 생도가 유희와 게으름에 물들어 부조(浮佻)하여

행하는 바 없으니, 더욱 심한 자는 도적질을 가릴 뿐이었다.

번쇄이학은 12세기부터 13세기에 이르기까지 번쇄한 이학이 일어났으니, 이 학파의 핵심은 다만 천박한 쓸데없는 변론에 있어 논리학의 방어를 구축하고자 하는 것인, 예를 들어 바늘의 뾰족함이 가히 기하의 각도를 구할 수 있는가, 영혼이라는 것은 중립의 매개가 없이 가히 갑과 을이 통하게 할 수 있는가, 이로써 어려운 질문을 제기하니 이는 놀이에 가까워 무익한 변론일 뿐이었다.

당시 학자가 무릇 200년간 힘을 쏟아 강구하여 대학교를 세운 곳이 20여 곳이다. 여러 지방에 학교를 두어 학도 수천을 모으고 힘써 학문을 하도록 하여 일컫기를 '사객아만(스콜라?)'이라고 하니 그 학문이 사물을 관찰하지 않고, 다만 언어와 사상을 추구하여 물질에는 조금도 발명하는 바가 없고 궤변으로 자랑하는 풍속을 삼을 따름이었다.

그러나 번쇄이학은 학문 진보에 비록 공이 없으나, 오직 승려의 무리는 이에 적을 두어 협애한 종교의 속박을 벗어나 철학에 사상을 일어나게 하여, 아리스토텔레스의 철학과 기독교의 종교를 절충하여 도리에 힘서 교법을 아울러 행하여, 심사하며 깊이 관찰하는 마음을 일으켜 명확히 해명하지 못하는 것에 대해서는 불만이 생겨나고 혹은 인간의 몽매를 깨우쳐 종교로 하여금 심리를 배우고자 하는 마음을 일으켜 근세의 문학 재흥의 앞선 길을 인도하였으니, 그것이 또한 공이라고 할 것이다.

그러나 이 논리학은 새로운 사물을 발명한 공이 적고 오직 이미 알고 있는 바를 설명하고자 할 따름이니, 지식이 협애하고 심의가 널리 피어나지 못한 때여서 과학의 근본이 될 수 있는 것이 없으니, 그러므로 학도가 논리를 연구해도 조금도 효험이 없었다. 당시 철학자라고 일컫던 사람을 돌아보건대 종교의 노예가 되어 재변술과 논리학도 역시 다만 경전을 해석하여 아리스토텔레스의 교의를 밝히고자 했을 따름이다.

회교의 학문

회교의 교주 마호메트가 기원 629년부터 아라비아를 평정하고 그 후에 다시 병력으로 아세아 서부와 아프리카 북부, 구라파 동부를 병탄하니 태어난 지 100년이 안 되어 그 판도의 크기가 로마 말기보다 나았다. 회교의 군장이 종교와 정치를 겸하고 학문을 보호하여 경쟁적으로 학교가 세워졌으며 학업을 장려한 까닭에 제10세기에 그 지역에 큰 학교가 17개나 되어 학도 수천 명을 양성하였다. 그 중 소아시아의 바그다드와 스페인의 코르도바에 한학교가 가장 성대한 까닭에 이 시기 구주 각부의 기독교 소년들이 코르도바에 유학한 자가 많아서 그 이학을 공부하고 본국에 돌아가 기독교인의 지식을 증장시켰다.

코르도바의 학교 부속으로 서적관이 있으니 장서가 60만 권이요, 또 수학, 천문, 화학, 의학, 철학 등을 전문적으로 가르쳐 그 공효가 크게 나타나니, 화학은 아라비아인이 창조해 낸 것으로 알칼리, 황산, 초산 등이 모두 그 발명한 바이다. 또 대수, 삼각 및 시간을 측정하는 요종, 성수표가 모두 그 힘으로부터 나왔으니, 서구인에게 긴긴 밤 어지러운 때에 능히 과학을 연구하며 기예를 연습하게 하여, 지력이 가히 구주 여러 나라의 선도자였다.

대학교 설립

아라비아인이 서반아 코르도바에서 과학을 연구하여 대학교를 설립하니 이에 구주 각국 대학교의 효시이다. 이로부터 여러 지방에 또한 대학이 설립되니 다만 그 최초의 대학교는 지금과 편제 방식과 취지가 크게 다르니 정부와 사원 및 군주와 무관하고 교사와 생도가 서로 모여 교수하고 학술을 배우며 교사를 설립하지 않았는데, 12세기에 이르러 볼로냐에 신학과 철학 대학이 설립되니 모두 전문 대학교에 불과하며 학과가 완전한 대학교는 곧 독일(당시 신성로마제국)의 프리드리히 2세가 뉘른베르크에 설립한 대학을 시작으로 하나 그 맹아는 1224년 경 파리 대학의 승려와 여타 교사의 쟁론으로 신학의 한 분과가 설립되었으니, 독일에서는 카알 4세가 프라하에 설립한 것으로 효시를 삼는다.

모든 대학이 점차 융성하여 예전에 사립으로 설립한 것 또한 사원과 관부와 관계가 생겨나 특허를 받으니, 대개 지력이 모이는 곳에 각종의 인사와도 관계가 생겨나 사원과 정부, 군주, 서민이 고루 각각 보호하여 경쟁적으로 적을 두고자 하였다.

제5장 문예 재흥의 근대

이탈리아 문학의 재흥

근대 문물의 개명과 교육의 창성은 그 기원이 16세기 문학 재흥의 시기에서 발생한 까닭에 근세 교육사를 서술하고자 하면 먼저 문학 재흥의 상황을 서술해야 한다.

당시 중고 암흑시대 말에 작은 빛이 비추어 점점 구주 여러 나라에 발생하니 아라비아 인의 학문은 흑암기 구주의 변방에서 빛을 발하여 비추었으나, 구주 문학의 재흥의 가장 밀접한 요인은 아라비아와 군사탄(콘스탄티노플)[78] 정약박아(丁諾泊兒)[79]의 멸망에 있으니, 곧 4세기 군사단정제(콘스탄티누스 황제)가 세운 동로마제국이 1413년에 이르러 토이기에게 멸망되었다. 이때 제국에 거주하던 희랍학자가 그 문학을 안고 멀리 달아나니 이로 고대 문학이 이탈리아에 다시 이식되는 원인이 되었으니, 구주 문학의 재흥의 발달이 이로부터 시작되었다.

당시 이탈리아의 국체가 심히 고대 희랍의 유에 속해 전부 통일하여 한 나라가 되지 못했으며, 또 무수한 도시가 각자 독립하여 서로 경쟁하여 스스로 그 읍의 거주의 장려함과 그 거주민과 손님의 재주와 지혜를 자랑하는 까닭에 희랍으로부터 학교에 가면 부호 귀족이 모두 즐겨 맞이하고 보호하며, 그 휴대하고 온 고문의 도서를 수집하며 학교를 세우고, 장서관을 여니, 와적경(瓦的耕: 미상)의 도서관이 가장 유명하니 이때 교황 니콜라이 5세가 세운 곳이다.

대개 당시 이탈리아국은 지금과 달리 통일된 한 국가의 사상이 없고, 여러 도시를 장식하며 궁전을 건축하며 서적을 수집하며 문학을 연수하여 로마의 메마른 영화를 복고하고자 한 까닭에 이탈리아의 문학 재흥은 그 인과가 특히 심히 한가하고 짧아, 구주의 다른 나라처럼 착종한 종교를 함유하고 국가주의의 제반 원질을 포함하지 않았다. 그 선후에 현출한 학인은 대저 비종교가요, 이에 시인, 화공, 조각사, 문학사 등이었다.

때로 굉대한 시를 쓴 사람은 단테가 있고, 미려한 시를 쓴 사람은 페트라르카가 있으며, 유창한 문장을 지은 사람은 보카치오가 있고,

---

78) 군사탄(君士坦): 콘스탄티노플.
79) 정약박아(丁諾泊兒): 1453년 오스만 투르크의 메호메트2세가 콘스탄티노플을 공격하고, 콘스탄티누스 11세가 전사함에 따라 동로마 제국이 멸망하였다.

고금 무쌍의 화백은 보티첼로, 다빈치가 있으며, 조각 및 건축가는 미켈란젤로가 있으니, 모두 상시 이탈리아의 인물이다. 레오 10세에 이르러 로마가 구주 문예의 중심축을 이루니 영국 프랑스 독일인이 신지식을 얻고자 하는 자는 모두 알프스(아이백사산)를 넘어 이탈리아에 유학하였다.

터키가 동로마 제국을 멸망시킨 이후 희랍과 로마의 문학 기술을 파괴한 것을 구주인이 다시 수선하여 그간 이탈리아에서 실제 문학을 보존한 공이 있으니, 가위 고금 문학의 단절을 이은 것이다. 마치 강과 계곡에 다리를 놓은 것처럼 그 미술이 또한 다수의 대가를 산출하니 다른 나라에서 멀리 미칠 바가 아니다.

이탈리아의 문학에서 미술이 극히 융성한 것은 15세기 16세기의 사이의 일이니 실제 다른 여러 나라의 선도자였다. 이탈리아에서 문학의 선도자는 곧 단테였다.

단테는 1265년에 태어나 1321년에 죽었으며 구주에서 중고의 말기와 근세의 시작을 알린 대 문학자이다. 당시 구주의 언문(言文)이 오직 라틴문뿐이니 라틴문을 배우지 않으면 학문이 있다고 칭하지 못했다. 그는 본국의 문언이 일찍이 문학에 사용되지 않았음으로 이에 조잡하고 비루한 속어로 고상하고 장엄한 설화체의 시를 창작하니 그러므로 그는 가히 이탈리아 문자의 창시자라고 일컬을 수 있다.

▲ 제10호

대개 구주 중고의 문학이 퇴폐에 이른 것은 본래 문자 언어에 구속되어 본국의 언어를 사용하지 못하게 하여 학문을 하니 혹 경전을 암송하고 혹 학문을 강의함에 모두 부득불 라틴문으로 하거늘 단테는 본국어로 저술을 시작하고 국민정신을 북돋워 창달하게 하니 그 공이 과연 크다. 또 페트라르카, 보카치오가 단테를 이어 또한 이탈리아 어로 시와 산문을 지어, 종교와 철학을 배척하고 고문학을 닦는데 진력하여 이탈리아 인으로 하여금 종교의 굴레에서 벗어나 자유로운 정신을 발휘하게 하니, 학문을 연구하게 한 자는 이 세 사람이 위대하다.

근세 문명의 본바탕

이탈리아인이 문학 재흥을 선도한 것으로부터 근세 문명의 단서가 열려, 구주인이 천여 년 동안 긴 밤의 잠을 깨어나 금일의 깨침이 또한 이로 말미암았으니, 겨우 이 한 사건뿐만 아니라 드디어 족히 근세 문명의 원인이 되었다. 대개 이 시기 몇 가지 일이 모두 금일 문명의 조력자라고 일컬어지니 이를 열거하면 대략 다음과 같다.

일. 희랍 로마의 옛 학문을 배워 사람의 사상이 천근한 데 머물지 않고, 드디어 분발 흥기한 데 이르러 모두 학문을 융합하여 사물 연구의 동력이 되게 하며,

이. 십자군에 종사했던 사람들이 동방의 문물을 가져와 지식과 기능을 증장했으며,

삼. 나침반을 발명하여 인도와 아메리카로 항해하여 신세계를 얻고 해로를 교통하여 그 지식의 영역을 널리 확대했으며,

사. 화기와 행군이며 사회 조직의 발명이며 중대 변화가 일어나게 하여 무사의 권력을 삭탈하고 농업의 지위를 높여 가히 권력을 평준화하고 전쟁의 수를 줄여 영원한 평화의 복을 얻게 했으며,

오. 인쇄 기계 발명이니 번로한 초록과 베끼기를 생략하고 학사들이

책을 쉽게 얻으며, 마포로 종이를 만드는 법이 또한 동시에 발견되어 인쇄기와 함께 능히 빠른 속도로 지식을 보급하게 했다. 인쇄기는 네덜란드 인 낙릉사함사탈(洛稜司檻斯脫: 미상)이 만든 것으로 이때는 1445년부터 1450년 경이다. 그 제자 구텐베르크가 이 기계를 휴대하고 독일에 들어가니 서적 사업가의 큰 편리함이 되었다. 이후 20년간 그 기계가 드디어 전 유럽에 퍼졌다.

육. 무역 통상이 열리고 각 도부의 상업을 열며, 부를 증대한 정도가 증장하니 이로 가히 문예를 장려할 자본을 얻을 수 있었다.

칠. 보통의 언어와 국어를 사용하여 문장 서적을 지으니, 학문의 방법이 매우 간편해졌다.

팔. 봉건제도를 타파하고 귀족의 횡포를 멈추게 했으며, 무사의 발호를 막아 평민이 또한 균등한 권리를 얻어 사람들의 교육을 다할 수 있도록 하였다.

구. 구주 제국의 중앙정부의 권력이 날로 성한 까닭에 인민의 신체 재산을 가히 보호하여 걱정을 덜게 하였다.

십. 종교 개혁이니 종래 종교의 속박에 따른 몽매함을 벗어나 승려에 의지하지 않고 자유로 편의를 맡는 신교를 지녀 진리를 연구할 의지를 불러일으키며 지력의 비요(秘要)를 계발함을 깨닫게 하니 이에 교회의 간섭을 받지 않고 능히 학생을 모아 인간사의 교육 방법을 구하게 하였다.

문학이 북구에 미침

이탈리아에서 발생한 문학이 점점 알프스 산을 넘어 구주 북부에 행해져, 영국 프랑스 독일 네덜란드 등 여러 나라에서 예전의 교육법이 크게 변화하여 그 내력이 무수히 변천하고, 변화한 곡절과 시세의 행하는 바 이론과 방법이 널리 퍼지니 만약 그 기원을 고찰하면 진실로 가장 긴요하고 기쁜 일이다.

당시 이탈리아의 문학 재흥 시에 그 사람들이 옛날의 정서를 그리워하여 희랍 로마의 문학에 심취하여 기원전 희랍의 페리클레스(아테네의 호걸)의 전성시대 모습과 같으며, 그 때 승려와 평민이 모두 고대문학에 열중하고 종교적인 심력이 감퇴했으며 혹은 기독교를 신봉하지 않고 희랍의 신을 숭배하며, 혹은 종교인에게 의뢰하지 않아 이때 로마 교황이 화려하고 사치함을 배워 바티간 왕궁이 임의로 추행하는 장소가 되니 승려는 모두 방탕무행하고 그 취지가 비루하여 설박(褻薄)한 일을 다투어 하니, 평민이 참을 수 없게 되었으며, 평민도 또한 옛날의 신을 숭배하고 승려를 존중하는 마음이 줄어들었다.

기독교의 중심으로 로마 교황이 현주한 이탈리아는 사람들이 모두 종교의 속박을 원하지 않음이 이와 같아 교황을 존경하고 믿으며 그 종교에 복종하니 다른 종의 구주인도 그 마음이 크게 변화하여 알프스 산 이북에 독일인도 교황의 방자함을 보고 승려의 무행을 보아 마음이 기쁘지 아니하여 이에 승려에게 의지하지 않고 스스로 경전을 암송하며, 종교의 권위를 따르지 않고 스스로 그 진리를 연구하여 드디어 스스로 히브리어를 배워 구약성서를 읽고 희랍어를 배워 신약성서를 읽음을 연구의 가장 중요한 것으로 삼고, 그 뒤 종교를 개혁하는 큰 사건이 있었으니, 이때 석학이 배출되었다. 그 최초는 고문학가인데 종교개혁을 조력하여 선도자가 되고, 그 후 이어 배출된 자는 종교개혁가이니 능히 교육에 진력한 사람들이 계속 배출되어 교육 개량에 힘썼다. 그러므로 이탈리아의 문학 재흥의 결과는 교황의 권력만을 대신한 것이 아니라 승려를 억눌러 그 종교의 쇠퇴를 가져왔다.

독일인이 실제 종교개혁을 담당하며 또 문학 연구의 임무를 맡아 드디어 교육을 개량하고 문명을 더욱 발전시키니 19세기에 융성함에 이르렀다. 그러나 구주 북부에서 문학이 재흥하며 종교개혁이 행해진 것은 쉽지 않았으나 그 효과는 가히 사람으로 하여금 더욱 건강하게 하였다. 대개 이 기간에 승려와 학자가 경쟁하고 또 번쇄이학과 새로운 학문이 쟁투하여 격렬하게 저항하던 승려도 새로운 학문의 위험을 깨닫고, 그 저항이 더욱 심해져 사교로 지목하고 사람들에게 고문을 배우지 못하게 하니 대개 히브리와 희랍에서 이런 일이 일어났다.

지금 시행하는 고문학에 진력하고 또 종교 개혁의 길을 연 자는 곧 아고리확랍(위클리프로 추정), 노철영(얀 후스로 추정), 에라스무스가 가장 저명한 자이다. 16세기 후에 루터와 칼뱅, 츠빙글리가 있다.

▲ 제11호

마틴 루터는 1483년에 태어나 1546년에 졸하니 그가 종교개혁에 미친 공이 매우 크다. 그러나 교육 개량에도 그 공이 또한 적지 않으니 대개 그가 로마 교황에 저항하고 독일 정부와 다투어 신고 끝에 개혁의 효과를 얻음에 인민의 정부와 종교를 자유롭게 건설하여 교육을 돕고자 하는 사업을 하니, 모든 사물과 관계된 것이었다. 곧 교육을 하지 않으면 종교 개혁도 조그만 성과도 이룰 수 없으며 인민의 모든 생계도 끝내 개량할 수 없으니, 루터가 온 힘을 다해 자신의 책임으로 알고 혹은 정부에 글을 올리고, 혹은 의원들에게 연설하며, 혹은 승려를 권유하고, 혹은 인민을 깨우치며, 혹은 책을 짓고, 혹은 연설하며, 혹은 신문을 내고 혹은 교칙을 편성하여 그것을 실천하여 원근, 친소, 험난하고 쉬움이 없이 열렬히 분투하여 백성을 구제하는 것을 급선무

로 하고 교육의 본질에 귀의하며 초등교육의 중요성을 주장하여 보통
교육을 실시하는 것이 정부의 책임으로 알게 하니, 대저 초등교육과
강박교육의 기원은 모두 루터로 인하여 시작되었다고 말할 수 있다.

그는 학교 유지 비용은 국고로 담당해야 하며 아동으로 하여금 입
학하게 하여 교육을 받게 하는 것은 부모의 자식에 대한 책임이요,
일체 인민의 책임이라고 하였다. 그러므로 그가 학교를 세움에 종종
교육 사업을 보조하는데 주력하였으며, 1525년에 막데부르크 공의
명을 받아 향리인 아이스레벤에 한 소학교와 중학교를 설립하니 그때
정한 학과와 과정, 수업 방법을 다른 학교가 다수 모방하여 행했다.

그가 새로 설립한 학교는 생도를 삼등급으로 나누어, 제1급은 자신
이 지은 저서를 읽게 하고, 입문, 습자, 고인의 격언 암송을 하게 하며,
제2급은 문법을 읽고 일찍이 포유된 말과 고인의 아름다운 노래를
읽게 하며, 제3급은 로마 문학서를 읽게 하되 매일 정오부터 1시간은
음악을 익히게 하고, 수요일은 곧 종교의 본지로 학과 중에 종교를
가장 중시하여 일찍이 모든 인민이 모름지기 경전 역본을 힘써 읽도
록 하여 종교의 취지를 밝혀야 한다고 하였다. 이로 인해 경전에서
선별하여 학교의 교과서를 만드니 인민이 다투어 그것을 구독하였다.
또 역사를 교과서 가운데 가장 중요하며 빠뜨릴 수 없는 것이라고
하였으며, 음악을 중시하여 말하기를 교사가 음악을 가르칠 수 없다
면 학교에 두기에 마땅하지 않다고 하였다. 또 체육에 극히 유의하여
말하기를 청신한 공기 중에 운동하여 마땅히 체조를 하게 하는 것은
아동에게 매우 급한 일이라고 하였고, 또 이외에 수학과 이학을 장려
하여 타일에 학과에 필요한 것을 확충하게 하고, 아울러 후세 사람이
교육 방법 중에 바라는 바 교육을 받는 사람의 정신을 환기하여 사람
으로 하여금 학당이 즐거운 곳이 되게 해야 한다고 하니, 그가 창립한

보통교육은 비록 후세의 완전한 상태는 아니나 가히 보통 소학교를 창립한 사람으로 칭할 수 있으며, 또한 지금의 보통교육의 기초를 세운 사람이라고 할 만하다.

제6장 교육 개량의 근대

당시 행하던 교육의 결점

상편에 기술한 바와 같이 문학이 이탈리아에 재흥하다가 점차 구주에 퍼져 그 변화를 따라 종래의 옛날 교육법이 변하고, 구역이 확장되어 사람으로 하여금 갇혀 있던 사람에게 엄혹한 감독을 하지 않고, 협애한 교육 규칙이 번설(繁絏, 번잡하고 얽매임)하지 않고 번쇄이학파는 오직 추리력을 발달하고자 한 자들이므로, 겨우 임기응변의 재변(才辯)을 촉진하고자 하더니, 이에 이르러 부역에 얽매이지 않고 위생과 체육 두 가지에 주의하여 오직 자유로 심의 발달을 주력한 까닭에 교육 방법이 점차 세상에 널리 퍼졌다.

그러나 교육 개혁은 고문학 재흥에서 비롯되어 일어난 것이니 당시 학자는 다수가 희랍과 로마의 고어를 배워 화려한 문장을 사랑하며, 다만 고인의 사모하여 고인의 사상을 구하고자 하고, 자기의 사상으로 그것을 용해하는 것을 알지 못하며, 또 고대의 사어를 좋아하고 당시의 살아 있는 언어를 배우는 것을 부끄러워 하니, 또 그때 비상한 미술가가 출현하여 미술에서 획기적인 진보를 이루니, 이로부터 세상 사람들의 생계의 지평선을 넓혀 고상하고 우미한 감정을 만들어 냈으나, 일용에 필요한 재물은 오직 진보를 보지 못했다.

교육을 소생하는 교육에 미처 사람의 사상에 자유롭게 탐구하고 토론하는 정신이 발달하여 이로 인해 교육에도 또한 이 정신이 있었으니, 대개 종교개혁을 잘 한 사람들이 교육 개량에도 또한 진력하되 그 사상이 정밀하지 못해, 이론에 흐르며 더하여 시세를 숭상하고 과시함으로 고문과 고어를 배우는 것 이외에 완전한 교육법을 발명하지 못했다.

당시 널리 행해진 교육의 결점은 하나는 문학에 편중하여 그 이외의 학과는 대부분 소략하게 대했으며, 둘은 장년에게 문학으로만 교육하고 아동에게는 뜻을 두지 않았으며, 셋째는 서적의 문자에 구애되어 자연의 문자를 망각하고, 또 서적은 겨우 성인의 독본만 있으며 아동을 위한 편저를 알지 못하고, 넷째는 겨우 고인의 조박함만 맛보게 하여 고인의 서적을 번역하고 고인의 영향만을 답습하며 스스로 사상을 운위하여 지식을 발견하고 진리를 탐구하는 방법을 알지 못했으며, 다섯째는 단지 한 사람만이 연구하여 학교에서 가르치지 않고 혹 가르치더라도 겨우 고인의 문장만을 문체에 맞게 번역하는 것을 중심으로 하였으니 이로 인해 본국에 통행하는 말로 작문한 것이 없고, 이탈리아 문학재흥 시대로부터 구주 북부의 종교개혁 시에 이르기까지 교육 방법이 고문 고어를 가르치고 사물을 국어로 가르치지 않았으며, 실용에 제공하는 일이 어렵고 일용 사업을 보조하는 일은 돌아보지 않는 까닭에 학교가 단지 고문 강학의 장소일 뿐이요, 교육이 옛 학문의 인재를 양성하는 데 불과하여 16세기까 끝나도록 그 형태가 대저 이와 같았다.

（이하 연재가 중단됨） 11호 이후 발행되지 않음

[3] 태서교육의 사적 고찰

: 신정언, '泰西敎育의 史的 考察', 『동아일보』, 1921.5.15~6.30. (37회 연재)

◎ 1921.5.15. 정언생, 泰西敎育의 史的 觀察 = 신정언의 서양 교육사 연재

▲ 5월 15일 (1) = 태서 교육사 서술 동기와 내용

　敎育이 必要하니 敎育이 必要하니 敎育은 須臾라도 不可無할 것이니 하는 等語는 今에 至하야 古談長論함이 도로혀 無意味하고 無用의 客說에 不過한 것이라. 何故오. 敎育은 不可無라 하야 若干 等間의 意味로써 解釋하든 時代가 過하얏고 敎育은 必要하다 唱하얏스며 敎育은 必要하다는 것에 進하야 敎育은 人生의 第二 生命으로써 認하는 今日에 至한 故이로다.

　그럼으로 敎育의 必要 不必要를 論함보다 如何한 敎育主義와 如何

한 敎育法과 如何한 敎育制度를 採用하여야 우리의 第二生命을 完全히 又는 永遠히 할가 함이 今日의 一大 問題라 하노라. 國家이니 社會이니 民族이니 하는 者 이미 成立된 以上은 各其 獨特한 性과 獨特한 質이 有하야 相互 不同함이 悠悠 上下 五千載 間에 維 一二 例라도 同一한 者를 아직 歷史上 證明으로 得치 못하엿도다. 그러하야 英國에는 英國的 獨特의 性質이 有하며 佛國에는 佛國的 獨特의 性質이 有하며 日本이 然하고 獨逸이 然하도다. 싸러 敎育도 其 獨特의 氣風, 其 獨特의 民族性, 其 獨特의 歷史 等에 基因치 아니치 못할지라. 故로 獨逸의 敎育法이 비록 優勝하다 할지라도 此를 決코 米國人의 氣風에 適合하다 認치 못할지며, 英國의 敎育制가 비록 合理하다 할지라도 此를 日本이 直接으로 採用치 못함이 쏘한 然한 故이니 此를 云한 바 敎育은 神聖이라 하노라.

무릇 敎育이 神聖이라 함은 다만 愚者를 使之智하며 惡者를 使之德하며 弱者를 使之强함으로써만 云함이 아니라 敎育은 獨特한 民族性에 反치 못하며 敎育은 獨特한 國風에 離치 못하며 敎育은 獨特한 歷史를 無視치 못함으로써 完全한 敎育이 되나니 敎育은 如斯히 不休의 名譽와 不朽의 精神生活이 有한 故이로다.

그럼으로 敎育에는 軍國主義이니 資本主義이니 侵略主義이니 領土主義이니 하는 者 敢히 其 神聖을 侵入하며 破壞치 못하는 것이라. 싸라서 敎育은 何時든지 平等쑨이라 하노라.

然이나 敎育도 一定한 準則이 無할진대 浩浩大洋에 羅計盤(나계반)이 無한 船과 如하야 其止할 바를 不知함으로써 도로혀 文化事業과 人智發達에 多大한 害毒을 與할 憂가 不無하도다. 然즉 先天的으로 禮義에 强하며 孝悌로써 美德을 作한 我 半島民族의게는 如何한 敎育說을 採用하며 如何한 敎育制를 施行함이 可할 者인가. 況且 向學熱이

沸騰하야 教育事業으로써 一大 使命을 作하며 一大 輿論을 起한 今日에 至함이리오. 是等의 問題를 決코저 한즉 반다시 教育學의 原理를 準據치 아니치 못할지나 教育說의 進步 發達과 教育制의 推移 變遷을 坐한 考察치 아니치 못할지니 然즉 教育史 先賢의 主義 主張을 學할 必要가 有하도다. 育英의 業에 從事하는 人士는 勿論이오 一般으로서 教育에 有志하는 者, 반다시 教育史의 大要를 領知치 아니치 못할지로되, 教育史 그것은 諸種 史學 中에 가장 困難한 者이라. 故로 不肖의 修學으로써 敢히 此를 記한다 하는 膽心이 無할 쑨 不啻라. 紙面上 關係도 不無함으로 茲에 다만 泰西 教育家 諸氏의 傳記, 學說, 教育法 等을 大略 網羅하야써 江湖 愛讀 諸氏의게 一讀을 供코저 함이로다.

▲ 5월 16일 (2)

피다고라쓰 氏

氏의 略傳: 피다고라쓰 氏는 紀元前 580年頃에 '사모쓰' 島에서 呱呱(고고)의 聲을 비로서 發한 人이다. 且 智力의 廣大함과 其德性의 完善함과 교육에 대하야 力을 盡함으로써 其名이 頗히 高하엿도다. 廣히 세계적 智識을 窮究하기 위하야 埃及과 亞細亞의 서부지방 等을 周遊 後에 更히 '스발타'에 去하야 '라이갈커쓰' 씨의 法律을 硏究하는 중 교육상 智識을 得한 후에 去하야 希臘領 南伊太利 '구로나'에 到하야 학교를 設하고 一身을 委하야 大히 교육의 進步를 企圖하니라.

氏의 教育主義: 氏는 人의 性은 不完全한 者이라 故로 其性의 調和를 計하야 此를 完全히 함으로써 教育上의 大主旨로 하고 廣히 宇宙間

에 存在하야 能히 萬物을 調和하는 바ㅣ 天然 自然의 調和力을 人事이 應用코자 함을 期하얏도다. 即 身體와 精神의 調和, 親과 子의 調和, 社會와 人의 調和, 及 神과 人의 調和를 圖하얏스니 此는 即 吾等 人間의 天性은 此等에 對하야 調和를 不得한즉 自然히 惡에 傾하는 力이 有함으로써 此와 如한 天然의 惡性을 除去하고 感情과 能力을 潔白 純良하게 發達식힘으로써 主要한 目的으로 하얏도다.

故로 德育은 宗敎로써 大本을 作하고 惟一의 天神에 事함으로써 人間의 本務로 하얏도다. 從하야 종교상의 의식을 重히 하며 常히 節制와 勇氣와 從順과 信實 等의 諸德性을 훈계 장려하며 此를 實行하기에 쏘한 盡力하엿도다. 씨는 如此히 此等 德性을 장려 實行하는 外에 音樂의 정신상 調和에 一時라도 遠치 못할 자라 하야, 夜에 入하야 唱歌를 奏한즉 晝間에 生하엿든 欲情을 洗하고, 朝에 至하야 此를 奏한즉 當日의 業務를 장려하는 益이 有하다 하야 大히 音樂의 必要를 唱하며, 此를 장려하니라.

氏의 敎育法: 씨는 학교의 授業年限은 5개년으로 하고, 此를 分하야 本科 及 豫科로 하고, 본과생은 親히 교사의 講義를 聽하며 深遠한 智識을 硏究케 하엿고, 예과생은 본과생의 講義를 聽할 쑨으로써 其年限을 3개년으로 하고, 3개년 聽講 후에는 更히 시험을 經하야 본과에 入케 하니라.

其 學科는 數學, 物理學, 地理學, 心理學, 醫學 等인 바 此中에는 수학으로써 第一 主要로 하얏나니, 故로 彼 삼각형 2변의 평방은 弦의 평방과 等하다는 發明은 實로 씨의 餘澤이며 其管理 敎鍊의 法에 至하야는 심히 嚴格을 主張하야 體罰을 常用하며 生徒는 동일의 기숙사에 處케 하야 음식과 수면과 담화 등에 대하야 節約을 訓練하며, 쏘한 이미

學得한 바 학과를 호상 討論 研究케 하니라.

소쿠라데쓰 氏(一)

氏의 略傳: 씨는 기원전 469년에 誕生하니 父는 彫刻家이오 母는 産婆이라. 幼時로부터 부의 업을 學習하얏스나 毫도 此로써 平生의 業을 삼고자 하는 意가 無하얏다가 及其 長成함에 大히 학문에 心을 傾하야 일방으로는 前代 哲學者의 諸說을 研究하며, 他方으로는 當時의 諸大家를 歷訪하야 其學說을 叩(고, 물음)함으로써 研究의 一助로 하엿도다. 40세에 至하야 軍役에 數回를 從事함이 有함으로써 大히 其 勇敢性을 스스로 養하엿스며 선천적으로 其身을 교육자로 자처함과 共히 교육사업을 其天職으로 思하엿도다. 씨의 母는 産婆임으로 難産에 잇는 産母를 助하야 解胎함을 見하고, 씨는 인가은 선천적으로 靈妙한 지식을 有한 자 아니오, 敎育에 의할 자 라 하야, "余는 智識의 産婆가 되리라."하는 自信語를 發한 事 有하도다. 씨의 당시 사회의 풍조는 육체적의 희망으로써 인간 最善의 目的으로 하야 도덕인의의 觀이 薄한 '소피스트' 派의 利慾主義쌘에 傾한 즉, 민심의 부패가 스스로 심하야 사회는 滔滔(함함)한 부패 와중에 신음하게 되엿도다. 씨는 개연히 차를 救濟코저 하는 大志를 立하고 獨立 獨行으로써 시세 풍조에 反하야 智識의 進步와 道德의 改良을 謀하엿도다. 슯흐다 運의 否함이 世와 相容함을 得치 못하고 遂히 반대자의 攻擊으로써 罪科를 蒙하고, 70년의 高齡으로써 毒을 飮히 하야 世를 謝하엿다. 씨는 희랍 2대 철학자 중에 제일인이오, 애국의 精神에 富하고, 敬神의 心이 深하며, 自制 克己 溫良 恭謙 剛毅 嚴格 等의 諸德을 備한 선생이라 하니라.

▲ 5월 17일 (3) 소쿠라데쓰 氏 (二)

氏의 敎育主義: 씨는 整然한 意見을 立하야 교육상의 主義 如何를 論定함이 無하나 智德同一論으로써 其主義를 作함이 분명하다 할지니, 씨는 지와 덕이 동일함을 信하야 人間된 자, 누가 善이 何者됨을 知하야 此를 행치 못하며, 不善이 何者됨을 知하야 此를 避치 못하는 자가 誰인가. 人이 其善을 행치 못하고 其不善을 避치 못함은 아직 其善不善의 如何함을 知치 못하는 자라. 故로 德은 智의 증진함을 隨하야 점차로 完全한 美域에 達하는 것이로다. 若 智識이 發達치 못한 즉 事理에 暗昧할 쑨 不啻라. 따라서 道德이 쏘한 善美치 못하는 것이로다.

大槪 人은 故意로써 악행을 務하는 자 無하나니 즉 인간행위가 도덕적됨은 明確한 智識의 力을 因함이오, 其行爲가 此와 反하야 不道德的됨은 智識의 發達이 不充分함에 인한 것이라. 고로 인간으로써 智識의 發達에 務함은 인간의 최대 필요한 本務이오, 此를 發達 生長케 함에는 敎育의 力에 依賴치 아니치 못할 것이로다. 此와 如히 교육의 力에 의하야 지식을 硏磨치 아니한즉 人된 本分을 知치 못하며, 此 本分을 知치 못한즉 人生의 幸福을 盡키 不能한 것이라. 인간된 자는 先天的으로부터 각각 生來의 天稟에 다소의 差 가 不無하나 人된 자는 誰某를 不問하고 교육을 受하며 此에 의하야 其地德을 發達하기에 不能한 자 無한 것이라. 要컨대 智識은 道德의 根本이오 不道德은 智識이 乏한 結果이라 할지로다. 此에 의하야 此를 見한즉 교육자는 반다시 被敎育者 天稟의 智識을 誘出하고 此를 發達 進步케 하야 선천적으로 精神界에 誠心이 有함을 自覺치 아니치 못할 것이로다. 盖 誠心이 의지가 되야 표면에 現한 時는 즉 此가 善良한 行爲이오, 此 善良한 行爲가

즉 도덕적 行爲이라. 환언하면 誠心은 畢竟 道德的의 意志이니 즉 德이 是이로다.

故로 敎育者는 반다시 被敎育者로써 其智識을 明히 하며, 此에 의하야 誠心을 知케 함으로써 道德的 行爲에 至하야써 德에 達케 할 것이라 此로부터 인생 최고의 행복을 得케 할지니 其 最高의 幸福은 卽 德에 達함에 有하다 하니라.

氏의 敎育法: 씨는 開發的 敎育家라. 인인을 敎導함에 當하야는 일정한 場所를 設置 아니하며 公然한 敎授室을 開함이 無하며, 싸라서 其授業料를 受치 아니하고 혹은 公園에 혹은 原野에 혹은 河邊에 혹은 寺院에 혹은 제작공장에 혹은 假頭에 立하야 人의 誰某를 불문하고 場所의 如何를 不擇하고, 何時 何處에 在하든지 人을 見한즉 반다시 問을 發하야 敎訓을 하나니, 其方法은 順序가 正히 함으로써 비롯하야 直히 道를 傳함이 아니오, 日常의 雜談으로부터 語를 起하야 自然히 人間 義務上에 避치 못하는 事, 有함을 설명하다가 드듸여 도덕의 필요에 歸함을 常例로 하엿도다.

씨는 論理의 長이 有함으로써 其 敎授方法은 반다시 歸納法을 用함이 常多하엿도다. 恰히 孔子가 "人의 器를 知하야 後에 敎育한다." 함과 如히 씨는 이인의 性質을 辨知하야 先히 其敎할 바 사건을 피교육자의 심지에 固着케 한 후에 서서히 此를 敎訓하얏도다. 고로 씨의 교수법에 二種이 有하니,

一은 인간 본래의 지식은 正確한 者이 아니라. 故로 此를 進步케 함으로써 正確한 지식을 得할 事를 先히 被敎育者로써 주의케 하며, 二는 人의 심중에는 可히 動치 아니하는 心이 有한즉 교육자는 此

誠心을 基礎로 하고, 종종의 考案을 惹起하야써 其心力의 暢達을 謀할지라. 고로 先히 疑問을 發하야 此를 무한히 熟考 후에 其應答에 대하야 瑕疵(하자)를 지적하고 혹은 其 誤謬를 교정하며 간단한 道理로써 深奧한 道理에 進하야 자연에 正確한 智識을 修得케 함을 計하엿도다. 此와 如히 疑問敎授로써 자기의 心力을 用하야 사물의 진리를 步 一步로 推究 自覺케 하야 遂히 此를 發見 悟解의 피안에 敎導하야써 智識의 완전발달과 성심의 成長 忠實을 保하니라.

此에 의하야 씨는 "人이 余를 學者라 하며 敎育家라 稱하나 余는 學問의 力이 無하고 智識이 乏함으로써 學識을 有한 자 아니라, 다만 人의 선천적으로 賦有한 天稟의 지식 誠心을 開發 暢達케 하는 자에 불과한 자이라. 고로 余의 二種의 敎授法은 余의 職을 成功케 하는 자로 信하노라." 云하니라. 要컨대 彼等은 彼等 自身의 能力에 因하야 其心을 發達케 함이 씨의 주요한 교수법이라. 此로써 씨는 實히 開發 敎育家의 鼻祖라 稱하얏도다. 如何히 씨의 교육법은 系統的이 아니라고 할지나 其敎育法의 衷心은 其知的, 其思辨的에 存在치 아니하고, 個人的과 人格的 方面에 存在하며, 씨는 靑年의 敎導者로 自任하야 其智德의 開發과 修養에 全心을 傾하야 實踐的 進修에 務하니라. 일언으로써 폐한즉 씨는 卓越한 聰明과 德行에 의하야 遂行할 쑨만 아니며, 又 此 聰明과 덕행은 단순한 經驗的 槪括 及 實踐的 體得쑨 아니라 且 根底에 在하야는 一의 哲學的 原理에 基因함을 務하엿도다.

▲ 5월 18일 (4)

풀라톤

氏의 略傳: 씨는 소쿠라테쓰 씨의 哲學을 繼承하고 자기의 達識를 중심으로 하며 前代 學說의 長所를 參考하야 完全한 哲學을 組織하얏슴으로써 希臘 哲學의 基礎를 確實히 하얏스며, 敎育은 國家의 重大한 政務로 主張하든 希臘 三大 哲學者 중의 一人으로 기원전 429年에 아덴에서 生하얏도다. 씨는 소쿠라테쓰 씨의 高弟로써 철학을 修得함이 10有 餘年間에 大히 蘊奧(온오)한 哲理를 解한 후에 埃及에 遊하야 理學을 연구하고 更히 南伊太利에 跡을 投하야 '구로도나' 學校에서 益益히 學術의 深大한 理를 硏究한 후 아덴에 歸하야 無謝儀學校를 設立하고 아카데미의 林中으로써 敎育所에 充하니라.1) 씨의 문인은 심히 多한 中 彼의 유명한 論理家 '아리쓰토틀' 及 '데모쓰테네스', '쩨노쿠라테쓰' 씨와 如한 碩儒는 皆 此門下의 高弟이로다. 然이나 씨는 實노 一人의 親友가 無하고, 恒常 孤立함과 如히 其의 전능력은 全히 哲學 硏究의 犧牲에 供할 쑨이오, 暫時라도 他를 顧할 小暇가 無하얏다 云하는도다. 향년 83에 至하야 某宴席에 列席하얏다가 불의의 병으로서 眼함과 如히 黃泉의 旅에 就하얏도다.

氏의 敎育主義: 完全한 敎育은 人의 身體 及 精神에 及할 만한 健康과 美妙를 附與하야 心身이 共히 완전케 함을 주장하얏스며 更히 進하

---

1) 아카데미아: 플라톤이 설립한 학교. 아테네 서북 교외(郊外) 아카데모스 신을 섬기는 체육장 근방에 설립.

야 교육은 다만 정신과 신체를 완전히 함에 止할 쑨 아니라, 정신에 至重한 관계가 有한 諸勢力을 養成하며 此를 發育케 할 자이라 論하얏다. 然하야 씨는 人의 정신을 三大 部分의로써 組織別을 分하얏스니,

第一 慾魂은 腹中에 在하야 慾情의 發源이 되나니 其性이 野卑한즉 此를 抑制함을 不得하는 자
第二 勇魂은 胸中에 在하야 勇敢 奮怒의 源泉이니 此를 善惡 2개로 分함을 得할 자
第三 德魂은 頭腦중에 在하야 소위 불멸에 속한 것이니 溫良, 從順, 友愛 及 識量 등의 源泉이라.

연즉 교육의 至大 至重한 任務로 할 자는 제일 욕혼을 억제하고 제이로 용혼 덕혼의 二魂을 調和 平均케 하야써 이자가 공히 완전하기를 期할 자이라.

만일 不然하야 德의 原素쑨을 장려함이 정도에 過한즉 其溫順의 덕은 反히 怠弱에 陷하며 其敏活은 變하야 苛激이 되고, 其愛情은 移하야 淫慾의 馳에 至하나니라. 쏘한 此에 反하야 體育을 장려함이 極奔한 즉 其의 才智能力은 부지중에 消耗에 歸하고 勇氣는 粗暴에 流하며 高尙은 高慢에 變하는도다. 고로 敎育은 반다시 此의 2原素를 適宜히 調和하고 相互의 平均을 得하게 할 자이라 하야 씨의 교육 終極의 目的은 소쿠라테쓰 씨와 同히 道德으로써 지대한 主義를 作하나니라.

氏의 敎育法: 씨는 교육으로서 國家의 重大한 國務로 함과 공히 국민을 官吏 軍人 及 平民의 三階級으로 別하야 관리와 군인만 교육을 受할 事로 하고, 其의 敎科目은 算術, 幾何, 天文, 修辭, 音樂, 美術과

諸學의 眼目되는 哲學 等으로 定하얏도다. 就中 가장 重大視하는 科目은 算術로 하야, 其 共和政體論 중에도 算術은 법률상의 필수 과목으로 하얏스며, 쏘한 장래 국가의 대사에 參與코자 하는 자는 반다시 一身을 委하야 算術 研究에 供할 자이로다. 此는 구구히 商賣的의 目的에 在함이 아니라 戰術을 이해하고 쏘는 정신의 浮薄을 轉하야 정직케 하는 자는 此에 過할 자 無하다 論하니라.

體操에 관하야는 신체의 발육샌에 有益할 쏜 아니라 정신을 건전케 함에 다대한 量效가 有하다 하야 大獎勵하얏스며 덕육에 해가 無한 한에는 舞蹈와 如한 자도 其本科目에 加할 자이며, 又 音樂을 장려하야 神聖한 聖歌 及 諸勇士의 頌歌를 唱케 하야 써 웅대한 기상과 敬神的 사상 及 國家的 觀念을 養成하얏도다. 씨는 又 美術로써 덕육상의 必須科目으로 하얏스니 此는 인간은 美에 의하야 善에 進한다 意味하얏도다. 然하야 其教授法은 生徒에게 困難한 課目을 授함과 동시에 일방으로는 유쾌한 課目을 與하야 如何히 困難한 課目이라도 隱然히 흥미가 有한 방법을 執하야 생도의 심리를 不知不識의 間에 誘導하고, 其學修 履行할 課目으로써 此를 無上의 樂으로 하며, 此를 唯一의 愛로 하게 하엿도다. 일언으로서 此를 폐한즉 學校로써 愉快의 源泉으로 하엿스며, 又 일방에는 人의 父兄된 자, 其의 兒女에 대하야 고통과 곤란샌 與함을 非難하며 쏘는 소아의 自由에 委하야 此를 喜케 하는 僻見은 도로혀 兒女에 대하야 自由我라 하는 慢性을 形作케 하는 것이라고 하엿도다. 故로 소아의게는 罰을 與함보다도 愉快을 與할 것이며, 此에만 止할 쏜 아니라 此에 쏘한 困難과 苦痛을 加치 아니함이 不可하다 하니라. 如斯히 씨는 일방에는 유쾌한 흥미를 與하야 스스로 進하야 智識의 修得에 勉勵케 함과 동시에 他方에 在하야는 곤란과 고통을 與하야 정신과 신체를 단련케 함으로써 교육의 眞目的에 達한다 하엿도다. 고로 씨는 교수에 臨하야 항상 상벌을 必信함으로써 大務로 하야 생도로써 其慈에는 母와 如히 하며, 其嚴함에는 父와 如히 하야 정신과 신체를 課業 修學 중에 유쾌 困難裏에서 並히 鍛鍊 向上케 하엿도다.

▲ 5월 19일 (5)

아리쓰토-틀 氏

氏의 略傳: 씨는 智力社會에 '알녝산들'이라 稱하는 別名이 有하며, 논리학의 泰斗로써 三段論法을 發明한 希臘의 삼대 철학자 중 제삼세 (제1세 소쿠라테쓰, 제2세 풀라톤)의 유명한 철학자이로다. 기원전 384년에 마게논니아에서 生하야 幼時로부터 好學의 性이 人에 勝하더니 및 장성함애 아덴에 赴하야 플라톤 門下에 學함이 20年의 長歲月을 一日과 如히 하엿다. 당시 諸人 중에 學術이 俊秀하고 理解가 高尙하야 其進步가 신속함에는 풀라톤 시도 驚하얏도다. 씨는 풀라톤 씨의 論理法에 盲從치 아니하고 精密한 實地 研究에 務하야 遂히 蘊奧의 理를 得하니라. 年47에 알렉산들 王의 師傅가 되야 其任에 當함이 4년이엇다가 후에 退하야 아덴의 小村 라이삼에 學校를 設하고 親히 13년간을 此에 獻身하얏도다.

氏의 教育主義: 씨는 플라톤 씨와 如히 高尙한 理論을 主로 하지 아니하고 實히 日用 實際에 주의하야 實用的 幸福된 인간을 養成코저 하엿도다. 幸福은 인간 最終의 目的으로써 其本源은 德行에 在하고

德行의 本源은 理性에 在한 즉, 교육의 大主眼은 此 理性을 涵養함에 在하도다. 故로 교육의 順序를 立하야 인간의 發育을 三大 階級에 分하얏스니 第一 體育, 第二 德育, 第三은 智育으로 하고, 此法則의 順序로써 교육을 施하니라. 씨는 풀라톤 씨와 如히 平民에 대하야 교육을 反對치 아니하며 又는 교육은 國家의 任務쁜 아니라 進하야 國民에게도 此 責任이 有함을 論하엿도다. 然이나 씨는 農工業을 卑視함이 大하야 此에 關한 智識을 學하야 實業家가 됨은 奴隷의 階級에 下하는 자라 하엿도다.

氏의 教育法: 씨의 교육법은 其三大 順序에 의하야 5년간은 體育에 務하며, 7年頃으로부터 비로소 德育을 施하얏도다. 然而 체육은 스팔타와 如히 腕力쁜 發達케 함이 아니라 健康한 신체를 養하기에 目的하며, 德育은 實踐을 主로 하야 初에 方正한 習慣으로부터 후에는 理論을 教하며, 智育은 諸般의 事物을 處分함에 適當한 자를 施하얏도다. 圖畵는 美的 思想을 養成하며 音樂은 敎育의 助로써 風敎에 有益하다 하야 此를 장려하얏스며 고등수학은 덕성 함양에 관계가 無하다 하야 此를 無視하얏스나 修辭, 哲學, 政治學 등은 必要의 學科로부터 遠에 已知로부터 味知에 有形으로부터 無形에 進하야 심성발달의 順序에 從하니라.

플타-크 氏

氏의 略傳: 씨는 家庭敎育의 重大함을 生張하는 人으로써 기원전 50년에 보예자에서 生한 後 永히 羅馬에 거주를 하고, 도미얀 帝 時에 至하야 一學校를 建設하고 哲學, 文學 及 歷史 等의 講席을 開하야

此에 진력하얏스며, 其教育에 관한 著書가 또한 多하얏도다.

氏의 教育主義: 교육의 목적은 完全한 인간을 養成함에 在한 것이라. 고로 此 目的을 達함에는 3개의 要件을 必要로 할지니 天性, 教授, 習慣 等이 是로다. 즉 교수라 하는 것은 아동이 아직 知치 못하는 자 혹은 아직 명백히 解치 못하는 자를 교육함을 云함이오, 習慣이라 하는 것은 此 智識을 常히 誤謬에 應用치 아니함을 云함이며, 學問의 始는 천성에 在하고 학문의 進步는 教授에 在하며, 其의 實用은 習慣에 의할 것이라. 고로 학문을 大成코저 한즉 其 材料를 此 三者에서 取치 아니함이 不可하도다. 만일 此에 一을 欠한즉 其不完全함을 면치 못할 것이라. 此를 作農에 比喩할진대 先히 土地의 肥沃을 驗하고 農具의 用法을 知하며 종자의 精良을 撰擇할 것이라. 차로써 性은 土地와 如하고 教育者는 農夫와 如하며 學問은 種子와 如하다 하니라. 彼天性은 如何히 不良한 자라도 善良한 교육으로써 此를 導할지오, 此와 反하야 如何히 純良한 천성이라도 불량한 교육은 此를 도로혀 損傷케 하는도다. 고로 씨는 아동교육과 가정교육에 重을 置하니라.

氏의 教育法: 씨는 특히 倫理學과 習慣의 研究에 特長을 有한 人이라. 고로 항상 이성에 鑑한 바 習慣을 養하며 其의 良心에 訴하야 疑를 決하고, 其決한 바 양심으로써 영혼을 守함에 務하니라. 然하야 씨는 더욱히 力을 務함은 자기의 반성에 盡하야 其外部로부터 受하는 사회적 수신교육으로써 內部에 在한 영혼과 동화 융합하기에 在하얏도다. 고로 心意를 教育치 아니하고 徒히 不消化된 材料쑨으로써 生徒의 理解에 訴하야 智力의 誤謬를 自破케 하며 良心을 感化케 하야 高尚한 덕성을 반성 중에서 涵養케 하니라.

氏의 女子教育: 씨는 교육은 家庭의 본분으로써 함으로 女子의 學識과 德義上의 品位를 高코저 하야 其 著書 중에 大히 여권신장을 主張하얏스며, 女子가 가정에 在하야 一家를 整理하고 아동교육의 任務에 當함은 도로혀 남자에 勝한지라. 고로 여자의 교육을 必要로 하야 數理學 及 哲學 等을 남자와 如히 教하며 고상한 品性을 養成하기에 舞하얏도다. "女子의 心中에 柔順한 情은 外에도 現하야 花와 如하며, 銳敏한 其感情은 外에 射하야 氷과 如한 것이라. 고로 此를 선량한 교육으로서 二者를 中和케 할진대 고상한 德行을 此에서 見하리라." 씨는 云하얏도다.

▲ 5월 20일 (7)

세네카 氏

氏의 略傳: 씨는 기원전 2년에 西班牙 콜도싸에서 生하야 幼時로부터 父를 從하야 일즉 羅馬에 游하야 數學, 文學, 及 歷史를 學하고 次에 希臘 及 埃及에 游하다가 更히 羅馬에 歸하야 辯護士가 되엿섯도다. 其後 일신의 運否로 8년간을 콜시카 島에 流刑된 바, 此間에 哲學을 研究하야 其 奧을 究하다가 맛참내 歸國을 許함과 공히 네로 帝의 師傅가 되엿도다. 연이나 씨의 智德으로도 遂히 邪慾에 陷한 帝의 心을 矯正치 못할 쏜 아니라 當時 人心은 심히 腐敗하고 道德은 地에 落하야 私利私慾으로써 人事를 作하는 時라. 씨는 此의 慨然함을 絶叫하다가 맛참내 기원 65년에 此를 罪로 하야 死刑臺에 消하니라.

氏의 教育主義: 人은 사리를 知了하고 此를 실행하기를 勉勵할 것이

라. 고로 教育의 任은 知行의 二件를 정신 내에 발달케 할지니 정신과 신체를 공히 注意하야 此를 반다시 陶冶할 것이라. 然이나 정신의 발육은 신체의 발육에 先치 아니함이 不可하니, 此는 人身에 가장 고상한 자는 精神인 故이로다. 무릇 인간에는 다소의 欠點이 不無한 것이라. 故로 교육은 此를 補하며 更히 其 機能을 발달케 할지니라.

氏의 敎育法: 씨는 자기의 德行으로서 스스로 模範을 示하야 생도를 訓誨하되 항상 溫和를 主로 하야 교육의 前에 몬저 其性質의 如何를 察하야 學課를 授하기에 勉하며 體操는 適宜한 課로써 교수의 주안을 作하니라.

퀸틀리안 氏

氏의 略傳: 씨는 유명한 修辭學家로써 기원 42년에 西班牙 가라호라에서 生하야 長成 후 羅馬에 赴하야 法律을 연구하고 일시 변호사업에 從事하야 頗히 世의 好評을 得하다가 후에 其職을 辭하고 교육가가 되어 베쓰바싼으로부터 平議員의 位를 受하고 관립학교의 敎授 任에 當하니라. 씨는 20년간을 일일과 如히 羅馬의 교육에 종사하며 修辭學은 智力 修養에 일시하도 欠치 못할 重大 學問이라 하야 此에 대한 연구를 一身의 天職으로 하고 晩年에 至하야 雄辯學의 大傑作을 世에 與하니라.

氏의 敎育主義: 교육은 천성에 적응한 智識을 授하야 益益히 此를 發達케 하야 추호라도 背戾(배려)치 아니함을 目的할 것이라. 고로 교육은 아동의 出生과 공히 不絶히 此를 행치 아니함이 不可하니, 예컨대 乳母된 자는 其兒童에 대하야 謹愼과 淑德으로서 其精神에 示하며 온화한 言語와 勇義한 動靜으로써 其 行儀를 作할지니, 此는 아동의 처음 受한 印象은 久히 지속하는 故이라. 그럼으로 유년시로부터 其敎育을 愼치 아니치 못할지니, 其年齡과 其性質을 考하야 此를 開發하며, 進하야 其希望에 適應한 자로 順序的 能力의 發達을 計圖치 아니함이 不可하니라.

氏의 敎育法: 아동에는 先히 自國語를 敎하고, 후에 外國語에 移하야 7세 時부터 비로소 整然한 敎育을 施할 것이니, 其敎授함에 當하야는 반다시 修學 時에 고통을 覺치 아니하기 위하야 遊戲的 方法으로써 此를 교수할 것이라. 쏘한 종종의 疑問을 發하야 此에 答하는 자는 반다시 稱揚하야 아동으로써 지식의 修得을 自認케 하고, 其學함을 樂으로써 하게 할지니라. 讀書 敎授法은 其 文字와 名稱과 形狀을 동시에 교수하며, 理解와 記憶을 容易케 하기 위하야 玩弄物을 사용할 것이며, 習字 敎授法은 文字를 刻한 木片 혹은 蠟板을 사용하고, 연령이 長함을 隨하야 독서 습자에 練習을 整然히 할지오, 文法 作文 音樂 幾何 等의 최고 학과를 敎할지며, 此等 學科의 교수는 必히 論理法에 의하야써 雄辯家를 養成하는 機械로 할지니, 此는 完全한 辨說家는 완전한 人物이 된다는 씨의 主見을 發揮함이로다. 밀톤 씨는 씨의 교육법을 評하야 말하되, '嚴格, 明敏과 公務 私事를 불문하고 又는 戰時와 平時를 막론하고, 능히 其任務에 盡할 인물을 得코자 함에는 此의 방법으로서 人을 養成치 아니치 못할 것이다.' 云하엿도다. 씨는 아동에게 體罰을 施함을 不可한 자라 主張할 쑨 아니라, 此는 가장 卑劣한 관리법이라 云하엿도다. 何故오. 第一은 아동의 품행을 譴責으로써 此를 矯正키 難한 자라 하야, 此를 노예 중 最惡者에 대함과 如히 鞭撻

을 施한즉, 도로혀 反動力을 起하야 일층 其惡을 助함이오, 第二는 교원된 자 規則을 正히 하야 其學業을 敎授하며, 生徒를 管理하는 以上은 결코 體罰을 가할 필요가 無하니, 何故오. 善良한 敎師는 生徒를 恐嚇(공혁)하야 其氣力을 沮喪하며 此를 제어하는 것이 無하도다. 반다시 생도의 名譽心에 訴하야 스스로 光榮에 奮鬪케 할 것이라. 고로 구구히 체벌을 開함은 人權을 壓迫하야 생며을 草介와 如히 하는 무부의 强暴한 훈련에 불과한 자이니라. 고로 교육자된 자, 아동의 관리법에 대하야 其宜를 不得한즉 교육으로써 인의 덕성과 지력을 손상케 할지니, 恒常 其 品行를 不得한즉 교육으로써 인의 덕성과 지력을 손상케 할지니 항상 其品行를 교정코저 하는 시는 온화한 言辭로써 其良心을 感化하는, 스스로 失敗와 不名譽될ㄹ 改悟케 한 자이라 하노라.

▲ 5월 21일 (8)

시세로 氏

氏의 略傳: 씨는 羅馬와 希臘의 學問을 兼通하며 교육상에 관하야 高尙한 의견을 有한 人이라. 기원 106년에 生하야 幼時로부터 學을 好하야 16세에 法律, 辨說 及 哲學 등을 學하고 此를 더욱 연구키 위하야 희랍 급 亞細亞를 歷訪하얏스며 희랍 로쏘에 至하야는유명한 수사학가 아쏜로니아스 씨의게 演說法을 大히 窮究하엿도다. 時에 아쏜로니아쓰 씨가 "시세로여. 余는 君의 才學을 愛할 쑨만 아니라 我 希臘을 위하야 悲觀치 아니하나니, 此는 특히 光榮이 有한 希臘의 雄辯學이 君과 共히 羅馬에 移함이라." 하야 多大히 씨의 雄辯에 對하야 特長이 有함을 稱揚하니라. 후에 故國에 歸하야 樞要의 職 評議官이 되어 其勳

績이 특히 高함으로 國人이 尊하야 國父라 稱하얏도다. 然이나 晩年에 至하야 안도니의게 抗論하기를 不止하다가 맛참내 刺客의 毒刃에 羅馬人 中 유명한 修辭學者된 씨는 不歸客에 化하니라.

氏의 敎育主義: 씨는 특히 專門的 敎育家이 안임으로 교육상에 관한 著書는 無하되 數多의 哲學書 중에 교육상에 관한 의견은 多히 書하얏도다. 其要를 見하건대 인간은 眞의 智識 及 理學의 基礎가 될 만한 思想이 有한즉 씨의 天賦한 思想을 發達 完全케 함은 敎育의 任務라. 그럼으로써 교육은 극히 幼稚한 時로부터 此를 始하야 此에 注意치 아니함이 不可하니, 卽 感化되기 易한 幼年 時期에는 遊戱 及 기타 外圍의 刺戟이 品行과 智力에 대하야 善不善間 發達을 促하는 時이로다. 故로 此時期부터 德을 涵養하고 智를 修得함에 가장 注意치 아니함이 不可하니라. 그럼으로 記臆의 硏修로써 智育의 요소로 하고, 希臘 及 羅馬 文豪者 著書 중으로부터 金言玉句를 拔選하야 此를 恒常 暗誦함과 共히 宗敎의 聖理로써 도덕의 기본을 作할 것이니라. 此外에 政治學 及 哲學의 硏究로써 高尙한 智育上의 資料로 하며, 能辯學으로써 인간의 교육을 完全케 할 것이로다. 然이나 씨도 希臘의 아리쓰토틀 씨와 如히 實業學은 奴隷의 業務라 하야 此를 排斥하니라.

氏의 敎育法: 學課는 생도의 기호와 才力에 適한 자를 撰하며 교사는 恩威를 병행하며 寬嚴을 並施할 것이라. 罰則은 管理法에 無效한 것이로다. 然이나 此도 결코 無價함은 아니다. 怒氣를 含하야 此를 施하며 叱責으로써 생도의 品行을 矯正코저 함은 벌칙의 害毒이라. 故로 善히 導할 바 好意에 感치 아니함이 不可하니라.

에라스머쓰 氏

氏의 略傳: 씨는 文藝復興期에 在하야 啓蒙思想의 指導者로써 1467년에 롯텔담에 生하야 장성 후 巴里大學에 入學하야 文學 及 神學을 研究한 碩儒로써 교육상에 대하얀 禮儀를 필요로 認하며 少年을 교육함에는 左의 四大 요소를 重히 한 大教育家이라. 今에 此를 示하건대,

第一은 恭謙으로써 小兒의 柔和心을 啓發케 할 事
第二는 技藝를 愛케 하며 쏘한 此를 學習에 努力케 할 事
第三은 交際上에 敏活한 手腕과 學識을 教育할 事
第四는 幼稚의 時로부터 도덕의 主義에 基한 先行에 慣熟케 할 事

然而 씨는 가장 重을 第一의 恭謙에 置하야 德性을 修養하기에 스스로 努務하며 此에 勉勵하니라.

氏의 教育主義: 씨는 인간의 幸福은 天賦의 美를 有함과 學問의 理를 知함과 良心을 鍛鍊하는 等 三者로써 得할 것이라. 故로 天賦의 美를 有코저 함에는 恒常 善에 從하야 高尚한 思想을 涵養할 것이오, 학문의 理를 知코저 할진대 智識의 練磨함보다 寧히 宗教 並 도덕상의 訓戒를 充分히 할 것이며, 心을 鍛鍊함에는 常히 有한 바 天賦의 美와 旣히 得한 바 학문상의 智識으로써 正當히 實行함에 在한 것이라 하니라.

氏의 兒童教育: 兒童教育은 深切한 慈愛로써 主旨를 할지니, 故로 母된 자는 宜히 其保育에 注意하야 慈愛를 深히 하며, 父된 자는 宜히

親近 又는 善良함에 注意할 것이라. 아동을 恐怖케 함은 此를 生育함에 適當한 道가 아니라 此를 避할 것이며, 아동을 구타 징계함은 더욱 위험한 자이라. 故로 溫順으로서 此를 待遇하며 深切한 訓戒로써 스스로 心腹케 할 것이라. 如次한 방법으로써 敎導한즉 兩親의 命한 바가 其深切한 교육의 入門이 되는 것이로다. 아동의 身體근 僅少한 營養分으로써 此를 養育하는 자이니, 此에 觀하야 其 心意를 養育함에도 쏘한 徐히 少許의 지식으로써 此를 發育케 할 것이라. 自國語는 習慣과 實地에 自然히 習熟함에 任할 것이라.

氏의 女子敎育: 씨는 女子敎育도 쏘한 大히 此를 獎勵하야 凡 其 兒童을 敎育하고 家庭을 整理하며 其夫를 助코자 할진대 高尚한 智力과 善美한 덕성을 涵養치 아니치 못할 자이라. 故로 其學課의 修得을 男子와 同樣으로 할 必要가 有하도다. 然而 心理學과 看護法과 兒童敎育學 等은 女子에 必要한 學課이며, 習慣에 完全한 常識을 與할 것이라.

▲ 5월 22일 (9)

말틴, 루터 氏 (一)

氏의 略傳: 씨는 1483년 11월에 獨逸 아이쓰텟쎈 鑛夫의 家에 生하야 幼時로부터 嚴酷한 家庭敎育과 學校敎育을 受하고, 18세에 엘홀트 大學에 入하야 3년 후에 其業을 卒하니라. 일일은 대학의 圖書館에 入하야 聖經을 讀하다가 大히 感한 바 되야 遂히 僧侶되기를 결심하고 直時 同地에 在한 사원에 入하야 神學 及 哲學을 硏究함이 3년간에 大히 解得한 바 有하얏도다. 年26세에 웃텐벨히 大學에 교수가 되야

神學講座를 擔任한 時 該校長은 씨의 有爲的 人物됨에 驚하얏스며 出하야 敎理를 傳道할 時는 一言半辭의 飾이 無하고 오직 정신상 熱烈한 誠心과 眞意에 대하야 頗히 世人의 주의를 惹起하니라. 1511년에 羅馬에 赴하야 當地 사원의 腐敗가 심하고 贖罪金(속죄금)으로써 不德한 僧侶의 腹肉을 肥함을 慨然히 思하야 此를 救濟코저 하는 大志를 立하엿도다. 然하야 1517년 10월 30일에 95條의 檄文을 草하야 천하에 罪는 오직 神만이 赦하는 意를 廣히 布告하니 此가 즉 宗敎改革의 先鋒이라. 當時에 諸寺院은 절대적으로 此를 排斥하나 其中에 自然 贊否 양파가 生하야 紛紜한 爭論으로 종교상에 大議論을 惹起하고 천하가 주목하는 大問題가 되니라. 1521년에 씨는 월무쓰 帝國議會에 招喚(초환)된 바 되야 法皇과 國會의 權威로써 其說을 飜코저 하엿스나 씨는 毅然히 此에 不應하고 聖書로부터 정당한 진리를 摘示하야 余의 說이 "不正當함을 摘하야 論理함이 안인즉 결코 일언반구글 讓치 못할지니 진실노 良心의 背한 言은 敢히 余의 持論을 動치 못하리라." 하야 如斯히 만천불굴하는 결심과 誠力으로서 波瀾曲直의 許多 苦楚를 堪耐하고, 大히 其改革 意見을 主張하야 遂히 宗敎의 大改革을 成功하고 從하야 쏘한 大히 敎育의 改革을 促하니라.

氏의 公立學校 設置論: 씨는 1524년에 書를 府縣 知事 及 府縣 會議員에 送하야 公立學校 設置論을 大히 建議하되,

第一은 何故로 學校를 輕忽에 附하는가. 世의 盛衰는 반다시 敎育 良否에 의한 것이오, 國家의 文野는 아동의 賢愚로써 決할지라. 然而 世人은 晏然히 此에 顧念(고념)하는 자가 一人도 無함은 余의 深憂하는 바이라. 然즉 其兒童을 교육함은 神에 대하고 又는 天下에 대한 責任

으로 世人이 더욱 진력치 아니치 못할 자이오,

第二 吾人은 신의 仁慈를 輕히 아니함을 望하나니 종래의 敎授法은 寧히 차를 忘却치 아니할 것이오,

第三은 兩親에 命하야 其子弟를 敎育하라 함이어날 아동교육을 輕忽히 思함은 最大의 罪惡이라. 然이나 其兩親된 자 此를 교육코저 하나 時間과 財産의 欠乏으로써 여하히 할 자인가. 故로 政府는 宜히 교육으로써 其本務로 하고, 人民은 亦此에 의탁치 아니함이 不可하도다. 古에 羅馬人 及 아덴人이 其好例가 엇지 아니리오. 만일 설비가 不能한즉 各都府에는 학무위원을 先置하고 學校에는 新敎를 敎함과 동시에 각국 語學을 務할지니, 若語學이 無한즉 新敎가 無한지라. 余는 一子를 得한즉 先히 語學을 敎케 하고, 次에 歷史 唱歌 音樂 數學 等을 敎할지니, 昔의 希臘人은 此等 敎育으로 子弟를 敎함으로써 맛참내 燦然한 文明과 順良한 國民이 됨이로다. 最後에 주의를 乞하는 자는 學校 事業에 附帶하야 圖書館의 設置를 希望함이 是이라. 行히 其設置를 見함에 至한즉 世人은 宜히 勞力과 金力을 投하야 此를 助할 것이로다. 政府는 人民을 强하야 兵役에 服함과 如히 人民을 强하야 其子弟를 就學케 할 것이라 하니라.

씨는 如斯히 교육은 國家의 大務로 하야 國의 富强과 社會의 太半을 다만 병역으로써 함을 排斥함과 공히 교육의 大事를 貧寒한 國民의게 自任케 하야 其責을 負함을 反對하엿도다.

氏의 僧侶에 對한 忠告: 씨는 1530년에 一書를 著하야 各僧侶의게 忠告하되 第一 승려는 吾人으로써 兒童을 學校에 送하기를 勉할지니 此는 僧侶의 利害로든지 學校의 利害로든지 아동을 학교에 入치 아니

함이 不可하니 此를 怠하는 승려의 不利益이라. 何故오. 아동으로써 장차 僧侶가 되지 못한즉 반다시 良民이 될지니 此의 與否는 교육 有無에 관한 것이오, 第二 신의 所爲는 乞奴(걸노)로써 君子가 되게 한지라. 故로 僧侶는 교육으로서 쏘한 설교상에 一 本務로 하야 世人 으로서 아동에 대한 신의 希望과 아동을 有한 父母에 與한 신의 使命 이 여하함을 自覺케 할 것이로다. 故로 정부가 愚民의 자제를 强하야 就學케 하는 權을 行치 아니하는 時는 世人으로써 此를 反對케 할 것이오, 만일 此에 成功치 못한즉 반다시 寺院의 財産을 擧하야 敎育 大務를 신의 命한 바에 順하야 生할 것이로다 하니라.

▲ 5월 23일 (10)

말틴 루터 氏 (二)

教員 傳習所와 半日學校: 씨는 旣히 논함과 如히 敎育 事業으로써 國家의 負擔으로 主張하며 人에 說하야 其子弟를 敎育케 하는 義務가 有하다 하야, 大히 就學을 獎勵하얏스나 其 가장 곤란을 感함은 敎師 의 缺乏이 是라. 因하야 씨는 學校 生徒 중 優勝한 男女를 選拔하야 敎員傳習所를 設하고 學校 時間 外에 특별의 敎育을 與하며 此에 대한 附屬 圖書館을 置하고, 學問의 硏究를 助하야써 善良한 敎員을 養成코 자 謀하얏도다.

씨는 如斯히 교원될 자를 양성하는 중에 子弟로써 父母의 職業을 助하며 又는 自己의 心을 倦치 아니하기 위하야 수업시간을 短縮한 所謂 半日學校 制度를 設하고, 아동으로써 일일 2시간 이내는 학교에 在하야 學課를 修하고, 其餘 시간으로써 家業을 助하는 實用事爲를

學케 하얏도다.

氏의 教科目: 씨는 宗教로써 第一의 學科로 하고, 其次에는 語學으로써 第二의 學科라 하야 9세 10세 頃으로부터 聖經을 讀케 하며, 語學은 先히 本國語를 敎하야 此를 能히 理解하며 其使用함에 誤가 無함을 목적하되 충분히 此를 이해코자 함에는 勢自然히 古代 語學을 硏究함이 必要함으로써 羅甸 及 希臘語 등을 學하며, 實際의 應用을 主로 하야 歷史에 重을 治하며 又는 數學 及 自然科學을 學케 하되, 工藝 及 能辯術과 如한 자는 此를 重要視하지 아니하얏도다. 體操는 輕히 敎치 아니하되 殊히 意를 重히 致함은 音樂이라. 대개 音樂은 아동의 元氣를 養하며 정신을 優美히 하고 道德心을 發達하는 자이라. 고로 敎師된 자는 반다시 此를 知치 아니함이 不可하니 만일 不然한 자는 敎師될 資格이 無하다 極論하니라.

氏의 敎育法 及 敎師에 對한 態度: 씨는 學校로써 自由와 喜樂의 場所로 하야 아동으로 항상 其喜와 樂 중에서 學케 함을 務하며 又 아동은 社會에 대하야 經驗이 無하고 事物에 曲直을 不知함이 恰히 甁 中에 生한 草木과 如하다 論하야 아동을 學校에만 蟄居케 한 과거 교육상의 弊를 觀破하고 大히 사회상 만반의 事爲에 대하야 幼時로부터 是非와 評論과 觀察과 判明 등을 習熟하게 하기에 務하며 又는 遊戱와 運動을 獎勵하야 身體의 健康을 重히 하니라. 교사된 자는 반다시 충분한 寬嚴과 溫和한 言語로써 아동을 親近 又는 慈愛로 訓育할지니, 過激한 叱責과 過分의 干涉은 도로혀 兒童을 敎育하는 도리가 아님을 大히 論하얏도다.

씨는 교사에 대하야 其地位와 其名譽와 其職業을 자못 尊重히 하야 此를 宣敎師의 職에 比하야 사회상의 諸職業 중에 교사의 職에 勝할 貴重한 직업이 坯한 無한 것이라. 故로 宣敎師職과 敎師의 此 兩者는 何者가 重하고 何者가 輕함을 判定키 부能하다 云하니라.

氏의 結果: 씨는 波瀾이 多하고 苦楚가 大한 중에 악전고투로써 先히 自己를 克하고 後에 社會를 克하야 宗敎를 大히 改革하야 新敎를 設하며 따라서 교육의 大改革을 坯한 唱하야 心과 力을 盡치 아니함이 無하얏스나 不幸히 彼의 30년 戰爭 등으로 인하야 目前에 相應할 結果를 得치 못하얏스나 新敎를 奉하는 諸國의 政府 及 人民은 씨의 주장과 熱心에 感하야 學校의 設立 及 其管理에 대하야 深奧한 硏究와 절절한 事理로써 此를 準備하기에 至하얏도다. 然하야 獨逸이 솔선하야 此를 設置하야 實行하기에 着手하고 其次로부터 各府縣과 各郡區에 至하기까지 學校를 設置하야 大히 敎育의 大務를 樹立치 아니한 곳이 無함으로써 爾來 他의 諸國도 此에 倣하야 破竹의 勢로써 교육의 필요를 高히 絶叫함에 至하얏도다. 然하야 1560년에 佛國은 올레안쓰 國會에서 교육의 振興策으로써 學校의 增設과 교육자 양성의 必要와 敎科目 及 管理法에 대하야 특히 위원을 선정하야 此를 專門으로써 硏究할 事를 決議하고, 其外에 在하야도 빈민 소년을 교육할 방침과 市邑에 在한 학자를 보호키 위하야 사원의 세입에 대하야 課稅를 命하며, 아동을 有한 부형을 强制하야 其子女를 반다시 학교에 送할 事를 警告하야 사회 일반으로써 就學의 熱을 高하게 하얏도다. 然而 만일 此에 從치 아니하는 자는 반다시 相當한 罰金을 科케 하고, 此의 實行은 貴族 又는 官吏로써 其規則을 執行케 하얏도다. 如斯히 佛國은 간접으로써 씨의 교육개혁론에 感하야 此에 振興을 謀함으로써 獨逸과

佛國 間은 물론이오, 기타 諸國에 漸次로 敎育의 要務됨을 覺함과 공히 차에 努力하니라.

　要컨대 南歐의 諸國이 新世界의 發見, 新領土의 征服, 황금진보의 探索에 열중한 16세기에 處한 獨逸人은 다만 심령상의 발견에 努力하얏도다. 新世界 發見은 지구 중심설의 謬想을 打破하야 인간의 眼界를 潤大케 함이오, 씨가 新眞理를 發見함은 法王無謬說의 迷妄을 一掃하야 討究의 自由와 判斷의 獨立을 道破하고 인간이 活한 신과 직접 交涉하는 福音을 宣傳함에 在함이라. 此 二大 事件은 구주인의 長夜眠(장야면)을 破하야 근세문명의 서광을 仰하는 警鐘이라 하니라.

▲ 5월 24일 (11)

라베라이쓰[2] 氏

　氏의 略傳: 씨는 理想에 富하며 창조력이 多한 卓見家로써 1483년에 英國에 生하야 人生 心意의 練習 及 開發에 관한 개혁가 중 第一의 學者오, 自然科學의 先鞭者가 되니라. 氏는 大히 煩瑣哲學의 空理主義에 反하야 소위 實用主義에 基한 創始의 敎育을 施하며 無益한 主義를 排斥하고써 其 實用에 注意하며 經驗과 事實을 主로 하야 狹隘(협애)한 學校의 범위를 脫却하야 日常 觸目의 사물을 是非하야 世事에 通觀

---

2) 프랑수아 라블레(1483~1553)를 잘못 옮긴 것으로 판단된다. 라블레는 16세기 프랑스 르네상스 문학의 대표적 작가. 영국의 셰익스피어, 스페인의 세르반테스와 비견된다. 주로 서민적이고 풍자적인 작품을 발표하였다. 주요 작품으로 '1533년의 역서(#63883; 書)'와 '팡타그뤼엘 점무' 등이 있다.

하는 智力을 富케 하며, 記憶力을 修練하고 정신의 자유를 進하며 心意를 開發함과 동시에 義氣를 涵養하고 신체를 强壯히 함과 동시에 德育에 주의하야 智育 德育 體育의 三者를 充分히 發達케 하니라.

　故로 신체의 건강을 保키 위하야 衛生法에 주의하며 야외운동, 축구, 승마, 角力, 수영 등을 장려하야써 其體力을 壯健케 함과 동시에 不絶히 心意를 活用 活動케 함으로써 大히 心意를 鍛鍊하야써 其智力을 强壯케 하니라. 然하야 終始 變化의 世雲에 心을 委하고, 神을 事하야 其一身의 全希望을 上帝의 慈愛에 乞하며 父母를 孝하고 君에 忠하며 師를 尊하고 隣人을 愛함으로써 道德의 核子를 삼게 하니라.

　氏의 敎育主義: 中世紀에 在하야는 自然科學의 연구를 殆히 度外視하고 오직 아리스토틀 씨의 著書 及 聖書에 就하야 少히 知할 쑨으로써 單히 추측식의 연구에 致함에 不過하얏도다. 故로 씨는 自然科學으로써 人間 必要의 學問이라 하야 各 敎科目의 主位에 置하고, 河海湖川 등에 棲息하는 魚類와 공중에 비상하는 조류와 지상에 서식하는 동물과 地中에 埋置된 鑛物 등을 관찰 연구하야써 잇ㄴ 智識의 범위를 擴張하니라. 如斯히 씨는 자연과학의 必要를 唱하야 "大自然界의 美妙를 觀할 時는 스스로 想像力을 증진하고 精神을 養하며 心意를 强健케 한다." 하니라.

　氏의 敎育法: 씨의 敎育法은 恰히 로소의 〈예밀〉과 如히 實用的 事業에 其身을 委得할 人物을 養成하기에 目的하엿도다. 故로 雨天을 當하야 외출키 不能할 時는 家居材木을 鋸하며 穀物을 臼(구)하며, 其 談話는 일상 食膳(식선)에 細事까지에 及하되 恒常 교육의 主旨를 離치 아니하며 疑問을 發하야 實物로써 其理를 自覺케 하니라. 또한 天氣가

晴朗한 時에는 시시로 野外에 出하야 묵장 임야에 스스로 植物을 觀察하고 山谷에 到하야 암석 광물 등을 검사하야 各種의 標準을 제작하며 書籍에 比하야 실물 敎授을 施하니라.[3]

도롯쓰옌돌후[4] 氏

氏의 略傳: 씨는 루터의 종교개혁 及 교육개혁 등 事業에 大히 幇助하야 此에 從事한 人이라. 1490년에 獨逸 켈리쓰 府에 生하야 幼時로부터 身體가 虛弱함으로써 學問에 心을 用하기 不能하엿스나 漸次로 成長함에 至하야 웃덴벨히에 去하야 루터 급 메란히돈[5] 等에 從하고, 후에 更히 라이쑤짓히에 遊하야 古文學을 연구하야 성공 後 시렌진州 쏠도벨히 府에 在한 文科 中學校長이 되야 實地 敎育에 종사함이

---

3) 실물교수법: 라블레는 실물교수법의 창시자로 알려져 있다. 츠다(津田元德, 1905),『教育史要』(東京, 金港堂書籍株式會社)에서는 제5편 서양 근세 교육, 제4장 '제16세기의 교육 대가' 가운데 제1절에 '프랑소와 라블레'를 소개한 바 있는데, 이에 따르면 라블레는 "제1 교육의 목적은 실제적 생활에 응용하게 하는 데 있으며, 특히 체육을 장려하였다. 제2 교육의 방법은 (1) 교수, (2) 모범, (3) 실험의 세가지로 성립되며 (갑) 학과는 종교, 어학, 실물적 과업 등으로 하고, (을) 교수는 실물을 활용하여 생도들이 자기 스스로 고안하고 스스로 판단하게 하는 데 있다."라고 하였다.

4) 트로첸도르프(Trotcendorf, 1490~1556): 종교개혁기 독일의 교육학자. 루터의 사상에 공감하고 위텐베르히 대학에서 루터와 멜란히톤의 지도 감화를 받은 뒤, 골드베르히 문과고등학교에서 35세에 교장이 되었다. 김용기,『서양교육사』, 문헌사, 1955, 145~146쪽 참고.

5) 멜란히톤(1497~1560). 독일의 신학자. 교육학자. 멜란히톤은 프로테스탄트 종교개혁을 일으킨 마르틴 루터의 친구이자 협력자이다.『신학요론』과『아우구스티누스 신앙고백』을 썼으며, 독일 교육제도 전체를 실질적으로 재편성했다. 당대 최고의 인문학자로서 신학과 사회를 갱생하기 위해서 인문주의 계획을 과감하게 실행하고, 고전과 그리스도교 원전으로 되돌아갈 것을 주장했다. 1519년 라이프치히 논쟁에서 루터를 지지하며 성서의 권위를 옹호한 것을 시작으로 루터와 그의 종교개혁에 지속적으로 헌신했다. 성서의 독일어 번역에도 참여했으며, 1521년 종교개혁 원칙을 체계적으로 다룬 최초의 책인『신학요론』을 펴냈다. 또한 1530년, 이후에 작성된 모든 프로테스탄트 신조에 영향을 끼친 아우크스부르크 신앙고백 초안을 작성했다. 〈다음 백과사전〉

30년의 장시일을 一日과 如히 하야 교육의 改良을 루타와 공히 力을 盡하야 功績이 多하며 一世의 敎育家의 模範者가 되니라.

氏의 敎育主義: 씨는 宗敎로써 교육의 基礎로 하야 교육의 목적은 종교상 及 국가상에 有用한 人物을 양성함에 在한지라. 故로 교육자는 被敎育者의 德性 及 感情을 練習 涵養함을 主眼할 것이오, 古來로 有名한 倫理學上의 原則을 解하야 일상 행위의 基本됨을 務할 것이며, 루터의 종교 問答書를 연구케 하며, 音樂은 高尙한 美觀을 養하며 종교상의 감정을 惹起함에 가장 필요한 자로 大히 장려하며 次에 國語 及 羅甸語를 교과목 중에 主位로 하며, 數學, 倫理學, 希臘語 及 猶太語를 敎하니라.

氏의 敎育法: 씨의 교육법은 極히 嚴肅과 規律을 주지로 함으로써 씨의 관리하는 학교 내에는 학교 裁判所를 設置하고, 교육자의 덕성을 審하며, 피교육자의 惡行을 指하야 完然히 국가의 사법기관의 行使와 如히 其不品行에 대한 벌칙 及 譴責을 言을 渡하야 此를 교정하엿도다. 如斯히 엄격한 제도로 훈련함으로써 생도로 하야금 不知不識 중 사회에는 엄격한 制裁가 有하고 국가에는 공정한 처벌이 有하야 國民된 자의 권리와 의무를 保護하며 秋毫도 侵害치 아니함과 공히 罪過는 결코 容恕가 無함을 유시로부터 知케 하엿도다. 씨의 敎授法에 其主로 하는 자는 左와 如하니,

第一 학문상의 定義는 반다시 簡略을 主로 할지며, 其 例證은 明了히 하되 實際에 近함을 求하며 敎科의 練習은 屢屢히 此를 行하고 또는 長히 連續케 할 事

第二 事物의 教授와 言語의 교수는 常히 此 兩者를 連絡케 할지라. 환언하면 物과 詞의 連絡을 圖할 事

第三 讀書는 반다시 明晳히 發音하며, 談話는 人의 思想을 擴張 發達케 하는 자인즉 平素에 正確한 言語를 用하기에 習熟하고 習字는 智識을 永히 發表함에 必要한 자이니 此를 永히 練習할 事

第四 지식은 범위의 擴大함을 望함보다 寧히 其 內容의 深奧함을 宜히 할 事

▲ 5월 25일 (12)

쓰슬무노[6] 氏

氏의 略傳: 씨는 文學主義의 教育家로 1507년에 普國 슈라이덴에 生하야 年31에 도라쓰불히의 문과 중학교장이 되야 44년간에 大히 教育의 改良 進步를 圖하니라. 獨逸 各部는 물론이오 遠히 葡萄牙, 波蘭, 丁抹, 佛國 及 英國 등으로부터 數千 학생이 集來하야 其勢 頗히 大할 쑨 아니라 更히 亞米利加까지 達하니라. 씨의 교육의 主眼으로 함은 第一 信神, 第二 智識, 第三 能辯 등의 諸要素를 養하며, 씨의 일대 教育 事業으로는 中等教育 改良이 是이로다.

---

6) 요한 스트룸(Johnhan Strum, 1507~1589). 네덜란드의 종교 개혁가. 중등 교육개혁가. 1538년 스트라스부르그 시 의회에 중등교육을 위한 새로운 교육법을 제출하고, 세 곳의 라틴학교로 구성된 김나지움의 총장으로 재직하며, 학교 교육 프로그램을 개발하였다. 칼빈이 제네바에 아카데미를 세우는 데 영향을 준 것으로 알려져 있으며, 독일 남부지역과 스위스 지역의 프로테스탄티즘 교육을 확산시키는 데 공헌하였다. 10학년 교육과정을 제시한 점이 특징이다. 김용기(1955: 128~130) 참고.

氏의 敎育主義: 씨의 敎育主義는 左와 如하도다.

第一 語學 及 事物의 智識을 練習하며 觀察로부터 理解에 移하고
事物로부터 言語에 進할 事
第二 新한 觀念은 반다시 旣得한 觀念과 混合類化케 할 事
第三 新히 得한 智識은 舊智識의 價値이라. 故로 구지식의 復習을
永히 하야 其觀念을 維持케 할 事
第四 凡事物은 互히 連絡關係로 始하야 其目的을 達하는 자인즉
교사는 勉하야 學課의 連絡을 圖할 事

氏의 敎育法: 學校敎育은 아동의 年7세에 達함에 及하야 此를 施하
며 學級 學年을 分하야 10급 10년으로 하고, 제1년급은 讀方, 習字,
羅甸, 文法, 獨逸語를 問答하며, 제2년급은 문법, 羅甸語를 暗誦하며,
其不規則 語法을 敎하고, 제3년급은 普通에 用하는 羅甸語句의 組成
'셋예로' 文集[7]의 讀方, 解釋 及 文章을 練習하며, 제4년급은 羅甸語의
文場, 셋예로 文集 等에 就하야 문법상의 規則과 文體를 採하며, 又
常히 用하는 諸規則的 文章을 연습하고, 제5년급은 셋예로 문집 급
羅甸의 詩를 獨語로써 譯하며 又 쿠롬의 書簡 讀方 及 希臘語을 課하
고, 제6년급 以上은 日用 言語의 硏究와 '체예로의 할 길'의 詩, 希臘語
의 初步 及 羅甸의 詩와 文體를 練習하고 雄辯의 拔粹를 獨逸語로써
譯하며 쏀로[8]의 書簡, 테모산세네쓰[9]의 演說集과 作法을 授하며, 論

---

7) 셋예로 문집: 키케로 문집을 의미함.
8) 쏀로: 미상. 김용기(1955)에서는 '파울의 서간'이 등장함.
9) 테모산세네쓰: 데모스테네스(BC384~BC322). 데모스테네스는 고대 그리스에서 가장 뛰어
난 웅변가로, 아테네 시민을 선동해 마케도니아 왕 필리포스와 그의 아들 알렉산드로스

理學, 修辭學 등과 古今 諸大家의 脚本을 敎하며 其中에 가장 主眼으로 하는 學課는 論理 修辭 2學 外에 大家文의 번역 급 연설 작문 등을 敎하니라. 然이나 씨의 교육법에 若干의 欠點이 有하니 즉 其 學課를 전혀 古文學싼 心을 致함이오 地理, 歷史, 數學, 博物學 及 自國語를 輕視함이 是라 하니라.

몬데뉴[10] 氏

氏의 略傳: 씨는 1533년에 佛國 베리콜 府에 生한 유명한 敎育學者로써 6세 時에 羅甸語를 능통하고 13세에 쏠도 學校를 졸업하고 1554년에 불도 국회의원으로 選하얏스며, 후에 歐洲 諸國에 遊하다가 불도 주지사가 되니라. 然이나 씨는 常히 心을 교육상에 留하야 교육학을 專門으로 연구하며 其 著作을 大히 世에 布하엿도다.

氏의 敎育主義: 교육의 목적은 單히 精神싼 아니오, 쏘는 身體싼 아니라 정신과 신체 兩者를 공히 完全한 發達을 圖할 것이라. 因하야 智育 體育을 平等으로 發育케 할 것이로다. 당시 敎育의 傾向이 文學的 智識에 偏하고 實用을 輕視함으로써 此의 風을 矯正하야 大히 實用的

대왕에 대항하도록 만든 인물이다. 그의 연설문은 기원전 4세기 아테네의 정치, 사회, 경제 생활에 관한 귀중한 자료로 평가받는다. 플라톤, 아리스토텔레스와 동시대 인물로 후견인들에게 횡령당한 유산을 되찾기위해 웅변술을 익히고 법률과 수사학을 공부하기 시작했다. 그의 웅변술이 주목을 끌면서 연설문 작가로 활동했고, 당시 그리스를 위협하던 신흥강국 마케도니아에 맞서기 위해 아테네인들을 설득했던 명연설은 그를 세계적으로 가장 위대한 웅변 정치가로 남게 했다. 〈다음 백과사전〉

10) 몽테뉴의 교육 사상: 박한영(1960)의 『교육사상사』(박우사)에서는 17세기 실학주의 교육 사조로 '인문적 실학주의'(스페인 비베스, 라블레, 밀톤 등), '사회적 실학주의'(몽테뉴, 1533~1592), '감각적 실학주의'(말카스터, 라트케, 코메니우스)의 세 부류로 분류한 바 있다.

教育을 主張하니라. 然하야 其學科도 皆 此 主義에 基因하야 비록 심원한 學理라도 實地에 利益이 無한 자는 此를 放棄하얏도다. 씨는 讀書的 敎授法을 排하고 觀察的 敎授를 必要로 함으로써 생도를 敎함에도 口授法을 用하며, 시시로는 書籍을 用하되 생도의 재능과 기호를 考하야 후에 此를 敎하니라. 씨는 當時 讀書의 弊害를 論하되, "余는 人의 兒를 書齋에 幽閉하고 徒히 書籍의 奴隷를 作하며 其精神을 拘束하야 駑馬(노마, 느리고 둔한 말)와 如히 함은 人間 發育의 惡魔이라 하겟도다. 故로 一 書籍에 偏한 자를 見할진대 皆히 世事에 暗하고 職務에 適을 失할지라. 그럼으로 吾人으로 其 讀할 바를 중심에 융해동화케 함이 恰히 蜜蜂이 花間을 轉하야 其甘液을 集하야 蜜을 作함과 如한 것이다. 此와 如히 敎授의 精神을 作한즉 能히 此를 反省하며, 批評하며, 其書籍 중의 記한 바를 判斷하고, 其是非를 明히 함으로써 書籍의 奴隷됨을 免케 할 것이다." 하엿도다. 故로 眞正한 교육은 家庭敎師를 置하고, 아동으로써 時와 處를 제한치 아니하고 悠悠喜嬉의 間에 不知不識으로 學問에 導하야 知識을 得케 할 것이라. 時를 制하고 處를 限함은 정신의 고통을 與하는 것이로다. 쏘한 엄격한 文典 敎授를 避할 것이니, 진정한 학문은 實驗에 懲하고 實理를 究함에 在한즉 其敎授는 總히 사물의 觀察과 善否와 是非를 察하야 實用으로 此의 常識을 學하고 後에 至하야 書籍으로써 此를 永久히 記憶하며 復習케 할 것이로다. 그럼으로써 體育에 力을 用하야 정신과 身體를 先히 强健케 하며 容儀를 嚴正히 하야 外威를 失치 아니함으로써 교육의 入門을 作함이 可하니라.

▲ 5월 27일 (13)

라-지히[11] 氏

氏의 略傳: 씨는 實地 敎育家로써 大히 初等敎育의 改良을 圖하며 舊弊를 兼하야 破코저 하엿스나 事情에 의하야 其目的을 遂치 못하엿도다. 然이나 其議論은 今에 오흐려 價値가 未滅하니라. 씨는 1571년에 獨逸 쏠쓰타인에 生하야 쓰토쓰크 大學에 入하야 哲學 及 神學을 學하고, 後에 其 敎授로써 헤부라이 語, 亞剌比亞語 及 數學을 講함이 8개 星霜間에 大히 其 實地敎育上에 就하야 得한 바 有하도다. 然하야 1612년에 諸學校의 설치론과 공히 其敎授方法의 개량을 當路者에 獻

---

11) 라지히: 볼프강 라트케(Wolfgang Ratke, 1571~1635). 독일의 교육개혁가. 특히 언어교수법으로 유명하다. 그의 선구적인 업적은 코메니우스에게 영향을 주었다. 라트케는 함부르크에서 공부했고 로스토크대학교에서 신학을 공부했으나 학위는 받지 못했다. 대중연설에 재능이 없었기 때문에 성직자의 길을 포기했다. 그후 빌스터로 돌아가서 1600~1603년 동안 여러 언어를 공부했는데, 특히 히브리어를 공부했다. 이후 8년간은 암스테르담에서 가정교사로 활동했는데, 그곳에서 구체적인 것에서 일반적인 것으로 나아가는 프랜시스 베이컨의 귀납적 추리 개념에 주로 기반을 둔 새 교수체제를 개발했다. 그러나 그의 착상은 네덜란드에서 공인받지 못했기 때문에 다시 독일로 돌아왔다. 1612년 프랑크푸르트에서 열린 제국의회에서는 라틴어 대신 독일어를 고등교육의 교수어로 사용할 것을 촉구했다. 1614~1622년에 아우크스부르크·쾨텐·마크데부르크 등지에서는 연속적으로 자신의 교수체제를 확립시키기 위해 노력했으나 모두 실패로 끝났다. 그 원인은 그의 개념에 대한 선례가 없었다는 점, 조직가·행정가로서의 능력이 부족했다는 점, 그리고 교육에 대한 통제력을 유지하려 했던 로마 가톨릭 교회가 그를 적대시했다는 점에 있었다. 사상을 실행에 옮기는 데는 성공하지 못했지만 중요한 개혁원칙을 많이 정립함으로써 교육에 큰 공헌을 했다. 그의 원칙은 여러 계승자들에 의해 모두 성공적으로 응용되었는데 그 내용은 다음과 같다. 판에 박힌 교수방법 대신 경험과 실험을 통한 교수를 실시할 것, 구체적인 것에서 추상적인 것으로 진행할 것, 하나의 개념을 완전히 익히게 한 후 다른 개념을 가르칠 것, 반복을 통한 학습을 시킬 것, 외국어를 배우기 전에 모국어를 충분히 익히게 할 것 등이다. 라트케는 1633년에 중풍에 걸려 고생하다가 2년 후에 죽었다. 그러나 그의 교수방법은 코메니우스를 비롯해 이후의 많은 교육개혁자들에게 중대한 영향을 미쳤다. 〈다음 백과사전〉

言하야 大히 其贊成을 受하고 1619년에 쎄덴에서 模範學校를 設하고, 인쇄국을 置하야 敎科書를 刊行하며, 數多의 敎員으로써 新敎授法을 敎하니, 其法은 通常 時間의 1/2의 其勞를 減케 하엿도다. 씨는 如斯히 쎄덴에서 大히 其敎育에 力盡하얏스나 후에 종교상의 事情으로 인하야 遂히 其功을 全치 못하얏도다. 後年에 至하야 更히 敎育에 力을 盡하고자 하얏스나 1633년에 半身不隨의 惡病으로써 其意를 遂치 못하고 翌2年에 長逝하니라.

氏의 敎育主義: 씨는 敎育의 目的으로는 도덕상의 人間을 養하며, 종교와 道德으로써 敎育의 骨髓로 하야 大略 左와 如한 主義를 唱하얏도다.

第一 敎授는 總히 自然의 順序에 從할 것은 勿論이오, 近으로 遠에, 易로 難에, 簡單으로 複雜에 進할 事

第二 一時에 多數의 학과를 授함은 정신을 혼란케 하야 발육상의 害毒이 多한지라. 고로 일시에 一事를 敎하야 能히 此를 理解하고 此를 腦裡에 印象케 할 事

第三 旣히 敎한 學課라도 復習치 아니한즉 失忘하기 易한 것이니 他의 事物을 敎하기 前에 반다시 此를 復習케 할 事

第四 事物을 敎함에는 國語로써 하야 總히 智識을 語學科에 集함을 論할 것이니 國語를 充分히 敎한 後가 아니면 外國語를 授치 못하는 것이라.

第五 先히 事物의 形體를 示하고 後에 其 性質을 說明할지니 즉 形言을 示하야 事實을 授한 後 其原則을 歸納的으로 敎授할 것이라. 然이나 規則은 可及的으로 敎치 아니함이 可하니 若

此를 敎한 즉 생도로써 自己에 修得한 事情을 明了히 把持코저
함을 目的으로 하야 移하는 것이라.

第六 總히 사물의 實驗을 重히 하고 생도로써 탐구심을 發揚케 하야
自働의 정신을 발휘할지니라.

第七 總히 學年에 의하야 敎科書를 정하고 從하야 敎授法을 정할지
니 정함이 無한 敎科書, 정함이 無한 敎授法은 生徒의 思想界
에 變動을 起하고, 其心을 安치 못하게 하며, 생도의 心이 安치
못한즉 能히 事物의 眞狀을 了解치 못하는 것이다.

第八 暗誦은 總히 此를 禁하고 敎授場에 在하야는 생도로써 항상
愉快를 覺키 위하야 敎授 중에 多大한 興味를 與할 것이라.

第九 생도로써 敎師에게 恐怖의 念을 生케 말고, 반드시 敬愛의 心
을 起케 할지며, 體罰을 此를 嚴格히 禁할 것이니 如何한 사정
이 有하다 할지라도 생도를 壓制 不自由케 함은 不可하니라.

씨의 如斯한 교육주의는 後年에 至하야 獨逸, 佛蘭西 其他 諸國의
敎育事業에 普히 유입되야 舊來의 惡弊를 一掃하고 益益히 善良한
成績을 得함에 至하니라.

고메뉴쓰12) 氏

氏의 略傳: 씨는 쎄콘의 哲理로써 實地敎育法에 應用하고 學校의 階級을 分하야 今日의 形式的 敎育組織의 基源을 作한 人으로써 實로 17세기의 敎育 改良家이로다. 씨는 1592년에 伊太利 메렌 주 곰이야에 生하니라. 씨는 幼時에 일즉 兩親을 失하얏슴으로 인하야 充分한 敎育을 受치 못하얏다가 16세에 僅히 文科中學校에 入하야 1612년에 텔쌀 大學에 學하얏스며, 後에 하이텔쎌히 대학에 轉學하야 哲學 及 神學을 修하고, 1616년에 宣敎師가 되엿스며, 1628년에 쏻텐 國 릿싸 府의 문과중학교장이 되야 爾來 益益히 교육상의 硏究를 積하야 大히 發明함이 有하엿도다. 後에 自然法에 基因한 新敎授法(신교수법)을 위하얏스며 쎄콘의 학설에 殆히 感한 바 大하야 諸學問을 연구할 목적으로써 學士會를 起하야 各專門의 學者와 諸名儒로써 공히 調査하엿스며 1641년에는 영국으로부터 보통교육의 改良에 依賴를 受하고 1650년에는 奧國으로부터 쏘한 學校 改良의 大務를 受하야 一의 模範學校를 設立하니라.

씨는 如斯히 교육개량에 力을 盡할 쌘 不啻라. 語學敎授法으로 始하야 奧國에 留한지 4년간에 大著作 15종을 出하야 世界 圖書라 稱하는 구주 全國의 敎科書를 作하얏도다.

---

12) 코메니우스(John Amos Comenius, 1592~1670). 근대 교수법을 학문적으로 연구한 최초의 학자로 칭송받는 교육학자. 『大敎授學』의 저자. 이 책은 총 33장으로 1~5장은 교육목적론, 6~7장은 교육의 필요성, 8장 학교의 필요성, 9장 전국민 취학론, 10~14장 학교 개혁의 필요성과 가능성 및 그 근본 원리, 15장 양호론, 16~19장 교육총론, 20~25장 교수 각론(내용교과, 기능과, 언어과, 도덕교육, 종교교육, 교육용 도서론), 26장 훈련론, 27~31장 학교 계통론, 32~33장 결론적 고찰로 구성되어 있다.

고메뉴쓰 氏(二)

氏의 教育主義: 씨는 교육은 인간 終極의 목적된 神과 공히 永久히 幸福을 得함에 在한 것이라. 盖 人生에 三性이 有하니 第一은 道理를 辨하는 性, 第二 自己 以外의 者를 制하는 性, 第三 上帝의 模型된 性이니, 此三性을 得함에는 三法이 有하도다. 第一 學問, 第二 道德, 第三 宗教가 是이라. 학문은 諸의 技藝 及 諸般 學術의 知識을 與하며, 道德은 形式上 禮儀쑨 아니라 內界에 善美한 心을 給養하고 宗教는 敬神의 意를 발휘케 할 자이니, 此三者의 完備를 待하야 비로소 完全한 人生이 되니라. 然즉 교육자의 任務는 第一 理學 及 藝術을 教하며, 第二 言詞를 雅致케 하고, 第三 道德을 修養할 주의로써 교수를 施하며 第四 心中에 敬神의 意를 生케 함에 在한 것이라. 彼 學校教育은 人心을 聰明英智하며, 其 行爲를 善良 怜悧(선량영리)하며, 其感情을 神聖 篤實케 하는 자이라. 故로 교육은 心理를 基礎로 하고, 諸能力은 자연의 順序에 從하야 此를 啓發치 아니함이 不可하니, 즉 第一 感情, 第二 想像, 第三 記憶 等을 先히 修養케 하며 推理力과 判斷力 등과 如한 자는 最後에 啓發케 할 자로 하니라.

씨는 完備한 교육사업은 인간의 諸能을 完全히 發達케 한 것이라. 고로 자연의 법칙에 從하야 완전한 인간을 作함으로써 교육의 목적을 할 자이니, 然하야 쩨곤의 科學的 推理法으로 此를 교육상에 應用하고, 교수법은 五官 並 想像力에 感應할 실물로부터 直覺的 實驗을 採하고, 智識은 文字로만 注入할 것이 아니라 直覺的 觀察로써 天地間의

自然理를 收得케 할 것이라. 然이나 直覺으로써만 他의 觀察 試驗에 漸進할 者 아니라, 今에 其大主旨를 注意할 자 有하도다.

第一 교육은 인간의 諸能力을 完全 平等히 發達하고 圓滿한 인간을 作함에 在하니 其法은 總히 自然의 法則에 從할 者

第二 教授는 最히 幼稚한 時로부터 始하야 其方法은 愉快한 방법을 취하며, 교사는 항상 생도와 밀접히 하야 공히 喜樂하며 학교 는 생도로써 유쾌한 장소로 認케 할 것

第三 허다의 學科를 동시에 教함은 避할지니 此는 其能力의 作用을 紛雜케 하는 害毒이 有한 故이라.

第四 先히 直覺的 관찰로써 실물을 설명한 후 言語를 表出할지오 其 授할 바의 지식은 생도의 能力에 適함을 要하고 유형으로 부터 무형에, 간이로써 복잡에, 卑近으로부터 高遠에 進하야 理解치 못할 자는 徒히 暗記치 말지니라.

第五 語學은 실용을 主로 하야 先히 실례로부터 習熟함을 待하야 後에 文法을 教하고 동시에 讀方 及 書法을 授할지니라.

第六 교사는 萬事에 躬行하야 생도의 模範외 되며 생도로써 實踐함 에 至할 것

第七 宗教는 極히 필요한즉 勉하야 基督教의 道德에 熟하야 謹愼, 謙遜, 正直, 慈惠, 忍耐 등의 諸德을 養成할 것

右七 條件의 要旨 중 第一則은 實히 씨가 教授法의 骨髓로 하며 又는 教育主義 중의 要點으로 하니라. 盖 씨의 自然이라 함은 單히 兒童의 天性 自然을 指함이 아니오, 又는 教授 材料의 自然으로쌈함이 아니라 廣히 外界 즉 우주 全界를 의미함으로써 動植物 及 人類 發達,

自然의 通路를 鑑하야 此를 교수상에 應用하며 且 此自然의 原則에 의하야 교육의 시기, 구분, 교수 재료의 撰擇, 교과 교수의 방법, 학급의 편성 등을 정할 것이로다. 左에 씨의 自然教授法의 要領을 示하건대,

第一 자연의 理에 從함은 必히 適當의 시기가 有하니, 故로 學을 修함에 年과 時에 適合할 것

第二 自然은 如何한 자라도 內部로부터 發達함이 안인즉 外部로부터 注入치 못할 것이라. 故로 心理에 存한 바를 宜히 發達 養成함을 要할 것이니, 暗誦에 不可하다 함이 此理로써 함이라. 然하야 其解하는 자는 此를 言語로써 發表하는 것을 學케 할지라. 즉 言語는 理解에 伴치 아니함이 不可하도다.

第三 자연은 徐徐히 進步하는 자라. 故로 教授法도 序를 從하야 進치 아니함이 不可하며, 先修의 智識은 後修할 智識의 基礎인즉 先에 學한 자 아즉 分明치 못한즉 後에 此를 教함이 不可하니라.

第四 자연은 整然히 其步를 進하는 것이라. 고로 教授法도 一時에 多事를 槪括함을 務치 말지며, 一事를 終한 後 一事에 移할지니, 下級은 上級의 豫備로 하며, 상급은 하급에서 修한 것을 確知케 함이 自然理의 合함이오, 良教授法이라. 此理로 推한즉 一 生徒로써 多數 教師의게 受學함이 不可하니, 何故오. 衆 教師가 一 生徒로써 동일히 進步케 함을 得치 못하는 故이라. 然하야 各級 各別의 교사가 必要하니라.

第五 자연의 理에 從하야 學한 時는 必히 연습을 要할 것이라. 人의 처음 步行함을 見할지라도 연습의 教授가 필요함을 知할지라. 고로 讀書, 習字, 唱歌를 생도에게 教함에는 口授쌘 務할 자 아니오, 旣히 先修한 것으로써 此에 導할지니 抑智와 德의 종

482

자는 처음으로부터 人의 심리에 包藏한 자오, 學問 訓誨는 오
즉 此를 出芽發育케 함에 불과한 것이라. 고로 此에 의하야
自然的 敎授의 大目的이라 할지니라.

▲ 5월 31일 (15)

고메뉴쓰 氏(三)

氏의 敎育制度: 씨의 學校組織은 左의 四種에 分하얏스니

幼稚園은 즉 가정교육의 場所로써 慈母는 其敎師가 되야 女子 6세
에 至하기까지는 母의 膝下에 在하야 常히 行儀作法 등을 習케 하고
又는 將來 小學校에 入하야 學할 바 學課의 大要를 修得케 함.

小學校는 6세로부터 12세에 至한 아동을 敎하는 바 專혀 國語로써
교수하고, 其 學課는 人世 必要의 자를 授할지니, 若 生活의 상태 如何
로 他의 高等 專門의 學校에 進치 못하되 人事上 반다시 不足함이
無함을 要할 것

中學校는 12세 兒로써 入學하야 6년간을 修業하야 中等 國民된 智識
을 與할 것

大學은 18세에 入하야 24세까지 修하야 最高 智識을 此에서 與할 것

然而 학교의 위치 如何에 就하야는 多히 주의를 要할 자이라. 故로
씨는 학교의 위치는 교육상의 大關係가 有함을 索하야 流行病 등 侵入
의 恐이 無하며 風光이 明美 淸潔한 高地에 置할 것이니, 인민이 群集
하고 繁華, 喧喧(훤훤)의 地는 덕육상의 害가 有할 뿐 아니라 體育 及

智育上에 有害함이 多함으로써 차를 반다시 避할지니라.

氏의 小學 敎育 目的: 씨의 規定한 小學 敎育의 목적은 當時에 在하야는 진실노 嶄新의 創見으로써 現今 敎育家의 의견과 殆히 동일하도다. 左에 此를 記하건대

第一 言語는 智識의 根源이니 誤함이 無한 言語를 知得케 할 것
第二 自己의 意見을 口頭 혹은 筆頭로써 不自由가 無히 記하게 할 것
第三 일용사물의 수량을 計算하고 又 物의 長短廣狹을 測量하기에
　　　 至할 것
第四 唱歌를 能케 하야 愛國 敬神의 念을 鼓舞함으로써 强固한 信義
　　　 心을 把持케 할 것
第五 종교 문답을 了解케 할 샌 아니라 종교상 及 도덕상의 格言을
　　　 了解하야 此를 實地에 適用함을 得케 할 것
第六 사회생활상의 觀察을 有하고 國家의 狀態로부터 世界의 大勢
　　　 에 通케 할 것
第七 지구, 태양, 해류, 산천, 동식광물, 등에 관한 一般의 智識을
　　　 了知케 할 것
第八 신체를 건전히 하며 사회생활상의 事業을 위할 觀念을 有케
　　　 할 것

氏의 兒童 訓育法: 씨의 아동훈육법은 當時에 在하야 最히 善良함으로써 何人이든지 歎服치 아니한 자 無하니 訓育의 목적으로서 정한 바 其要領을 記하면

凡 訓育의 目的은 아동의 過失을 責함에 有함이 아니라 其 將來를 戒코저 함인즉 體罰은 有害無益뿐이라. 故로 如何한 過失이 有할지라도 此를 敎誨할 자이오, 체벌은 加치 아니할 것이라. 교육자와 被敎育者의 間은 태양과 萬物의 關係와 如하니, 태양은 光과 熱을 發하야 常히 萬物을 照하고, 此를 暖케 하야 其 成育發達케 함과 如히 교육자는 常히 피교육자의 感情을 導하야 其 智識을 增進케 할 것이오, 或時로 風雨 雷電의 威가 有함과 如히 訓誨로써 被敎育者를 戒하고 不道德의 行爲에 주의하야 其改心케 함에 盡力할 것이로다.

밀톤13) 氏

氏의 略傳: 씨는 영국의 大詩人으로써 1608년에 倫敦에 生하야 幼時로부터 諸國語에 通하고 長함애 켐푸리치 大學에 學하야 大히 得한 바 有하야 後에 구룸우엘14)의 祕書官이 되니라. 씨의 『失樂園(실락원)』 詩 등은 最히 유명한 바로써 영국 文學史上의 중요한 위치를 占하얏도다. 其外에 씨의 敎育論도 당시 敎育改良上에 大利益을 與함이 多한 故로 敎育改良家를 數한 즉 先히 指를 씨에게 屈하얏도다.

氏의 敎育主義: 씨는 완전한 교육의 目的은 인간으로써 公私間을 不問하고 百般의 業務를 取함에 當하야 必要한 智識을 與하고, 正確히 事務를 處理할 人物을 追함에 有한 것이라. 又 學問의 目的은 眞神을 認하고 眞神을 學하야 吾人의 始祖의 罪를 償함에 有한 것이로다. 然則

---

13) 밀턴(Milton, 1608~1674). 17세기 영국의 시인. 교육가. 『실락원』의 저자. 김용기(1955: 164) 참고.
14) 구룸우엘: 크롬웰.

苟히 德義를 確守하는 良心을 誠實히 함으로써 完全한 人間됨을 務할지니라.

故로 初等教育과 高等教育을 勿論하고 發育 順序에 從하야 此를 教育치 아니함이 不可하며, 또한 論理 哲學 등과 如히 抽象的 科學을 授하야 理解에 困難을 感함으로써 도로혀 被教育者의 심신발달을 沮障(저장)케 함은 교육의 本意가 아니로다. 고로 초등학교는 勿論이오 大學에 在하야도 單히 詩文 혹은 形而上學의 研究쌘에 全力을 傾할 것이 아니오, 實用的 學術에 務하야 歷史, 地理, 作文, 數理 及 博物學 등을 獎勵하며 體育을 務하야 進한즉 國城의 干城이 되고 退한즉 사회의 良民됨을 養成할 것이로다. 씨는 當時 영국의 學風을 攻擊하야 (영국 교육은 半身不遂 教育이니 此는 理論에 偏하고 事理에 暗한 教育쌘 授한 故이라) 하엿도다.

▲ 6월 1일 (15)~16

록쿠 氏

氏의 略傳: 씨는 영국의 유명한 實驗 哲學者로써 쩨콘의 經驗說을 祖述하야 此를 完成하고 인간의 智識은 全히 經驗으로 因함이라 하야 先히 觀念의 起源과 心意의 要素를 研究하고, 佛國의 큰자크, 獨逸의 헬바트, 영국의 히늘 及 近代의 哲學者로 心理學을 實驗的으로 研究의 端을 開함과 공히 人의 健全한 心意는 强壯한 신체에 在하다 주장하야 大히 體育을 獎勵하얏도다. 씨는 1632년에 쌀리쓰트 주 쌀린톤에 生하야 우예산트 미니쓰타 學校에 入하야 보통교육을 受하고, 年 20에 오크쓰후-올트 대학에 遊하야 우등성적으로써 業을 畢하고 후에 敎

授가 되어, 論理學 哲學 등을 講하다가 更히 心를 醫學에 傾하야 遂히 醫業을 營하얏도다. 씨가 오크쓰후올트 대학에 遊할 時에 영국의 一貴族 아쓰시예레 公의 請함을 蒙하야 負傷을 治療한 後, 此로써 遇然이 將來 幸福을 得할 基礎가 되어, 씨와 公의 交情이 漸次로 친밀에 至하야 遂히 同居함에 至하며, 其專門業을 營하는 暇에 공의 家庭敎育의 任을 擔任하얏스며, 공의 주선으로써 時時 歐洲 大陸을 漫遊하야 貴顯 紳士와 交際를 得하얏도다. 1682년에 씨는 事故로 인하야 和蘭에 流하야 수년을 作客하는 間에 甞히 立案한 人智論의 著作에 열심하야 1687년에 此를 完稿하고, 혁명 후 본국에 歸하야 此를 出版하얏고, 後 3년에 또한 敎育意見이라 題한 書15)를 公布하니라. 씨가 如斯히 敎育 事業에 從事할 思想이 起함에 至함은 全히 彼 아쓰시예레 공의 家庭敎育을 擔任하얏슬 時에 由함이라. 씨는 其時로부터 旣히 修養한 心理學과 醫學을 基礎로 하고 大히 교육의 學理와 實際를 硏究 發表하니라.

氏의 敎育主義: 건전한 신체에는 건전한 心意가 有하다 함은 씨가 교육의 大眼目으로 하야 人生 幸福을 此에서 求코저 하얏도다. 故로 건전한 신체와 건전한 정신을 二者 兼有치 아니한즉 완전한 人이 못되나니, 若 其一을 欠한즉 不具者 됨을 免치 못할지라. 교육은 此의 兩者를 得함으로써 其 終極의 목적이 될지라. 교육은 廣히 此를 解釋한즉 인생을 塑作(소작, 만듦)하는 力이라 云할지니, 幼兒의 最初의 境遇 並 其感化는 後來를 卜할 자이라. 此는 필경 교육의 如何에 의하야

---

15) 로크(John Locke, 1632~1704)의 『교육론고(*Some Thoughts Concerning Education*)』: 로크의 저서로는 『인간오성론』, 『오성의 작용에 관하여』, 『자연철학 요의』, 『정치론』, 『관용에 관한 서한』, 『기독교의 합리성』 등이 있다. 『교육론고』는 교육에 관한 유일한 저서로, 그의 교육 목적은 '교양인이 되는 것'에 있다. 이를 위해 지덕, 지혜, 예법, 학습이 필요하다고 하였으며, 그의 교육사상은 체육론, 덕육론, 지육론, 심의론으로 구성되었다.

여하한 人物됨을 判할 자인즉, 大히 주의치 아니함이 不可하도다. 幼兒는 신체와 정신의 柔弱함이 恰히 草木의 萌芽와 如한지라. 此時에 受하는 微細한 感化는 後日에 敢히 動치 못할 非常한 결과를 生함으로써, 大히 가정교육의 必要와 兒童教育의 貴重을 論하엿도다. 然而 徒히 讀書로만 교육의 本務로 함을 避하고, 實際에 適한 人物을 造함으로써 쏘한 교육의 목적으로 하엿도다. 씨는 건전 활발한 정신은 건전 활발한 신체에 在하다 함으로써 先히 신체의 교육에 주의하야 新鮮한 공기를 吸收하고 활발한 運動을 務하며 相當한 睡眠時間과 質素한 飲食을 與하되 其就食時는 아동 食慾의 自然에 任할지나, 酒類는 此를 嚴禁하며 衣服은 寬濶히 作하야 신체에 緊着함이 無케하고 頸部(경부)와 足部(족부)를 冷하게 하며, 野遊, 水泳을 獎勵하야 항상 快活氣像을 養成하니라.

氏의 教育法: 생도를 교육함에는 其性質과 器量을 推知하야 如何히 한즉 能히 其性情을 知悉하며, 又 何何物로써 能히 此를 開發케 할가 하야, 其傾할 바 易한 惡僻을 除하고 品賦의 美德을 益益히 發達케할 것이라. 然하야 小兒를 拘束하야 無理로 此를 發達助暢케 말지오, 單히 其天賦의 才로써 達得할 度에 達하기를 목적할지며, 教授에 興味를 帶하야 不知不識間에 了解케 할 것이라.

職工徒弟學校: 씨가 교육의 목적한 바는 心身의 건강을 大要로 함과 공히 實用的 인물을 양성함을 쏘한 목적함으로써 技藝學校와 如한 것은 其目的을 遂行하기에 必要한 것이라 하야, 씨가 如斯히 此等의 學校를 設立하고 貧寒家의 자제를 위하야 其生活의 道를 與코저 함이라. 故로 其父母의 負擔을 輕히 하기 위하야 衣食을 給與하고 3세 이상으로 14세 이하의 아동을 募集하야 實用的 技術을 敎하야 생활의 道를 開케 하니라.

씨의 管理法은 嚴格에 失한 觀이 有하나 溫厚, 謹愼 及 儼然한 動作으로서 규율과 질서를 정하며, 常히 아동의 良心에 訴하야 其非를 問하고 名譽의 貴重을 說하며 恥辱의 陋를 悔하야 아동이 스스로 自悔自改케 하며 자기의 利益을 計하고 재산을 처리하며, 직업에 勞함을 知케 하야 個人 及 國家間 良民으로서 其義務를 盡得할 人格됨을 時時로 訓育하얏도다. 故로 其學課는 常히 混合制를 用하야, 文學, 法學, 醫學, 物理學 등을 敎하며, 羅甸語와 佛國語는 大히 獎勵하니라.

▲ 6월 2일 (15)~17

후예네론16) 氏

氏의 略傳: 씨는 女子敎育論者로써 유명한 학자이라. 1651년에 佛國 베리콜에 生하야 年20에 女學校를 管理하고 루이14世孫王의 敎師가 되니라.

---

16) 페눌롱(La Mothe Fenelon, 1651~1715). 프랑스의 성직자, 사상가, 문학가. 페리골 지방의 명문가에서 태어나 파리의 생술피스 신학교에서 공부하고 종문에 들어갔다. 1678년 프로테스탄트의 자녀 교도를 위한 누벨 가톨릭수도원의 원장에 취임. 1685년 낭트의 왕령 폐지 후, 생톤쥬 지방의 프로테스탄트 개종지도로 파견되었다. 요구에 의해서 쓴 『여자교육론』(1687)은 여자가 자연에서 받은 천성을 펼치라고 주장한, 그 시대에는 참신한 견해를 언급한 것이다. 1689년 루이 14세의 손자로 왕태자인 부르고뉴 공의 스승으로 임명되었고, 왕태자를 위해서 『우화』, 『사자들의 대화』, 그리고 유명한 『텔레마크의 모험』을 집필했다. http://cafe.daum.net/OGmountain/PrIa에서 옮김.

氏의 教育主義: 小兒의 腦髓는 柔軟하야 일일 堅固에 赴하는 자인즉 其心意가 頗히 完全치 못한 자이라. 故로 見聞하는 바 諸般의 사물이 新奇의 感을 有치 아니한 자 無하도다. 然함으로 此性을 利用하야 小兒로써 스스로 快樂의 중에서 事物을 硏究케 함이 可하도다. 凡兒童의 腦髓는 온도가 高한즉 其運動이 또한 容易한 자인즉, 此가 소아의 활발한 지식을 進步케 하는 所以라. 然한즉 此性을 擧하야 교육상에 利用한즉 尤히 其好結果를 得할지로다.

氏의 敎育法: 소아를 교육함에는 시시로 종종의 遊戱에 의하야 지식을 與하며 常히 溫良喜悅한 顔色으로써 此에 대할지오, 其敎할 바 學科는 반다시 其理由를 說明하야 교육은 將來에 職業의 準備가 되며, 判斷力을 養하고, 推理力을 長케 함을 위하는 主旨를 說明함으로써 其學科의 價値를 認識케 하며, 又 역사와 文典과 如한 것은 熟讀케 하고, 讀書와 習字, 算術, 簿記 及 法律, 政治의 大意로부터 文學, 音樂, 圖畫 등을 大히 敎하니라.

氏의 女子敎育論: 여자는 사회의 一半을 構成하는 자인즉 其敎育의 良否는 물론 世의 盛衰에 大關係를 有하고, 家庭을 處理하며 夫를 助하고, 子女를 교육하는 天職을 有한 자이라. 然즉 여자의 心은 正하고, 行은 貞하며 勤勉으로써 世事를 處理하며 家律을 整然하야 快樂한 家庭裏에서 일생의 쾌락을 得케 할 자이라. 若此에 反하야 여자로써 一家를 完全히 處理할 力이 無한즉 縱令 男子된 자ㅣ 如何히 完全한 인물이라 云할지라도 一家의 완전과 維持를 得키 難할지오, 또한 여자는 特히 其子女의 初步敎育을 施하는 責任이 有한즉 女子敎育은 何方面으로던지 諸忽에 附치 못할 자로다. 若女子로써 無學怠惰한 時는

其志望이 恒常 變動하고 徒히 好하고 虛를 常하며, 空望을 抱하고, 小說을 弄하야 最終은 世情에 迁하고, 交際에 拙하며 處世의 道에 誤함에 至할지니, 愼重한 주의와 엄격한 敎訓으로써 敎導할지니라.

롤인 氏

氏의 略傳: 씨는 1661년에 佛國 巴里에서 生하야 修辭學 雄辯學에 長한 人이라. 年33에 파리대학장이 되얏다가 次에 비뉴우예 대학 敎頭가 되얏스며 後에 此를 辭하고 更히 파리대학장에 復하엿도다.

氏의 學問論: 씨의 學問論 중 敎師에 목적을 論하되 敎師는 생도로써 修學 중 鄭重한 業務에 從하고 학문을 修하는 風을 養하며, 학문의 가치와 其活用을 知하게 하며, 조화의 命에 從하야 종종의 業務에 當하야 不足함이 無한 인물을 養成할 자이라. 然하야 心性 敎育에 關하야는 心을 正하고 意를 誠히 하며 德義를 尊重히 하고 正義를 確實히 하며 習慣을 養하고 不良한 偏僻心을 除去케 함으로써 最히 必要한 學問의 目的을 說하니라.

氏의 管理法: 씨의 관리법을 左와 如하니

第一 교사의 최대 義務는 兒童 品性을 察하고 其品性에 從하야 此를 敎育할 것이라. 品性이 相異한 아동으로써 동일한 模型에 隨하야 此를 교육코저 함은 自然性에 逆한 교육이니 반다시 其不可함을 覺치 아니치 못할 자이라. 然하야 其 敎授에 臨하야는 寬嚴을 實히 하고 恩威를 並히 行하야 溫良謹直의 인물을 養함을 목적할지니라.

第二 體罰은 반다시 用치 말며 又 교사는 怒에 乘하야 생도를 罰함이 不可하도다. 무릇 체벌로써 생도의 惡行을 改코저 함은 小毫의 效를 不得할지오, 單히 자기의 私人的 喜怒의 感情에 불과하니라.

第三 생도로써 免學케 함은 常히 着實하며 又는 快活한 목적을 示하며 又 其善行을 賞讚하고 德을 獎하며 行을 勵하기를 務望할지니라.

第四 교사는 스스로 躬하야 模範을 施하며 言行을 一致히 하고 생도로써 見聞하는 바는 悉히 修德上의 材料로 할 大決心을 作할지니라.

후란케[17) 氏

氏의 略傳: 씨는 貧民學校 創立者로써 유명한 人이라. 1663년에 獨逸 류벡크 府에 生하야 年12세에 고다 문과중학교에 入하고 年16에 예홀트 급 킬 大學에 入하야 神學, 哲學 등을 修한 後 하이쌕치히 大學에서 神學을 講하고 年25에 함쓸히에 사립소학교를 建하얏스며 29세에 할레 大學 教授가 되야 希臘語 及 東洋語學을 講하얏도다. 後에 빈민의 困苦와 無識함을 慨然히 感하야 빈민학교를 設하고 此에 從事하얏스며 教育 義會 도시학교, 고아원 등을 起하야 2200여 人의 教員

---

17) 프랑케(August Hermann Francke, 1663~1727). 독일의 프로테스탄트 종교 지도자, 교육자, 사회개혁가. 학문적인 루터교 신앙에 반대하여 일어난 그리스도교 부흥운동인 독일 경건주의 운동의 주요인물이다. 필리프 야코프 슈페너의 열정적인 신앙운동에 영향을 받아 할레대학교에서 경건주의 모임을 만들었고, 이 대학교에서 신학과 동양 언어들을 가르쳤다(1695~1727). 그의 신앙 모임은 성서적인 부흥운동과 사회적인 행동주의 때문에 전통적인 루터교도들에게 비판을 받았는데, 특히 할레에 빈민들과 고아들을 위한 학교·무료진료소·출판사로 구성된 프랑케 회관을 세우기도 했다. 기성 교회에서 면직당한 뒤 훗날 프로이센의 왕 프리드리히 빌헬름 1세의 후원을 받았는데, 빌헬름 1세는 그의 회관을 방문한(1713) 뒤 영향을 받아 프로이센에 그와 비슷한 교육 시설을 세우기 위한 법을 만들었다. 〈다음 백과사전〉. 츠다(津田元德, 1905), 『教育史要』(東京: 金港堂書籍株式會社) 제5편 제5장(154~156쪽)에서는 '빈민학교 설립', '사범학교 설립', '실과 장려'를 그의 교육사상의 특징으로 제시하였다.

及 생도를 管理하나라.

▲ 6월 4일 (16)~18

후란게 氏(二)

氏의 教育主義: 인간은 確乎한 신앙을 有한 자로써 비로소 완전한 人이 됨을 得할지니, 若此가 無한 時는 종종의 不善에 陷하기 易한지라. 소아는 더욱 신앙심이 淺弱하야 不德의 核子를 帶한 자인즉 能히 各人의 性質을 察하야 此를 根本的으로 改良함이 가장 必要하니라. 신앙은 此에 대한 最好의 良藥이니 貴貧賤富를 불문하고 此에 適한 자이라. 又 소년은 鬱散愉快(울산유쾌)를 要함이 多한즉 一은 신체의 운동으로서 此를 滿足케 하며, 愉快케 함과 공히 有用한 事, 特히 機械的의 職業을 與하며, 혹은 自然의 人工의 新奇한 자를 探究케 함으로써 其望을 充得할 자이라. 씨는 又 여하한 교육을 施하든지 항상 實用에 適함을 目的으로 하고, 生徒의 本分 及 後來의 職業에 주의하야 理科, 歷史, 地理 등으로 第一 必須의 學科로 하며, 次에 讀書, 習字, 算術 등을 學하니라.

氏의 小兒教育法: 소아 교육의 卓見과 소아를 愛憐하며 其信仰心의 진실함은 左에 記함으로써 明히 하는 것이라.

第一 神意에 適하고 且 必要한 風紀를 維持코저 한즉 교사된 者 先히 神明에 祈하고 자신의 智識을 得할지며 忍耐 寬容 及 愛情으로써 생도의 惡을 改良케 할지니라.

第二 教師는 항상 克己心을 持하고 嚴重히 생도의 風紀를 監督하며 溫和篤勵로써 하야 결코 苛酷한 處置로써 罰함은 大히 不可하니라.

第三 理解치 못함으로써 소아를 誹謗하며 又는 粗暴의 稱呼로써 소아를 侮辱함이 不可하니라.

第四 先히 생도의 천성을 洞察하야 柔順 溫和한 자는 粗暴屈強한 자와 동일히 視함이 不可하니라.

第五 苛酷을 避코저 하야 寬大에 流함이 極한즉 遂히 放漫에 陷하기 易할지라. 故로 賞罰을 謹慎함이 可하니라.

第六 15세 이상의 생도를 敎訓함에는 此를 別室에 誘하야 종종의 訓戒로 自然 彼의 양심을 悔悟케 할지니라.

룻소[18] 氏(一)

氏의 略歷: 씨는 1712年에 瑞西國 時計商人家에서 生하야 무히 母를 失하고 父의 養育을 受하얏도다. 幼時로부터 讀書를 好하는 중 殊히 小說 稗史 등을 愛讀하니라. 後年에 懺悔錄을 著할새 당시의 事를 錄하야 "余는 事를 事로 아니하고 唯히 書籍쌘 耽讀함을 세월과 공히 하며 耳目에 觸하는 바는 此를 讀破치 못할가 恐怖하얏도다. 故로 一卷을 讀함에는 其始로 其終을 즉석에서 了코저 하야 晝夜를 連함에 多하얏다." 하니라. 後에 故로 因하야 씨의 父는 젠후 故鄕을 出하게 됨으로

---

18) 루소(Jean Jaeque Rousseau, 1712~1778). 제네바 탄생. 16세 폰베루 주교의 소개로 아누시의 귀부인 바란 여사에게 가서 신세를 입음. 1949년 아카데미 현상논문 당선. 1755년 『인간불평등기원론』, 1761년 소설 『신에로이제』. 그 후 『에밀』, 『민약론』, 『참회록』(1788) 등을 출판.

써 씨는 其叔父에게 托하야 寺院에 入하야 교육을 受한 후 2년에 辯護士 書記가 되엿다가 次에 銅版師(동판사)의 제자가 되엿스나 品行을 修치 못함으로 其譴責을 恐하야 겐후를 出奔하야 사방에 彷徨客이 되며, 飢渴의 窮困者가 되엿도다. 僅히 某 僧侶의 구조를 受하야 와린 쓰라 稱하는 一夫人의 家에 入하야 餓死를 免하게 되엿도다. 此 夫人家에 寄與함이 수년간에 쏘한 不品行이 심하야 此家를 辭去하고 浮萍客이 되엿스나 都處 실패로 飢渴을 免키 難하게 된지라. 不得已 此家에 再歸하야 其愛護를 乞하엿도다. 從此로 씨는 平素의 不品行을 悔하고 專히 학문에 心을 傾하야 天資聰慧함으로進步가 非常히 速하야 리온 家庭敎師로 聘하얏스며, 후에 伊太利 駐在 佛國 公使館 書記生에 登用하얏스나 不品行으로 쏘한 免官이 되고 파리에 歸하야 오흐려 放浪함을 悔치 못하고 一女子와 通하야 五子를 生함에 至하니라. 其後 1750년에 고향 겐후에 歸하야 大히 前非를 悔하고 良民될 修養을 得코저 하야 蟄伏함이 6개년을 過하야 更히 파리에 赴하야 著述에 從事를 始함으로써 其名을 天下 後世에 輝하는 基를 此에서 發하니라. 然하야 後의 有名한 『에밀』 及 『民約論(민약론)』은 당시의 傑作으로써 大히 世의 주목을 引하엿스나, 정부의 諱忌에 觸하야 佛國 退去令을 受하니라. 會에 普魯西 후리도리히 제2세의 召를 受하야 此에 赴하는 途中 蘇蘭의 一 哲學者와 會見하고 心機一轉하야 普士의 召를 辭하고 蘇蘭을 赴한 後 再히 佛國에 歸함을 許하야 1770년에 파리에 歸하야 居한 지 8년 후에 死하니라. 씨는 感情에 銳함를 語하야, "余는 비록 一物一事를 知함은 無하나 一物一事라도 感치 아니함은 無하다." 하니라. 씨는 系統的 敎育을 受함은 無하나 思想이 豊富하고 識見이 遠大함으로써 名論卓說(명론탁설)을 吐함이 不少하엿도다. 其中 가장 유명한 것은 第一 지지온 大學의 懸賞文으로 〈學術 技術의 進步는 風俗을

混亂함인가 又는 淳良함인가〉이오, 第二 同大學 현상문으로 〈인간사회의 不平等된 原因〉, 第三은 1760년에 著한 〈民約論〉 등으로써 民權發達과 社會改良의 일대 原因을 作하얏스며 第四는 彼 〈예밀〉로써 일종의 教育說을 作하얏도.

▲ 6월 5일 (17)~19

룻소 氏(二)

氏의 教育主義: 씨는 人性에는 本是로 邪惡이 無하나 其邪惡에 赴함은 오직 사회의 汚風에 感染하는 故이로다. 自然의 勢力은 常히 공정순량하야 인성을 損傷함이 無함으로써 其教育은 自然의 理法에 從하야 自然界에 生長하야써 자연의 요구하는 바에 적응함으로 사회의 風潮를 避하고, 其精神의 汚染을 防하며 사회의 諸勢力에 抗하야 자연히 其諸能力을 啓發케 할 자이라. 아동의 發達期는 三期로 分하야 級進的 教育을 授하야써 其諸能力의 養育上 자연의 요구에 適할 것을 考할 자이며, 其 教育方法은 卓越한 情操와 高大한 眞理를 包含케 할 것이라.
蓋 當時 佛國은 全歐 文明의 중심지가 되엿스나 浮薄의 俗을 脫치 못하고 信義가 地에 墜하며 人爲의 勢力이 其極端에 達함으로써 教育法과 如한 것도 전혀 인위적에 滔(도, 넘침)하야 其弊가 多大하도다. 此를 看破하기 위하야 자연의 理法에 從하야 인간교육의 大主義를 唱하얏도. 故로 彼의 〈예밀〉은 熟考의 意見에서 出한 卓論으로 一時의 議論的 著作이 아님은 今古의 正評이 有한 바이라. 또는 單히 實踐的 教育論이 아니라 廣히 교육의 全體系를 論述하야 正理의 發達과 道德의 鍛鍊에 就하야 人의 自然性을 分解한 자이로다.

氏의 大著書 예밀: 씨의 大著書 〈예밀〉은 1762년에 出版하야 其의 교육개혁상의 大勢力을 歐洲 各國에 傳播하야 殊히 獨逸과 如한 國에서는 其影響이 非常히 大하얏도다. 盖 씨의 意見은 결코 突然히 出한 者 아니라 몬테뉴 급 록크의 意見을 基礎로 하야, 此에 氏의 達識을 加한 자로써 當時에 가장 유력한 議論의 一이로다. 此時에 當하야 佛國 議會는 써쓰잇트 派를 却하고, 從來의 古格舊式을 破壞하고, 萬事 改革의 氣運에 向하는 時이로다. 然하야 교육상에도 일대 쇄신을 희망하는 時인즉 〈예밀〉은 大히 世의 歡迎을 受할 쑨 不啻가 改革的 原動力이 되니라. 盖 〈예밀〉은 其書가 혹은 寓語를 交하고 誠刺를 加하며 혹은 小說이 되고 혹은 논문이 되야 自然說로써 全編을 일관하얏스며, 교육상 일반의 조직을 示한 자이라. 今에 〈예밀〉의 敎育法을 槪說하건대

第一期 此는 〈예밀〉이 生한 時로부터 12세에 至한 間의 記事이라. 抑 예밀은 父母가 공히 早沒한 孤兒로써 此를 교육함은 단히 自然쑨이엇도다. 然즉 宜히 자연으로써 其本分을 得케 할 자되야 자연의 自由에 一任할 바이라. 故로 其四肢 百體의 활동도 자연됨을 障害할 자 아니오, 又 자연의 鍛鍊을 圖하며 平素 艱辛에 慣하고 夙(숙)히 此에 處할 道를 知케 함으로써 강장한 自體를 양육할지오, 心意의 교육은 自體의 교육과 均히 아동의 思하는 바에 一任하고 唯自然의 境遇에 就할 자이라. 然즉 智力的 발육은 此를 禁하되 感覺은 諸能力 중 최초에 發現하며 쏘한 成熟한 자인즉 專혀 失物과 自國語로써 能히 此를 修練케 하며 幼者의 資質을 愛하고 쾌활을 要하며 아동 생존의 쾌락을 感함에 至하야는 務하야 此를 장려하고 항상 其向하는 바에 一任할 자이라.

第二期 此는 예밀 12세로부터 15세에 至하기까지 智育을 施할 時機에 屬함으로써 聰明慧智하야 實用的 人間이 되며 其學科도 實用的 智識을 養成할 자를 撰하야 世界로써 教授 材料로 하야 자연과학을 務할지니 故로 星學은 가장 重要한 學課이며, 地理가 其次이오 古文, 歷史 등을 學케 할지나 로빈손 클소 등의 外書는 使用함을 禁할 자이니 盖 浮遊記는 小說的으로써 自然教育을 論한 자이오 예밀과 如히 사회에 賴치 아니하고 單히 自己의 志를 스스로 立코저 함이 아인 故이라. 其 教授法은 適當한 實物을 示하고 서서히 아동의 智覺으로써 內界의 觀念에 移하게 할 것이라. 然하야 文學과 技藝 등의 學課를 先히 授할 자 아니오, 상공업 혹은 농업 등을 學케 할지니 此는 不幸의 運命에 遇하야 其資産을 失한 境遇라도 必須의 急을 救케 함을 覺悟케 할 것이라. 其齡이 이미 15세에 達한즉 事物의 良否를 看破하고 日用 必須의 智識을 得하며 其正當한 가치를 계산하고 진리를 愛하는 風을 養하며 현재의 智識은 少하야도 將來에 此를 收得 利用함에 基礎가 되는 諸能力이 此에서 始함을 知得케 할 자이로다. 體育과 如한 자는 此를 尊重하고, 此를 奬勵하야 정신을 用함과 身體를 用함에 相補相助하야 心健體健의 大要를 圖할지니라. 고로 준험한 산야에 赴하야 야유를 行하고 大海에 臨하야 수영을 勵하야 용감 쾌활한 정신을 養하며 모험적 資格을 成하야 後日 事業場에 立하야 能히 艱苦를 耐하며 성공의 途를 開케 할 것이라.

▲ 6월 6일 (18)~20

룻소 氏 (三)

第三期 此는 德育을 施하는 바의 時期로써 15세로 20세에 至하기까지 情操의 發育과 德性의 涵養 及 宗敎心의 訓練을 此期에서 施할 것이라. 에밀은 15년간 부모가 無하고 明友가 無하야 全히 孤獨의 생활로서 親愛의 感情이 乏하얏스나 今은 情熱이 發한 시기로서 독서 습자를 授하며 산술을 敎함으로 此의 계발을 圖하며, 同情과 慈惠의 감정에 源하야 善惡의 觀念을 養하며 교육 체계로써 此 二情을 에밀의게 感染케 함을 思하엿도다. 然하야 에밀은 遂히 도덕의 본령에 入치 아니치 못할지니 若道德의 본령이 此에 有치 아니한즉 余는 其良心의 端緖는 感情의 端緖에 歸하고 善惡의 發生은 愛憎에 出하며 正과 善은 獨히 智力의 想見된 抽象的의 言詞쑨 不啻라. 尙히 理性이 證明한 정신의 진실한 感動이라 하엿도다. 盖 씨는 實際 德性과 感情을 同視하고 其道德論은 全히 感情的 倫理論이라. 然하야 종교교육은 16세 혹은 18세에 至하기까지 此를 금하고 아동의 理性을 充分히 達하야 天地自然의 現狀을 視察하고 自然에 神聖한 大智者된 神의 存在를 認得할 時期를 此에서 待하엿도다.19)

女子敎育: 〈에밀〉의 제5권은 女子敎育을 論하얏스니 女子는 全히 男子의게 依賴하는 자인즉 其敎育은 男子를 喜하고 男子를 利하며

---

19) 에밀의 교육 시기: 이 글에서는 3기로 나누었으나, 실제는 4기로 구성됨. 제1기(출생~5세), 제2기(5~12세), 제3기(12~15세), 제4기(15~20세), 여자교육론으로 구성됨.

男子에 愛하며 幼者를 교육하고 老子를 保護하며 一家의 內部를 整理하고 此를 完美케 할 方法을 教할지니라.

쌔세도[20] 氏

氏의 略傳: 제18세기의 末에 在하야 록크 及 룻소의 교육주의를 考究 採用하고 고메뉴쓰의 교육법을 實際에 應用하고저 하는 등 派가 起하니 此를 仁德學派(인덕학파)라 稱하는도다. 此派는 獨逸에서 起한 學派이니 盖 獨逸의 從來 教育은 專히 아동을 억압굴복케 하야 從順에 赴한다 稱하고 學修하는 바 別히 無하고 實用的 職業에 傾할 쑨이엇도다. 然이나 18세기의 後半葉으로부터는 英育事業에 일대 개혁이 生하야 교육은 인생의 진리에 基하고 자연의 天理에 依치 아니함이 不可하다 하얏도다. 如斯히 獨逸 教育界의 일대 개혁의 動機를 與함은 룻소의 〈에밀〉이 其力을 與한 자이라. 금에 此改革者 중의 第一流된 人物이 生하얏스니 쌔세도 씨가 즉 是이라.

씨는 1723년에 한쌀히에 生하야 幼時로부터 가정에 在하야 壓制的 教育을 受함을 肯치 아니하고 居然히 去하야 쌀쓰티인 州에 在한 一醫師家에 投寓하얏도다. 醫師는 씨의 天才가 卓越함을 심히 愛護하야 此를 씨의 父親의게 告하고, 又 씨를 권고 훈계하야 家庭에 歸하게 하얏도다. 此際에 씨는 함쌀히 문과 중학교에 入하야 此를 優等의 성

---

20) 바제도우(Johan Berhard Basedow, 1724~1770). 1774년 범애학교를 설립한 교육철학자. 1724년 함부르크에서 출생하여 1746년 홀슈타인의 폰쿠바렌 가의 가정교사가 되었다. 독창적 교수법을 시험하고, 이를 종합하여 학위 논문을 작성하였다. 범애주의 교육사상으로 유명하다.

적으로서 졸업한 후에 라이쑤치히 대학에 入하야 神學을 硏究하게 되얏스나 此는 씨의 本意하는 學이 아님으로써 哲學 倫理學 등을 연구하고, 졸업 후에 家庭敎師가 되얏도다. 其後 덴마크 國의 兵學校 倫理學 敎師에 招聘이 되얏스나 씨는 基督敎와 意見이 異히 함으로써 其職을 맛참내 辭去하엿도다. 此로부터 씨는 快然히 志를 立하야 심신을 全히 교육사업에 傾注하야 종래의 교육 현상을 一新코저 目的하얏도다. 然하야 其 若干의 時日을 經하야 其意見을 實行할 기회를 得하얏스니 즉 당시 귀족 중 一流되는 렛소 候의 招聘이 是라. 씨는 候의 招함을 蒙하야 1774년에 일개 모범된 師範學校를 設하고 其制度는 極히 종교상의 儀式을 去하고 全히 사회의 풍속과 신의썬을 重히 하야 종래의 학교와 其面目을 異히 함으로 世人의 論議 非難이 多하얏스나 此에 屈치 아니하고 敎育制의 大改革을 목적하얏도다.

氏의 敎授法: 교육의 목적은 怜悧한 인물을 養成함으로서 완전한 세계를 構造하고 진정한 극락사회를 창립하는 것이라. 故로 덕육상 及 종교상에 關하야는 룻소와 同히 자연교육주의를 취하야 정도를 守하고 良心을 發揮케할 것이오, 체육은 일시라도 등한함이 不可하도다. 然이나 생도를 관리함에는 종래로부터 가혹한 主義에 離하야 온화친애를 主旨로 하야 此에 臨할 것이라 하니라.

氏의 敎授法: 씨의 교수법은 最히 意를 用하야 아동으로써 유쾌중에 其學할 바를 知得케 하얏스니 其要目을 示하건대

第一 苦心으로써 修함을 避하고 오직 愉快로서 學케 할 것
第二 多히 學함을 避하고 易함으로써 難에 進할 것

第三 소학교는 인간 일생의 기초인즉 毫도 欠點이 無한 천성을 養育
　　　할 것
第四 先히 實物을 示한 後에 說明과 敎科書로써 學할 것

씨는 차등 4개 요목으로써 교수의 法을 作한 外에 혹은 菓子에 羅甸
文字를 刻하야 此를 習成 後에 食케 하며 혹은 文字의 骨牌를 作하야
호상 戲弄케 하는 중 其 文字를 學得케 하니라.

▲ 6월 7일 (19)~21

칸트21) 氏

氏의 略傳: 씨는 1724년에 獨逸에 生하야 유명한 哲學者로써 實히
世界의 思想界에 在하야 空前絶後의 대인물이라. 其 名著『純粹理性批
判』은 古今無比의 嶄新한 思想을 包有한 자니 만일 此에 比할 名著를
强求한즉 풀라톤의 〈공화정치론〉, 아리쓰톨트의 〈형이상학〉, 쓰쎄노
쓰아22)의 〈윤리학〉 及 데칼트의 〈哲學原理〉라 할지나, 然이나 其思想
界에 關하야 고대무변하며 森嚴幽極한 진리의 분량과 嶄新한 一種의
力에 至하야는 此에 比할 자 無하도다. 씨의 批評 折衷主義로써 智識의
實體에 關하야는 라이쑵니쓰23) 及 히늅24)의 說을 折中하고 智識의

---

21) 칸트의 교육사상은 국내 저서에서는 많이 다루어지지 않았다. 그런데 1920년대 이전 일본
　　에서 저술된 교육사에서는 칸트를 중시하는 경향이 잇었다. 츠다(津田元德, 1905), 『敎育史
　　要』(東京: 金港堂書籍株式會社) 제5편 서양 근세의 교육 제3절 임마니엘 칸트 참고.

22) 쓰쎄노쓰아: 스피노자.

23) 라이쑵니쓰: 라이프니츠.

24) 히늅: 하만(Johan Georg Hamann, 1730~1788). 기독교적 감정, 경험, 신앙의 철학을 주창함.

起源에 關하야는 록크 及 라라쑤닛쓰 說을 斟酌하며 外 實體의 實在에 關하야는 데칼트 급 리토 等의 說을 折中하야 철학상으로부터 교육의 학설을 論究한 것이라.

씨의 原籍은 元蘇國에 出하야 父는 馬具商으로 家勢가 甚貧하야 씨로 종교가가 되기 위하야 시룰쓰트라 稱하는 神學者에 從하야 중등 교육을 受하고 1740년에 其他의 大學에 入하야 哲學 數學 及 神學을 學하니라. 哲學은 시의 가장 趣味가 多한 學問으로써 其進步가 비상히 著하야 大히 敎授의 信用을 得하얏도다. 졸업 후에 私敎授가 되야 약 간의 수입을 得하야 其 研究 學費의 부족을 充하야 자기의 嗜好하는 哲學을 연구코자 하얏스나, 不幸히 졸업 後 幾日에 父의 상을 當하야 少額의 學費로 安葬하니 更히 他道가 無하얏도다. 기후 1746년으로부 터 가정교사가 되어 9개년간을 此에 從事하다가 1755년에 비로소 鄕 里大學의 私敎授[25]된 資格을 得하야 수학, 물리학, 논리학, 형이상학, 윤리학 등을 講하고, 2년 후에 자연지리학을 加하며 後 又 3년에 自然 神學 及 人類學을 加擔하니라. 씨는 일직이 룻소의 〈에밀〉을 讀하야 其 所說에 感하고 又 少時에 在하야 得한 寺院的 교육의 經驗 及 家庭 敎師로서 得한 바 智識과 자기의 철학상 智識에 의하야 敎育學을 연구 하고, 1770년에 論理學 及 哲學의 敎授에 任하얏스며, 1781년에 〈純粹 理性批判〉을 出版하얏스나 6년 後 其 비범한 형이상학자됨을 知케 함에 知하야 爾來 씨의 講堂은 立錐의 地가 無하얏도다. 씨는 其後에

인간의 오성에 의하여 절대자를 파악할 수 업고, 신앙하는 주관의 확고한 신념만이 진리의 기준이라고 주장함.

25) 모교인 쾨니히스베르크 대학의 사강사(私講師)가 되어 5년간 윤리학, 순정철학, 물리학, 수학, 윤리학, 인류학, 지문학 등을 강의하였다.

更히 〈實踐理性批判〉, 〈倫理學 及 判定의 批判〉이라 稱하는 名著를 出하니라. 其後로도 哲理의 연구에 專力하다가 1804년에 80세의 고령으로 羽化하니라.

씨는 幼時로부터 신학가의 엄격한 교육을 受하얏슴으로써 性이 엄격 鄭重하야 독립의 氣槪가 富하며 其擧動이 항상 一定의 法에 適하며 一生一轍의 目的을 固守하고, 毫도 不德의 行이 無하얏도다. 씨의 生活은 항상 貧窮의 淵에 沈하야 만년의 12~3년간 外에는 의식의 窮한 時가 多하얏슴으로 66세에 至하기까지는 一家庭을 組成할 資力이 無하야 妻를 聘키 不能함으로 其生涯는 맛참내 獨身으로써 其身을 終하얏도다. 평소에 哲理의 연구에 其心을 盡함으로써 無常의 業으로 하야 잠시라도 倦함을 不知하얏도다. 67세의 傾에 至하야 비로소 一小屋을 借하야 自宅으로 하고, 起居 飮食을 常히 일정의 時로써 하얏스며 15년간 일회라도 講義의 시간에 後함이 無하며 80년 평생의 一次도 海外에 遠遊한 事가 無하고, 僅히 근방의 庭園에 散步함에 止하얏도다. 씨는 생래로 自體가 虛弱하야 深히 飮食을 節하며 一定의 運動을 守하야 其健康을 補하얏도다. 씨의 풍채는 항상 患者와 如하야 口舌이 吶辯(눌변)함으로 聽講者는 大히 困難하되 唯其思想이 脫俗하야 생활에 自作飾(자작식)이 無함은 大히 學生의 稱揚하는 바 되얏도다. 씨는 천성이 語學의 才에 長하야 羅甸文과 英佛國語에 通하며 문장은 심히 拙하야 정히 解키 難하얏도다. 生涯가 貧寒하되 漫히 人의 惠與를 請치 아니하얏스며, 私敎師로 任하얏슬 時 他의 大學에서 非常한 待遇로써 聘하얏스나 此에 應치 아니하고, 14~5년간을 私敎授의 任에 留하야 점차로 其名聲을 사방에 關하얏도다. 此에 際하야 각처에 유명한 대학으로써 更히 씨를 迎하얏스나, 都是 此에 應치 아니하고 單히 42

년간을 一日과 如히 자기의 강의실에 獻身하야 매일 출입하는 近천명의 학생으로서 哲理를 講義하며, 思想을 討論하야 大히 感化를 與하얏도다. 씨가 67세에 至하야 僅히 一小屋을 自宅으로 하고, 此에 閑居하야 哲學을 연구할 쑨으로 생애를 作할새 一日은 其 友人이 來訪하야 씨의게 問하되, "君은 무엇으로써 處世의 樂을 作하는가? 40여년 大學 敎授에 此 借居 一間이 君의 資金이오 家庭은 인간의 樂園이라. 夫婦 相樂함이 人事에 莫大한 행복이어날 君은 70 老境에 至하도록 其幸福 을 得치 못하얏스니 君의 樂은 實로 何에 在함을 不知하노라." 問하얏도다. 씨는 此에 答하야 "余는 此의 室에서 此哲學을 연구함이 處世의 幸福生活이라."하얏도다. 씨는 如斯히 其精力은 哲學 硏究에 供하고 其生活은 학자의 本令을 守할 쑨이엇도다.

▲ 6월 8일 (20)~22

칸트 氏(二)

氏의 敎育主義: 인간은 교육에 의하야 비로소 眞人間이 되나니 若 인간에 교육이 無한 時는 其 形容은 인간이라 할지라도 其實質은 인간 이라 稱하기 不能하도다. 인간의 形體는 主하야 교육의 關한 바는 아 니로되 인간된 實質은 교육으로써 養成할 자임으로, 實히 인간은 교육 을 要하는 天賦의 性이 有한 生物이로다. 然즉 今世의 人은 後世의 人을 교육할 자이니 其敎育의 목적은 금세를 目的함보다 今世로부터 一層 高尙한 후세의 인간을 양성함을 목적한 것이라. 즉 成年者는 未 成年者를 교육하야 自己보다 일층 우등한 인간이 되게 할 것이라. 인간은 賦性 發達의 種子를 有하얏스니 인간이 幼稚한 時는 此種子도

坯한 유치함으로써 此를 培養하고 此를 발육케 하야 遂히 완전 成熟케 할지니, 是가 云한 바 교육의 임무오 가장 고상한 事業이라 할지니라.

교육은 인간을 완전케 하는 것이라. 然즉 인간의 完全이라 함은 果然 如何한 意味가 有한 것인가? 此완전이라 하는 의미가 명백치 아니한즉 교육의 眞意가 坯한 明瞭치 못한지라. 然한데 此완전이라 함은 一時에 此를 說明키 難하니 從하야 교육의 眞意를 坯한 容易히 설명키 難하도다. 교육은 實히 數世를 經하야 비로소 완전에 達하는 것이라. 즉 世를 經함에 從하야 次第로 발달하는 자이니, 前者의 經驗은 後人이 此를 受하고, 又 此에 自己의 經驗으로써 다소에게 讓하고 各時代는 前時代의 경험을 전하야 此와 如히 次第로 완전함에 從하야 교육의 진정한 의미를 解함에 至할지라. 故로 교육의 완전이라 함은 宜히 其前途가 遙遠하다 할지로다.

교육은 인간을 완전케 하는 자인 故로 其裡面에는 坯한 世界를 완전케 하는 大秘決이 有하도다. 是로써 교육이 次第로 發達함에 從하야 인간도 漸次로 完全한 域에 進하며 其最終에는 세계를 완전케 함이 至하는도다. 故로 此에 의하야 考할진대 교육의 발달을 圖함은 宜히 고상한 科學的 硏究이라. 然함으로써 此科學的 硏究는 심히 困難한 자로되, 遂히 不能한 자는 아니로다. 세계의 역사를 顧하건대 금일의 상태는 昔日보다 大히 발달한 자이라. 故로 此勢로써 次第로 進步할 時는 遂히 세계가 완전한 상태에 到達함은 必然의 理이로다. 然즉 敎育 其者를 科學的으로 硏究한다 함은 困難이 有함이 明白하나 困難이 有함으로써 此를 放棄함은 아니로다. 무릇 과학적 연구의 終極의 목적은 경험에 在하고 理性은 사회의 경험상 得키 難한 高尙한 思想이로다.

今日은 尙且 인간이 인간으로써 其眞目的을 達함에 不至한 時이니 故로 교육도 其發達이 不充分함은 勿論이라. 若教育의 眞理를 發見하고 此에 의하야써 인간을 교육한즉 인간은 擧皆 同一한 자로써 平等한 生活을 함에 至하는 것이로다. 인하야 世의 完全이라 함은 인간의 능력이 無差別 平等으로서 發達하고, 평등한 智識을 有함으로써 均一한 幸福과 快樂을 受함에 至함이로다. 만일 인간의 能力 智識 幸福 등에 差別과 不平等이 有한 以上은 此를 완전한 교육이라 稱치 못할지라. 如斯히 교육의 眞理를 發見하고 此에 因하야 인간을 교육한즉 盡히 평등한 발달을 圖할지니 大槪 인간은 各其 지식 능력 행복 등의 度를 異히 함으로써 인간으로써 世에 處하야 진목적을 得치 못함이라. 然함으로 奮하야 교육을 科學的에 연구하고 其眞目的을 發見하기에 力을 致하야 子子孫孫이 此를 繼續하야 努力할지라. 故로 교육의 主義는 國家主義가 아니오, 社會主義가 아니며, 個人主義가 아니오, 宇宙主義가 是이라. 즉 교육은 일국가 일사회 일개인이라 云하는 관념을 離하야, 세계에 處한 인간을 완전히 교육하야 總히 平等的 生活을 圖치 아니함이 不可하니 其 教育主義에 대하야 主眼될 자를 擧하건대,

第一 인간으로써 品行이 方正하며 溫良 從順케 할 것
第二 智識을 與하야 能力의 發達을 圖할 것
第三 사회에 유용한 人物이 되게 할 것
第四 道德을 實行하는 善人이 되게 할 것

以上의 四條는 교육의 大主義이라. 然而 교육을 實際에 쪼한 凡然치 못할 것이라. 然이나 一時的, 器械的으로써 원인과 결과에 注目치 아니하고 오즉 目前의 幸福을 목적한 교육은 本是 일정한 主義가 無하고

일정한 準則이 無함으로 其智識의 후세가 無한 것이라. 故로 理論과 技術을 平行치 아니함이 不可하니 이론에 근거한 교육은 一定한 主義와 일정한 目的이 有함으로 其敎育의 결과는 一時에 止하는 바 아니오, 후세의 文明에 基因이 되는도다. 此等의 目的을 達키 위하야 교육의 방법을 看護와 교육(俠義)으로 分하며 교육을 更히 訓練과 敎授 二者로 分할지라.

▲ 6월 10일 (21)~23

칸트 氏(三)

氏의 看護主義: 幼稚한 아동은 寸時라도 此를 보호치 아니한즉 其生存을 全히 하기 不能한 자이라. 彼禽獸는 비록 미미한 동물이라 云할지라도 生時로부터 스스로 보통의 自然的 能力이 具有하야 此로써 其生存을 保有함을 得하는 자이니, 예컨대 食物을 與할 時는 스스로 此를 食하고, 又 其分量을 適宜이 함을 知하며, 毒物을 與한즉 결코 此에 觸치 아니하야 其危險을 避하며 寒暑를 凌(릉, 능가, 극복)하야 其一身을 維持 保護하는 道를 知치 못하는 자 無하되 幼稚 人間에 在하야는 然치 못하야 飮食과 寒暑의 細事로부터 其他 一身을 維持 保存함에 필요한 사물 即 諸般 凡百에 至하기까지 비록 一二의 事라도 자각이 無한 時期이라. 예컨대 아동의게 瞬間의 위험성을 有한 毒物을 與하되 毫도 其毒物됨을 知치 못하야 彼禽獸와 如히 此를 避하는 自然的 能力이 無하도다. 故로 인간은 차등 능력을 이성에 의하야 此를 知하고 此를 避케 하는 것이라. 然而 理性은 人間 自身이 스스로 單獨的 發達을 有한 자 아니오, 반다시 他로부터 此를 발달케 하는 자로다.

然이나 理性은 幼稚時代에 在하야는 충분히 발달키 不能하나니, 何故오. 理性이라 云하는 그것은 人間이 幼時에 在하야는 充分히 發達될 性質을 有한 자 아니로다. 故로 인간의 유치시대에 在하야는 單히 其 保護에 致重하야 其不完全한 理性을 代하야 其一身에 대하야 維持 生存을 全히 할지니 此를 云한 바 '看護의 必要'라 하니라.

氏의 訓練主義: 유치한 時代에 在한 인간은 其心身이 頗히 不定함으로 因하야 其行動이 極히 不秩序的이 되야 自然히 粗暴에 流하기 易함과 공히 我漫(스스로 잘난 체함, 스스로를 어지럽힘)으로써 充하며 凡 此 我慢의 欲을 滿足히 못한즉 其止치 못할 地에 傾하는 危險이 有하도다. 故로 此 我慢을 制하고 其粗暴를 矯하며 其行儀를 正히 하야 溫良 美德케 함에는 此訓練에 過할 자 無하니라. 然하야 此 我漫 粗暴를 抑制하야 矯正함에는 일정한 규율에 從치 아니치 못할지니 규율과 粗暴는 常히 相伴하는 자이니 卽 粗暴가 有한 故로 規律로 矯正치 아니하면 不得하는 故이라.

若 인간이 其 出生時로부터 溫良한즉 규율의 必要를 感할 바 無함은 물론이라. 무릇 인간이 其我漫을 滿足코저 하는 心은 즉 自由를 好하는 心에서 出함이니 故로 此訓練에 의하야 此等 自由性을 抑하야 아동으로 하야금 善良한 自由性을 發함과 공히 一方으로는 人間萬事는 不美한 自由를 容納치 아니함을 不知不識間에 自覺케 하야 自然히 其我漫과 粗暴의 性을 除去케 할 것이라. 實로 訓練은 인간에 대하야 규율의 制裁를 與하는 始이라.

氏의 敎授主義: 凡 此 인간은 他方으로부터 智識을 與함이 안인즉

其天賦의 種子를 生育하며 發達하기 能치 못한 자이라. 天賦의 종자는 實히 智識이라 云하는 肥料가 안인즉 萌芽하고 成長하야 有用의 實을 結치 못하는 것이로다. 故로 智識을 授하야 천부의 종자, 卽 能力을 完全히 發達케 할지니, 此智識의 비료가 안인즉 萌芽하고 성장하야 유용의 實을 結치 못하는 것이로다. 故로 지식을 授하야 천부의 종자 즉 能力을 완전히 발달케 할지니, 此 지식의 비료로써 아직 萌芽치 못한 實, 즉 幼稚한 능력을 충분히 발달치 못한즉, 인간은 인간된 본분과 가치를 失하야 殆히 他動物과 異함이 無하도다. 進하야 此天賦의 능력이 발달치 못한즉 理性이 발달치 못하며 理性이 발달치 못한즉 社會에 有用한 人物됨을 得치 못하나니 然則 其意志와 其行爲는 맛침내 禽獸와 相距함이 遠치 아니하니라. 고로 인간으로 인간되는 바는 實히 此理性을 發達하기에 必要한 智識을 敎授함이 교육상의 일대 임무로다. 所謂 野蠻과 文明의 인간이라 云한 區別은 單히 此의 有無에 關함이로다.

씨는 此 三主義에 인하야 교육을 分하야 身體的 敎育과 實際的 敎育 二者로 分하얏스니 신체저 교육은 신체의 교육과 공히, 精神의 諸能力을 敎育함을 云함이오, 實際的 敎育은 道德과 實踐에 關한 교육이니, 熟達, 才智, 德行 三者를 완전히 발달함을 目的한 것이라.

第一 신체적 교육: 幼兒의 신체는 自然에 發達케 하야 其步行 乃至 運動에 대하야 此를 助함이 無히 유아 자신에 一任함이 可하되, 其稍稍 長함에 及하야는 規律이 莊嚴한 運動을 施하야 五官의 練習을 장려하고 其次에는 競走, 投石, 角力 등의 活潑한 運動으로써 신체의 發育을 務할지로다.

510

정신의 교육은 別하야 自由敎鍊(자유교련)과 抑制敎鍊(억제교련)의 二者로 分하얏스니, 자유교련은 遊戲 중에서 不知不識間에 施하는 자오, 抑制敎鍊은 일정한 시간내에 所定의 規則을 守하야 其心을 훈련하는 자이라. 然而 자유교련 즉 유희를 應用하야 其心을 敎鍊코저 함은 아동의 所爲를 注意함이 可하되, 자유교련에 最히 肝要한 자는 能力의 判斷 及 理解力을 發達케 하며 記憶力을 粱할지니, 其能力의 類는 (一) 諸能力 일반의 發達, (二) 諸能力 特殊의 發達이라.

▲ 6월 14일 (22)~24

칸트 氏(四)

諸能力 一般의 發達: 일반의 제능력을 완전히 발달하며 又는 此를 완전히 使用케 함을 目的으로 하야 如何한 職業이라도 其能力을 有케 할 人物을 要하는 것이라. 然하야 此를 身體的과 道德的의 二個로 分하야 신체적에 屬한 자는 諸能力을 發育하야 此를 사영하고 연습케 할 것이라. 제능력의 연습과 其發育은 아동으로써 스스로 進하야 爲할 자 아니오, 命令으로써 爲할 자이니, 全히 受動的이라. 此에 反하야 道德的의 發達은 아동의 精神에 存한 바 도의적 관념을 益益히 發達하야 차에 의하야 諸般의 行爲를 行할 것으로써 全히 自動的이라. 然하야 人을 善히 함에 一의 義務로써 行하야 此義務는 卽 善의 心을 養成하는 所以이라.

諸能力 特殊의 發達: 제능력 特殊의 발달은 想像力, 記憶力, 注意力, 理解力, 判斷力 등의 발달함을 目的함과 공히 更히 理性을 발달하야 事物의 原因 結果를 探究 助長케 할 것이라. 然하야 此等의 능력을

발달코저 함은 第一 아동으로 一의 希望을 起하며, 其希望을 達하기에 至할 것이오, 此外에 愛憎의 念을 養成하야 惡을 惡하고, 善을 愛하는 도의적 관념을 養치 아니함이 不可하도다. 故로 도의적 관념을 養成함에는 先히 아동의 품성을 養함에 有하니 품성을 養함에는 第一 從順의 習慣을 作하며, 第二 誠實心을 養成하며, 第三 親睦性을 養하며, 第四 公明心을 持케 할 것이라.

第二 實際的 敎育: 실제적 교육은 主하야 道德의 實踐에 關한 교육이니 第一 사물에 熟達하야 利巧케 할 事, 第二 世事에 關한 智識을 有할 事, 第三 德行家이 되게 할 事 등이 是라. 第一 事物에 通熟케 할 時는 아동으로써 凡事物의 其 根底로부터 理解하야써 其智識의 實際에 適用함에 毫도 欠點이 無하야 能히 咀嚼 了解케 할 事이오, 第二 世事에 關한 才智에 대하야는 旣히 理解한 智識을 世事에 應用할 技術이 되게 할지니, 환언하면 처세상의 才智를 有케 할 것이라. 第三 덕행가가 되게 함에는 自己의 嗜慾을 制하고, 同情의 心을 養함으로써 主眼을 作할 자이라. 故로 自己를 尊重히 할 義務가 有함과 공히 他人을 尊重히 할 義務가 有함을 養함은 德性 涵養上의 가장 重大한 자이라. 즉 自重의 義務라 함은 自己의 嗜慾을 制하야 인간이 인간된 가치를 失치 아니함을 力할지며, 情慾에 耽하고 邪惡에 陷함을 避할지라. 又 惡事를 爲하고 虛誕을 吐하야 사회의 제재에 觸함과 如함은 此가 自己를 重히 함이 아니라. 도로혀 자기를 輕侮하는 所以이라. 故로 스스로 制하고 스스로 愼할 것이로다. 又 타인을 尊重할 義務는 자기가 자기를 尊敬하는 義務가 有함과 공히 타인도 또한 자기에 대하야 尊敬의 義務가 有함을 各할지니 自己에 대한 의무심은 不覇獨立의 精神을 養할지오, 타인에 대한 의무심은 他人에 恥辱을 與치 아니함으

로써 도덕적 實踐의 人物이 되게 할지라.

宗敎에 對한 氏의 意見: 아동으로써 종교상의 思想과 信仰을 有케 함은 교육상 大히 必要한 事이라. 宜히 아동으로서 天地萬物의 秩序가 整然하야 亂치 아니함을 知하며 萬物은 如何한목적으로써 此世에 存在함인가. 又는 만물은 오인에 대하야 여하한 關係가 有함을 了解케 할 것이로다. 進하야 此世界의 宏大無邊함과 甚히 微妙함을 知케 할 것이오, 此 천지만물을 창조하고 此를 整然한 狀態로써 主宰하는 전지전능의 神이 有함을 知케 할 것이라. 抑 宗敎된 자는 吾人의 頭腦에 蓄한 바 天則이니 환언하면 신이라 云하는 智識을 應用하야 一種의 倫理學으로 할지라. 故로 종교와 도덕이 互相不合한즉 종교는 何의 가치를 不有한 자가 되는도다. 然즉 아동의게 종교를 敎함에는 先히 其頭腦 중으로부터 天則으로 始치 아니함이 不可하니, 此 天則은 明智라 云하는 자로다. 즉 明智라 함은 자기의 행위를 天則에 適合케 하는 바의 指導이니, 만일 자기를 神의 代表者로서 信치 아니한즉 其天賦의 天則은 全히 效能이 無하는 자이오, 종교도 쏘한 道德을 附加하야 說치 아니한즉 何等의 效果를 得치 못하는 것이라. 然즉 單히 口로써 神을 찬미할 쑨 자기의 행위를 顧치 아니한즉 종교상의 의무를 盡한 자 아니오, 쏘한 외형상의 儀式쑨을 敎한즉 迷信에 陷하기 易한 것이로다. 故로 신을 敬하고 신을 信함을 先히 其行爲가 神意에 背치 아니함을 務할지니라.

氏의 敎授法: 아동의게 사물을 敎授함에는 其年齡에 應하고 心理發達의 程度에 應치 아니함에 不可하도다. 然하야 消極的의 교육을 施하며 其 自然에 放任하야 人爲를 加함을 避할지니, 스스로 사물을 연구 이해케 함을 力하며 외부로부터 擅(천, 멋대로)히 此를 帮助함은 大히 不可하도다. 씨는 소쿠라테쓰 씨의 問答法을 喜하야 此法을 應用함으로써 其理性을 發達하기에 力하며 講義法 問答法 發問教法의 三目에 別하야 教授를 하니라.

▲ 6월 15일 (23)~25

베쓰나로쓰지[26] 氏 (페스탈로치)

氏의 略傳: 씨는 瑞西에서 崛起한 교육가로써 其國民을 愛하고 一身을 아동의게 犧牲한 先天的의 아동 교육가로 名聲이 高한 학자이니, 其 수십년간에 身을 兒童教育에 委하야 혹은 戰亂과 其他 天災로 校舍를 破壞하며, 又는 家資가 貧困함을 不顧하고 고아를 集合하야 此의 養育에 비상한 努力을 盡한 바 實히 구주 문명의 新運을 加한 有勳 선생이로다. 씨는 1746년에 瑞西에 生하야 6세 時에 父의 亡을 有하고 母의게 養한 바 其身體가 大히 柔弱하야 敢爲의 氣風이 無하며 思慮가 反省이 有함보다 寧히 感情이 動키 易한 性質로써 其友는 其痴愚함을 嘲얏도다. 성장 후에 文學院에 入하야 정치사상과 革命心을 養成하고 又는 窮民의 不幸을 憐하는 心이 多하야 스스로 사회의 害惡을 救코저 誓하고 起하야 儉約을 旨하고 慾望을 制하야 粗衣粗食을 用하며 야외에 풍광을 探하야 逍遙함을 無上의 樂으로 하니라. 年22세에 神學에

---

26) 페스탈로치(Johan Heinrich Pestalozzi, 1746~1827). 1746년 주리히 시에서 외과의사의 아들로 태어남. 『아동의 가정교육』(1782), 『입법과 영아 살해죄』(1783), 『게르투루드가 자녀교육법』(1801), 『기초 도야의 이념에 관한 견해와 경험』(1807), 『백조의 노래』(1826) 등을 저술.

意를 有하고 次에 法律을 修코저 하얏스나 皆成功치 못하얏스며, 후에 農業에 從事하얏스나 쏘한 失敗에 歸하야 其資産을 傾함에 至하얏도다. 씨는 자에 일대 결심을 起하고 자기의 농장에 빈민아 양육원을 設하얏스니 時는 씨의 30세의 時이라. 將來 교육에 從事할 階梯가 되얏도다. 其 敎育은 勞働的으로써 질서가 正하고 多히 國語를 敎하며, 唱歌 及 聖經을 授하고 道德心을 養하며, 衣食住의 改良을 計하고 重히 農作에 力을 置하야 實業的 敎育을 施하니라. 씨는 如斯히 此業에 일신과 재력을 並供하얏스나 不良한 人의 害를 被함이 多하야 맛참내 其資財는 愈愈히 致敗에 至하얏도다. 故로 其親友는 其業을 廢함을 力勸하얏스나 씨는 此에 答하야 "余가 30년간의 此生活은 實로 恐懼한 빈곤과 戰爭하야 實히 千回 이상을 午餐에 就치 못하얏스며 피등 빈민이 식탁에 向할 時는 余는 道路에 彷徨하야 일편의 麵包를 喫할 쑨 望하얏도다. 빈민 구제는 余의 赤心과 主義를 第一로 基礎한 자이니 如斯히 余의 主義와 赤心을 實行코저 함은 一朝一夕의 意가 아니라." 하야 其 決心을 영영 지속코저 하엿도다. 然이나 씨의 재력은 日로 損하야 貧兒院을 維持치 못하게 됨으로 不得已 此를 廢止하고 著作으로서 僅히 衣食을 經함이 18년간이 되얏도다.

1798년에 瑞西의 쓰단산 府가 佛國兵의 禍를 被하야 無罪의 인민이 其家를 失하고, 다수의 고아는 路頭에 號泣함을 不止하얏도다. 此를 見한 씨는 측은의 心을 禁키 難하야 一寺院을 貸하야 更히 고아원을 設하고, 80여명의 고아를 養育하엿도다. 然이나 其翌年에 此 孤兒院은 更히 佛兵의 害를 當하야 유지치 못하게 됨으로 多大한 怨恨의 淚를 下하고 쌀크돌후에 赴하야 小學 敎師가 되얏도다. 1804년에 至하야 이쓰홀텐에 去하야 학교를 設하고 大히 자기 독특의 교수법을 실행하야 비로소 혁혁한 未曾有의 大功을 奏하야 其名이 全歐洲에 高함으로

각국의 교육자는 爭先하야 씨의 교육법을 硏究하며 특히 각국 政府는
남녀 교사를 파송하야 시의 교육법을 自國에 輸入하기에 力을 盡하얏
도다.

　氏의 敎育主義: 국민으로 독립 자영하야 행복된 생활을 圖코저 한
즉 其 身體 及 精神의 완전한 發達을 計치 아니함이 不可하도다. 교육
은 此心身의 발달을 計함으로써 大主眼을 作하는 것이니 先히 人間된
道를 敎하고 次에 국민될 必要한 智識을 授할지니, 就中 最히 力을
用할 바는 인간된 道理를 知케 할지니, 필경은 道德的의 精神 及 宗敎
的 感情을 충분히 具有한 인물을 양성함에 在하도다. 然한즉 교육은
인간의 本性을 發育하야 實際에 有用한 인물을 養成함이 分明하도다.
故로 實物을 先히 하고 言語를 後에 하야 經驗과 觀察을 周密히 할
자이라. 其 要旨는 大槪 左와 如하니

　　第一　心意를 修練함에는 自然의 發達에 順하야 此를 融化케 할 자이
　　　　　니 敢히 拘束함은 不可
　　第二　諸學科로써 言語와 互相 連帶케 할 것
　　第三　心意에 基礎될 만한 근본적 지식을 與하야 百般의 動作에 供할
　　　　　것
　　第四　學科의 煩雜을 避하고 其 敎授法을 簡單히 할 것
　　第五　理學으로써 普通 實用的이 되게 할 것

　氏의 敎育法: 씨의 교수법은 인간 심의에 자연적 발육의 순서로써
直覺的 作用을 기초로 하며 圖畫, 暗算, 唱歌, 體操를 主要의 學科로
하고, 博物은 郊外에 去하야 실물로서 此를 敎授하며, 多히 野外 敎授

를 施하야 有形物을 實際에 目擊케 하며, 大自然의 美妙를 觀하야 其추
리력과 심미성을 양성하기에 努力하엿도다. 씨는 "吾人은 如何한 書
籍을 讀함을 要함이 아니라 須히 各事物에 실제 연구함으로써 교육의
效果를 得할 자로 信하노라." 하니라.

▲ 6월 17일 (25)~26

헬벨트[27] 氏

氏의 略傳: 씨는 근세 유명한 獨逸 哲學者의 一人으로써 후에데의
主觀的 唯心說[28]과 셀인크의 客觀的 唯心說[29] 及 헬겔의 絶對的 唯心
說의 間에 立하야 別히 칸트를 祖述하고 主觀的 經驗說을 批評的으로
論據하야 吃然(흘연)히 독립적 학설을 唱하얏도다. 其 經驗 數學的 心
理學의 근본적 원리 사상은 칸트의 형이상학 사상에 胚胎하고, 윤리학

---

27) 헤르바르트(Johonn Fredrich Herbart, 1776~1841). 근대 독일의 교육학자. 과학적인 목적론
과 방법론을 구체화하고, 교육학의 과학적 체계를 완성한 학자로 평가된다. "교육학은
과학으로서 실천 철학과 심리학에 의존한다. 전자는 도야의 목적을 가진 것이며, 후자는
그 방법과 수단이 되며 또는 장해가 되기도 한다."라는 명언을 남김. '준비, 제공, 교제,
개괄, 응용'의 5단계 교수설을 제창함.

28) 후이데: 피히테(Johann Gottliea Fichte, 1762~1814). 1792년 칸트의 도움으로 『천계의 비판』
을 출판. 1794년 예나 대학에 초빙되었으나 1799년 무신론의 혐의로 사퇴. 1807년 프랑스
군이 베를린에 침공했을 때 '독일 국민에게 고함'이라는 대강연을 함. 1810년 베를린대학
창설 후 초대 총장. 칸트의 철학에 나타난 이원론을 '절대아(絶對我)'의 일원으로 귀착시켰
으며, 사물 자체도 자아를 떠나 존재할 수 없다고 하였음. 이를 주관적 유심론이라고 부름.

29) 셀인크: 셸링(Fredrich Wilhelm Joseph Schelling, 1775~1857). 시인적 철학가로 알려져 있으
며, 휠더린, 헤겔, 쉴레겔 등과 교류하였음. 초기 자연철학시대(피히테의 절대아에 반대하
고 그 결합을 논한 시대), 동일철학시대(자연철학을 연구하면서 점차 자신의 독자적 철학
을 성장시켜 피히테의 지식학의 한계를 넘어 자연과 정신과의 동일을 주장한 시대), 신지학
및 적극 철학시대(절대적인 동일은 곧 신이라고 주장한 시대)의 사상 변화를 보인 것으로
알려져 있음.

사상은 칸트의 심미학 사상 並 其 실천철학 사상으로 流出하야 其 心理說과 倫理說을 本으로 하고, 고메뉴쓰, 쎄쓰다롯치 及 칸트 교육 사상에 追想하야 참신한 교육학설을 立하야 此를 과학적으로 組織하 야써 완전한 敎育學을 說하고, 其 倫理學에 基하야 교육의 목적을 결 정하고, 其心理學에 의하야 교육의 基礎 方法을 論定하고 進하야 敎育 學史上의 一 新紀元을 立하니라.

씨는 1776년에 울덴벨히에 生하야 幼時로부터 兩親의 嚴格한 가정 교육을 受하얏스나 生來로 身體가 虛弱하야 가정교사를 聘하야 가정 에서 소학교육을 授케 하니라. 씨는 幼時로 非凡한 才智가 有하야 神 童의 名을 得하고 理解力에 長하며 記憶力이 强하야 10세 頃으로부터 博物學, 物理學, 化學 及 數學을 好하야 其遊戲에 際하야도 항상 數理 를 應用함에 一種의 樂으로 하얏도다. 1788년 즉 씨의 13세 時에 其地 에 문과중학교에 入하야 羅甸語를 學하고, 又 哲學的 學科를 嗜하야 울후 及 칸트 등의 哲學書를 愛讀하니라. 15세에 〈人間 도덕상의 自 由〉라 題한 논문을 作하고 18세의 時에는 〈國家 道德의 盛衰 原因論〉 을 草하얏스며, 19세의 時는 졸업논문으로써 시세로 及 칸트의 所謂 至高의 善 及 其論理學의 原理에 關한 意見을 비교 논란하야 羅甸語로 써 此를 記하니라. 1784년에 씨는 예나 대학에 遊하야 哲學을 修하며 후이히데 講義를 聽하얏도다. 후이히데는 씨의 중학시대로부터 熱心 으로 聽講함을 愛慕하얏스나 후에 씨는 후이히데의 學說에 疑를 抱함 에 至하야 其 獨特한 智識論 卽 유심론의 근본에 就하야 其不完全한 점을 지적 批評하야 일대 논문을 후이히데의게 呈하니라.[30] 21세의

---

30) 헤르바르트는 1794년 예나 대학에 입학하여 법률학을 전공했으며, 철학으로 전과하고

時에 至하야 당시 유심론파 중 가장 가치가 有하며 존봉하든 시예린크 說에 就하야 비평 논문을 作하야 쏘한 후이히데의게 물하니라. 此로부터 씨는 益益히 후이히데의 說에 感服치 아니하고 단연히 철학상의 見解를 異히 함에 至하니라. 然하야 獨立의 연구할 목적으로 졸업 전에 예나 대학을 辭하고 교육의 실지 경험을 하기 위하야 쎄룬 府에 赴하니라.

씨는 此地에 赴하야 同地 豪族 쏜쓰타이겔의 家庭教授가 되어 其三人의 아동을 교육하얏도다. 씨는 此家에 入한 지 삼년 후에 其業을 辭하고 歸할새 3년간의 독특한 실지경험과 연구로써 其教育上의 사상이 大히 發達하야 此間에 유명한 저서가 多하얏스니 其 〈自覺力의 原理〉와 如한 것은 有力한 心理書로써 實히 後年에 新心理學의 根據를 作하니라. 1800년에 其鄕里에 歸하야 잠시 留한 後 更히 대학 교수될 준비로써 全히 哲學 及 教育學의 研究에 力을 致하얏도다.

1802년에 쎄쓰친켄에 赴하야 同地에 在한 대학에 入하야 一 論文을 呈함으로 학위를 得하고 次에 대학의 私教授가 될 자격을 得하야 其 第一着 科目으로써 교육학과 논리학을 講하니라. 1803년에 論理學 及 形而上學을 加하고, 1806년에 心理學 及 人類學을 講하얏도다. 씨는 如斯히 大學에 在하야 講義의 餘暇를 得하야 其著作이 多하니 最重한 자는 (一) 教育에 關한 世界의 審美的 現狀, (二) 베쓰다룻치 教授法 批評의 根據 (三) 풀아톤 哲學說 註解 要路, (四) 普通教育學 (五) 形而

피히테의 철학에 전심하였다. 그러나 여기서 피히테의 관념론에 의문을 제기하고 그것을 논문으로 써서 피히테에게 준 것을 의미한다.

上學要論 (六) 論理學要論 (七) 普通實踐哲學 等이로다. 씨는 此에 在한間 非常한 人望을 受하야 其 講義室은 常히 立錐의 地가 無함에 至하엿스나, 후에 佛國과 戰爭의 관계로 학생이 大히 減함과 공히 一方에는 게에니히쓰벨히 대학의 懇請을 辭키 難하야 遂히 同大學에 榮轉하엿도다. 1809년에 씨는 前大學으로부터 更히 招聘이 되야 彼 유명한 碩學 칸트의 後를 承하얏스며 굴우크의 後任으로 迎하니라.

씨는 철학 외에 교육학을 講하고 其 第一着의 事業으로 大學 附設 教育實驗所를 設하야 教育學의 청강자로써 實地에 實驗케 하니라. 씨는 취임 후 末幾에 普魯西國 文部大臣 홈볼트의 擢用(탁용)한 바 되야 高等教育會議員이 되며 중학교 교원검정시험 위원장이 되얏다도다. 당시 대학의 청강생은 비상히 증가하야 사방 遠隔의 地로부터 其名을 聞하고 입학을 원하는 자 多大하얏도다. 씨는 동 대학 在勤 중에 쏘한 著書가 多하니 (一) 哲學槪論教科書 (二) 心理學教科書 (三) 心理學에 數學을 應用하는 說 (四) 經驗形而上學 及 數學을 根據로 論한 科學的 心理學 (五) 普通形而上學 (六) 簡易哲學字典 등이 가장 유명한 珍書이로다.

▲ 6월 18일 (26)~27

헬벨트 氏(二)

氏의 教育主義: 씨의 교육주의는 間接으로 其哲學에 배태한 것으로써 과학적 교육학의 基礎를 심리학에 置하얏도다. 씨는 인간의 정신은 식물의 종자와 如히 其後年의 발육 성장은 此中에 배태한 자가 아니

라. 語를 換한즉 장래의 발육을 豫期함은 기정의 선천적 性能에 有함을 認할 자 아니로다. 정신 자체는 唯 外界의 諸勢力에 반항하는 성능이 有할 뿐이니, 此 반항작용은 소위 知覺을 組成한 자로써 自覺的 慧智의 本源된 心은 數多의 知覺으로 組成된 一機關이라. 故로 人인 若 외계의 지각을 능히 整理치 아니한 時는 其結果는 정신의 정연한 발달을 不得함으로 정신의 全機能은 관념체로 成하고 此 觀念은 정신생활의 原素로써 일종의 기관을 成하며 此機關에 在하야는 唯觀念은 變形케 하야 其特殊의 狀態로 감정 及 慾望을 興起케 하는도다. 교육자되야 此原素를 확고히 傳達하고 此를 整理함에는 被教育者의 內心에 豫定한 形態를 與하야 其精神 及 意志를 교육자 自己의 정신 급 의지와 如히 充分 陶冶함을 得함에 至할 것이라. 즉 교육자는 殆히 彫刻師와 如히 피교육자는 殆히 大理石과 如하도다. 故로 교육자되고저 함과 공히 其彫刻의 作爲를 豫期치 아니치 못할 자이라. 此가 즉 씨의 질서적 교육의 一體系를 조직한 所以라. 씨의 교육 全體系는 표준을 일개인에 重置한 教育說에 대하야 起한 바인즉 家族 又는 國家로써 目的함이 아니라 唯一 個人 自體의 완전한 발육을 企圖함에 不過하도다. 즉 씨의 教育 大義는 도덕적 인간을 양성함에 在하도다. 然하야 씨는 倫理學으로써 교육의 大目的을 정하고 5개의 도의적 道念을 說하며, 심리학으로써 교육의 手段 方法을 論定하고, 심의 발육의 順序 理法을 說하니라.

씨는 교육의 作業을 教導 教授 及 訓練의 3대 區別로 하고, 從하야 교육학을 3대 구별로 하야 教導論, 教授論, 訓練論으로 하얏도다.

氏의 教育 目的: 씨는 윤리학으로 교육의 目的을 하야, 도덕적 理想

의 內容을 明히 하야 吾人의 意志가 인간생활의 各般에 應하야 此를 實行함으로써 模範的 道德을 確實케 하야 宗敎와 關係치 아니한 5개의 도덕적 道念을 幼時로부터 心意上에 正確 固定히 하야 將來 완전한 도덕적 인간이 되야, 사회에 處한 圓滿을 計할 자이라. 然즉 5개의 도덕적 道念은 何者인가. 誠意, 完全, 好意, 正義, 報償 等이 是이라. 左에 此等의 要領을 述하건대,

第一 誠意: 인간의 정신계에 明智와 意志 2자가 有하니, 此二者는 必히 一致한 자 아니라. 明智가 正明하되, 意志가 强固치 아니한즉 二者 關係가 호상 調和치 아니하며, 此에 反하야 明智, 意志가 호상 調和한즉 도덕상의 가치가 有함에 至하는도다. 凡事物의 善惡正邪애 就하야 判別을 與하는 內部의 力을 稱하야 明智라 하며, 此 明智가 常히 獨立하야 他의 制裁를 受치 아니하고 其指示함에 從하야 의지의 活動하는 人을 즉 誠意의 人이라 稱하며, 명지에 指導함에 從하야 活動함은 명지와 의지가 調和함이니, 此 狀態를 誠意라 稱하는도다. 인간이 幼稚한 間은 명지가 아직 明치 아니함으로써 교육자는 피교육자의 明智를 導하고, 事物의 是非를 判別하며, 其意志의 方向을 定치 아니함이 不可하도다. 然이나 피교육자가 益益 長함에 從하야 교육자는 점차로 其指導作用을 減하고, 其後 피교육자로써 교육자의 명지에 從함을 順從이라 云하는지라. 故로 교육자는 其順從으로써 피교육자의 의지를 導하고, 正明한 明智에 從하는 練習으로써 피교육자는 맛참내 誠意의 品性을 得함에 至할지니라.

第二 完全: 명지는 意志의 指揮者로써 意志는 명지에 屬하얏다 함은 思想界의 本體라 云하되, 도덕상으로 云한즉 其 主된 자는 명지가 아

니오 意志로다. 故로 도덕적 道念에 一된 完全이라 함도 즉 此를 意志의 완전함을 云함이니, 諸種의 의지가 호상 一致함에 至하는 經路를 鍛鍊이라 하는도다. 단련이라 함은 피교육자의 精神界에 在한 바 總能力을 喚醒하야 此를 宏大히 動作을 함에 努하야 勉强, 忍耐, 勇氣 等 諸力을 양성할 자이라. 무릇 吾人이 사업을 成코저 한즉, 其의지의 强固함이 最히 重한 자이니, 대개 강고한 의지가 多方됨이 無하며, 多方된 의지는 强固하기 難한 자이라. 故로 此에 在하야 일개인은 사회의 諸外力을 抗하야 其完全을 計치 아니함이 不可하니, 즉 先히 일개인은 보통교육을 受하야 후일 社會에 處하야 타인의 智識을 應用하는 能力을 養하며, 萬般 사물에 대하야 성공의 의지가 生함에 至할 자이니, 然한 後 비로소 一定의 職業을 擇하야 全力을 盡하야 此를 完全케 하는도다.

▲ 6월 19일 (27)~28

헬벨트 氏(三)

第三 好意: 人이 各各 此 생존경쟁의 사회에 處하야 獨立 高等의 地位를 占코자 함을 望하며, 쏘한 特種의 願望을 有함으로써 매양 의지의 衝突을 起하야 사회를 破壞하려 하는도다. 此 慾望을 制하야 인인이 호상 평화를 유지코자 하는 자 好意라 云하는도다. 更히 言하면 好意라 함은 타인의 의지이니 즉 타인의 의지를 能히 完遂코자 함을 願함이니 자기의 의지를 완수코자 함을 希함에 異치 아니한 자이라. 故로 타인에 대하야 好意를 有함은 필경 타인의 의지의 完成을 祈함에 不外하도다. 然而 호의의 반대는 惡意이니, 타인의 의지의 완성을 妨

하야 其행복을 受키 不能케 하는 것이라. 호의는 如何한 경우이던지 善한 자이니, 此好意된 도덕적 道念을 養成함은 교육상 最히 重大한 자이로다. 仁愛, 寬恕, 同情 등은 호의의 형식적 要目이라.

第四 正義: 數箇의 의지가 同一한 方面에 向하야 動한즉 互히 衝突을 生하나니 此를 판별하야 是非善惡을 定함을 法律이라 하는도다. 무릇 법률은 사회 각자 의지의 충돌을 除하고 其秩序 及 평화를 유지하기 위하야 生한 規則이니 此를 遵奉하는 心을 正義라 하는도다.
彼 義務心, 共同心, 報國心 등은 皆 此 正義로 出한 자인즉 교육자는 피교육자의 内心에 此正義의 心을 養成함이 大히 필요함을 覺할 것이라. 然즉 정의를 양성함에는 여하한 방법에 의할 것인가. 其 法律로써 其 制裁함을 說할 자 아니오, 道德으로부터 正義의 重大함을 養할 것이로다.

第五 報償: 의지가 호상 衝突함에는 偶然히 出한 자도 有하며 故意로 出한 자도 有하도다. 故로 고의의 의지에 出한 자는 進하야 行爲가 되나니 즉 고의의 의지는 其 反對의 의지에 制裁를 與하야 利害의 結果를 生하는도다. 此境遇에는 의지는 互히 相當한 報償을 受함으로써 善한 의지는 善報를 受하고, 惡한 의지는 惡報를 受하나니, 此를 云한 바 報償이 有한 도덕적 道念이라 하는도다. 報償을 함에는 쏘한 害他 利他의 行爲가 異함에 從하야 兩者 不同하나니 利他의 행위에 在하야는 利를 受함으로써 正히 報償의 責을 盡한 자이라. 此를 云하야 報恩心이라 하며, 害他의 행위에 在하야는 惡意上에 初演한 바 반다시 社會 國家의 機關으로 其 弊害를 除去코저 하나니 此를 云하야 刑罰이라 하는도다. 故로 教育上에 在하야 養成할 것은 오직 報恩心이

니 國家, 父母, 社會에 대하야 其恩을 報케 할 것이라.

氏의 敎育 方法: 敎育 方法은 교육의 목적을 達함에 必要한 자인즉 先히 심리학상의 原理에 基하야 兒童 心理의 發達을 助하야 혹은 此를 矯正하며, 혹은 此를 罰함으로써 장래 사회에 有爲의 인물됨을 期할 것이라. 然하야 교육의 방법을 3대 區分하야 敎導, 敎授, 訓練으로써 爲치 아니치 못할 것이니, 즉 被敎育者의 願望 及 嗜慾의 自由를 制止하며 道德的意志 養成에 妨害를 避할 事를 第一로 務할지오, 피교육자의 思想界를 陶冶하고, 智識을 與하며 多方面으로 興味를 起하야 道德的 道念으로써 明智 及 此에 服從하는 의지의 根源을 養成할 事로 第二務로 할지며, 도덕적 의지의 실제적 發生을 努하고 道德의 成熟을 圖할 事로 第三務로 할지니, 此를 左에 詳述할진대,

第一 敎導: 敎導는 피교육자의 幼稚한 間은 아직 도덕적 의지가 有치 아니하며 따라서 도덕적 의지에 의하야 自立함을 得치 못한 자이라. 故로 其不覊放縱한 慾望의 滿足을 抑制하고 其意志의 自由 發生을 制止하며, 피교육자의 의지의 是非 取捨는 總히 교육자 自己의 의지에 準據함을 勉勵할 것이로다. 然하야 교육자로써 此의 任務를 達코저 함에 要하는 바를 敎導하는도다. 然즉 교육자는 此敎導의 任務로써 도덕적 最高의 習慣을 養成하며 從하야 피교육자 의지의 放縱과 자유를 制裁할지니, 其 方便은 抑制, 監督, 命令, 懲罰 등을 用할지오, 此를 行함에는 威嚴과 親愛로 할 자이로다.

威嚴은 피교육자가 全然 依倚(의의)하고 혹은 自然에 追隨하는 高大 優勝한 정신의 勢力이오, 親愛는 피교육자와 교육자의 間에 一致를 求하야 總히 平和를 致하는 바로써 同情, 同感을 기초로 한 것이로다.

此로부터 도덕적 의지는 其 心身發達의 次序를 隨하야 長하며, 不德의 慾望과 不善의 自由는 其道德的 의지가 발달됨을 隨하야 쏘한 스스로 制止함에 至하나니 此가 즉 교육 방법의 第一務됨을 達하엿다 하도다.

▲ 6월 20일 (28)~29

헬벨트 氏(四)

第二敎授: 교수는 피교육자의 思想界를 도야하며, 사상계 중으로부터 의지를 興起케 하고, 且 其 興起를 助長하며 此를 감화케 할지니 此本分을 盡함에는 피교육자의 精神界에 在하야 無用한 자를 附與함이 無히 單純한 智識으로써 其價値를 要할 자이라. 然하야 智識은 此를 有益한 位置에 進코저 하는 奮發心을 發하기 위하야 피교육자의 사상계에서 智識에 대한 흥미를 喚起할지니, 因하야 의지를 發生하고 且此를 興奮케 할지로다.

盖 교수의 정신은 智識 其者쑨을 附與함으로써 足한 者 아니라 지식에 대한 흥미를 喚起하며 其實行함을 自覺케 할지오, 쏘한 개개의 지식을 授하는 자 아니라, 互相 連絡하야 정신적 생활의 全體를 總轄(총할)하야 一團의 지식을 構成하며 도덕적 道念으로써 大中心을 作할 것이로다.

要컨대 敎授의 目的은 의지를 發達케 하기 위하야 지식을 與하는 것이라. 故로 지식을 與하야 피교육자의 思想界를 發達케 함에는 흥미를 喚起함에 在하도다. 지식을 부여하는 교육적 敎授法은 第一 明瞭, 第二 聯合, 第三 系式 第四 方法의 四段 敎授法으로 하고, 此를 一貫하야 교수의 통일을 計할지로다. 흥미는 일방에 偏함이 不可할지니, 若

一方에 偏할 時는 自然히 偏傾의 인물을 生할지오, 此 偏傾의 인물은 眞의 도덕적 인물의 理想과 反할지로다. 故로 眞의 道德的 인물의 理想에 適合한 자를 作코자 한즉, 多方의 홍미를 起케 할 것이라. 因하야 다방의 홍미는 또한 호상 連絡함이 필요함으로써 교육적 교수는 諸興味를 興起함이 何者든지 其多少가 有함이 분명할지나 대개 此를 6종으로 分함이 必要하도다.

(가) 경험적 홍미: 경험적 홍미는 世界에 存在한 自然 百般의 현상 又는 事實을 見聞 經驗함에 因하야 感起한 홍미이니 즉 其智識으로 사물에 대하야 관찰 연구함으로써 其精神界에 구체적의 觀念을 充實케 하며, 희열 유쾌의 慾望은 此 經驗的의 興味에 在하니라.

(나) 추리적 홍미: 추리적 홍미는 自然 百般의 현상 及 사물의 내부 狀態와 原因 結果의 關係 理由를 推究코저 하는 홍미이니 能히 개개의 直覺으로서 보통의 개념에 達하는 자는 皆 此 추리적 홍미의 力에 의함이로다.

(다) 審美的 興味: 심미적 홍미는 自然 혹은 人爲의 善惡과 美醜를 판별하야 쾌락과 不快樂의 觀念을 感起케 하는 홍미이니 산수 초목의 風景 微妙 及 圖畫, 彫刻, 詩歌, 음악 등을 愛하며 人事 行擧의 善惡을 판별함에 至하는 홍미를 云함이라.

(라) 同情的 興味: 동정적 홍미는 他人에 대하야 相交 連絡하야 親密을 講究하야 자기의 복지와 共히 하며 哀慶을 同히 하는 자이니, 其精神의 변화 즉 喜怒哀樂에 就하야 同一의 感情을 表하는 홍미를 云함이라.

(마) 社會的 興味: 사회적 홍미는 社會 一般에 동정을 表하고, 개인

상호의 團體로 一國 一社會에 대하야 其利益을 共히 하고, 其公
共의 幸福을 計코저 하는 願望에 伴하야 生하는 바 흥미를 云함
이라.

(바) 宗敎的 興味: 종교적 흥미는 일신이 天運에 關함을 知하고, 자
기의 身을 謹愼함으로 生한 자이니, 此는 반다시 一定의 종교를
奉하는 神에 대하야 表하는 바, 敬神의 情뿐으로 伴한 자 아니
라. 畢竟 善惡 應報의 天道에 대한 흥미를 云함이라.

第三 訓練: 훈련은 被敎育者의 의지에 대하야 動하는 자이니, 敎導
와 如히 피교육자를 抑制하야 此를 服從케 하는 자 아니라. 單히 도덕
적의 獎勵에 止하고, 其應用의 時期는 敎導의 影響 消滅함과 동시에
代하야 爲할지니, 혹은 勸告 혹은 賞讚, 혹은 戒諭, 혹은 獎勵로써 반다
시 其式을 동일히 할 자 아니라. 要컨대 훈련은 일종의 間斷이 無한
감화작용이로다. 즉 교육자와 피교육자는 親히 交際하야 도덕적 道念
으로써 明智와 의지의 조화를 圖하야 완전한 인간이 되게 할 것이로
다. 此는 如何한 경우에 在하든지 恒常 도덕적 인물을 養成함에 主眼
으로 하며, 其品格을 高尙히 할지니, 然즉 訓練의 최대 목적은 惡을
去하고, 善에 就하는 慣習을 양성하야 其 結極은 도덕적 品格을 成熟
케 함에 不外하도다.

▲ 6월 21일 (29)~30

풀레벨 氏

氏의 略傳: 씨는 實히 유치원 교육의 創立者로써 1782년에 독일에

서 生한 바 襁褓時에 在하야 慈母를 早失하고 其叔父의 養育下에 長成하엿도다. 67歲時로부터 특종의 性質이 現하야 산천초목의 자연을 愛하고 微妙한 宗敎的 志操를 保持하니라. 盖 自然을 崇拜하고 此를 觀하야 진정한 人道의 暗示者가 된 룻소 及 벳쓰다룻치의 觀念과 相異하되, 씨는 此에 대하야 일층 熱注의 志操를 起하엿도다. 씨는 語하되, "自然은 木, 石, 水, 工, 禽獸의 차별이 無히 吾人으로써 是非 善惡을 認識치 아니하는 자가 無하야, 殊히 草木 花實과 如히 일층 쾌활 明瞭히 此를 指示한 자라." 云하엿도다. 씨 15세에 林務官의 徒弟로 博物學을 연구하고, 17세에 공과대학에 入하야 건축학을 學한 後, 1805년에 풀램크홀도 사범학교의 建築 技師가 되얏도다. 同校長은 씨의 인격 品質을 解하야 건축학은 씨의게 適지 못한 자이오, 반다시 敎育家됨이 適當함으로써 認하야 直히 동교 敎師에 任用한 바 大히 其適當함을 自覺하얏도다. 然하나 씨는 敎授法의 智識을 養함이 無함으로 1808년에 수삼인의 生徒를 率하고, 넛홀덴에 赴하야 쎄쓰다룻치에 從하야 大히 교수법을 연구하고, 後에 伯林 급 것친겐 대학에 學한 後, 가일호에 學校를 設立하고 學科와 手藝를 並히 行함으로써 생도의 自動力을 養成하기에 主義를 執하니라. 이후 15년간에 諸處에 在하야 종종의 경험을 積하고 敎育을 改良하야 完美케 함에는 先히 幼兒의 敎育을 變更함에 在함을 各하야 종종 연구 後 遂히 유치원의 필요를 鑑하야, 만년에 마리엔달 城內에 유치원 교사 양성소를 設立하고, 청년 부녀를 모집하야 교수법을 敎하야 大히 此에 力을 致하얏도다. 씨는 쎄쓰다룻치 家庭敎育의 意見에 反하야 유치원을 獎勵함이니, 즉 쎄스다룻치 慈母의 敎養한 바에 反함이며, 繼母의 邪惡한 冷遇를 受함도 其의 一原因이 되얏도다.

氏의 教育主義: 교육은 인생의 諸能力을 균일히 개발케 하는 것으로써, 교육의 理法은 天地自然의 幽奧를 연구함에 在하도다. 然하야 諸能力의 발달 如何는 學者 自動力의 如何에 係함으로 지식의 本源은 만물을 觀察함에 熱心하야 其開發에 力을 注할 것이로다. 故로 씨는 語하되, "人이 萬若 此를 자기의 내심에 養치 아니하고 자기의 感想思想의 外에 求하며, 자기의 心과 情을 棄한즉 외계의 玩弄物됨에 不過하도다. 因하야 결코 其天性을 完히 하며, 其獨立自由됨을 得지 못할지라. 故로 교육은 主하야 人의 자유에 任하며 其自然의 발달에 從하야 각자 適當의 業務를 取함에 至케 할지로다." 하얏도다. 씨는 又아동의 동작을 見하고 有爲의 아동은 活動을 好하며, 五官의 感觸이 銳하고, 常히 心을 만반의 觀察에 用함을 好하며, 物事를 發明코저 하는 성질이 有한즉 此性을 移하야 교육에 應用함이 可하도다. 然하야 씨는 語하되, "余는 小兒의 活動性 及 觀察心으로써 종종의 遊戱로 할 자를 敎하야 業務로 함을 爲하며, 교육의 眞義를 得케 할지라. 余가 此를 覺함은 소아의 천성을 善히 관찰한 결과이니 아동이 스스로 余의게 敎함으로 其敎育의 如何함을 知하얏도다." 하얏도다. 故로 씨는 왕왕 생도를 野外에 率하고 自然 外界의 만물 현상에 就하야 大히 實物的 開發敎授를 實行하니라. 씨는 女子가 교육자됨이 適當함을 主張하여 其慈愛가 富하고 同情에 深하며, 殊히 其音容이 能히 아동을 感化케 함은 男子로써 大히 不及할 자이라. 然하야 國家의 運命은 여자에 在하다 하야 大히 其교육을 獎勵하얏도다. 씨의 교육 要旨를 左에 見할진대,

一. 교육은 아동 자연의 發達을 助함에 在하니, 아동의 발달은 其 出生함과 공히 始하는 자인즉, 교육도 쏘한 正히 此時부터 始할

것이라.

二. 처음으로 受한 감화는 後年의발달에 大한 영향을 與하는 자인즉 幼稚時代의 교육은 極히 鄭重치 아니함이 不可하도다.

三. 교육은 能히 心神의 활동과 身體의 활동을 連結치 아니함이 不可하니 즉 아동의 정신 及 신체의 발달은 개개 分離하야 進치 아니함으로써 양자를 공히 相伴치 아니함이 不可하니라.

四. 교육은 其初에는 全히 신체의 발달을 計할 자이오, 次에는 오관 의 동작을 練習하야 정신의 발달에 及케 할 것이로다.

五. 오관을 연습하는 良法은 스스로 아동의 품성을 察하야 此로 知 할지니, 盖 교육법의 眞正한 基礎는 此를 捨하고 他에 求할 자가 無하니라.

六. 人은 합리적의 生物인즉 아동의 품성은 獨히 육체상의 缺乏을 示할 자일 쁜 아니라, 정신상의 결핍도 表示할 자인즉 교육은 能히 此 양자를 補充하기에 勉할지라.

七. 支體의 발달은 第一 運動에 의할 자인즉 主하야 此에 努力할 것이로다.

▲ 6월 22일 (30)~31

쓰벤살 氏(一)

氏의 略傳: 씨는 近代의 유명한 英國의 哲學者로써 경험학파의 主義 를 繼承하고, 록하돈 급 밀의 學說과 佛國 콤트 主義를 加味하며 짜윈 의 進化主義를 應用한 것으로써 씨의 학설은 總히 進化의 原理에 基한 것이로다. 然즉 씨가 교육을 論함도 亦進化에 基한 바이니 교육가로는

實히 實利主義를 主張하는 人이로다. 씨는 1821년에 영국에서 生하얏스니 씨의 祖父 及 父는 공히 교육으로써 其業을 하야 쌀비의 고등학교를 管理하니라. 씨는 多數 兄弟의 福이 有하얏느나 무히 夭逝(요서)하얏슴으로써 獨身의 씨가 된 바 其幼時로부터 非常한 弱質이엿슴으로써 父는 大히 其體育에 注意하고, 학교교육의 위험함을 察하야 스스로 其敎育을 掌하야 虛弱한 씨의 신체에 適合한 교육을 與하얏도다. 씨는 其父의 교육을 受할새 耳目에 觸하는 外物의 性質 及 法則을 설명하고, 其敎하는 바의 趣旨 及 要領을 明히 하야 理解치 못한 間은 결코 此에 書籍을 授치 아니하얏다. 如斯히 백방으로 意를 用하야 자기의 敎하는 바를 一이라도 徒勞에 歸치 아니하도록 하얏도다. 씨는 13세 時에 其 叔父의게 비로소 수학과 기계학을 學한 바, 理解가 탁월하야 이래로 大히 토목학을 연구하고, 年17에 철도 技手가 되야 전후 8년간을 此에 從事하얏도다. 其後 씨는 기수된 경험의 論文을 政府에 물하며 신문에 寄하얏다가 更히 成冊하야 世에 公함으로써 大히 其稱讚을 得하니라. 1848년으로 1852년 間은 경제신문의 記者가 되얏다가 後에 구오다리 례뷰 新聞社의 主幹이 되야 잇는 中, 大히 철학을 연구하고 1855년에 심리학을 著하얏스며, 其後에 敎育論을 著하얏도다. 1860년으로부터 막대한 材料를 網羅하야써 生活, 精神, 社會의 3대 구분을 包括한 哲學大典의 大著述에 從事하야 哲學原論, 生物學, 心理學, 社會學, 倫理學 등의 저서를 刊行한 바 何者든지 進化的에 基礎한 자인 中, 倫理學은 36년의 長 日月을 費하얏다 云하는도다. 씨의 교육론은 당시 영국 교육사회의 풍조가 單히 古文學에 傾함을 見하고 其 欠點을 補키 위하야 교육 終極의 目的, 人間 事業의 種類, 其 相對의 輕重 及 諸學科 輕重의 次第 등을 順序로 追하야 考察하며, 又 智育, 德育 及 體育의 三章을 設하고, 心智를 開發하며, 道德을 完美히 하고,

身體를 强壯케 함을 設하니라.

　氏의 教育主義: 교육은 人의 性能을 開發 暢達하야 人으로써 其幸福의 生活을 行함에 適當한 지식을 具備케 함에 在하니 즉 교육의 終極은 人으로써 완전한 自治 自活을 하게 함이로다. 然하야 과학은 此等의 智識을 養成하기에 足한 자이니 實히 科學은 교육에 基하야 健康 及 生産의 事業을 教함으로써 其主要한 學科로 하니라. 又는 특히 일종의 지식을 발달케 하기 위하야 局部의 지식을 教함이 無하고, 宜히 意를 全局에 用하야 各自의 生活 及 社會의 生活에 在한 千種萬樣의 상태를 망라하고, 此를 완전히 發達할 것이라. 然而 完全한 생활에는 諸種의 지식을 要하는 자인즉 人의게 教授할 지식의 종류도 亦隨하야 多種이 有한지라. 故로 先히 此의 次序를 立하야 一生涯에 主要한 자를 示치 아니함이 不可하도다.

一. 직접으로 身體를 保護하는 智識

二. 간접으로 身體를 保護하는 智識

三. 子孫을 養育하야 完全한 人間되게 할 父母된 智識

四. 社交上 及 정치상에 干하야 正當히 自己를 處理하는 자, 즉 完全한 國民된 智識

五. 文學 技藝를 弄하고 혹은 自然의 美를 愛하며, 처세상의 餘暇로써 有益한 快樂을 取하는 자, 즉 심미상의 智識

　씨는 第一의 지식을 得키 위하야는 生理衛生의 大略에 通하야 此를 평소의 생활에 이용함으로써 제반의 疾病을 避하며, 심신의 건전 발달을 持할 것이오, 第二는 독서, 산술 등의 外生活上에 필요한 物品을

製造 供給하는 과학상의 지식을 得할 것이며, 第三에는 身體의 養育 及 심의 발달의 理法에 通한 生理學, 心理學, 理學 及 教育學 등의 지식을 授할 것이오, 第四에는 사회의 變遷, 정치의 상태 及 인류 도덕에 關한 지식을 與할 것이며, 第五는 繪畵, 彫刻, 音樂, 詩歌 혹은 天然 造化의 妙機를 觀하야 美術心을 養成할 것으로써 論하얏도다. 헬벨트 씨가 5개의 도덕적 道念으로써 교육의 목적을 定하야 피교육자의 思想界를 鞏固케 하며 도덕적 인간을 양성하기에 務함과 如히 씨는 5종의 지식으로 완전 행복에 生活할 實用的 人間을 양성하기에 目的하얏도다.

▲ 6월 23일 (31)~32

쓰벤살 氏(二)

氏의 智育說: 씨는 여하한 智識으로써 最히 價値가 有하며, 又는 其 價値가 有할 智識을 得함에는 如何한 교육을 施함이 可할가 하야, 此 大問題의 答은 오직 科學으로써 하얏도다. 曰 直接으로 자신을 保護하고, 안전한 生活, 微恙(미양)이 無한 健康을 保하기 위하야, 此에 主要한 지식은 과학이오, 간접으로 자신을 보호하고 安樂의 生計를 위코저 함에 가장 大價値를 有한 智識도 科學이오, 父母된 職分을 全히 하며, 國家의 過去 現在의 상태를 正當히 解하며, 국민된 義務를 善히 盡하며, 美術을 完美하며, 此와 如한 지식 外에 도덕상 종교상의 단련의 供할 最有價한 지식도 다만 科學뿐이로다. 然하야 과학은 須臾라도 인생과 離치 못할 자이니, 今에 과학의 記憶力, 判斷力, 道德心 及 宗教心의 양성에 最히 適當한 所以를 述하얏도다.

第一 科學의 記憶力 양성에 적당한 所以: 世人은 기억력을 단련케 함에는 語學 硏究로써 最良의 방법으로 思하는도다. 然이나 其實은 과학에 在하니 此는 天地의 大로부터 化學的 原素의 微에 至하기까지 其範圍가 甚히 廣大하야 只 其 一般의 지식을 修코저 하는 語學으로써 기억력을 양성함보다 殆히 우등한 價値가 有하도다. 과학의 기억력에 鍛鍊上 大히 語學에 優한 점을 擧할진대 抑 어학 연구상 정신계에 構成한 바이 思想과의 連絡은 偶然의 事實에 대한 자가 多하나 科學에 在하야는 不然하야 思想의 連絡은 多히 원인 결과를 有한 바 사물에 대한 자임으로서 敎授의 法이 宜한즉 其 原因 結果의 관계를 충분히 理解하고 推理力의 練習을 行하며 從하야 확실한 記憶力을 鍛鍊할지라. 要컨대 과학은 어학의 理由가 無한 관계에 反하야 理由가 有한 관계에 熟하며 從하야 기억력을 養成함이로다.

第二 科學의 判斷力 養成에 適한 所以: 과학이 心力 鍛鍊上에 在한 가치는 純히 판단력을 修練함에 有하니 凡 事物의 原因 結果에 就하야 正히 斷定함은 사물 現在의 상호 관계에 充分의 智識을 有한 後 비로소 其當을 得할지라. 故로 如何한 言詞에 博通한 자이라도 원인 결과의 理法을 正히 推測하며 판단의 능력이 無한즉 殆히 望키 難하도다. 然이나 과학적 실험 관찰에 의하고, 정확히 원인 결과의 理法을 論証할 만한 習慣을 養한즉 實히 事物을 판단하는 能力을 有함에 至하도다.

第三 科學이 道德心 養成에 適한 所以: 과학을 修한즉 自然 도덕상의 心을 鍛鍊함을 得할지니, 抑 과학을 修함에는 忍耐 勤勉과 自然에 示한 바에 從順함을 要할 자이라. 然즉 此에 인하야 從順하는 精神이 苟히 眞理에 反함을 知하는 자는 躊躇(주저)하는 바 無히 此를 放棄하는

정신을 有함에 至하나니 此를 云한 바, 도덕적 精神의 基礎라 하니라.

第四 科學이 宗教心 養成에 適한 所以: 과학은 종교와 相 一致한 것으로써 종교에 背한 자는 과학에도 反한 자이라. 과학은 敬神을 敎하고, 又 萬有의 基本을 鑑하야 만세 불변의 自然 理法에 대하야 洪大한 尊敬을 表하고, 又는 不知中에 信仰을 發하나니, 此點으로 考한즉 종교적이 되며, 又 大地 不變의 원리와, 此에 順合하는 것의 必須를 辨하는 점으로 考한즉 본래 敬神의 義에 符合한 事를 證明할 자이라. 즉 과학은 吾人으로써 인간과 인간의 일층 靈妙하며 全知全能한 자에 대한 관계와 진정한 思想을 得케 하는 것이니, 즉 人과 神의 관계를 明瞭히 解하는도다.

氏의 德育說: 씨의 德育法은 아동으로써 조화의 自然에 의뢰케 하나니 盖 자연은 아동의 罪를 犯케 함도 有하며, 罰케 함도 有하니, 故로 아동으로서 인위의 刑罰보다 자연의 刑罰이 大함을 知케 하야 자연적 덕육이 4개의 有益함을 示할지라. 第一 정당한 행위는 善果를 生하고, 不正한 행위는 惡報를 生하는 事를 知케 하며, 第二 자연의 징벌은 공명정대한 事, 第三 공명정대한 自然의 罰은 아동의 생장에 伴하야 사물 자연의 進行에 加하는 것인즉, 人의 心을 錯亂케 함이 少하며, 질서적 溫和의 性情을 保하는 事, 第四 懲罰은 全히 자연에 有함으로 써 교육자와 피교육자 간은 毫라도 불유쾌를 感함이 無할지이로다. 今에 其 主要한 定則을 示하건대,

一. 아동을 敎導함에는 宜히 자연의 발달에 의할 것
二. 도덕심의 발달을 急激히 함이 不可한 事

三. 도덕심 養成에는 己히 중용의 결과를 滿足치 아니함이 불가

四. 덕성 함양상 종종의 수단 방법을 施하야 其效力이 有할 境遇
   外에는 명령 강제를 禁할 사

五. 其命令 强制에는 深思熟考하야 恰히 자연의 威惠가 만물에 施함
   과 如히 善否를 분명히 할 것

六. 他의 制裁를 仰하는 인물이 되지 아니하고 克己 自制의 인물이
   되게 하며 自執心을 억제함이 不可하니라.

▲ 6월 24일 (32)~33

쓰벤살 氏(三)

氏의 體育說: 매사에 常히 승리를 占하는 人은 常히 체력의 강건함
을 保하는 人이라. 蓋 人으로 건전한 체력을 保持하고, 强壯 活潑한
氣風을 持함은 국가 사회의 융성에 要素이오, 實로 교육의 大務로다.
健力의 불완전함은 多히 의식이 欠하고 심신 과도의 使用으로써 出하
는 것인즉 완전한 교육은 人으로 다만 其 智力上의 경쟁에 適할 쑌
아니라 體格上 非常의 疲勞에 打勝함을 목적치 아니함이 不可하도다.
此目的을 達함에는 적당하고, 又는 新鮮한 食物을 與하며, 衣服은 淸潔
을 旨로 하고 寒暑의 變에 應하야 此를 節用하며 적당한 운동과 四肢
의 사용으로써 전신 혈액의 循環을 整理하고 精神의 사용과 其 休息의
시간을 適宜히 할지니라.

氏의 敎育法: 교육의 방법 及 其 順序로써 능력 발달의 理法 及 其
順序에 符合케 하고저 한즉, 先히 능력 발달의 理法 如何를 詳悉치

아니함이 不可하도다. 然而 現今 能力 발달의 理法에 就하야는 多數의 개념이 有하니, 此로써 교육법의 基本으로 하고저 한즉 必히 此概念을 考究하야 許多의 細目을 定하고, 차등 능력 중에 何者를 先하며, 何者를 後에 발달케 할가, 又는 何는 何로써 공히 발달케 함이 可할가 하는 판단을 知한 後, 諸能力을 鍊磨 開發케 할 것이로다. 然이나 諸 方法 中에 多數함이 반다시 有할지나 오직 其採할 바는 自然理法의 符合에 力을 注치 아니함이 不可하도다. 然이나 비록 最良의 교육법이라 할지라도 진정한 교육법됨을 得키 難하나니 故로 其標準될 諸定理를 確定하고, 實地 經驗上으로 교육법을 개량하며 점차로 완전한 域에 達케 할 것이라. 左에 此等 要旨를 示하건대,

第一 敎育은 簡易로부터 複雜에 進하는 漸進法을 行치 아니함이 不可: 人의 心智는 恰히 식물의 생장함과 如히 점점 생장하야 단순으로 복잡한 상태에 進하는 것이라. 故로 진정의 교육법은 心理의 발달에 伴치 아니함이 불가함으로써 必히 此와 同一의 進調로 進步케 할 자이라. 蓋 人의 心智된 其初는 單純 少量의 능력이 有하되 점차로 複雜한 능력을 증가하야 終에는 總能力을 並하야 일시 발생함에 至하는도다. 교육도 반다시 單一로부터 複雜에 進하야 전체를 敎할 것이로다.

第二 學科의 順序는 有形으로 無形에 進치 아니함이 不可: 아동으로써 先히 사물의 實形 實物을 學케 하고, 後에 其助로써 形而上의 原理를 悟케 하며, 점차 細目으로부터 大綱에 進케 할 것이로다.

第三 兒童敎育法 及 其 順序는 累世의 間 일반 인류의 承受한 교육의 방법 及 순서에 隨할 것: 즉 일반 인류의 지식이 발달 진보된 순서에

由하야 각개인의 교육도 쪼한 發達하는 바이니, 語를 換할진대 아동교육법은 此를 인류의 野蠻時代로부터 점차 今日의 開明에 進한 경로를 통과케 할 것이라. 대개 累世의 間 일반 人智가 점차 발달된 순서는 遇然히 出한 자 아니로다. 인간의 心智는 其遭過하는 백반의 現狀을 解코저 求하며, 常히 此等 현상을 비교하고 此를 實地에 經驗하며 종종의 學說을 作爲한 後에 비로소 特別의 經路를 발견하야써 완전한 智識을 得하는 것이로다. 故로 아동의 心意와 百般의 現狀間에 其關係가 大함으로써 其人類 心意의 經過하는 경로에 宇宙의 諸現狀을 理會치 아니함이 不可하도다.

第四 技術을 先히 開하고, 學理를 次로 起함은 인지의 進步에 當한 現出의 事實이라. 일개인과 一般의 인류를 不問하고, 有形으로부터 無形에 入함은 直自然의 순서이라. 故로 道理와 實驗애 基하야 進함으로써 實地 實驗 後가 아니면 결코 學理를 赴치 못할지라. 然즉 學科를 學함에도 先히 실험으로부터 始하야 後에 理論에 入할 것이라.

第五 아동의 敎育은 其自然에 發達한 能力을 鼓舞하야 스스로 事理를 考하고 且 스스로 此를 判明케 할 것: 일반 인류는 스스로 學하야 進步하는 자인즉 아동을 교육함에 當하야도 쪼한 其心意로써 일반 人類의 進步된 經道에 從하야 進步치 아니함이 不可하도다. 故로 교사는 講義에 重을 置치 아니하고, 아동으로써 스스로 事物에 就하야 視察하고, 考究하고 推測하야 其智力으로써 能히 詳解하며 利用케 할 것이로다.

대개 敎育에 臨하야 이상 5개 要旨에 基하야 行할지나 敎育法의

良否를 判함에는 其教育法이 能히 生徒로 歡喜하는 中에 학과를 理解케 하는 與否에 在하니 自然의 心意를 順調로 발달하는 자이오, 此에 反하야 不愉快를 感케 함은 심의 발달상에 大害가 有한 故이라.

▲ 6월 25일 (33)~34

泰西教育 槪論(一)

泰西 교육의 발달 진보함을 考究코저 할새 他歷史의 연구상 편의를 得키 위하야 年代를 區分함과 如히 태서 교육도 其史的 年代를 구분하야 古代, 中世, 近世로 함이 吾人의 연구상 편의할 자이라.

古代教育의 中心地가 되며 歐洲 文明의 先鞭者가 됨은 抑何地인가. 吾人의 熟知하는 바와 如히 希臘과 羅馬가 是이라. 然하야 此兩國은 哲學, 政治, 建築, 彫刻, 詩歌, 音樂, 雄辯 等으로 始하야 其他 諸般 科學의 發達이 後世의 모범이 되지 아니한 자 無하며, 忠勇, 義烈, 冒險, 堅忍 등 諸德이 쏘한 百世의 儀表(의표)가 되지 아니한 바가 無하얏도다. 特히 其國民으로써 不覇獨立의 精神이 富하며 不法의 勸力에 屈伏하기를 不好하며 自由 權利의 精神이 발달하고, 개인의 가치를 인식하야 完全한 人格 尊崇의 생활을 쏠케 함은 此兩國 敎育의 大務이니, 故로 此 양국의 역사는 高等의 地位를 占하얏고, 其硏究할 바, 학문의 범위는 頗히 廣大하얏도다. 此와 如히 양국은 歐洲文明의 鼻祖가 되얏스나 惜哉라. 萬衆의 視線이 悉히 정권의 分配에 集注할 쑌이오, 農工商業 實業 등을 顧할 時가 無하얏도다. 因하야 此等 實業교육은 萎微不振하얏슴은 천고의 後 吾人으로써 白玉微疵(백옥미자)의 惜憾이 不無

하도다. 茲에 此兩國의 教育을 槪論할진대,

一. 希臘의 教育

抑 希臘은 地中海에 突出한 半島國으로써 海岸沿線의 凹凸이 심하고 港灣崎岬(항만기갑)의 出入이 諸所에 通하얏슴으로써 通商上의 편의가 頗大하얏스며 기후가 中和하야 산천 풍경의 美妙가 富함으로써 此等 자연의 영향은 夙(숙)히 靈智의 발달을 促進함에 一 原因이 되엿도다. 進하야 其山川이 自然的으로써 區劃을 定하얏슴으로써 20여의 小邦은 此天然的 分劃에 의하야 政治 法律 風俗 習慣 등이 쏘한 相異함으로써 自然 智能의 競爭이 互相不休하며 文化의 經營이 互相不讓함으로써 其進步 發達은 두히 其比를 見키 難함에 至하얏도다.

往古 도로이 戰爭時代에 在하야는 희랍의 교육은 全히 가정교육의 一週에 止하게 됨으로 父는 남자교육을 司하야 武術을 授하며, 敬神, 忠君, 愛國, 孝行, 友愛 等 諸德을 함양하고, 母는 여자교육을 司하야 家庭-諸般의 事로부터 禮儀作法 등을 敎하얏도다. 然而 기원전 천년경에 至하야는 武强時代가 장차 終코저 하든 時代이라. 此頃에는 인지가 점차로 진보되며 가정교육의 불충분을 唱하고 학교교육의 必要를 呼하얏도다. 然이나 당시 국내에는 大變動이 쏘한 起한 바 此로 쓰팔타 아덴쓰 양국이 東西에 崛起하야 각각 其近傍 諸國을 壓倒하고, 兩兩 相峙하야 장차 양국 權力의 衝突을 免키 難한 此際에 波斯戰爭이 起하니 희랍 전국은 동심협력의 一國이 되야 此에 當하게 되매, 幸히 양국은 其戰爭을 免하얏도다. 然이나 테오니다쓰가 셀모비례에 防戰하고 밀차데쓰가 마라손에 勝利를 得하든 時는 此兩國의 교육이 旣히 其趣

를 異히 하야 아덴쓰는 技術家, 詩人, 歷史家, 哲學者 등을 出하고 체육과 如한 것은 等이 閑視하엿도다. 然이나 知能의 修養은 極端에 走한 중, 美辭를 嗜好함이 深大하엿슴으로 其閑雅溫順한 德은 富하얏스나 其弊害가 맛참내 偏辯(위변)의 惡風을 生함에 至하엿도다. 此에 反하야 쓰팔타는 상무교육을 本旨로 하야 강건한 신체와 勇斷한 무술을 最히 必要로 하야 剛毅勇武한 硬骨 男子를 出하기에 希望하얏도다. 然하야 此等 敎育의 결과는 절제와 勇斷에 富한 바 되엿스나 왕왕히 無智殘忍의 弊에 陷함이 不少하엿도다. 實히 몬테인의 云함과 如히 아덴쓰의 교육은 智力 一方에 傾하고, 쓰팔타의 교육은 체력 一方에 偏하엿다 함이 양국의 교육 主旨를 明히 한 바로다.

此와 如히 쓰팔타는 腕力主義를 重히 함으로써 其敎育의 制度도 全히 기초를 체육에 置하엿도다. 然하야 恰히 堯舜이 中國 人民의 性情에 基하야 禮樂刑政(예악형정)의 제도를 採함과 如히 라이칼가쓰 씨는 도리얀 族의 性質과 쓰팔타 國情에 적합한 憲法을 制定하얏스니 其組織이 大體에 在하야 殘酷한 嫌이 不無하나 其目的은 全히 勇斷强壯한 國民을 養成코저 함이라. 환언하면 쓰팔타를 擧하야 一鍊武場으로 作코저 하엿도다. 此에 대하야 쌀타크[31] 씨는 曰 "법률 대가 라이칼가쓰 씨는 일종 盟約을 設하야 당시 유행되는 驕奢(교사)와 射利心(사리심)에 向하야 가장 유력한 공격을 加하엿다." 評하엿도다. 然즉 其盟約이라 함은 何를 言함인가. 인민은 實히 동일의 麵包를 喫하고 동일

---

31) 플루타르코스(그리스어: Μέστριος Πλούταρχος, 46년~120년)은 『플루타르코스 영웅전』의 저자로 널리 알려진 고대 그리스 시대의 철학자, 정치가 겸 작가이다. 그는 중기 플라톤주의 철학자들 중의 한 명이었으며, 플루타르코스 영웅전 외에 유명한 저작으로는 『도덕론』이 있다. 〈위키백과〉

의 肉을 食하되, 其種類는 반다시 指定하며 가정에 入하야 美麗臥床上에 其精神을 柔軟케 함이 不可하다 함이 是이라. 此로써 당시 교육의 主旨가 何邊에 存在함을 可히 知키 足하리로다.

▲ 6월 26일 (34)~35

泰西教育 槪論 (二)

희랍의 교육은 自然한 分割에 의하야 其主義를 호상 同一한 취지에 就치 못하게 됨으로 아덴쓰와 쓰팔타와 如한 國은 諸小邦 中 特히 相峙하야 一은 活潑하야 感情에 富하고, 雅美를 貴히 하며, 他는 强傲하야 實際를 主하고 實用을 重히 하얏도다. 故로 其 교육의 主義가 부동함과 공히 其國民性이 쏘한 相殊하게 됨은 此로써 何人이던지 熟知할 바이라. 然而 羅馬는 希臘에 次하야 萬般의 지식이 부히 발달된 中 종종의 變遷을 經하야 遂히 宇內에 雄視함에 至하얏도다. 즉 羅馬는 희랍의 文明을 遺傳한 國이라. 其 敎育의 主義가 相同함과 如하나 其國民性에 至하야는 殆히 相殊하야 희랍은 雅美를 貴하고 感情에 富함에 反하야 羅馬는 尙武의 風과 實用의 主義를 重히 함이 쓰팔타와 如하얏도다. 然이나 四圍 敵國이 强盛함에 因하야 국가의 명맥을 유지하기 難한지라. 此自然的 社會의 勢力은 遂히 羅馬人의 心을 奮發하야 侵略의 精神을 興起하야 맛참내 국가의 부강을 致케 되엿도다. 此와 如히 羅馬는 實利에 走하야 內으로 先히 국가를 鞏固 富强하며 外으로는 침략적 대외정책을 取하게 됨으로써 文學과 美術 등에 心을 注할 暇가 無하고, 常히 법률, 정치, 殖産 등에 力을 致케 되얏다. 然而 희랍으로 始하야 諸外國을 征服하고 國勢가 大히 振하야 外에 畏할 자

無하게 됨을 因하야 羅馬의 교육 방침도 一變함에 至하얏도다. 此는 즉 쓰팔타 的 武斷敎育이 안덴쓰 文學敎育으로 變함이라. 然하야 羅馬 人의 剛强勇武의 風은 희랍인의 溫雅優美의 風에 軟化(연화)하게 된 바, 爾來 其文學이 益益 進步의 域에 至하얏스니 즉 羅馬의 文學은 其源이 아덴쓰로부터 來함은 勿論이로다.

然而 其後 羅馬가 滅亡함과 공히 基督敎의 博愛主義가 世에 傳播됨에 당시 중세 구주의 全國民을 代表할 만한 가치를 有한 툿톤 族이 羅馬의 文明과 基督敎를 吸收하야 更히 此를 精選하야 歐洲諸國에 傳播함으로 非常히 世의 文明을 進케 하얏도다. 盖 基督敎가 敎育上에 與한 大勢는 즉 "敎育의 主義는 單히 국가의 用에 供할 者쑌 아니라 인간사회에 직접 存在치 아니한 神의 用에 供할 者이라." 하야 其敎旨로써 基督敎는 인간과 동일의 운명에 在하며 동등의 權利를 有한 자이라. 故로 貴賤의 階級이 無하니 노예를 廢하며 사회의 불공평한 壓抑을 破하고 貧民 及 孩兒를 救助하야 總히 동일의 교육을 施할 것이라 하얏도다. 然하야 금일 西洋 諸國民의 平等 自由와 公義正道의 觀念이 何者든지 基督敎 敎旨 중에서 産生치 아니한 자가 無하도다.

然而 기원 第三紀 末葉으로부터는 교육의 運이 漸退하야 一般 人民은 無學無識의 暗에 陷하야 殆히 구주 당시는 暗黑의 時代를 做出하얏도다. 此와 如히 中世紀에 在한 人民이 無智無學에 陷함은 其原因이 內으로는 기독교에 在하고, 外으로는 諸國의 호상 爭鬪에 在하니 즉 기독교가 발생한 後 文明의 多大한 曙光을 有함은 上述함과 如하나 多神敎를 排斥하야 現世主義에 離하고, 未來主義 즉 天堂說이 非常히 其勢力을 呈함으로써 종교상의 敎義와 儀式은 인간의 사상과 행위를

544

지배하는 일대 標準이 된지라. 何必 교육으로써 處世上의 智識을 得할 필요가 無하다 함에 至하얏도다. 故로 監督 管領 學校, 僧侶 管領 學校 등이 有하다 하되, 교육의 惠澤이 일반 인민의게 及치 못하며, 古文學의 연구가 絶滅되고, 아동 교육을 等閑에 附하얏도다. 然한 중, 무릇 학문을 연구함에는 安心과 閑暇를 필요로 함은 勿論이라. 然而 當時 列國과 野蠻人의 침략주의는 日로 加하야 혹은 놀만 人의게 苦하고 혹은 英吉利國의 襲한 바 되며, 일방으로 封建 諸侯의 權力爭鬪戰이 其止할 바를 不知함으로 귀족은 騎馬揮槍(기마휘창)으로써 日을 暮하고, 평민은 교육이 何物임을 莫知함과 공히 귀족의 附屬物이 되야, 其心身의 自由가 無하게 됨으로, 상하가 공히 安心과 閑暇를 不得하야 학문 연구에 이목을 開할 暇가 無하얏도다. 此뿐 不啻라. 國語는 국민 일반에 通用하는 자로 지력발달에 一時라도 缺치 못할 機械이라. 然而 당시는 古語 及 文語 등이 有할 뿐이오, 국민 일반에 통용할 국어가 無함으로써 隨하야 교육을 受키 不能함에 至하얏스니 此等 諸原因이 總合된 결과 遂히 無智無學에 陷하게 되엿도다. 然而 촬네만 大帝가 起하야 교육을 獎勵함으로부터 각국은 殆히 교육 中興에 努力하야 평민교육과 여자교육과 빈민교육을 공히 施하야 이래 교육상의 비상한 變動을 生케 되엿도다. 此際에 回回敎의 勢力이 亞細亞, 亞弗利加, 歐羅巴의 諸地方까지 及함에 因하야, 政權을 行함과 공히 교육을 장려함으로써 천문, 수학, 의학 등 자연과학으로부터 諸學問의 曙光을 與할 뿐 不啻라. 彼亞剌比亞는 당시 歐洲 智力의 先導者가 되엿스며 짜라서 구주 각국은 高等學校로부터 大學의 設立에까지 至하얏도다.

泰西教育 概論 (三)

中世紀에 在하야 촬네만 大帝의 교육 중흥과 亞剌比亞의 文明과
十字軍戰의 결과로써 多少間 好學의 風과 교육 개선의 必要說이 無한
바 아니나, 其腐敗함이 尙히 非常하야 智識 及 道德이 地에 拂하고,
승려는 信心 敬神, 節制 등의 德을 捨함이 異教者에 過하엿도다. 故로
一般的 教育이나 寺院的 教育을 不問하고 萎微 沈退하야 人은 頑愚
迷妄 중에서 신음하며 사회는 부패 와중에 投入한 바 된 결과, 맛참내
문화상으로는 古文學 復興을 唱하며, 종교상으로는 其改革論이 高하
야 교육상의 多大한 異采를 與하엿도다.

如斯히 古文學이 부흥함으로써 종교상 及 교육상에 及하는 影響을
觀하건대,

一. 종교상에 及한 影響: 古文學 부흥으로 각국은 각각 其特殊한
思想의 자유를 養成하며 古文學 부흥의 發源地된 伊太利는 此를
연구함과 伴하야 상류사회는 皆敬神의 念이 滅하야 유명한 高
僧 중에도 기독교의 敎義를 不道理라 하야, 此를 비난한 자 輩出
하며 獨逸에 在하야는 기독교의 敎義에 대하야 일반 疑念을 起
하야 익익히 其善否를 연구한 바, 당시 寺院과 僧侶의 腐敗를
發見함에 至하야 맛참내 宗教改革에 供할 最良의 材料를 得하엿
도다. 然하야 당시 일반 승려는 不德 無道 無學 無識의 부패가
발견될가 恐怖하야 大히 고문학 배척에 노력하얏스나 로이힌,
예라씀쓰 등 有力한 古文學者는 此에 抗하야 익익히 사원의 부

패를 摘發하야 畢竟 종교개혁의 運을 與하게 되엿도다.

二. 교육상에 及한 影響: 又 일방에는 고문학 부흥에 伴하야 中世紀
의 粗雜한 著書에 代하야 희랍 及 羅馬의 華麗한 文章으로써
此의 色采를 加함과 공히 印刷術의 발명은 익익히 교육의 普及
을 助하며 又 일방에는 嶄新 優美한 思想 及 文學上 天才가 有한
著作家, 哲學者, 美術家 등이 輩出하야, 國語를 改良하야 지식
계발의 便宜를 與하며, 미술로써 인간생활의 道를 廣히 하야,
개인의 思想 及 自由 探究의 心을 養成하고 哲學 及 倫理學으로
써 高尙한 志操와 完美한 德義 及 思想을 啓發하야 大히 교육의
개혁을 執하엿도다.

如斯히 古文學의 復興 結果는 종교와 교육상에 大影響을 與한 바,
其勢力은 次第로 凝結하야 사상계에 大改革의 機動이 되며, 遂히 사회
상에 大變動을 起하야 彼 有名한 宗敎改革을 見함에 至하얏도다.

대저 종교개혁은 世界의 迷霧를 破하고 인간의 보수적 頑迷를 一掃
하야 智識 道德의 進路에 一大 光明을 與하야 遂히 교육의 進步를
助하엿도다. 是로부터 고문학의 復興은 漸次로 其大勢力을 殖하야 일
방으로 인간의 자유 사상을 양성하야 僧侶의 無學 不德에 不平을 訴하
며 종교의 壓迫을 脫코저 하는 念을 與하야 遂히 개혁의 成功에 至케
함과 공히 又 일방에는 科學의 발달이 日進 時增하야 위선 火藥의
發明으로써 사회조직에 일대 변동을 及하며 探險家가 輩出하야 亞弗
利加, 東印度 航路 及 亞米利加 등 대륙을 발견하며 고벨니카쓰와 如한
人은 太陽系의 운동설을 唱하야 천문 지리학상에 大히 有益을 與할
쑨 아니라, 印刷術의 발달이 益히 新妙함으로써 일반 문화의 보급에
大效를 及하얏도다. 如斯히 人智가 발달하고 문화가 進步함으로써 腐

敗한 승려에 대한 不平의 사상은 日日히 深重한 바 되야 맛참내, 루터는 偉大한 종교개혁의 主人公이 되얏도다.

然而 彼 宗敎改革의 여파는 쏘한 교육상에 波及하야 此亦 一大 개혁을 起하얏도다. 然하야 新敎의 교육에 대한 주의는 "天地의 眞理를 탐구함에 在하다." 하얏도다. 故로 大히 교육의 필요를 認함은 勿論이라. 左에 其 改革者의 일반 의견을 記하건대,

第一 言語의 연구는 사물의 硏究에 先히 하고, 智識은 感覺에 訴함으로써 思想界에 通하는 자인즉 언어는 先히 自國語로써 始치 아니함이 不可

第二 古文學은 장차 고등교육을 授할 자에 限할 事

第三 신체를 강장 健全키 위하야 체육에 務할 事

第四 敎授法은 自然의 順序에 從하야 設行할 事

新敎의 교육주의는 此와 如한 바, 其 特殊한 觀念과 改革을 교육으로써 行한 바는 귀족의 權力을 殺하고, 平民의 地位를 高하야 인간은 평등이오 자유임을 自覺케 하야 사회계급을 打破함이오, 빈민과 고아의 救助 敎養을 一大 美業으로써 함이 오직 종교와 교육개혁의 大影響이라 하는도다.

結論

先述함과 如히 희랍과 羅馬의 文明이 燦然을 極하야 천백년 後 吾人의게 대하야 儀表가 되며, 先導가 되지 아니함이 無하엿도다. 然이나 일개의 閾이 有한즉 일개의 弊가 伴함은 免치 못할 事이라. 희랍인의 雅溫한 文學性은 도리혀 惻弱(겁약)한 국민성으로 化하고, 라마인의 勇敢한 尙武風은 進하야 粗暴한 國民質로 變함과 공히 其實利主義는 殆히 偏하야 맛참내 貧富의 軋轢과 군인의 跋扈는 其內政의 부패를 招하엿도다. 然하야 物腐 以後에 虫自生으로 其 內政이 부패 쇠퇴함을 伴하야 外으로 北蠻의 침입은 遂히 고대 문명국이오 교육사상의 선진국된 羅馬國을 滅亡의 暗에 投하엿도다. 噫라. 희랍은 이미 去하고, 羅馬는 이믜 滅하엿스나 其文明은 去함이 無하고, 滅함이 無한 지속력을 有하야 일방으로 튜톤 族과 타방으로 아라비아 種은 此를 繼承하야 其光明을 不消하엿도다. 然이나 中世紀의 구주 당시는 群雄이 蜂起하야 可謂 治日이 常小하고 亂日이 常多함으로써 국민은 납세의 義務가 일방으로 重重負擔을 有하고, 타방으로는 軍役에 安日이 無하야 螢案(형안)을 親키 難하얏도다. 然이나 國稅의 義務가 殆重함과 공히 국가는 其權力의 一部를 국민의게 讓치 아니치 못할 氣運에 至하야 多少間 國政에 參涉할 權利, 즉 국가 재정 문제에 대하야는 국민의 意見을 聽치 아니치 못하게 되얏도다. 此가 즉 구주 自治의 始이오, 其自治의 발달이 今日 憲政의 基礎가 되얏도다. 此際에 고문학 부흥과 종교개혁은 遂히 思想界와 교육상에 大多한 영향을 與하야 지식이 점차 발달됨과 공히 人權의 自由思想은 또한 日增月加하야 일시 암흑에 陷하엿든

中世紀의 교육상태는 부흥의 曙光을 得함에 至하엿도다. 이후 18世紀에 入하야는 룻소 등 석학자가 輩出하야 인권의 평등과 교육의 神聖을 絶唱함으로써 세계의 대세는 自由를 許치 아니치 못하며, 평등을 與치 아니치 못하게 되엿도다. 더욱 당시 列國은 교육은 각개인으로써 완전한 智識을 修得하고, 원만한 道德의 品性을 確持하야 自治 獨立의 생활을 全히 할 국민을 得함에 필요한 바를 大覺하야, 19세기에 入하야는 교육의 대세를 觀할진대, 교육의 理想을 實行코저 함에는 국가만 獨히 국민의 敎育을 司함이 不可하다 하야, 사설학교를 獎勵함과 공히 義務敎育制를 施하얏도다.

然하야 열국 중 독일은 此思想을 충분히 흡수한 國으로써 타국에 率先하야 공립학교를 開設하고, 국민의 생활상 필요한 지식을 授하야써 완전한 국민을 養成하기에 努力하얏도다. 국왕 후리도리히 제2세는 令을 發하야 5세로부터 13~4세에 至한 남녀 아동은 悉히 소학교에 入할 의무가 有함을 명시하얏스며, 其後 40년을 經하야 若此 의무에 背하는 父兄의게 대하야 일정한 刑罰을 科할 制를 쏘한 設하엿도다. 독일이 如斯히 강제적 就學令을 布하야 독일 연방 제국에 施行한 爾來로 각국이 大히 此에 倣하얏스며, 是로부터 瑞典[스웨덴], 丁抹[덴마크], 伊太利, 葡萄牙, 西班牙 등 諸國에 강제취학령을 實施치 아니한 國이 無하도다. 彼英國과 如한 國은 1870년에 至하야 동일한 교육령을 布한 爾來 尙히 其强制的 敎育制를 撤去치 아니하얏도다.

如斯히 구주각국은 국가의 大政을 교육에 先히 置하야, 각종 器械의 발달과 과학의 진보가 파죽의 勢로써 進함에 의하야 國利民福을 各遂함에 至하얏도다. 彼 普魯西國이 那翁(나폴레옹)의 蹂躪을 被한 後, '普佛戰期를 당하야 宿仇(숙구, 오랜 원수)를 雪解함은 소학교육 40년의 결과'라 하는도다. 과연 교육의 효과가 其 엇더함을 覺할지라. 記者 未學의 嫌을 불구하고 감히 제위 독자의게 36회의 薄得을 長載하야 尊鑑에 張皇함을 致함은 도로혀 惶悚(황송)을 難堪하는도다. 然이나 결론에 임하야 피등의 노력과 분투를 回顧할진대 深切한 大感이 不無이라. 我朝鮮의 地形이 희랍과 近似치 아니한 바 아니나, 文學과 文藝의 曙光이 他에 及치 못하엿스며, 我朝鮮人의 性質이 羅馬人과 如히 勇敢 堅確치 아니한 바 아니나, 사회의 利福을 致치 못하엿도다. 此는 천연의 혜택이 반도에 優待한 바 吾人은 此에 安心 自樂할 샌 其故이로다. 然이나 五等 歷史에 傳한 바 문명과 吾祖先의 유물에 考할진대 조선도 희랍이오, 조선인도 라마인과 如히 燦然함이 無한 바 아니나, 中葉 以來로 스스로 不振性에 滔(陷)하야 其光을 傳치 못하엿스며, 其色을 더욱 美치 못하엿도다. 금일은 조선문화의 復興 時代이오, 朝鮮 學者의 再生期라. 吾人은 彼의 長을 取하고, 我의 短을 捨하야 오직 新朝鮮 新文化를 殖하기에 共히 努力할지로다.

(完)